초등교사를 위한

수학: 활동적 접근

Mathematics for Elementary Teachers: An Activity Approach, 8th

초등교사를 위한 수학: 활동적 접근

앨버트 베넷·로리 버튼·데드 넬슨 지음
강홍규·권성룡·진선숙·조영미 옮김

McGraw Hill KM 경문사

The McGraw·Hill Companies

Mathematics for Elementary Teachers: An Activity Approach, 8th Edition.

1 2 3 4 5 6 7 8 9 10 KMS 20 12

Original : Math for Elementary Teachers: An Activity Approach with Manipulative Kit Mathematics for Elementary Teachers, 8th Edition.
By Albert Bennett, Laurie Burton, Ted Nelson.
ISBN 978-0-07-729794-7

This book is exclusively distributed by Kyung Moon Sa Co. Ltd.

When ordering this title, please use ISBN 978-89-6105-559-8

Printed in Korea

옮긴이의 말

'수학'이라는 단어를 들으면 가장 먼저 떠오르는 것은 무엇입니까? 대부분의 사람들이 수학과 관련된 자신의 직간접적인 경험을 바탕으로 이 질문에 대한 다양한 답을 할 수 있을 것입니다. 문제는 이런 답들이 대부분 수학에 대한 부정적인 이미지를 반영하고 있다는 사실입니다. 최근의 PISA(Programme for International Student Assessment) 결과를 보면, 우리나라 학생들은 우수한 수학성취를 보이면서도 수학에 대한 부정적인 태도를 동시에 갖고 있음을 알 수 있습니다. 물론 조사대상이 만 15세 학생들이기 때문에 모든 연령대의 학생들을 대표한다고 보기는 어렵다 해도 이런 결과가 시사하는 바는 크다고 생각됩니다.

초등학교에 입학하기 전부터 어린이들은 다양한 수학적 경험을 하게 됩니다. 이런 수학적 경험은 비록 비형식적이기는 하지만 어린이들에게 이후에 학습하게 될 다양한 수학적 주제들을 미리 접해볼 수 있는 기회를 제공합니다. 또한 이런 경험들은 어린이들의 일상적인 생활과 밀접한 관련을 가진 것들입니다. 따라서 비록 자신들이 하고 있는 것이 수학이라고 인식하지 못한다 해도 취학 전 어린이들은 이런 수학적 활동에 능동적이며 즐겁게 동참합니다. 그러나 취학 후 학생들은 더 이상 수학을 즐기지 않게 된다는 것이 문제입니다. 영국의 일간지 《데일리텔레그래프(The Daily Telegraph)》의 온라인판인 '텔레그래프(The Telegraph)'에서 'Numeracy Campaign'을 통해서 수학은 더 이상 즐거운 교과가 아닌 학생들이 인내해야만 하는 교과가 되었다고 지적하면서 수백만의 학생들에게 수학은 의미 없는 교과가 되고 있다고 개탄하였습니다.

다른 나라의 예가 아니더라도 우리의 초등교실에서도 수학 때문에 힘겨워하는 학생들을 쉽게 볼 수 있습니다. 이런 학생들에게 수학을 좀더 의미 있게 접근할 수 있는 방법을 제공해 준다면 수학에 대한 어려움을 극복하는데 도움이 될 것입니다. 이를 위해서는 초등학교에서 수학을 지도하는 교사나 예비교사들이 수학에 대한 의미 있는 접근방법을 직접 경험할 필요가 있습니다. 《초등 교사를 위한 수학 : 활동적 접근(Mathematics for Elementary Teachers : An Activity Approach)》은 초등학교에서 다루는 다양한 수학 주제를 구체적인 활동을 통해서 자연스럽게 접할 수 있는 기회를 제공합니다. 예비교사나 현장교사가 이 책에서 제공하는 활동들을 미리 경험해 봄으로써 초등학교 어린이들이 활동을 통해서 수학을 의미 있게 학습하도록 도울 수 있는 다양한 아이디어를 얻을 수 있을 것이라고 생각됩니다.

번역을 하는 도중에 새로운 판이 출간되는 바람에 번역본의 출간이 다소 지연되기는 했지만 이런 작은 노력이 초등교사와 초등예비교사에게 도움이 되기를 바랍니다. 끝으로 이 책의 번역출간을 위해 애써준 경문사 관계자 여러분에게 심심한 감사를 드립니다.

번역자 일동

예비교사들에게

이 책은 예비 초·중등교사의 수학지도를 돕기 위해서 썼다. 이 책을 읽으면서 모델과 교구 활용이 수학 개념의 이해에 어떤 도움이 되는지를 직접적으로 경험하게 될 것이다.

이 책에 제시된 활동에서 이용된 모델이나 교구는 초등학교와 중학교 수학지도를 위해서 흔히 쓰이는 것들임을 알 수 있을 것이다. 이 활동들 중 상당수는 교실에서도 쉽게 이용할 수 있으므로 그렇게 해주길 바란다. 이를 돕기 위해서 각 장에서 제시한 아이디어를 초등학교 교실에서 어떻게 이용할 수 있는지 장의 끝 부분에 있는 '초등학교 교실활동'에서 예시해 놓았다. 기회가 된다면 변형된 활동을 아이들과 해보길 권하는 바이다.

이 책을 읽는 동안 독자는 학생이 되어야 한다. 이 책에 포함된 각 활동에서 패턴과 관계를 찾고 어떻게 이해했는지 자신의 말로 설명해야만 한다.[1] 이것은 언젠가 당신이 학생들에게 제공해 줄 바로 그 과정이다.

지금이 교사의 입장에서 수학의 교수·학습 과정에 대해서 생각할 수 있는 중요한 때이다. 다음의 활동을 통해서 이런 경험을 할 수 있다.

- 탐구하고 조사하면서 자신의 사고와 수학에 대한 생각을 점검한다.
- 이 책에 제시된 활동을 초등학교나 중학교 교실에서 활용하고 변화시키거나 변형시킨다.
- 친구를 관찰하고 그들이 수학에 대해 어떻게 생각하는지를 이해하기 위해서 질문을 한다.

이 책에서는 이런 목표를 달성하도록 돕기 위해 다양한 자료를 제공한다.

책의 뒤편에 첨부한 교구 세트는 초등학교에서 흔히 쓰이는 10가지의 다채로운 조작물이다. 이 교구와 책 뒷부분에 있는 자료 카드의 첨부자료를 책에 제시된 활동모음에서 활용해야만 한다.

이 책과 관련된 웹사이트인 Student Center Companion Website에 패스워드 없이 접속해서 다음을 할 수 있다.

- 교구 세트를 전자화한 가상 조작물을 활용할 수 있다.
- 11가지의 상호작용 애플릿(옆의 그림은 "삼차원 도형을 채워라!"이다.)을 활용할 수 있다.
- 교구 세트의 컬러 복사 자료를 내려받을 수 있다.
- 각 장의 참고문헌과 관련 인터넷 링크, 과제수행을 위한 다양한 격자를 활용할 수 있다.
- 기하 주제 탐구를 위한 GSP 학생 모듈을 포함해서 핵심개념의 능동적인 탐구를 위한 34개의 수학 실험실 탐구를 활용할 수 있다.

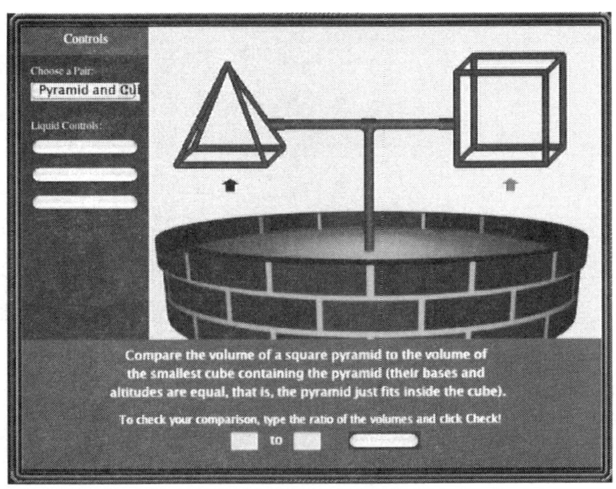

1 활동모음에서 *표시된 질문에 대한 답은 책 뒤쪽에 제시되어 있다.

서론

이 책《초등교사를 위한 수학 : 활동적 접근(Mathematics for Elementary Teachers : An Activity Approach)》의 주목적은 예비교사들의 개념적 지식을 향상시키고, 의미 있는 수학 조작물들을 소개하고, 학생들에게 제공할 다양한 종류의 수학적 학습경험을 설계하는 데 있다.

미국수학교사협의회에서 발간한 '학교수학의 원리와 규준(Standards 2000)'과 그 전에 발간되었던 '학교수학의 교육과정과 평가 규준(Standards 1989)'에서는 학생들 스스로 자신의 사고를 구성할 때 수학을 가장 잘 학습할 수 있다고 주장한다. 정보는 전달할 수 있지만 수학적 이해나 지식은 개인이 스스로 탐구하고 발견하고 관련성을 찾는 과정에서 학습자 내부에서 구성되는 것이다.

미국수학교사협의회의 '수학지도를 위한 전문성 규준'에서는 "강의와 시범을 중심으로 내용을 전달하는 데 초점을 맞춰온 수학지도를 능동적인 참여에 초점을 맞추는 것으로 전환해야 한다."는 수학지도에 대한 비전을 제시한다. 이 비전에서 "수학 교사는 단순히 내용을 전달하는 것이 아니라 학습자 스스로 수학에 대한 지식을 구성하도록 도와주어야만 한다."

이 책에는 학생들이 능동적으로 수학적인 탐구를 할 수 있는 활동과 자료들이 담겨져 있다. 따라서 예비 초·중등교사들에게 수학을 의미 있게 살펴보고 학습할 수 있는 기회를 제공할 뿐 아니라 상호작용을 통해 지도의 초점인 수학을 지도할 수 있는 다양한 자료들을 제공해준다.

철학

《초등교사를 위한 수학 : 활동적 접근》은 예비교사들을 위한 활동을 모은 것으로 이 활동을 통해 예비교사들은 귀납적 추론 및 연역적 추론을 경험하고 또 이런 추론능력을 개발할 수 있다. 또 이 활동들을 통해 조작물과 시각적 모델이 수학적 개념을 이해하는데 어떤 도움이 되는지 학생들이 깊이 있게 생각할 수 있게 해 준다. 학생들은 개념을 구체화하며 수학적 사고를 촉진하는 모델을 이용함으로써 직접적으로 수학을 경험하게 된다. 이 책은 다음과 같은 신념을 바탕으로 한다.

- 적절한 조작물, 모델, 도표 등을 활용하여 수학을 학습한 예비교사는 그들이 지도하게 될 수학에 대해 더 탄탄한 개념적 기초를 가질 뿐 아니라 더 깊이 있게 이해할 수 있다.
- 수학 활동에 능동적으로 참여함으로써 수학을 학습한 예비교사는 그들이 학습한 방법으로 가르칠 가능성이 더 크다.
- 학습할 때 조작물을 효과적으로 활용한 예비교사는 조작물이 이해에 어떤 도움이 되는지를 경험할 것이며 따라서 가르칠 때 조작물을 효과적으로 활용할 가능성이 더 크다.
- 구조화된 활동에 포함된 조작물과 모델에 친숙해짐으로써 예비교사들에게 조작물이나 모델을 활용하는 수업을 개발하는 데 자신감을 줄 수 있다.
- 구체적인 접근법은 추상적인 접근법에서 나타나는 수학에 대한 불안을 줄일 수 있다.
- 눈으로 보고 손으로 만져보는 접근법은 어떤 학생들에게는 기호 표상의 이해를 위해 필요한 정신적인 이미지를 제공해 준다.

협동학습과 조작물의 활용

각 활동모음은 개별학습 또는 모둠활동에 활용할 수 있다. 모둠학습은 토론하고 다른 사람이 추론한 것을 들을 수 있는 기회를 제공한다. 모둠학습에서의 협동학습에 대한 지침은 활동모음 2.3에 개략적으로 설명되어 있다.

일반적으로 유능한 교사는 자신이 가르치는 수학에 대해 잘 이해하고 있을 뿐 아니라 다양한 수업상의 기술들을 적절히 선택하고 활용하는 능력을 가지고 있다. 수학의 교수-학습에서 조작물 활용의 중요성은 NCTM의 Standards 2000에 잘 기술되어 있고 다양하게 예시되어 있다. 조작자료의 적절한 활용은 학습자의 학습에 대한 태도와 수학 성취도에 의미 있는 긍정적 효과가 있다는 사실은 연구를 통해 잘 알려진 사실이다.

교실에서 조작물을 효과적으로 활용하는 교사들과의 면담을 보면 다음과 같은 공통점을 찾을 수 있다. 모든 교사가 조작물 활용에 대한 연수를 받았다. 스스로 수업설계를 하였고 수업 중에 직접 조작물을 활용했다. 각 활동에서 학급아동들이 어떻게 반응할 것인지를 예상함으로써 교실에서의 조작물 활용을 준비했다.

8판의 특징

《초등교사를 위한 수학: 활동적 접근(Mathematics for Elementary Teachers: An Activity Approach)》은 34개의 활동모음과 첨부자료로 구성되어 있는데, 이것만으로도 충분히 수학 실험실을 구성할 수 있다. 이 책은 다음과 같은 여러 가지 특징을 바탕으로 학습을 촉진한다.

발견학습을 활용하는 활동모음: 각각의 활동모음은 이해를 돕기 위한 맥락을 제공하기 위해 물리적인 자료나 시각적인 모델을 활용한다. 각 활동모음에 포함된 질문과 활동들은 발견을 촉진하고 하나의 주제에 대한 깊이 있는 탐구를 제공하기 위해서 순차적으로 구성된 것들이다. 학생들은 패턴을 설명하고 추측을 하고 관계를 찾고 그들의 생각을 말해야만 한다.

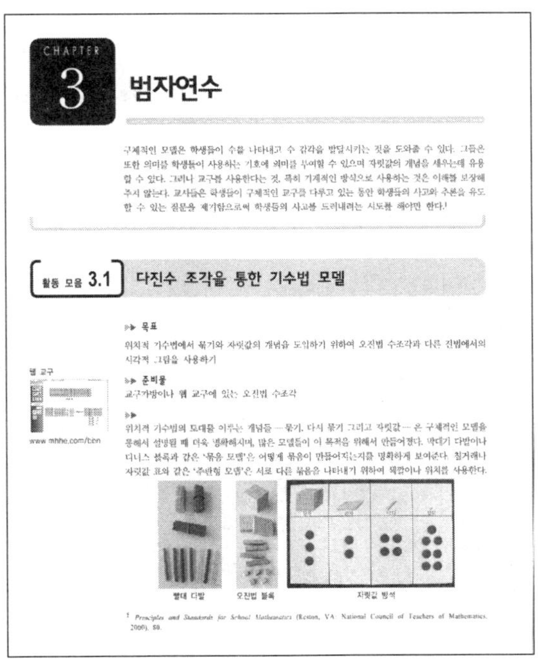
CHAPTER 3 범자연수

구체적인 모델은 학생들이 수를 나타내고 수 감각을 발달시키는 것을 도와줄 수 있다. 그들은 또한 의미를 학생들이 사용하는 기호에 의미를 부여할 수 있으며 자릿값의 개념을 세우는데 유용할 수 있다. 그러나 교구를 사용한다는 것, 특히 기계적인 방식으로 사용하는 것은 이해를 보장해 주지 않는다. 교사들은 학생들이 구체적인 교구를 다루고 있는 동안 학생들의 사고와 추론을 유도할 수 있는 질문을 제기함으로써 학생들의 사고를 드러내려는 시도를 해야만 한다.[1]

활동 모음 3.1 다진수 조각을 통한 기수법 모델

목표
위치적 기수법에서 묶기와 자릿값의 개념을 도입하기 위하여 오진법 수조각과 다른 진법에서의 시각적 그림을 사용하기

웹 교구
www.mhhe.com/bbn

준비물
교구가방이나 웹 교구에 있는 오진법 수조각

위치적 기수법의 토대를 이루는 개념들 — 묶기, 다시 묶기 그리고 자릿값 — 은 구체적인 모델을 통해서 설명될 때 더욱 명확해지며, 많은 모델들이 이 목적을 위해서 만들어졌다. 막대기 다발이나 디니스 블록과 같은 '묶음 모델'은 어떻게 묶음이 만들어지는지를 명확하게 보여준다. 칩거래나 자릿값 표와 같은 '주판형 모델'은 서로 다른 묶음을 나타내기 위하여 색깔이나 위치를 사용한다.

빨대 다발 / 오진법 블록 / 자릿값 방석

[1] Principles and Standards for School Mathematics (Reston, VA: National Council of Teachers of Mathematics, 2000), 80.

새로워진 초등학교 교과서 페이지 현재 사용 중인 초등학교 교과서를 제시한 페이지는 예비교사들에게 활동모음의 핵심개념을 K−8학년 학생들에게 어떻게 제시할 수 있는지를 보여주며 새로워진 '탐구 활동'은 학생들이 이런 아이디어를 탐구하도록 돕는다.

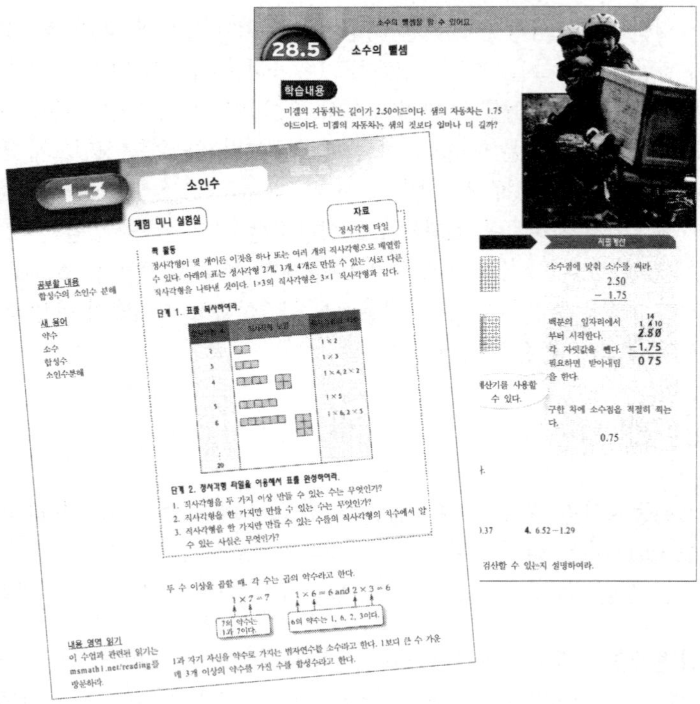

교구 세트 각 활동모음(과 몇 개의 선정된 탐구 활동)에 활용하기 위한 교구는 뒤쪽에 수록되어 있다.

가상 조작물 웹사이트(www.mhhe.com/bbn)에 대응하는 웹 교구와 활동영역이 제공되어 있다.

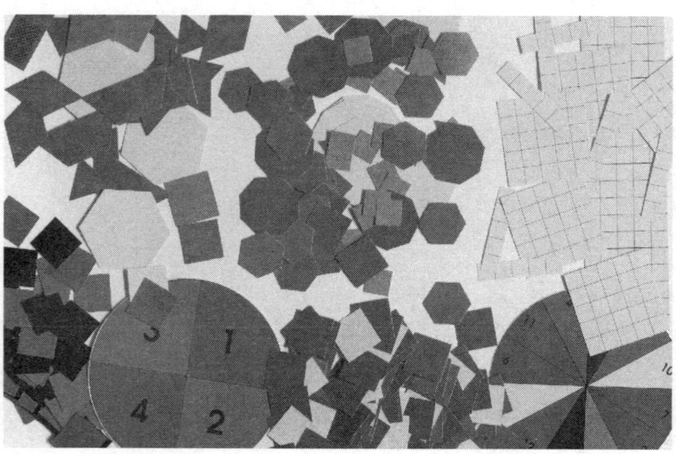

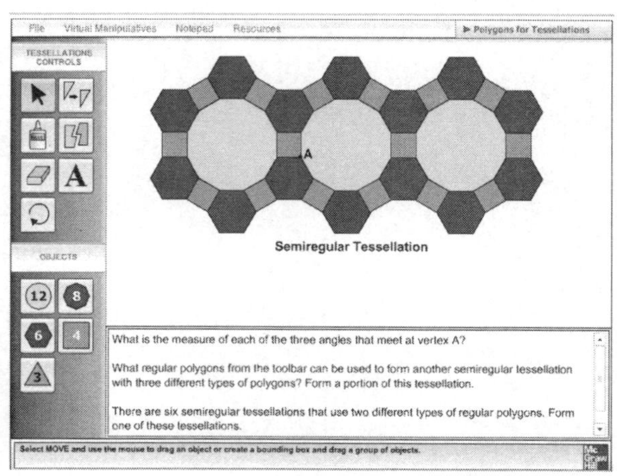

새로워진 자료 카드 교구 세트와 더불어 이 책에서는 추가적인 조작물, 모델, 방안지, 형판, 게임판과 같은 38가지의 자료 카드가 첨부되어 있다.

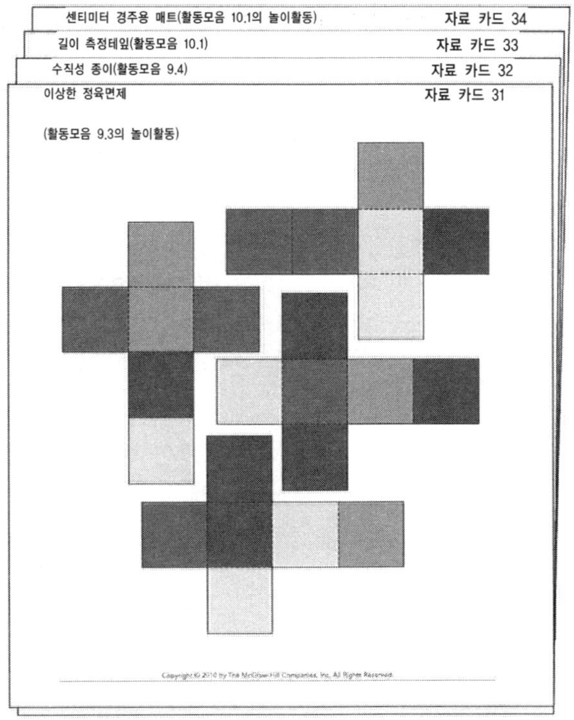

새로워진 초등학교 교실활동 각 장의 끝에는 그 장에서 제시된 아이디어와 조작물이 초등학교 교실에서 어떻게 활용될 수 있는지를 보여주는 초등학교 교실활동이 제시되어 있다. 각 활동에는 실제 초등학교 학생이 조작물을 활용하여 활동하는 사진이 제시되어 있다.

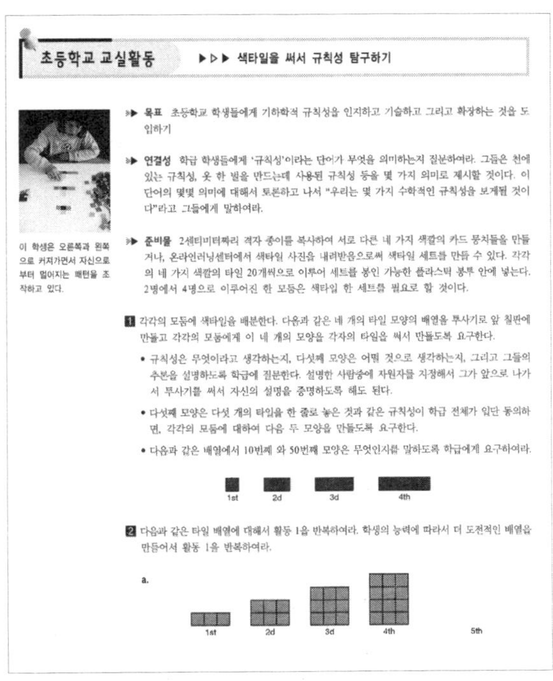

초등학교 교실활동 ▶▷▶ 색타일을 써서 규칙성 탐구하기

이 학생은 오른쪽과 왼쪽으로 커져가면서 자신으로부터 멀어지는 패턴을 조작하고 있다.

▶ **목표** 초등학교 학생들에게 기하학적 규칙성을 인지하고 기술하고 그리고 확장하는 것을 도입하기

▶ **연결성** 학급 학생들에게 '규칙성'이라는 단어가 무엇을 의미하는지 질문하여라. 그들은 천에 있는 규칙성, 옷 한 벌을 만드는데 사용된 규칙성 등을 몇 가지 의미로 제시할 것이다. 이 단어의 몇몇 의미에 대해서 토론하고 나서 "우리는 몇 가지 수학적인 규칙성을 보게될 것이다"라고 그들에게 말하여라.

▶ **준비물** 2센티미터짜리 격자 종이를 복사하여 서로 다른 네 가지 색깔의 카드 뭉치들을 만들거나, 온라인러닝센터에서 색타일 사진을 내려받음으로써 색타일 세트를 만들 수 있다. 각각의 네 가지 색깔의 타일 20개씩으로 이루어 세트를 봉인 가능한 플라스틱 봉투 안에 넣는다. 2명에서 4명으로 이루어진 한 모둠은 색타일 한 세트를 필요로 할 것이다.

1 각각의 모둠에 색타일을 배분한다. 다음과 같은 네 개의 타일 모양의 배열을 투사기로 앞 칠판에 만들고 각각의 모둠에게 이 네 개의 모양을 각자의 타일을 써서 만들도록 요구한다.

- 규칙성은 무엇이라고 생각하는지, 다섯째 모양은 어떨 것으로 생각하는지, 그리고 그들의 추론을 설명하도록 학급에 질문한다. 설명한 사람중에 자원자를 지정해서 그가 앞으로 나가서 투사기를 써서 자신의 설명을 증명하도록 해도 된다.
- 다섯째 모양은 다섯 개의 타일을 한 줄로 놓은 것과 같은 규칙성이 학급 전체가 일단 동의하면, 각각의 모둠에 대하여 다음 두 모양을 만들도록 요구한다.
- 다음과 같은 배열에서 10번째 와 50번째 모양은 무엇인지를 말하도록 학급에게 요구하여라.

1st 2d 3d 4th

2 다음과 같은 타일 배열에 대해서 활동 1을 반복하여라. 학생의 능력에 따라서 더 도전적인 배열을 만들어서 활동 1을 반복하여라.

a.

1st 2d 3d 4th 5th

새로워진 탐구 활동 각 활동모음의 끝에 제시된 탐구 활동에서는 학생들에게 활동모음을 세 가지 중요한 영역과 관련짓게 해 준다: 초등학교 교실과의 연결성, 관련된 수학적 개념, '학교수학을 위한 원리와 규준'의 NCTM 규준과 기대.

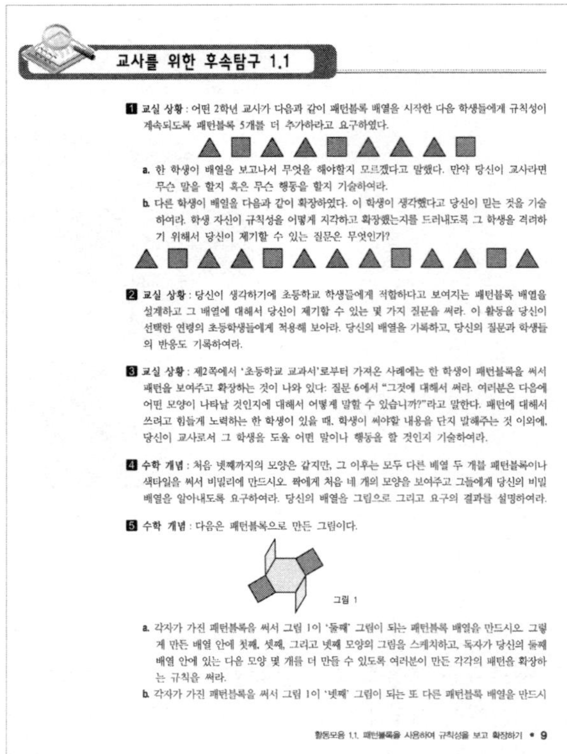

교사를 위한 후속탐구 1.1

1 교실 상황 : 어떤 2학년 교사가 다음과 같이 패턴블록 배열을 시작한 다음 학생들에게 규칙성이 계속되도록 패턴블록 5개를 더 추가하라고 요구하였다.

a. 한 학생이 배열을 보고나서 무엇을 해야할지 모르겠다고 말했다. 만약 당신이 교사라면 무슨 말을 할지 혹은 무슨 행동을 할지 기술하여라.

b. 다른 학생이 배열을 다음과 같이 확장하였다. 이 학생이 생각했다고 당신이 믿는 것을 기술하여라. 학생 자신이 규칙성을 어떻게 지각하고 확장했는지를 드러내도록 그 학생을 격려하기 위해서 당신이 제기할 수 있는 질문은 무엇인가?

2 교실 상황 : 당신이 생각하기에 초등학교 학생들에게 적합하다고 보여지는 패턴블록 배열을 설계하고 그 배열에 대해서 당신이 제기할 수 있는 몇 가지 질문을 써라. 이 활동을 당신이 선택한 연령의 초등학생들에게 적용해 보아라. 당신의 배열을 기록하고, 당신의 질문과 학생들의 반응도 기록하여라.

3 교실 상황 : 제2쪽에서 '초등학교 교과서'로부터 가져온 사례에는 한 학생이 패턴블록을 써서 패턴을 보여주고 확장하는 것이 나와 있다: 질문 6에서 "그것에 대해서 써라. 여러분은 다음에 어떤 모양이 나타날 것인지에 대해서 어떻게 말할 수 있습니까?"라고 말한다. 패턴에 대해서 쓰려고 힘들게 노력하는 한 학생이 있을 때, 학생이 써야할 내용을 단지 말해주는 것 이외에, 당신이 교사로서 그 학생을 도울 어떤 말이나 행동을 할 것인지 기술하여라.

4 수학 개념 : 처음 넷째까지의 모양은 같지만, 그 이후는 모두 다른 배열 두 개를 패턴블록이나 색타일을 써서 비밀리에 만드시오. 짝에게 처음 네 개의 모양을 보여주고 그들에게 당신의 비밀 배열을 알아내도록 요구하여라. 당신의 배열을 그림으로 그리고 요구의 결과를 설명하여라.

5 수학 개념 : 다음은 패턴블록으로 만든 그림이다.

그림 1

a. 각자가 가진 패턴블록을 써서 그림 1이 '둘째' 그림이 되는 패턴블록 배열을 만드시오. 그렇게 만든 배열 안에 첫째, 셋째, 그리고 넷째 모양의 그림을 스케치하고, 독자가 당신의 둘째 배열 안에 있는 다음 모양 몇 개를 더 만들 수 있도록 여러분이 만든 각각의 패턴을 확장하는 규칙을 써라.

b. 각자가 가진 패턴블록을 써서 그림 1이 '넷째' 그림이 되는 또 다른 패턴블록 배열을 만드시

활동모음 1.1. 패턴블록을 사용하여 규칙성을 보고 확장하기 • 9

애플릿을 활용한 공학과의 연결성 각 장에서는 학생들에게 웹사이트(www.mhhe.com/bbn)에 제시된 적당한 상호작용 애플릿을 안내한다. 애플릿에는 학생들의 탐구를 위한 질문이 제공된다.

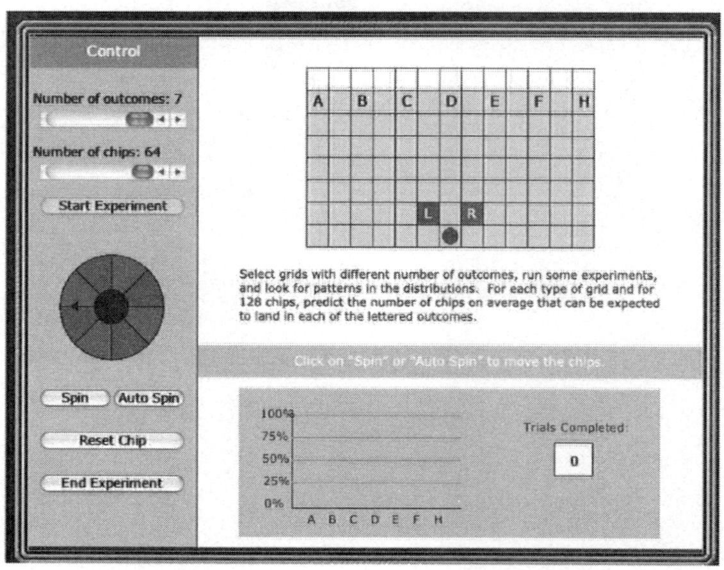

새로워진 놀이 활동 각각의 활동모음 다음에는 '놀이 활동'이 제공된다. '놀이 활동'은 활동모음의 주제와 관련되어 있고 대부분은 오락활동 또는 예술적인 측면이 포함되어 있다.

놀이 활동

피보나치 수는 1, 1, 2, 3, 5, 8, 13, … 자연 속에서 의외의 다양한 형태로 나타난다. 이 배열에서 처음 두 수 이후부터는, 각각의 수는 바로 이전 두 수를 더함으로써 얻어진다. 이 배열에서 다음 다섯 수는 무엇인가?

*1. **데이지 꽃** : 데이지 꽃은 보통 21, 34, 55 혹은 89개의 꽃잎을 가진다. 만약에 당신이 데이지 꽃잎을 가지고 "나를 사랑한다, 나를 사랑하지 않는다" 놀이를 한다면, 어떤 꽃잎 수가 예라는 대답으로 끝나겠는가? 데이지의 중심부는 시계방향과 반시계방향의 나선을 가진다. 이 나선들의 개수 또한 피보나치 수열이다.

2. **해바라기** : 해바라기의 씨는 두 개의 나선을 형성하는데, 하나는 시계방향으로 진행하고 다른 하나는 반시계방향으로 진행한다. 두 방향의 나선의 개수는 연속한 피보나치 수열을 이룬다. 그림에서는 34개의 시계방향의 나선과 55개의 반시계방향의 나선이 있다. 더 큰 해바라기에서는, 89와 144개의 나선이 있다. 해바라기를 찾아서 그것의 나선을 세어보아라.

3. **솔방울** : 소나무, 솔송나무, 가문비나무의 솔방울은 포엽이라고 하는 비늘모양의 나선형 구조로 이루어져 있다. 이 나선의 수는 거의 항상 피보나치 수열이다. 솔방울의 사진에서 시계방향의 나선은 X로 표시되었고 반시계방향의 나선은 Y로 표시되었다. 8개의 시계방향 나선과 13개의 반시계방향 나선이 있는지 확인해 보아라.

4. **파인애플** : 파인애플의 구획들도 피보나치 패턴을 나타내는 나선들을 따라 배열되어 있다. 파인애플을 구해서 왼쪽 위에서부터 오른쪽 아래로의 나선의 개수를 세고, 왼쪽 아래로부터 오른쪽 위로의 나선의 개수를 세시오.

활동모음 1.2. 색타일을 써서 나타낸 기하학적 수의 규칙성 • 15

해답 활동모음의 활동 중 별표로 표시된 선택된 문제들에 대한 해답이 이 책 뒤쪽에 제시되어 있다.

추가 자료

《초등교사를 위한 수학: 개념적 접근》 (Mathematics for Elementary Teachers: A Conceptual Approach, 8ed, ISBN-13: 978-0-07-351945-6; ISBN-10: 0-07-351945-6)
이 책은 '활동적 접근'의 자매본이다. 34개의 절은 각각 활동모음과 대응된다. 각 절이 시작되는 본문 한쪽에는 '활동적 접근'의 교구 세트 자료를 활용할 수 있는 수학 활동이 제시되어 있다. 이전 판과 마찬가지로 '활동적 접근'과 '개념적 접근'은 도구 세트(ISBN-13: 978-0-07- 729794-7; ISBN-10: 0-07-729794-6)와 함께 일괄 구입할 수 있다.

Instructor's Resource Manual 《초등교사를 위한 수학: 활동적 접근》 8판의 자매본인 수업자 매뉴얼에는 '활동적 접근'을 활용한 강의진행을 위해 새로이 각 절별 계획지침과 상세화된 제안이 포함되어 있다. 수업자 매뉴얼에는 '활동모음'과 '탐구 활동'의 모든 질문에 대한 답이 제시되어 있다. 또 수업자 매뉴얼에는 Activity Approach 각 장에 대한 일련의 예시 검사 문항이 답과 함께 제시되어 있다. 이 책은 Mathematics for Elementary Teachers: An Activity Approach의 웹사이트인 www.mhhe.com/bbn에서 구입할 수 있다.

웹사이트(www.mhhe.com/bbn) '활동적 접근'의 웹사이트에서는 교사와 학생에게 다양한 자료를 제공한다. 웹사이트에서는 다음의 것들을 할 수 있다:

- 가상 도구를 활용해서 다양한 온라인 활동을 수행할 수 있다.
- 상호작용이 가능한 수학 애플릿을 활용해서 한 장에 하나씩 핵심적인 수학적 개념을 탐구할 수 있다.
- 자료를 만들기 위해 Mathematics Investigator 소프트웨어를 활용하는 14개의 조사활동과 학생과 친숙한 GSP 모듈에 대응하는 8개의 조사활동을 포함해서 각 활동모음당 하나씩 모두 34개의 탐구형 수학 조사활동을 할 수 있다.
- 교구 세트에 포함된 조작물에 대한 칼라 투명지와 흑백의 모눈종이를 내려받을 수 있다.
- 후속 연구를 위한 참고문헌과 인터넷 링크를 활용할 수 있다.
- 네트워크 그래프와 Logo에 대한 지침과 연습문제를 내려받을 수 있다.

강좌 형식

《초등교사를 위한 수학 : 활동적 접근》의 대부분의 '활동모음'은 서로 독립적이며 따라서 순서에 구애받지 않고 활용할 수 있다('활동모음'의 상호관련성은 Instructor's Resource Manual을 참조하라.) '활동적 접근'의 이런 특성 때문에 이 책은 다양한 강좌에서 효과적으로 활용할 수 있다.

- '활동모음'과 참고문헌이나 저널에서 발췌한 읽기 자료, 과제로 활용할 탐구 활동을 바탕으로 한 실험실 강좌
- '활동모음'에서 제기되고 《초등교사를 위한 수학: 개념적 접근》에서 개발된 아이디어를 확장하기 위한 '활동모음'과 토론 또는 강의를 통합하여 실험실 및 강의 통합 강좌
- 활동적 접근의 '활동모음'과 '후속질문과 활동'을 《초등교사를 위한 수학: 개념적 접근》을 보충하는 자료로 활용하는 전통적인 강의 강좌

차 례

CHAPTER 6 소수 : 유리수와 무리수

CHAPTER 7 통계

CHAPTER 8 확률

CHAPTER 9 도형

CHAPTER 10 측정

CHAPTER 11 도형의 변환

CHAPTER 1

문제해결

3학년-5학년 시기에 학생들은 수와 도형에서 나타나는 규칙성을 탐구해야만 하고, 그것을 말이나 기호로 표현해야만 한다. 그들은 그 규칙성의 구조와 함께 그것이 어떻게 커지고 변화하는지를 분석해야만 하며, 이러한 정보를 체계적으로 조직해야만 하며, 그 규칙성 안에 있는 수학적인 관계에 관한 일반화를 발달시키기 위해서 그들의 분석을 사용해야만 한다.[1]

활동모음 1.1 패턴블록을 사용하여 규칙성을 보고 확장하기

웹 교구

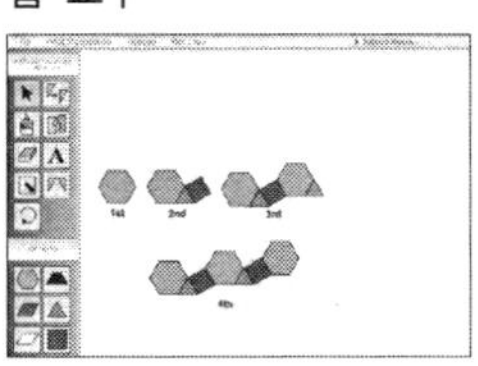

www.mhhe.com/bbn

▶▶ 목표

기하학적 규칙성을 인식하고 기술하고 구성하고 확장하는 것

▶▶ 준비물

교구 세트나 웹 교구에 있는 패턴블록과 색타일

▶▶ 도입

첫 활동모음에서는 기하학적 규칙성을 인식하고 연구하고 확장하기 위하여 패턴블록이라 불리는 다양한 색깔의 기하학적 모양이 사용될 것이다. 패턴블록의 한 세트는 여섯 가지의 서로 다른 정다각형으로 이루어진다: 초록색 정삼각형, 오렌지색 정사각형, 붉은색 사다리꼴, 파란색 마름모, 황갈색 마름모, 노란색 육각형.

인간은 규칙성을 추구하는 피조물이다. 아기는 음성적 규칙성을 듣고, 시각적 규칙성을 보는 것과 함께 인생이라는 여정을 시작한다. 외계의 지성을 탐색하는 과학자들은 패턴이 있는 신호를 우주로 보내고 전파 망원경을 통해서 들어오는 패턴이 있는지 조사한다. 수학 역시 규칙성에 관심이 있다. 초중등 학교 수준에서 수학의 교수·학습을 개선하는 데 몰두하고 있는 많은 수학자들과 교육자들은 수학이란 수와 도형에 관한 연구이다라는 관념이 확장될 필요가 있다고 주장한다. 어떤 사람들은 "수학이란 모든 종류의 규칙성을 이해하는 것을 추구하는 탐험적인 과학이다"라고 제안한다.[2]

[1] *Principles and Standards for School Mathematics* (Reston, VA: National Council of Teachers of Mathematics, 2000): 159.

[2] Lynn A. Steen, *On the Shoulders of Giants: New Approaches to Numeracy* (Washington, DC: National Academy Press, 1990): 1–8.

이름 ______________________ 모양 패턴

수학 단어

단위

배우기 여러분은 여러 모양으로 이루어진 패턴을 만들 수 있습니다. 패턴블록을 사용하여라. 그리고 나서 문자를 써서 그 패턴을 다른 방식으로 나타내어라.

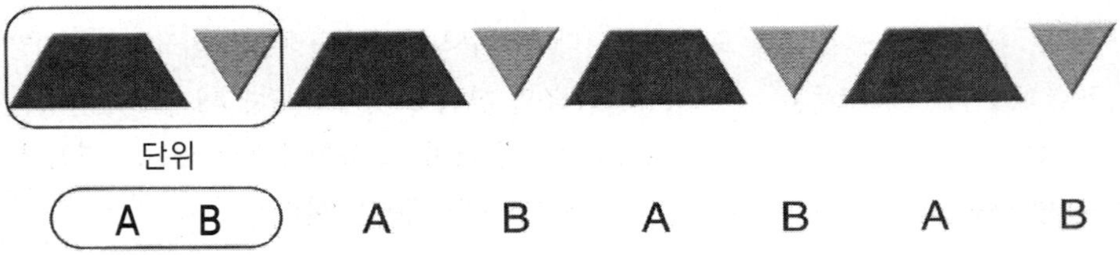

여러분 차례 패턴블록을 써서 패턴을 나타내어라.

1 

2 

3 

4 

5 

6 **써봅시다**

여러분은 다음에 어떤 모양이 나타날 것인지에 대해서 어떻게 말할 수 있습니까?

이 활동세트 안에서 우리는 다양한 배열을 볼 것이다. '배열'이란 수학적인 사물을 순서대로 늘어선 것이다. 배열은 여러 가지가 있을 수 있다. 몇 가지 예를 들면, 패턴블록 도형의 배열, 타일 도형의 배열, 문자묶음의 배열, 범자연수의 배열, 분수의 배열 등이 있다.

1 여기에 제시된 패턴블록의 그림은 배열의 처음 다섯 모양에 해당한다. 각자가 갖고 있는 초록색 정삼각형을 사용하여 주어진 규칙성을 확장한 것이라고 생각하는 여섯째와 일곱째 모양을 만들고 이것을 나타내는 그림을 그려라.

***a.** 이 배열에서 일곱째 모양과 여섯째 모양의 차이점을 적어도 세 가지 이상 찾아서 글로 써라.

***b.** 이 배열의 15번째 모양은 어떻게 보일 것인지 글로 써라. 단, 이 배열을 직접 보지 않은 사람일지라도 각자가 글을 읽고 같은 모양을 만들 수 있어야 한다.

2 패턴블록을 써서 아래의 배열의 여섯째 모양을 만들고 그 그림을 그려라.

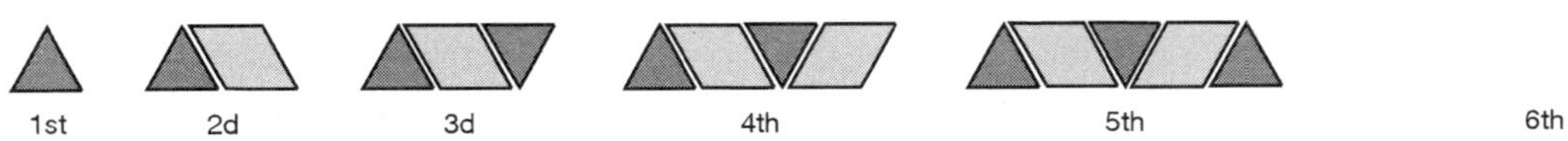

***a.** 이 배열이 확장됨에 따라 새로운 모양은 어떻게 생성되는지 글로 써라.

***b.** 확장된 배열의 10번째 모양의 오른쪽 끝은 초록색 정삼각형일까 아니면 파란색 마름모일까? 각자의 추론을 설명하여라.

***c.** 확장된 배열의 25번째 모양에는 정삼각형과 마름모가 몇 개씩 있을까? 각자가 어떻게 답에 도달했는지 설명하여라.

***d.** 어떤 사람이 어떤 모양을 선택했을 때, 그 모양에 있는 정삼각형과 마름모의 개수를 결정할 수 있게 해주는 다음 진술을 완성하여라.

n번째 모양에서, n이 짝수라면 $n \div 2$개의 정삼각형과 $n \div 2$개의 마름모가 있다. 만약에 n이 홀수라면, n번째 모양은 (   ) 정삼각형과 (   )의 마름모를 포함할 것이다.

3 다음과 같은 패턴블록 배열은 세 가지 모양의 패턴블록을 사용한다. 각자가 가진 패턴블록을 써서 배열을 확장했을 때 다음에 올 모양을 만들고 그것을 그려라.

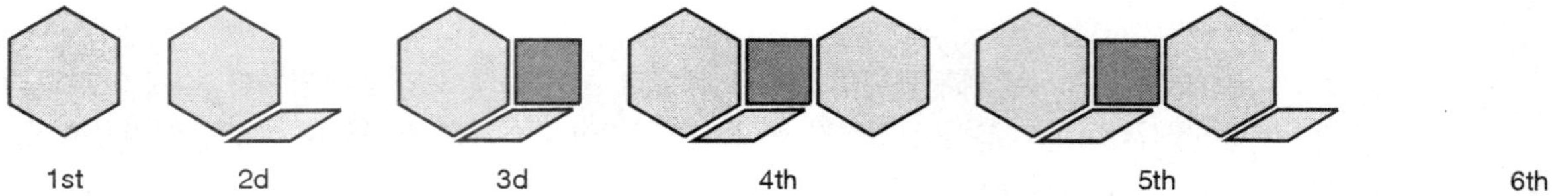

***a.** 이 배열이 확장되었을 때 새 모양은 어떻게 생성되는지 글로 써라.

***b.** 이 배열에서 17번째 모양을 만들기 위해서는 16번째 모양의 오른쪽 끝에 어떤 패턴블록을 붙여야 하는가?

***c.** 배열의 20번째 모양에 있는 정육각형, 정사각형 그리고 마름모의 개수를 결정하여라. 각자가 그것을 생각한 방식을 설명하여라.

***d.** 배열에서 57번째 모양에 대해서 위의 c의 질문에 답하여라.

4 각자가 가진 패턴블록을 써서 다음 배열의 여섯째 모양을 만들고 그것을 그려라.

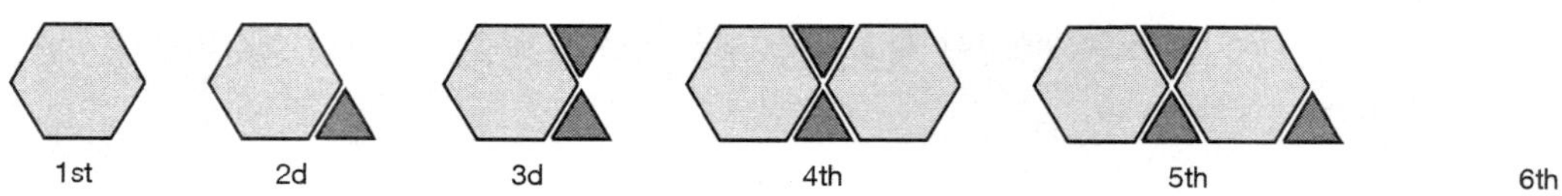

***a.** 확장된 배열의 10번째 모양 안에 있는 정삼각형과 정육각형의 개수를 결정하여라. 15번째 모양에 대해서도 같은 일을 하여라.

***b.** 모양의 순번이 3의 배수인 경우에는 그 안에 있는 정육각형의 개수는 1/3이고, 정삼각형의 개수는 2/3이다. 모양의 순번이 3의 배수보다 1 클 때, 모양 안에 있는 정육각형의 개수와 정삼각형의 개수를 어떻게 결정할 것인지를 설명하여라. 3의 배수보다 1 작을 때도 같은 일을 하여라.

5 패턴블록으로 만든 배열의 넷째와 다섯째 모양이 다음과 같다. 각자가 가진 패턴블록을 써서 이 배열의 첫째, 둘째 그리고 다섯째 모양을 만들고 그것을 그려라.

1st 2d 3d

4th 5th

***a.** 순번이 홀수인 모양은 순번이 짝수인 모양과 어떻게 다른지 글로 써라.

***b.** 다음 배열에서 빈 자리에 들어갈 적당한 모양을 그려라. 배열에서 짝수번째 모양에 있는 정육각형의 개수를 어떻게 결정할지 설명하고, 홀수번째 모양에 대해서도 같은 일을 하여라.

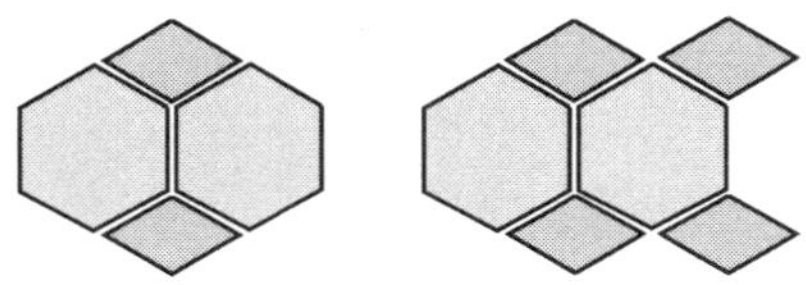

1st 2d 3d 4th 5th 6th

설명

6 색타일의 셋째 모양이 다음 그림과 같다. 각자가 가진 색타일을 써서 주어진 모양을 셋째 모양으로 하는 배열을 하나 이상 만드시오. 첫째, 둘째 그리고 넷째 모양의 그림을 스케치 하여라. 독자가 배열 안에 있는 다음 그림 몇 개를 만들 수 있도록 여러분이 만든 각각의 패턴을 확장하는 규칙을 써라.

배열1

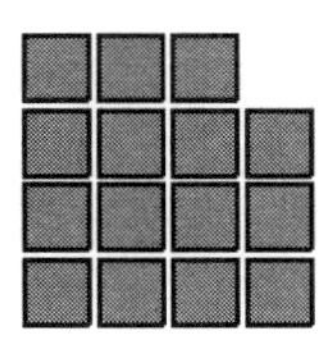

1st 2d 3d 4th

규칙

배열2

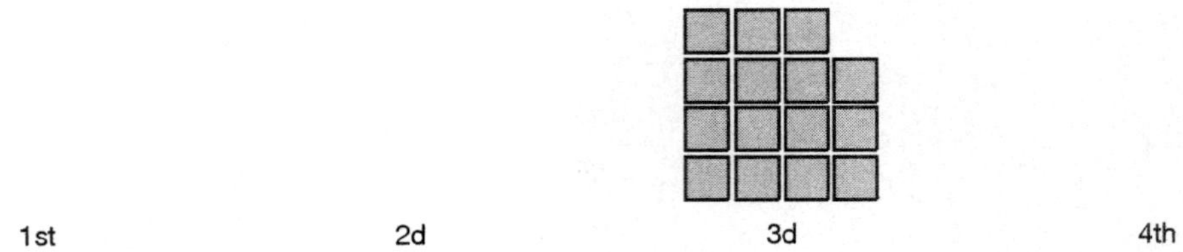

규칙

배열3

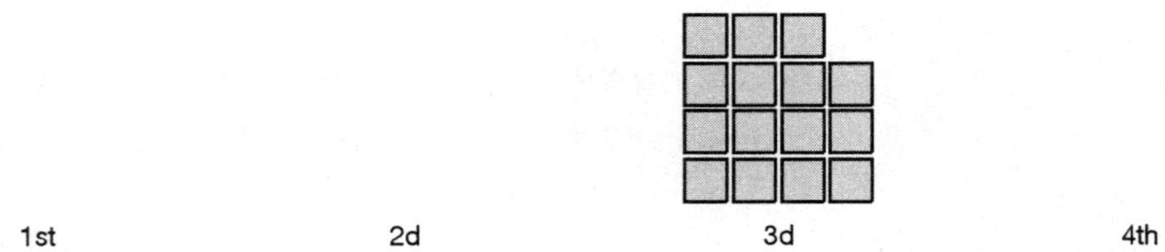

규칙

7 패턴블록으로 만든 배열 1과 2는 다섯째 모양에서 반복이 시작되고, 패턴블록으로 만든 배열 3은 여섯째 모양에서 반복이 시작된다. 각자가 가진 패턴블록을 써서 각각의 배열에서 다음 모양을 만들고 그것을 그려라. 각각의 배열의 38번째 모양에서 제일 오른쪽에 있는 패턴블록의 모양이 무엇인지 알아내고, 38번째 모양 안에 있는 패턴블록의 개수를 블록의 모양별로 구하여라.

배열1

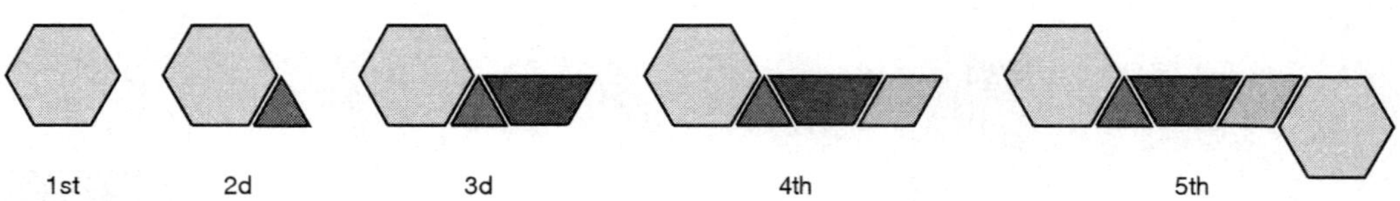

설명

6th

배열2

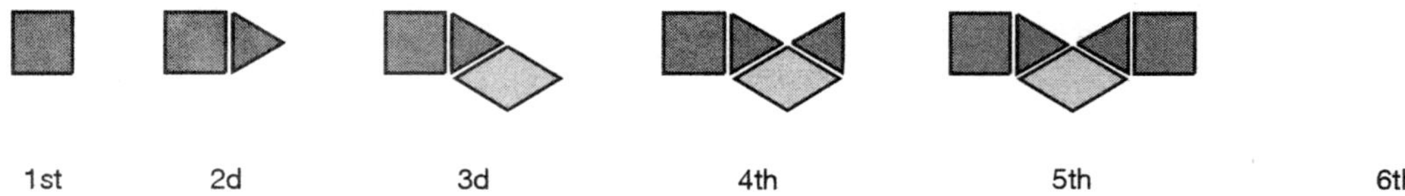

설명

배열3

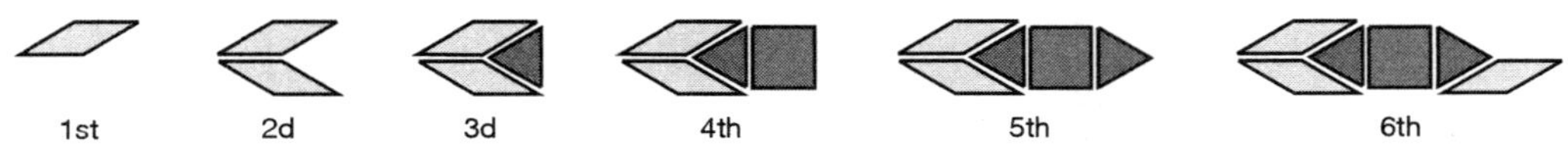

설명

7th

8 패턴블록을 써서 각자의 배열을 고안하여라. 각자가 만든 배열에 대해서 적어도 세 가지 이상의 질문을 제기하여라. 다른 사람에게 당신의 배열을 만들고 당신의 질문에 답하도록 요구하여라. 당신이 만든 배열의 처음 네 개의 모양을 그리고 당신이 만든 질문을 써라.

놀이 활동

탑 퍼즐

이 고대 퍼즐은 때때로 '브라마의 탑'으로 이야기된다. 그 이야기에 따르면 태초에 승려들은 황금으로 만든 막기둥 세 개를 받았다. 한 개의 기둥에는 64개의 황금 원반이 끼워져 있었는데, 가장 넓은 원반이 제일 아래에 있고, 위로 올라가면서 차례로 원반의 크기가 일정하게 줄어들도록 되어 있었다. 밤낮으로 승려들은 원반을 다른 기둥으로 옮겨야만 했는데, 한 번에 하나씩만 옮길 수 있으며, 큰 원반이 작은 원반보다 위에 있어서는 안 되며, 모든 원반이 처음에 있었던 순서대로 다른 기둥으로 옮겨질 때까지 해야만 했다. 승려들이 64개의 원반을 모두 옮기게 되면 세상은 끝난다.

모델이나 온라인러닝센터에 있는 대화형 매플릿을 사용하거나, 단순화하기, 표 만들기, 규칙성 찾기 등과 같은 문제 해결 전략을 사용하여 64개의 원반을 다른 기둥으로 모두 옮기려면 최소 몇 번의 이동을 해야 하는지 추측하여라. 2개의 원반 혹은 3개의 원반과 같이 특수한 경우 몇 가지에서 실험해봄으로써 64개의 원반을 모두 옮기는데 필요한 이동의 개수를 추측을 할 수 있게 만들어주는 자료를 얻을 수 있다.

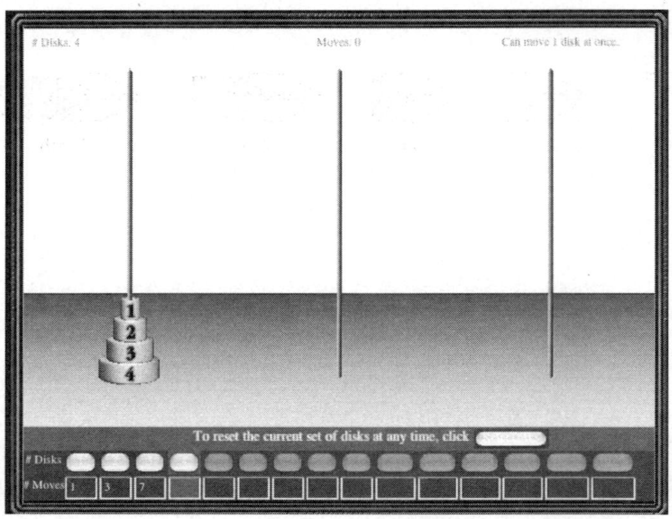

교사를 위한 후속탐구 1.1

1 교실 상황 : 어떤 2학년 교사가 다음과 같이 패턴블록 배열을 시작한 다음 학생들에게 규칙성이 계속되도록 패턴블록 5개를 더 추가하라고 요구하였다.

a. 한 학생이 배열을 보고나서 무엇을 해야할지 모르겠다고 말했다. 만약 당신이 교사라면 무슨 말을 할지 혹은 무슨 행동을 할지 기술하여라.

b. 다른 학생이 배열을 다음과 같이 확장하였다. 이 학생이 생각했다고 당신이 믿는 것을 기술하여라. 학생 자신이 규칙성을 어떻게 지각하고 확장했는지를 드러내도록 그 학생을 격려하기 위해서 당신이 제기할 수 있는 질문은 무엇인가?

2 교실 상황 : 당신이 생각하기에 초등학교 학생들에게 적합하다고 보여지는 패턴블록 배열을 설계하고 그 배열에 대해서 당신이 제기할 수 있는 몇 가지 질문을 써라. 이 활동을 당신이 선택한 연령의 초등학생들에게 적용해 보아라. 당신의 배열을 기록하고, 당신의 질문과 학생들의 반응도 기록하여라.

3 교실 상황 : 제2쪽에서 '초등학교 교과서'로부터 가져온 사례에는 한 학생이 패턴블록을 써서 패턴을 보여주고 확장하는 것이 나와 있다: 질문 6에서 "그것에 대해서 써라. 여러분은 다음에 어떤 모양이 나타날 것인지에 대해서 어떻게 말할 수 있습니까?"라고 말한다. 패턴에 대해서 쓰려고 힘들게 노력하는 한 학생이 있을 때, 학생이 써야할 내용을 단지 말해주는 것 이외에, 당신이 교사로서 그 학생을 도울 어떤 말이나 행동을 할 것인지 기술하여라.

4 수학 개념 : 처음 넷째까지의 모양은 같지만, 그 이후는 모두 다른 배열 두 개를 패턴블록이나 색타일을 써서 비밀리에 만드시오. 짝에게 처음 네 개의 모양을 보여주고 그들에게 당신의 비밀 배열을 알아내도록 요구하여라. 당신의 배열을 그림으로 그리고 요구의 결과를 설명하여라.

5 수학 개념 : 다음은 패턴블록으로 만든 그림이다.

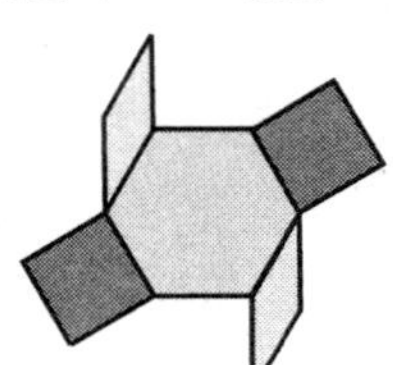

그림 1

a. 각자가 가진 패턴블록을 써서 그림 1이 '둘째' 그림이 되는 패턴블록 배열을 만드시오. 그렇게 만든 배열 안에 첫째, 셋째, 그리고 넷째 모양의 그림을 스케치하고, 독자가 당신의 둘째 배열 안에 있는 다음 모양 몇 개를 더 만들 수 있도록 여러분이 만든 각각의 패턴을 확장하는 규칙을 써라.

b. 각자가 가진 패턴블록을 써서 그림 1이 '넷째' 그림이 되는 또 다른 패턴블록 배열을 만드시

오. 그렇게 만든 배열 안에 첫째, 둘째, 셋째 그리고 다섯째 모양의 그림을 스케치하고, 독자가 당신의 둘째 배열 안에 있는 다음 모양 몇 개를 더 만들 수 있도록 여러분이 만든 각각의 패턴을 확장하는 규칙을 써라.

6 **수학 개념** : 색타일 안에 있는 처음 두 모양은 다음과 같다. 이 색타일 배열을 두 가지 서로 다른 방식으로 확장하고 여러분이 만든 각각의 배열에 대해서 다음 질문에 답하여라.

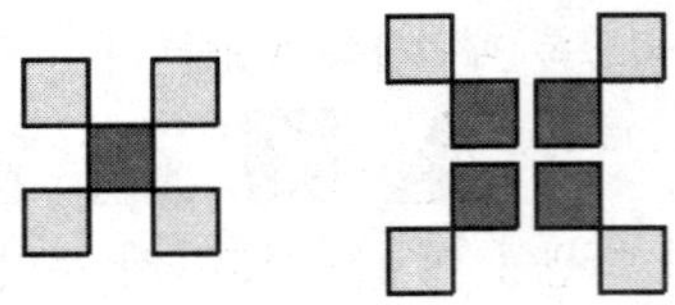

배열1

a. 이 색타일 배열을 확장하는 가능한 한 가지 방법, 즉 배열 1의 셋째, 넷째 그리고 다섯째 모양을 스케치하여라.

b. 여러분이 만든 배열 1에서 100번째와 101번째 모양에는 몇 개의 타일이 있습니까? 답을 어떻게 결정했는지 설명하여라.

c. 여러분의 배열 1을 확장하는 규칙을 글로 써서, 독자가 배열 안에 있는 어떤 모양이라도 만들 수 있도록 하여라.

배열2

a. 이 색타일 배열을 확장하는 가능한 한 가지 방법, 즉 배열 2의 셋째, 넷째 그리고 다섯째 모양을 스케치하여라.

b. 여러분이 만든 배열 2에서 100번째와 101번째 모양에는 몇 개의 타일이 있습니까? 답을 어떻게 결정했는지 설명하여라.

c. 여러분의 배열 2을 확장하는 규칙을 글로 써서, 독자가 배열 안에 있는 어떤 모양이라도 만들 수 있도록 하여라.

6 NCTM **규준** : 미국수학교사협의회(NCTM)는 수학이 교수·학습을 개선하는 것을 목표로 하고 있는 전문적인 조직이다. NCTM의 웹사이트 www.nctm.org에서 그들이 출판한 'The Principle and Standard for School Mathematics'에 관한 정보가 있는 곳으로 가시오. 이 출판물의 목적에 관해서 간략하게 쓰고, 당신이 이 정보를 얻은 자세한 URL을 제시하여라.

8 NCTM **규준** : 이 책의 부록에 있는 '유치원 이전–초등4학년 규준'을 찾아가서 규칙성을 공부하는 것을 추천하고 있는 '기대하는 사항'을 찾으시오. '예상되는 사항'과 그 사항이 속해 있는 '내용 규준'을 진술하고, 왜 규칙성의 탐구가 그러한 특수한 규준 아래에 속해 있는지에 대한 당신의 생각을 설명하여라.

BENNETT-BURTON-NELSON 웹사이트

www.mhhe.com/benett-nelson

웹 교구	모눈종이와 점종이	링크와 읽을 자료
대화형 애플릿	투명색지	Geometer Sketchpad 모듈
퍼즐 내는 사람	보충된 참고문헌	

활동모음 1.2 색타일을 써서 나타낸 기하학적 수의 규칙성

웹 교구

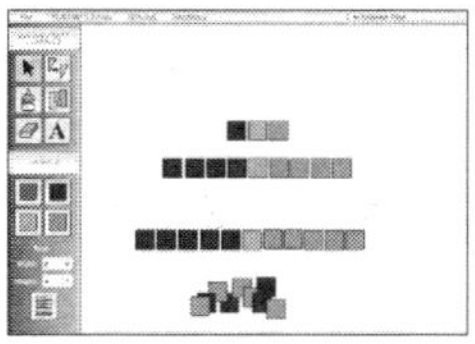

www.mhhe.com.bbn

가우스

▶▶ **목표** 수의 규칙성을 나타내는 데 기하학적 규칙성을 사용함으로써 수의 배열을 확장하는 일을 시각적으로 지원한다.

▶▶ **준비물** 교구가방이나 웹 교구 안에 있는 색타일

▶▶ **도입** 1부터 100까지의 자연수의 합을 구하려면 시간이 얼마나 걸릴까?

$$1 + 2 + 3 + 4 + \cdots 49 + 50 + 51 + \cdots + 97 + 98 + 99 + 100$$

역사상 가장 위대한 수학자 중의 한 사람인 칼 프리드리히 가우스((Karl Friedrich Gauss, 1777~1855)는 열 살 때에 이와 비슷한 합을 계산하라는 요구를 받았다. 여느때처럼 가장 먼저 답을 구한 학생은 답이 적힌 석판을 교사의 책상 위에 두기로 되어 있었다. 교사가 문제를 다 진술하자마자 가우스는 그의 석판을 책상 위에 올려놓으면서 "여기 있습니다"라고 말했다.

가우스가 어떻게 그렇게 빨리 합을 구했는지에 대해서는 아무도 확실히 몰랐다. 그러나 그는 다른 모든 창조적인 사유가들처럼 제시된 수 문제를 시각적이고 영상적인 방법으로 생각함으로써 암산을 할 수 있었다. 가우스의 합을 나타내는 그림이나 도해를 생각할 수 있겠는가?

수학에서 종종 시각적 정보는 수에 관한 문제에 가치 있는 통찰을 줄 수 있다. 시각적인 이미지는 또한 우리가 수학적인 관념과 개념을 기억하는 것을 돕는다. 다음 활동을 통해서 기하학적인 규칙성은 수의 배열을 생성하는 데 사용될 것이다. 규칙성 안에 있는 시각적 정보는 당신이 수에 있는 규칙성을 일반화하는 일을 도와줄 것이다.

1 타일로 이루어진 다음 배열 안에 있는 규칙성을 찾고, 각자가 가진 타일을 써서 여섯째와 일곱째 모양을 만들고 그림으로 그려라.

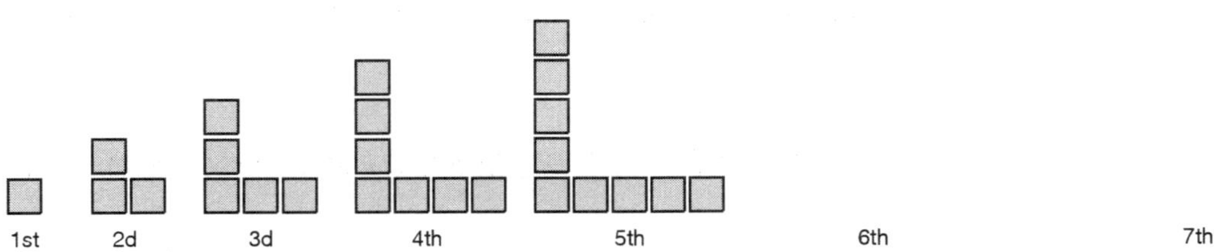

***a.** 각각의 모양에 있는 타일의 개수를 셈으로써 우리는 배열의 처음 7개 모양은 홀수 1, 3, 5, 7, 9, 11 그리고 13을 나타낸다는 것을 알 수 있다. 각자의 타일을 써서 이 배열의 10번째 모양을 만드시오. 10번째 모양 안에 있는 타일의 개수를 셈으로써 10번째 홀수를 결정하여라.

***b.** 20번째 모양을 만드는 방법을 정확하게 기술하는 하나 혹은 두개의 문장을 써라. 몇 개의 타일이 필요한가? 20번째 홀수는 무엇인가?

***c.** 50번째 모양은 어떻게 보일 것이며 그것은 몇 개의 타일을 포함하고 있는지를 하나 혹은 두 개의 문장으로 정확하게 기술하여라.

***d.** 독자들이 임의의 n번째 모양에 포함된 타일의 개수를 구할 수 있도록 만드는 문장을 써라.

2 다음과 같은 타일 그림에 의하여 표현되는 수 배열의 처음 세 개의 항은 7, 12 그리고 17이다. 넷째 모양을 만들고 그림으로 그린 다음, 그것을 만드는데 필요한 타일의 개수를 구하여라.

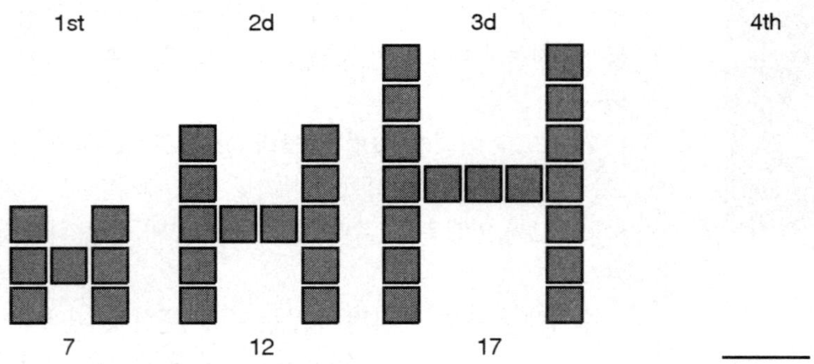

a. 이 배열의 어떤 모양도 보지 않은 어떤 사람이 당신이 제시하는 명령문을 읽고 그것을 따라 여덟째 모양을 만들 수 있도록 지시문을 써라.

b. 여덟째 모양에는 몇 개의 타일이 있는가?

c. 15번째 모양 안에 있는 타일의 개수를 결정하여라. (그 모양을 어떻게 만드는지 상상하라.)

d. 50번째 모양을 어떻게 보일 것인지 그리고 그 속에는 몇 개의 타일이 포함되어 있는지 글로 써라.

e. 임의의 n번째 모양 안에 있는 타일의 개수를 결정하는 절차를 단어 혹은 대수적 표현을 써서 글로 써라.

3 다음은 타일로 만들어진 모양과 그것이 나타내는 세 개의 수 배열이다. 넷째 모양을 만들고 수 배열에서의 넷째 수를 써라. 타일의 배열 안에 있는 10번째 모양을 어떻게 구성할 것인지를 상상함으로써 수 배열 안에 있는 10번째 수를 결정하여라. 독자들로 하여금 임의의 n번째 모양 안에 있는 타일의 수를 결정할 수 있도록 만들어주는 절차를 단어나 대수적 표현을 써서 글로 써라.

***a.**

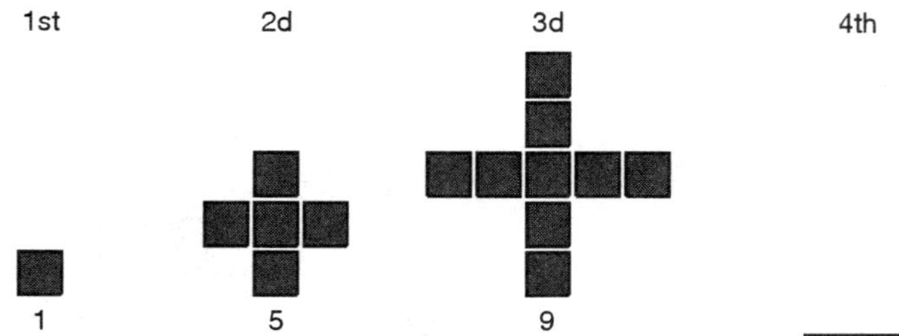

절차

***b.**

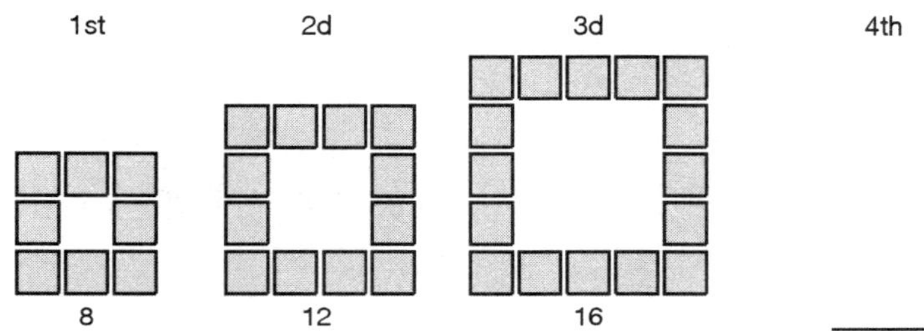

절차

c.

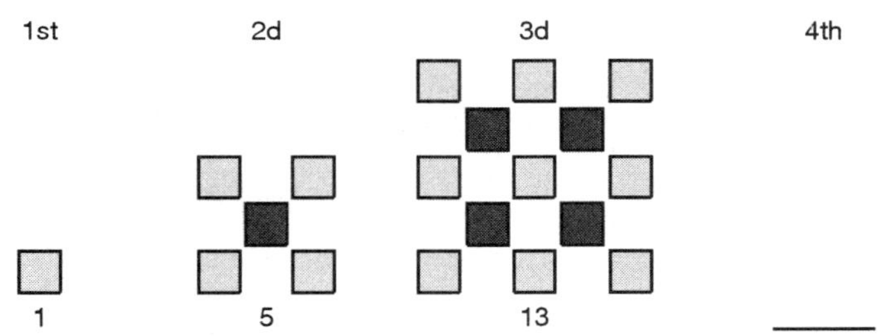

절차

4 회색과 흰색 타일을 써서 다음과 같이 직사각형의 배열에서 넷째와 다섯째 모양을 만들고 그림으로 그린 다음, 대응하는 수 배열의 넷째와 다섯째 항을 결정하여라.

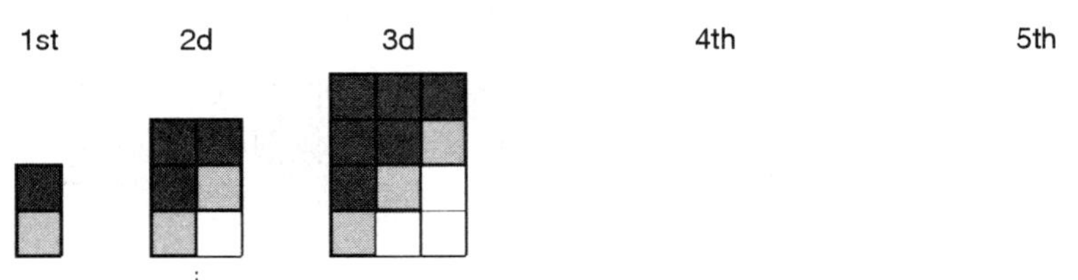

a. 배열의 10번째 직사각형을 기술하고, 그것의 높이, 폭, 타일의 전체 개수, 회색 타일과 흰색타일의 개수를 구하여라.

b. 50번째 직사각형 안에 있는 회색 타일과 흰색 타일의 개수를 어떻게 구할 수 있는지 설명하여라.

5 다음 모양들은 계단의 형태를 닮았다. 각자의 타일을 써서 다섯째 모양(다섯째 계단)을 만들고 그림으로 그려라.

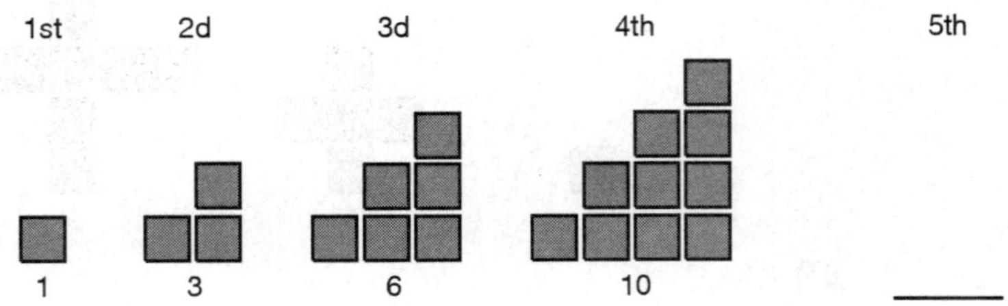

***a.** 다섯째 계단이 나타내는 수는 무엇인가? 10번째 계단은?

***b.** 50번째 계단의 타일 개수를 결정하는데 있어서, 위의 활동 4b의 결과가 어떻게 도움이 되는지 설명하여라.

***c.** 가우스의 합 $1 + 2 + 3 + 4 + \cdots + 99 + 100$에 대응하는 계단은 무엇인가?

***d.** 계단과 활동 4가 위의 c에 나오는 가우스의 합을 결정하는데 어떻게 사용될 수 있는지 설명하여라.

***e.** 자연수 1로부터 임의로 주어진 수 n까지의 연속한 수들의 합이 계단을 써서 어떻게 얻어질 수 있는지를 설명하는 문단을 써라.

6 젊은 가우스에게 다음과 같은 합을 구하도록 요청했다고 하자.

$$2 + 4 + 6 + 8 + 10 + 12 + 14 + \cdots + 78 + 80$$

그는 이 합을 어떻게 빨리 계산했겠는가? 이 합을 계산하는 당신 자신의 방법을 고안하여라.(힌트: 활동 5에 있는 것과 비슷한 계단 배열을 만드는 것이 한 가지 방법이다.) 당신의 방법과 당신이 사용한 도해나 스케치를 기록하여라.

놀이 활동

피보나치 수는 1, 1, 2, 3, 5, 8, 13, … 자연 속에서 의외의 다양한 형태로 나타난다. 이 배열에서 처음 두 수 이후부터는, 각각의 수는 바로 이전 두 수를 더함으로써 얻어진다. 이 배열에서 다음 다섯 수는 무엇인가?

***1. 데이지 꽃** : 데이지 꽃은 보통 21, 34, 55 혹은 89개의 꽃잎을 가진다. 만약에 당신이 데이지 꽃잎을 가지고 "나를 사랑한다, 나를 사랑하지 않는다" 놀이를 한다면, 어떤 꽃잎 수가 예라는 대답으로 끝나겠는가? 데이지의 중심부는 시계방향과 반시계방향의 나선을 가진다. 이 나선들의 개수 또한 피보나치 수열이다.

2. 해바라기 : 해바라기의 씨는 두 개의 나선을 형성하는데, 하나는 시계방향으로 진행하고 다른 하나는 반시계방향으로 진행한다. 두 방향의 나선의 개수는 연속한 피보나치 수열을 이룬다. 그림에서는 34개의 시계방향의 나선과 55개의 반시계방향의 나선이 있다. 더 큰 해바리기에서는, 89와 144개의 나선이 있다. 해바리기를 찾아서 그것의 나선을 세어보아라.

3. 솔방울 : 소나무, 솔송나무, 가문비나무의 솔방울은 포엽이라고 하는 비늘모양의 나선형 구조로 이루어져 있다. 이 나선의 수는 거의 항상 피보나치 수열이다. 솔방울의 사진에서 시계방향의 나선은 X로 표시되었고 반시계방향의 나선은 Y로 표시되었다. 8개의 시계방향 나선과 13개의 반시계방향 나선이 있는지 확인해 보아라.

4. 파인애플 : 파인애플의 구획들도 피보나치 패턴을 나타내는 나선들을 따라 배열되어 있다. 파인애플을 구해서 왼쪽 위에서부터 오른쪽 아래로의 나선의 개수를 세고, 왼쪽 아래로부터 오른쪽 위로의 나선의 개수를 세시오.

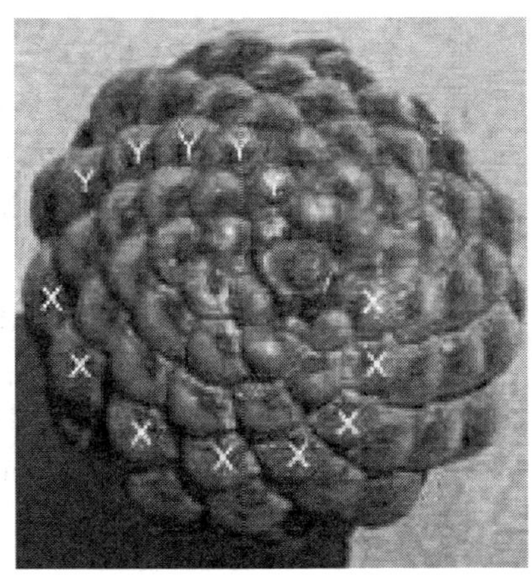

교사를 위한 후속탐구 1.2

1 **교실 상황** : 당신이 중학교 교실에서 수업하면서 학생들이 색타일을 써서 $2 + 4 + 6 + \cdots + 20$과 같은 합을 빨리 계산하는 방법을 이해하도록 돕고 있다고 가정하자. 만약 어느 한 학생이 색타일을 하나 하나 일일이 세는 단순한 방법을 택했다고 한다면, 처음 10개의 연속하는 짝수들의 합을 구하기 위하여, 타일을 하나하나 일일이 센다거나 단순하게 $2 + 4 + 6 + \cdots + 20$을 더하지 않고, 이 패턴을 사용하는 방법을 그 학생이 이해하도록 어떻게 그를 도울지를 설명하여라.

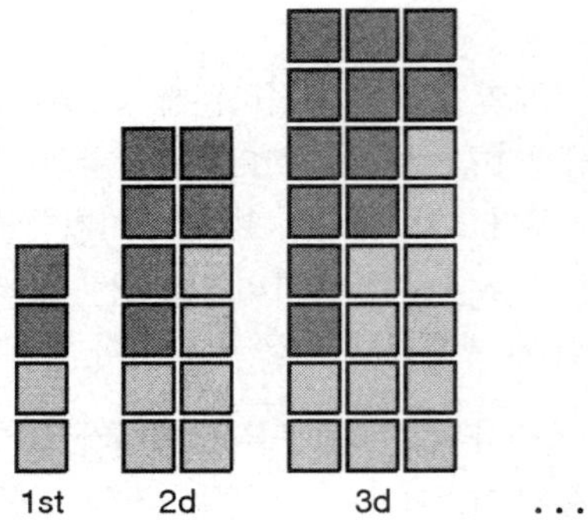

2 **교실 상황** : 이 책의 부록에 있는 '유치원–초등4학년 대수 규준'에 있는 '기대하는 사항'에서는 학생들은 패턴의 하나의 표현으로부터 다른 표현으로 전환할 수 있어야만 한다고 말한다.

a. 유치원–초등2학년 수준의 학생들이 타일 패턴으로부터 수 패턴으로 '전환'할 수 있다고 생각되는 규칙성을 색타일로 만드시오. 당신이 만든 타일 패턴과 그에 대응하는 수 패턴을 기록하여라.

b. 유치원–초등2학년 수준의 학생들이 수 패턴으로부터 타일 패턴으로 '전환'할 수 있다고 생각되는 수 패턴을 만드시오. 당신이 만든 수 패턴과 그에 대응하는 타일 패턴을 기록하여라.

c. 만약 당신이 만든 패턴을 유치원–초등2학년 수준의 학생들에게 가르칠 때 어떤 어려움이 예상되는가, 그리고 그것을 극복하기 위해서는 학생들에게 어떤 준비를 시켜야 하는가?

3 **수학 개념** :

a. 색타일을 써서 주어진 배열의 다음 두 모양을 만들고 그림으로 그려라. 각각의 타일 모양에 타일의 개수를 적고 또한 각각의 모양이 나타내는 연속된 수 배열의 합을 적어라.

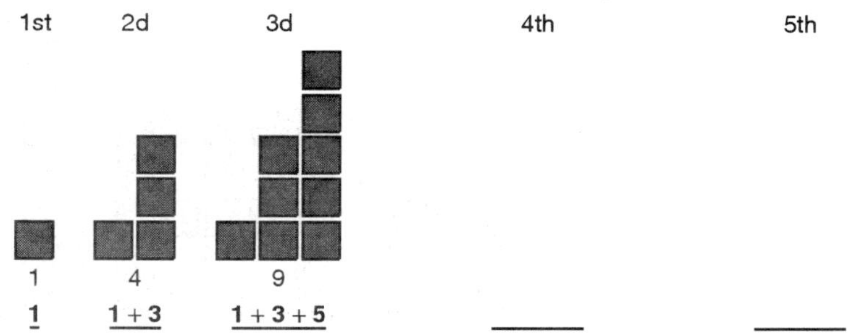

b. 위의 a에 있는 모양의 각각을 복사한 다음 그것을 뒤집어서 붙이면 직사각형이 만들어진다. 직사각형의 배열에서 넷째 모양을 만들고 그림을 그려라. 홀수의 합 1 + 3 + 5 + 7의 합을 구하는 데 단순히 더하는 방법 외에, 타일 배열의 넷째 직사각형 모양을 사용하는 방법을 설명하여라.

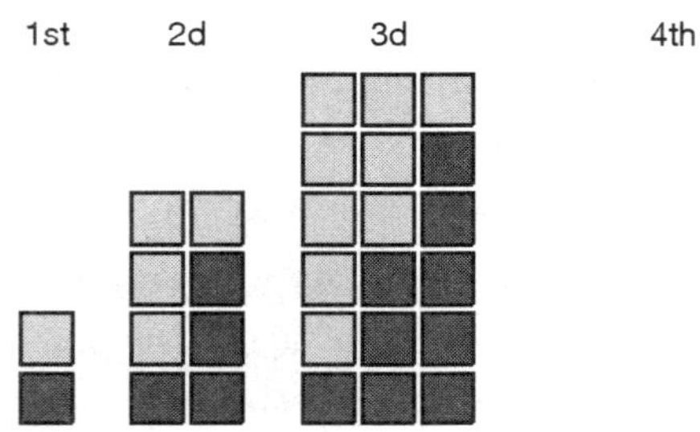

c. 1부터 191까지의 홀수의 합을 구하는데 1 + 3 + 5 + 7 + 9 + ⋯ + 191을 단순히 더하지 않고 어떻게 직사각형 배열을 사용해서 구할 수 있는지 설명하여라.

4 **수학 개념** : 활동 2와 3에 있는 타일 배열과 같이 흥미있는 패턴으로 증가하는 타일 배열의 처음 세 모양을 만들고 그림으로 그려라.

a. 당신이 만든 타일 배열 안에 있는 10번째 모양 안에 있는 타일의 개수를, 10번째 모양을 실제로 만들어보지 않고서도 결정할 수 있게 만드는 절차를 글로 써라. 당신의 타일 배열의 10번째 모양 안에 있는 타일은 모두 몇 개인가?

b. 당신이 만든 타일 배열에서 임의의 n번째 모양안에 있는 타일의 개수를 구하는 절차를 단어나 대수적 표현을 써서 글로 써라.

5 **수학 개념** : 온라인러닝센터에 들어가서 '수학 탐구 1.2: 읽을 자료 – 삼각수 가르치기'를 열고 '탐구를 위한 출발점 1.2.'에 나오는 질문 1과 2와 같이 일의 자리수의 패턴을 탐구하여라. 당신이 찾은 패턴이나 결론을 진술하고 당신의 생각을 설명하여라.

6 **수학 개념** : 다음은 색타일 배열에서 처음 세 개의 모양이다.

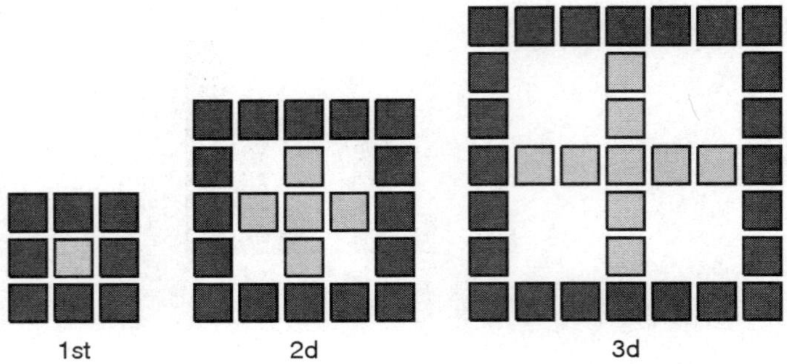

a. 어떤 사람이 이 배열 안에 있는 모양을 하나도 보지 않았을지라도 여러분이 말하는 방법을 듣고 따라서 모양을 완성할 수 있도록, 이 색타일 배열의 여덟째 모양을 만드는 방법을 써라.

b. 위에 제시된 색타일 배열 안에 있는 처음 여덟 개 모양의 각각에 있는 전체 타일의 개수로 만들어지는 수 배열에서 처음 여덟개 수는 무엇인가?

c. 15번째 모양 안에 있는 타일의 전체 개수를 구하여라. 붉은 타일은 몇 개인가? 파란 타일은 몇 개인가?

d. 임의의 n번째 모양 안에 있는 붉은색 타일의 개수를 결정하는 절차를 문장이나 대수식을 써서 글로 써라. 임의의 n번째 모양 안에 있는 파란색 타일의 개수를 결정하는 절차를 문장이나 대수식을 써서 글로 써라.

e. 임의의 n번째 모양 안에 있는 전체 타일의 개수를 결정하는 절차를 문장이나 대수식을 써서 글로 써라.

7 NCTM **규준** : 이 책의 부록에 있는 '대수 규준'에서 유치원－초등2년, 초등3－5년, 초등6－8년의 각 수준으로 찾아가서, '규칙성, 관계 그리고 함수를 이해하기'를 찾으시오. 각각의 수준에 있는 아동들이 이 타일 배열을 어떻게 다룰 것으로 생각하는지를, 위에 있는 질문 3a에 있는 타일 배열을 써서 기술하여라.

BENNETT-BURTON-NELSON 웹사이트

www.mhhe.com/benett-nelson

웹 교구	모눈종이와 점종이	링크와 읽을 자료
대화형 애플릿	투명색지	Geometer Sketchpad 모듈
퍼즐 내는 사람	보충된 참고문헌	

활동모음 1.3 대수 조각을 써서 문장제 문제를 해결하기

▶▶ 목표

대수 문장제를 표상하고 해결하는 시각적 모델로 대수 조각을 사용하기

▶▶ 준비물

자료 카드 1에 있는 대수 조각과 가위

▶▶ 도입

피타고라스(기원전 540년경)와 유클리드(기원전 300년경)의 그리스 대수는, 우리가 생각하는 대수와 같이 변량을 나타내는 문자를 사용하는 기호적인 것이 아니라 기하학적인 것이었다. 임의의 수는 선분으로 표시되었다. 임의의 두 수의 합을 표현하기 위해서, 그리스인들은 두 개의 선분의 끝과 끝을 연결하였다. 두 수의 곱은 각각의 수를 변으로 가지는 직사각형의 넓이로 나타내었다.

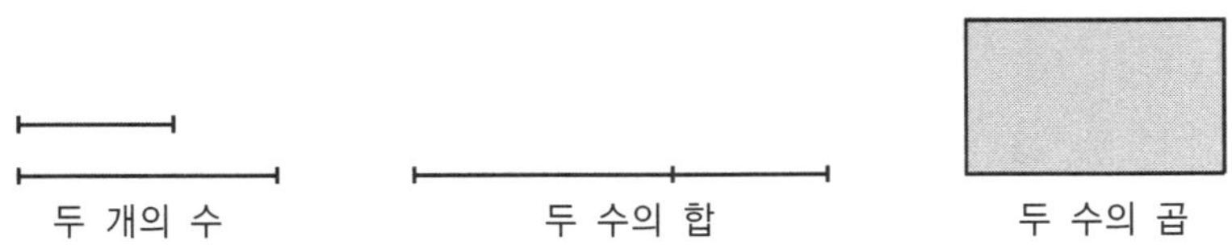

이 활동모음에서는 대수 문장제 문제를 그리스인들과 썼던 것과 유사한 기하학적인 모델을 사용하여 표상하고 해결할 것이다. 우리의 모델은 두 가지 유형의 조각으로 이루어진다: 변량 조각과 단위 조각. 변량 조각은 임의의 선분 혹은 임의의 수를 나타내기 위하여 사용될 것이다. 각각의 단위 조각은 단위 1의 길이를 나타낼 것이다.

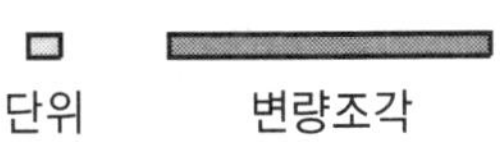

대수 조각들은 서로 다른 표현들을 형성하기 위하여 서로 붙여서 놓일 수 있다.

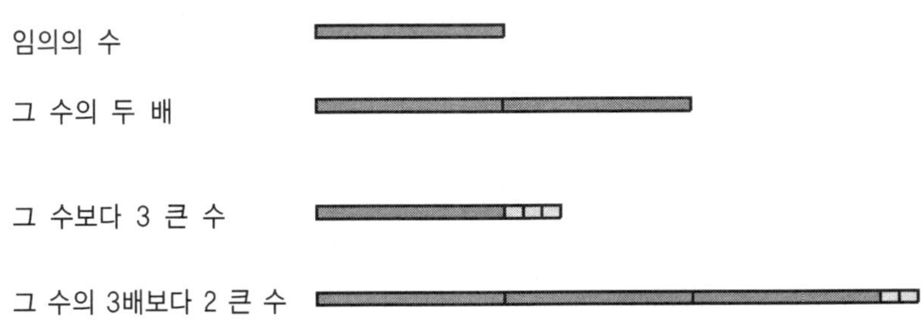

1 만약 변량 조각이 범자연수를 나타낸다면, 연속된 두 범자연수는 그림 a와 같이 대수 조각으로 나타낼 수 있다. 그림 b는 연속된 두 범자연수의 합을 보여준다.

(a) 연속하는 두 범자연수 (b) 연속하는 두 범자연수의 합

***a.** 각자가 가진 대수 조각을 써서 연속된 4개의 범자연수를 나타내어라. 여기에 간단히 그려라.

b. 당신의 모델과 암산을 써서 합이 58이 되는 연속된 4개의 범자연수를 구하여라. 당신의 생각을 설명하여라.

2 각자의 대수 조각을 사용하여 다음과 같이 설명된 삼각형의 변을 나타내어라.

삼각형의 둘째 변은 첫째 변의 길이의 두 배이다. 삼각형의 셋째 변은 둘째 변보다 6단위 더 길다.

***a.** 삼각형의 대수 조각 모델의 스케치를 그려라.

***b.** 당신의 모델과 암산을 사용하여 둘레의 길이의 합이 66단위가 되는 삼각형의 각각의 변의 길이를 결정하여라. 당신의 생각을 설명하여라.

3 상자 안에 750원이 50원 동전과 100원 동전으로 들어 있다. 50원 동전의 개수는 100원 동전의 개수의 3배이다. 만약에 하나의 변량 조각이 '100원 동전의 개수'를 나타낸다면, 여기에 그려진 변량 조각은 왜 50원 동전과 100원 동전의 전체 개수를 나타내는지를 설명하여라.

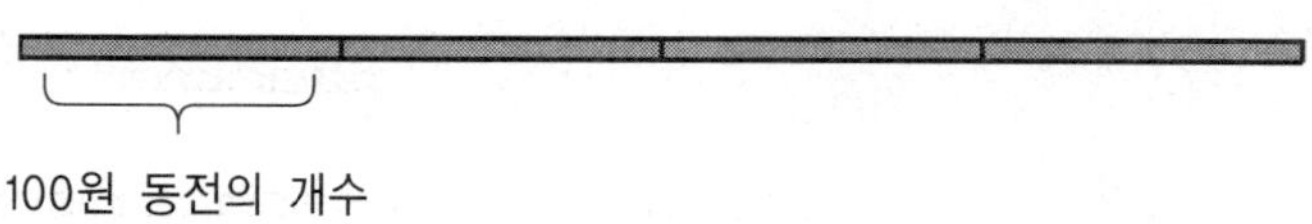

a. 100원 동전 하나를 50원 동전 두 개로 대체함으로써 상자 안에는 50원 동전만 들어 있게 되었다고 가정하자. 동전의 전체 개수는 다음과 같은 조각으로 나타낼 수 있는 이유를 설명하여라.

b. 상자 안에 있는 돈의 전체는 750원이다. 각각의 변량 조각이 나타내는 50원 동전 개수를 구하는데 위의 a에 있는 모델이 어떻게 사용될 수 있는지를 설명하여라.

c. 상자 안에 있었던 100원 동전과 500원 동전의 원래 개수를 구하기 위하여 위의 b에 있는 정보를 어떻게 사용할 수 있는지 설명하여라.

• **활동 4-9** • 각자의 대수 조각을 사용하여 각각의 문장제 안에 있는 정보를 나타내어라. 각각의 문제에 해당하는 대수 조각 모델을 스케치하여라. 대수 조각과 암산을 사용하여 각각의 풀이에 어떻게 도달할 수 있는지 설명하여라.

*4 길이가 7미터 차이가 나는 로프 두 개가 있다. 두 로프의 끝을 서로 연결했더니 길이가 75미터가 되었다. 각각의 조각의 길이는 얼마인가? (힌트: 하나의 변량 조각을 짧은 로프를 나타내는 것으로 하고 단위 조각을 1미터를 나타내는 것으로 하자.)

5 여학생은 모두 운동장 놀이터에 있고, 남학생은 3명만 학교 운동장에 있다. 모두 합해서 76명의 학생이 있다. 남학생은 모두 몇 명인가? (힌트: 하나의 변량 조각이 운동장에 있는 여학생의 수를 나타내기로 하자.)

*6 동수는 50원 동전을 모았고, 지연이는 100원 동전을 모았다. 동수가 모은 50원 동전의 개수는 지연이가 모은 100원 동전의 개수의 3배이다. 동수가 지연이보다 200원을 더 많이 갖고 있다. 지연이가 가진 돈은 얼마인가? (힌트: 하나의 변량 조각이 지연이가 가진 100원 동전의 개수를 나타낸다고 하자.)

7 직사각형의 세로 길이가 가로 길이의 3배보다 5피트 길다. 둘레의 길이가 130피트일 때 가로와 세로의 길이를 구하여라.

*8 학급 전체 학생의 3/5이 여학생이다. 학급의 남학생 수는 두 배가 되었고, 여학생 수는 9가 늘었을 때 비로소 남학생과 여학생의 수는 같게 되었다. 학생 전체의 수는? (힌트: 여학생의 수를 세 개의 변량 조각으로 나타내고 남학생의 수를 두 개의 변량 조각으로 나타낸다.)

9 세 수의 합은 43이다. 첫째 수는 둘째 수보다 5가 크며, 셋째 수는 첫째 수의 2배보다 8이 작다. 세 수는 무엇인가? (힌트: 하나의 변량 조각이 둘째 수를 나타낸다고 하고, 첫째 수와 둘째 수를 만든 다음 더한다.)

놀이 활동

대수적 표현 게임(2팀)[3]

이 게임에서 경기자는 대수식을 문장 표현에 짝지어야만 한다. 대수식 카드의 복사본이 제 14번째 교구 카드에 있다. 한 벌에 카드 12장씩 두 벌이 있는데, 12명으로 이루어진 한 팀에 한 벌의 카드가 제공된다. 각각의 학생들은 다음에 주어진 샘플과 비슷한 표현 카드를 갖고 있다.

첫째 경기자

나는 $n+1$을 가지고 있다. 누가 어떤 수보다 2 작은 것을 갖고 있는가?

다음 경기자

나는 $n-2$를 갖고 있다. 누가 어떤 수의 두 배보다 하나 많은 것을 갖고 있는가?

경기 : A팀이 그들에게 배당된 12장의 카드를 통해서 경기를 하고 소요된 시간이 기록된다. 그리고 B팀 역시 그들에게 배당된 12장의 카드를 통해서 경기를 하고 소요된 시간이 기록된다. A팀에서 $n+1$ 카드를 가진 사람이 "나는 $n+1$을 가지고 있다. 누가 어떤 수보다 2 작은 것을 갖고 있는가?"라고 말함으로써 경기를 시작한다. 그러면 A팀에서 $n-2$라는 카드를 가진 사람이 "나는 $n-2$를 갖고 있다. 누가 어떤 수의 두 배보다 하나 많은 것을 갖고 있는가?" 이같은 방식으로 게임은 계속된다.

B팀에서는 $n+2$카드를 가진 사람이 첫 번째 경기자이고, 이 사람의 카드에 써진 문장 표현과 맞아떨어지는 대수식을 가진 사람이 둘째 경기자이다.

각각의 카드 묶음은 순환적이다. 즉, 묶음의 마지막 카드는 첫째 카드를 부른다. 그러므로 묶음에 있는 모든 카드가 사용되어야만 한다. 만약 한 팀의 학생수가 12보다 작다면, 몇몇 학생은 하나 이상의 카드를 사용할 수 있다. 만약 한 팀의 학생수가 12보다 크다면, 두 명의 학생이 한 카드를 공유하거나 새로운 카드를 만들 수 있다.

목적 : 두 팀은 가장 적은 시간 안에 카드의 순환고리를 완성하기 위하여 서로 경쟁한다.

변형 : 게임은 문장 표현을 대수식에 연결시키도록 변경될 수도 있다. 샘플 카드 두 장이 여기에 있다. 이 경우 첫째 경기자는 "나는 어떤 수의 세 배보다 둘 많은 것을 갖고 있다. 누가 $4x-1$을 갖고 있는가?" 둘째 경기자는 "나는 네 배보다 하나 작은 것을 갖고 있다. 누가 $3x+5$를 갖고 있는가?" 이와 같은 카드의 묶음을 만들고 게임을 해보아라.

첫째 경기자

나는 어떤 수의 세 배보다 둘 많은 것을 갖고 있다. 누가 $4x-1$을 갖고 있는가?

다음 경기자

나는 네 배보다 하나 작은 것을 갖고 있다. 누가 $3x+5$를 갖고 있는가?

[3] T. Giambrone, "I HAVE . . . WHO HAS . . .?" *The Mathematics Teacher* 73 (October 1980): 504-06.

교사를 위한 후속탐구 1.3

1 **교실 상황** : 어떤 학생이 변수를 사용한다는 관념을 이해하려 노력하고 있으되, 변수가 고정된 값을 가지는 것이 아니라는 것을 이해하지 못하고 있으며, 당신은 그 학생과 함께 공부하고 있다고 가정하자. 변수는 단순히 자리지기라는 것을 이해하도록 대수 조각을 써서 당신은 그 학생을 어떻게 도와줄 것인지 설명하여라.

2 **교실 상황** : 초등학교 고학년 학생들은 대수조각이나 암산을 써서 문장제를 해결하는 것이 적합하다고 당신이 믿는다는 것을 보여줄 문제를 고안하여라. 문제와 함께 그 문제를 풀기 위하여 학생들을 '출발시키기 위해서' 당신이 제시할 수 있는 적절한 질문을 써라.

3 **수학 개념** : 대수 조각과 암산을 써서 합이 64가 되는 연속된 네 개의 홀수를 결정하여라. 사용한 대수조각을 스케치하고 번호를 붙인 다음 어떻게 문제를 풀었는지 설명하여라.

4 **수학 개념** : 대수 조각을 써서 세로가 가로의 두배가 되는 직사각형을 만드시오. 이 직사각형의 스케치를 그려라. 만약 당신이 직사각형의 둘레의 길이가 54단위라는 것을 안다고 가정할 때, 대수 조각과 암산을 써서 이 직사각형의 가로와 세로를 어떻게 결정했는지를 설명하여라.

5 **수학 개념** : 사탕 통 안에 여러 개의 사탕이 들어있는데, 그 갯수의 5/8가 초콜릿 사탕이고, 1/4이 딸기 사탕이고 나머지는 사과 사탕이다. 만약 딸기 사탕의 개수가 3배가 된다면 모든 사탕의 개수는 108개가 된다. 대수 조각과 암산을 써서 통 안에 초콜릿 사탕이 몇 개 있는지 결정하여라. 여러분의 대수 조각 모델을 스케치하고 이름을 붙이고, 어떻게 문제를 해결했는지 설명하여라.

6 **수학 개념** : 상자 안에 여러 개의 다임, 니켈, 쿼터가 들어 있는데 모두 11달러 40센트였다. 니켈의 개수의 두 배는 다임의 개수와 같고, 쿼터의 개수의 세배도 다임의 개수와 같다. 대수 조각과 암산을 써서 상자 안에 각각의 동전이 몇 개씩 있는지 결정하여라. 여러분의 대수 조각 모델을 스케치하고 이름을 붙이고, 어떻게 문제를 해결했는지 설명하여라.

7 NCTM **규준** : 인터넷에서 http://illuminations.nctm.org/로 가서 'Lessons' 아래에서 K-2, 3-5 그리고 6-8 학년을 선택하고 '내용 규준' 모두를 선택하여라. 핵심 단어 'pattern'을 검색하여라. pattern을 확장하고 분석하는 것을 포함하는 lesson을 선택하여라.

a. lesson의 제목을 말하고 그 lesson을 간략히 요약하여라.

b. 필요하다면 이 책의 부록에 있는 '규준 요약'을 참고하여, 그 lesson이 할당된 '문제해결 규준의 기대하는 사항'을 열거하고, 왜 이 lesson이 이러한 '기대하는 사항'에 할당됐는지 설명하여라.

8 **NCTM 규준** : 이 책의 부록에 있는 '3-5학년의 대수의 기대하는 사항'중의 하나에서는 '사물을 사용하여 문제상황을 모델링하고, 그래프, 표 그리고 등식과 같은 표현을 사용하여 결론을 끌어낸다'라고 말하고 있다. 왜 당신은 문제해결의 도구로서 대수조각과 암산을 사용하는 것이 왜 이러한 '기대하는 사항'에 속한다고 생각하는지 설명하여라.

BENNETT-BURTON-NELSON 웹사이트

www.mhhe.com/benett-nelson

웹 교구
대화형 애플릿
퍼즐내는 사람
모눈종이와 점종이
투명색지
보충된 참고문헌
링크와 읽을 자료
Geometer Sketchpad 모듈

초등학교 교실활동 ▶▷▶ 색타일을 써서 규칙성 탐구하기

이 학생은 오른쪽과 왼쪽으로 커져가면서 자신으로부터 멀어지는 패턴을 조작하고 있다.

▶▶ **목표** 초등학교 학생들에게 기하학적 규칙성을 인지하고 기술하고 그리고 확장하는 것을 도입하기

▶▶ **연결성** 학급 학생들에게 '규칙성'이라는 단어가 무엇을 의미하는지 질문하여라. 그들은 천에 있는 규칙성, 옷 한 벌을 만드는데 사용된 규칙성 등을 몇 가지 의미로 제시할 것이다. 이 단어의 몇몇 의미에 대해서 토론하고 나서 "우리는 몇 가지 수학적인 규칙성을 보게될 것이다"라고 그들에게 말하여라.

▶▶ **준비물** 2센티미터짜리 격자 종이를 복사하여 서로 다른 네 가지 색깔의 카드 뭉치들을 만들거나, 온라인러닝센터에서 색타일 사진을 내려받음으로써 색타일 세트를 만들 수 있다. 각각의 네 가지 색깔의 타일 20개씩으로 이루어 세트를 봉인 가능한 플라스틱 봉투 안에 넣는다. 2명에서 4명으로 이루어진 한 모둠은 색타일 한 세트를 필요로 할 것이다.

1 각각의 모둠에 색타일을 배분한다. 다음과 같은 네 개의 타일 모양의 배열을 투사기로 앞 칠판에 만들고 각각의 모둠에게 이 네 개의 모양을 각자의 타일을 써서 만들도록 요구한다.

- 규칙성은 무엇이라고 생각하는지, 다섯째 모양은 어떨 것으로 생각하는지, 그리고 그들의 추론을 설명하도록 학급에 질문한다. 설명한 사람중에 자원자를 지정해서 그가 앞으로 나가서 투사기를 써서 자신의 설명을 증명하도록 해도 된다.
- 다섯째 모양은 다섯 개의 타일을 한 줄로 놓은 것과 같은 규칙성이 학급 전체가 일단 동의하면, 각각의 모둠에 대하여 다음 두 모양을 만들도록 요구한다.
- 다음과 같은 배열에서 10번째 와 50번째 모양은 무엇인지를 말하도록 학급에게 요구하여라.

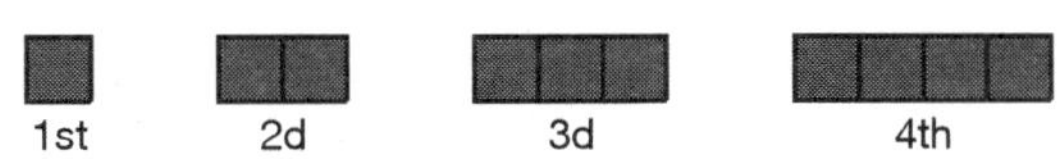

2 다음과 같은 타일 배열에 대해서 활동 1을 반복하여라. 학생의 능력에 따라서 더 도전적인 배열을 만들어서 활동 1을 반복하여라.

a.

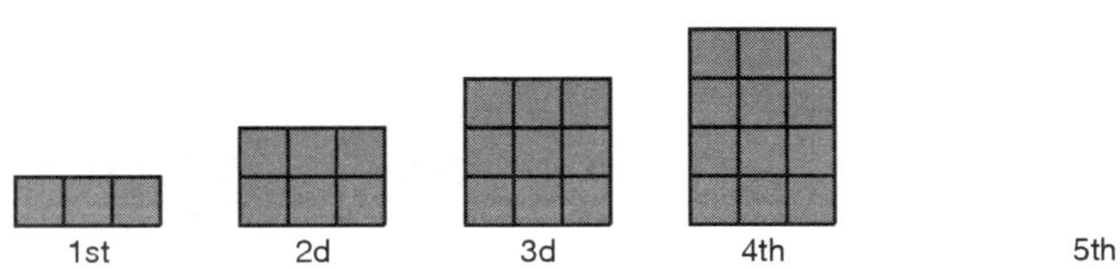

b.

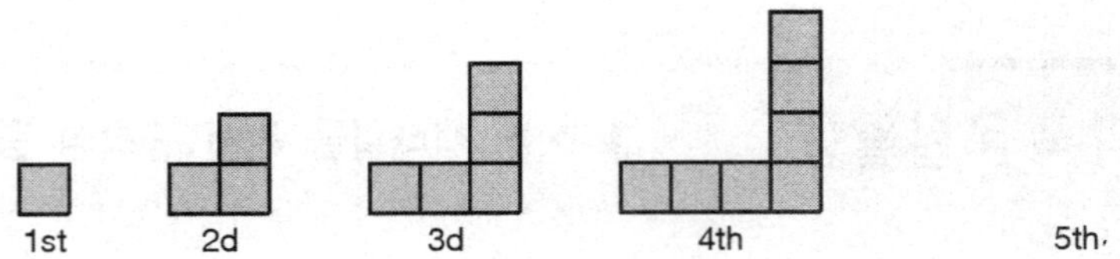

c.

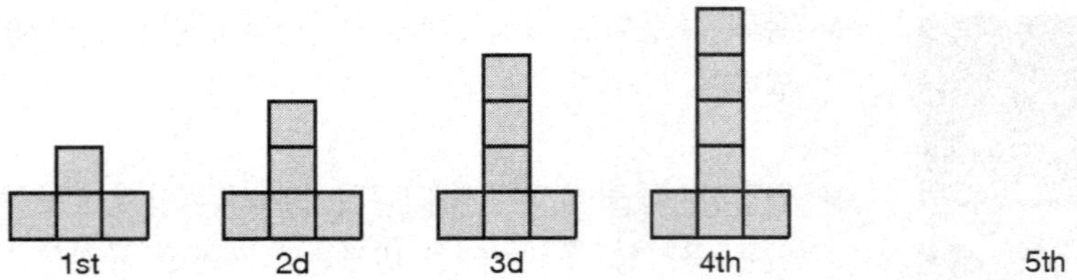

3 각 모둠에게 모양이 변하는 것에 따른 규칙성이 띠도록 네 가지 모양의 타일 배열을 만들도록 요구하여라. 몇몇 사례를 선정하여 투사기로 앞에 띄운 다음 아동들이 그들의 규칙성을 기술하도록 요구하여라.

CHAPTER 2 집합, 함수, 추론

추론은 수학의 핵심이다. 학년이나 배우는 내용에 따라서 기대치는 다르지만, 수학적 현상을 탐구하고 결과를 정당화하는 데 추론을 활용함으로써 학생들은 수학이 합리적이라는 것을 이해하게 된다. 사실상 아이들은 학교에 입학하기 전에 이미 상당한 추론 능력을 가지고 있지만 그 능력을 더욱더 발전시키기 위해서는 교사의 도움이 필요하다.[1]

활동모음 2.1 속성조각 분류하기

▶▶ 목표

속성블록 조각을 이용하여 분류하기, 논리적으로 추론하기, 가정을 체계화하고 증명하기, 집합의 용어와 연산의 소개를 위한 게임이나 활동 수행.

웹 교구

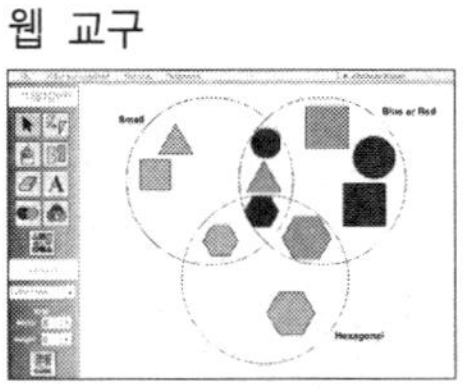

www.mhhe.com/bbn

▶▶ 준비물

조작 교구 또는 웹 교구의 속성조각, 자료 카드 3의 속성목록카드, 가위, 자료 카드 4의 속성게임판과 자료 카드 5, 6의 벤다이어그램.

▶▶ 도입

수학은 추론의 학문이다. 추론 없이 수학을 하는 것을 불가능하다. 규준에서 제시되지는 않지만 형식 추론 전략은 유치원에서 4학년까지의 과정에서도 지도되고 있다. 이 단계에서의 수학적 추론은 일종의 비형식적인 사고와 가설, 그리고 학생들에게 수학이 합리적이라는 것을 보여줄 수 있는 증명을 포함해야 한다.

"조작교구와 모형은 학생들이 자신의 생각을 설명하고 해명하기 위한 구체적 대상을 제공한다. 또한 이러한 학생들의 활동을 관찰하는 것은 교사로 하여금 학생의 사고 과정을 강화시키고 학생들의 오개념을 관찰하게 해준다."[2]

1 *Principles and Standards for School Mathematics* (Reston, VA: National Council of Teachers of Mathematics, 2000): 56.

2 *Curriculum and Evaluation Standards for School Mathematics* (Reston, VA: National Council of Teachers of Mathematics, 1989): 29.

3절 개념 강화하기

벤다이어그램

아래 그림의 자료를 이용해서 답을 구해보자.

학교 동아리

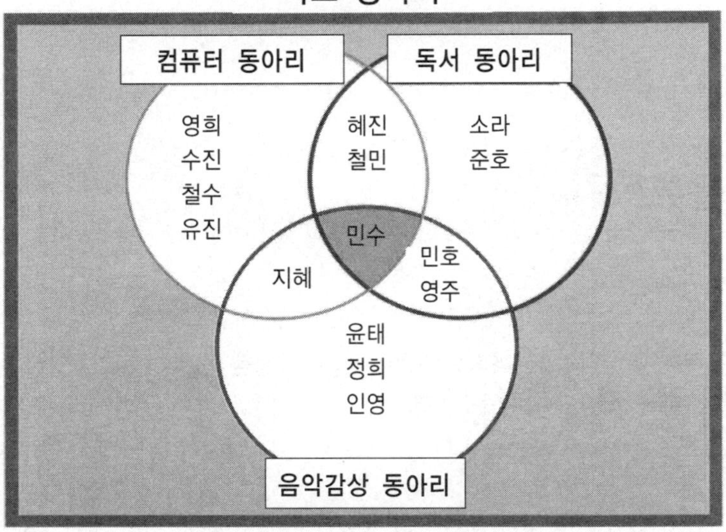

풀이

① 독서 동아리에만 가입한 사람은 누구인가?

____

② 컴퓨터 동아리에 가입한 사람은 모두 몇 명인가?

____

③ 2개 이상의 동아리에 가입한 사람은 몇 명인가?

____

해 답

1960년 대 후반, '속성조각'이라는 기하 모형이 논리적 사고력 향상을 돕는 교구로 인기를 끌었다. 속성조각은 집합과 관련된 개념과 용어를 도입할 때도 많은 도움을 준다. 본 활동모음에서 사용되는 속성블록 조각은 다양한 모양과 색, 크기를 갖는다. 구체적으로 살펴보면, 삼각형, 사각형, 육각형, 원의 네 가지 모양과 빨강, 파랑, 노랑의 세 가지 색깔로 구성되어 있고, 각각 큰 것과 작은 것으로 크기가 구별되어 있다. 각각의 블록은 모양, 색깔, 크기 중 적어도 하나는 다른 것으로 구별되어 있다. 블록의 이름표는 이와 같은 세 가지 속성을 나타낸다. (예를 들어 LRT는 큰(large) 빨강(red) 삼각형(triangle) 블록을 의미한다.) 대부분의 활동들은 실제 각 교실의 학생들에게 적합하게 응용될 수 있다.

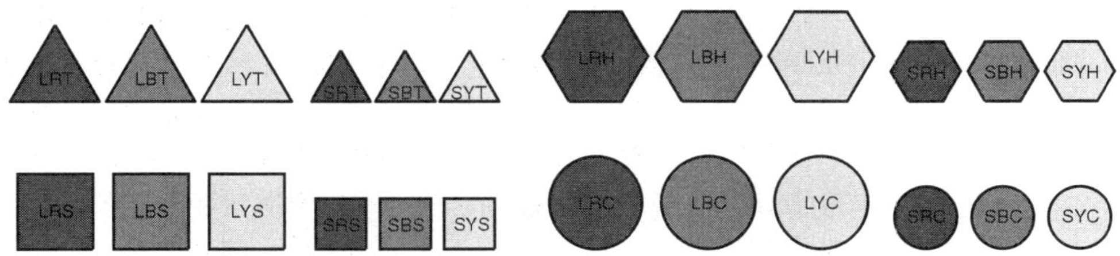

1 파란색 작은 사각형 블록(SBS)과 빨간색 작은 사각형 블록(SRS), 그리고 노란색 작은 원 블록(SYC)을 아래 그림의 정해진 칸에 놓아보자. 가로로 첫 번째 줄의 두 블록(파란색의 작은 사각형 블록과 빨간색의 작은 사각형 블록)을 구별하는 속성은 '색깔' 한 가지이다. 하지만 세 번째 세로줄의 두 블록(빨간색 작은 사각형 블록과 노란색 작은 원 블록)은 두 가지의 구별되는 속성(색, 모양)을 갖는다. 이와 같이 가로로는 한 가지 속성만 다른 블록들이 옆에 오게 하고, 세로로는 두 가지 속성이 다른 블록들이 위아래에 오게 하는 방법으로 나머지 블록을 놓아 12개의 칸을 모두 채운 결과를 기록해보자. 여러 가지 방법이 가능할 것이다.

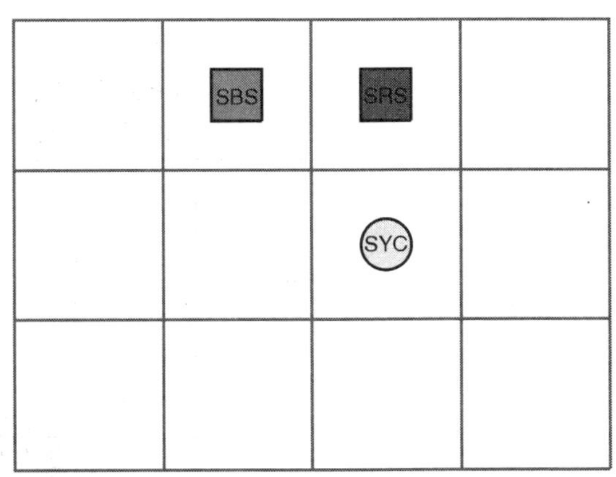

2 **알아맞히기 게임 (2명)** : 게임을 하기 위하여 바닥에 24개의 속성블록을 모두 늘어놓는다. 한 사람이 선택한 속성블록에 대해서 상대방은 "예"와 "아니오"로만 답할 수 있는 질문을 해서 알아맞히면 된다. 질문에서 배제되는 블록은 따로 구별해 놓아도 된다. 이때 질문자가 획득하는 점수는 질문의 개수가 된다. 서로 번갈아 가면서 게임을 하고, 더 낮은 점수를 획득한 사람이 이기는 게임이다.

***a.** 질문의 종류를 색, 크기, 모양 속성에 대한 것으로 제한한다면 임의로 선택된 블록을 알아맞히는 데 최소한 몇 개의 질문이 필요한가? 블록을 알아맞히기 위한 질문의 목록을 만들어 보자.

b. 블록의 변의 개수나 각의 크기, 또는 마주보는 대변이 서로 평행한지의 여부와 같이 추가적인 속성을 질문하는 것이 허락된다면 필요한 질문의 개수가 줄어들 수 있는지 알아보자.

3 **속성판 게임** (2명 또는 3명. 혼자서 해도 됨. 팀별 경기도 가능하다.) 게임을 시작하기 위해 모든 속성조각을 '자료 카드 4' 모눈종이의 가운데 칸에 놓는다. 아래 그림과 같이 '빨간색 큰 육각형 블록(LRH)'으로 게임을 시작한다. 경기자들은 다음 조건에 따라 번갈아 속성블록 조각을 놓는다. 조각을 놓을 때는 이미 놓여진 조각과 가로, 세로, 또는 대각선 방향 중 적어도 한 방향으로는 인접해 있어야 한다. 각 행(가로 줄)에는 색, 크기, 모양 중에서 한 가지 속성만 구별되는 것이 인접해 있다. 각 열(세로 줄)에는 두 가지 속성이 구별되는 블록들이 인접해 있어야 한다. 대각선 방향으로 인접한 두 블록은 세 가지 속성이 모두 달라야 한다. 각각의 시도에서 경기자의 점수는 경기자의 블록이 인접한 다른 모든 블록들과 구별되는 속성의 개수를 세어서 계산한다.

예 : 아래 그림을 보자. 첫 번째 경기자가 선택한 블록은 큰 빨간색 육각형과 세 가지 다른 속성을 갖는 '작은 파란색 사각형(SBS)'이다. 따라서 첫 번째 경기자는 3점을 획득한다. 두 번째로 놓인 블록은 '작은 빨간색 육각형(SRH)'이고, 이는 '작은 파란색 사각형' 조각과는 두 가지의 다른 속성을 큰 빨간색 육각형 블록 조각과는 한 가지의 다른 속성을, 가지므로 더해서 3점을 획득하게 된다.

1인용 게임 : 중앙에 속성조각을 하나 놓는다. 규칙에 맞게 되도록 많은 블록 조각을 놓아 가면서, 그 결과를 기록한다. 모눈종이에 24개의 블록을 모두 올려놓을 수는 없다.

속성게임판

가로(↔), 다른 속성 1개(1점)
세로(↕), 다른 속성 2개(2점)
대각선, 다른 속성 3개(3점)

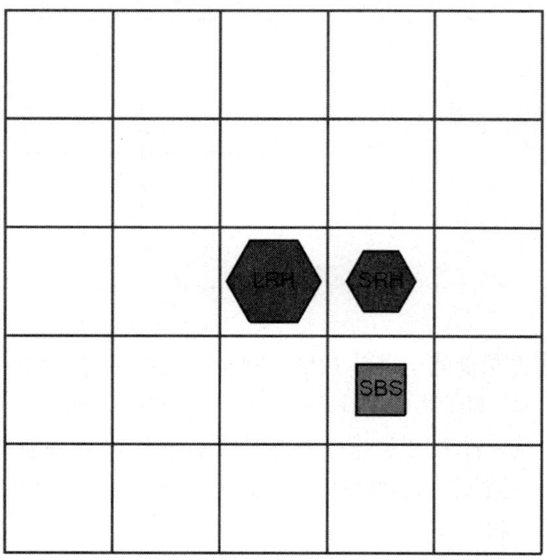

4 벤다이어그램(자료 카드 5)의 두 원에 아래 그림과 같이 '빨강(Red)'과 '삼각형(Triangular)' 이름표(자료 카드 3)를 붙인다. 빨간색 큰 원은 '빨강(Red)'의 원 안에, 파란색 작은 삼각형은 '삼각형(Triangular)'의 원 안에 놓이게 된다. 빨간색 작은 삼각형은 빨강의 속성과 삼각형 속성을 모두 가지므로 두 원의 공통부분에 놓이게 된다. 노란색 큰 육각형은 두 가지 속성을 모두 갖지 않으므로 두 원의 외부에 놓이게 된다. 각자 벤다이어그램에 같은 방법으로 블록을 놓아보자. 나머지 블록도 벤다이어그램의 적당한 원 안에 잘 구별해서 놓아보자.

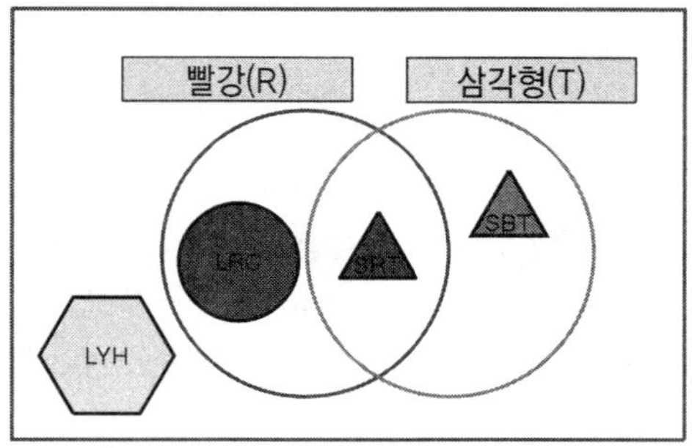

a. 두 원의 겹쳐진 영역에 놓인 속성조각들은 '빨강과 삼각형(Red and Triangular)'으로 분류된다. 이를 '빨강(Red)' 집합과 '삼각형(Triangular)' 집합의 교집합이라 한다. 벤다이어그램을 참고해서 다음 교집합 안에 들어갈 블록 조각들의 목록을 알파벳 약자로 적어라.

빨강과 삼각형: SRT, ______________________________

***b.** '빨강' 원이나 또는 '삼각형' 원에 있는 속성블록 조각들은 '빨강이나 삼각형(Red or Triangular)'으로 묘사된다. 이 집합을 '빨강' 집합과 '삼각형' 집합의 합집합이라 한다. 벤다이어그램을 참고해서 다음 합집합 안에 들어갈 블록 조각들의 목록을 알파벳 약자로 적어라.

빨강이나 삼각형: LRC, SRT, SBT, ______________________________

5 두 원으로 구성된 벤다이어그램(자료 카드 5)의 각각의 영역에 아래 그림처럼 이름표를 붙인다. 적당한 영역에 속성블록 조각들을 넣어 분류하여라.

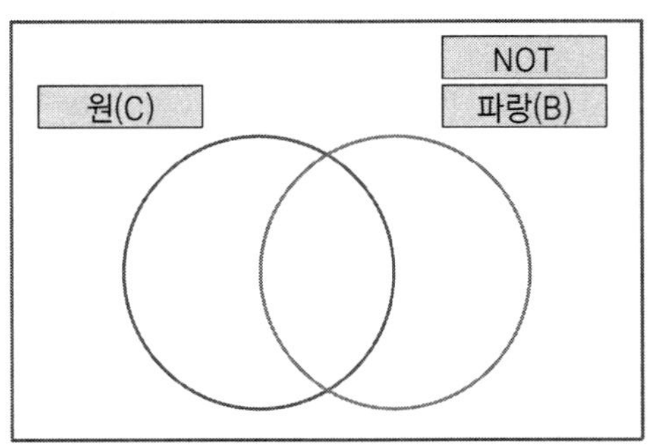

***a.** 다음 교집합에 들어갈 속성조각의 기호를 모두 적어라.

원 모양이고 파란색은 아닌 것: ______________________________

____

b. 다음 합집합에 들어갈 속성조각의 기호를 모두 적어라.

원 모양이고 파란색은 아닌 것: ______________________________

c. 자료 카드 3의 이름표를 이용해서 앞의 벤다이어그램 안에 있는 두 원의 외부에 놓이게 되는 조각을 나타내어라.

6 수학자들은 개념을 단순화하고 상징하기 위하여 기호를 도입한다. 이 활동에서는 NR, S, T, NY, NB가 각각 순서대로 빨강이 아닌 조각(Not Red), 작은 조각(Small), 삼각형 조각(Triangle), 노랑이 아닌 조각(Not Yellow), 파랑이 아닌 조각(Not Blue)을 나타내는 기호로 쓰인다. 기호 ∪는 합집합을 나타내고, ∩는 교집합을 나타낸다. 벤다이어그램을 이용해서 다음 기호로 정의된 집합에 들어갈 속성 블록 조각의 목록을 적어라.

a. NR∩S : ______________________________

***b.** 속성 이름표의 낱말을 이용해서 a의 두 원의 외부에 들어갈 속성조각을 표현해보자.

***c.** T ∪ NY: ______________________________

____

d. NB ∪ NY : ______________________________

____

7 아래 그림과 같이 벤다이어그램(자료 카드 6)에 이름표를 붙인다. 직사각형에는 8개의 다른 영역이 있다. 7개의 영역은 하나 또는 그 이상의 원으로 둘러싸여 있고, 나머지 하나의 영역은 세 원 모두의 외부에 놓여 있다. 벤다이어그램의 적당한 영역에 속성 블록 조각을 구별해서 놓아보자.

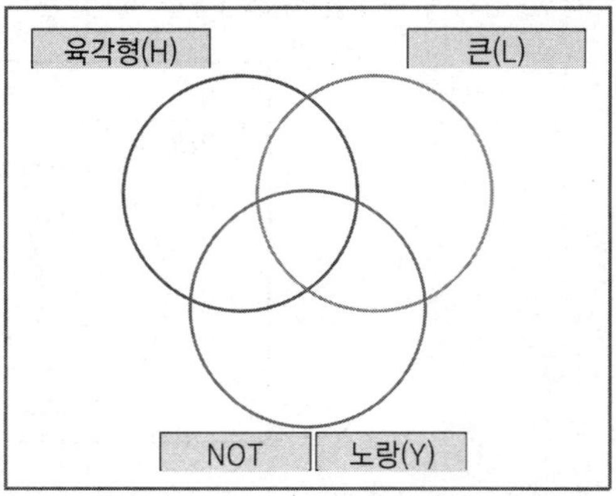

a. 위 벤다이어그램의 각 영역에 들어갈 속성조각의 기호를 적어 넣어라.

b. 영역 H ∩ L은 큰 육각형 조각들로 이루어진다. 다음 각각의 집합을 문장으로 설명하고 벤다이어그램의 대응하는 영역에 빗금으로 표시해보자.

(1) H ∩ NY

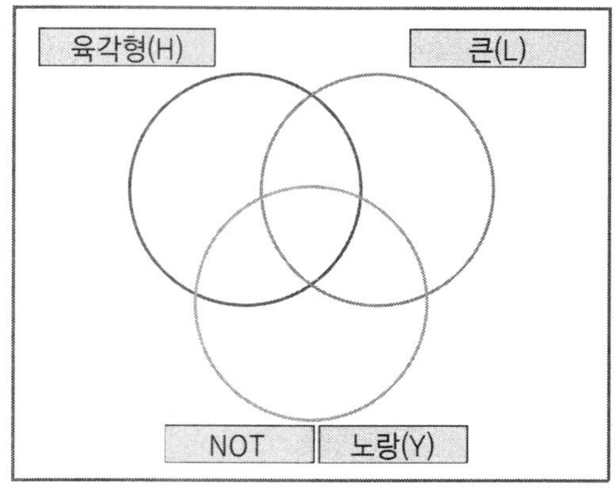

*(2) (H ∩ NY) ∩ L

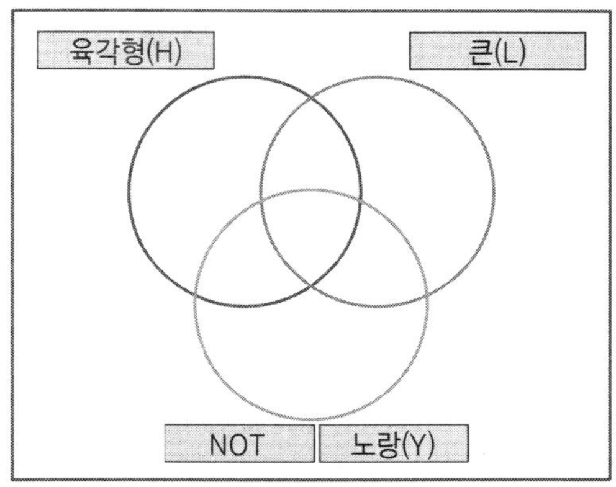

(3) (NY ∩ L) ∪ H

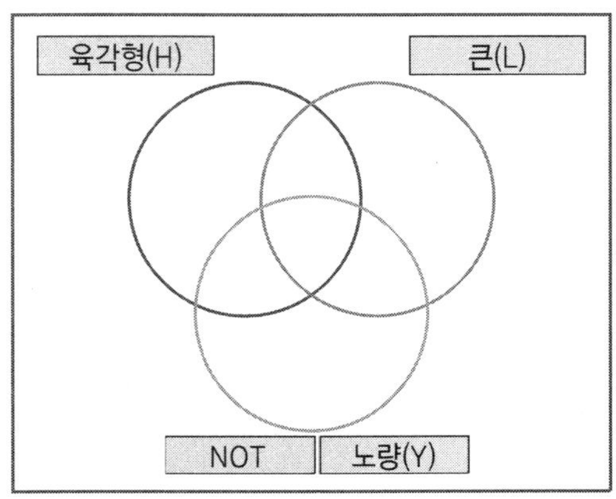

(4) (H ∩ L) ∪ H

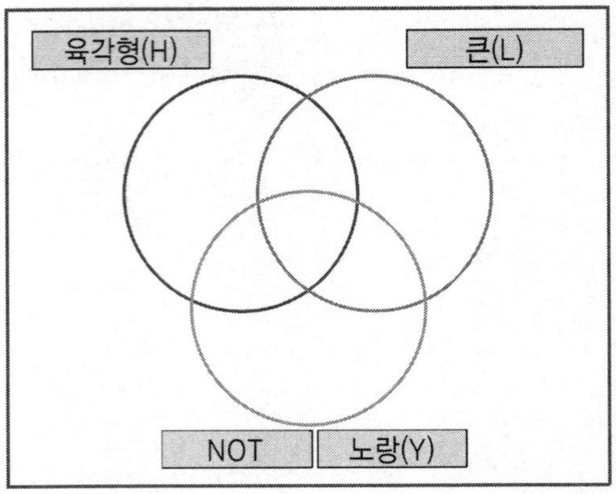

*(5) H ∩ (NY ∪ L)

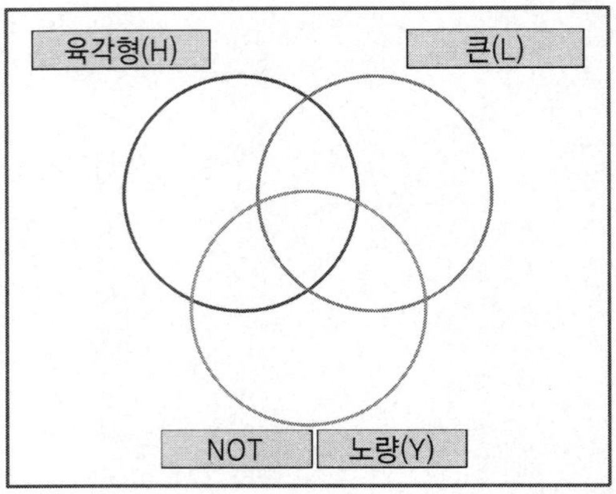

(6) (H ∩ NY) ∪ L

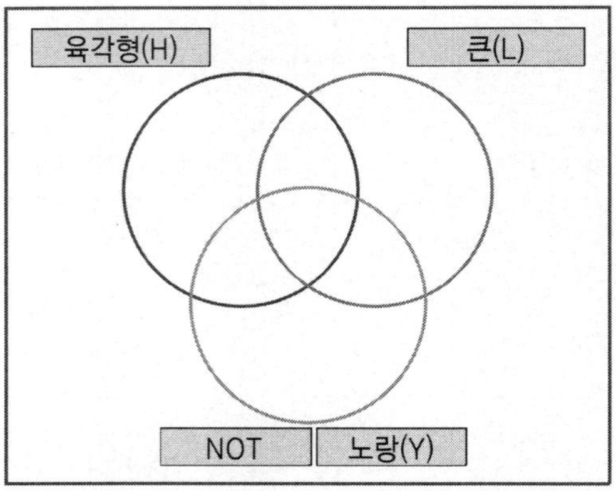

놀이 활동

속성 알아맞히기 게임(두 팀 또는 두 명)

원 세 개를 그리고 X, Y, Z라고 이름을 붙인다. 이 원은 속성조각의 집합을 대표한다. 시작 팀은 세 원이 각각 무슨 집합을 뜻하는지 정하고 이름을 맞히는 도전 팀에게는 말하지 않고 적어놓는다. 도전 팀이 속성조각을 하나 선택하면, 시작 팀은 이 조각을 8개 영역의 적당한 곳에 놓는다. 도전 팀은 집합 X, Y, Z가 무엇인지 정확히 알 수 있을 때 까지 계속해서 속성조각 하나씩 고른다. 시작 팀은 도전 팀이 추측한 것이 맞는지 틀리는지 매번 답해주고 추측한 횟수를 기록한다. 세 집합의 이름이 하나라도 틀리면 블록 조각을 선택하는 작업은 계속된다.

세 집합의 이름을 모두 정확하게 맞추게 되면 두 팀의 역할을 바꾸어 행한다. 두 팀 중에 집합의 정확한 이름을 맞출 때까지 벤다이어그램에 놓이는 블록 조각의 개수와 추측 횟수의 합이 더 적은 팀이 이긴다.

예: 도전팀은 10개의 속성조각을 고르고 시작팀은 위 그림에서와 같이 세 집합 속에 블록을 배열한다. 도전팀의 한 멤버라고 생각하고, 각각의 집합의 속성을 알아보자.

교사를 위한 후속탐구 2.1

1 **학교 수업** : 두 학생이 교집합과 합집합의 의미에 대해서 토론하고 있다. 한 학생이 아래 그림 a와 같이 합집합을 그리고, 합집합은 집합 A 또는 집합 B 중에 하나에만 속하는 원소들의 집합이라고 주장한다. 다른 학생은 그림 b로 합집합을 설명한다. 두 학생에게 정답이 무엇인지 이해할 수 있도록 하려면 어떻게 도와줘야 하는지 설명하여라.

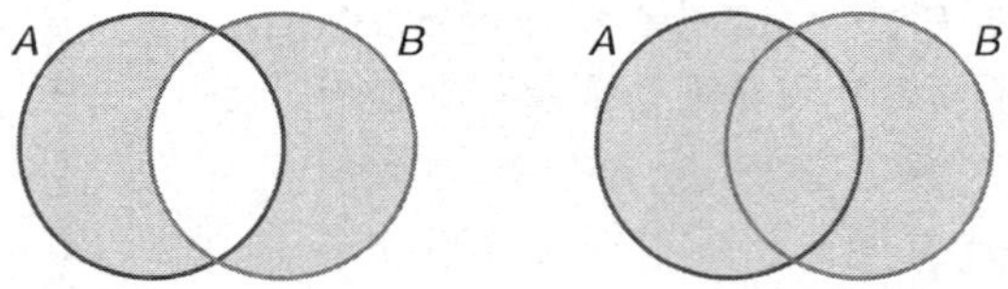

그림 a　　　　그림 b

2 **학교 수업** : 여러 종류의 단추들을 구분하고 분류하는 활동을 초등학생들에게 적당한 수준으로 만들어보자. 활동의 내용과 질문, 힌트 등을 진술하여라.

3 **학교 수업** : 초등학교 교과서 쪽에서 서로 겹치는 세 개의 원 안의 자료를 이용해서 주어진 물음에 답하는 활동을 했다. 서로 겹치는 원소를 갖는 집합 3개를 정의하자. 초등학생 수준에서 세 원으로 된 벤다이어그램의 영역에 원소를 적당히 나열할 수 있도록 만들어야 한다. 세 집합을 설명하고 벤다이어그램을 제시한다. 각 원에 이름표도 붙인다.

4 **수학 개념** : 자료 카드 6의 벤다이어그램의 세 원을 각각, 작은 속성조각들로 이루어진 '원1', 삼각형 조각들이 속하는 '원2', 빨간 조각들의 모임인 '원3'으로 구성해보자. 모든 속성조각을 벤다이어그램의 적당한 영역에 배열해보자.

알파벳 S는 작은(small) 조각을, T는 삼각형(Triangular) 조각을, R은 빨강(red)를 N은 부정(not)을 나타낸다. 자료 카드 7의 벤다이어그램에 대응하는 영역에 대하여 다음 각각의 기호가 나타내는 집합과 대응되는 곳을 빗금으로 나타내어라.

a. $(S \cup T) \cup NR$　　**b.** $(S \cap T) \cup NR$

c. $(S \cup T) \cap NR$　　**d.** $(S \cap NT) \cup NR$

e. $(NS \cup T) \cap R$　　**f.** $(NS \cup NT) \cap R$

5 **수학 개념** : 속성블록 조각 세트를 이용해서 다음 문제를 풀어라. 이때 집합 A는 파란색 조각들의 모임이고, 집합 B는 큰 조각의 모임이다.

a. 집합 not$(A \cup B)$를 설명하고 두 개의 원으로 된 벤다이어그램에 색칠하여라. 집합 not$A \cap$ not$B$를 설명하고 같은 벤다이어그램에 표시하여라. 두 집합 not$(A \cup B)$과 not$A \cap$ not$B$이 어떤 관계를 갖는지 말해보아라.

b. 집합 not$(A \cap B)$을 묘사하고, 두 개의 원으로 된 벤다이어그램에 맞게 색칠하여라. 집합

$\text{not}A \cup \text{not}B$을 설명하고 같은 벤다이어그램에 표시하여라. 두 집합 $\text{not}(A \cap B)$과 $\text{not}A \cup \text{not}B$이 어떤 관계를 갖는지 말해보아라.

c. 위에서 볼 수 있었던 $\text{not}(A \cup B)$과 $\text{not}A \cap \text{not}B$의 관계와 $\text{not}(A \cap B)$과 $\text{not}A \cup \text{not}B$의 관계가 모든 집합 A, B에 대하여 항상 성립하는가? 자신의 생각을 설명하여라.

6 **수학 개념** : 다음 성질을 만족하는 집합 A, B, C를 정하기 위하여 속성블록 조각을 이용하여라.

i. 집합 A와 집합 B는 적어도 하나의 공통원소를 갖는다.

ii. 집합 C는 집합 B에 완전히 포함되지만 B와 같지는 않다.

iii. 집합 A와 집합 C는 공통원소가 없다.

벤다이어그램을 그려서 각 집합의 이름표를 붙이고 적당한 영역에 들어갈 블록 조각들의 목록을 적어보아라.

7 NCTM **규준** : http://illuminations.nctm.org/에 접속하여 'Lessons' 게시판에서 유아원·유치원 수준과 '자료 분석과 확률 규준' 항목으로 가서 분류에 관련된 수업을 고른다.

a. 수업의 제목을 적고 간단히 요약하여라.

b. 이 책의 마지막에 있는 규준 요약을 참고해서 위 수업과 관련된 자료 분석과 확률규준 학습 목표의 목록을 적고, 어떻게 이러한 학습 목표를 달성할 수 있는지 설명하여라.

BENNETT-BURTON-NELSON 웹사이트

www.mhhe.com/bbn

웹 교구	모눈종이와 점종이	링크와 읽을 자료
대화형 애플릿	투명색지	Geometer Sketchpad 모듈
퍼즐 내는 사람	보충된 참고문헌	

활동모음 2.2 기하판 위의 기울기와 일차함수

웹 교구

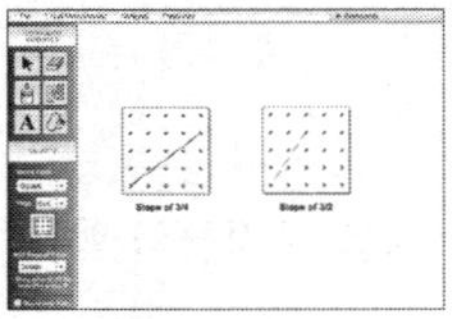

www.mhhe.com/bbn

▶▶ 목표

선분의 기울기와 직선의 성질에 익숙해지고 직선의 방정식을 구할 수 있다.

▶▶ 준비물

사각 기하판과 고무줄(선택), 기하판을 만들 수 있는 모형은 자료 카드 8에 있으며, 웹 교구로도 활동이 가능하다.

▶▶ 도입

기하판 위의 선분의 기울기를 구하는 아이디어에서 시작해서 기울기-절편 꼴의 직선의 방정식을 구하는 것을 연습하려고 한다. 선분의 기울기는 간단히 말하면 수평선으로부터의 기울어진 정도가 된다. 기울기는 양수, 음수, 또는 0이 될 수 있는데, 아래 그림의 예에서 하나는 양의 기울기를 갖고 나머지는 음의 기울기를 갖는다. 그림 1에서 점 A가 점 B로 이동하려면 오른쪽으로 2칸(가로), 다시 위로 3칸(세로) 올라가야 한다. 기울기는 '세로/가로'와 같으므로 선분 AB의 기울기는 $\frac{3}{2}$가 된다. 같은 방법으로 그림 2에서 점 C가 점 D로 이동하는 과정을 생각해 보면 세로 -3(아래로 내려오므로) 가로 2가 되어 선분 CD의 기울기는 $\frac{-3}{2}$이다. 반면에 그림 3과 같이 점 D가 점 C로 이동해 가는 과정으로 생각해 보더라도 세로 3, 가로 -2(왼쪽으로 이동하므로)이므로 기울기는 $\frac{3}{-2}$가 되어 같다.

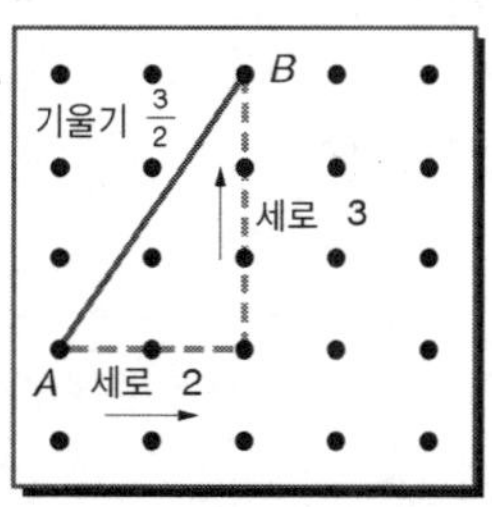

그림 1

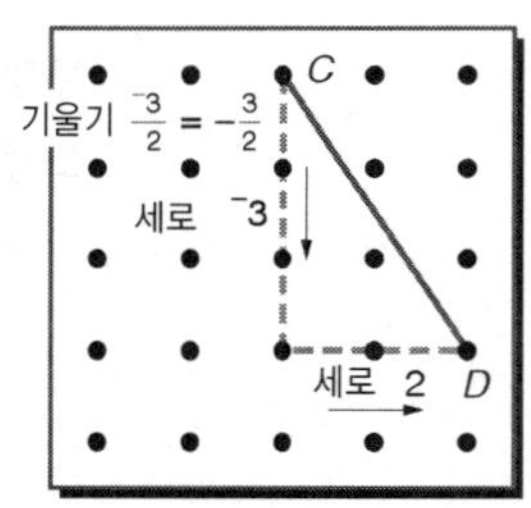

그림 2

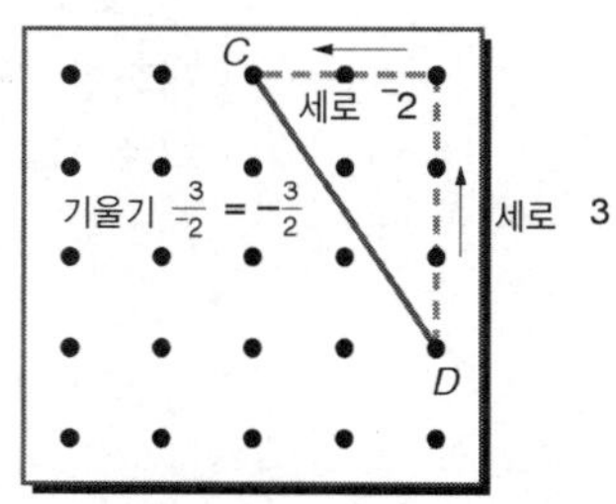

그림 3

1 아래 기하판에서 주어진 선분을 빗변으로 갖는 직각삼각형을 그리고, 선분의 가로, 세로, 그리고 기울기를 구하여 적어라.

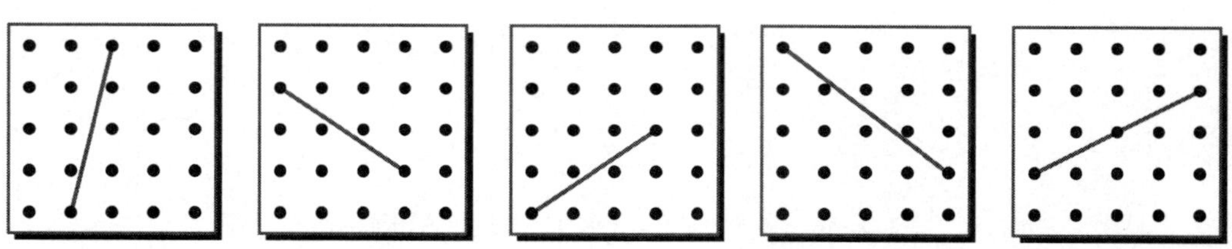

기울기: _______ _______ _______ _______ _______

2 주어진 기울기를 갖는 선분을 그리고, 그 선분을 빗변으로 갖는 직각삼각형을 그려라. 같은 기울기를 갖는 선분이 여러 개 나올 수 있는가? 만약 그렇다면, 기울기가 같은 선분들은 서로 어떤 관계가 있는가?

a. 기울기 $\frac{1}{4}$ **b.** 기울기 $-\frac{2}{3}$ ***c.** 기울기 $-\frac{4}{3}$ **d.** 기울기 $\frac{3}{4}$ **e.** 기울기 $-\frac{1}{2}$

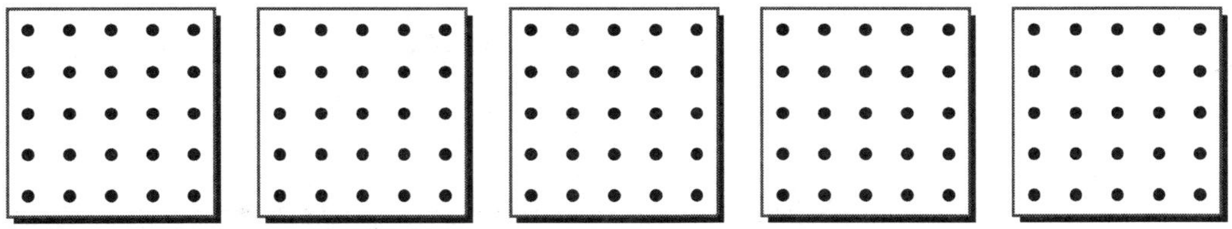

선분의 기울기

좌표계에서, 선분의 기울기(또는 선분을 포함하는 직선의 기울기)는 위의 기하판에서와 같이 결정된다. 아래 그림에서, 두 점 (0,3)과 (3,1)을 잇는 선분은 기울기 $-\frac{2}{3}$을 갖고, 두 점을 지나는 직선도 마찬가지이다.

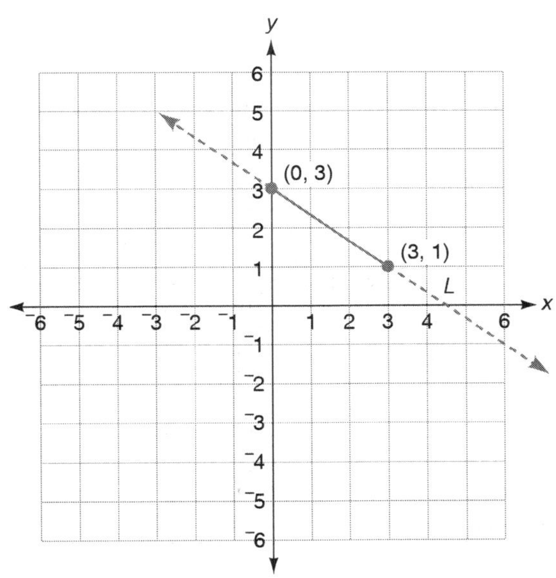

활동 3에서 10까지 다음 가정을 이용하자.

- 선분의 기울기는 선분을 포함하는 직선의 기울기를 의미한다.
- 두 선분을 포함하는 직선들이 평행할 때, 두 선분은 평행하다고 한다.
- 두 선분을 포함하는 직선들이 서로 수직일 때, 두 선분은 수직이라고 한다.

3 아래 그림에서 선분 A의 기울기를 계산해서 기록하자. 이제 자를 이용해서 A와 평행한 선분 B를 그려보자. 선분 B의 기울기도 계산해보자.

a.

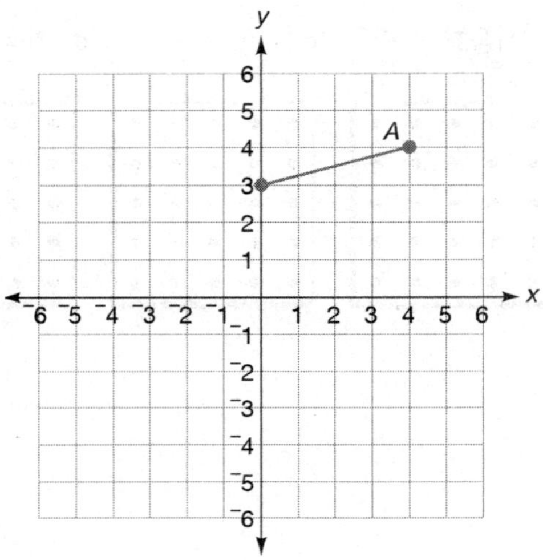

b.

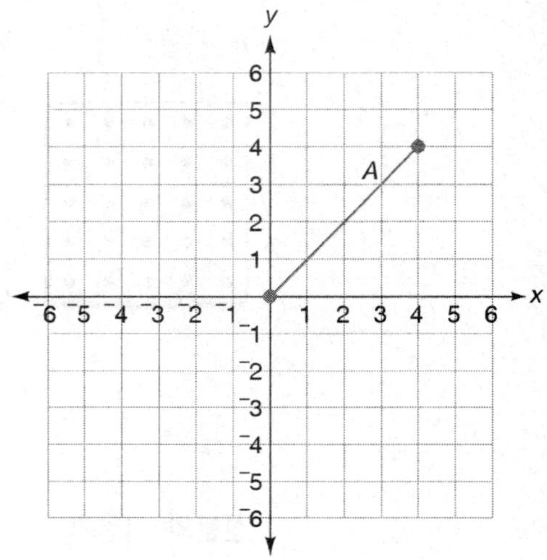

- 선분 A의 기울기 ______________________ ______________________
- 선분 B의 기울기 ______________________ ______________________

c.

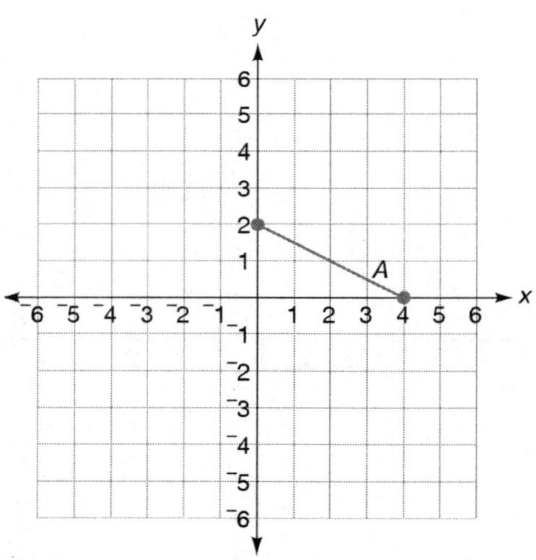

d.

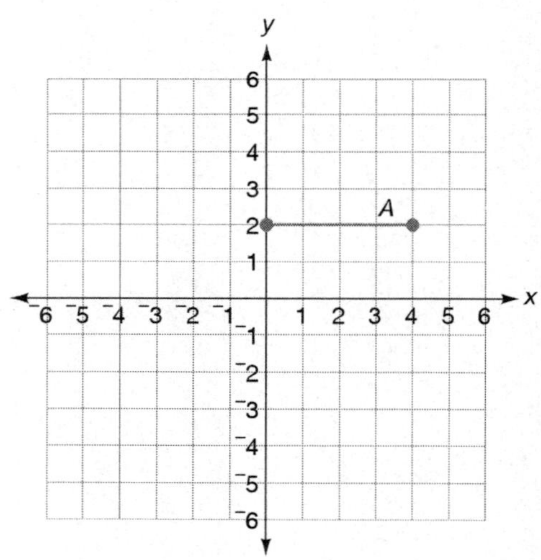

- 선분 A의 기울기 ______________________ ______________________
- 선분 B의 기울기 ______________________ ______________________

e. 두 선분이 평행할 때, 기울기의 관계를 알아보자.

4 아래 그림에서 자를 이용해서 주어진 선분 A와 수직인 선분 C를 조심스럽게 그려보자. 선분 A의 기울기와 새로운 선분 C의 기울기를 계산하고 기록하자.

***a.**

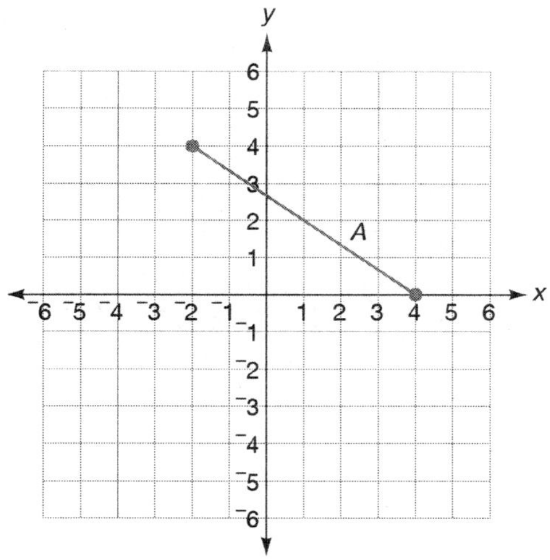

b.

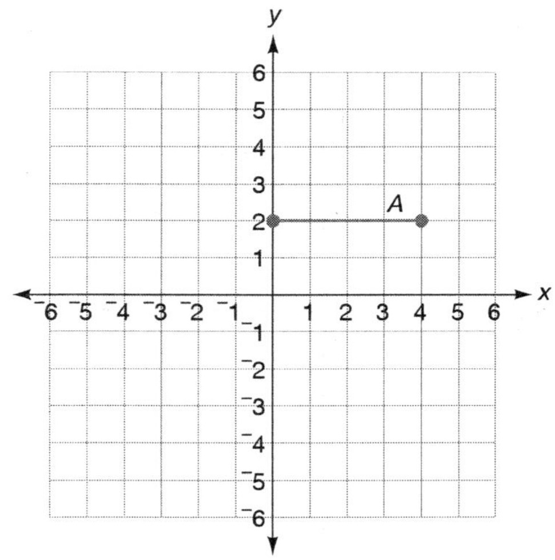

• 선분 A의 기울기 ______________________ ______________________

• 선분 C의 기울기 ______________________ ______________________

c.

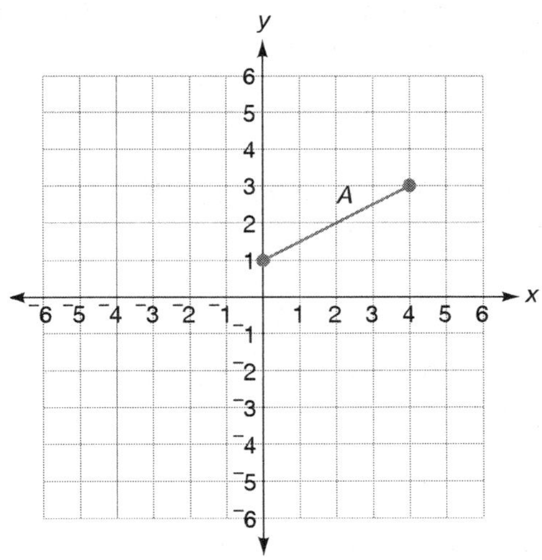

d.

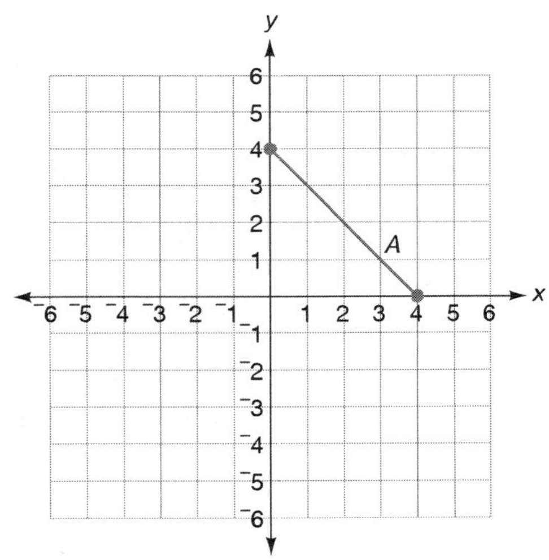

• 선분 A의 기울기 ______________________ ______________________

• 선분 C의 기울기 ______________________ ______________________

e. 두 선분이 수직일 때, 기울기의 관계를 알아보자.

5 다음 직선들은 각각 좌표를 알 수 있는 점 P와 좌표가 주어지지 않은 점 Q를 지난다. 각각의 직선에 대하여 점 Q의 좌표를 구하고, 직선 위의 또 다른 한 점인 R을 표시하고 그 좌표를 알아보자.

a.

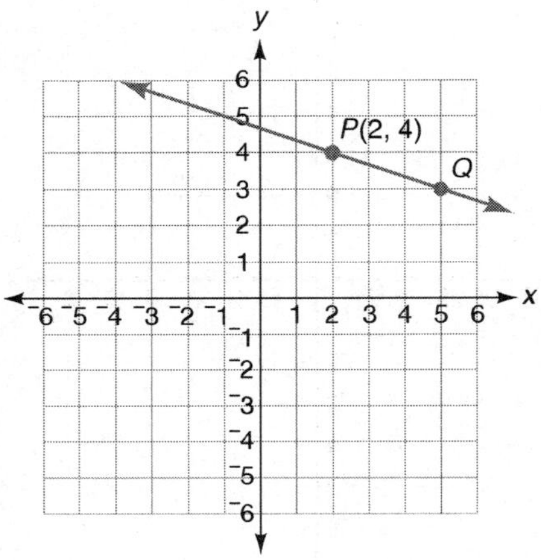

b.

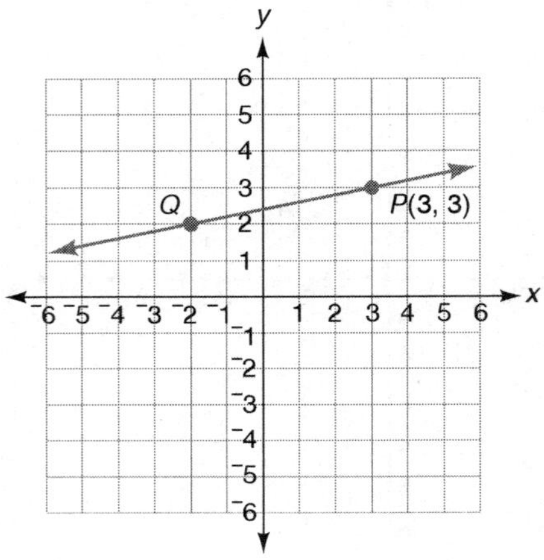

c.

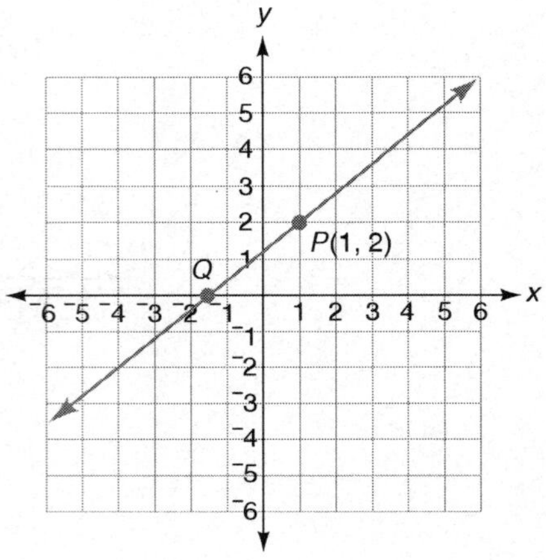

Q의 좌표 = __________ __________ __________

R의 좌표 = __________ __________ __________

***d.** 두 점 P, Q를 이용해서 그래프 a의 직선의 기울기를 구해보자. 또한 두 점 Q와 R을 이용해서 그래프 a의 직선의 기울기를 구해보자.

e. 두 점 P, Q를 이용해서 그래프 b의 직선의 기울기를 구해보자. 또한 두 점 Q와 R을 이용해서 그래프 b의 직선의 기울기를 구해보자.

f. 두 점 P, Q를 이용해서 그래프 c의 직선의 기울기를 구해보자. 또한 두 점 Q와 R을 이용해서 그래프 c의 직선의 기울기를 구해보자.

g. 직선 위의 점과 기울기와 관계에 대한 결론을 내려보자.

h. 직선 위의 주어진 두 점에 대하여, 좌표평면에 나타나 있지 않은 직선의 기울기를 구하는 방법을 생각해보자. 점 $(1,\ 3)$과 $(10,\ 7)$을 지나는 직선의 기울기를 어떻게 구할 수 있는지 설명하라. 또한 두 점 $(-3,\ 7)$, $(5,\ -6)$을 지나는 직선의 기울기를 구해보자.

원점을 지나는 직선

원점 $(0,\ 0)$을 지나는 직선은 특별한 성질을 갖는다. 직선 위의 각 점의 좌표는 $(x,\ mx)$의 꼴이고 이때 m은 직선의 기울기이다. 이러한 직선의 방정식은 $y = mx$이다. 예를 들어, 아래 보이는 직선의 기울기는 2이고, 각각의 점의 좌표는 $(x,\ 2x)$의 꼴을 갖고 직선의 방정식은 $y = 2x$가 된다.

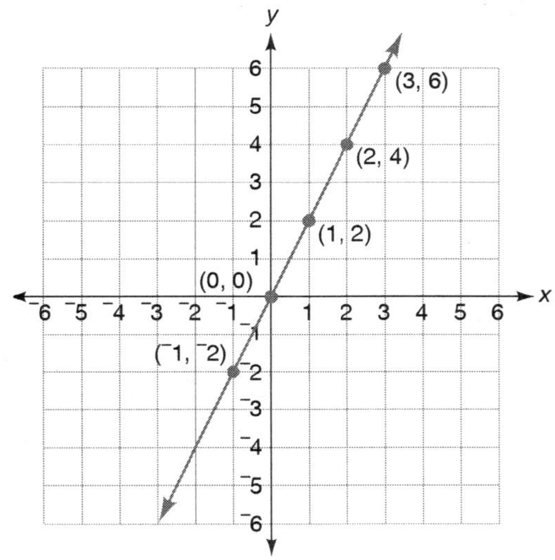

6 다음 직선 위에 2개 이상의 점을 찍고, 직선의 방정식을 구하여라.

***a.**

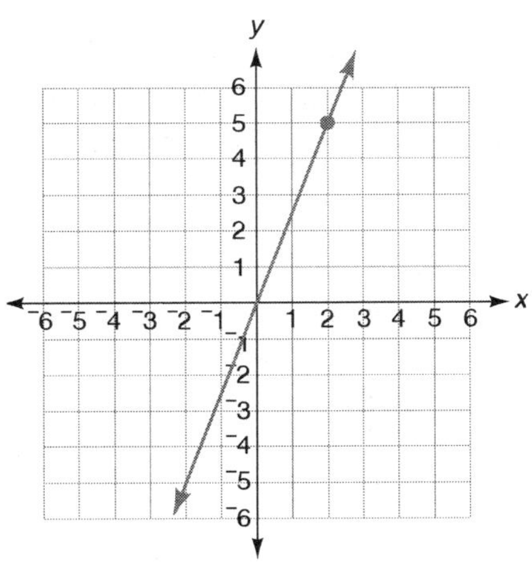

b.

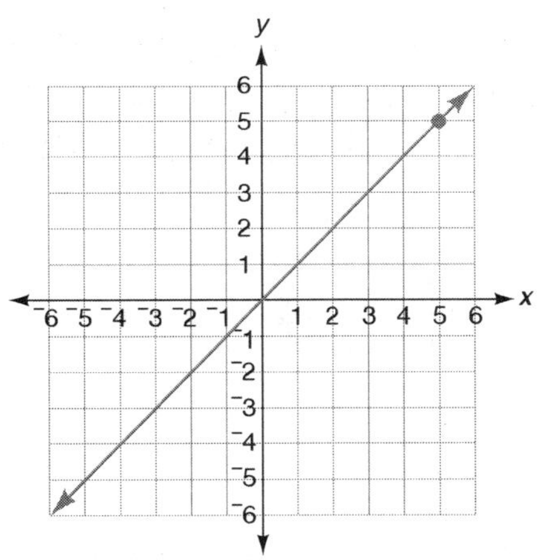

c.

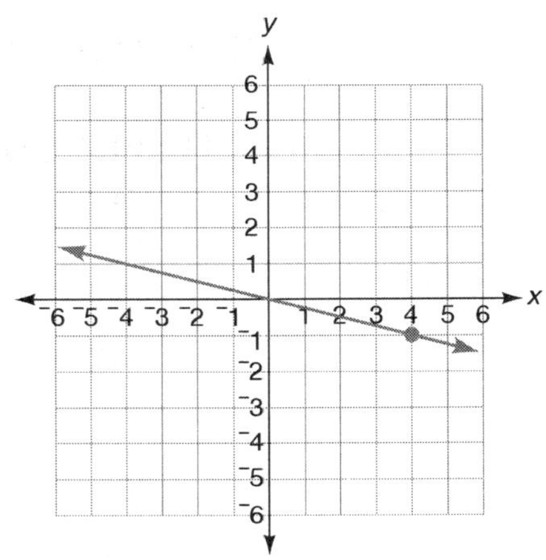

직선의 방정식

a. ______________________

b. ______________________

c. ______________________

원점을 지나지 않는 직선

아래 그림의 직선 L과 같이 원점을 지나지 않는 직선은 항상 적당한 원점을 지나는 직선(아래 그림의 K)과 평행하다. 두 직선 K와 L은 모두 기울기 $\frac{1}{2}$를 가지므로, 직선 K의 방정식은 $y=\frac{1}{2}x$이다. 직선 L 위의 점들은 직선 K 위의 점들과 비교해보면 두 번째 좌표(y좌표)의 값이 2만큼 더 큰 것을 알 수 있다. 즉, 직선 L은 K를 위로 2만큼 이동시킨 것이다. 따라서 L의 방정식은 $y=\frac{1}{2}x+2$가 된다.

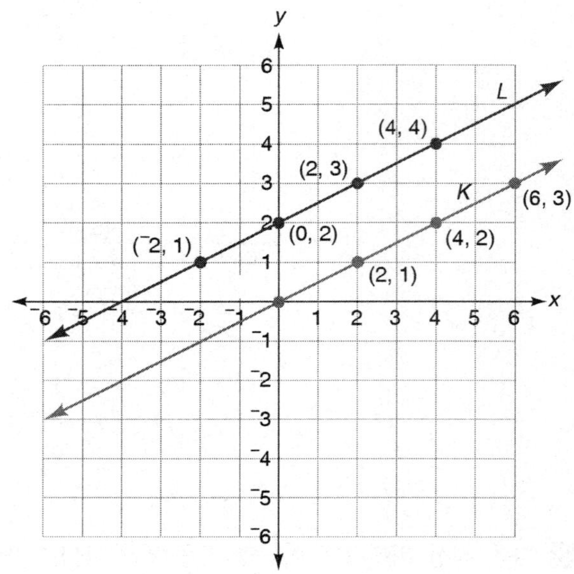

7 자를 이용해서 아래 주어진 직선 L과 평행하면서 원점을 지나는 직선 K를 그려보자. 직선 K의 방정식을 구하고, L위에 주어진 두 점과 대응하는 K위의 점들의 y좌표를 구해서 L이 K를 위·아래로 얼마만큼 이동시킨 것인지 알아보자. 이를 이용해서 L의 방정식을 구하여라.

***a.**

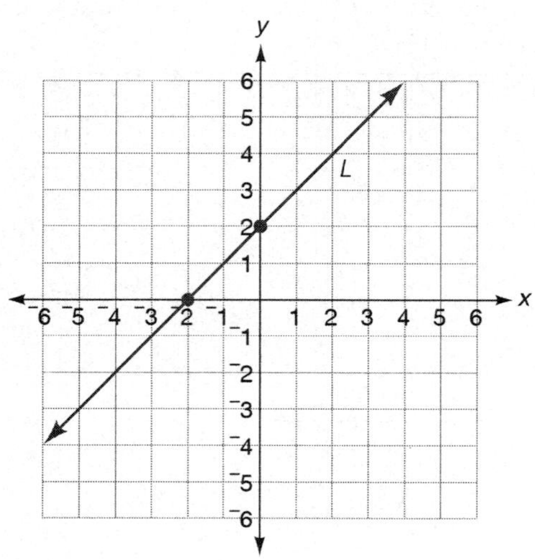

b.

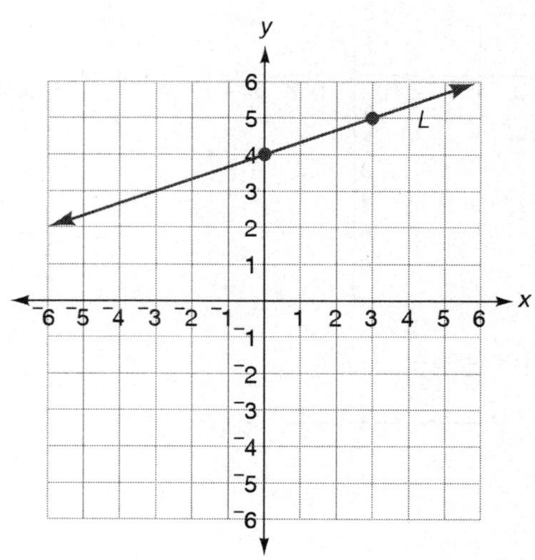

직선 K의 방정식 ______________________ ______________________

직선 L의 방정식 ______________________ ______________________

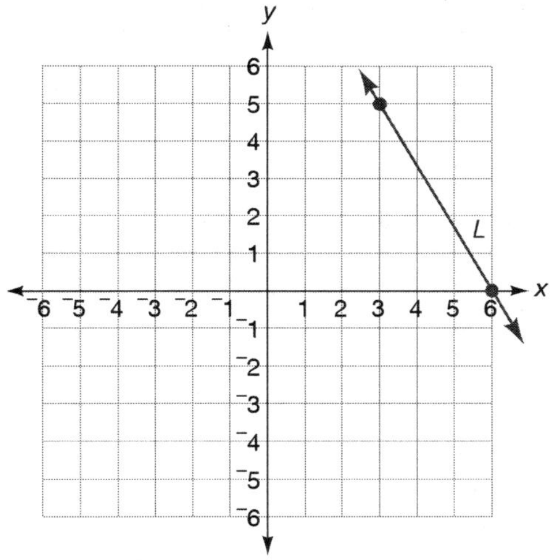

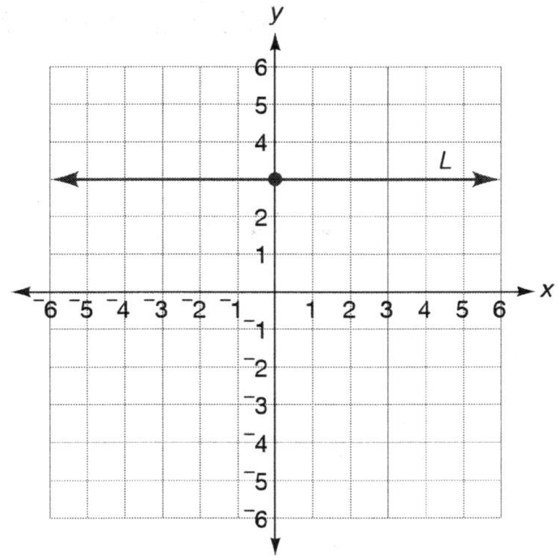

직선 K의 방정식 ______________________ ______________________

직선 L의 방정식 ______________________ ______________________

e. 직선의 방정식을 구하기 위하여, 원점을 지나면서 주어진 직선과 평행한 새로운 직선을 이용해서 원래 주어진 직선의 방정식을 구하는 방법을 자세히 서술하여라.

직선의 기울기-절편 꼴

일반적인 $y=\frac{1}{2}x+2$와 같은 직선의 방정식을 직선의 **기울기-절편 꼴**이라고 하자. 직선의 기울기는 x의 계수 (이 경우엔 $\frac{1}{2}$)이고 y절편(이 경우엔 점 $(0,2)$)은 직선이 y축과 만나서 x좌표가 0이 되는 점의 y값이 된다.

8 **a.** y절편이 4인 서로 다른 직선 세 개를 그리고, 각 직선의 방정식을 구하여라.

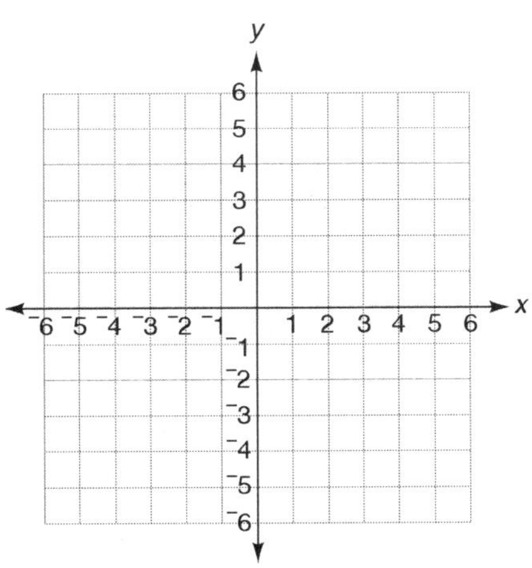

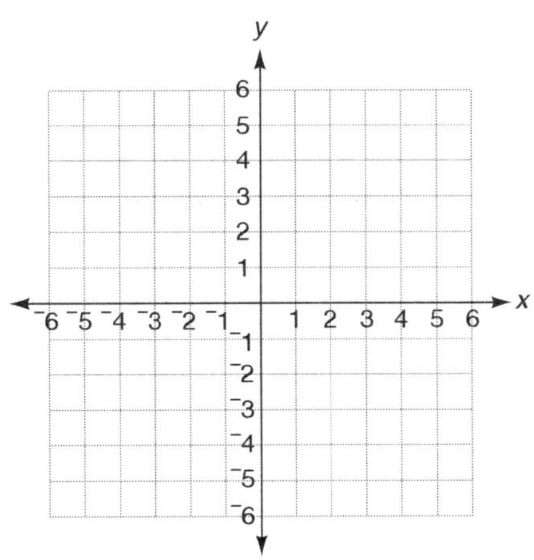

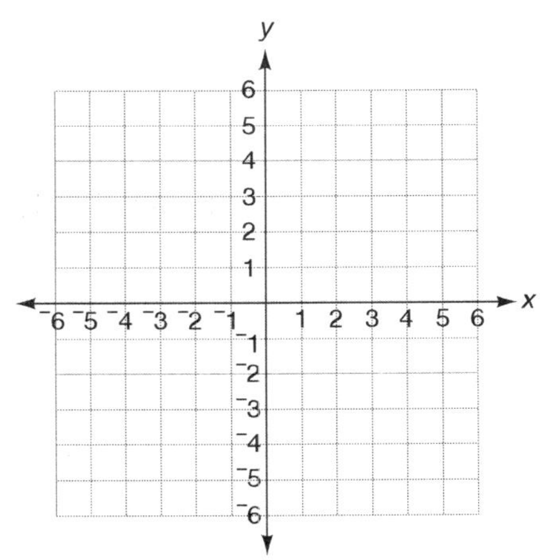

직선의 방정식

______________________ ______________________ ______________________

b. 얼마나 많은 직선이 y절편 4를 가질 것으로 생각하는지 설명하여라.

c. 기울기가 $\frac{3}{4}$인 서로 다른 직선 세 개를 그리고 각각의 직선의 방정식을 구하여라.

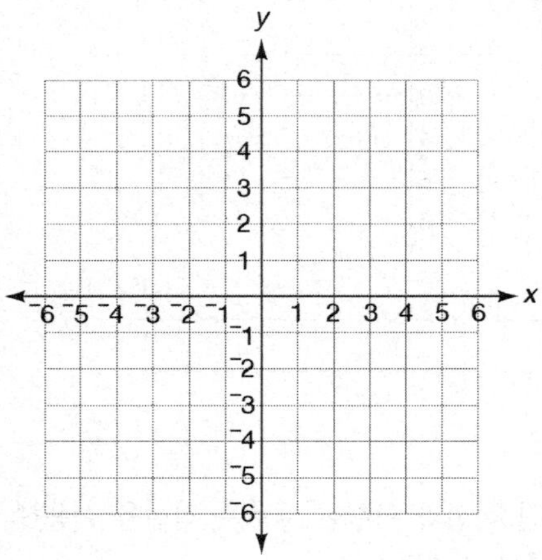

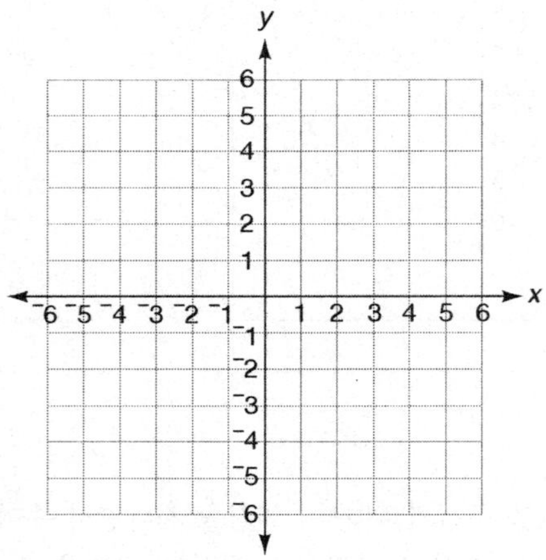

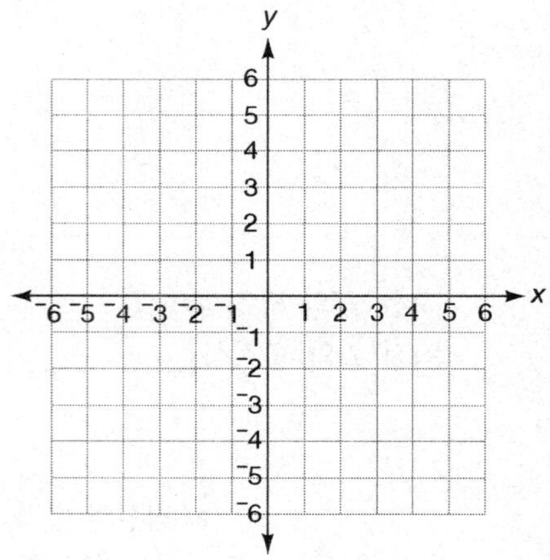

직선의 방정식

________________　________________　________________

d. 얼마나 많은 직선이 기울기 $\frac{3}{4}$을 가질 것으로 생각하는지 설명하여라.

e. 얼마나 많은 직선이 y절편 4와 기울기 $\frac{3}{4}$을 가질 것으로 생각하는지 설명하여라.

놀이 활동

다음 게임들은 모두 자료 카드 9의 좌표평면을 이용한다.

좌표 알아맞히기(2명 또는 2팀)

이 게임은 상대방 표적의 좌표를 알아맞히는 것이다. 각 경기자는 아래 보이는 것과 같은 점종이 한 쌍(자료 카드 4번)을 사용해서, 한 점종이 위에는 자신의 표적을 3개 그리고, 다른 점종이 위에는 상대방의 표적을 추측해서 그린다. 표적은 각각 세 개의 점으로 이루어지는데, 이들은 가로, 세로, 또는 대각선 방향으로 인접해야 하며 정수 좌표를 갖는다. 상대방의 점종이는 볼 수 없다. 번갈아가며 한 번씩 세 점의 좌표를 제시하는데, 추측한 좌표가 하나라도 표적 위에 있으면 상대방은 바로 알려줘야 한다. 상대방의 표적 하나의 정확한 좌표를 제시하면 경기는 끝난다.

응용 : 경기를 빨리 진행시키기 위해, 추측한 값이 (수평 좌표 또는 수직 좌표가) 표적의 1단위 내에 있을 때마다 이를 알려주는 것에 동의할 수도 있다.

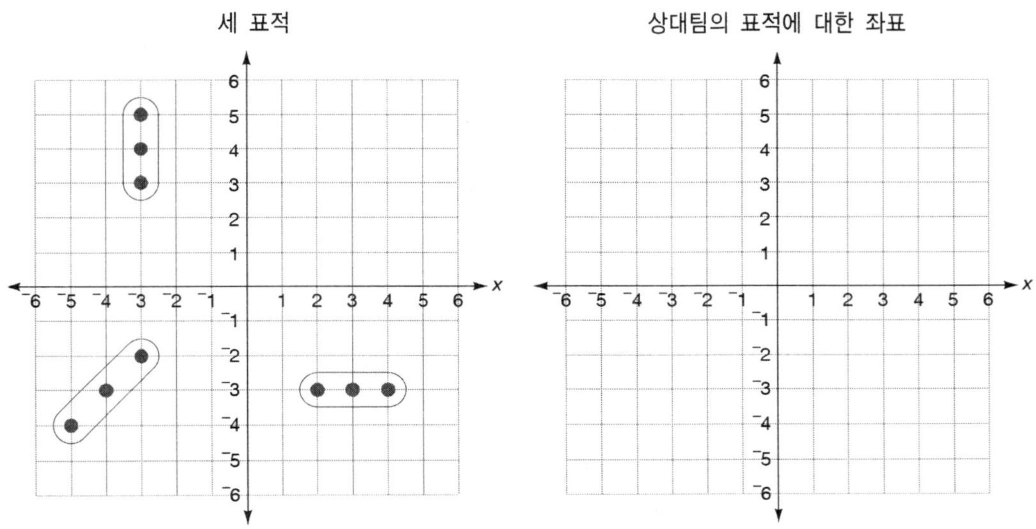

(a) (b)

도형 숨기기(2명 또는 2팀)

이 게임은 상대방 직사각형의 위치를 알아맞히는 것이다. 각 경기자는 점종이 한 쌍(자료 카드 4번)을 사용한다. 우선 직사각형의 넓이를 정하고 점종이에 주어진 넓이를 갖는 직사각형을 그린다. 직사각형의 꼭짓점은 모두 정수 좌표를 가져야 한다. (서로 상대방의 점종이는 볼 수 없다.) 번갈아가면서 상대방에게 점의 좌표를 한 번에 하나씩 제시한다. 이때 상대방이 제시한 좌표의 점이 직사각형의 외부, 내부, 꼭짓점 또는 변 위에 있는지 말해줘야 한다. 상대방의 추측과 우리 팀의 추측을 모두 기록한다. 먼저 직사각형의 네 꼭짓점의 좌표를 알아맞히는 팀이 이긴다.

응용 : 직사각형이 아닌 다른 도형을 이용해도 규칙은 같다. 예를 들어 정삼각형, 삼각형, 또는 평행사변형을 이용할 수 있다.

넓이 12인 직사각형

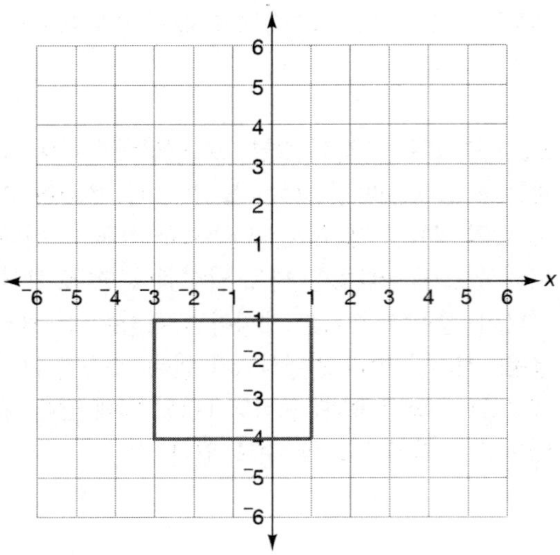

(a)

상대방 직사각형의 위치 추측 기록표

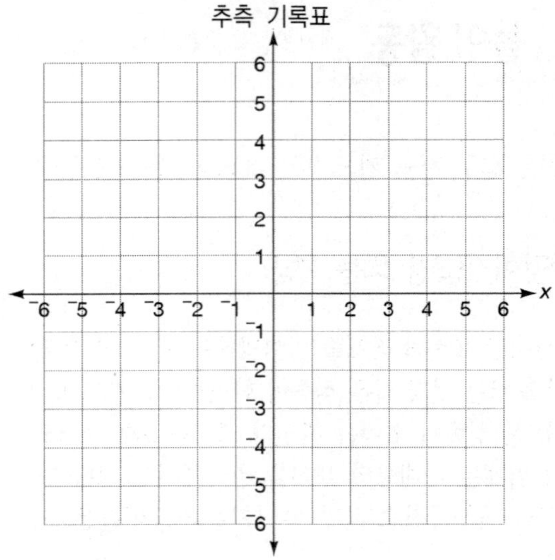

(b)

숨겨진 다각형 사냥하기

이 애플릿에서는 좌표 평면 위에 숨어 있는 다각형을 찾을 수 있다. 변의 개수와 이 애플릿에서는 좌표 평면 위에 숨어있는 다각형을 찾을 수 있다. 변의 개수와 기울기를 알려주고 선택된 점이 다각형의 내부(검은색), 외부 (노란색), 경계(파란색) 또는 꼭짓점 위에 있는지도 알려준다. 여기 주어진 화면에서 다음에 어떤 점을 선택하는 것이 좋을 것 같은가? 온라인러닝센터의 애플릿을 이용해서 이 아이디어를 더 발전시켜보자.

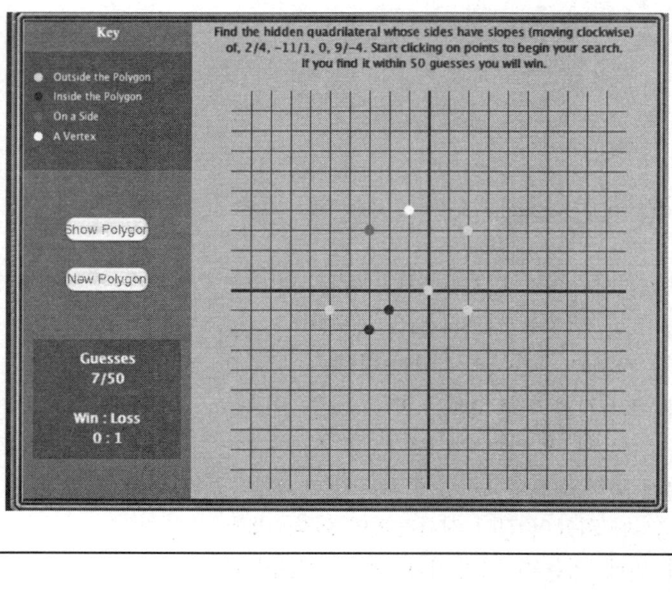

교사를 위한 후속탐구 2.2

1 **교실 상황** : 한 4학년 학생이 어떻게 음의 기울기가 가로에 대한 세로의 비율로 해석되는 지에 대해 혼란스러워 하고 있다. 세로는 수직방향으로 위로 올라가야만 하는 것이고 가로는 오른쪽 방향으로만 가는 것이라고 생각하는 것이다. 이 학생에게 음의 기울기와 영의 기울기에 대한 가로, 세로의 아이디어를 이용해서 어떻게 설명할지 생각해보고 진술하여라.

2 **학교 수업** : 교사가 기울기의 개념을 알려준 후, 한 학생이 기울기가 $2\frac{1}{3}$인 직선이 있는지 질문하였다. 어떻게 이 학생에게 그러한 직선이 가능한지를 이해시킬 수 있을지 설명하여라. 학생이 주어진 대분수의 기울기를 갖는 직선을 이해하고 그릴 수 있도록 도움을 줄 수 있도록 교사가 할 수 있는 질문의 목록을 서술하여라.

3 **수학 개념** : 같은 반 친구와 함께 이 절의 '놀이 활동'에 나왔던 '도형 숨기기' 게임을 한다. 숨겨진 목표물을 찾기 위한 전략을 차례대로 적고 그 전략이 어떤 도움을 주는지 설명하여라.

4 **수학 개념** :

a. 기하판 위에 y 절편이 3인 직선은 몇 개인가? 그 이유를 설명하고 답을 묘사하기 위한 '기울기-절편 꼴'의 방정식을 서술하여라.

b. 기하판 위에 기울기가 3인 직선은 몇 개인가? 그 이유를 설명하고 답을 묘사하기 위한 '기울기-절편 꼴'의 방정식을 서술하여라.

c. 기하판 위에 기울기가 3이고 y절편이 3인 직선은 몇 개인가? 그 이유를 설명하고 답을 묘사하기 위한 '기울기-절편 꼴'의 방정식을 서술하여라.

5 **수학 개념** : 다음 8개의 직선들에 대하여,

$y=\frac{1}{3}x+3$	$y=\frac{1}{3}x-3$	$y=-\frac{1}{3}x+3$	$y=-\frac{1}{3}x-3$
$y=3x+\frac{1}{3}$	$y=3x-\frac{1}{3}$	$y=-3x+\frac{1}{3}$	$y=-3x-\frac{1}{3}$

이 직선들을 분류해서 몇 개의 그룹으로 묶을 수 있는 방법을 세 가지만 제시하여라. 제시한 세 가지 분류 기준을 적고 설명하여라.

6 **수학 개념** : 기울기가 0이거나 양의 값인 서로 다른 직선 12개를 5×5 기하판 위에 그릴 수 있다. **주의** : 수직선의 기울기는 정의되지 않는다.

a. 2×2, 3×3, 4×4 기하판 위에 기울기가 0이거나 양의 값인 서로 다른 직선을 모두 몇 개 그릴 수 있는지 알아보자. 웹사이트나 인쇄가 가능한 웹 교구를 이용해서 기하판을 복사해서 사용하자.

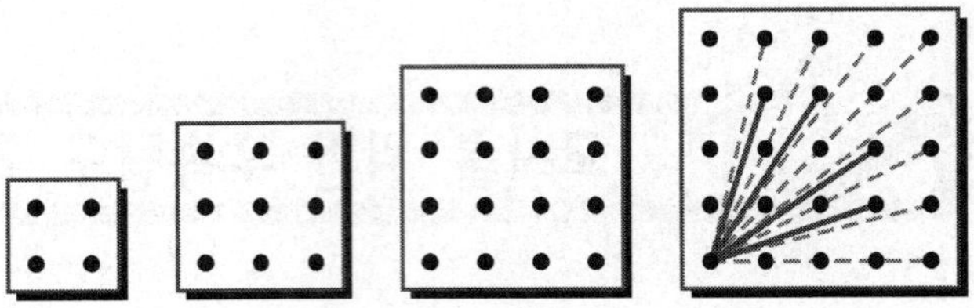

b. 6×6 기하판 위에 기울기가 0이거나 양의 값인 서로 다른 직선을 모두 몇 개 그릴 수 있는 지 알아보고, 예상하는 개수를 말해보자. 자신이 예상하는 선분을 기하판 위에 그려보자. 하나 이상의 기하판을 이용하는 것이 편리할 수 있다. 웹사이트나 인쇄가 가능한 웹 교구를 이용해서 기하판을 복사해서 사용하자.

7 NCTM 규준:

a. 직선의 기울기를 알려면 학생들은 직교 좌표계를 알고 있어야 하고 주어진 좌표를 갖는 점을 어떻게 구할 수 있는지 알아야 한다. 책의 마지막에 있는 규준 요약을 보고 어디에서 이러한 경험이 추천되었는지 명확하게 결정하여라. 추천된 학습 목표, 학년과 내용 규준을 기록하여라.

b. 이 책의 뒤에 있는 규준 요약으로 돌아가서 기울기와 특히 많이 관련 된 학습 목표를 찾아라. 학습 목표와, 학습 목표가 위치한 내용 규준을 진술하고 왜 기울기가 이러한 특별한 규준과 학년 수준에 놓이는지에 대하여 설명하여라.

BENNETT-BURTON-NELSON 웹사이트

www.mhhe.com/bbn

웹 교구	모눈종이와 점종이	링크와 읽을 자료
대화형 애플릿	투명색지	Geometer Sketchpad 모듈
퍼즐 내는 사람	보충된 참고문헌	

활동모음 2.3 협동 학습을 위한 논리 문제

▶▶ 목표

협동 학습을 위하여 논리 문제 해결에 연역적 논증을 이용한다.

▶▶ 준비물

다섯 개의 협동 논리 문제를 위한 도움말 카드와 준비물은 자료 카드 10−15에 있다. 카드를 자르기 위한 가위가 필요할 것이다.

▶▶ 도입

협동 학습 상황에서 학생들의 자기 몫의 목표에 대한 성취는 서로 관계가 있다. 학생들은 학습 집단의 다른 학생들이 모두 학습 목표를 달성한다면 자신도 목표에 도달할 수 있다는 것을 인지하고 있다. 따라서 학생들은 집단의 모든 성원들에게 유익한 성과를 찾게 된다. 학생들이 수학 연구 과제를 수행할 때, 그들은 집단의 성원들과 준비물에 대하여 의논하고 어떻게 과제를 완성할 것인지 설명하고 다른 사람들의 의견을 듣고 답을 알아낼 수 있도록 서로를 격려하며 학문적인 도움과 조력을 아끼지 않는다.[3]

이 절의 논리 문제는 4명으로 구성된 집단이 서로 협력하여 해결하도록 구성되었다. 집단의 각 멤버는 다른 사람들의 카드에는 없는 진술을 담은 도움말 카드를 갖게 된다. 다른 멤버의 카드를 읽는 것은 허용되지 않는다. 하지만 이 집단은 문제를 풀기 위하여 협력하는 한 팀이다. 활동이 시작되면 멤버들은 도움말 카드를 다른 멤버들에게 읽어준다. 도움말 카드는 원하는 만큼 읽을 수 있다. 그룹의 멤버들에게 부과된 임무는 (1) 풀어야 하는 문제를 확인하고, (2) 풀이 과정에 동의하고 (기록원이 필요한가? 해답을 머릿속에서 완성할 것인가, 아니면 도표나 차트, 모형을 이용할 것인가?), (3) 단서를 읽을 때는 주의 깊게 듣고, (4) 집단의 모든 멤버들이 해답으로 가는 각 단계마다 제대로 이해했는지 확인하는 것이다.

귀납적 추론은 관찰과 실험에 기초해서 결론을 정형화하는 과정이다. 반면에 연역적 추론은 주어진 명제로부터 결론은 이끌어내는 과정이다. 본 활동에서의 협동 논리 문제는 연역적 추론이 요구된다.

협동 논리 문제

4명으로 팀을 구성한다. 한 팀당 도움말 카드 한 세트를 이용하되 문제를 해결하기 위하여 다음 설명을 따른다.

[3] David Johnson and Roger Johnson, "Cooperative Learning in Mathematics Education," in *New Directions for Elementary School Mathematics,* 1989 Yearbook (Reston, VA: National Council of Teachers of Mathematics, 1989): 235.

- 각 멤버는 단서 카드 한 장을 가져간다. (4명으로 한 집단을 만들기에 인원이 충분하지 않으면 3명이 한 팀을 이루고 한 사람이 카드를 하나 더 가질 수도 있다.)
- 각 멤버는 단서를 크게 읽는다. 그러나 절대 도움말 카드를 다른 멤버들에게 보여주지 않는다.
- 팀원들은 문제를 확인하고 풀이 방법에 동의한다.
- 각 멤버는 서로 협력해서 문제를 풀어야 한다.
- 팀의 모든 멤버가 해답을 이해하고 문제가 해결된 것에 동의하면 문제는 풀린 것이다.

문제가 해결된 후에 몇 분 동안 아래 빈칸에 답을 적는 시간을 갖는다. 의견란에는 문제의 초기 단계에서의 생각과 느낌을 적는다. 해답에 도움을 준 것(모형이나 도표 또는 차트)은 무엇이었는가? 팀과 같이 문제를 푼 느낌은 어땠는가? 문제에 대해서 돌아보면 다른 방법으로 해결할 수 있겠는가?

1 한 줄로 서 있는 아홉 명의 사람들: 도움말 카드(논리 문제 1)와 인물 카드는 자료 카드 10에 있다. 한 협력집단에서 도움말 카드 한 세트와 인물 카드 한 세트를 이용한다. 도움말 카드를 따라 인물 카드에 서로 도와 차례로 배열한다.

______ ______ ______ ______ ______ ______ ______ ______ ______

작다 크다

의견 :

3 **테니스 팀** : 도움말 카드(논리 문제 2)와 인물 카드는 자료 카드 11에 있다. 문제를 이해했으면 함께 해결할 수 있도록 문제를 표현하는 방법을 협력해서 고안하자.

도로 여행을 위한 팀의 멤버 ________________ ________________

________________ ________________

의견 :

*3 **경품** : 도움말 카드(논리 문제 3)와 경품, 인물 카드는 자료 카드 12에 있다. 그룹의 모든 성원들에게 받아들여질 수 있도록 문제를 표현하는 방법을 고안하자.

________	________	____________	________
수학 경품	영어 경품	프랑스어 경품	논리 경품

의견 :

*4 **누구인가?** : 단서 카드(논리 문제 4)와 위치, 인물 카드는 자료 카드 13에 있다.

__________	____________	____________
조종사 이름	부조종사 이름	엔지니어 이름

의견 :

5 **다섯 가구 퍼즐** : 도움말 카드(논리 문제 5)는 자료 카드 14에 있고, 도움말에서 제시된 사물은 자료 카드 15에 있다. 한 집단이 한 세트의 사물을 이용한다.

집 색깔	________	________	________	________	________
국적	________	________	________	________	________
자동차 종류	________	________	________	________	________
음료수	________	________	________	________	________
애완동물	________	________	________	________	________

의견 :

놀이 활동

파이카-센트로(PICA-CENTRO) (2명)

한 명은 0, 1, 2, 3, 4, 5, 6, 7, 8, 9 중에서 세 개의 숫자를 고르고, 다른 한 명은 연역 추론을 통해 그 수를 알아낸다.

예비조사 : 숫자를 고르는 경기자를 A, 숫자를 알아맞혀야 하는 경기자를 B라 하자. A는 서로 다른 숫자 3개를 골라 종이에 적고 B의 눈에 띄이지 않도록 한다.
B는 자신의 예상과 A의 답을 파이카-센트로 기록지에 적는다.

게임 : B는 세 숫자를 집고 A가 기록지에 적은 수를 보고 A가 고른 세 숫자를 알아맞힌다. 파이카는 숫자는 맞지만 위치가 틀린 것이고 센트로는 위치도 일치하는 숫자이다. 즉, A는 다음 중의 하나를 대답할 것이다.

- '파이카 하나 센트로 영'은 숫자 하나가 맞지만 위치가 잘못됐음을 의미한다.
- '파이카 영 센트로 하나'는 숫자 하나가 맞고 그 위치도 맞음을 의미한다.
- '파이카 하나 센트로 하나'는 위치가 틀린 숫자 하나와 위치까지 맞는 숫자 하나 모두 두 개의 숫자가 맞음을 의미한다.
- '파이카 영 센트로 영'은 숫자 세 개가 모두 틀렸음을 의미한다.

B는 단서를 이용해서 숫자 세 개를 다시 고른다. B가 답을 제시할 때 마다 A는 파이카와 센트로의 개수를 정확하게 알려준다.

예 : A가 471을 고르고 B는 123을 예상했다고 하자. A는 '파이카 하나 센트로 영'을 외치고 B는 기록지의 첫 번째 줄에 기록한다. B의 두 번째 예상 숫자는 321이다. A는 '파이카 영 센트로 하나'로 대답한다. B는 1과 3중에 하나는 위치도 일치하면서 맞고 숫자 2는 정답에 없다고 추론한다. (어떻게 B가 이와 같이 추론할 수 있는가?) 다음에 B는 541을 고른다. A는 '파이카 하나 센트로 하나'라고 대답하고 B는 기록한다. 이와 같은 방법으로 B가 A가 고른 숫자를 모두 맞힐 때까지 게임을 계속한다.

결론 : B가 A의 숫자를 추론한 다음 파이카 열에는 0이 있고 센트로 열에는 3이 놓일 것이다. 이제 경기자의 역할이 바뀌어 B가 고르고 A가 추론한다. 가장 적은 횟수의 시도로 숫자를 알아맞히는 사람이 이긴다.

응용 : 네 개의 숫자, 다섯 숫자, 또는 경기자들이 경기 전에 동의할 수 있을 만큼의 개수의 숫자를 이용할 수 있다.

선택된 수		
4	7	1

추측 숫자			결과	
			파이카	센트로
1	2	3	1	0
3	2	1	0	1
5	4	1	1	1

교사를 위한 후속탐구 2.3

1 교실 상황 : 두 문장 “네가 청소하고 나면 우리 쇼핑 가자”와 “우리 쇼핑 가면 너는 청소해라”를 같은 의미를 갖는다고 혼동하는 초등학생이 있다. 위 두 문장이 다른 의미를 갖는다는 것을 어떻게 이해시킬 수 있을지 설명하여라.

2 교실 상황 : 활동 1, 2, 3, 4와 같은 형태의 4명의 초등학생이 해결할 수 있을 만한 협동 논리 문제를 구성하여라. 4개의 인물 카드와 4개의 단서 카드를 구성하여라. 당신의 인물 카드와 단서 카드를 설명하고 문제의 답을 제시하여라. 단서가 어떻게 문제를 풀도록 학생들을 이끌게 될지 설명하여라.

3 교실 상황 : 2.1절의 놀이 활동 ‘속성 알아맞히기 게임’은 분류 과정에서의 추론을 강조한 것이다. 유아원·유치원 과정이나 3-5학년, 또는 6-8학년 과정을 택하고 그 수준에 맞는 속성 확인 게임을 만들어 보자. 자신의 게임을 다른 사람들이 읽고 이용할 수 있도록 자세하게 서술하여라. 단추나 컬러 타일 등을 속성조각 대신 이용할 수 있다.

4 수학 개념 : 영희는 여덟 마리의 애완동물을 키우고 있다. 주어진 힌트를 이용해서 나이 순으로 나열하고, 이름도 알아맞혀보자. 애완동물의 이름은 다음과 같다.

애완동물의 이름 : 빌리, 프랭크, 폴리, 랄프, 빨강이, 실베스터, 타코, 삐약이.

• 힌트 •

i. 독 있는 도마뱀 랄프는 다른 동물들보다 나이가 많다.
ii. 금붕어는 가장 나이 어린 애완동물이고, 앵무새는 가장 나이가 많다.
iii. 족제비 실베스터보다 나이가 많고 병아리 삐약이 보다는 어린 동물은 하나 있다.
iv. 폴리보다 나이가 많고 빨강이보다 어린 동물은 여섯 마리 있다.
v. 빌리보다 어린 동물 두 마리가 있다.
vi. 프랭크보다 나이가 많고 빨강이보다 어린 동물이 한 마리 있다.
vii. 거위보다 나이가 많은 다섯 마리의 동물이 있다.
viii. 랄프와 빨강이는 강아지보다 나이가 많은 유일한 동물이다.
ix. 고양이보다는 나이 많고 강아지보다 어린 동물은 없다.

5 수학 개념 : 네 명의 학생들의 전공, 직업, 교통수단이 아래 표에 제시되어 있다. 힌트를 보고 각 학생들의 직업, 전공, 교통수단을 짝지워보자. 어떻게 답을 구했는지 자세히 서술하여라.

학년 :	1학년	2학년	3학년	4학년
직장 :	커피숍	도서관	영화관	과외교사
전공 :	영어	컴퓨터 공학	수학	심리학
교통수단 :	자전거	버스	자가용	스케이트 보드

• 힌트 •

i. 영어 전공자는 자전거를 탄다.
ii. 과외교사는 3학년이고 스케이트보드는 타지 않는다.
iii. 2학년생은 버스를 탄다.
iv. 1학년생은 커피숍에서 일하지도 않고 자가용을 타지도 않는다.
v. 스케이트보드를 타는 학생은 심리학을 전공한다.
vi. 컴퓨터공학 전공자는 도서관에서 일한다.
vii. 수학 전공자는 커피숍에서 일하고 자가용을 타지는 않는다.
viii. 4학년생은 자가용을 타고 등교한다.

6 NCTM 규준 : 이 책의 마지막 장의 규준 요약에는 5개의 과정 규준과 5개의 내용 규준이 있다. 과정 규준은 내용 지식을 얻고 이용하는 방법을 토론한다. 이 절에서 완성한 협동 논리 문제를 하나 골라서 문제가 결정되면서 과정 규준이 어떤 방법으로 결합되었는지(또는 결합되지 않았는지)를 간단히 설명하여라.

7 NCTM 규준 : 학교 수학을 위한 원리 규준의 유아·유치원 단계에 적용되는 '추론과 증명' 단원을 읽고 이 단계의 학생들을 위해서 추천할 만한 추론의 타입과 추론 능력을 발전시킬 수 있는 교사의 역할을 요약하여라.

BENNETT-BURTON-NELSON 웹사이트

www.mhhe.com/bbn

웹 교구
대화형 애플릿
퍼즐 내는 사람
모눈종이와 점종이
투명색지
보충된 참고문헌
링크와 읽을 자료
Geometer Sketchpad 모듈

▶▷▶ 속성조각과 추론

▶▶ **목적** 초등학생들에게 속성조각을 서로 비교하게 해서 가설을 확인하고 논리적으로 추론하는 활동을 소개한다.

▶▶ **연결성** "개와 고양이가 몇 마리 있습니까?" "어떤 동물이 더 많습니까?" "얼마나 닮았는지 얼마나 다른지 비교할 수 있는 동물들을 본 적이 있습니까?" 오늘 우리는 속성조각이라고 불리는 블록을 이용해서 서로 닮았는지 다른지를 어떻게 구별해야 하는지 알아 보는 활동을 하게 될 것이다.

▶▶ **준비물** 교사는 속성조각 수업세트의 모형을 온라인 학습센터에서 다운로드 받아서 두꺼운 종이에 인쇄하거나 붙이자. 실물화상기를 이용할 수도 있다. 24개 속성조각 세트는 비닐 백 안에 넣을 수 있다. 2명에서 4명으로 이루어진 각 집단은 속성조각 한 세트를 필요로 한다.

1 속성조각 세트를 각 집단에 나누어 주고 살펴볼 수 있는 시간을 준다. 일반적으로 학생들은 조각들을 색, 모양, 또는 크기에 의해 분류한다. 몇몇 집단을 선택해서 그들의 분류 기준에 대하여 발표하게 하고, 조각이 다르다는 것을 세 가지 주요한 구별 방법(색, 모양, 크기)에 대하여 다같이 토론한다.

2학년은 차이가 1인 기차를 만들 수 있다.

2 실물 화상기에 4개의 조각 한 줄을 올려놓고 각 조각이 바로 앞의 조각과 어떻게 다른지 질문한다. 이 경우 각각의 조각은 바로 앞의 조각과 한 가지 속성만 구별되므로 '차이가 1인 기차'라 부르기로 한다. 이 기차의 5번째 조각을 선택하기 위해 어떤 속성을 달리 할지 학생들에게 결정하도록 하고, 이를 이용해서 가능한 길게 기차를 연결해보자.

3 실물 화상기 위에 '차이가 2인 기차'를 구성하고 각 조각이 다른 것과 어떻게 다른지 질문해서 위 활동 2를 반복한다. 학생들에게 이것이 무슨 종류인지 묻는다. (차이가 2인 기차) 학생들이 이 기차를 구성하고 계속 연결해 보도록 한다.

주의 : 이 활동은 학생들이 이 기차에 새로운 조각을 번갈아 가면서 가능할 때까지 놓아보는 게임으로 할 수도 있다.

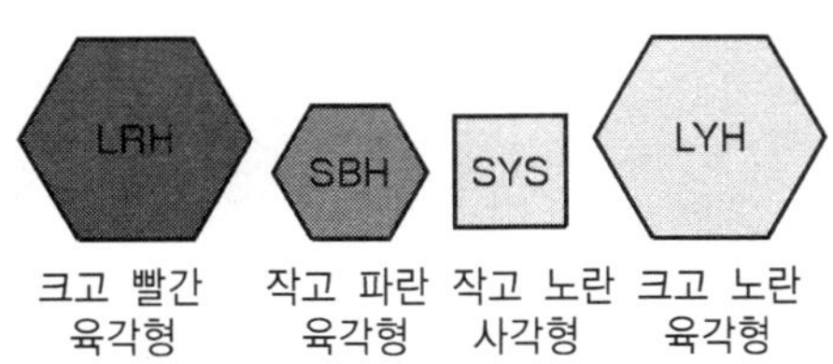

4 주어진 세 조각을 놓고 학생들에게 이 기차의 특징을 물어본다. (차이가 3인 기차) 기차에 조각을 몇 개 더 나열하기 위한 방법에 대하여 질문한다.

5 실물화상기에 원을 하나 놓아주고 학생들에게 어떤 집합(노란색 조각들의 집합 또는 삼각형 조각들의 집합 등등)을 위한 것인지 말하고, 한 번에 하나씩 조각을 골라 원 안에 들어가게 되는지 추측하게 한다. 학생들은 주어진 블록조각이 원 내부에 위치할 것인지 외부에 위치할 것인지 결정하게 될 것이다. 모든 노란색 조각, 모든 정사각형 조각, 모든 큰 조각, 모든 큰 정사각형 조각과 같이 다양한 '비밀 속성' 집합을 이용해서 이 활동을 반복한다.

6 (선택) 원 2개로 구성된 벤다이어그램에서 활동 5를 반복하여라. 우선 예를 잘 살펴보고 어떻게 두 원의 겹쳐진 영역에 들어 있는 조각이 어떻게 양쪽의 속성을 모두 갖는지 주시하자. 이를 이용해서 교집합에 대한 논의를 이끌어 낼 수 있을 것이다.

CHAPTER 3

범자연수

구체적인 모델은 학생들이 수를 나타내고 수 감각을 발달시키는 것을 도와줄 수 있다. 그들은 또한 의미를 학생들이 사용하는 기호에 의미를 부여할 수 있으며 자릿값의 개념을 세우는데 유용할 수 있다. 그러나 교구를 사용한다는 것, 특히 기계적인 방식으로 사용하는 것은 이해를 보장해 주지 않는다. 교사들은 학생들이 구체적인 교구를 다루고 있는 동안 학생들의 사고와 추론을 유도할 수 있는 질문을 제기함으로써 학생들의 사고를 드러내려는 시도를 해야만 한다.[1]

활동모음 3.1 다진수 조각을 통한 기수법 모델

▶▶ 목표

위치적 기수법에서 묶기와 자릿값의 개념을 도입하기 위하여 오진법 수조각과 다른 진법에서의 시각적 그림을 사용하기

웹 교구

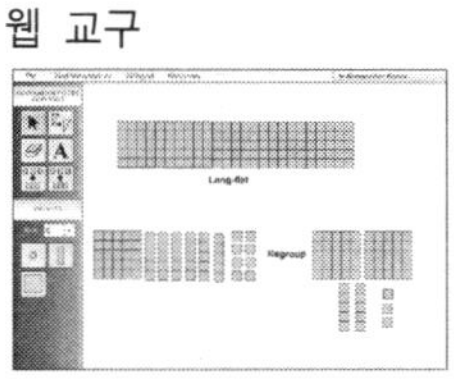

www.mhhe.com/bbn

▶▶ 준비물

교구 세트나 웹 교구에 있는 오진법 수조각

▶▶

위치적 기수법의 토대를 이루는 개념들 — 묶기, 다시 묶기 그리고 자릿값 — 은 구체적인 모델을 통해서 설명될 때 더욱 명확해지며, 많은 모델들이 이 목적을 위해서 만들어졌다. 막대기 다발이나 디너스 블록과 같은 '묶음 모델'은 어떻게 묶음이 만들어지는지를 명확하게 보여준다. 칩거래나 자릿값 표와 같은 '주판형 모델'은 서로 다른 묶음을 나타내기 위하여 색깔이나 위치를 사용한다.

빨대 다발

오진법 블록

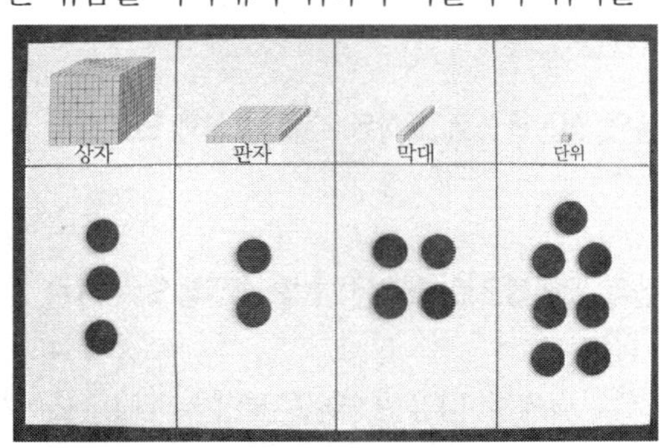

자릿값 방식

1 *Principles and Standards for School Mathematics* (Reston, VA: National Council of Teachers of Mathematics, 2000): 80.

제4단원

보 충

오진법

우리들의 수체계는 십진법이다. 수를 나타내는 열개의 숫자가 있다: 0, 1, 2, 3, 4, 5, 6, 7, 8 그리고 9. 만약에 우리가 위로 더 센다면 '십'을 위한 단일한 숫자는 없다. 우리는 열 1개와 일 1개를 나타내는 두개의 숫자 '1', '0'을 사용한다.

우리는 다른 수 체계로도 셀 수 있다. 오진법은 다섯 개의 숫자를 가진다. 우리는 숫자 '5'는 쓰지 않는다. 만약에 우리가 5진법을 사용한다면 우리는 0, 1, 2, 3, 4 센다. 그리고 우리는 '다섯 1개와 하나 0개'를 나타내기 위하여 '1'과 '0'을 사용한다.

손가락을 사용하여 오진법으로 세기

오른쪽 손으로 1, 2, 3, 4 센다. 5에 도달하면 왼쪽 손의 손가락 하나를 올리고 오른쪽 손은 0에서 다시 시작한다. 계속해서 왼쪽 손으로는 하나씩을 세고 오른쪽 손으로 다섯씩을 센다.

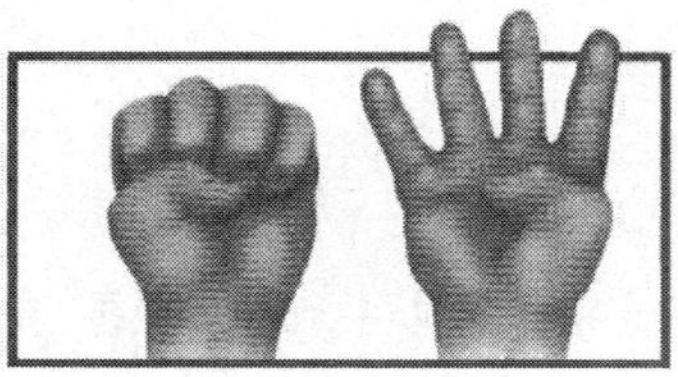

다섯묶음의 개수　단위의 개수
4단위 = 십진법에서는 4
오진법에서는 4

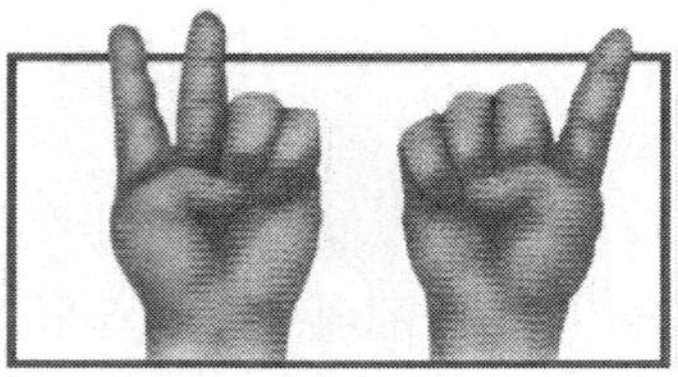

다섯묶음의 개수　단위의 개수
2다섯묶음과1단위=십진법에서는 11
오진법에서는 21
읽는 법 : 오진법의 수 이일

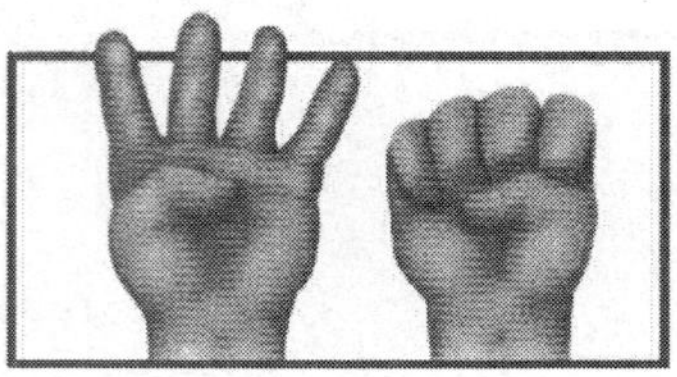

다섯묶음의 개수　단위의 개수
4다섯묶음=십진법에서는 20
오진법에서는 40
읽는 법 : 오진법의 수 사영

오진법으로 세기

다음 표를 써서 25까지 5진법을 세어보아라. 패턴을 찾으시오.

십진법	1	2	3	4	5	6	7	8	9	10	11	12	13	14	15	16	17	18	19	20	21	22	23	24	25
오진법	1	2	3	4	10	11	12	13	14	20	21	22	23	24	30	31	32	33	34	40	41	42	43	44	100

다음의 십진법으로 표시된 수를 오진법으로 써라.

1. 17　**2.** 22　**3.** 9　**4.** 37

다음의 오진법으로 표시된 수를 십진법으로 써라.

5. 11　**6.** 23　**7.** 40　**8.** 102

9. 십진법에서 사용된 숫자 중에서 가장 큰 것은 무엇인가? 오진법에서는 어떠한가?

10. 써봅시다 **분석** : 이진법에서 사용되는 수는 0과 1밖에 없다.
이진법으로 3을 어떻게 쓸 것인지 설명하여라.

다음과 같은 진수 조각들은 교구가방과 웹 교구 안에 있다. 이 조각들에서 단위를 제외한 모든 조각은 그 이전 조각의 제곱개로 이루어져 있으며, 이 때문에 오진법 수조각이라고 불린다.

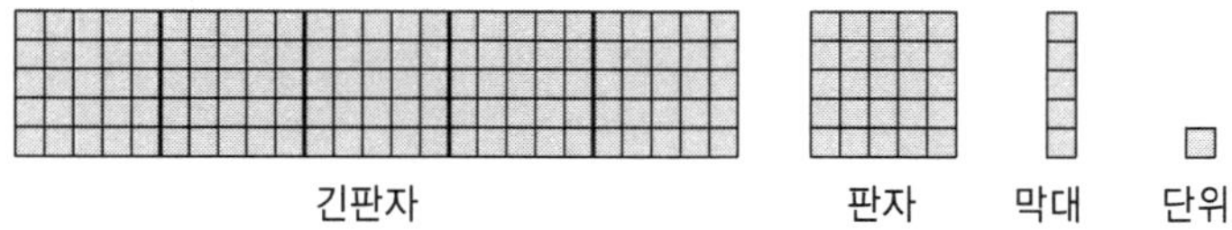

---

1 오진법 수조각을 써서 그림 1에서 보여주는 것과 같이 단위 8개, 막대 6개, 판자 5개로 이루어진 모음을 만드시오. 단위 5개는 막대 1개로, 막대 5개는 판자 1개로 대체하여라. 이 결과는 그림 2에 보여진다. 두 모음은 '동치'인데, 그 이유는 같은 개수의 단위 정사각형을 포함하고 있기 때문이다. 하지만 오진법 조각별로 센다면, 둘째 모음의 개수가 더 작다. (첫째 모음은 19개이고 둘째 모음은 7개이다.)

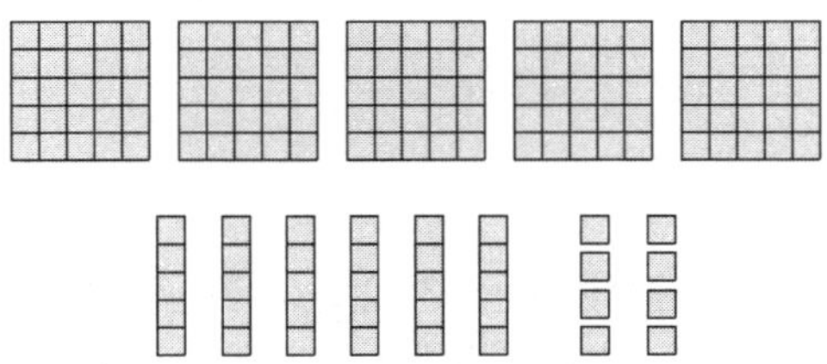
그림 1

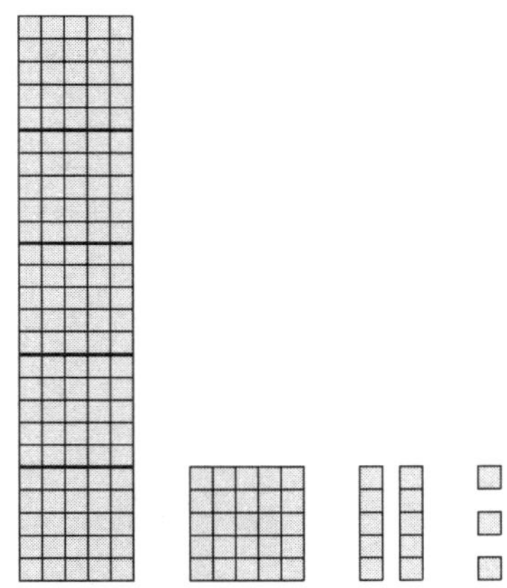
그림 2

당신이 가진 오집법 조각을 써서 다음 각각의 모음을 만드시오. 오진법 조각의 개수가 최소가 되는 모음에 도달할 때까지 대체하여라. 이것을 '최소 모음'이라고 부릅니다. 아래의 표 안에 당신의 최소 모음에 있는 막대-판자, 판자, 막대 그리고 단위의 개수를 기록하여라.

a. 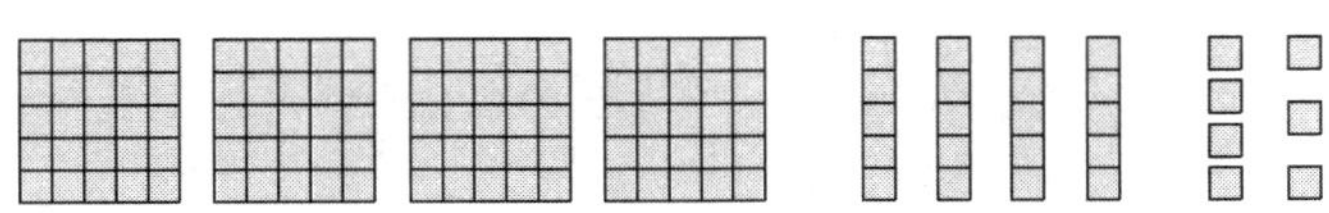

b. 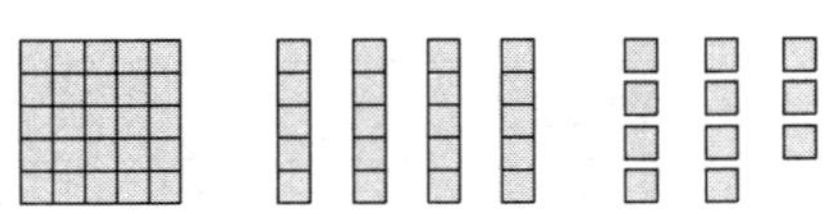

c. 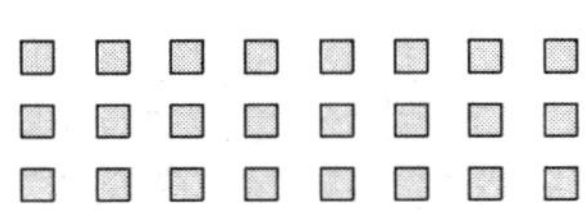

	긴판자	판자	막대	단위
a.	______	______	______	______
b.	______	______	______	______
c.	______	______	______	______

d. 왜 오진법 수조각의 최소 모음에 대한 표 안에는 4보다 큰 수를 쓸 필요가 없는 이유를 설명하여라.

2 오진법 수조각을 써서 당신은 단위 28개로 이루어진 모음을 판자 1개, 막대 0개, 단위 3개로 이루어진 최소 모음으로 나타낼 수 있다. 이것은 아래 포에 기록되어 있다.
오진법 수조각을 써서 시각화를 도와주고, 최소 모음에 관한 다음 표의 빈칸에 알맞은 수를 채우시오.

	긴판자	판자	막대	단위
a.	28	0	1	3
b.	31	______	______	______
***c.**	126	______	______	______
d.	200	______	______	______
e.	______	0	1	3
***f.**	______	3	3	3
g.	______	4	4	4

3 오진법 조각의 최소 모음은 표를 사용하지 않고도 기록될 수 있다. 예를 들면, 위에 있는 표의 첫째 기록은 $103_{\text{오}}$으로 쓸 수 있다. 이렇게 하는데 있어서, 우리는 오른쪽에서부터 왼쪽으로 숫자의 위치는 단위, 막대, 판자 그리고 막대-판자의 개수를 나타낸다는 것을 동의해야만 한다. 수를 나타내는 이러한 방식을 '위치적 기수법'이라고 하고 $103_{\text{오}}$은 '오진법 숫자'라고 부른다. 활동 2의 표 안에 있는 다른 기록물의 각각에 대해서 오진법 숫자를 써라.

a. $103_{\text{오}}$ **b.** ***c.** **d.**

e. ***f.** **g**

4 숫자 $2034_{\text{오}}$이 나타내는 오진법 수조각은 다음과 같다. 이 조각들 안에 있는 단위 정사각형의 전체 개수는 269이다.

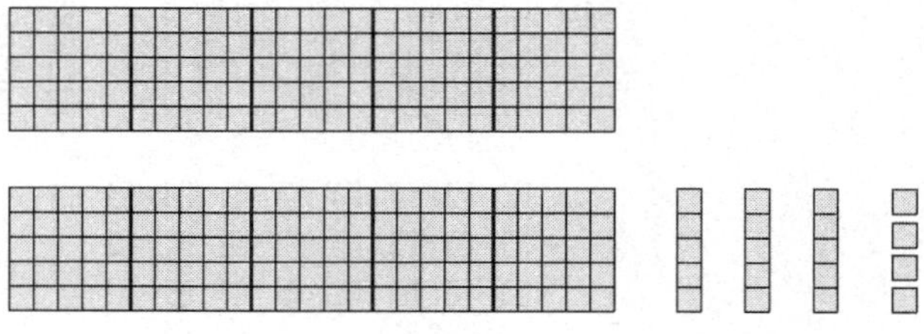

$2034_{\text{오}}$

다음 수를 당신의 오진법 수조각으로 나타내고, 각각에 있는 단위 정사각형의 전체 개수를 결정하여라.

	오진법 수조각	단위 정사각형의 전체 개수
a.	$2304_{오}$	______
***b.**	$1032_{오}$	______
c.	$2004_{오}$	______

5 다음은 칠진법에 따른 처음의 세 수조각이다. 아래에 주어진 공간에 삼진법과 십진법에 따른 처음 세 수조각을 그려라.

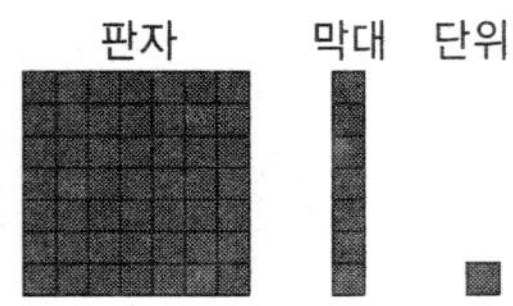

a. 삼진법

b. 십진법

6 다음 수 각각을 나타내는 진법 수조각의 모음의 그림을 그려라. 각각의 모음 안에 있는 단위 정사각형의 전체 개수를 결정하여라.

a. $122_{삼}$ 단위 정사각형의 전체 개수 ______________

***b.** $425_{칠}$ 단위 정사각형의 전체 개수 ______________

c. $157_{십}$ 단위 정사각형의 전체 개수 ______________

7 다음 a, b, c에 제시된 각각의 진법에 대하여, 다음에 보여진 단위 정사각형의 모음을 나타내는 진법 수조각의 최소 모음을 스케치하여라.

a. 오진법

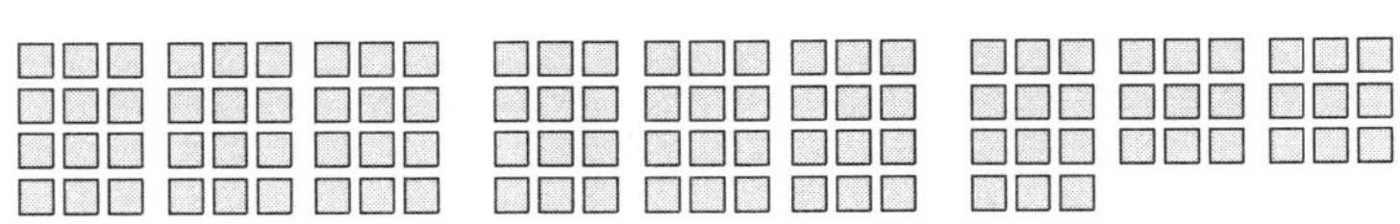

최소 모음 스케치

오진법 숫자 ______________________

***b.** 구진법

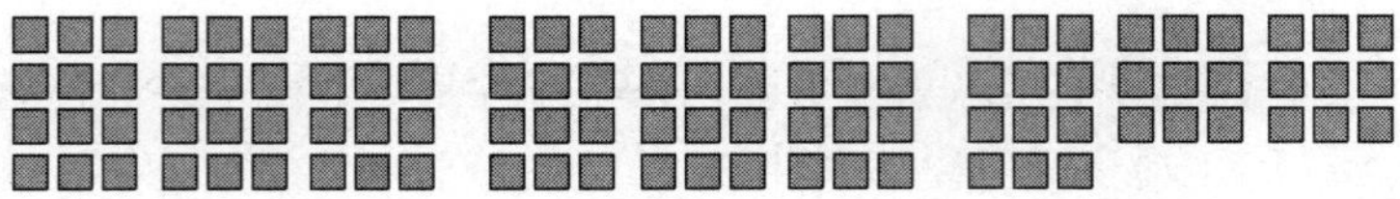

최소 모음 스케치

구진법 숫자 ______________________

c. 십진법

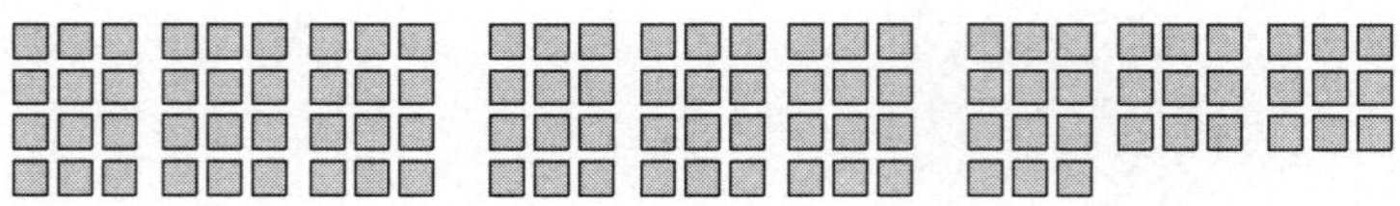

최소 모음 스케치

십진법 숫자 ______________________

놀이 활동

1, 2, 4, 8, 16, 32 등과 같은 수를 '이진수'라고 부른다. 다음 그림 1에서 각각의 수자는 이전의 수자를 두 배해서 얻어진다. 이진수는 다양하게 응용된다. 대부분의 응용은 흥미를 자아내는 독심 카드(아래에 보이는)와 고대의 님게임(다음 쪽)과 같은 게임이나 퍼즐의 풀이를 제공한다.

독심 카드

그림 1에 있는 카드를 가지고 당신은 31세를 넘지 않은 어떤 사람의 나이를 결정할 수 있다. 이러한 카드들 중 어느 것이 당신의 나이가 있는가? 만약에 당신이 4번 카드와 16번 카드를 선택한다면, 당신은 20세가 된다. 만약 당신이 1번, 2번 그리고 16번 카드를 선택한다면, 당신은 19세이다.

1 이러한 카드들 각각의 왼쪽 상단에 쓰인 숫자는 이진수이다. 당신의 나이를 가능한 최소 개수의 이진수의 합으로 바꾸시오. 그 이진수들은 어떤 카드에 나타나는가? 어떤 카드에 당신의 나이가 나타나는가?

***2** 수 27을 이진수의 합으로 써라. 이 이진수들은 어느 카드에 나타나는가? 어떤 카드에 27이 나타나는가?

3 만약 누군가 1번, 2번 그리고 8번 카드에만 오직 나타나는 수를 선택했다고 한다면, 이 수는 무엇인가?

***4** 독심 카드가 어떻게 작동하는지 설명하여라.

5 독심 카드는 추가의 카드를 사용함으로써 큰 수를 포함하도록 확장될 수 있다. 다음 카드는 32번 카드(그림 2 참조)이다. 이 체계를 여섯 장의 카드로 확장하기 위해서는 여섯 장의 모든 카드에 수들이 추가로 기입되어야만 한다. 예를 들면 3 = 32 + 1이므로 33은 32번 카드는 물론 1번 카드에도 기입되어야만 한다. 44가 써질 카드를 모두 구하여라.

6 이 체계를 여섯 장의 카드로 확장하기 위해서 그림 2에 있는 1번, 2번, 4번, 16번 그리고 32번 카드에 싸져야만 할 추가적인 수들을 구하여라. 이 새로운 여섯 장의 체계 안에 있는 가장 큰 나이는 무엇인가?

7 23번째 교구카드로부터 독심 카드를 잘라내고 그것을 사용하여 친구나 학생들의 흥미를 유발하여라. 어떤 사람에게 자신의 나이가 포함된 카드를 선택하도록 요구하거나, 64보다 작은 수 하나를 정해서 그것이 써진 카드를 말하도록 요구하여라. 그 후에 그 수를 드러냄으로써 그들을 놀라게 하여라.

16	21	26
17	22	27
18	23	28
19	24	29
20	25	30
		31

카드 16

8	13	26
9	14	27
10	15	28
11	24	29
12	25	30
		31

카드 8

4	12	22
5	13	23
6	14	28
7	15	29
	20	30
	21	31

카드 4

2	11	23
3	14	26
6	15	27
7	18	30
10	19	31
	22	

카드 2

1	11	21
3	13	23
5	15	25
7	17	27
9	19	29
		31

카드 1

그림 1

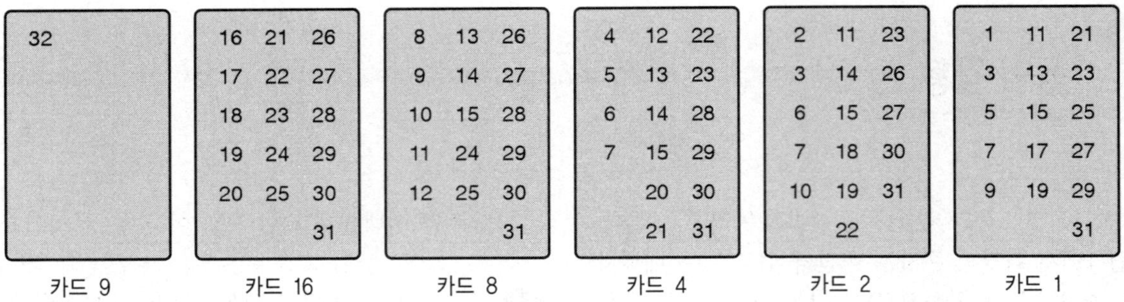

그림 2

님(NIM) 게임(경기자 2명)

님 게임은 고대 중국에 기원이 있다고 말해진다. 가장 단순한 형태로는 이쑤시개나 막대를 세 줄로 늘어놓은 것을 가지고 경기가 이루어진다. 차례가 돌아왔을 때, 경기자는 한 줄을 마음대로 정해서, 그 줄에서 아무런 개수만큼의 이쑤시개를 가져갈 수 있다. 마지막 이쑤시개나 이쑤시개 뭉치를 가져가는 사람이 이긴다. 학급 친구와 함께 이 게임을 몇 판 치러보아라.

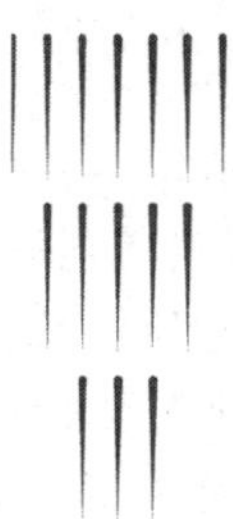

몇 번의 실행해보면, 당신이 반드시 이길 수 있는 상황을 쉽게 발견할 수 있다. 예를 들면, 만약 당신의 상대가 할 차례이고 아래 그림과 같이 1-2-3 배열이 주어졌다면, 당신은 이길 수 있을 것이다. 당신의 상대가 할 차례에서 당신이 이길 수 있는 상황 세 가지를 그려라.

이기는 전략 : 님 게임에서 이기는 전략은 이진수를 포함한다.

1 당신의 차례가 되면 다음 예제에서 보여지는 것과 같이, 각각의 줄에서 가능한 가장 큰 이진수를 사용하여 각 줄에 남아있는 이쑤시개를 이진수에 따라 묶는다.

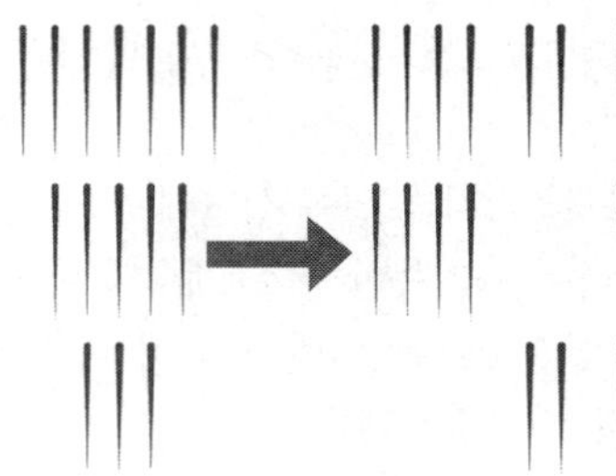

2 남겨진 무더기의 각각의 유형이 '짝수'가 되도록 이쑤시개를 제거한다. 위의 예제에서 당신은 4의 개수가 짝수이고 2의 개수도 짝수이고 1의 개수는 홀수임을 알 수 있다. 따라서 1개의 이쑤시개가 하나의 줄에서 제거된다. 왼쪽 단에서 제시된 것과 같은 1-2-3 배열은 이진 묶음의 개수가 짝수임을 증명하여라.

*__3__ 당신의 차례라고 가정하고 아래에 보여진 것과 같은 배열을 가지고 있다고 하자. 당신의 상대자가 이진 묶음의 개수가 짝수인 상황을 받도록 사선을 그어서 한 개 혹은 여러 개의 이쑤시개를 지우시오.

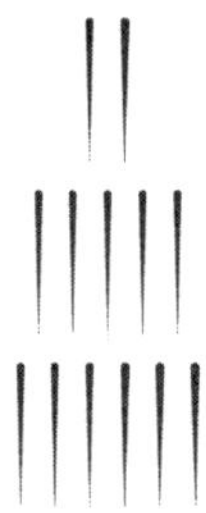

*4 각각의 줄에 있는 이쑤시개들이 이진수에 의해서 묶여진 후에는, '짝수 상황'(각각의 이진 묶음의 모든 개수가 짝수) 아니면 '홀수 상황'(각각의 이진 묶음의 모든 개수가 홀수) 중 하나가 될 것이다. 실험을 통해서 한 번의 시행은 항상 짝수 상황을 홀수 상황으로 바꾸는지 알아보아라. 한 번의 시행을 통해서 짝수 상황이 또 다른 짝수 상황으로 바뀌는 것이 가능할까?

일반화된 님 : 줄의 개수가 어떤 수가 되어도 되고, 한 줄에 있는 이쑤시개의 개수가 어떤 수가 되어도 되는 님 게임을 해보아라. 당신의 상대자의 차례가 되었을 때 그 혹은 그녀가 짝수 상황에 처하도록 만드는 전략을 구해보아라. 이것은 이기는 전략입니까?

고대 기수법을 해독하기

이 애플릿에서는 당신은 아테네-그리스와 다른 여러 고대 기수법을 해독하도록 요구받을 것이다. 기수법을 해독하기 위해서는 당신은 기호를 연습장 위로 드래그하고 그 값을 결정하기 위해서 'translate symbol'을 클릭하면 된다. 당신은 해독할 고대 기수법은 여섯 가지이다.

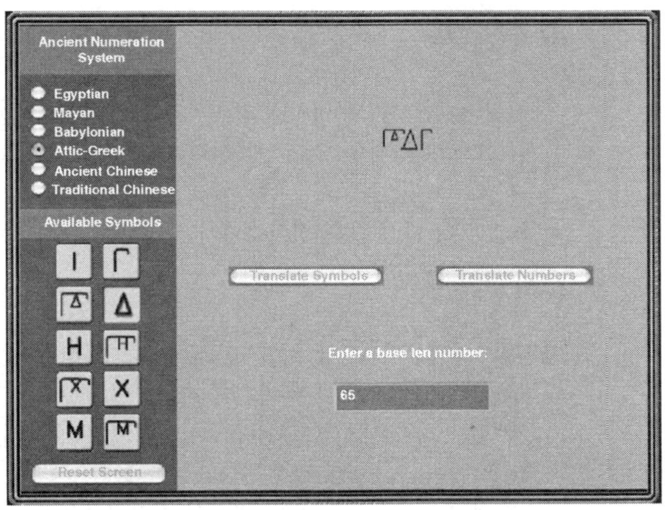

교사를 위한 후속탐구 3.1

1 **교실 상황** : 당신의 학급에 있는 어떤 학생들이 오진법을 사용하여 셈했던 문명에 관한 책을 읽고 그들이 오진법을 사용하는 사람들과 수에 관해서 어떻게 소통했는지를 알고 싶어한다고 가정하자. 당신의 학생들이 이 문제를 해결하기 위해서 어떻게 도울 것인지를 설명하여라.

2 **교실 상황** : 교구 주머니에 있는 십진수 조각과 1-6회전판을 사용하여 어떤 수를 골라잡기 위해서 초등학교 학생들에게 적절하다고 생각되는 활동을 고안하여라. 당신의 활동은 학생들이 수에 있는 숫자와 그 수의 값이 어떻게 관련되는지를 이해하는 것을 도와주어야만 합니다. 당신의 활동에 관하여 당신이 질문할 수 있는 몇가지 질문을 써라.

3 **교실 상황** : 이 절의 첫 부분에 있는 '초등 학교 교과서의 한쪽'을 읽으시오. 사진법으로 세기 위하여 여러분의 두 손을 모두 사용하는 방법을 기술하여라. 사진법에 대해서 그 쪽에 제시된 오진법의 표와 유사한 표를 만드시오.

4 **수학 개념** : 왜 b진 기수법 자릿값 체계에서의 숫자는 0, 1, 2, ⋯ $b-1$이 되며, $b-1$보다 큰 숫자는 필요하지 않은지를 설명하여라.

5 **수학 개념** : 어떤 밑수 b에 대하여 막대-판자 다음의 자릿수 조각은 판자-판자라고 부른다.

a. 판자-판자는 무엇처럼 보여야만 하는지 스케치하고, 밑수에 상관없이 다음 자릿수 조각을 그렇게 정하는 것이 왜 논리적인 선택인지 설명하여라.

b. 30,000개의 단위 정사각형에 해당하는 칠진법 수 조각의 최소 모음과 함께 칠진법 숫자를 결정하여라.

6 **수학 개념** : 기수법에 대한 자릿값 도표 모델(이 활동모음의 도입을 참조할 것)는 표시용 돌이 놓일 여러 칸으로 이루어진다. 이 모델은 어떤 진법에 해당하는 단위, 막대, 판대기 그리고 상자를 오른쪽에서부터 시작하여 각각의 칸에 나타냄으로써 여러 진법을 모두 나타낼 수 있다. 예를 들어 오진법의 경우, 각각의 칸에 있는 다섯 개의 표시돌은 왼쪽으로 다음 칸에 한 개의 표시돌로 대체될 수 있다. 다음의 그림에서 단위 칸에 있는 13개의 표시돌은 다섯 개씩 묶음으로써, 막대 칸에 있는 표시돌 2개와 단위칸에 있는 표시돌 3개, 즉 $23_{오}$으로 바뀌게 된다.

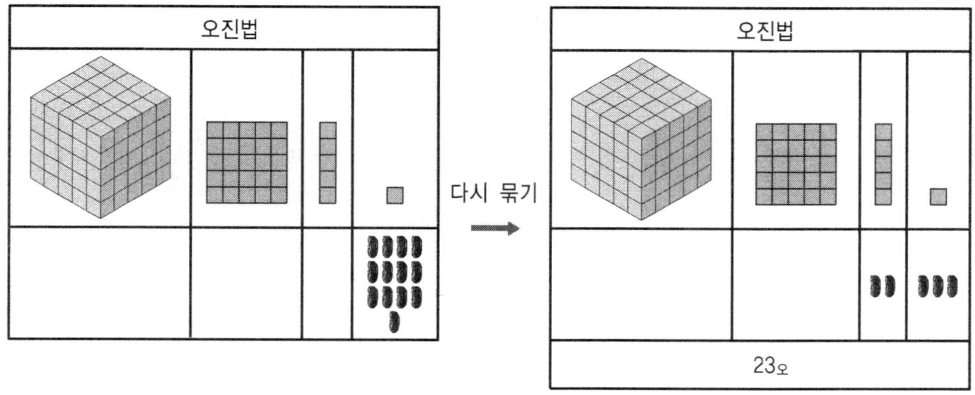

똑같이 13개의 표시돌에서 출발하여 네 개씩 묶는다면(사진법), 70쪽에 보여진 것과 같이, 막대 칸에 3개의 표시돌과 단위 칸에 1개의 표시돌, 즉 $31_{\text{사}}$로 바뀌게 된다.

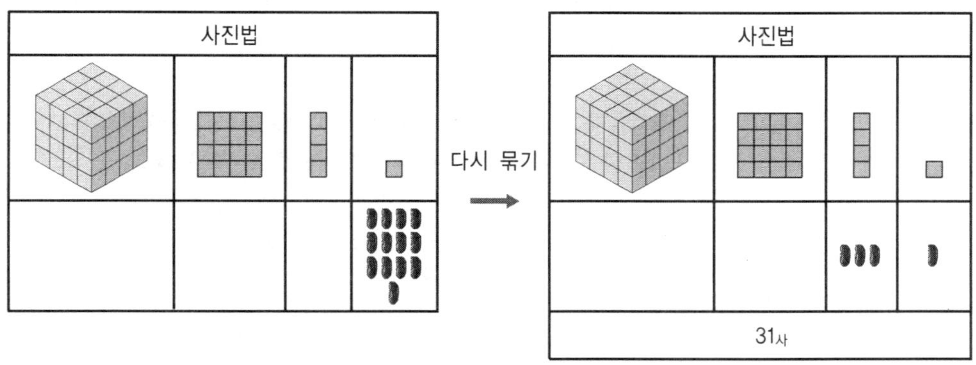

a. 19개의 표시돌을 삼진법을 써서 변환시켰을 때의 결과를 자릿값 도표를 스케치하여라. 표 아래에 결과로 나온 삼진법 숫자를 기록하여라.

b. 15개의 표시돌을 이진법을 써서 변환시켰을 때의 결과를 자릿값 도표를 스케치하여라. 표 아래에 결과로 나온 이진법 숫자를 기록하여라.

c. 왜 여러분은 이 모델이 앞서 우리가 고찰했던 다진수 블록과는 개념적으로 다른 것이라고 믿는지를 설명하여라.

7 **수학 개념**: 흔한 초등학교의 활동 중의 하나는 일년의 학기 안에 있는 수업일의 수를 세기 위하여 막대들, 막대의 다발들, 막대의 다발의 다발들을 보여주는 전시물을 만드는 것이다. 수업일 하루에 대하여 막대기 하나(혹은 커피 젓는 막대)를 일 주머니에 넣는다. 막대들은 다시 묶여지고 필요하다면 이동된다. 그리고 학생은 막대기와 막대기의 다발에 의해서 나타내어지는 대응하는 십진법 수를 쓴다.

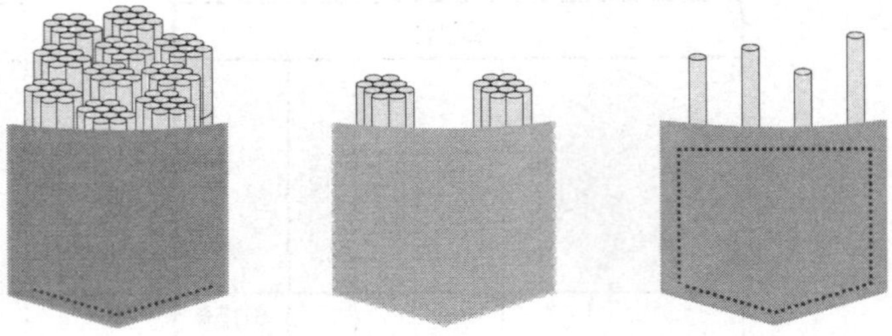

a. 다음의 전시물에 의해서 나타나는 십진법 수는 무엇인가?

b. 만약 일 년의 학기 안에 190 수업일이 있다면, 학생은 첫 수업일부터 마지막 수업일까지 막대기를 몇 번 다시 묶게 될까? 다시 묶는 활동 각각을 기술하고 열거하여라.

8 **수학 개념** : 센티미터 격자를 사용하여 이진법 체계에서 판자-판자까지의 자릿수 조각의 모음을 잘라내어라.

a. 조각들을 사용하여 21 단위에 대응하는 최소모음을 나타내어라. 당신의 결과를 스케치하고 그러한 단위들의 모음에 대한 이진법 숫자를 써라.

b. 이진법의 수 $11011_{이}$을 나타내는 자릿수 조각의 모음을 만드시오. 그 모음을 스케치하고 그 모음에 대응하는 십진법의 수를 결정하여라. 당신의 대답에 어떻게 도달했는지 설명하여라.

9 NCTM **규준** : 이 책의 부록에 있는 요약에서는 다섯 개의 '과정 규준'에서는 내용지식을 획득하고 사용하는 방법을 논하고 있다. 그 '과정 규준'을 전부 읽고, 오진법 수조각을 통한 작업에 의해서 충족될 수 있는 '기대하는 사항'을 열거하고, 그것이 어떻게 충족될 수 있는지를 설명하여라.

BENNETT-BURTON-NELSON 웹사이트

www.mhhe.com/benett-nelson

웹 교구	모눈종이와 점종이	링크와 읽을 자료
대화형 애플릿	투명색지	Geometer Sketchpad 모듈
퍼즐 내는 사람	보충된 참고문헌	

활동모음 3.2 다진수 조각을 통한 덧셈과 뺄셈

웹 교구

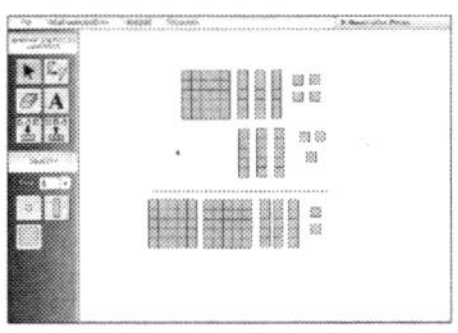

www.mhhe.com/bbn

▶▶ 목표

다진수 조각을 사용하여 덧셈과 뺄셈을 시각적으로 설명하기

▶▶ 준비물

교구 세트나 웹 교구에 있는 주사위 한 쌍과 오진수 조각

▶▶ 도입

덧셈과 뺄셈 연산은 서로 역관계이다. '덧셈'은 여러 사물들로 이루어진 여러 집합을 서로 모아 놓는 것으로 설명되며, '뺄셈'은 주어진 집합으로부터 부분집합을 제거하는 것으로 설명될 수 있다. 덧셈과 뺄셈 사이의 이러한 짝관계는 덧셈을 사용하는 '교환해서 올리기' 게임과 뺄셈을 사용하는 '교환해서 내리기' 게임에서 보여질 수 있다.

'알고리즘'은 수를 더하고 빼는 것에 관한 단계적인 절차들이다. 덧셈과 뺄셈 알고리즘에 대한 통찰을 얻는 최선의 방법 중의 하나는 다른 진법을 나타내는 교구를 사용함으로써 그 과정을 생각하는 것이다. 다음 활동에서는 오진수 조각이 사용될 것이다.

덧셈

1 **교환해서 올리기 게임(2 혹은 5명의 경기자)**: 각자가 가지고 있는 오진수 조각을 써서 경기를 한다. 경기자의 순서가 되면 주사위 두 개를 굴린다. 위로 나온 주사위 면에 있는 점의 개수의 총합이 경기자가 얻은 오진수 단위 조각의 개수이다. 경기자의 마지막 순서에서는 경기자가 얻은 조각들은, 만약 필요하다면, 전체 득점을 가장 작은 개수의 오진수 조각(최소 모음)으로 나타낼 수 있도록 교환되어야만(다시 모아져야만) 한다. 최소 모음에 대한 오진법의 수는 기록되어야만 한다. 막대-판자 한 개를 먼저 얻는 경기자가 게임을 이기게 된다.

사례 : 경기자의 처음 차례에서, 아래에 보여주듯이, 8개의 단위를 얻은 것이 최소 모음이 되도록 교환되었고, 해당되는 오진수가 기록되었다.

경기자의 둘째 차례에서, 추가로 8개의 단위를 얻었고 이것이 경기자의 모음에 추가되었다. 교환함으로써 최소모음을 얻었고, 경기자는 전체 모음에 해당하는 오진수를 기록하였다.

	주사위	전체 개수	최소모음	수표기
첫째 차례	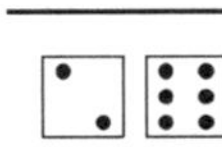	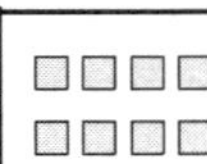		13오
둘째 차례	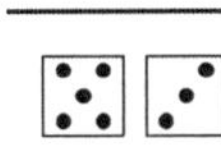	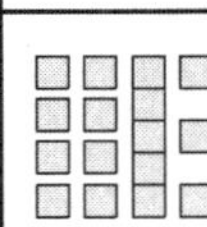	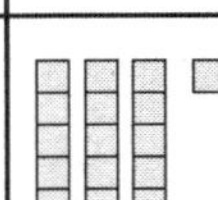	31오

2 활동 1에서 기술된 교환해서 올리기 경기에 관한 다음 질문에 답하여라.

a. 주사위 2개를 한 번 굴려서 얻을 수 있는 최대 개수의 단위에 대한 최소 모음은 무엇인가?

***b.** 한 차례 시도에서 얻을 수 있는 최대 모음과 막대-판자를 비교함으로써, 경기를 이기는 데까지 주사위를 던지는 최소 횟수를 결정하여라. 당신의 추론을 설명하여라.

c. 막대-판자를 얻기 위해서 주사위를 던져야 하는 최대 횟수를 결정하여라. 당신의 결론에 어떻게 도달했는지 설명하여라. (힌트: 하나의 주사위를 한번 던질 때 얻을 수 있는 최소 점수와 막대-판자를 비교하여라.)

***d.** 여러 차례 했더니 당신의 전체합이 $421_{\text{오}}$라고 가정하면, 당신의 다음 차례에서 당신이 이기는 것이 가능할까? 당신의 대답에 대한 이유를 설명하여라.

e. 당신의 전체합이 $333_{\text{오}}$라고 가정하자. 당신이 막대-판자 $1000_{\text{오}}$에 도달하는데 걸리는 최소 시도 횟수는 무엇인가? 당신의 결론에 어떻게 도달했는지 설명하여라. (힌트: 당신의 오진수 조각을 써서 $333_{\text{오}}$을 나타내어라.)

3 오진법의 수로 쓰인 수들은 오진수 조각을 써서 더해질 수 있다. 예를 들면 $324_{\text{오}} + 243_{\text{오}}$은, 아래와 같이 각각의 수를 오진법 조각으로 나타내고, 모음을 결합하고, 최소 모음을 얻기 위하여 교환하기(다시 묶음)를 함으로써 더해질 수 있다.

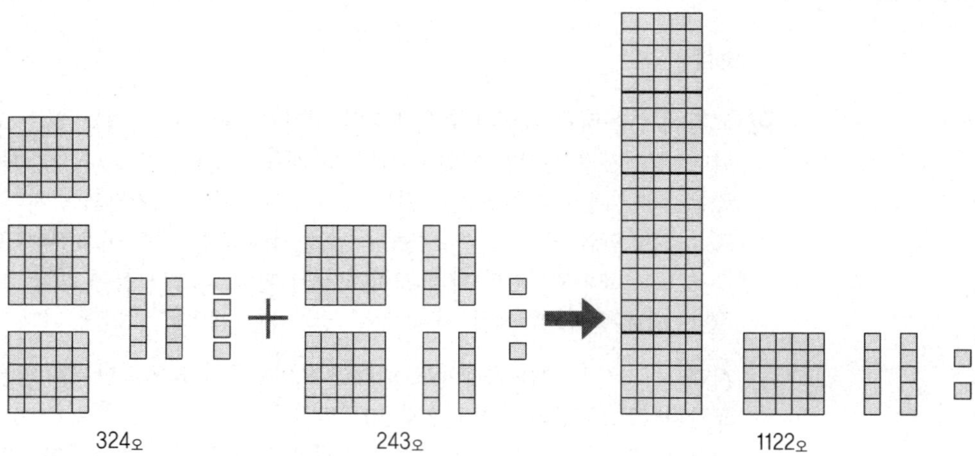

오진수 조각을 써서 다음의 각각의 합들을 나타내어라. 다시 묶음으로써 최소 모음을 얻고 이 모음에 대한 오진법의 수를 기록하여라.

***a.** $43_{\text{오}} + 24_{\text{오}} =$

b. $313_{\text{오}} + 233_{\text{오}} =$

***c.** $304_{\text{오}} + 20_{\text{오}} + 120_{\text{오}} + 22_{\text{오}} =$

d. $1000_{\text{오}} + 100_{\text{오}} + 10_{\text{오}} =$

이름 ______________________ **두 자리수의 뺄셈**

배우기 뺄셈 53-17

1단계

53을 보여준다. 7개의 일을 빼기에 충분한 일이 있는가?

	십묶음	단위
	□	□
	5	3
−	1	7

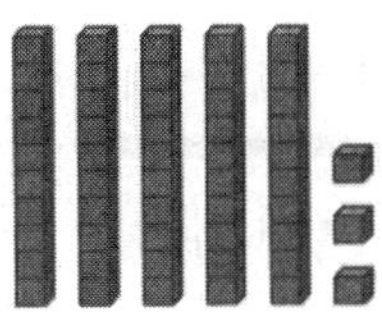

2단계

빼기에는 일이 충분하지 않다. 1개의 십을 10개의 일로 분해한다. 이제 13개의 일이 있다.

	십묶음	단위
	4	13
	~~5~~	~~3~~
−	1	7

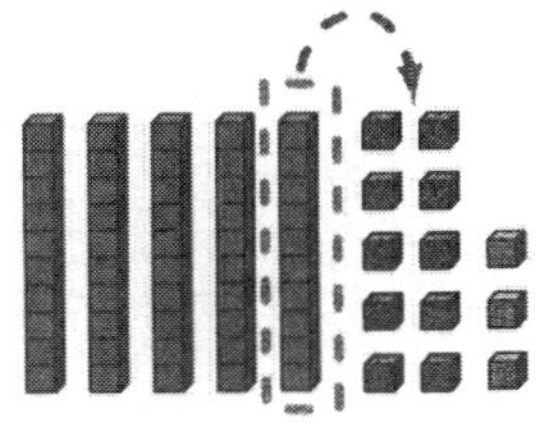

3단계

일의 자리를 뺀다.

	십묶음	단위
	4	13
	~~5~~	~~3~~
−	1	7
		6

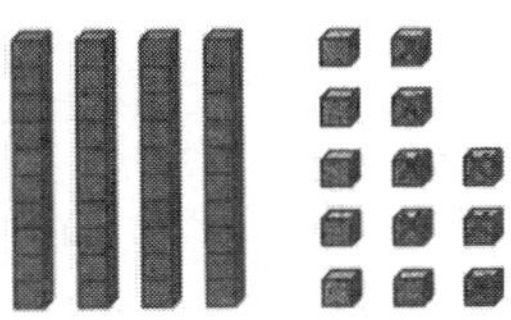

4단계

십의 자리를 뺀다.

	십묶음	단위
	4	13
	~~5~~	~~3~~
−	1	7
	3	6

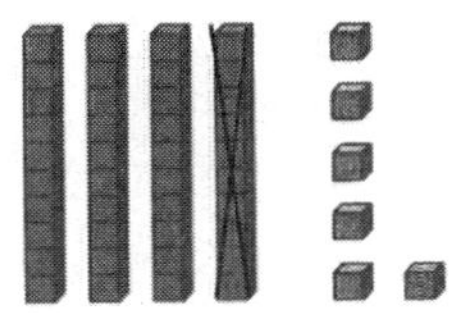

53 − 17 = 36

도전하기 뺄셈

1.

	십묶음	단위
	2	15
	~~3~~	~~5~~
−	1	8
	1	7

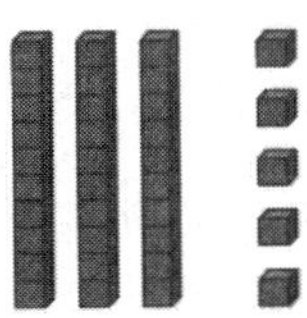

2.

	십묶음	단위
	□	□
	4	7
−	2	4

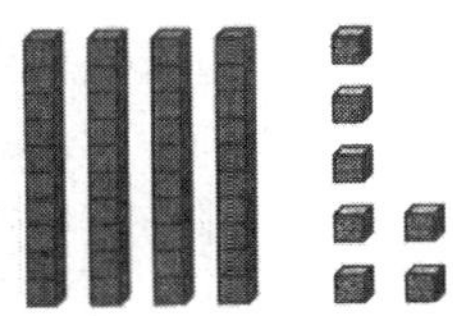

3. 써봅시다 뺄셈 42 − 26과 뺄셈 42 − 6은 어떻게 다른가?

4 다른 진법의 수들은 적절한 진법 수조각을 상상하든가, 스케치를 함으로써 암산으로 더해질 수 있다. 예를 들면, $1221_{\text{삼}} + 122_{\text{삼}}$을 더하기 위해서는 막대-판자 2개와 판자 1개와 막대 2개로 이루어진 최소 모음을 얻기 위해서 어떻게 다시 묶기를 해야 하는지를 다음 그림을 보여준다.

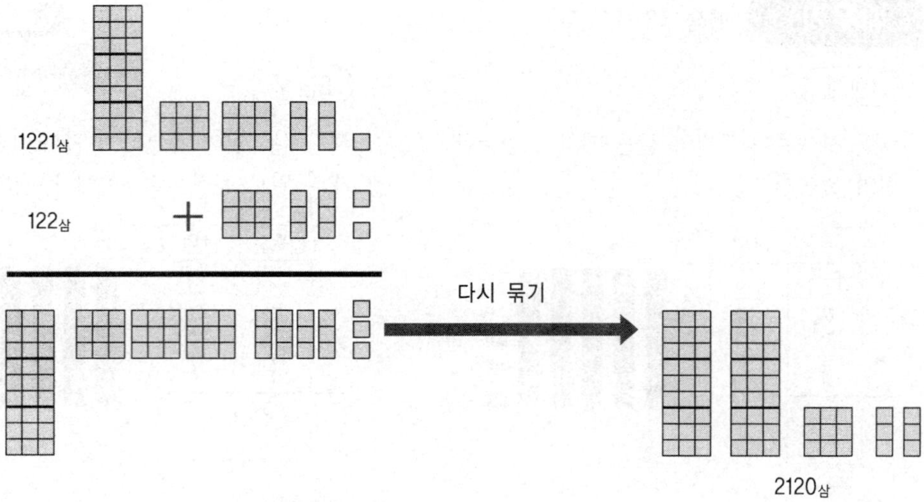

다음 합과 그것의 다시 묶기(위와 같은)를 나타내는 진법 수조각을 스케치하여라.

***a.** $201_{\text{삼}}$
$+102_{\text{삼}}$

b. $2312_{\text{사}}$
$+203_{\text{사}}$

***c.** $255_{\text{육}}$
$+134_{\text{육}}$

뺄셈

5 **교환해서 내리기 게임(2 혹은 5명의 경기자)**: 각자가 가진 오진법 수조각을 써서 경기하여라. 각각의 경기자는 막대-판자 한 개를 가지고 경기를 시작한다. 경기자의 차례가 되면 두 개의 주사위를 굴린다. 위로 나온 면들에 있는 점들의 전체 개수가 경기자가 버려야 할 단위의 개수이다. 이 게임의 목적은 모든 오진법 수조각을 제거하는 것이다. 먼저 그렇게 하는 사람이 이긴다. 어떤 차례에서는 경기자는 정확한 수조각을 버리기 위해서 교환하기(다시 묶기)를 해야만 할 것이다. 경기자의 각각의 시도 후에는 남아 있는 수 조각들은 최소 모음이어야만 하며, 이를 나타내는 오진법의 수는 기록해야 한다.

사례 : 경기자의 처음 차례에서는, 아래와 같이, 막대 1개와 단위 2개를 버리기 위하여 막대-판자가 다른 진법 수 조각으로 교환되었다. 남아 있는 최소 모음을 나타내는 오진법의 수는 기록된다.

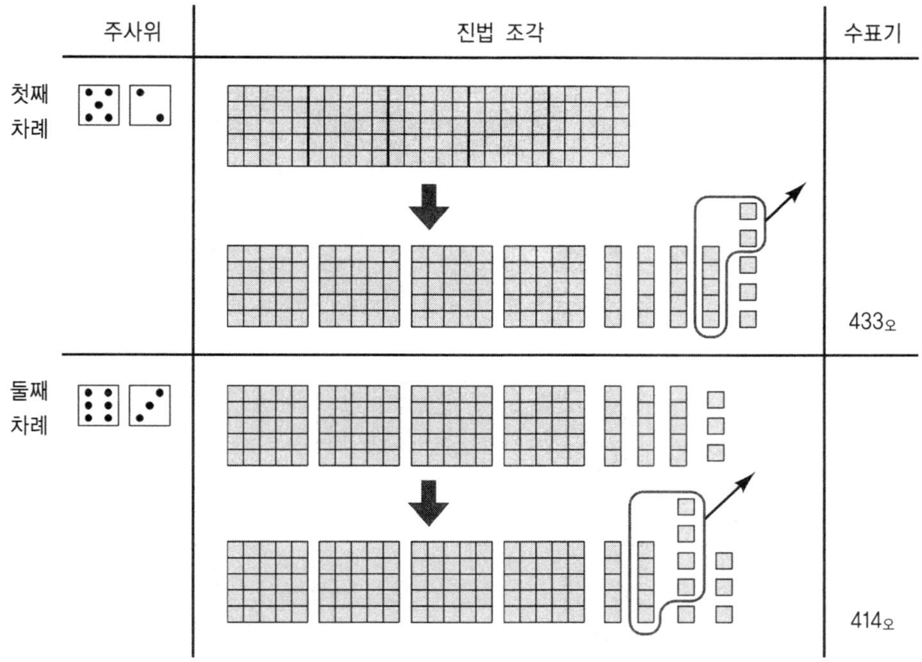

6 활동 5에서 기술된 교환해서 내리기 게임에 관한 다음 질문에 답하여라.

a. 경기자가 모든 수조각들을 버릴 수 있는 최소의 주사위 던지는 횟수를 결정하여라. 당신의 결론을 설명하여라.

***b.** 만약 경기자의 전체가 한 번의 시도에 의해서 $313_{오}$으로부터 $242_{오}$로 줄어들었다고 가정하면, 그 시도에서 경기자가 던진 두 주사위의 눈의 합은 무엇인가? (힌트: 오진법 수조각을 써서 두 점수를 나타내보아라.)

7 다음은 학생들이 각자의 오진법 수조각을 써서 $232_{오}+143_{오}$을 결정하기 위하여 사용하는 것으로 관찰된 세 가지 방법이다. 당신의 오진법 수조각을 써서 각각의 방법을 실행해보아라. 각각의 방법에 사용된 전략 혹은 기법을 간략하게 설명하여라.

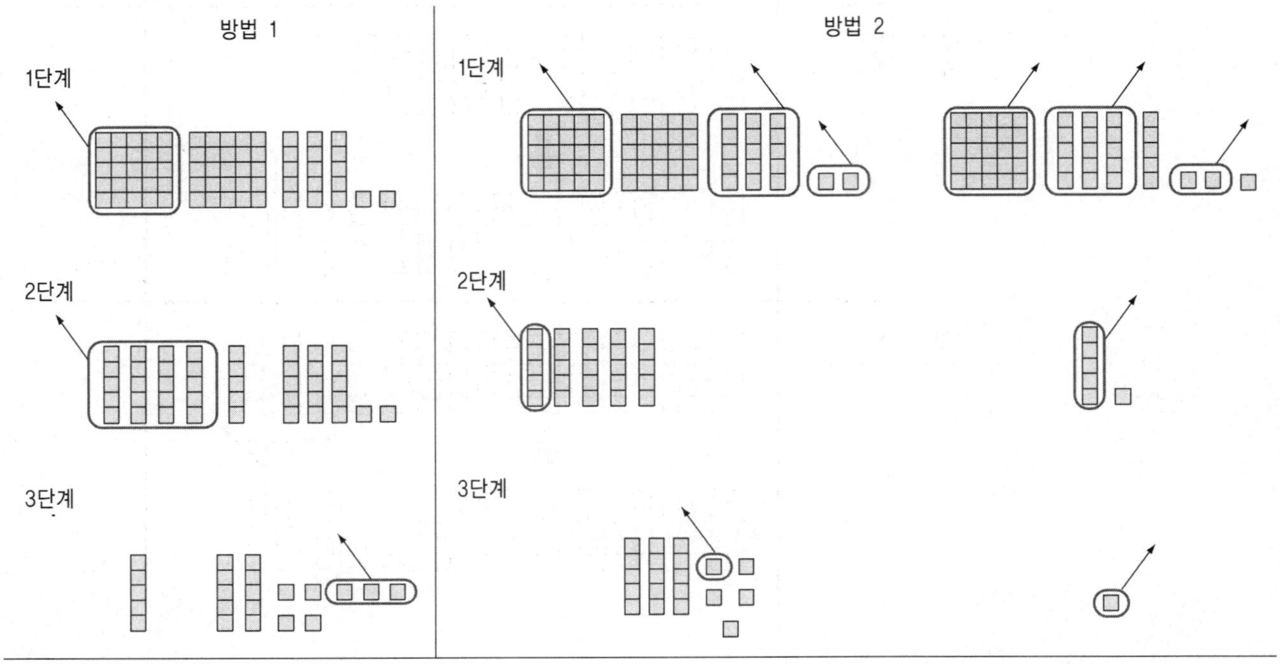

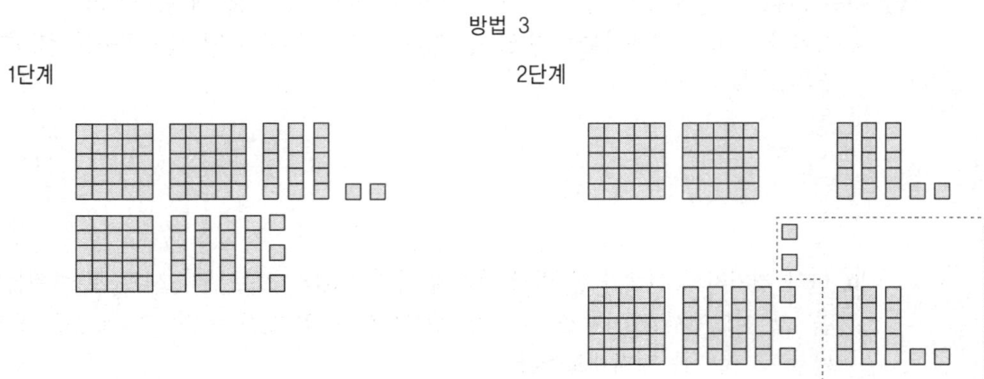

• 방법 1에 대한 설명 •

• 방법 2에 대한 설명 •

• 방법 3에 대한 설명 •

8 문제에서 나타난 세 가지 뺄셈 방법이 다음에 제시되어 있다. 각각의 뺄셈 문장제에서 결과는 $12 - 7 = ?$이다.

• 제거 뺄셈 방법 •

나는 사과 12개를 갖고 있는데, 사과 7개를 버렸다. 나는 사과 몇 개를 갖고 있는가?

• 비교 뺄셈 방법 •

나는 사과 12개를 갖고 있고, 친구는 사과 7개를 갖고 있다. 나는 친구보다 몇 개를 더 갖고 있는가?

• 가수를 구하는 뺄셈 방법 •

나는 사과 7개를 갖고 있는데 사과 12개를 필요로 한다. 나는 사과 몇 개를 더 가져야만 하는가?

활동 7에서 사용된 뺄셈 방법을 조사하여라. 어떤 뺄셈 방법이 세 가지 사례에 사용되었다고 생각하는가? 당신의 생각을 설명하여라.

a. 활동 7에서의 방법 1은 :

b. 활동 7에서의 방법 2는 :

***c.** 활동 7에서의 방법 3은 :

9 각자의 오진법 수조각과 각각의 뺄셈 모델을 써서 다음 차이를 결정하여라.

***a.** 제거 : $1142_{오} - 213_{오} =$

b. 비교 : $2331_{오} - 124_{오} =$

c. 가수 구하기 : $4112_{오} - 143_{오} =$

놀이 활동

포스아웃(경기자 2명)

1부터 21까지의 자연수가 다음과 같이 나열되어 있다. 경기자는 차례로 하나, 둘 혹은 세 개의 연속된 수를 제거한다. 예를 들면, 경기자 A는 1과 2를 제거하고, 경기자 B는 3과 4와 5를 제거할 수 있다. 마지막 수 21을 어쩔 수 없이 제거해야만 하는 경기자가 진다. 몇 번 경기를 해보아라. 이기는 전략을 만들 수 있습니까?

1 2 3 4 5 6 7 8 9 10 11 12
13 14 15 16 17 18 19 20 21

***이기는 전략** :
몇 번의 연습을 통한다면, 당신은 '이기는 수'를 찾을 수 있을 것이다. 1부터 15까지의 수가 제거되었고, 이제 당신이 할 차례라고 가정하자. 만약에 당신이 16을 제거한다면, 상대방이 어떤 수를 제거하더라도 당신은 이길 수 있다. 왜 그런가? 당신이 16을 제거할 수 있는 위치를 보장받기 위해서는 그 전에 당신은 어떤 수를 제거해야만 하는가? 이런 식으로 거꾸로 생각함으로써 이기는 전략을 만드시오. 당신이 처음에 한다면 항상 이길 수 있습니까? 상대방이 처음에 한다면 당신은 항상 이길 수 있습니까?

이쑤시개를 사용한 변형 :
21개의 이쑤기개가 다음과 같이 한 줄로 놓여 있다. 이쑤시개 한 개가 꺾여져 있다. 경기자는 줄로부터 1, 2, 3 혹은 4개의 이쑤시개를 선택할 수 있다. 꺾여진 이쑤시개를 어쩔 수 없이 선택하는 사람이 진다. 몇 번 경기를 해보아라. 이기는 전략을 만들 수 있습니까?

다른 변형 :
임의의 자연수를 선택한다. 경기자는 번갈아가며 차례로 그 수로부터 1, 2, 3, 4 혹은 5를 암산으로 뺀다. 어쩔 수 없이 0에 도달하는 사람이 진다. 이 게임을 이기는 전략을 기술하여라. (힌트: 30에서 출발해서 몇 번 경기를 해보아라.)

교사를 위한 후속탐구 3.2

1 **교실 상황** : 세 가지 뺄셈 방법을 초등학생들에게 적절하게 설명할 수 있는 간단한 문장제 문제 세 개를 서로 다르게 만들어서 써라. 당신의 사고 과정을 설명하여라.

2 **교실 상황**: 당신 학급의 한 학생이 똑같은 유형의 덧셈 오류를 반복적으로 범한다. 예를 들면 23 + 18에서 311이라고 쓰고, 34 + 18에서 412라고 쓴다. 학생이 범하는 오류는 무엇인가? 학생이 이 오류를 해소할 수 있도록 돕기 위하여 십진법 수조각을 어떻게 쓸 것인지를 설명하여라.

3 **교실 상황** : 이 절의 앞 부분에 나와 있는 '초등학교 교과서의 한쪽'은 표준 뺄셈 알고리즘이 어떻게 십진 조각에서의 뺄셈에 대응하는지를 설명하고 있다. 만약 53－17에서 학생들이 일단위를 빼기 전에 십단위를 빼기로 결정했다고 한다면 단계들은 어떻게 보일 것인지를 비슷한 그림을 써서 설명하여라. 왜 한 방법이 다른 방법보다 더 좋다고 믿는지 설명하여라.

4 **수학 개념** : 다음 각각의 문제에 대하여 합이나 차를 계산하기 위한 진법 수조각을 스케치하고 표준 필산 알고리즘을 추출하기 위하여 진법 수조각이 어떻게 사용될 것인지를 설명하여라.

a. $431_{오} + 233_{오}$

b. $1982 + 2189$

c. $431_{오} - 233_{오}$

d. $2912 - 1189$

5 **수학 개념** : 오진법으로 묶여진 막대기들을 써서(활동모음 3.1의 도입을 참조할 것), 다음의 합과 차 각각을 계산할 수 있는 단순한 막대기 다발 모델을 스케치하고, 막대기 다발이 표준 지필 계산 알고리즘을 모델링하기 위해서 어떻게 사용될 수 있는지 설명하여라.

a. $432_{오} + 144_{오}$

b. $411_{오} - 333_{오}$

6 **수학 개념** : 콩을 단위(1)로 하고, 팝시클[2] 막대기에 열 개의 콩을 붙인 것을 콩 막대기(10)로 하고, 10개의 콩 막대기를 붙여서 콩뗏목(100)으로 한 것은 초등학교 교실에서 사용되는 쉽고 값싼 또다른 교구 세트이다. 다음의 각각에 대하여, 합이나 차를 계산하는 콩 막대기 모델을 스케치하고, 콩과 콩 막대기가 표준 지필 계산 알고리즘을 나타내기 위해서 어떻게 사용될 수 있는지 설명하여라(시간을 절약하기 위하여 매우 단순한 개관만을 스케치할 것). 힌트: 1개의 콩 막대기를 10개의 콩과 바꾼다는가, 등등.

a. $335 + 134$

b. $3000 - 1982$

[2] 미국에서 가는 막대기에 얼린 아이스 캔디의 상표명(역자 주)

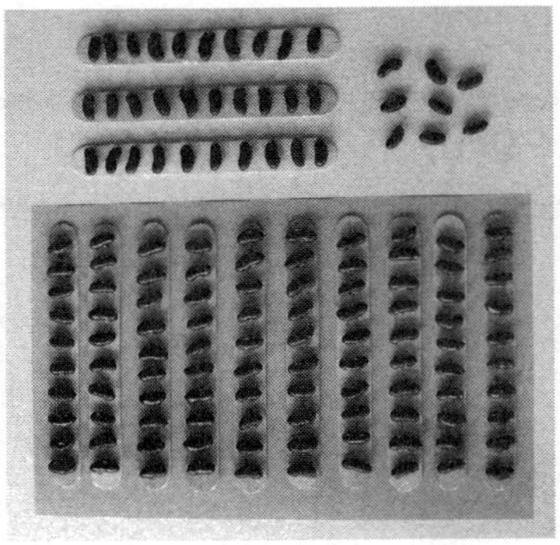

7 **수학 개념** : 인터넷 검색을 통해서 범자연수의 덧셈과 뺄셈에 초점을 맞춘 게임이나 수학 애플릿을 다루고 있는 웹사이트를 찾으시오. 그 게임이나 애플릿에 대해서 기술하고 그것의 특징이나 유용성을 비평하여라. 당신이 찾은 게임이나 수학 애플릿의 URL을 써라.

8 NCTM **규준** : 이 책의 부록에 있는 '유치원 이전 – 초등2년 수와 연산의 규준' 안에 있는 규준 '연산의 의미를 이해하고 … ' 그에 수반된 '기대하는 사항' '덧셈의 의미를 이해하고 … '을 읽으시오. 이 책의 활동 세트 안에 있는 활동들이 어떻게 이러한 기대하는 사항에 해당하는지를 보여주는 예 몇 가지를 제시하여라.

9 NCTM **규준** : 인터넷에서 http://illuminations.nctm.org/로 가서 'Lessons' 아래에서 Pre-K – 2 학년을 선택하고 '수와 연산 규준'을 선택하여라. 범자연수의 덧셈과 뺄셈을 포함하는 lesson을 선택하여라.

a. lesson의 제목을 진술하고 내용을 간략히 요약하여라.
b. 이 책의 부록에 있는 '규준 요약'을 참조하고, 그 lesson이 속하는 '수와 연산 규준의 기대하는 사항'을 열거하고, 그 lesson이 어떻게 이러한 기대하는 사항에 속하는지를 설명하여라.

BENNETT–BURTON–NELSON 웹사이트

www.mhhe.com/benett-nelson

웹 교구	모눈종이와 점종이	링크와 읽을 자료
대화형 애플릿	투명색지	Geometer Sketchpad 모듈
퍼즐 내는 사람	보충된 참고문헌	

활동모음 3.3 십진수 수조각을 통한 곱셈

▶▶ 목표

십진법 수조각을 써서 곱셈에 대한 시각적 모델 구성하기

▶▶ 준비물

웹 교구

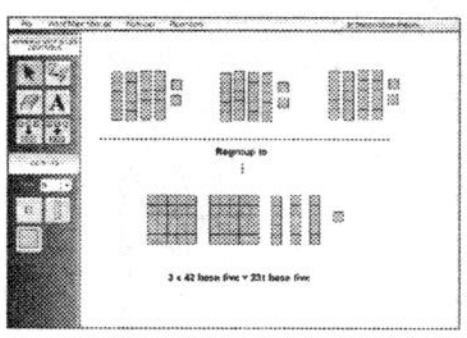

www.mhhe.com/bbn

교구 세트나 웹 교구의 십진법 수조각

▶▶ 도입

곱셈은 종종 동수누가로 생각된다. 예를 들면,

$$4 \times 8$$

은 8을 4번 복사한 것, 혹은

$$8 + 8 + 8 + 8$$

로 생각된다.

만약 동수누가가 8개 타일로 이루어진 4개의 집합으로 설명된다면, 타일들은 각 변이 4와 8인 직사각형 배열 형태로 재배열될 수 있다.

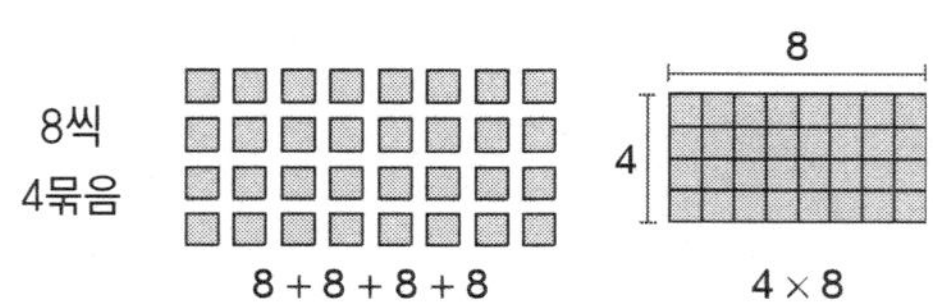

그러므로 곱셈에 대한 개념적 가능성에 대한 첫째 가능성은 직사각형이다. 두 인수는 직사각형의 각 변이고, 직사각형 안에 있는 정사각형의 개수가 곱셈이다. 이러한 직사각형 모델(혹은 넓이 모델)과 십진법 수조각 모델이 곱셈 알고리즘을 설명하는 데 사용될 것이다.

1 곱셈 7 × 12는 십진법 수조각을 써서 12를 7번 복사한 것으로 나타낼 수 있다. 조각들이 서로 뭉쳐졌을 때, 그들은 각 변이 7 × 12인 직사각형을 이룬다. 기본 조각들을 다시 묶음으로써 막대 8개와 단위 4개로 이루어진 최소모음을 얻음으로써, 우리는 그 곱셈이 84라는 것을 결정할 수 있다.

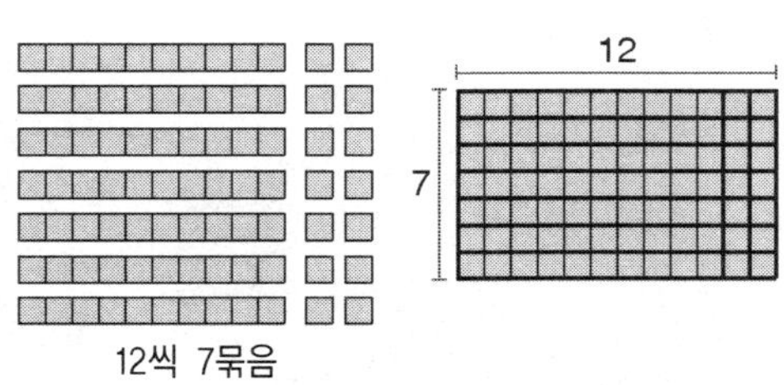

두 자리수와 두 자리수를 곱할 수 있다.

11.4 두 자리 수끼리의 곱셈

배우기

미시간 호수에서 보트 여행을 하는 것은 즐거운 일이다. 보트는 1개월에 몇 마일을 여행하는가?

'곱셈의 분배적 특성'은 여러분이 덧셈 부분에 있는 가수들을 수로 곱하고, 그 곱한 것들을 더하면 된다고 말한다.

곱셈의 분배적 특성을 써서 인수를 쪼개고 곱을 구하여라. 모델을 지필 계산과 연결시키시오.

용어

곱셈의 분배적 특징

연결짓기

모델 사용하기

모눈종이에 곱셈의 인수가 각 변의 길이가 되는 직사각형을 그린다. 일의 자리와 십의 자리를 굵은 선으로 그린다.

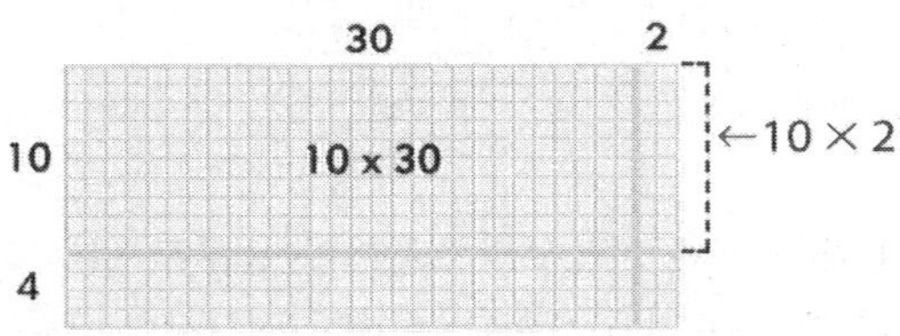

(10 + 4) × 32

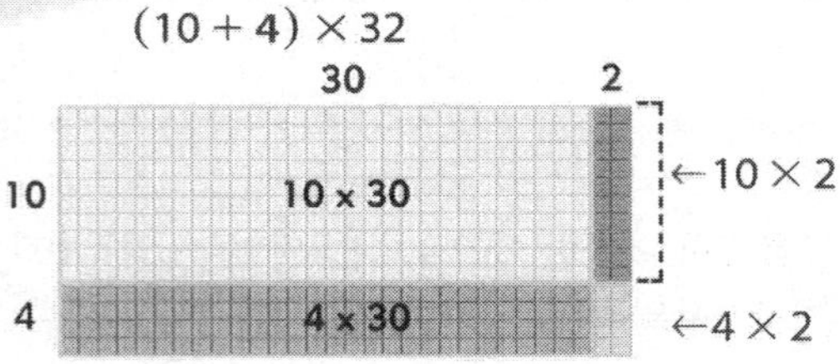

300 + 120 + 20 + 8 = 448

종이와 연필을 사용하기

```
  32
 ×14
 300  ←10 × 30
  20  ←10 × 2
```

```
  32
 ×14
 300
  20
 120  ←4 × 30
   8  ←4 × 2
 448
```

계산기 사용하기

누르기

3 2 × 1 4 =

화면

32×14=448

각자의 십진법 수조각을 써서 직사각형을 만들고 다시 묶기를 통해서 최소 모음을 얻음으로써 다음 곱셈을 결정하여라. 십진법 수조각 각각을 스케치하고, 그것의 아래에 최소 모음을 나타내는 숫자를 써라.

a. 6×14

b. 7×23

*2 두 자리 수에 한 자리 수를 곱하는 것이 곱셈구구를 전혀 쓰지 않은 채 십진법 수조각을 사용해서 어떻게 가능한지를 설명하여라. 예를 들면, 7×64를 십진법 수조각을 써서 나타내는 것을 생각하여라. 당신의 설명을 나타내는 도해를 그려라.

3 곱셈 12×13이 십진법 수조각을 써서 13을 12번 복사한 것으로서 아래에 나타내었다. 서로 모았을 때, 조각들은 각 변이 12×13인 직사각형을 이룬다. 직사각형의 각 변을 변경시키지 않은 채, 여러 바꾸기를 행할 수 있다. 막대 10개는 판자 1개로, 단위 10개는 막대 1개로 교환될 수 있다. 최종 직사각형은 판자 1개, 막대 5개 그리고 단위 6개로 이루어지며, 따라서 12와 13의 곱셈은 156이 된다.

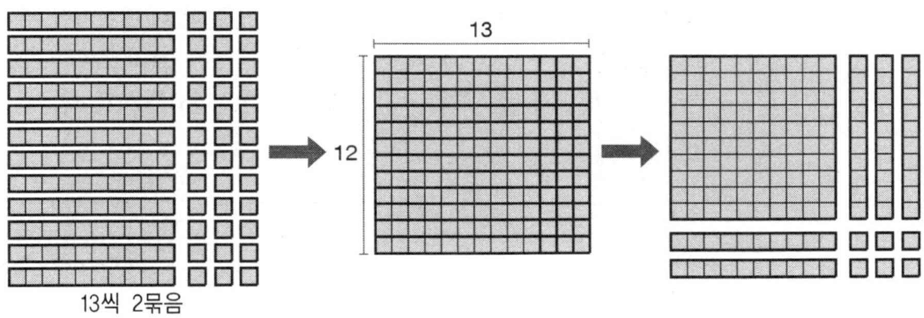

각자가 가진 수조각을 써서 다음의 곱셈을 결정하여라. 각자의 직사각형을 만드는 동안 가능하다면 교환을 하고, 할 수 있다면 가장 적은 개수의 기본 조각을 사용하여라. 각각의 직사각형을 스케치하고, 다시 묶음으로써 십진법 수조각의 최소 모음을 보이고, 이 최소 모음에 대한 숫자를 기록하여라.

a. 13×13

***b.** 21×23

c. 17×12

*4 곱셈 구구를 전혀 사용하지 않고 두 자리 수에 두 자리 수를 곱하는 것이 어떻게 가능한지를 십진법 수조각을 써서 설명하여라. 21 × 23에 대한 당신의 설명을 보여주는 도해를 그려라.

5 곱셈에 대한 직사각형 모델은 전통적인 필산 곱셈과 매우 밀접하게 대응한다. 각자가 가진 십진법 수조각을 써서 23 × 24를 나타내는 직사각형을 만드시오.

*a. 다음은 곱셈을 네 개의 부분 곱셈으로 나누어서 하는 필산과정이다. 23×24를 나타내는 직사각형을 십진법 수조각으로 만들고 그것의 도해를 그려라. 당신이 그린 도해 중에서 각각의 부분 곱셈에 대응하는 영역을 정확하게 연결하여라.

$$\begin{array}{rl} 24 & \\ \times 23 & \\ \hline 12 & (3\times 4) \\ 60 & (3\times 20) \\ 80 & (20\times 4) \\ 400 & (20\times 20) \\ \hline 552 & \end{array} \left.\vphantom{\begin{array}{c}1\\1\\1\\1\end{array}}\right\} \text{부분 곱셈}$$

b. 다음 과정은 곱셈을 두 부분 곱셈으로 나누어서 하고 있다. 각자의 수조각 직사각형을 스케치하고, 직사각형의 각각의 부분에 대응하는 부분 곱셈을 연결하여라.

$$\begin{array}{rl} 24 & \\ \times 23 & \\ \hline 72 & (3\times 24) \\ 480 & (20\times 24) \\ \hline 552 & \end{array} \left.\vphantom{\begin{array}{c}1\\1\end{array}}\right\} \text{부분 곱셈}$$

6 당신이 십진법 수조각 모델에 일단 익숙해지게 되면, 곱셈을 계산하기 위하여 직사각형 그림을 이용해 그려보면 쉬운 일이다. 예를 들면, 33 × 41을 계산하기 위해서는, 다음에 있는 첫째 그림처럼 직사각형의 윤곽을 그릴 것이고, 그 안을 둘째 그림처럼 판자와 막대와 단위들로 채울 것이다. 곱셈은 수조각의 개수를 백 12개, 십 15개 그리고 단위 3개로 세고, 그것을 다시 묶어서 천 1개, 백 3개, 십 5개 그리고 단위 3개(1353)를 얻는다.

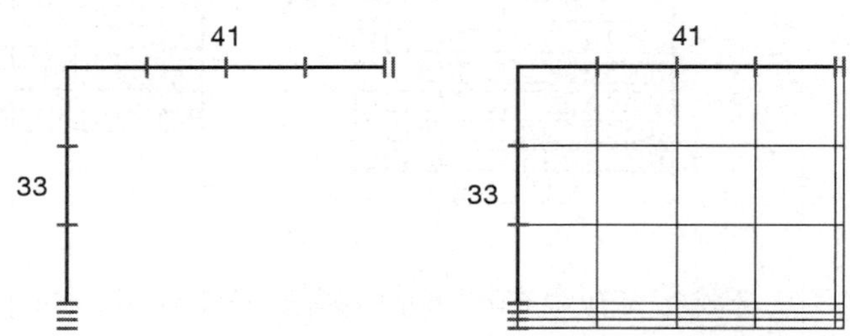

다음에 있는 각각의 곱셈에 대하여,

(1) 첫째 열에 그림 2와 유사한 십진법 수 조각을 그려보아라.

(2) 그림으로부터 곱셈값을 결정하고 그 그림 아래에 그것을 기록하여라.

(3) 둘째 열에 '네 개의' 부분 곱셈을 사용하는 필산 알고리즘을 써서 곱셈을 계산하고, 각각의 부분 곱셈을 그림 위에 표시함으로써 각각의 부분 곱셈과 그에 대응하는 그림의 각 영역을 연결하여라.

(4) 셋째 열에 '두 개의' 부분 곱셈을 사용하는 필산 알고리즘을 써서 곱셈을 계산하고, 각각의 부분 곱셈을 그림 위에 표시함으로써 각각의 부분 곱셈과 그에 대응하는 그림의 각 영역을 연결하여라.

a. 12×23

그림을 그리고 곱셈값 구하기	네 개의 부분 곱셈이 나타나는 알고리즘	두 개의 부분 곱셈이 나타나는 알고리즘

***b.** 22×43

그림을 그리고 곱셈값 구하기	네 개의 부분 곱셈이 나타나는 알고리즘	두 개의 부분 곱셈이 나타나는 알고리즘

c. 45×45

그림을 그리고 곱셈값 구하기	네 개의 부분 곱셈이 나타나는 알고리즘	두 개의 부분 곱셈이 나타나는 알고리즘

7 활동 6에서 네 개의 부분 곱셈이 나타나는 알고리즘과 두 개의 부분 곱셈이 나타나는 알고리즘 사이의 관계를 점검하고, 그들이 어떻게 관련되어 있는지를 설명하여라.

놀이 활동

계산기와 함께하는 십자수

의자에 편하게 앉아서 긴장을 풀고, 다음 십자수 퍼즐과 함께 당신의 계산기의 곱셈 단추를 연습하여라.

1.	2.	■	■	3.	4.	■	5.	
6.			7.					■
8.		■	9.			■	10.	11.
■	12.	13.	■		■	14.		
■	■	15.		■	16.		■	■
17.	18.		■	19.	■	20.	21.	■
22.		■	23.		24.	■	25.	26.
■	27.							
28.		■	29.		■	■	30.	

[가로]

1. $[(18+2)\times 4]+19$

5. $\dfrac{14+3}{9+8}\times 66$

6. $500{,}000{,}000 \div 9$ (소수 부분은 생략할 것)

8. 곱셈값 $2\times2\times2\times2\times3\times37$의 가운데에 있는 두 개의 숫자

12. $\dfrac{(41-29)\times(63-23)}{95\div 19}$

15. 곱셈값 $13\times 9004\times 77$ 안에 있는 숫자들의 합

16. 처음 홀수 7개의 합

17. 1974년 3월 30일: 한 백화점의 "움직이지 않는 모델"은 5시간 32분 동안 움직이지 않고 포즈를 취했습니다. 그는 총 몇 분 동안 포즈를 취했을까요?

23. $\dfrac{13{,}334-6566}{8\times 9}\times\dfrac{992\div 4}{17+14}$

27. $(10{,}000{,}000\div 81)\times 100$ (가장 가까운 자연수)

28. 올해의 해수에서 17을 빼고, 2를 곱하소, 6을 더하고, 7로 나누고, 21을 더하고, 올해의 해수의 $\dfrac{1}{2}$을 뺀다.

29. 곱셈값 150×12의 처음 두 숫자

[세로]

3. $(34\div 53)-(137\times 2)$

4. 아스팔트로 만든 지붕널이 27씩 다발로 팔린다. 세 개의 다발은 100제곱피트를 덮는다. 주택건설에서 11,700제곱피트의 지붕을 덮기 위해서는 몇 개의 다발이 필요한가?

5. $\dfrac{88{,}984\times 493}{17\times 392}$

7. $\dfrac{51\times 153\times 62\times 57}{17\times 392}$

11. $\dfrac{(62\times 21)+23}{25}-11$

14. 1달러가 교환될 수 있는 미국 동전들의 서로 다른 조합의 가짓수
(이 수는 거꾸로 읽어도 같은 수가 되며 각 숫자들의 합은 13이다.)

17. $1816\div 35$의 나머지

18. $(343\times 5+242)\times 2$

19. $4\times[(37\times 24)-1]$

21. 7741과 8611 중간에 있는 수

26. $\dfrac{119\times 207\times 415}{23\times 747}$

교사를 위한 후속탐구 3.3

1 **교실 상황** : 초등학생의 다음과 같은 질문에 어떻게 대답하겠는가: "어떤 수에 10을 곱한다는 것은 그 수의 끝에 0을 하나 더 쓰면 된다는 것을 나는 안다. 그러나 왜 그렇지?" 당신의 대답을 쓰고 필요한 그림을 포함시키시오.

2 **교실 상황** : 초등학생들이 부분 곱셈은 무엇이며, 그것이 한 자리 수에 두 자리 수를 곱하는 동안 어떻게 작동하는지를 이해하도록 돕는데 적절하다고 생각하는 활동을 설계하여라.

3 **교실 상황** : 이 절의 첫 부분에 제시된 "초등학교 교과서의 한 쪽"에서 14×32의 모델을 통하여 덧셈에 대한 곱셈의 분배법칙이 시각적으로 어떻게 표현되었는지 설명하여라.

4 **수학 개념** : 오진법 수조각을 써서 $13_{\text{오}} \times 4_{\text{오}}$을 모델로 나타내고, 기본 조각들을 다시 묶어서 최소 모음을 만들고, $13_{\text{오}} \times 4_{\text{오}}$의 답을 오진법으로 써라. 당신의 모델을 그리고 당신의 사고를 설명하여라.

5 **수학 개념** : 각자의 오진법 수조각만을 써서(필산은 결코 쓰지 말고) 활동 3에 나오는 것과 같은 십진법 직사각형과 유사한 직사각형을 만들어서 $12_{\text{오}} \times 13_{\text{오}}$의 값을 결정하여라. 당신의 직사각형의 스케치를 그리고, 각 변을 표시하고, 오진법으로 곱셈값을 써라. 곱셈값을 결정하기 위하여 오진법 수조각을 어떻게 사용했는지를 설명하여라.

6 **수학 개념** : 자릿값 도표(뒤따르는 질문과 활동 3.1을 참조할 것)를 사용하여 다음 질문에 답하여라.

a. 단위 칸에 표시돌 4개, 막대기 칸에 표시돌 1개, 판대기 칸에 표시돌 3개로써 $314_{\text{오}}$을 나타내는 오진법 자릿값 도표를 스케치하여라. 여러분이 도표와 표시돌만을 사용하여 $3 \times 314_{\text{오}}$를 어떻게 곱할 수 있는지를 자리값 도표 그림을 써서 설명하여라.

b. 여러분이 도표와 표시돌만을 사용하여 $10_{\text{오}} \times 314_{\text{오}}$를 어떻게 곱할 수 있는지를 자릿값 도표 그림을 써서 설명하여라.

7 **NCTM 규준** : 이 책의 부록에 있는 '3–5학년 수와 연산 규준'을 읽으시오. 이 절에 있는 활동이 속하는 '기대하는 사항' 두개를 집어내어라. 그 '기대하는 사항'와 그것이 속해 있는 '규준'을 진술하여라. 어떤 활동이 이들 '기대하는 사항'에 속하는지, 그리고 왜 그런지를 설명하여라.

BENNETT-BURTON-NELSON 웹사이트

www.mhhe.com/benett-nelson

웹 교구	모눈종이와 점종이	링크와 읽을 자료
대화형 애플릿	투명색지	Geometer Sketchpad 모듈
퍼즐 내는 사람	보충된 참고문헌	

활동모음 3.4 십진법 수조각을 통한 나눗셈

▶▶ 목표

십진법 수조각을 써서 나눗셈에 대한 두 가지의 물리적인 해석과 긴 나눗셈(장제법)을 설명한다.

웹 교구

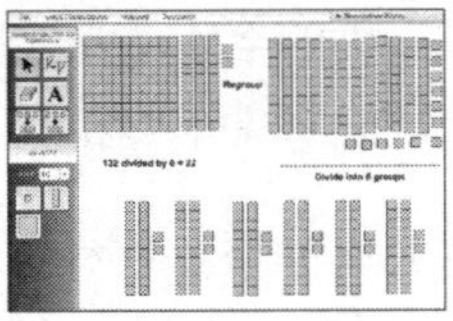

www.mhhe.com/bbn

▶▶ 준비물

교구 세트나 웹 교구로부터 십진법 수조각

▶▶ 도입

이 활동모음에서는 나눗셈에 접근하는 두 가지 서로 다른 길을 보기 위하여 십진법 수조각을 사용하는 것에서 시작할 것이다. 나눗셈에 대한 '측정적' 혹은 '감법적인' 접근은 "전체 39장의 카드로부터 3장의 카드 뭉치를 몇 뭉치 가져올 수 있는가?"와 같은 질문에 답하는 것에 의해서 설명된다.

나눗셈에 대한 '분배적' 혹은 '분할적인' 접근은 "만약 39장의 카드가 세 뭉치로 분할된다면, 한 분할에는 몇 장의 카드가 있겠는가"와 같은 질문에 답하는 것에 의해서 설명된다.

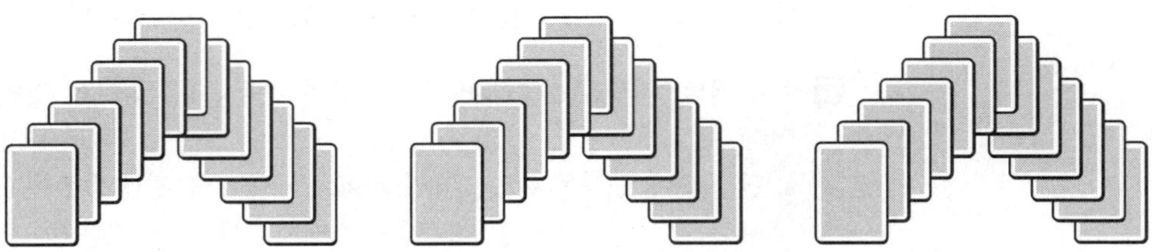

각각의 질문은 39 ÷ 3을 계산함으로써 답해질 수 있다. 두 질문에 대한 답은 모두 13이다. 하지만 물리적인 사물에 관한 한, 첫째 질문은 3개의 사물로 이루어진 집단을 반복적으로 뺀 다음 그 집단의 개수를 세는 것에 의해서 모델화되고, 둘째는 사물들을 3개의 집단으로 분할한 다음, 각각의 집단 안에 있는 사물의 개수를 세는 것에 의해서 모델화된다.

십진법 수조각은 곱셈과 나눗셈의 역관계를 설명하고 장제법에 대한 구체적인 모델을 제공하는 데 사용될 수 있다.

---

1 십진법 수조각을 사용해서 우리는 39 ÷ 3의 몫을 단순한 세기 과정에 의해서 결정할 수 있다. '**분배적**' 방법에서는 36은 3개의 집단에 공평하게 분배된다. 각각의 집단은 막대 1개와 단위 2개를 가진다.

나눗셈에 대한 '**측정적**' 접근에서는 36으로부터 개수가 3개인 집단이 몇 집단 만들어질 수 있는지를 묻는다. 이 경우에는, 개수가 3개인 집단을 만들기 위해서 모든 막대가 단위로 교환되어야만 한다.

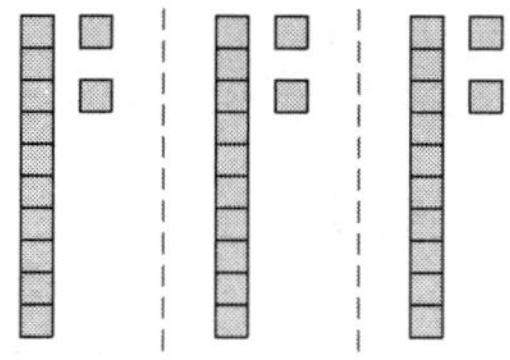

36 ÷ 3 = 12. 3개의 묶음으로 나누었을 때
한 묶음 안에 12개가 있다.
분배

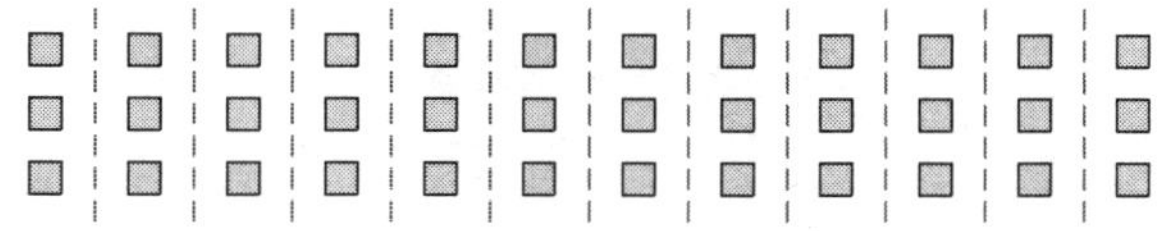

3개씩 묶었을 때 12묶음이 나온다
측정

a. 24를 십진법 수조각의 최소 모음으로 나타내어라. 필요하다면 다시 묶기를 해서 24 ÷ 6을 나눗셈에 대한 측정적 해석을 써서 결정하여라. 십진법 수조각의 스케치와 함께 당신의 답을 기록하여라.

***b.** 132를 십진법 수조각의 최소 모음으로 나타내어라. 132 ÷ 12를 나눗셈에 대한 분배적 해석을 써서 결정하여라. 십진법 수조각의 스케치와 함께 당신의 답을 기록하여라.

2 범자연수의 나눗셈에서는 많은 경우 딱 떨어지지가 않고 나머지가 생긴다. 측정적 접근을 써서 20을 3으로 나누었을 때, 3개의 단위로 이루어진 집단이 6집단 생기고 단위 2개가 남는다. 분배적 방법으로 20을 3으로 나누면, 6개로 이루어진 집단이 3집단 생기고, 2가 남는다.

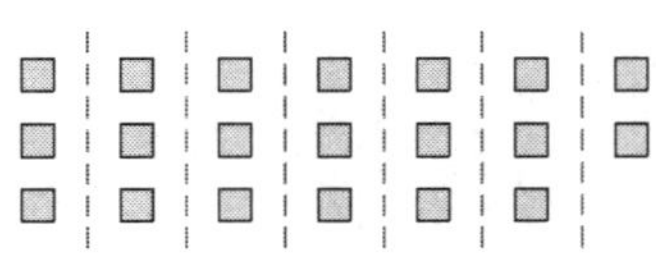

20 ÷ 3
3개씩 6묶음이고 2개가 남는다
측정

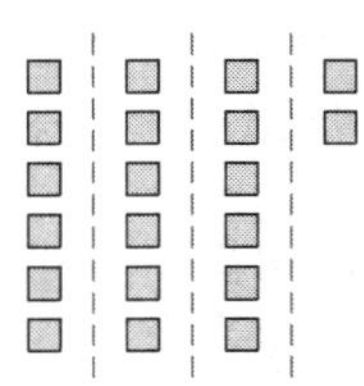

20 ÷ 3
3개의 묶음으로 나누었을 때 한 묶음에
6개씩 들어가고 2개가 남는다.
분배

십진법 수조각을 써서 다음의 몫을 각각 구하고 각자의 결과를 도해를 써서 기록하여라.

a. 57 ÷ 4 (분배적 접근)

***b.** 114 ÷ 12 (측정적 접근)

5.3 한 자리 수로 나누는 나눗셈 탐구

손안에 있는 활동

마이어 양은 마이애미 도시 동물원에서 일한다. 그녀는 148개의 지도를 4명의 동물원 안내원에게 똑같이 나누어 주었다. 그녀는 각각의 안내원에게 몇 장의 지도를 주었는가?
여러분은 148 나누기 4를 하기 위하여 자릿값 모델을 사용할 수 있다.

여러분에게 필요한 교구는
- 자릿값 모델

모델 사용하기

제1단계
모델로 148을 나타낸다. 4개의 같은 묶음을 나타내는 직사각형을 그린다.

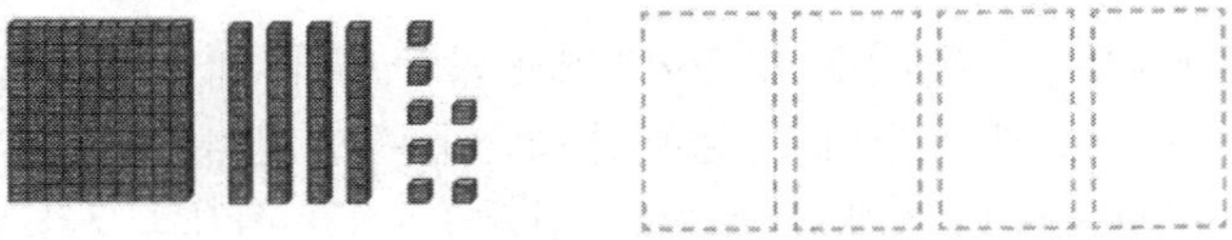

제2단계
백자리 모형 한 개를 10개의 십자리 모형으로 바꾼다.
각각의 묶음에 같은 개수만큼의 십자리 모형을 놓는다.

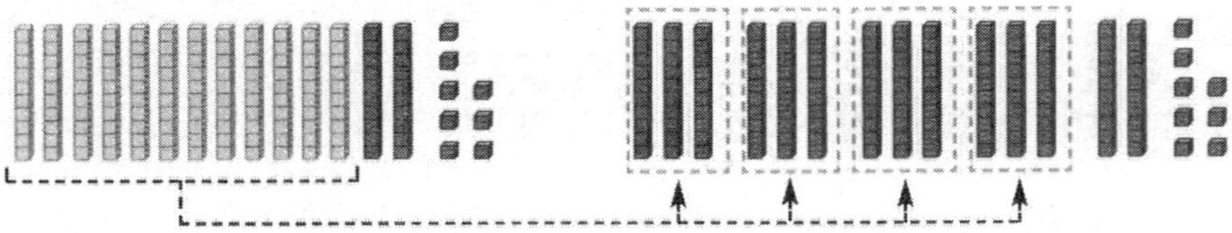

제3단계
남은 십자리 모형을 일자리 모형으로 바꾼다. 각각의 묶음에 같은 개수만큼의 일자리 모형을 놓는다.

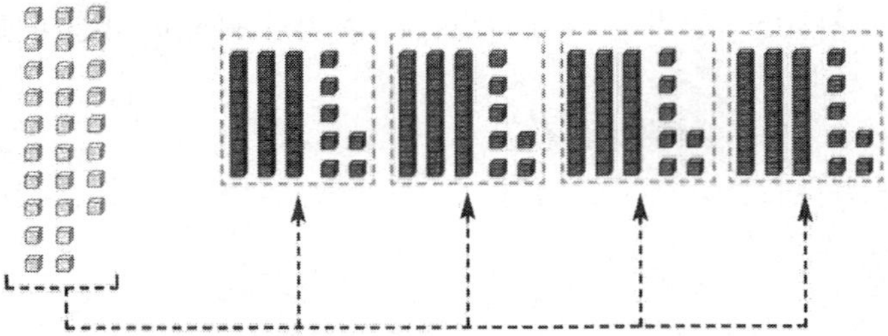

3 활동 3에서 36을 3으로 나누었을 때, 정답 12는 서로 다른 두 가지 방법으로 얻어졌다. 두 방법 모두에서 십진법 수 조각은 한 변이 3이고 전체는 36개의 단위로 이루어진 직사각형으로 모아질 수 있다는 점에 주의하여라! '따라서 나눗셈은 단위 정사각형의 전체 개수와 한 변이 알려진 상태에서 직사각형의 미지의 다른 변을 찾는 것으로 해석되어질 수 있다.'

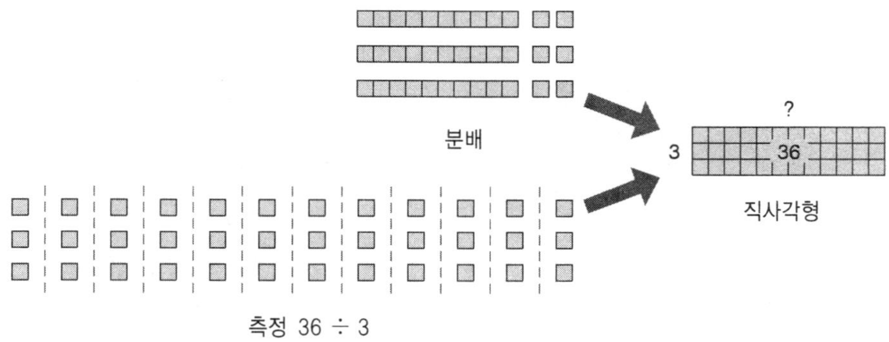

다음 각각의 활동에서, 지정된 십진법 수조각을 써서 주어진 것을 변으로 가지는 직사각형을 만드시오. 당신은 어떤 수 조각을 같은 값을 가지는 다른 수조각으로 교환할 수 있다. 당신의 결과를 나타내는 도해를 스케치하고 직사각형의 미지의 변을 기록하여라.

a. 막대 9개와 단위 6개에서 출발하여 한 변이 4단위인 직사각형을 만드시오.

***b.** 판자 2개, 막대 7개 그리고 단위 3개에서 출발하여 한 변이 13단위인 직사각형을 만드시오.

c. 판자 4개, 막대 6개 그리고 단위 2개에서 출발하여 한 변이 21단위인 직사각형을 만드시오.

4 십진법 수조각을 써서 143을 11로 나누기 위해서는, 143에 대한 십진법 수조각의 최소 모음을 만드시오. 그리고 나서 직사각형의 한 변을 나타내기 위하여 길이가 11단위가 되는 선분을 그려라. 마지막으로, 직사각형이 만들어질 때까지 143을 나타내는 기본 조각을 분배하여라.(필요하다면 다시 묶기를 해서) 이 예제에서 우리는 다른 변이 13이 됨을 알 수 있고 따라서 143÷11=13이다.

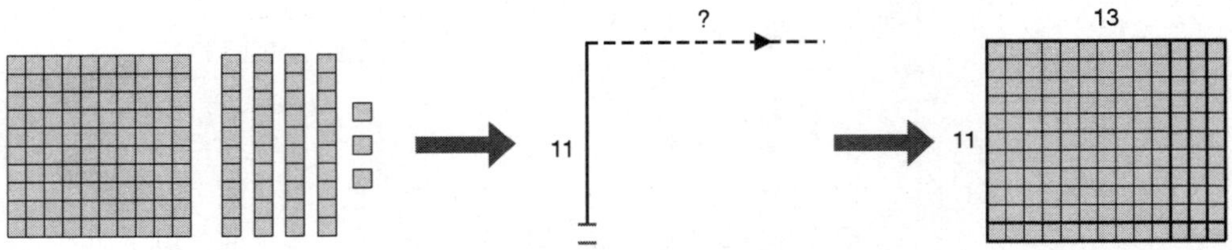

143에 대한 최소모음 | 직사각형의 변 중에서 알고 있는 것 | 143개의 단위정사각형과 변의 길이 11과 13

비슷한 방식으로, 각자의 십진법 수조각을 써서 다음의 몫을 결정하여라. 때때로 수조각을 교환해도 된다. 당신의 결과를 나타내는 수조각을 스케치하여라. (주의: 만약 나머지가 있다면, 당신은 직사각형을 만들고 나서 남는 조각이 있을 것이다.)

a. 22 ÷ 17

***b.** 529 ÷ 23

c. 397 ÷ 34

5 필산에 의한 장제법은 십진법 수조각과 직사각형 모델을 써서 시각화될 수 있다. 477÷14를 계산하는 것이 목표라고 가정하자. 나눗셈에 대한 통상적인 기호 $14\overline{)477}$는 직사각형의 두 변을 암시하고, 여기에서 한 변의 길이는 14이고 단위의 총 개수는 477이고, 다른 변의 길이(몫)은 미지의 것이다. 다음의 단계와 다음 쪽 전체에 있는 도해는 나눗셈에 대한 직사각형 모델이 어떻게 장제법과 관련되는지를 보여준다.

단계 1 : 우선 477을 나타내는 십진법 수조각을 선택한다.
단계 2 : 직사각형의 한 변을 나타내기 위하여 14개의 단위로 이루어진 선분을 그린다. 477을 나타내는 십진법 수조각을 분배하기 시작하여 폭이 14인 직사각형을 만든다.
단계 3 : 폭이 10인 부분 세 개가 직사각형 안으로 들어갈 수 있다. 이것은 판자 4개와 막대 2개를 필요로 하고 막대 5개와 단위 7개를 남기는데, 여기서 남은 막대 5개와 단위 7개는 또다른 폭이 10인 부분을 완성하기에는 충분하지 않다. (판자 1개를 만들기 위해서는 막대 10개가 교환되어져야만 한다.)
단계 4 : 폭이 1인 부분 4개가 직사각형에 추가될 수 있다. (막대 1개는 단위 10개와 교환된다.) 이것은 막대 5개와 단위 6개를 쓰고 단위 1개를 남긴다. 이제는 남아있는 단위를 자르기 전에는 직사각형을 더 넓게 만들 수 없다.
단계 5 : 목표로 했던 직사각형의 다른 변(몫)은 34이고 나머지가 1이다.

각자의 십진법 수조각을 써서 255÷11을 계산하여라. 아래에 당신이 수조각으로 만든 직사각형을 스케치하고 그것은 장제법과 어떻게 관계되는지 기술하여라.

단계 1

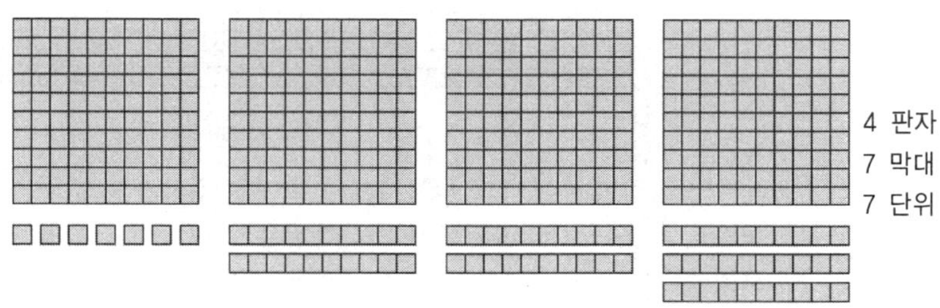

단계 2

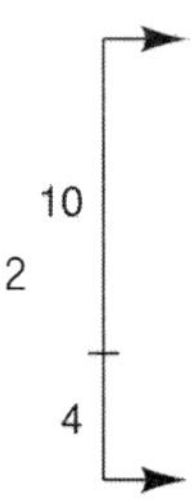

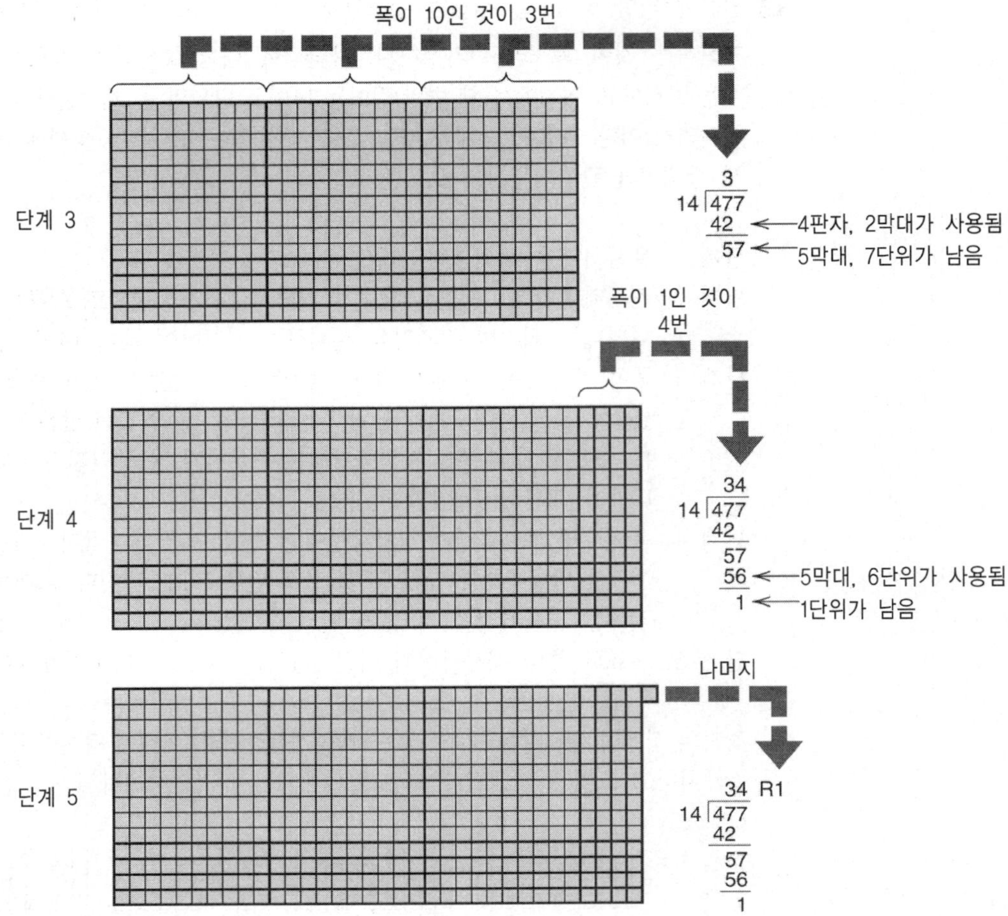

6 각자의 십진법 수조각과 활동 5에서 보여진 직사각형 모델을 써서 다음의 몫을 계산하여라. 최종적으로 수조각으로 만들어진 직사각형을 스케치하고 어떻게 몫에 있는 각각의 숫자가 장제법과 어떻게 관계되는지를 보여줌으로써 당신의 결과를 기록하여라.

a. 144 ÷ 6

$$6\overline{)144}$$

b. 134 ÷ 3

$$3\overline{)134}$$

***c.** 587 ÷ 23

$$23\overline{)587}$$

놀이 활동

다음은 계산기를 써서 해볼 수 있는 게임과 수 트릭이다.

아라비아 밤의 신비

837과 같은 임의의 세 자리 수를 선택하고, 그것을 계산기에 두 번 넣어서 여섯 자리 수를 만든다. (이 경우에는 837837이다.) 그리고 다음 단계들을 실행한다. 이 수를 11로 나누고, 결과를 7로 나누고, 마지막으로 결과를 13으로 나눈다. 결과를 보고 당신은 놀랄 것이다. 이것은 아라비아의 밤의 신비라고 불리는데, 그 이유는 아라비아의 책 《천일야화》에 의하면, 이것이 수 1001을 써서 설명될 수 있기 때문이다. 또 다른 세 자리 수에 대해서 이 트릭을 실행해보아라. 왜 그렇게 작동하는지 설명하여라.

자판 게임(경기자 2명)

첫 번째 경기자가 계산기에 하나의 범자연수를 입력하는 것에 의해서 경기는 시작된다. 다음 차례의 경기자는 다음의 제한 조건을 따라서 한 자리 수를 빼야 한다. 0이 아닌 수를 빼야 하고, 앞선 경기자가 사용했던 자판에 인접한 자판을 사용해야만 한다. 예를 들면, 어떤 경기자가 6을 뺐다면, 9, 8, 5, 2 혹은 3을 빼야만 한다. 0보다 작은 수를 만들어낸 경기자가 진다.

마술 공식

통상적으로 누군가가 당신에게 어떤 수를 선택하고 그 수에 몇 가지 계산을 수행하려고 한다면, 당신은 쉬운 것을 선택할 것이다. 그러나 계산기의 도움을 받는다면 당신이 선택한 수에 대해서 주의를 기울일 필요가 전혀 없다. 예를 들면, 세 자리 혹은 네 자리수 하나를 가지고 다음 공식에 적용해 보아라.

- 임의의 수를 선택하고(나중에 필요할 것이기 때문에 이 수를 기억해야 한다), 221을 더하고, 2652를 곱하고, 1326을 빼고, 663으로 나누고, 870을 빼고, 4로 나누고, 처음에 선택한 수를 뺀다. 결과는 3이다.

교사를 위한 후속탐구 3.4

1 **교실 상황** :

a. 초등학교 학생들에게 적합한 분배 나눗셈 개념에 관한 실세계 사례를 두 가지 기술하여라.

b. 초등학교 학생들에게 적합한 측정 나눗셈 개념에 관한 실세계 사례를 두 가지 기술하여라.

2 **교실 상황** : 당신은 이 학생을 어떻게 도울 것인가? 칼리는 아담이 측정 방법을 사용하여 12를 3으로 나누었고, 답이 12 ÷ 3은 3이라고 주장하는 것을 목격하였다. 칼리는 그녀의 방법을 다음과 같이 설명하였다. 만약 당신이 12개의 칩을 3개의 뭉치로 놓고, 뭉치의 개수를 세면, 당신은 3을 얻는다.

3 이 절의 첫 부분에 제시된 '초등학교 교과서의 한쪽'에 나와 있는 나눗셈 사례는 148 ÷ 4를 계산하기 위하여 분할 혹은 분배의 방법을 사용하고 있다.

이 절의 활동 5에서 제시된 직사각형 모델을 써서 이 같은 나눗셈을 어떻게 할 수 있는지를 보여주는 스케치를 그려라.

4 **수학 개념** : 여러분이 가진 오진법 조각만을 써서(종이와 연필은 사용할 수 없음) 활동 4에 나오는 십진 직사각형과 유사한 직사각형을 만들고 그에 따라 $1402_{오} \div 22_{오}$의 몫을 구하여라. 여러분의 직사각형의 스케치를 그리고, 각 변을 표시하고, 몫을 오진법으로 기록하여라. 답을 결정하기 위하여 오진법 조각을 어떻게 사용할 수 있는지 설명하여라.

5 **수학 개념** : 이 활동모음 안에 있는 '놀이 활동'에 기술되어 있는 아라비아 밤의 신비를 읽으시오. 그 신비가 왜 항상 작동하는지를 설명하여라.

6 **수학 개념** : 온라인러닝센터로부터 'Math Calculator Investigation 3.4: Read Me—Sums and Differences of Squares Instructions'을 열고, 'Starting Points for Investigations 3.4'의 질문 1, 2, 3 그리고 4에 기술된 것과 같은 직사각형의 합과 차가 나누어 떨어지는지를 탐구하여라. 당신의 사례 몇 개를 제시하고 당신의 사고를 설명하여라.

7 **NCTM 규준** : 이 책의 부록에 있는 '3-5학년 수와 연산 규준' 안에 있는 규준 '연산의 의미를 이해하고 … '에 수반된 '기대하는 사항' "곱셈의 역으로써의 나눗셈 … "을 읽으시오. 이 관계를 이해하기 위하여 십진법 수조각 모델이 어떻게 사용될 수 있는지를 설명하여라.

BENNETT-BURTON-NELSON 웹사이트

www.mhhe.com/benett-nelson

웹 교구	모눈종이와 점종이	링크와 읽을 자료
대화형 애플릿	투명색지	Geometer Sketchpad 모듈
퍼즐 내는 사람	보충된 참고문헌	

초등학교 교실활동 ▶▷▶ 십진법 수조각을 통한 자릿값 도입하기

▶▶ **목표** 초등학교 학생들에게 위치적 십진 기수법에 관한 이해를 제공하는 것

▶▶ **연결성** "도시, 자동차, 비행기 그리고 컴퓨터를 갖기 이전에 수천 년 동안, 우리는 오늘날 갖고 있는 것과 같은 수를 갖지 못한 채 동굴 속에서 살았다. 초기 수체계 중의 하나는 수 4를 쓰기 위해서 //// 과 같은 표시를 사용했다. 수 9는 어떻게 표시했을 거라고 생각하는가? 우리는 당신이 오늘날 사용되는 것과 같은 숫자의 유형을 배우는 것을 돕기 위하여 수조각을 사용할 것이다."

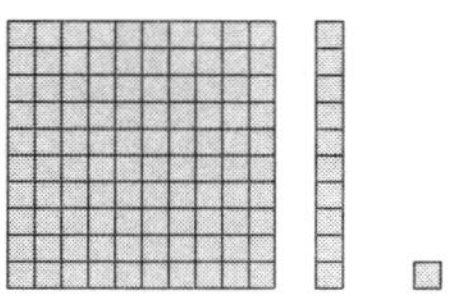

판자 막대 단위

▶▶ **준비물** 십진법 수조각 세트는 카드 더미에 있는 십진 격자 종이를 복사하거나, 온라인러닝센터로부터 십진법 수조각을 내려받아서, 단위, 막대 그리고 판자를 오려내 만들 수 있다. 십진법 수조각 투명지 또한 십진법 수조각 그림을 써서 또한 만들 수 있다. 십진법 수조각 세트는 밀봉이 가능한 플라스틱 봉투에 넣을 수 있다. 2에서 4명의 학생으로 이루어진 모둠은 십진법 수조각 한 세트를 필요로 할 것이다.

1 학생 두 명당 한 개의 십진법 수조각 세트를 분배하고 그들에게 그 조각들에 대해서 무엇을 파악했는지 묻는다. 만약에 가장 작은 조각의 값을 1이라고 가정할 때, 조각들 사이의 상호 관계와 각각의 조각들의 값에 대해서 토론한다. (주의: 학생의 수준에 따라서, 당신은 단위와 막대만을 사용할 수 있으며 다음에 이어지는 활동에서 등장하는 수를 이에 맞게 조절해도 된다.)

이 학생은 삼차원 십진법 수조각을 이용해 2237을 보여주고 있다.

2 칠판에 36과 253 같은 수를 쓰고 학생들에게 십진법 수조각을 써서 그 수를 나타내도록 요구한다. 학생들이 이 수를 나타내는 십진법 수조각의 또 다른 모음에 대해서 토론하도록 한다. 이 수에 대한 조각들의 최소의 개수(최소 모음)를 찾고 사용하는 것에 관해서 토론하고, 학생들이 교환하는 것(단위 10개를 막대 1개로, 막대 1개를 단위 10개로)에 대해서 편안하게 느낀다는 것을 확신한다. 학생들에게 역사 초기의 동굴에 살던 인류는 36이라는 수를 어떻게 썼을지에 대해서 묻고 오늘날의 수의 편리함에 대해서 토론한다. (주의: 이 활동의 목적은 학생들이 단위, 십, 백의 관점에서 생각하도록 격려하는 것이다.)

3 학생들에게 각자가 가진 십진법 수조각을 써서 다음과 같은 식의 결과를 계산하도록 요구한다. 당신은 같이 공부하는 학생의 수준에 적합하도록 수와 연산을 바꿀 수 있다. 학생들에게 자신의 방법과 추론에 관해서 학급 친구들과 토론하도록 하여라.

a. $68 + 57$ **b.** $274 + 63$ **c.** $321 - 74$ **d.** 4×13 **e.** $141 \div 3$

4 이전 식을 사용하여, 주어진 수와 연산을 수반하는 문장제를 만들도록 요구하여라. (주의: 학생의 수준에 따라서, 3으로 나누는 것을 3사람에게 분배하는 것으로 생각하는 것과 같은 사례와 설명이 필요할 수 있다.)

5 (선택사항) 0부터 9까지 쓰인 칩들이 들어 있는 봉투 하나가 학생 두 명에게 필요하다. 학생들에게 다음에 주어진 것과 같은 자릿값 표를 스케치하도록 요구하여라. 번갈아가며 각각의 학생은 봉투 안에서 칩 한 개를 꺼내고 거기에 써 있는 수를 그들의 표의 열 중에서 임의의 하나의 열에 쓴다. 각각의 경기자는 세 번의 시도를 할 수 있고, 목적은 가장 큰 세 자리 수를 만드는 것이다.

백	십	일

CHAPTER

4 수론

수론은 흥미롭고 즐거우며 유용한 탐구를 할 수 있는 풍성한 기회를 제공해 준다.
…수론에서 접할 수 있는 어렵지만 해결 가능한 문제들은 학생들도 어렵지 않게 공식화하고 탐구할 수 있다. 예를 들면, 타일을 직사각형 모양으로 배열하는 것은 가분성, 소수, 합성수, 제곱수, 짝수, 홀수 등과 같은 주제에 대해 궁금증을 가지게 한다[1].

활동모음 4.1 짝수, 홀수, 약수와 소수에 대한 모델

웹 교구

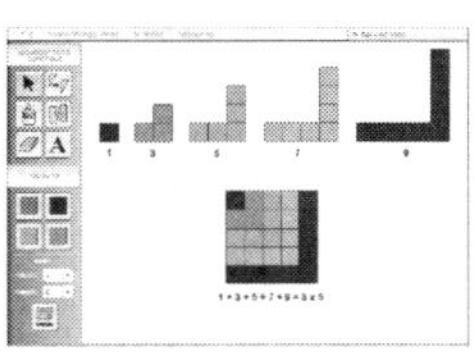

www.mhhe.com/bbn

목표

모델을 이용하여 수론의 기본 개념들에 대한 시각적 이미지를 제공하는 것

준비물

교구 세트나 가상 조작물의 색타일

도입

수론의 어떤 문제들은 아이들도 이해할 수 있을 만큼 간단하지만 수학자들이 해결하지 못한 것들이 있다. 이런 점 때문에 수론은 2000년 이상 초보자나 전문가를 막론하고 많은 사람들의 관심의 대상이 되어왔다. 예를 들면, 2보다 큰 모든 짝수는 두 개의 소수의 합으로 나타낼 수 있는가? 몇 개의 짝수를 조사해보면 이것이 사실임을 알 수 있다:

$$4 = 2 + 2 \qquad 6 = 3 + 3 \qquad 8 = 3 + 5 \qquad 10 = 5 + 5 \qquad 12 = 5 + 7 \qquad 14 = 7 + 7$$

그러나 2보다 큰 모두 짝수에 대해 이 사실이 성립하는지 수학자들은 아직도 증명하지 못했다. 짝수, 홀수, 약수, 소수는 수론의 기본적인 개념이다. 이 활동모임에서는 기하적 형상을 통해서 짝수, 홀수, 약수, 소수와 관련지을 수 있는 시각적 이미지를 보여줄 것이다.

---

[1] *Curriculum and Evaluation Standards for School Mathematics* (Reston, VA: National Council of Teachers of Mathematics, 1989): 91-93.

1-3 소인수

체험 미니 실험실

자료
정사각형 타일

짝 활동

정사각형이 몇 개이든 이것을 하나 또는 여러 개의 직사각형으로 배열할 수 있다. 아래의 표는 정사각형 2개, 3개, 4개로 만들 수 있는 서로 다른 직사각형을 나타낸 것이다. 1×3의 직사각형은 3×1 직사각형과 같다.

단계 1. 표를 복사하여라.

정사각형 수	직사각형 모양	직사각형의 치수
2	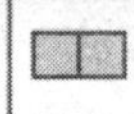	1 × 2
3		1 × 3
4	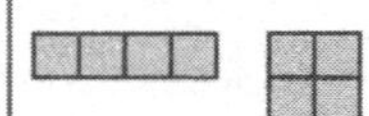	1 × 4, 2 × 2
5		1 × 5
6	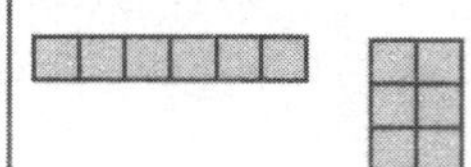	1 × 6, 2 × 3
⋮		
20		

단계 2. 정사각형 타일을 이용해서 표를 완성하여라.

1. 직사각형을 두 가지 이상 만들 수 있는 수는 무엇인가?
2. 직사각형을 한 가지만 만들 수 있는 수는 무엇인가?
3. 직사각형을 한 가지만 만들 수 있는 수들의 직사각형의 치수에서 알 수 있는 사실은 무엇인가?

<u>공부할 내용</u>
합성수의 소인수 분해

<u>새 용어</u>
약수
소수
합성수
소인수분해

두 수 이상을 곱할 때, 각 수는 곱의 약수라고 한다.

$1 \times 7 = 7$ — 7의 약수는 1과 7이다.

$1 \times 6 = 6$ and $2 \times 3 = 6$ — 6의 약수는 1, 6, 2, 3이다.

<u>내용 영역 읽기</u>
이 수업과 관련된 읽기는 msmath1.net/reading를 방문하라.

1과 자기 자신을 약수로 가지는 범자연수를 소수라고 한다. 1보다 큰 수 가운데 3개 이상의 약수를 가진 수를 합성수라고 한다.

짝수와 홀수

1 0이 아닌 범자연수(기수)는 기하적으로 여러 가지 다른 방법으로 나타낼 수 있다. 아래 그림은 1에서 5까지의 수를 타일로 나타낸 것이다. 6, 7, 8에 해당하는 그림을 타일로 나타내어라.

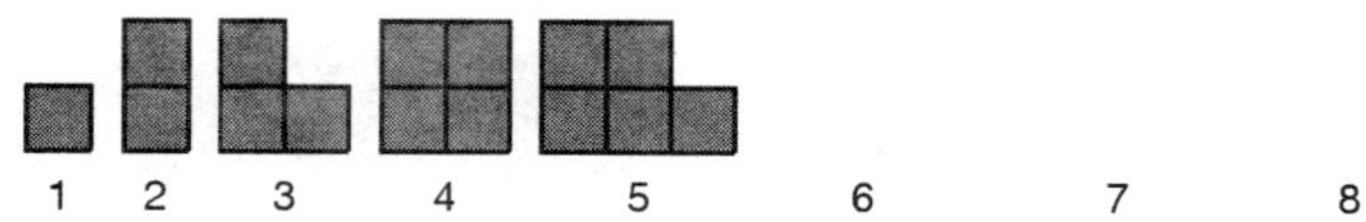

위의 그림에서 짝수에 해당하는 그림과 홀수에 해당하는 그림이 어떻게 다른지 자신의 말로 설명하여라.

2 다음은 처음 네 개의 짝수를 타일로 나타낸 것이다.

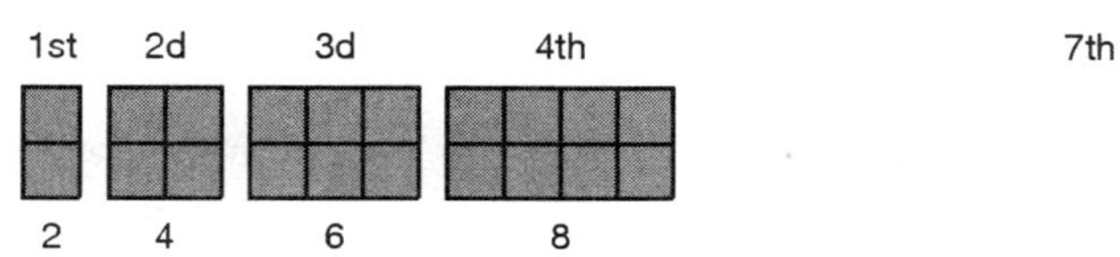

a. 7번째 짝수에 해당하는 그림을 그려라. 7번째 짝수는 무엇인가?

7번째 짝수 ___________

***b.** 125번째 짝수에 해당하는 그림이 어떤 모습일지 말로 설명하여라. 125번째 짝수는 무엇인가?

125번째 짝수 ___________

c. n번째 짝수에 해당하는 그림이 어떤 모습일지 말로 설명하여라. n번째 짝수를 수식으로 나타내어라.

n번째 짝수 ___________

3 아래 그림은 처음 네 개의 홀수를 타일로 나타낸 것이다.

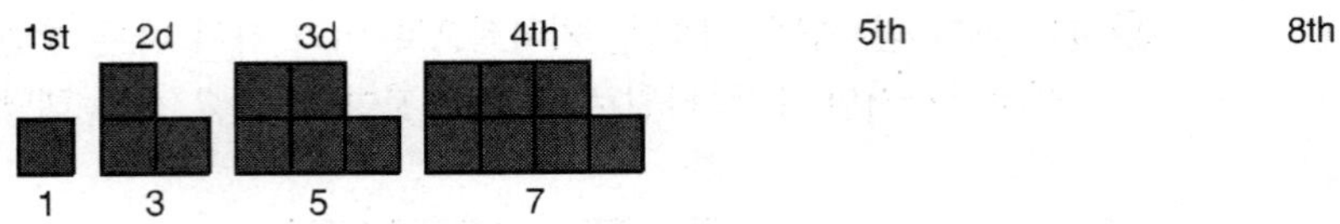

a. 5번째와 8번째 홀수에 해당하는 그림을 그려라. 5번째 홀수는 무엇인가? 8번째 홀수는 무엇인가?

5번째 홀수 ____________ 8번째 홀수 ____________

***b.** 15번째 홀수를 나타내는 그림을 어떻게 그릴지 말로 설명하여라. 15번째 홀수는 무엇인가?

15번째 홀수 ____________

c. 위 그림에 제시된 모델을 바탕으로 50번째, 100번째, n번째 그림이 어떤 모습일지를 상상하여 홀수를 결정하여라.

50번째 홀수 __________ 100번째 홀수 __________ n번째 홀수 __________

***d.** 1부터 시작해서 연속해서 홀수를 배열하면 7은 네 번째, 11은 여섯 번째 홀수이다. 79는 몇 번째 홀수인가? 117은 몇 번째 홀수인가? (힌트: 이 수들을 타일로 나타냈을 때의 모습을 생각해 보아라. 대략의 모습을 그려볼 수도 있다.)

79번째는 ______번째 홀수이다. 117은 ______번째 홀수이다.

4 아래 그림은 짝수와 홀수를 더하면 합이 홀수가 된다는 것을 보여준다. 그림을 이용해서 다음의 합과 차가 짝수인지 홀수인지를 결정하여라.

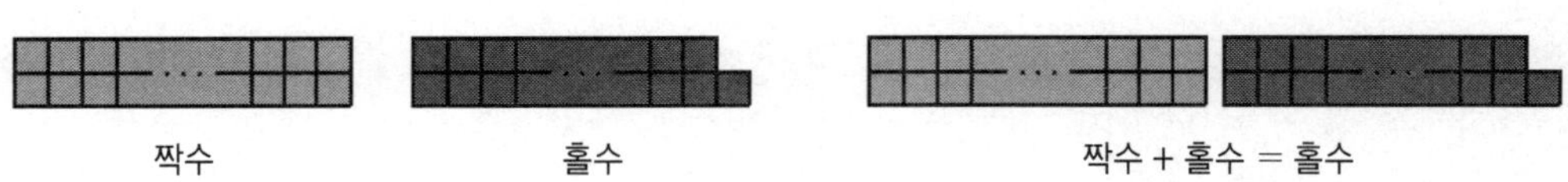

a. 임의의 두 짝수의 합

***b.** 임의의 두 홀수의 합

c. 임의의 연속된 두 수의 합

d. 임의의 연속된 세 수의 합

***e.** 임의의 두 홀수의 차

f. 임의의 세 홀수와 두 짝수의 합

5 연속된 홀수를 나타내는 타일의 그림은 다음과 같이 재배열할 수 있다:

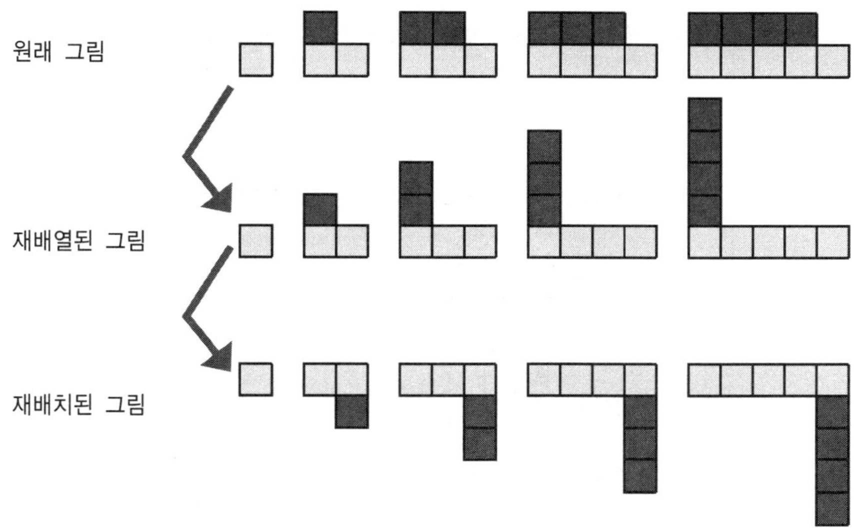

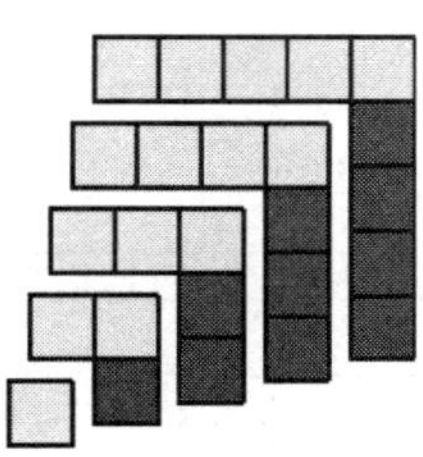

a. 처음 5개의 연속된 홀수에 대한 L자 모양의 그림을 하나로 합치면 정사각형이 된다. 이를 통해 처음 5개의 연속된 홀수의 합에 대해서 알 수 있는 사실은 무엇인가?

***b.** 처음 10개의 연속된 홀수에 대해 L자 모양의 그림을 떠올려 보아라. 이 그림들을 결합하면 어떤 크기의 정사각형이 만들어지는가? 처음 10개의 연속된 홀수의 합은 얼마인가?

c. 1에서 79까지의 모든 홀수의 합을 생각해 보자.

$$1 + 3 + 5 + 7 + \cdots + 77 + 79$$

위의 식에 포함된 수는 몇 개인가? 정사각형으로 만들 수 있는 L자 모양의 그림을 떠올려서 1에서 79까지의 연속된 홀수의 합을 구하여라.

약수와 소수

6 아래 그림은 정사각형 타일 4개, 7개, 12개를 이용해서 만들 수 있는 가능한 직사각형 배열을 모두 나타낸 것이다. 교구 세트나 가상조작물의 타일을 이용해서 아래에 제시된 수들에 대한 가능한 직사각형 배열을 모두 만들어보아라(정사각형도 직사각형이다). 아래 빈 칸에 직사각형 배열을 그려라.

타일 하나를 이용한 직사각형

타일 두 개를 이용한 직사각형

타일 세 개를 이용한 직사각형

타일 네 개를 이용한 직사각형

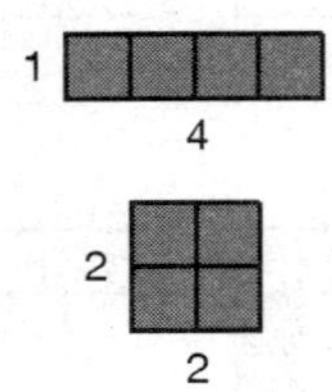

타일 다섯 개를 이용한 직사각형

타일 여섯 개를 이용한 직사각형

타일 일곱 개를 이용한 직사각형

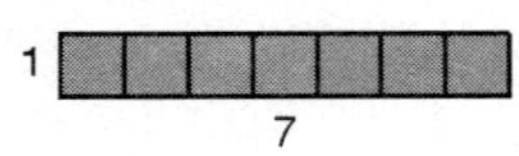

타일 여덟 개를 이용한 직사각형

타일 아홉 개를 이용한 직사각형

타일 열 개를 이용한 직사각형

타일 열 한 개를 이용한 직사각형

타일 열 두 개를 이용한 직사각형

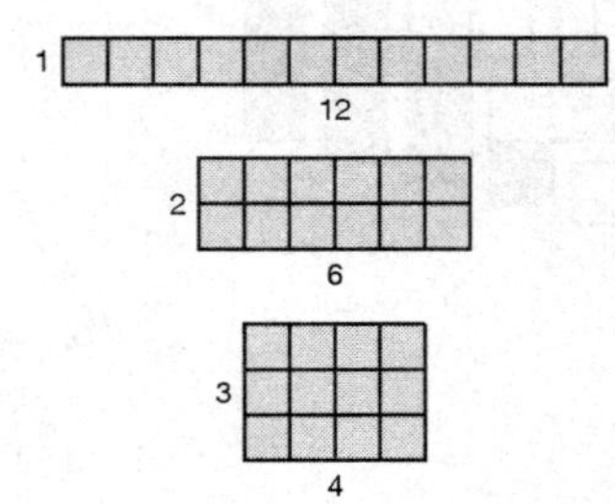

7 직사각형의 치수는 직사각형이 나타내는 수의 약수이다. 예를 들면, 12는 1×12, 2×6, 3×4의 직사각형으로 배열을 할 수 있으므로 1, 2, 3, 4, 6, 12가 약수이다. 활동 6의 결과를 이용해서 아래 표에 약수와 약수의 개수를 써 넣어라. 20까지 표를 완성하여라.

수	약수	약수의 개수
1	______	______
2	______	______
3	______	______
4	1, 2, 4,	3
5	______	______
6	______	______
7	1, 7	2
8	______	______
9	______	______
10	______	______
11	______	______
12	1, 2, 3, 4, 6, 12	6
13	______	______
14	______	______
15	______	______
16	______	______
17	______	______
18	______	______
19	______	______
20	______	______

8 2가지 이상의 직사각형 배열을 가지는 4와 12와 같은 수를 합성수라고 한다. 1을 제외한 수들 중 직사각형 배열이 한 가지뿐인 수들을 소수라고 한다.

a. 약수의 개수를 이용해서 소수와 합성수를 설명하는 문장을 써라.

***b.** 1은 소수, 합성수와 어떻게 다른가?

c. 1처럼 소수도 합성수도 아닌 수가 또 있는가? 직사각형 배열을 이용하여 그 이유를 설명하여라.

d. 어떤 수들은 완전제곱수 또는 제곱수라고 한다. 활동 6의 그림을 참고하여 1에서 12까지의 수들 중 제곱수가 될 수 있는 것은 무엇인지, 그 이유는 무엇인지 써라.

***e.** 약수가 홀수 개인 직사각형 배열을 조사해 보아라. 약수가 홀수 개인 수에 대해 어떤 결론을 내릴 수 있는가?

9 위 표에 기록된 수들은 약수가 1, 2, 3, 4, 5, 6개 중 하나이다.

a. 약수가 5개인 수를 찾아보아라. 약수가 5개인 다른 수가 있는가? 설명하여라.

b. 20보다 큰 수들 가운데 12보다 약수가 많은 수 2개를 찾아보아라. 두 수의 약수는 무엇인가?

10 네 수 6, 10, 14, 15는 모두 약수가 4개다. 이 수들의 약수를 살펴보고, 약수가 4개인 수들은 어떤 특징이 있는지 알아보아라. 그런 후 약수가 4개인 다른 수들을 찾는 방법을 설명하여라.

놀이 활동

소수와 배수표

7학년인 케이트는 에라토스테네스의 체[2]를 이용해서 소수를 확인하는 것과 관련된 수학 프로젝트를 하기로 결정했다. 케이트는 에라토스테네스의 체에 새로운 정보를 첨가하여 변형하기로 하였다. 케이트는 아래와 같은 수표를 이용해서 1은 소수도 합성수도 아니어서 삼각형으로 표시하기로 했다. 또 2는 소수이므로 동그라미로 표시하고 2의 배수에는 위에 검은 점을 찍었다. 그런 후 2 다음 수 중 점이 찍히지 않은 수인 3으로 옮겨갔다. 3에 동그라미 표시를 하고 3의 배수에는 오른쪽에 파란 점을 찍기로 했다.
아래의 표는 케이트의 방법을 이용해서 일부를 표시한 것이다.

2의 배수 위에는 모두 검은 점을 찍었다. 3에 동그라미 표시를 하고 3의 배수 오른쪽에 파란 점을 찍어라. 5에 동그라미 표시를 하고 5의 배수 아래에는 녹색 점을 찍어라. 7을 동그라미 표시하고 7의 배수 왼쪽에는 빨간 점을 찍어라. 마지막으로 남은 수들 중 어떤 점도 찍혀 있지 않은 수들을 동그라미 표시하여라.

1. 동그라미 표시된 모든 수가 소수임을 어떻게 확신할 수 있는가?
2. 아래의 표를 이용해서 3의 배수이면서 5의 배수인 모든 수를 어떻게 찾을 수 있는가?
3. 케이트가 표를 1000까지 작성했다면 몇 가지 서로 다른 색을 이용했겠는가?

△1	○2	3	•4	5	•6	7	•8	9	•10
11	•12	13	•14	15	•16	17	•18	19	•20
21	•22	23	•24	25	•26	27	•28	29	•30
31	•32	33	•34	35	•36	37	•38	39	•40
41	•42	43	•44	45	•46	47	•48	49	•50
51	•52	53	•54	55	•56	57	•58	59	•60
61	•62	63	•64	65	•66	67	•68	69	•70
71	•72	73	•74	75	•76	77	•78	79	•80
81	•82	83	•84	85	•86	87	•88	89	•90
91	•92	93	•94	95	•96	97	•98	99	•100
101	•102	103	•104	105	•106	107	•108	109	•110
111	•112	113	•114	115	•116	117	•118	119	•120

△ 소수도 합성수도 아닌 경우

○ 소수

검은 점 2의 배수
파란 점 3의 배수
녹색 점 5의 배수
빨간 점 7의 배수

2 C. I., Branford, "Keith's Secret Discovery of the Sieve of Eratosthenes." *Arithmetic Teachers* 21(March 1974): 239-241

탐구 활동 4.1

1 **학교 수업** : 직사각형 배열을 만들어서 약수를 찾는 활동을 한 후, '직사각형의 변의 길이'가 약수가 되어야 하기 때문에 16의 약수는 1, 2, 4, 4, 8, 16이라고 주장하는 학생이 있다면 이 학생을 어떻게 도와줄 것인가?

2 **학교 수업** : 학생 중 한 명이 1을 포함하는 연속하는 n개의 홀수의 합은 n^2이기 때문에 쉽다고 말했다. 이 학생에게 1에서 219까지의 홀수의 합을 구하라고 했더니 홀수가 몇 개인지 알지 못해서 합을 구할 수 없었다. 1부터 시작되는 연속하는 홀수의 개수가 몇 개인지를 찾는 방법을 이 학생이 이해할 수 있도록 어떻게 도울 수 있는지 설명하여라.

3 **학교 수업** : 학생들이 7에서 20까지의 수들에 대해 가능한 모든 직사각형 배열을 그린 후 각 치수를 기록하여 이 장의 도입부에 제시된 '초등학교 교과서'에 제시된 표의 작성을 끝냈다고 하자. 그런 후 일부 학생들이 1은 2, 3, 5나 다른 소수와 마찬가지로 한 가지의 직사각형으로만 배열할 수 있기 때문에 소수라고 주장하였다. 단순히 '1은 소수가 아니다.'라는 규칙을 암기하도록 하는 대신에 이 문제를 해결하는 방법을 설명하여라.

4 **수학 개념** : 아래의 타일은 연속하는 네 개의 홀수를 나타낸 것이다. n번째 홀수를 나타내는 타일 그림을 그려라. 이 수에 대한 대수식을 쓰고, 그림에서 이 수식을 어떻게 찾을 수 있는지를 설명하여라.

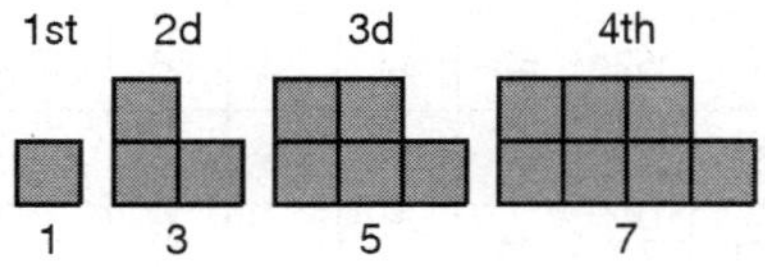

5 **수학 개념** : 100보다 작은 수 중 약수의 개수가 홀수인 것은 몇 개인가? 직사각형 배열을 이용하여 답을 설명하여라.

6 **수학 개념** : 아래의 질문에 대해서, 구체적인 소수의 예를 들어서 일반적인 진술에 대한 결론을 내려라.

a. p가 소수일 때, p^2의 약수는 몇 개인가? 서로 다른 소수 p에 대해 p^2의 약수의 개수도 달라지는 지의 여부를 설명하여라.

b. p가 소수이고 n이 범자연수일 때, p^n의 약수는 몇 개인가?

c. 위의 결론을 이용해서 약수가 6개, 8개인 수를 어떻게 찾을 수 있는지 설명하여라.

7 **수학 개념** : 서로 다른 소수인 p, q, r에 대해서 다음 수들에 대한 약수의 개수를 구하여라.

구체적인 예를 들어서 일반적인 진술에 대한 결론을 내려라.

a. $p \times q$

b. $p^2 \times q$

c. $p^2 \times q^2$

d. $p \times q \times r$

8 NCTM **규준** :

a. 이 책의 뒷부분에 제시된 3학년 수와 연산 규준에는 "약수의 성질과 같은 특징을 이용하여 어떤 수들을 설명할 수 있다."라는 목표가 기술되어 있다. 3－5학년 교사로서 이 목표가 무엇을 의미하는지를 설명하여라.

b. 3－5학년 수준 이상의 목표 중 특히 이 절에서 탐구했던 수론 관련 주제의 활동과 관련된 목표가 있는지를 알아보고 있다면 무엇인지 기록하여라.

9 NCTM **규준** : http://illuminations.nctm.org/에 방문하여 'Lessons'의 3－5학년 수와 연산 규준을 선택하여라. 그런 후 짝수, 홀수 또는 범자연수의 약수와 관련된 수업을 선택하여라. '약수'를 핵심어로 검색하여라.

a. 수업 제목을 쓰고 수업을 간략히 요약하여라.

b. 이 책의 뒤쪽에 있는 규준 요약을 참고하여 이 수업과 관련된 수와 연산 규준 목표를 쓰고 수업이 이 목표와 어떻게 관련되는지를 설명하여라.

BENNETT-BURTON-NELSON 웹사이트

www.mhhe.com/bbn

웹 교구	모눈종이와 점종이	링크와 읽을 자료
대화형 애플릿	투명색지	Geometer Sketchpad 모듈
퍼즐 내는 사람	보충된 참고문헌	

활동모음 4.2 최대공약수와 최소공배수 모델

▶▶ 목표

선형모델을 이용하여 최대공약수와 최소공배수의 개념과 그들의 관련성을 보여주는 것

▶▶ 준비물

추가 자료 필요 없음

▶▶ 도입

최대공약수(GCF)와 최소공배수(LCM)는 수학에서 흔히 접할 수 있는 중요한 개념이다. 두 수의 최대공약수는 일반적으로 두 수의 모든 약수를 찾아서 공약수를 확인한 후 공약수 중 가장 큰 수를 선택하는 방법으로 도입된다.

12의 약수: 1, 2, 3, 4, 6, 12

18의 약수: 1, 2, 3, 6, 9, 18

두 수의 최소공배수는 흔히 두 수의 모든 배수를 찾고, 공배수를 확인한 후 공배수 중에서 가장 작은 수를 선택하는 방법으로 도입된다.

12의 배수: 12, 24, 36, 48, 60, 72, 84, 96, 108, 120, 132, 144, ⋯

18의 배수: 18, 36, 54, 72, 90, 108, 126, 144, 162, 180, 198, ⋯

이 활동모음에서는 막대를 이용해서 최대공약수와 최소공배수의 개념을 시각화할 것이다. 최대공약수는 둘 이상의 막대를 공통으로 자를 수 있는 최대 길이로 나타낼 수 있다.

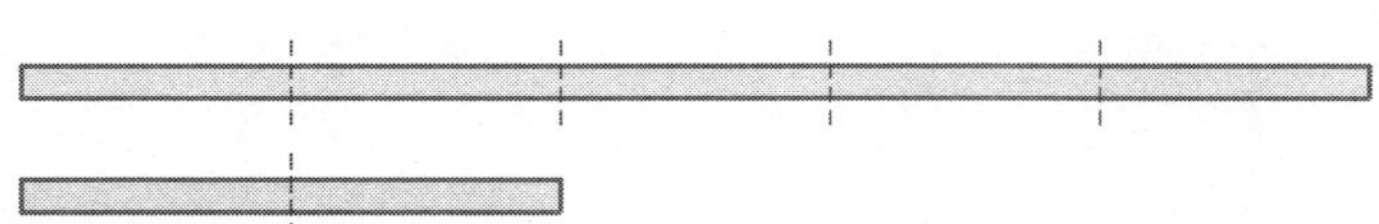

최소공배수는 둘 이상의 각 막대들을 연결해서 공통으로 만들 수 있는 최소 길이로 나타낼 수 있다.

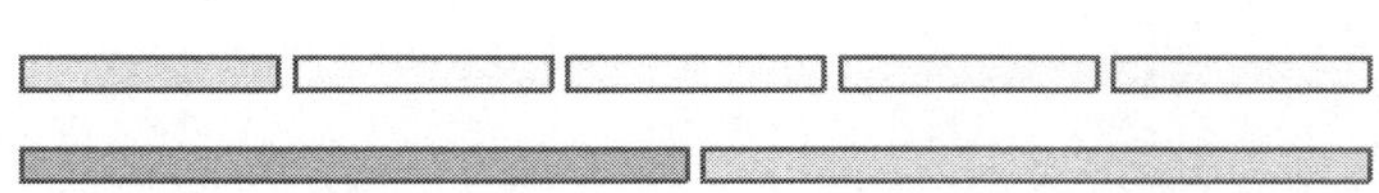

최대공약수

1 아래에 36단위와 54단위의 두 막대가 있다. 두 막대는 모두 6단위의 길이로 고르게 자를 수 있다. 왜냐하면 6은 36의 약수이면서 54의 약수이기 때문이다.

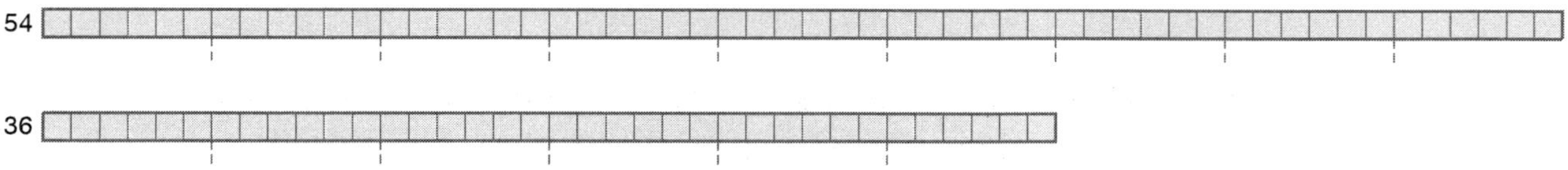

a. 위의 두 막대를 같은 길이로 자를 수 있는 방법이 5가지가 더 있다. 아래 막대에 나타내어라.

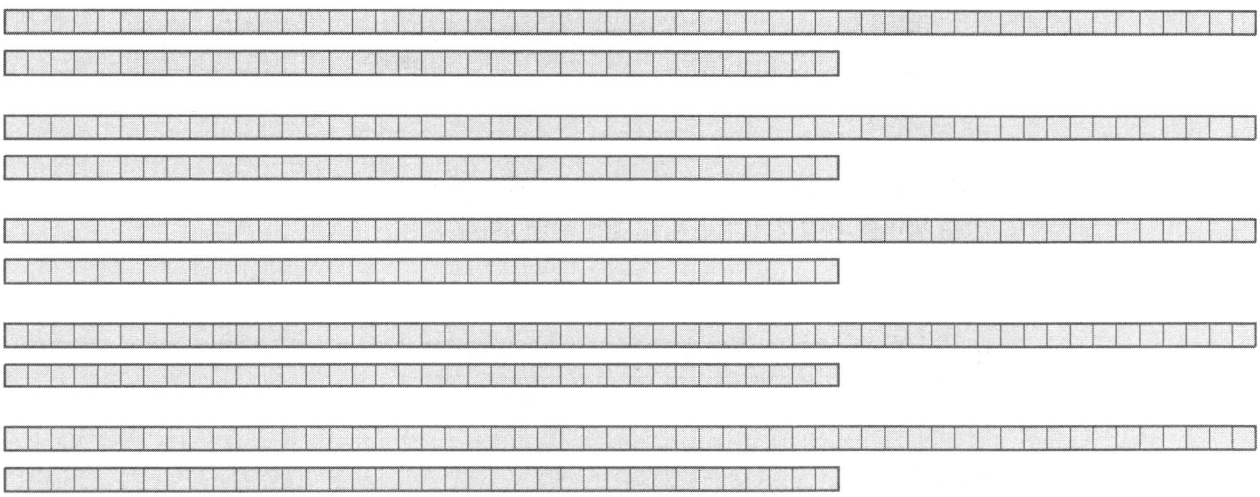

***b.** 36단위와 54단위 길이의 두 막대는 모두 6단위로 고르게 자를 수 있으므로 6을 36과 54의 공약수라고 한다. 36과 54의 다른 공약수를 아래에 써라.

36과 54의 공약수: 6, _______, _______, _______, _______, _______, _______.

c. 36과 54의 최대공약수[2]에 동그라미 하여라. 36과 54의 최대공약수를 간략히 GCF(36, 54)라고 나타낸다.

2 아래에 제시된 막대들을 공통으로 자를 수 있는 가장 긴 막대를 나타내어 각 쌍의 수들에 대한 최대공약수를 구하여라. 답을 그림 옆에 써라.

a. 36, 24

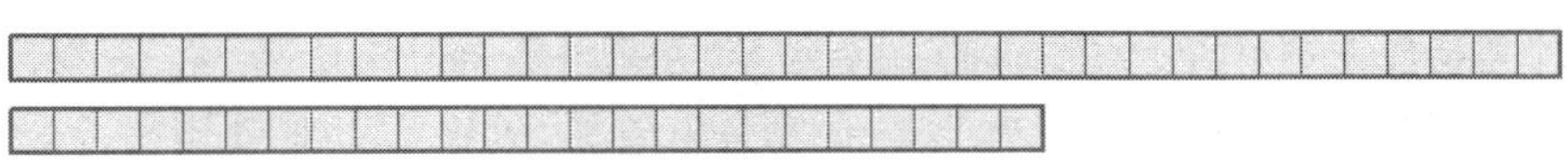

GCF (36, 24) =

***b.** 18, 25

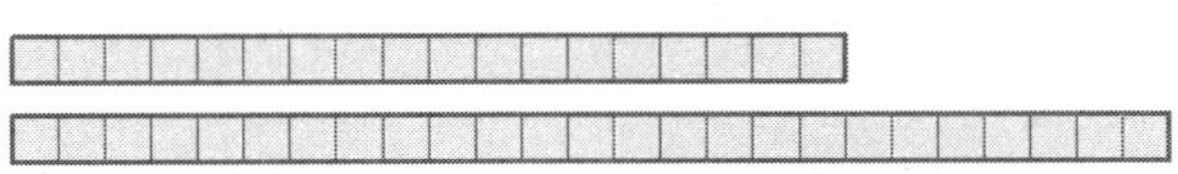

GCF (18, 25) =

c. 42, 28

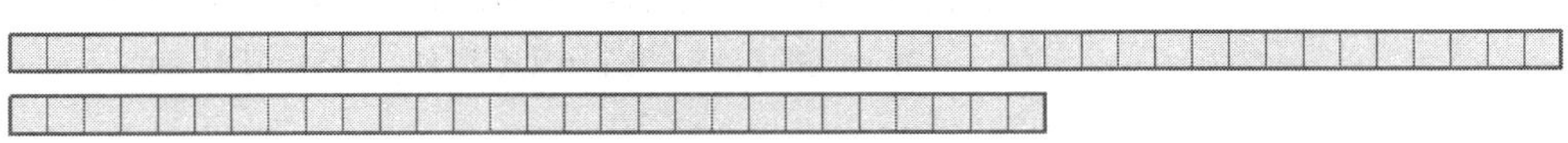

GCF (42, 28) =

[2] 또는 최대공제수, GCD라고도 함.

3 **a.** 아래에 제시된 막대들을 공통으로 자를 수 있는 가장 긴 막대를 나타내어 20과 12의 최대공약수를 구하여라.

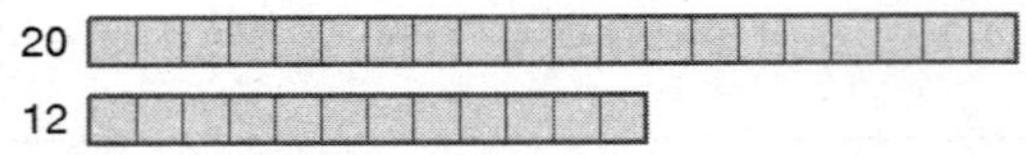

GCF (20, 12) =

b. 두 막대 중 한 막대가 다른 막대보다 얼마나 더 긴지는 막대의 차를 이용해서 나타낼 수 있다. 아래 그림을 이용하여 막대의 차와 짧은 막대의 최대공약수를 구하여라.

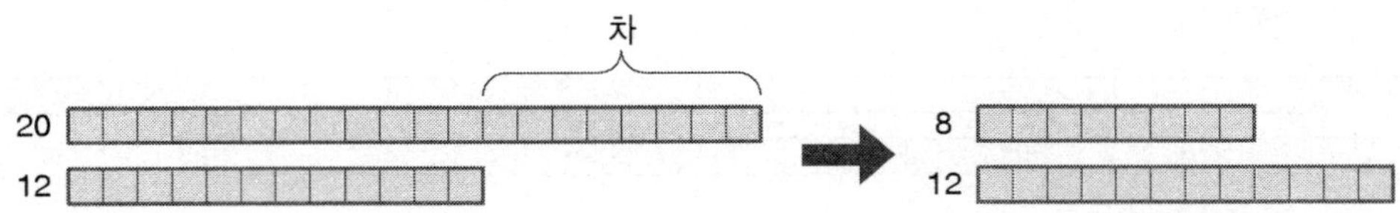

GCF (8, 12) =

4 아래에 제시된 막대들을 보고, 두 막대의 차와 짧은 막대의 최대공약수를 구하여라. 막대의 차와 짧은 막대를 어떻게 잘랐는지 그림에 나타내어라.

*a.
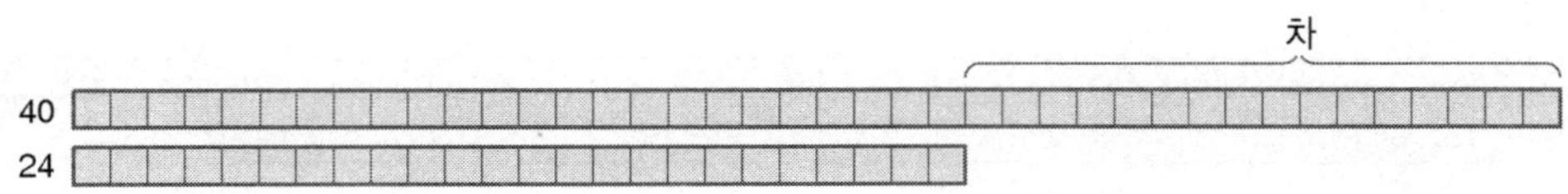

b.
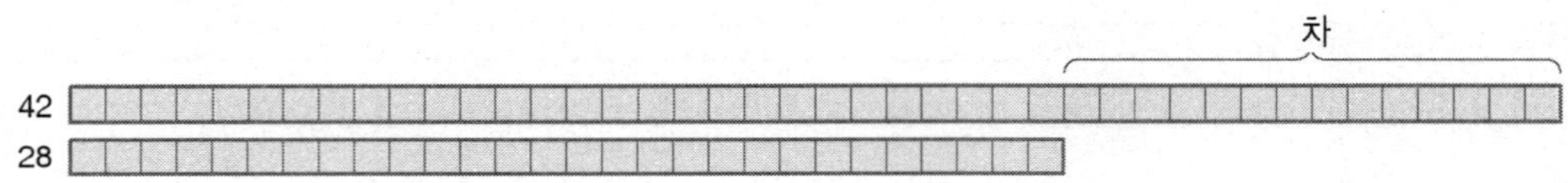

c.
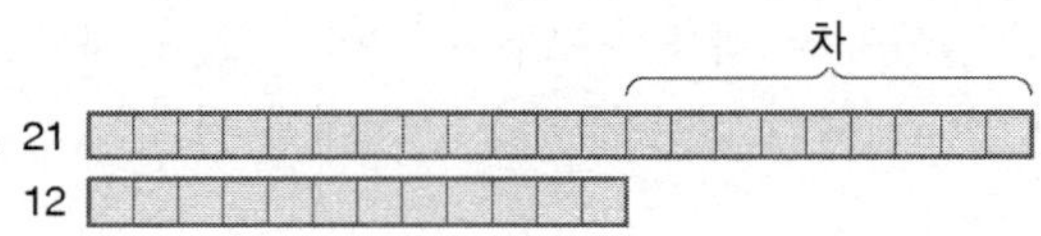

***5** 앞의 1에서 4까지의 활동을 통해서 긴 막대는 항상 정확히 짧은 막대의 끝과 일치하는 점에서 잘라졌음을 알 수 있다. 따라서 두 수의 최대공약수는 두 막대의 차와 짧은 막대를 비교함으로써 구할 수 있다. 활동 4의 결과를 이용하여 다음을 구하여라.

GCF(40, 24) = GCF(42, 28) = GCF(21, 12) =

6 앞의 활동을 통해서 두 수의 최대공약수는 두 수의 차를 계산한 후 두 수 중 작은 수와 두 수의 차와의 최대공약수를 구함으로써 얻을 수 있음을 알 수 있다. 그런데 더 작은 수들 간의 최대공약수도 분명하지 않으면 차를 구하는 방법을 계속해서 할 수 있다. 예를 들면,

$$\begin{aligned} GCF(198,\ 126) &= GCF(72,\ 126) = GCF(72,\ 54) = GCF(18,\ 54) \\ &= GCF(18,\ 36) = GCF(18,\ 18) = 18 \end{aligned}$$

차를 구하는 방법을 이용해서 다음 수들에 대한 최대공약수를 구하고, 그 과정을 써라.

a. GCF(144, 27) =

***b.** GCF(280, 168) =

c. GCF(714, 420) =

***d.** GCF(306, 187) =

최소공배수

7 아래 그림에 3과 5가 막대로 제시되어 있다. 길이가 3인 막대와 길이가 5인 막대를 각각 끝이 맞닿도록 붙여서 두 막대의 길이가 같게 될 때 이 길이가 3과 5의 공배수(15, 30, 45 등등)이다. 두 막대의 길이가 같게 되는 최소 길이인 15가 3과 5의 최소공배수이다. 이것을 GCM(3, 5) = 15라고 쓴다.

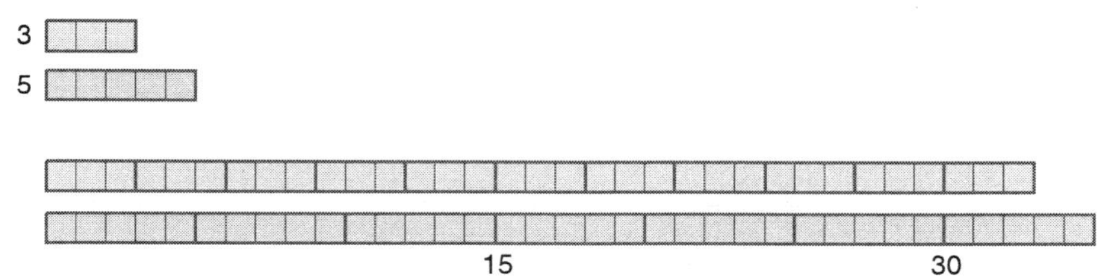

각 길이의 막대를 끝이 맞닿도록 붙여 두 막대의 길이가 같게 되도록 하여 아래 제시된 수들의 최소공배수를 구하여라.

a. 8 / 12

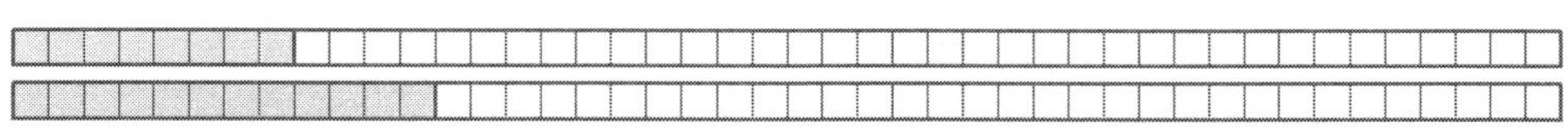

LCM(8, 12) =

***b.** 14 / 21

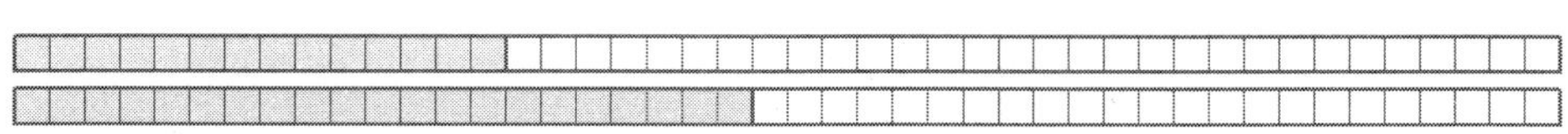

LCM(14, 21) =

c. 5 / 7

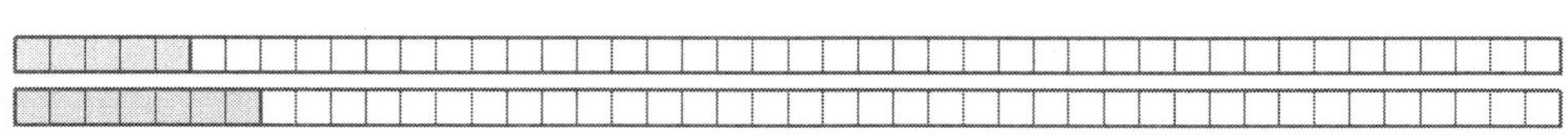

LCM(5, 7) =

*d. 8
10

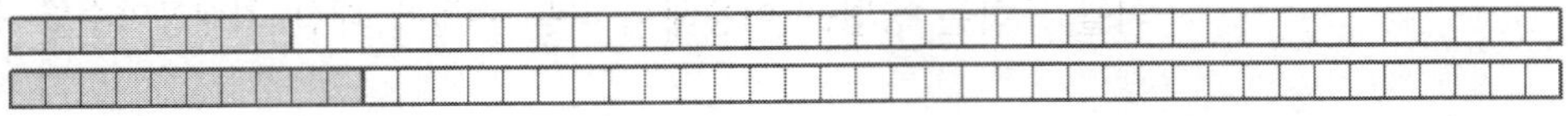

LCM(8, 10) =

8 최대공약수와 최소공배수 사이에는 관계가 있다. 아래의 첫 번째 그림은 6과 15를 나타낸다; 막대에 표시된 것을 보면 GCF(6, 15) = 3임을 알 수 있다. 두 번째 그림은 LCM(6, 15) = 30임을 보여준다.

6
15

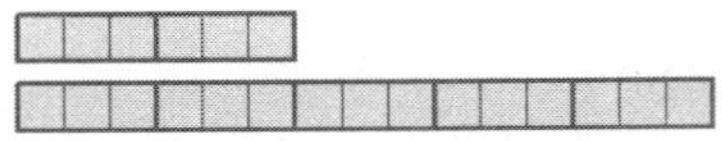

GCF(6, 15) = 3

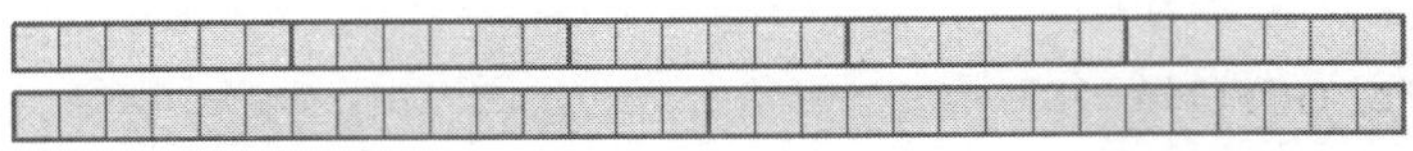

LCM(6, 15) = 30

a. GCF(6, 15) = 3이고 3은 6단위 막대를 두 부분으로, 15단위 막대를 다섯 부분으로 나눈다. 15단위 막대 2개와 6단위 막대 5개는 30으로 길이가 같으며 이것이 LCM(6, 15)이다. 활동 7의 막대 그림을 이용해서 아래의 표를 완성하여라. 최대공약수, 최소공배수, 두 수의 곱 사이에 어떤 관계가 있는지 구하여라.

	A	B	GCF(A, B)	LCM(A, B)	A×B
(1)	6	15	3	30	90
(2)	8	12			
*(3)	14	21			
(4)	5	7			
*(5)	8	10			

b. 위 표를 보고, GCF를 알고 있을 때 두 수의 LCM을 구하는 방법을 간략히 써라.

9 아래의 수들에 대해, 두 수의 최대공약수를 먼저 구한 후 8b 활동에서 찾아낸 관계를 이용하여 두 수의 최소공배수를 구하여라.

***a.** GCF(9, 15) = LCM(9, 15) =

b. GCF(8, 18) = LCM(8, 18) =

***c.** GCF(140, 350) = LCM(140, 350) =

d. GCF(135, 42) = LCM(135, 42) =

놀이 활동

별 다각형

별 다각형은 장식이나 예술적인 패턴을 얻기 위해서 만들곤 한다. 여기에 제시된 별 다각형은 합판조각 위에 동일한 간격의 원모양으로 박힌 16개의 못과 색실을 이용해서 만든 것이다. 왼쪽 하단의 빨간 못에서 시작해서 시계방향으로 5칸 옮겨서 두 번째 빨간 못, 5칸 옮겨서 세 번째 빨간 못으로 옮겨간다. 처음 출발점으로 되돌아갈 때까지 이런 절차를 계속한다. 아래 활동에서는 약수, 배수, 최대공약수, 최소공배수의 개념을 이용해서 별 다각형을 분석할 것이다.[4]

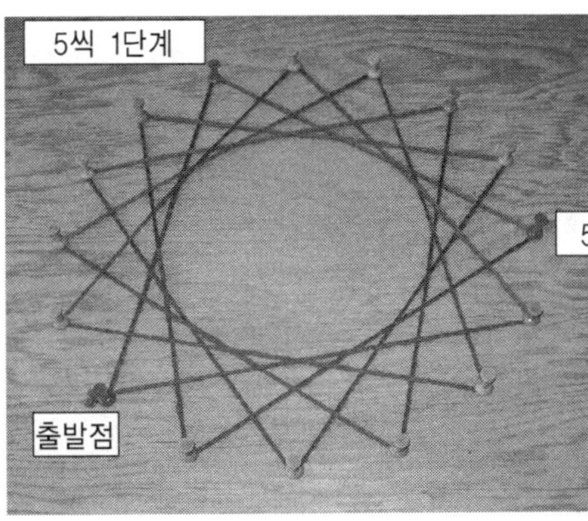

별 다각형은 원 모양으로 박힌 점 둘레에 주어진 칸 수만큼 움직이며 구성할 수 있다. 아래의 별 (14, 3)은 점 p에서 시작해서 세 칸 움직여 점 q로 옮겨간다. q에서 세 칸을 옮겨가면 r이다. 14개의 모든 점을 거쳐서 점 p로 되돌아갈 때까지 이것을 계속하면 별 다각형을 얻을 수 있다.

일반적으로 $n \geq 3$이고 $s < n$인 범자연수 n과 s에 대해, 별(n, s)는 n개의 점에 s칸씩 움직여 만들 수 있는 별 다각형을 나타낸다.

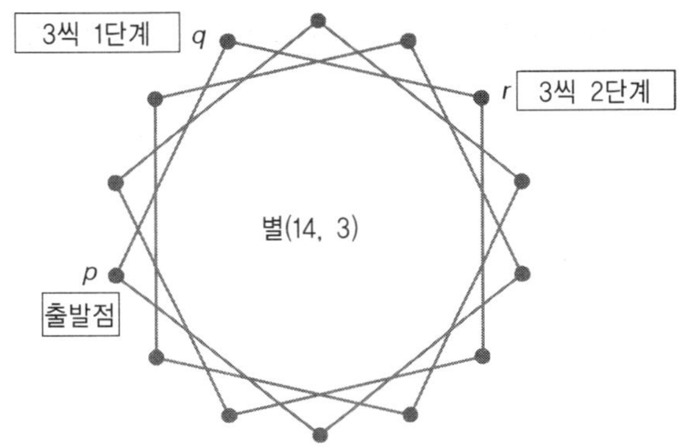

***1.** 아래 주어진 그림의 점 x에서 출발해서 시계방향으로 s칸씩 움직여 별 다각형을 그려라. 같은 규칙으로 시계 반대방향으로 움직였을 때도 같은 별 다각형을 얻을 수 있는가?

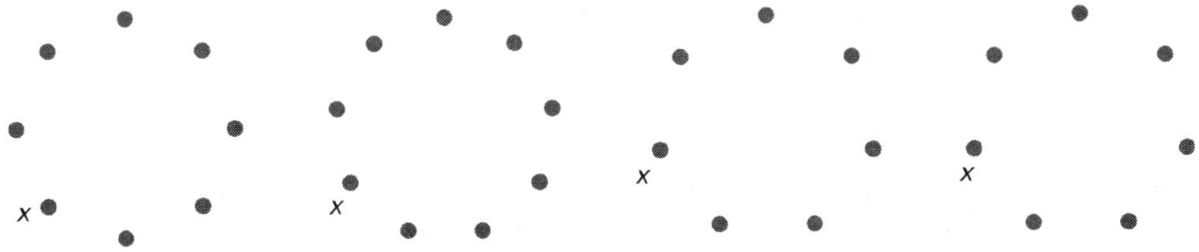

별(8, 3)　　별(9, 4)　　별(7, 2)　　별(7, 4)

[4] A. B. Bennett, Jr., "Star Patterns", Arithmetic Teacher 25(January 1978):

***2.** 아래의 별 다각형을 그려라. $r+s=n$일 때, 별$(n,\ s)$와 별$(n,\ r)$에 대해 추측해 보아라.

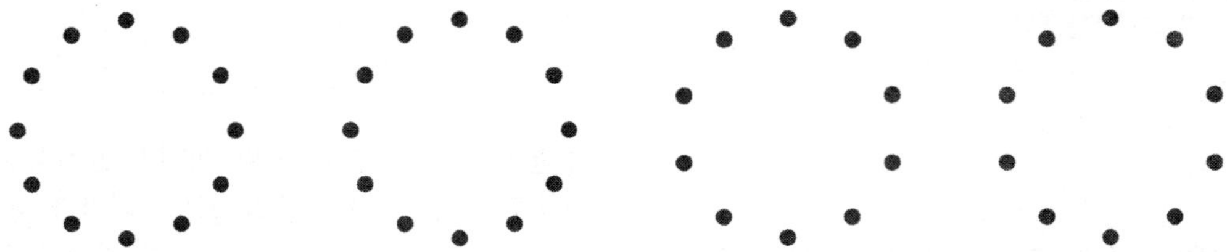

별(12, 5) 별(12, 7) 별(10, 3) 별(10, 7)

추측:

***3.** 활동 1과 2에서의 별 다각형은 어떤 점에서 시작하든 하나의 연속된 경로를 그리면 완성할 수 있었다. 이 예들에서 경로는 한 점에서 출발해서 모든 점을 지나게 된다. 그러나 별(15, 3)에서 경로는 다섯 개의 점만을 지난다. 이 별을 완성하기 위해서는 3개의 서로 다른 경로가 필요하다. 다음의 별 다각형을 완성하기 위해서는 몇 개의 서로 다른 경로가 필요한지 구하여라.

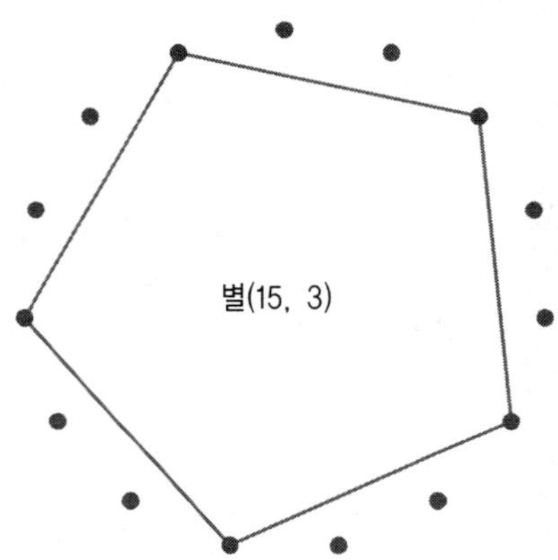

별(5, 1) 별(10, 4) 별(12, 4) 별(6, 3)

경로의 수: ________ ________ ________ ________

***4.** 별$(n,\ s)$가 하나의 연속된 경로를 갖기 위해 n과 s가 만족시켜야 할 조건은 무엇인가? 이 추측을 활용하여 하나의 연속된 경로를 가지는 15개의 점으로 이뤄진 별 다각형을 그려라. 15개의 점을 이용해서 그릴 수 있는 별 다각형은 네 가지가 있다. 이 중 하나인 별(15, 1)은 별(15, 14)와 합동이다. 나머지 세 개의 별 다각형을 그리고 몇 칸씩 움직여야 하는지를 써라.

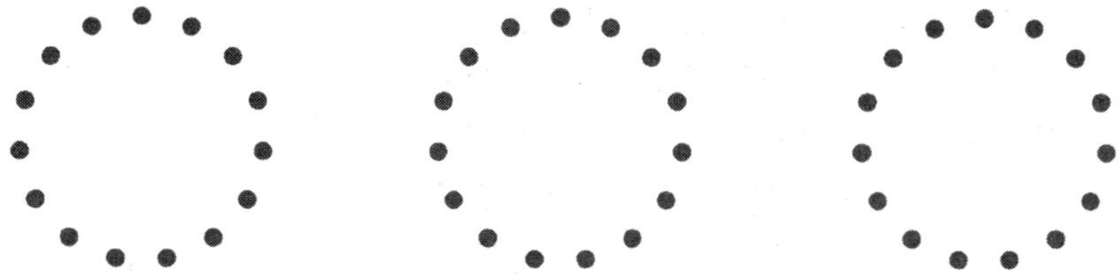

별 (15,) 별 (15,) 별 (15,)

칸 수: ________ ________ ________

***5.** 오른쪽에 보이는 별(14, 3)은 p를 출발점으로 3칸씩 움직여 q, r, s, t 등을 지난다. t 이후에 3칸을 움직이면 출발점인 p를 지나 첫 번째 궤도(첫 바퀴, 빨간 색 테두리)가 완성되고, 두 번째 궤도(파란 색 테두리)가 시작된다. 별(14, 3)은 출발점 p로 되돌아오기까지 세 개의 궤도가 필요하다. 각각의 궤도는 다음과 같다.

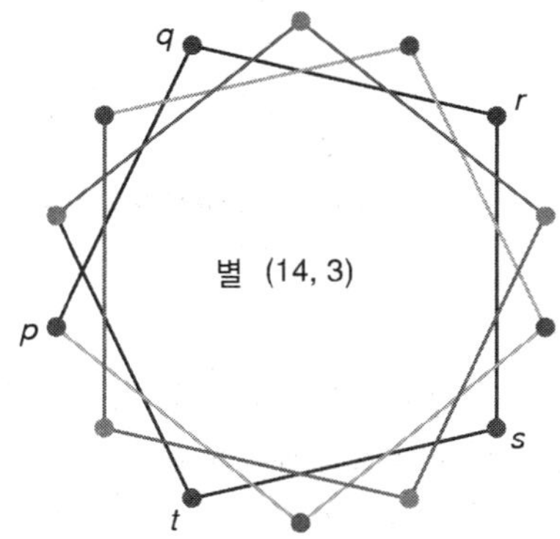

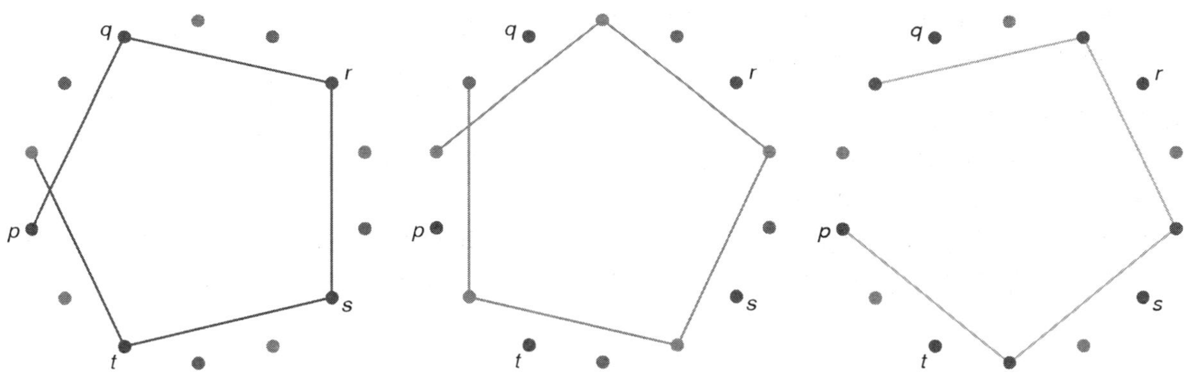

p로부터 시작되는 궤도 1 궤도 2 궤도 3

아래의 별 다각형이 출발점으로 되돌아오기 까지 몇 개의 궤도가 필요한가? 각 별 다각형에서 어떤 점이든 출발점으로 선택할 수 있다.

별(9, 2) 별(8, 6) 별(14, 4)

궤도 번호 ________ 궤도 번호 ________ 궤도 번호 ________

6. 점 1에서 출발해서 1, 4, 7, 3, 6, 2, 5, 1의 순으로 점을 연결하면 별(7, 3)을 그릴 수 있다. 별을 완성하기 위해서는 세 개의 궤도가 필요하다. 궤도의 수는 출발점으로부터 세 칸씩 움직여 7개의 점을 모두 거친 후 되돌아오기까지 필요한 회전수이다. 즉, 3칸 씩 21칸을 움직이면 원래 출발점으로 되돌아오게 된다. 21칸은 7과 3의 최소공배수이다.

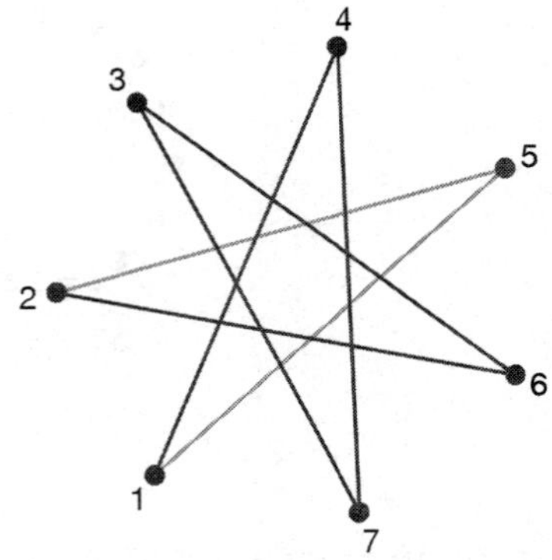

별(7, 3)

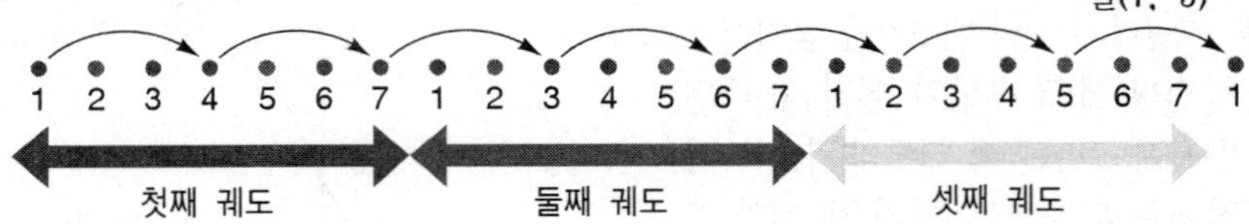

a. 별(15, 6)의 경로를 완성하는데 필요한 궤도의 수를 결정하기 위해 최소공배수의 개념을 어떻게 활용할 수 있는지를 설명하여라. 그런 후 답을 확인하여라.

***b.** 별(n, s)에 대한 하나의 경로를 완성하는데 필요한 궤도의 수가 몇 개인지 추측하여라.

7. 별 다각형을 만들어라. 점의 수나 모양은 자유롭게 선택할 수 있다. 점들이 반드시 원의 둘레에 있을 필요는 없다. 색연필이나 색실(칸의 수가 다르면 다른 색으로)로 별 다각형을 만들 수 있다. 바늘과 실을 이용하면 종이판 위에 뜨개질을 할 수 있다. 같은 점들을 이용해서 여러 개의 별 다각형을 만들 수 있다. 아래 그림은 종이판 위에 뚫어진 36개의 구멍에 뜨개질을 해서 만든 세 개의 별 다각형이다. 첫 번째 녹색별 다각형은 6칸의 간격, 두 번째 빨간별 다각형은 11칸의 간격, 세 번째 파란별 다각형은 15칸의 간격으로 만든 것이다.

a. 아래 그림의 별 다각형 중 11칸의 간격으로 만들어진 별 다각형만이 하나의 연속된 경로를 가진다. 그 이유는 무엇인가?

***b.** 별(36, 11)을 완성하기 위해서는 몇 개의 궤도가 필요한가?

별 다각형 분석을 위한 애플릿

이 애플릿에서는 점의 개수와 칸의 간격만 선택하면 별 다각형을 그릴 수 있다. 아래 그림은 9개의 점 가운데 하나에서 시작해서 2칸 간격으로 원 주위의 점들을 따라 출발점으로 돌아오게 그려진 별(9, 2)이다. 점의 개수와 칸의 간격 사이에는 어떤 관계가 있는가? 이 애플릿에서는 주어진 점들 위에 여러 색깔로 하나 이상의 별 다각형을 그릴 수 있다.

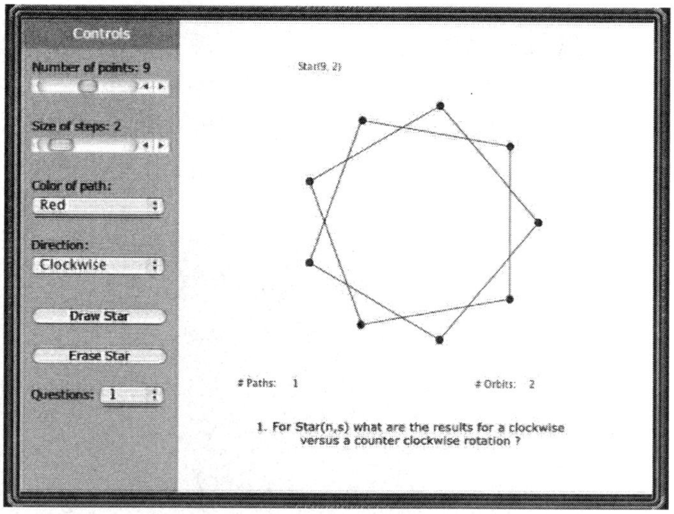

교사를 위한 후속탐구 4.2

1 **교실 상황** : 철수네 반 선생님은 학생들에게 최대공약수가 1인 수들은 '서로소'라고 지도하였다. 철수는 4와 9는 소수가 아닌데 두 수가 어떻게 서로소가 되는지를 알고 싶었다. 철수가 이 사실을 이해하도록 어떻게 도울 수 있겠는가?

2 **교실 상황** : 이 장의 '놀이활동'과 관련 웹사이트에서 별 다각형에 대해서 설명하였다. 아래 사진과 같은 색연필과 색실을 이용한 수학-미술 프로젝트를 교실에 도입하기 위해서 별 다각형 활동을 어떻게 활용할 것인지 설명하여라. 이 프로젝트가 학생들을 위한 수학 교육과정에 어떻게 기여할 수 있는지 설명하여라.

웨스턴 오리곤 대학의 학생이 실과 압정을 이용해서 만든 별 다각형

3 **수학 개념** : 주어진 각각의 수 (A, B)에 대해서, GCF(A, B)와 LCM(A, B)를 구하고, 아래와 같이 A, B, GCF(A, B), LCM(A, B)를 소인수분해하여 나타내어라.

			소인수분해			
(A, B)	GCF(A, B)	LCM(A, B)	A	B	GCF(A, B)	LCM(A, B)
(8, 12)	4	24	$2 \times 2 \times 2$	$2 \times 2 \times 3$	2×2	$2 \times 2 \times 2 \times 3$

a. 주어진 두 수의 소인수와 주어진 두 수의 최대공약수의 소인수와의 관계를 찾아보아라. 주어진 두 수를 소인수분해 한 것을 보고 두 수의 최대공약수를 어떻게 찾을 수 있는지를 설명하여라.

b. 주어진 두 수의 소인수와 주어진 두 수의 최소공배수의 소인수와의 관계를 찾아보아라. 주어진 두 수를 소인수분해 한 것을 보고 두 수의 최소공배수를 어떻게 찾을 수 있는지를 설명하여라.

4 **수학 개념** :

a. 집합 A는 8의 배수의 집합, 집합 B는 12의 배수의 집합이라고 하자. 두 집합과 벤다이어그램을 이용해서 LCM(8, 12)를 어떻게 구할 수 있는가? 해결과정을 설명하고 벤다이어그램을 이용하여 어떻게 구했는지를 보여라.

b. 집합 C는 8의 약수의 집합, 집합 D는 12의 약수의 집합이라고 하자. 두 집합과 벤다이어그램을 이용해서 GCF(8, 12)를 어떻게 구할 수 있는가? 해결과정을 설명하고 벤다이어그램을 이용하여 어떻게 구했는지를 보여라.

5 **수학 개념** : 아래의 퀴즈네어 막대[3]와 같은 색막대를 초등학교 교실에서 흔히 볼 수 있다.

a. 같은 색 막대 몇 개를 이어 붙여서 긴 하나의 막대를 만들어라. 이렇게 했을 때, 보라색 긴 막대와 검정색 긴 막대의 길이가 같아지도록 할 수 있는가? 왜 그런지 설명하여라.

b. 흰색을 제외한 나머지 색막대 가운데 두가지 색을 선택하여 각각 긴 막대를 만들었을 때, 이 두 긴막대의 길이를 항상 같아지게 할 수 있는가? 다른 길이로도 같아지는가? 이 길이들은 무엇을 나타내는가? 자신의 생각을 설명하여라.

c. 같은 색 긴 막대를 이용해서 최소공배수를 어떻게 설명할 수 있는가? LCM(12, 15)를 찾는데 색막대를 어떻게 이용할 수 있는지 설명하여라.

6 **수학 개념** : 색막대들을 결합하면 어떤 범자연수도 나타낼 수 있다. 예를 들면, 18은 오렌지색 막대와 갈색 막대를 연결하면 나타낼 수 있고, 12는 오렌지색 막대와 빨간색 막대를 연결해서 나타낼 수 있다. 퀴즈네어 막대를 이용해서 공약수와 최대공약수의 개념을 어떻게 나타낼 수

3 퀴즈네어 막대는 Cuisenaire Company of America, Inc.의 등록상표이다.

있는지를 설명하여라. 이를 위해서는 주어진 두 수를 나타내는 막대와 더 짧은 한 가지 막대를 이어 만든 긴 막대가 필요할 것이다. 색막대를 이용하여 12와 16의 공약수와 GCF(12, 16)을 어떻게 구할 수 있는지를 보여라.

7 **수학 개념** : 이 활동모음에서는 두 수의 최대공약수와 최소공배수의 관계를 탐구하였다. 이런 관계가 세 수의 최대공약수와 최소공배수에도 적용되는가? 몇 개의 세 수를 이용해서 직접 실험해 보고 자신의 생각을 설명하여라.

8 **NCTM 규준** : 초등학교와 중학교에서 최대공약수와 최소공배수의 개념이 어디에 이용된다고 생각하는지를 설명하고, 이 책의 뒤쪽에 있는 수와 연산 규준에서 GCF와 LCM이 언급되어 있는지 살펴보아라. GCF와 LCM이 구체적으로 언급되어 있다면 이런 주제가 어떤 목표와 관련되는지를 설명하여라.

BENNETT-BURTON-NELSON 웹사이트

www.mhhe.com/bbn

웹 교구
대화형 애플릿
퍼즐 내는 사람
모눈종이와 점종이
투명색지
보충된 참고문헌
링크와 읽을 자료
Geometer Sketchpad 모듈

초등학교 교실활동 ▶▷▶ 색타일을 이용한 약수와 소수의 탐구

▶▶ **목표** 초등학교 학생들에게 소수와 합성수에 대한 시각적 모델의 소개

▶▶ **연결성** 소수는 흔히 두 개의 약수를 가지는 수로 정의된다. 주어진 수를 직사각형 모양으로 배열한 후 직사각형의 변의 길이를 통해 약수를 찾아봄으로써 학생들은 수를 세 가지(소수, 합성수, 1)로 분할할 수 있다.

▶▶ **준비물** 이 책의 자매 웹사이트에 있는 2cm 모눈종이를 네 가지 색의 인쇄용지에 복사하여 색 타일을 만들 수 있다. 투명 색 타일 역시 색 타일 그림을 이용해서 만들 수 있다. 네 가지 색 타일 각각 20개씩을 한 묶음으로 해서 이것을 밀봉할 수 있는 비닐봉지에 담는다. 2명에서 4명으로 구성된 한 모둠의 학생들에게 한 묶음의 색 타일이 필요하다. 또 만들어진 직사각형을 기록하기 위한 모눈종이가 필요하다.

이 6학년 학생은 12개 이하의 타일을 이용해서 가능한 모든 직사각형을 만들었다.

1 아래의 그림을 OHP 필름에 복사하여라. 가능한 직사각형 배열은 가운데 구멍이 없어야 하며 완전히 포개어지는 두 직사각형 배열은 같다. 12개의 색 타일로 만들 수 있는 다른 직사각형 배열이 있는지 학생들에게 물어보아라. 모든 학생이 이해했는지를 확인하고 내용을 요약하기 위해서 아래의 제시된 것과 같이 12개의 타일로 만든 세 가지 직사각형 모양을 보여주어라.(나머지 한 가지는 2 × 6 직사각형이다.)

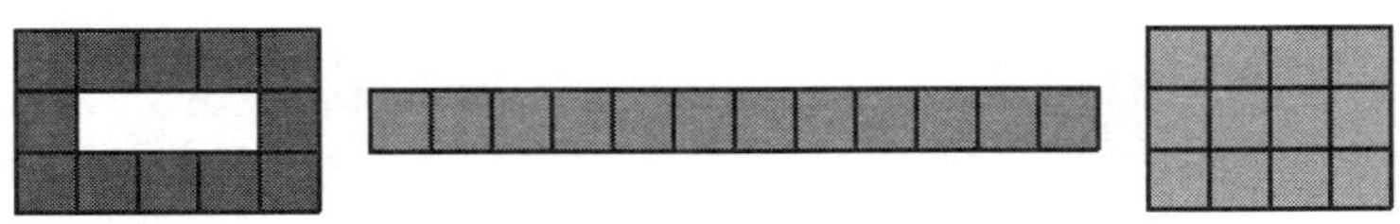

잘못된 예 1×12 직사각형 3×4 직사각형

2 직사각형의 가로와 세로의 길이인 1, 12, 3, 4, 6은 모두 12의 약수이다. 학생들에게 12의 다른 약수를 찾을 수 있는지 물어보고 아래와 같은 표를 만들게 하여라. 12에 대한 자료를 어떻게 표에 나타내는지를 보여주어라.

수	직사각형의 수	치수	약수
12	3	1 × 12, 2 × 6, 3 × 4	1, 2, 3, 4, 6, 12

3 학생들에게 12개보다 작은 개수의 색 타일로 가능한 모든 직사각형을 만들어보게 하고 아래의 표에 결과를 기록하게 하여라.

수	직사각형의 수	치수	약수
11	3	1 × 12, 2 × 6, 3 × 4	1, 2, 3, 4, 6, 12
10			
⋮			

4 7과 같이 서로 다른 치수의 직사각형이 한 가지뿐인 수가 소수이다. 두 가지 이상의 직사각형이 가능한 수를 합성수라고 한다. 1은 직사각형이 한 가지뿐이며 가로와 세로의 치수가 같다는 것이 앞의 두 가지와 다르다. 따라서 1은 소수도 합성수도 아니다. 표를 보고 학생들에게 소수를 찾아 보게 하고 타일을 이용해서 20보다 작은 모든 소수를 찾아보게 하라.

5 (선택활동) 12보다 작은 수 중에 정사각형 배열이 가능한 수가 무엇인지 물어보라(답: 1, 4, 9). 이 수들을 제곱수라고 한다. 다른 제곱수 2개를 더 찾아보게 하라.

CHAPTER

5 정수와 분수

일부 영역이 어둡게 색칠해져 있는 넓이 모델을 사용함으로써 학생들은 분수가 전체로서의 단위와 어떻게 관계되는지를 볼 수 있고, 쪼개진 부분을 전체와 비교할 수 있고, 동치분수를 발견할 수 있다. 분수에 대한 견고한 개념적 기초를 갖고 있는 학생은 그러한 기초를 갖고 있지 않은 학생보다 계산 오류를 범하는 경향이 작을 수밖에 없을 것이다.[1]

활동모음 5.1 정수를 위한 흑색과 적색 타일 모델

▶▶ 목표

정수의 덧셈, 뺄셈, 곱셈, 나눗셈의 모델을 제공하기 위하여 흑색과 적색 타일을 사용하기

웹 교구

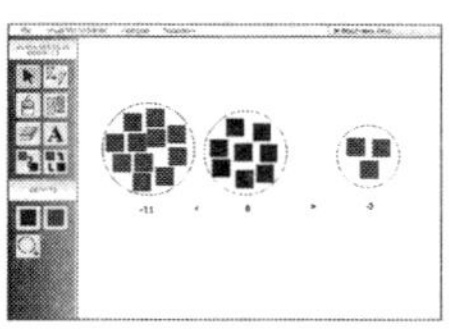

www.mhhe.com/bbn

▶▶ 준비물

교구 세트나 웹 교구에 있는 흑색과 적색 타일

▶▶ 도입

'정수'(때때로 양수와 음수 혹은 부호가 붙은 수라고 불린다)는 …, $^-6$, $^-5$, $^-4$, $^-3$, $^-2$, $^-1$, 0, $^+1$, $^+2$, $^+3$, $^+4$, $^+5$, $^+6$, … 과 같은 수이다. 이천 년 전에 중국인들은 검은색과 흰색 막대를 사용하여 정수와 음수를 다루었다. 우리도 검은색과 흰색 타일이라는 유사한 모델을 사용하여 정수의 덧셈, 뺄셈, 곱셈, 나눗셈을 다룰 것이다. 검은색 타일은 양수를, 흰색 타일은 음수를 나타낼 것이다.

이 모델에서 검은색과 흰색 타일의 모든 모음은 '최종값'을 가진다. 어떤 모음의 '최종값'은 검은색과 흰색 타일 사이의 결합이 가능한 모두 이루어진 후에 남아 있는 검은색과 흰색 타일의 개수이다. 아래 그림에서 보듯 흰색 타일이 남는다면 음수, 검은색 타일이 남는다면 양수를 나타낸다. $^+$와 $^-$기호는 통상적으로 덧셈과 뺄셈의 연산 기호와 혼동되지 않도록 하기 위하여 위첨자로 쓴다.

최종값 $^-3$ 최종값 $^+4$

1 *Principles and Standards for School Mathematics* (Reston, VA: National Council of Teachers of Mathematics, 2000): 150, 218.

17.4 정수의 뺄셈 탐구하기

손안에 있는 활동

여러분은 정수의 뺄셈을 수행하기 위하여 두 가지 색깔의 셈돌을 사용할 수 있다.
$3 - {}^{-}2$의 값을 알기 위하여 두 가지 색깔의 셈돌 사용하기

필요한 것
두 가지 색깔 셈돌

모델 사용하기

제1단계
정수 3을 나타내기

제2단계
여러분은 노란색 셈돌 3개로부터 붉은색 셈돌 2개를 제거할 수 없지만, 붉은색 셈돌 2와 노란색 셈돌 2개를 추가해도 여전히 이 모델의 값은 정수 3으로 남아 있다.

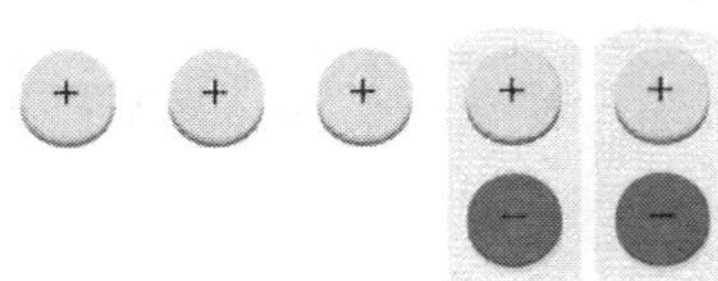

생각: 값이 0인 묶음 두 개를 더하는 것은 0을 더하는 것과 같다

제3단계
음수를 나타내는 붉은색 셈돌 2개를 제거함으로써 정수 ${}^{-}2$를 뺀다.
따라서 $3 - {}^{-}2 = 5$

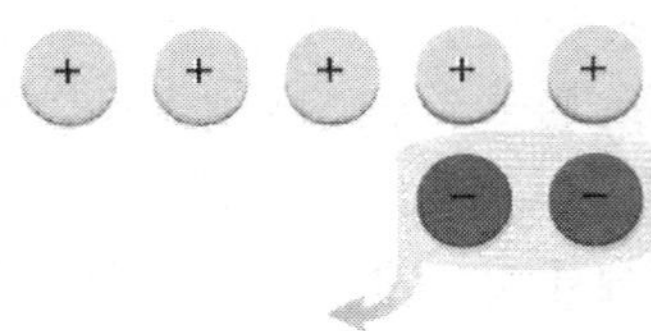

제4단계
두 가지 색깔의 셈돌을 써서 다음 각각의 뺄셈을 계산하여라. 여러분이 한 일을 기록하여라.
뺄샘을 수행하기 위해서 필요하다면 얼마든지 0을 이루는 쌍을 더하여라.

양수 − 양수	$8 - 6$	$7 - 8$	$4 - 7$
양수 − 음수	$5 - {}^{-}3$	$6 - {}^{-}8$	$9 - {}^{-}9$
음수 − 양수	${}^{-}2 - 7$	${}^{-}6 - 3$	${}^{-}4 - 4$
음수 − 음수	${}^{-}3 - {}^{-}5$	${}^{-}5 - {}^{-}4$	${}^{-}7 - {}^{-}10$

이 모델을 사용한다면, 모든 정수는 여러 방법으로 표현될 수 있다. 예를 들면, 다음과 같은 타일 모음 세 가지는 모두 최종값은 ⁻2가 되는데, 그 이유는 각각의 모음 안에서 검은색과 흰색 타일을 하나씩 짝지어 결합시키면 남은 것은 흰색 타일 2개이기 때문이다.

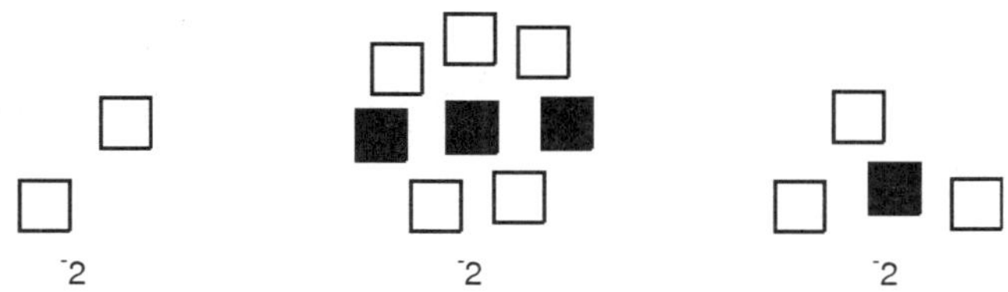

만약 어떤 모음 안에서 검은색 타일과 흰색 타일의 개수가 같다면, 그 모음의 '최종값은 0'이다. 이 경우, 검은색 타일에 대한 양의 정수와 흰색 타일에 대한 음의 정수는 서로 '맞상대'라고 부른다.

1 교구 세트에서 검은색과 흰색 타일 한 움큼 꺼내서 평평한 곳에 떨어뜨리시오. (혹은 웹 교구 안에 있는 임의 타일 선택기를 사용하여라.) 당신의 모음에 관한 정보를 다음 표의 a 부분에 기록하여라. 위와 같은 실험을 세 번 반복하고 그 정보를 부분 b, c 그리고 d에 기록하여라.

	타일 총수	흰타일 수	검은 타일 수	최종값
a.	______	______	______	______
b.	______	______	______	______
c.	______	______	______	______
d.	______	______	______	______

2 다음 표는 떨구어진 검은색과 흰색 타일의 모음으로부터 부분적인 결과를 포함하고 있다. 각자 가진 검은색과 흰색 타일을 써서 표의 빈 칸을 채우시오.

	타일 총수	흰타일 수	검은 타일 수	최종값
***a.**	______	8	29	______
b.	42	26	______	______
***c.**	______	______	14	+ 8
d.	17	______	______	+ 5
e.	20	______	______	− 4
***f.**	______	______	11	− 2

덧셈

3 다음 두 모음은 정수 $^{-}3$과 $^{-}2$를 각각 나타낸다. 각자가 가진 타일을 써서 각각의 모음을 만드시오. 두 모음을 합쳐서 덧셈 $^{-}3$ + $^{+}2$를 결정하여라. 두 모음의 합을 나타내는 정수는 무엇인가?

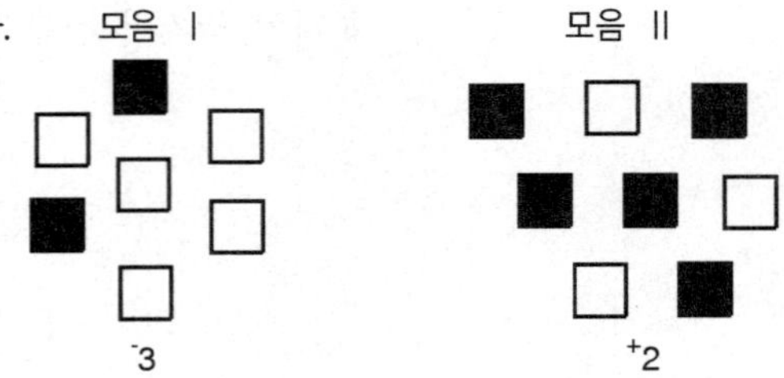

a. 가장 작은 타일을 써서 $^{-}3$을 나타내어라. $^{+}2$에 대해서 같은 일을 하여라. 이렇게 만든 모음을 스케치하고, 그들이 서로 결합되었을 때의 그것은 앞서의 모음과 같은 합을 나타낸다는 것을 설명하여라.

b. 다음의 덧셈을 흑색과 적색 타일을 써서 결정하여라. 당신의 답을 어떻게 얻었는지를 나타내는 스케치를 그려라.

$^{+}7 + {^{-}3} =$

$^{-}4 + {^{-}3} =$

$^{-}8 + {^{+}2} =$

***c.** 다음과 같은 합을 결정할 때의 흑색과 적색 타일을 시각화해보아라.

$^{+}50 + {^{-}37} =$ $^{-}34 + {^{-}25} =$ $^{-}132 + {^{+}70} =$

4 독자가 다음을 할 수 있도록 절차를 써라. 당신의 절차 안에 흑색 타일과 적색 타일이라는 용어를 써라.

a. 임의의 두 음수를 더하기

***b.** 양수와 음수를 더하기

뺄셈

5 모음 A와 B는 흑색과 적색 타일을 써서 $^{+}5 - ^{+}8$을 계산하는 방법을 보여준다. 모음 A로부터 여덟 개의 흑색 타일을 가져오는 것이 불가능하지만, 세 개의 흑색타일과 세 개의 적색타일을 추가함으로써 모음 A는 모음 B로 변환될 수 있다. 모음 B는 여전히 5를 나타내지만, 이제는 $^{+}5 - ^{+}8$을 결정하기 위하여 여덟 개의 흑색 타일을 제거할 수 있다.

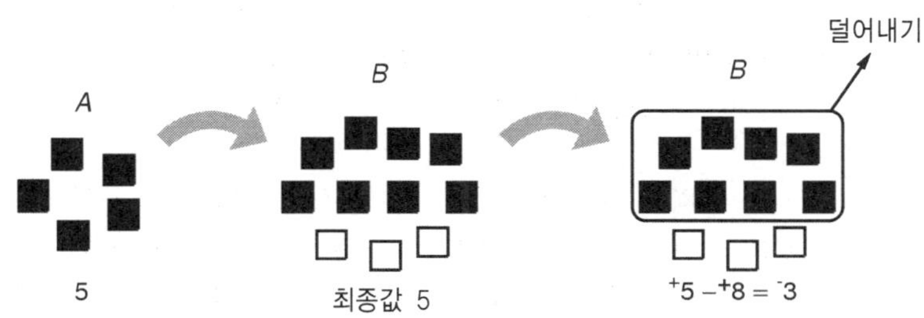

각자의 타일을 써서 다음의 모음을 만들어라. 최종값은 서로 같으면서도 적당한 개수의 타일이 제거될 수 있도록 각각의 모음을 변환하여라. 각각의 사례에서 새로운 모음을 스케치하여라. 등식을 완성하기 위하여 결과물을 사용하여라.

a. $^{-}4 - ^{+}3$을 보여줄 수 있도록 이 모음을 변경하여라.

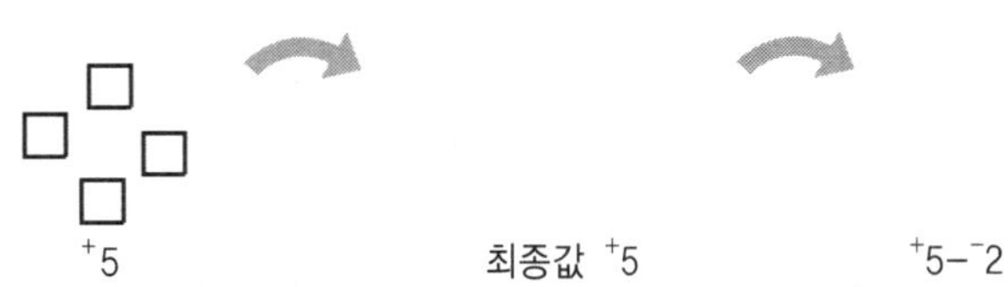

***b.** $^{+}5 - ^{-}2$를 보여줄 수 있도록 이 모음을 변경하여라.

c. $^{-}3 - ^{-}5$를 보여줄 수 있도록 이 모음을 변경하여라.

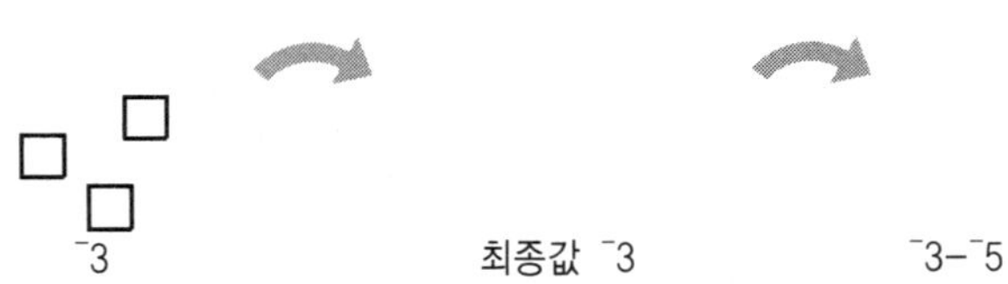

*6 활동 5에서의 부분 a, b, c가 뺄셈은 맞상대를 더하는 것에 의해서 수행될 수 있음을 보여주는데 어떻게 사용될 수 있는지를 설명하여라. 즉 주어진 개수만큼의 어떤 색의 타일을 제거하는 것은 같은 개수의 반대색 타일을 더하는 것과 같다는 것이다. 기호를 사용하면 이것은 $a - b = a + {}^{-}b$로 나타내어진다. (힌트: 각자가 가진 흑색과 적색 타일을 써서 부분 a, b 그리고 c에 있는 모음들을 재구성하고, 추가의 타일을 집어넣고 뺄셈을 했을 때 어떤 일이 일어나는지 관찰하여라.)

곱셈[2]

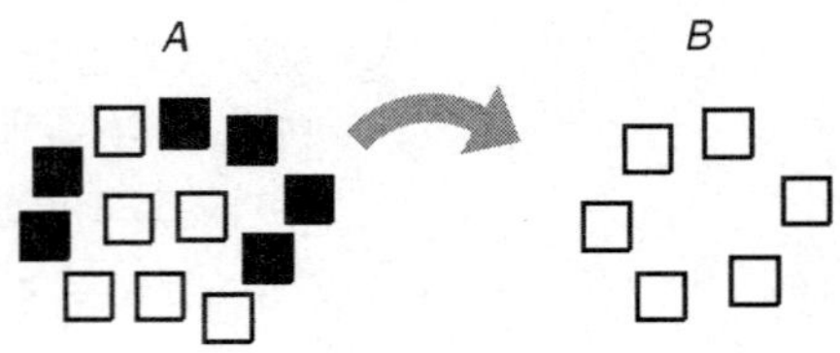

7 곱셈식 $n \times s$에서 n이 의미하는 것이 s개의 흑색 혹은 흰색 타일을 (+)의 경우는 '추가하고' (−)의 경우에는 '제거하는' 것이라고 한다면, 검은색과 흰색 타일을 써서 곱셈의 모델을 설명할 수 있다. 예를 들면 $^{-}2 \times {}^{+}3$은 3개의 검은색 타일을 2번 제거하는 것을 의미한다. 이것은 0을 나타내던 모음 A를 $^{-}6$을 나타내는 모음 B로 변경시킨다. 이것은 $^{-}2 \times {}^{+}3 = {}^{-}6$을 보여준다.

다음 각각의 활동에 대하여, 8개의 검은색 타일과 8개의 흰색 타일로 이루어진 모음, 즉 최종값은 0인 모음에서부터 출발한다. 기술된 변경을 모음에 대해서 실행하여라. 결과로 나오는 모음을 스케치하고 그것의 최종값을 기록하여라. 그림이 보여주는 완전한 수 등식을 써라.

a. 2개의 흰색 타일을 3번 추가한다.

***b.** 4개의 흰색 타일을 2번 제거한다.

c. 2개의 검은색 타일을 3번 제거한다.

8 각자의 타일을 써서 $^{-}3 \times {}^{-}4$을 어떻게 수행하는지 보여주시오. 그림을 그려서 당신의 결과를 설명하여라. 최초의 모음 안에서 당신이 사용한 적색과 흑색 타일의 개수를 어떻게 결정했는지를 설명하여라.

2 곱셈에 관한 이 모델은 우편배달로 명명될 수 있다. 당신에게 편지를 갖다 주는 것은 양수에 해당하는 행동이고, 당신으로부터 편지를 가져가는 것은 음수에 해당하는 행동이다. 편지 안에는 1달러짜리 청구서(빚) 여러 장이 담겨 있거나, 1달러짜리 수표(수입) 여러 장이 담겨 있다. 배달부는 청구서(음수) 혹은 수표(양수)를 가져오거나(양수) 혹은 가져갈 수 있다(음수). 예를 들면 (−2) × (4)는 배달부가 1달러짜리 수표 4장을 2번 가져갔다는 것을 의미하며, 따라서 당신의 재산은 8달러만큼 감소했다.

나눗셈

9 활동모음 3.4에서 토의되었던 범자연수의 나눗셈에 대한 측정적 접근과 분배적 접근을 복습하여라.

a. 12개의 적색 타일의 모음을 만들고 분배적 접근을 써서 몫 $^{-}12 \div {}^{+}3$을 결정하여라. 당신은 결과를 어떻게 얻었는지 타일을 그려서 보여주시오.

b. 12개의 적색 타일의 모음을 만들고 측정적 접근을 써서 몫 $^{-}12 \div {}^{+}3$을 결정하여라. 당신은 결과를 어떻게 얻었는지 타일을 그려서 보여주시오.

***c.** 측정적 접근과 분배적 접근 모두 $^{+}12 \div {}^{-}3$을 설명하는 과정에서 사용될 수 없는 이유를 설명하여라.

10 범자연수 산술에서 $2 \times 3 = 6$이기 때문에 $6 \div 2 = 3$임을 우리는 안다. 즉 나눗셈은 곱셈의 관점에서 정의될 수 있다. 이와 같은 접근이 정수의 곱셈에서도 사용될 수 있다.

a. 이 접근은 위의 9a와 9b에 있는 방법과 똑같은 대답을 준다는 것을 증명하여라.

b. 9c에 대해서는 어떤 대답을 주는가?

c. 다음 각각을 결정하여라. 가능하다면 흑색과 적색 타일을 써라. 당신의 사고를 설명하여라.

* i. $^{+}15 \div {}^{+}3$
ii. $^{+}15 \div {}^{-}3$
* iii. $^{-}15 \div {}^{+}3$
iv. $^{-}15 \div {}^{-}3$

놀이 활동

음수에 관한 다음 네 가지 게임은 백색과 적색 주사위, 합해서 두 개의 주사위를 필요로 한다. 백색 주사위는 양수를 적색 주사위는 음수를 나타낸다.

첫째 게임 (덧셈 : 2명에서 4명까지의 경기자)

각각의 경기자는 표시침을 수직선의 0점에 놓은 상태에서 게임을 시작한다. 경기자는 번갈아가며 두 개의 주사위를 던지고, 흰색 주사위가 나타내는 수를 양수로 하고 거기에 적색 주사위가 나타내는 음수를 더한다. 이 합은 수직선 위에서의 움직임의 양을 결정한다. 만약에 그것이 양수라면 표시침은 오른쪽으로 움직이고,
만약 음수라면 왼쪽으로 움직인다. 만약에 합이 0이라면, 경기자는 주사위를 다시 던진다. $^{-}10$이나 $^{+}10$에 처음으로 도달하는 경기자가 이긴다. 만약 이 게임이 처음에는 각각의 주사위별로 독립적으로 표시침을 움직이는 것으로(백색 주사위는 오른쪽으로, 적색 주사위는 왼쪽으로) 운영된다면, 우리는 양수와 음수를 더y하는 계산 규칙에 즉각 도달하게 될 것이다.

둘째 게임 (덧셈과 뺄셈 : 2명에서 6명까지의 경기자)

각각의 경기자는 아래에 보여지는 카드들 중에서 하나를 선택한다. 경기자의 차례가 되면, 두 개의 주사위를 던지고 나온 두 수를 더하거나 뺀다. 예를 들면, 당신이 던져서 $^{+}4$와 $^{-}6$을 얻었다면, 더하면 $^{+}4+{}^{-}6={}^{-}2$을 얻고, 빼면 $^{+}4-{}^{-}6={}^{-}2$ 혹은 $^{-}6-{}^{+}4={}^{-}10$ 을 얻는다. 답은 경기자의 카드에 표시된다. 하나의 행이나 열이나 대각선을 처음으로 완성하는 경기자가 이긴다.

게임 1

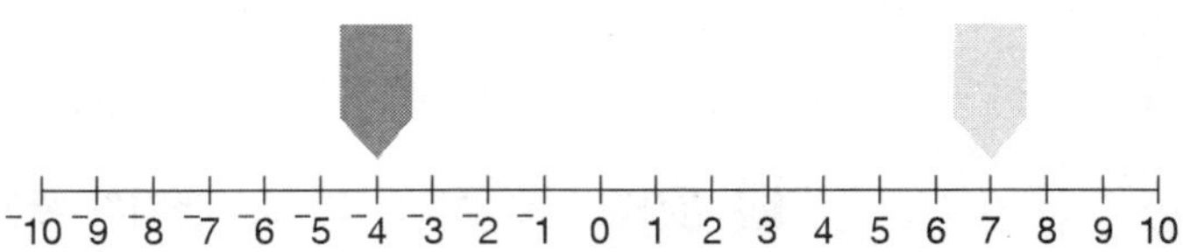

게임 2

$^{-}9$	$^{-}11$	$^{-}1$	8	10
12	3	$^{-}10$	$^{-}2$	$^{-}6$
8	$^{-}12$	$^{-}7$	$^{-}4$	$^{-}5$
2	6	11	7	1
$^{-}3$	0	5	9	4

카드 1

5	12	10	$^{-}1$	$^{-}9$
$^{-}10$	$^{-}3$	7	11	$^{-}8$
$^{-}4$	2	4	$^{-}6$	$^{-}2$
9	$^{-}7$	$^{-}5$	$^{-}11$	1
8	6	3	0	$^{-}12$

카드 2

$^{-}1$	$^{-}7$	9	4	$^{-}6$
8	$^{-}5$	11	$^{-}12$	6
$^{-}11$	1	$^{-}2$	7	$^{-}9$
$^{-}3$	10	12	$^{-}4$	3
2	$^{-}8$	5	0	$^{-}10$

카드 3

$^{-}8$	$^{-}10$	10	5	9
11	7	$^{-}11$	$^{-}9$	3
6	$^{-}7$	4	0	$^{-}1$
$^{-}4$	12	2	$^{-}12$	8
1	$^{-}5$	$^{-}3$	$^{-}2$	$^{-}6$

카드 4

6	$^{-}2$	$^{-}12$	$^{-}11$	$^{-}10$
$^{-}5$	12	1	$^{-}9$	8
4	11	10	2	0
$^{-}7$	5	9	$^{-}3$	3
$^{-}4$	$^{-}8$	$^{-}6$	7	$^{-}1$

카드 5

$^{-}5$	$^{-}3$	2	$^{-}2$	11
4	5	$^{-}6$	$^{-}1$	$^{-}9$
$^{-}12$	$^{-}11$	$^{-}7$	8	$^{-}8$
12	7	6	$^{-}4$	3
1	0	$^{-}10$	5	10

카드 6

셋째 게임 (곱셈과 부등식 : 2명에서 4명까지의 경기자)

차례로 경기자는 두 주사위를 던져서 백색 주사위가 나타내는 양수에 흑색 주사위가 나타내는 음수를 곱한다. 이 연산은 두 차례 반복하고, 경기자는 두 곱 중에서 큰 것을 선택한다. 오른쪽에 있는 사례에서, 각각의 경기자는 네 차례씩 했다. 각각의 경우에서 가장 큰 곱은 동그라미를 쳤다. 현재까지는 경기자 B가 더 큰 점수로 앞서 있다: 전체 점수는 $^{-}12$이다. 5라운드 후에, 전체 점수가 더 큰 경기자가 이긴다.

찬스 선택권 : 만약 어떤 경기자가 $^{-}25$와 $^{+}15$ 같이 탐탁지 않은 두 수를 얻었다면, 그는 '찬스 선택권'을 쓸 수 있는데, 이것은 주사위를 세 번 던지는 것을 포함한다. 만약 이 셋째 곱이 다른 둘 보다 크다면, 즉 $^{-}12$라면, 경기자는 이 수를 선택할 수 있다. 만약 이 셋째 곱이 다른 둘중의 어느 하나보다 작거나 같다면, 즉 $^{-}18$이라면, 세 수중에서 가장 작은 수(여기서는 $^{-}25$)가 경기자의 점수로 기록되어야만 한다.

	경기자 A		경기자 B	
게임 3	**$^{-}4$**	$^{-}6$	**$^{-}1$**	$^{-}3$
	$^{-}2$	$^{-}18$	$^{-}6$	**$^{-}2$**
	$^{-}6$	$^{-}30$	**$^{-}5$**	$^{-}16$
	$^{-}15$	**$^{-}6$**	$^{-}24$	**$^{-}4$**
	전체 점수	$^{-}18$	전체 점수	$^{-}12$

넷째 게임 (4가지 기본연산 모두 : 1명에서부터 4명까지의 경기자)

두 개의 주사위를 주사위를 네 번 던져서 적색 주사위로부터 나오는 네 개의 음수를 기록하고, 백색 주사위로부터 나오는 네 개의 양수를 기록한다. 각각의 수를 1라운드 밑에 있는 여덟 개의 빈칸에 정확히 한 번씩만 써넣어서 가능한 많은 등식을 완성해야만 한다. 이 활동은 2라운드와 3라운드에 대해서도 똑같이 한다. 한 개의 등식에 1점을 받는다. 어떤 라운드에서 등식 4개를 모두 완성한다면, 4점과 함께 보너스 2점을 받는다. 세 라운드의 점수를 총합한 것이 당신의 점수이다.

	1라운드	2라운드	3라운드
게임 4	______ + $^{-}1$ = ______	+ $^{+}3$ ______ = ______	______ + ______ = $^{-}6$
	______ − $^{-}4$ = ______	$^{-}1$ − ______ = ______	______ − $^{-}5$ = ______
	$^{-}2$ × ______ = ______	$^{-}1$ × ______ = ______	$^{+}3$ × ______ = ______
	______ ÷ $^{+}3$ = ______	______ ÷ ______ = $^{+}2$	______ + $^{-}1$ = ______

교사를 위한 후속탐구 5.1

1 교실 상황 : 다음에 주어진 정수의 덧셈과 뺄셈에 관한 각각의 등식에 대하여 초등학교 학생들에게 적절한 간단한 문장제를 써라.

a. $^{+}7 + {}^{-}3 =$ **b.** $^{-}4 + {}^{-}3 =$ **c.** $^{-}4 - {}^{+}3 =$
d. $^{+}5 - {}^{-}2 =$ **e.** $^{-}3 - {}^{-}7 =$

2 교실 상황 : 어떤 7학년 학생이 말하기를 자신의 아버지가 그에게 음수를 뺄 때는 단지 "부호만 바꾼 후 더하면 된다"라고 말했다고 했다. 따라서 예를 들면 $^{+}5 - {}^{-}7 = {}^{+}5 + {}^{+}7 = {}^{+}12$ 이다. 이 규칙이 성립하는 이유를 학생이 이해할 수 있도록 돕기 위하여 당신은 적색과 백색 타일을 어떻게 사용할 수 있을까?

3 교실 상황 : 이 절의 앞부분에 제시된 '초등학교 교과서의 한쪽' 내용에 기술된 정수의 뺄셈 활동을 읽으시오. 이 활동을 완성하기 전에 학생들에게 필요한 붉은색과 노란색 셈돌 모델에 관한 사전지식을 기술하여라.

4 교실 상황 : 온도 모델을 써서 정수의 덧셈과 뺄셈을 이해할 수 있도록 초등학생들은 도와주는데 적절하다고 생각되는 활동을 설계하여라. 당신의 활동에 관해서 당신이 제기할 수 있는 몇 가지 질문을 써라. 이 활동을 초등학교 고학년이나 중학교 학생 중에서 당신의 선택에 따라서 적용하여라. 당신의 질문을 기록하고 학생들의 반응을 기록하여라.

5 수학 개념 : 다음 각각에 대하여; 합과 차의 계산을 보여주는 검은색과 붉은색 타일 모델을 스케치하여라. 각각의 경우에 대하여 여러분의 사고를 설명하여라.

a. $7 + {}^{-}3 = ?$ **b.** $^{-}4 + {}^{-}3 = ?$ **c.** $^{-}4 - {}^{+}3 = ?$
d. $^{+}5 - {}^{-}2 = ?$ **e.** $^{-}3 - {}^{-}7 = ?$

6 수학 개념 : 다음의 각각에 대해서, 곱이나 몫을 계산하는 것을 보여주는 흑색과 적색 타일 모델을 스케치하여라. 각각의 경우에서 당신의 사고를 설명하여라.

a. $^{+}6 \times {}^{-}2 = ?$ **b.** $^{-}6 \times {}^{+}2 = ?$ **c.** $^{-}6 \times {}^{-}2 = ?$
d. $^{-}6 \div {}^{+}2 = ?$ **e.** $^{-}6 \div {}^{-}2 = ?$

5 NCTM 규준 : 이 책의 부록에 있는 '수와 연산 규준'으로 가서 정수 연산에 관해서 측별히 언급하는 '기대하는 사항'을 찾으시오. '기대하는 사항'과 그것이 속해있는 '규준'을 써라. 이 절에 있는 활동이 이러한 '기대하는 사항'을 성취하도록 학생들을 어떻게 도와줄 것인지를 설명하여라.

BENNETT-BURTON-NELSON 웹사이트

www.mhhe.com/benett-nelson

웹 교구
대화형 애플릿
퍼즐 내는 사람
모눈종이와 점종이
투명색지
보충된 참고문헌
링크와 읽을 자료
Geometer Sketchpad 모듈

활동모음 5.2 등식과 부등식을 위한 분수 막대 모델

▶▶ 목표

분수의 '부분-전체' 개념이나 '나눗셈' 개념을 위한 시각적 모델을 제공하기 위하여, 분수의 등식과 부등식을 위하여 그리고 분수의 반올림과 어림을 위하여 분수 막대를 사용하기

웹 교구

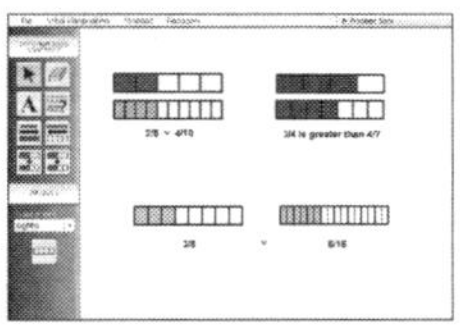

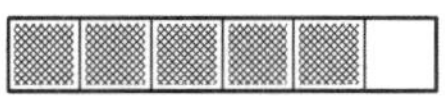

www.mhhe.com/bbn

▶▶ 준비물

교구 세트나 웹 교구 안에 있는 분수 막대

▶▶ 도입

분수 막대 세트는 2, 3, 4, 6 혹은 12개의 동등한 조각으로 분할된 32개의 막대로 이루어진다. 막대는 여러 색이 칠해져 있는데(1/2—초록, 1/3—노랑, 1/4—파랑, 1/6—빨강, 1/12—오렌지), 그 이유는 사용자들이 분할된 부분들의 개수에 따라 막대를 쉽게 구별하도록 하기 위해서이다. 막대의 빗금 친 부분에 의해서 다양한 분수의 이름이 붙여질 수 있다. 예를 들면 왼쪽의 막대는 $\frac{5}{6}$(6분의 5)를 나타낸다. 분수의 위에 있는 수는 '분자'라고 하는데 빗금 친 부분의 개수를 의미하며, 분수의 아래에 있는 수는 '분모'라고 하며 막대를 등분할 한 부분의 전체 개수를 의미한다. 이 모델은 분수의 '부분-전체' 개념을 구현한다. 이것은 단위를 강조하며 이 단위와 분수와의 관계를 형상화한다. 분수의 '나눗셈' 개념은 활동 10에서 도입된다.

모든 부분이 빗금 칠해진 분수 막대는 전체 막대라고 불리며 그것의 분수는 1과 같다. 빗금 친 부분이 전혀 없는 막대는 영 막대라고 불리며 그것의 분수는 0과 같다.

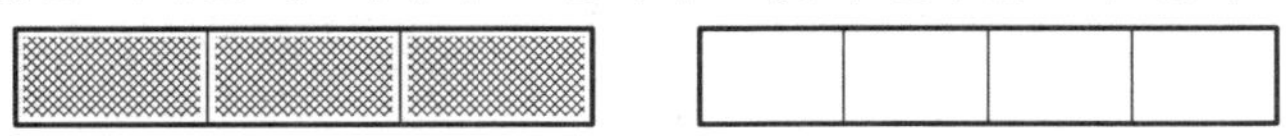

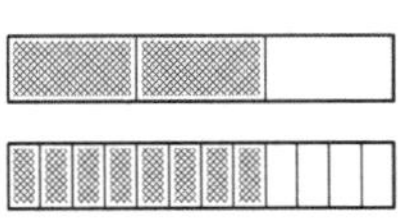

1 왼쪽에 있는 그림의 막대 두 개는 같은 크기가 빗금이 칠해져 있기 때문에 두 막대에 대한 분수는 동치이다. 32개의 분수 막대 세트 안에서 그 값이 $\frac{2}{3}$가 되는 막대는 세 개가 있다. 각자의 막대 세트를 같은 크기 만큼 빗금이 칠해진 것끼리 모아서 분류하여라.

***a.** 분수가 $\frac{0}{4}$과 같은 막대는 모두 다섯 개가 있다. 다음에 열거된 분수를 나타내는 막대는 모두 몇 개인가?

분수	같은 분수값을 가지는 막대의 갯수
$\frac{0}{4}$	5
$\frac{1}{2}$	
$\frac{2}{3}$	
$\frac{6}{6}$	
$\frac{1}{4}$	

b. 분모가 12인 분수와 같은 분수들은 분모가 6, 4, 3 그리고 2인 분수별로 찾아서 다음 표를 완성하여라. (주의: 많은 칸이 비어 있을 수 있다.)

분모가 12인 분수	$\frac{0}{12}$	$\frac{1}{12}$	$\frac{2}{12}$	$\frac{3}{12}$	$\frac{4}{12}$	$\frac{5}{12}$	$\frac{6}{12}$	$\frac{7}{12}$	$\frac{8}{12}$	$\frac{9}{12}$	$\frac{10}{12}$	$\frac{11}{12}$	$\frac{12}{12}$
분모가 6인 분수													
분모가 5인 분수													
분모가 3인 분수													
분모가 2인 분수													

2 $\frac{1}{3}$막대는 $\frac{1}{4}$막대보다 더 많이 빗금이 쳐져 있으며, 따라서 $\frac{1}{3}$보다는 $\frac{1}{4}$이 크다. 이것을 $\frac{1}{3}>\frac{1}{4}$라고 쓴다. (혹은 $\frac{1}{4}<\frac{1}{3}$)

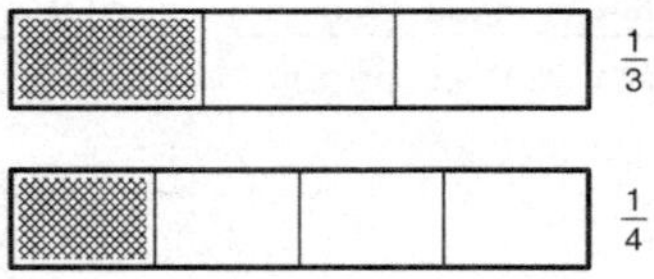

***a.** 각자가 가진 세트 안에서 다음 분수 막대를 선택하여라:

$$\frac{5}{6},\ \frac{1}{4},\ \frac{11}{12},\ \frac{2}{3},\ \frac{1}{6},\ \frac{5}{12},\ \frac{3}{4},\ \frac{1}{3},\ \frac{7}{13},\ \frac{1}{2},\ \frac{1}{12}$$

이 막대들을 가장 적게 빗금 친 것에서부터 가장 많이 빗금 친 것까지 순서대로 놓고 다음 부등식을 완성하여라.

$$\_\_\_ < \frac{1}{6} < \_\_\_ < \_\_\_ < \_\_\_ < \frac{1}{2} < \_\_\_ < \_\_\_ < \_\_\_ < \_\_\_ < \frac{1}{12}$$

b. 위의 a에 있는 각각의 분수는 공통분모 12를 가진다. 분모가 12인 분수만을 써서 이 부등식을 다시 써라.

$$\_\_\_ < \frac{2}{12} < \_\_\_ < \_\_\_ < \_\_\_ < \_\_\_ < \_\_\_ < \_\_\_ < \_\_\_ < \_\_\_ < \frac{11}{12}$$

3 다섯 개의 서로 다른 유형의 분수 막대를 세로로 배열함으로써, 우리는 많은 등식과 부등식을 시각화할 수 있다. 예를 들면, 이 막대들의 세로선을 비교함으로써 다음을 볼 수 있다.

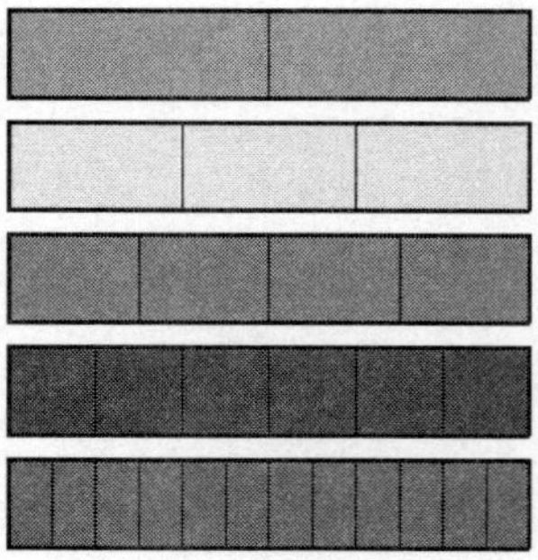

$$\frac{1}{2}=\frac{6}{12} \qquad \frac{2}{3}<\frac{3}{4} \qquad \frac{5}{6}=\frac{10}{12}$$

a. 이러한 막대들의 세로선을 비교함으로써 나타낼 수 있는 두 분수끼리의 서로 다른 등식 10개를 열거하여라.

***b.** 이러한 막대들로 나타낼 수 있는 두 분수끼리의 서로 다른 부등식 10개를 열거하여라.

4 분수의 많은 부등식들이 그 분수를 나타내는 막대를 시각화함으로써 암산으로 결정될 수 있다. 예를 들면, $\frac{1}{5}$이 $\frac{1}{4}$보다 작다는 것을 결정할 수 있는데, 그 이유는 5개의 동등한 부분으로 이루어진 막대의 한 부분이 4개의 동등한 부분으로 이루어진 막대의 한 부분보다 작기 때문이다.

분수의 각각의 쌍들 사이에 넣어야할 정확한 부등식 기호를 암산으로 결정하여라. 당신의 추론을 분수 막대의 관점에서 설명하여라.

a. $\frac{1}{3}$ $\qquad$ $\frac{1}{10}$

***b.** $\frac{2}{3}$ $\qquad$ $\frac{3}{4}$

c. $\frac{5}{12}$ $\qquad$ $\frac{2}{3}$

***d.** $\frac{7}{7}$ $\qquad$ $\frac{5}{5}$

5 분수를 그것에 가장 가까운 범자연수에게로 반올림하는 것은 분수 막대를 스케치하거나 시각화하는 것에 의해서 촉진될 수 있다. 예를 들면, $1\frac{2}{7}$를 나타내는 막대에서, 빗금 친 부분은 두 개의 전체 막대보다는 하나의 전체 막대에 더 가깝다. 따라서 가장 가까운 범자연수를 따라서 $1\frac{2}{7}$는 1로 반올림된다.

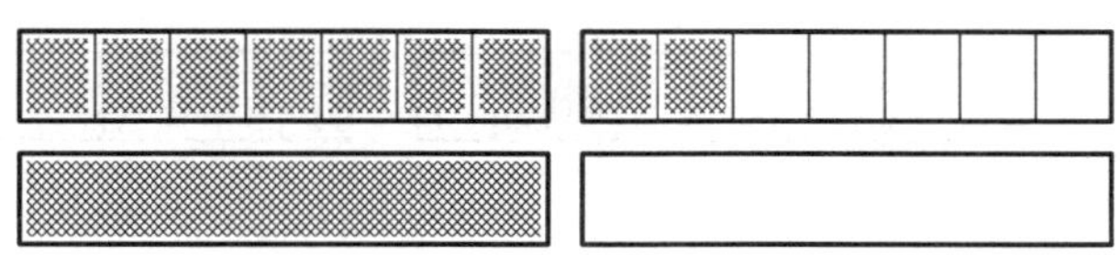

반면에, $1\frac{4}{7}$를 나타내는 막대에서, 빗금 친 부분은 한 개의 전체 막대보다는 두 개의 전체 막대에 더 가깝다. 따라서 가장 가까운 범자연수를 따라서 $1\frac{2}{7}$는 2로 반올림된다.

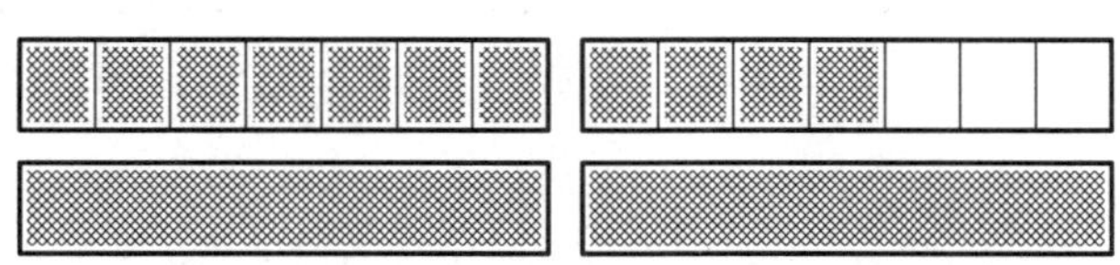

다음 분수들은 가장 가까운 범자연수로 반올림하여라. 분수 막대를 스케치해서 당신의 답이 옳은지 밝히시오.

분수	그림	가장 가까운 범자연수
***a.** $4\frac{2}{3}$		
b. $\frac{1}{8}$		
***c.** $\frac{10}{12}$		
d. $2\frac{5}{7}$		

6 $\frac{3}{4}$을 나타내는 막대의 각 부분이 2개의 동등한 부분으로 쪼개어졌다. 이제는 8개의 부분이 있고 그중 6개가 빗금이 칠해져 있다. 이러한 쪼개는 작업은 빗금친 부분을 늘리지도 줄이지도 않았기 때문에, $\frac{3}{4}$과 $\frac{6}{8}$ 둘 다 같은 양을 가지는 분수이다.

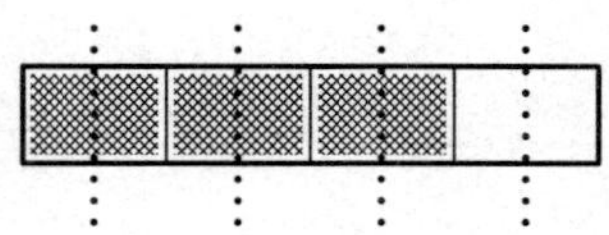

$\frac{3}{4} = \frac{2 \cdot 3}{2 \cdot 4} = \frac{6}{8}$

a. 이 막대의 각 부분을 2개의 동등한 부분으로 쪼개고 등식을 완성하여라.

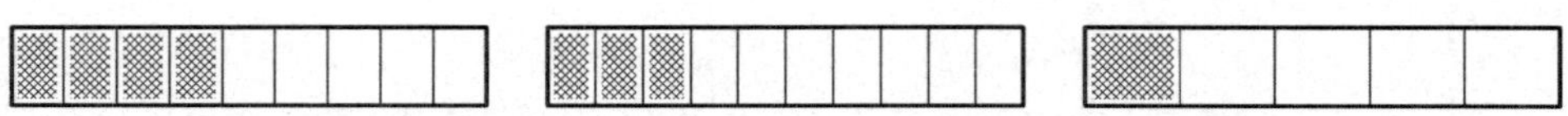

$\frac{4}{9} =$ $\frac{3}{10} =$ $\frac{1}{5} =$

***b.** 이 막대의 각 부분을 3개의 동등한 부분으로 쪼개고 등식을 완성하여라.

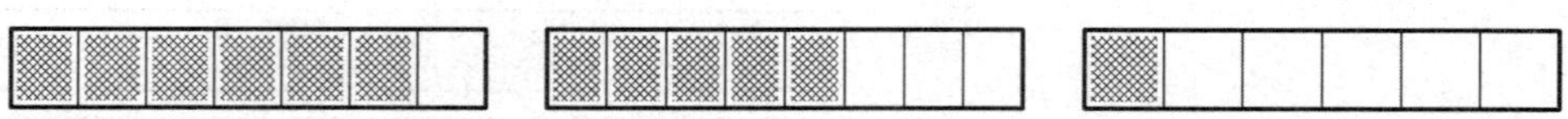

$\frac{6}{7} =$ $\frac{5}{8} =$ $\frac{1}{6} =$

c. 이 막대의 각 부분을 4개의 동등한 부분으로 쪼개고 등식을 완성하여라.

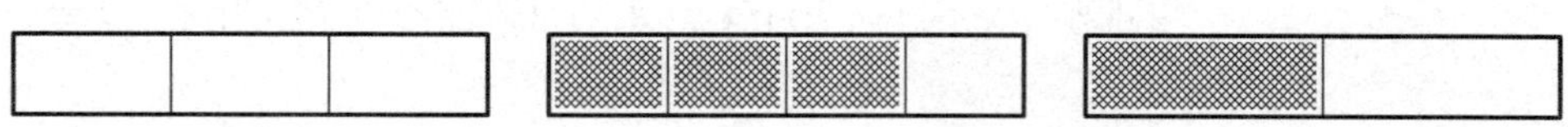

$\frac{0}{3} =$ $\frac{3}{4} =$ $\frac{1}{2} =$

d. $\frac{a}{b}$에 대한 분수 막대의 각 부분이 3개의 동등한 부분으로 쪼개졌다고 가정하자. 몇 개의 부분에 빗금이 칠해지겠는가? 거기에는 모두 몇 개의 부분들이 있겠는가? 이 막대에 대한 분수를 써라.

7 $\frac{2}{3}$와 같은 분수는 무한히 많이 있다. 이 분수들은 $\frac{2}{3}$를 나타내는 막대의 구분을 동등하게 쪼개 만들 수 있다.

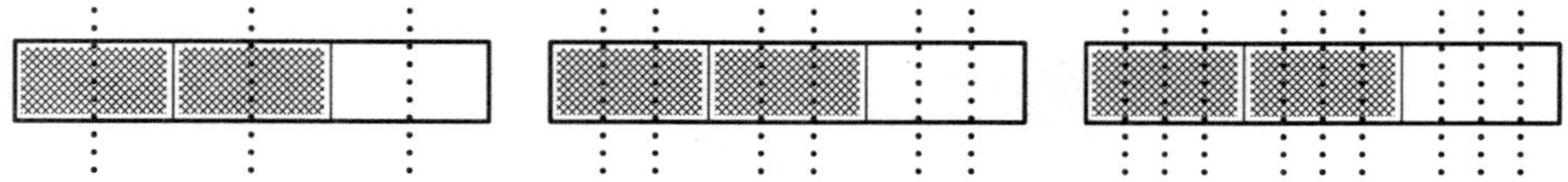

$\frac{2}{3}=\frac{2\cdot 2}{2\cdot 3}=\frac{4}{6}$ $\frac{2}{3}=\frac{3\cdot 2}{3\cdot 3}=\frac{6}{9}$ $\frac{2}{3}=\frac{4\cdot 2}{4\cdot 3}=\frac{8}{12}$

a. 만약 $\frac{2}{3}$ 막대의 각각의 부분이 5개의 동등한 부분으로 쪼개진다면, 그 막대가 나타내는 동치분수는 무엇인가?

***b.** 만약 $\frac{2}{3}$ 막대의 각각의 부분이 17개의 동등한 부분으로 쪼개진다면, 그 막대가 나타내는 동치분수는 무엇인가?

c. 어떤 분수 막대의 각 부분을 17개의 동등한 부분으로 쪼개는 것이 그 막대에 해당하는 분수의 분모와 분자에 미치는 효과는 무엇인가?

***d.** 다음 각각의 막대를 쪼개어서 주어진 동치분수를 설명하여라.

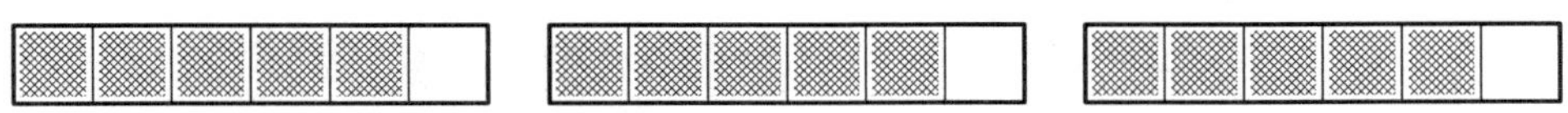

$\frac{5}{6}=\frac{10}{12}$ $\frac{5}{6}=\frac{15}{18}$ $\frac{5}{6}=\frac{20}{24}$

8 $\frac{2}{3}$막대의 각각의 부분은 $\frac{3}{4}$막대의 각각의 부분보다 크다. 만약 $\frac{2}{3}$막대의 각각의 부분이 4개의 동등한 부분으로 쪼개지고 $\frac{3}{4}$막대의 각각의 부분이 3개의 동등한 부분으로 쪼개진다면, 두 막대는 같은 크기의 12개의 부분을 갖게 된다. 이들 막대에 대한 새로운 분수는 공통 분모 12를 가지게 될 것이다.

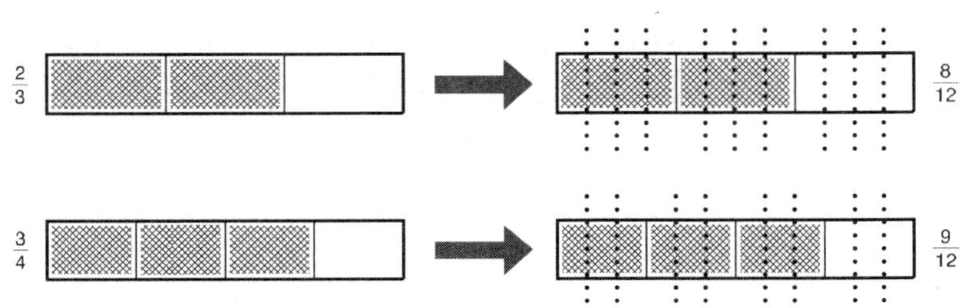

다음에 주어진 막대의 각각의 쌍에 대하여, 부분을 최소의 수만큼의 동등한 부분들로 쪼개서 두 막대의 새로운 부분들이 같은 크기를 갖도록 하여라. 여기에 대응하는 분수들은 같은 분모를 가질 것이다. 등식을 완성하여라.

***a.** 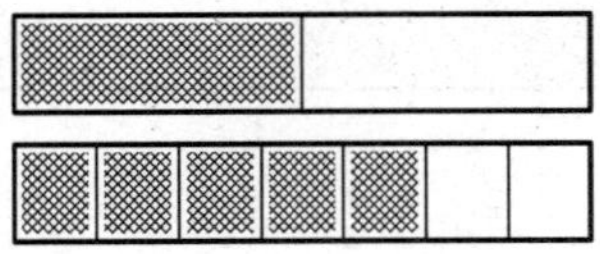

$\frac{1}{2} =$

$\frac{5}{7} =$

b. 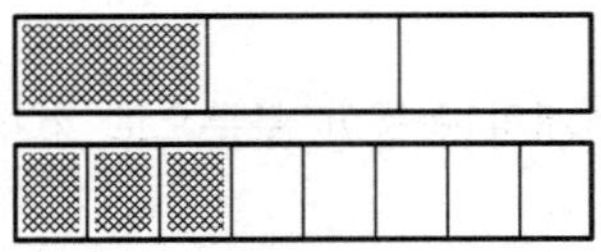

$\frac{1}{3} =$

$\frac{3}{8} =$

c. 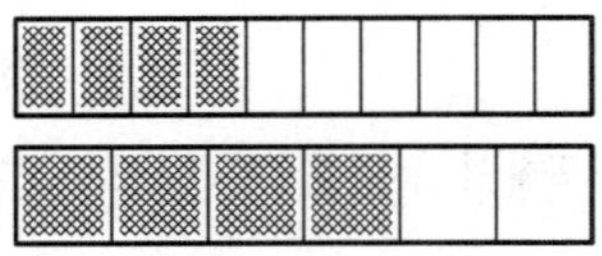

$\frac{4}{10} =$

$\frac{4}{6} =$

9 왼쪽에 $\frac{3}{5}$과 $\frac{5}{7}$에 해당하는 막대를 스케치하여라. 때때로 그림만으로는 어느 분수가 더 큰지를 알아내기가 어렵다.

a. 두 막대의 각 부분들이 서로 같은 크기가 되도록 쪼개졌을 때, 이 막대에 해당하는 두 분수는 같은 분모를 가질 것이다. 두 분수가 같은 분모를 가지도록 다음 등식을 완성하여라.

$\frac{3}{5}=$ $\qquad$ $\frac{5}{7}=$

b. $\frac{3}{5}$와 $\frac{5}{7}$ 중 어느 것이 더 큰가?

다음에 주어진 분수의 각각의 쌍에 대하여 분수를 분모가 같은 분수로 대치하여라. 각각의 쌍에서 큰 분수에 동그라미를 치시오. (혹은 같은 경우는 같다고 말하여라.)

c. $\frac{1}{3}=$ $\qquad$ ***d.** $\frac{7}{9}=$ $\qquad$ **e.** $\frac{4}{6}=$ $\qquad$ ***f.** $\frac{11}{15}=$

$\frac{2}{7}=$ $\qquad$ $\frac{8}{10}=$ $\qquad$ $\frac{6}{9}=$ $\qquad$ $\frac{8}{11}=$

10 분수의 '나눗셈' 개념은 범자연수 사이의 몫을 분수와 관련짓는다. 예를 들면, 3개의 전체 막대의 끝을 이으면 범자연수 3을 나타낸다. 만약 이 3개의 막대가 4개의 동등한 부분으로 분할된다면, 각각의 부분은 전체 막대의 $\frac{3}{4}$이 될 것이다. 이것은 $3 \div 4 = \frac{3}{4}$임을 보여준다.

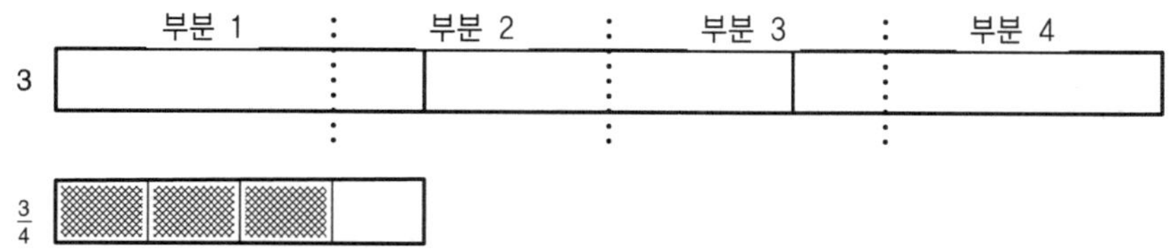

주어진 큰 막대를 동등한 여러 부분으로 분할함으로써, 두 범자연수 사이의 각각의 몫을 설명하여라. 그리고 나서 등식이 성립하도록 분수나 혼합수를 써라.[3]

a. $3 \div 2 =$

***b.** $2 \div 3 =$

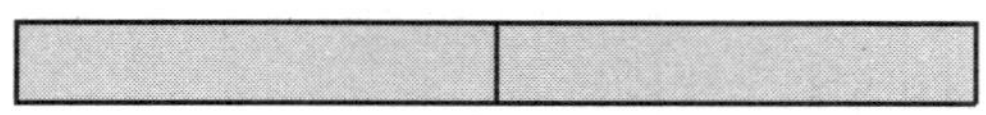

c. $4 \div 3 =$

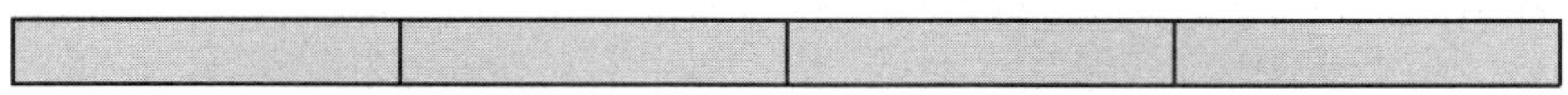

3 만약 긴 종이띠가 있다면, 실제 크기와 똑같도록 2막대(전체 막대 2개의 길이)와 3막대(전체 막대 3개의 길이)만큼을 잘라낼 수 있을 것이다. 잘라낸 종이띠는 접힐 수 있으며, 그 접힌 부분은 분수 막대와 비교될 수 있을 것이다.

놀이 활동

다음의 두 분수 게임은 분수의 비교에 관한 추가의 훈련을 제공한다. FRIO[4]에서는 당신은 같지 않은 분수를 비교할 것이고, 분수 빙고에서는 당신은 같은 분수를 찾을 것이다.

FRIO (2명에서 4명까지의 경기자)

각각의 경기자는 앞면을 보이면서 한 줄로 배열된 다섯 개의 막대를 다룬다. 이 막대들은 다루어야 할 순서를 따라서 놓여져야 한다. 나머지 막대들은 앞면이 보이지 않도록 뒤집어서 진열해 놓은다. 각각의 경기자는 차례로 뒤집어져 있는 막대 하나를 집어서 그것을 선택된 다섯 개의 막대 중의 하나와 교환해야 한다. 이 게임의 목적은 빗금친 부분이 '가장 작은' 것에서부터 '가장 큰' 것으로, 혹은 '가장 큰' 것에서부터 '가장 작은' 것으로 순서대로 배열된 다섯 개의 막대를 얻는 것이다. 이 사례에서는 만약 2/6 막대가 전체 막대로 대체되고, 1/4 막대가 11/12 막대로 대체된다면 다섯 개의 막대는 순서대로 될 것이다. 증가하거나 감소하는 순서대로 다섯 개의 분수 막대를 처음으로 얻는 경기자가 이긴다.

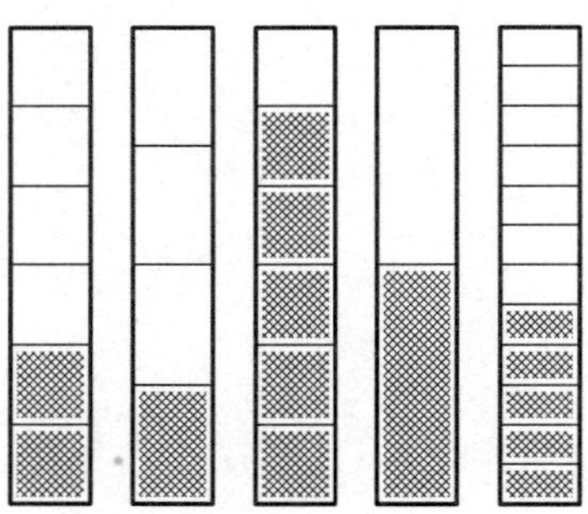

분수 빙고 (2명에서 4명까지의 경기자)

각각의 경기자는 아래 그림과 같은 것에서부터 하나의 분수 빙고 돗자리를 선택한다. 32개의 막대들은 앞면이 보이지 않도록 모두 뒤집어져 있다. 각각의 경기자는 차례로 하나의 막대를 뽑고, 자신의 돗자리에 있는 분수 중에서 그 막대가 나타내는 분수와 같은 분수를 있는대로 모두 동그라미를 친다. 가로나 세로나 대각선의 어느 한 방향으로 한 줄에 있는 네 개의 분수에 동그라미를 먼저 치는 경기자가 이긴다.

전략 : 만약에 분수가 1/2, 1/3, 1/4, 1/6 그리고 1/12에 대하여 각각 초록, 노랑, 파랑, 빨강 그리로 오렌지로 색칠해져 있다면, 당신은 적절한 색깔을 선택함으로써 이길 가능성을 높일 수 있다.

$\frac{4}{6}$	$\frac{1}{6}$	$\frac{0}{4}$	$\frac{11}{12}$
$\frac{5}{12}$	$\frac{1}{4}$	$\frac{5}{6}$	$\frac{3}{6}$
$\frac{3}{4}$	$\frac{1}{12}$	$\frac{1}{3}$	$\frac{11}{12}$
$\frac{6}{12}$	$\frac{4}{4}$	$\frac{9}{12}$	$\frac{10}{12}$

돗자리 1

$\frac{1}{3}$	$\frac{1}{4}$	$\frac{1}{6}$	$\frac{0}{3}$
$\frac{7}{12}$	$\frac{0}{6}$	$\frac{1}{12}$	$\frac{4}{6}$
$\frac{2}{3}$	$\frac{3}{4}$	$\frac{5}{6}$	$\frac{5}{12}$
$\frac{11}{12}$	$\frac{2}{2}$	$\frac{3}{12}$	$\frac{1}{2}$

돗자리 2

$\frac{2}{3}$	$\frac{1}{4}$	$\frac{2}{6}$	$\frac{6}{12}$
$\frac{5}{6}$	$\frac{0}{3}$	$\frac{5}{12}$	$\frac{1}{6}$
$\frac{7}{12}$	$\frac{4}{4}$	$\frac{1}{2}$	$\frac{11}{12}$
$\frac{3}{4}$	$\frac{8}{12}$	$\frac{1}{12}$	$\frac{1}{3}$

돗자리 3

$\frac{1}{4}$	$\frac{1}{6}$	$\frac{7}{12}$	$\frac{1}{2}$
$\frac{0}{3}$	$\frac{5}{12}$	$\frac{2}{3}$	$\frac{4}{4}$
$\frac{1}{12}$	$\frac{5}{6}$	$\frac{11}{12}$	$\frac{2}{12}$
$\frac{6}{6}$	$\frac{3}{4}$	$\frac{0}{12}$	$\frac{1}{3}$

돗자리 4

4 R. Drizigacker, "FRIO, or Fractions In Order," *Arithmetic Teacher* 13 (December 1966): 684–85.

교사를 위한 후속탐구 5.2

1 **교실 상황** : 제레미는 6이 4보다 크기 때문에 $\frac{1}{6}$이 $\frac{1}{4}$보다 크다고 믿는다. 분수 막대를 써서 그가 정확한 부등식을 결정할 수 있도록 어떻게 도울 것인지 설명하여라.

2 **교실 상황** : 한 학생이 당신이 말하기를 $\frac{2}{3}$가 $\frac{1}{2}$보다 항상 크다고 말할 수가 없는데, 그 이유는 큰 피자의 $\frac{2}{3}$은 작은 피자의 $\frac{1}{2}$보다 더 크기 때문이다라고 하였다. 그 학생이 피자를 예를 들어 분수의 대소관계에 관해 이해할 수 있도록 그 학생을 어떻게 도울 것인지를 기술하여라.

3 **수학 개념** : $\frac{2}{3}$과 $\frac{2}{3}$ 사이에 있는 여러 분수를 발견하기 위하여 분수 막대를 어떻게 사용할 수 있을까? 당신의 사고를 설명하여라.

4 **수학 개념** : 분수 막대를 써서 $\frac{1}{6}$과 $\frac{2}{12}$ 사이의 등호 관계를 보여주는 두 가지 서로 다른 방법을 그림으로 그리고 설명하여라.

5 **수학 개념**: 분수 막대를 써서 $\frac{1}{3}$과 $\frac{1}{4}$ 사이의 부등호 관계를 보여주는 두 가지 서로 다른 방법을 그림으로 그리고 설명하여라.

6 **수학 개념** : 분수 막대를 써서 $5 \div 4 = ?$를 보여주는 방법을 그림으로 그리고 설명한 다음, 정확한 대분수 답을 써넣음으로써 등식을 완성하여라.

7 NCTM **규준** : 인터넷에서 http://illuminations.nctm.org/ 로 가서 'Lessons' 아래에서 3-5 학년과 '수와 연산 규준'을 선택하여라. 분수와 함께하는 즐거움에 관한 lesson을 선택하여라.

a. lesson의 제목을 말하고 그 lesson을 간략히 요약하여라.

b. 필요하다면 이 책의 부록에 있는 '규준 요약'을 참조하고, 그 lesson이 속하는 '수와 연산 규준의 기대하는 사항'을 열거하고, 그 lesson이 어떻게 이러한 기대하는 사항에 속하는지를 설명하여라.

8 NCTM **규준** : 이 책의 부록에 있는 '3-5 학년의 수와 연산 규준'에서 학생들은 수직선 상에서의 위치로서 분수를 이해할 필요가 있다고 제안한다. 분수 막대 모델을 써서 어떻게 하면 학생들로 하여금 수직선 위에 분수를 배치하는 것을 이해하는 것으로 옮겨갈 수 있도록 도와둘 수 있는지를 기술하여라.

BENNETT-BURTON-NELSON 웹사이트

www.mhhe.com/benett-nelson

웹 교구	모눈종이와 점종이	링크와 읽을 자료
대화형 애플릿	투명색지	Geometer Sketchpad 모듈
퍼즐 내는 사람	보충된 참고문헌	

활동모음 5.3 분수 막대를 통한 계산

▶▶ 목표

분수 막대를 써서 덧셈, 뺄셈, 곱셈 그리고 나눗셈이라는 기본연산을 시각적이고 직관적인 방법으로 수행하기

▶▶ 준비물

웹 교구

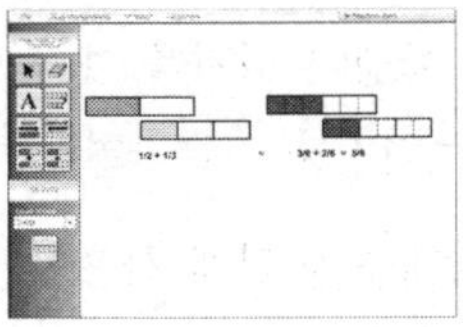

www.mhhe.com/bbn

교구 세트나 웹 교구의 분수 막대

▶▶ 도입

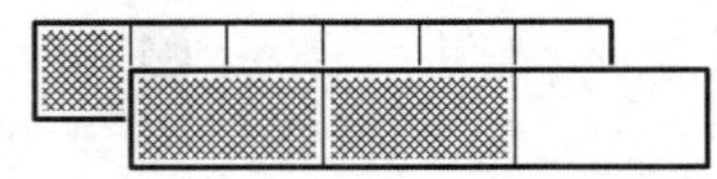

$\frac{1}{6}+\frac{2}{3}=\frac{5}{6}$

피아제는 청년기 이전의 인지적 발달을 탐구했고, 그의 연구는 12세에 대부분의 아동들은 그들의 지각과 밀접하게 연관된 기호만을 다룬다. 예를 들면, 기호 표현 $\frac{1}{6}+\frac{2}{3}=\frac{5}{6}$은 그들이 그것을 구체적이거나 시각적인 표현과 직접적으로 관계짓는 한에서 대부분의 초등학교 학생들에게 의미를 가진다.[5]

아동들에게 $\frac{12}{13}+\frac{7}{8}$의 답을 어림하도록 요구한 결과를 기록한 다음 표는, 그들이 분수와 분수 덧셈의 개념적 이해가 부족함을 입증한다.[6] 학생의 50%가 넘은 인원이 부정확한 답 19과 21을 대답했다. 학생들이 그렇게 부정확한 답 19와 21에 어떻게 도달하게 되었는지에 대한 합리적인 설명은 무엇인가?

대답	13세의 답변률
○1	7
●2	24
○19	28
○21	27
○모름	14

학생들은 기계적인 조작 수준에서 분수의 기술을 배울 수 있으나, 그들의 기억이 재생을 실패하거나 비표준적인 응용 상황에 직면하면, 그들은 되돌아올 개념적 기초를 가지고 있지 않게 된다. 이 활동모음에서는 분수 막대가 분수 연산의 시각적 이미지를 발달시키는데 사용될 것이다. 이러한 이미지들은 계산, 어림 그리고 문제 해결을 위한 개념적 기초를 제공할 것이다.

5 M. J. Driscoll, "The Role of Manipulatives in Elementary School Mathematics," *Research within Reach: Elementary School Mathematics* (St. Louis, MO: Cemrel Inc., 1983): 1.

6 T. P. Carpenter, H. Kepner, M. K. Corbitt, M. M. Lindquist, and R. E. Reys, "Results and Implications of the Second NAEP Mathematics Assessment: Elementary School," *Arithmetic Teacher* 27 (April 1980): 10–2, 44–7.

덧셈과 뺄셈

1 **덧셈과 뺄셈** : 아래에 있는 막대의 쌍 각각에 대하여, 누락된 분수나 분수의 합과 차를 결정하여라. 막대들을 새로운 막대와 비교함으로써 합을 결정하는 데에 분수 막대를 사용하거나 스케치하여라. 다음 쪽에 그려져 있는 것과 같이 차이를 가리키기 위하여 막대에 두 개의 수직선을 그리는 것에 의해서 차이를 결정하는 데에 분수 막대를 사용하거나 스케치하여라.

합 예제:

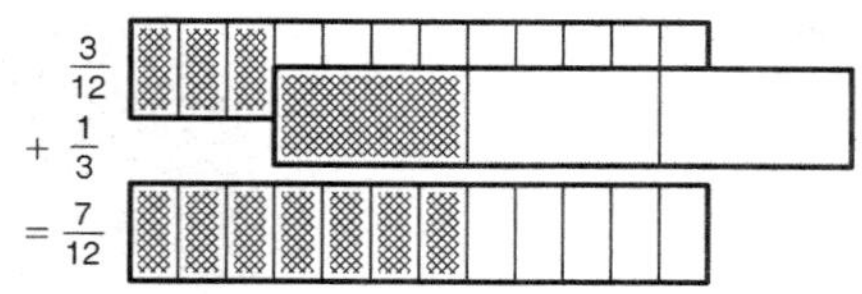

차이 사례:

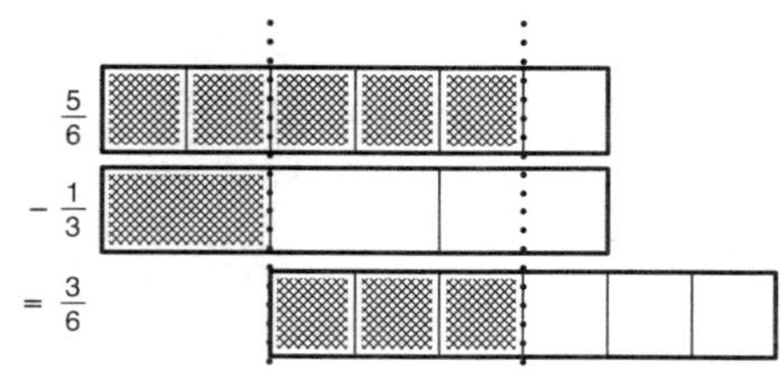

*a. $\frac{1}{3}$ + _____ = _____

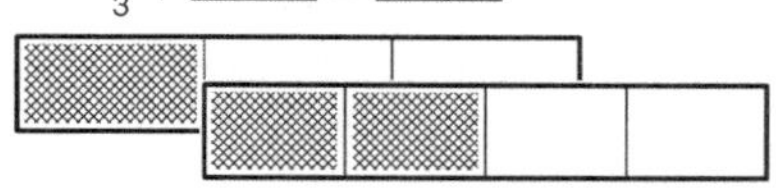

b. $\frac{5}{6}$ − _____ = _____

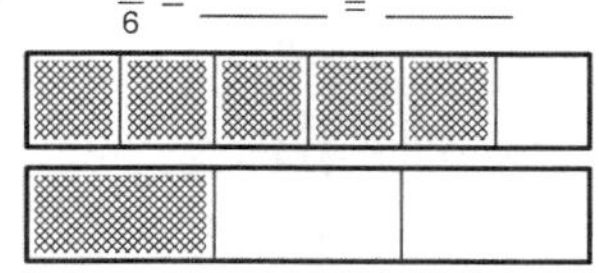

*c. $\frac{1}{3}$ + _____ = _____

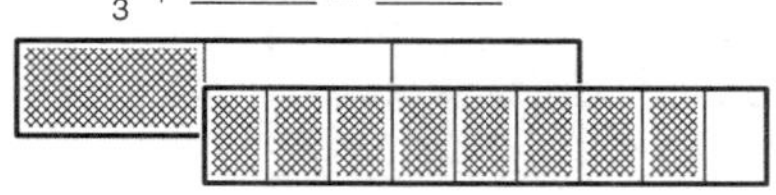

d. $\frac{3}{4}$ − _____ = _____

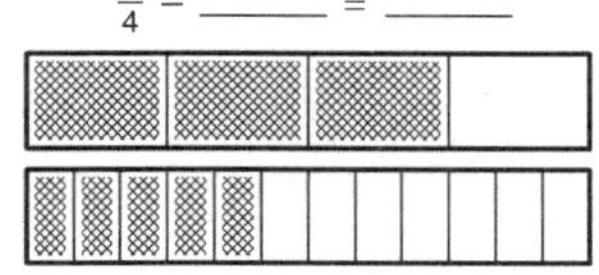

*e. $\frac{3}{8}$ + _____ = _____

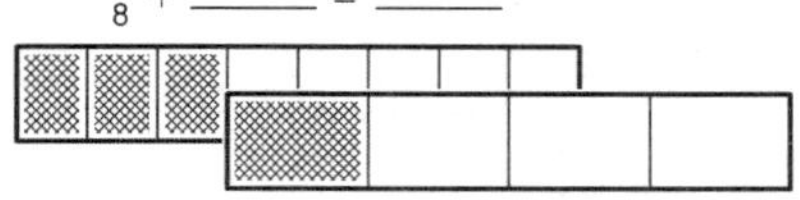

f. $\frac{4}{5}$ − _____ = _____

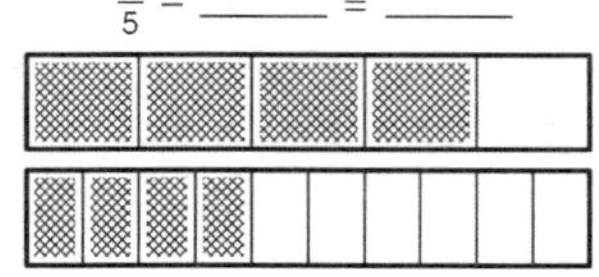

2 분수 막대 네 쌍을 임의로 선택하여라. 분수들의 각각의 쌍의 합과 차에 대한 다음 등식을 완성하여라. (만약 분수가 같지 않다면 큰 것에서부터 작은 것을 빼시오.)

________ + ________ = ________　　________ − ________ = ________

________ + ________ = ________　　________ − ________ = ________

________ + ________ = ________　　________ − ________ = ________

13.2 분수와 분수의 곱셈 탐구

손안에 있는 활동

여러분은 분수와 분수를 곱하는 방법을 나타내는 그림을 그릴 수 있다.

필요한 것
종이, 크레용

$\frac{3}{4}$의 $\frac{1}{2}$을 구하여라.

모델 사용하기

제1단계
똑같은 네 부분으로 나뉘도록 종이를 접는다. 그 중에 3칸에 파란색을 칠한다.

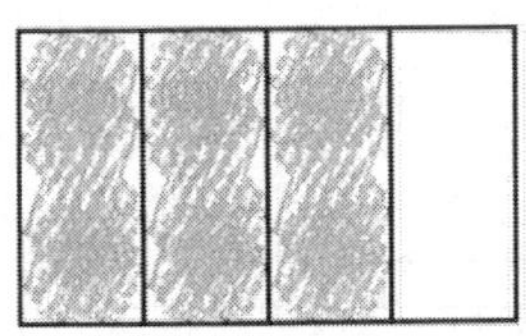

제2단계
두 부분으로 나뉘도록 위와는 다른 방향으로 접는다.

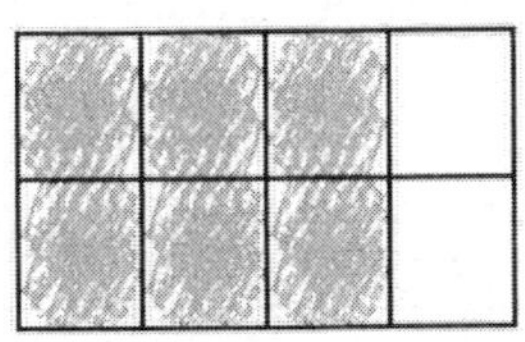

제3단계
그 중에 1줄에 붉은색을 칠한다.

제4단계
나누어진 작은 칸의 전체 개수를 센다. 두 가지 색이 동시에 칠해진 칸의 개수를 센다. 곱을 쓴다.

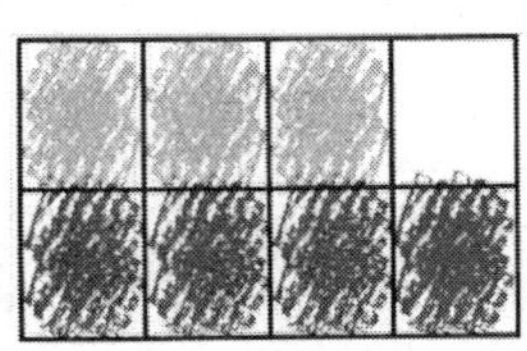

$\frac{3}{8}$ ← 3: 두 가지 색이 동시에 칠해진 칸의 개수, 8: 전체 칸의 개수

3 **공통 분모를 얻기**: 만약에 $\frac{2}{3}$막대의 각 부분이 4개의 동등한 부분들로 쪼개어 지고 $\frac{1}{4}$막대의 각 부분이 3개의 동등한 부분들로 쪼개어 진다면, 두 막대 모두 작은 크기의 12개의 부분들을 가질 것이다. 이들 새로운 막대들은 $\frac{2}{3}+\frac{1}{4}=\frac{11}{12}$과 $\frac{2}{3}-\frac{1}{4}=\frac{5}{12}$을 보여준다.

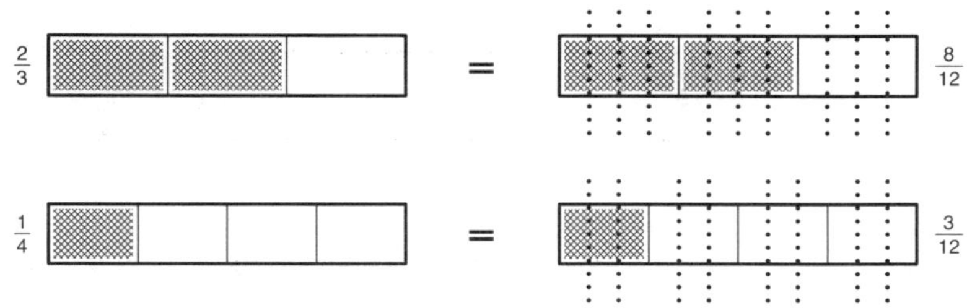

다음과 같은 분수 막대의 쌍에 대하여 기존의 부분을 쪼개는 수를 최소로 하여 각각의 막대의 쌍이 같은 크기의 부분들을 같은 개수만큼 갖도록 하여라. 그리고 각각의 쌍 아래에 두 분수의 등식을 써라. 예를 들면 a에서는, $\frac{5}{6}=\frac{10}{12}$ 그리고 $\frac{1}{4}=\frac{3}{12}$.

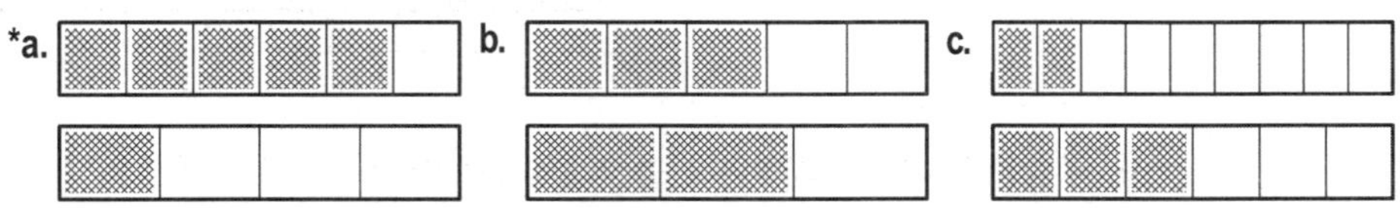

앞의 a, b 그리고 c 로부터 막대를 써서 다음의 합과 차를 계산하여라.

***d.** $\frac{5}{6}+\frac{1}{4}=$　　**e.** $\frac{3}{5}+\frac{2}{3}=$　　**f.** $\frac{2}{9}+\frac{3}{6}=$

***g.** $\frac{5}{6}-\frac{1}{4}=$　　**h.** $\frac{2}{3}-\frac{3}{5}=$　　**i.** $\frac{3}{6}-\frac{2}{9}=$

4 다음 분수들의 각각의 쌍에 대하여 분수 막대를 그리고, 막대의 부분을 쪼갬으로써 연산을 수행하여라. 당신의 도해를 써서 당신의 결론에 어떻게 도달했는지 설명하여라.

***a.** $\frac{1}{2}+\frac{5}{6}=$　　**b.** $\frac{1}{3}+\frac{3}{4}=$

c. $\frac{3}{4}-\frac{3}{6}=$　　**d.** $\frac{1}{2}-\frac{2}{7}=$

곱셈

5 당신은 $\frac{1}{3} \times \frac{1}{6}$를 결정하는 데 있어서 $\frac{1}{6}$막대의 빗금 친 부분을 3개의 동등한 조각으로 쪼개는 것에 의해서 할 수 있다. 이들 작은 부분들 중의 하나가 막대의 $\frac{1}{18}$인데, 그 이유는 전체 막대 안에는 이러한 부분 18개가 있기 때문이다. (당신은 이것을 어떤 양의 $\frac{1}{6}$을 가진 상태에서 그것의 $\frac{1}{3}$을 취한 것으로 생각할 수 있다.)

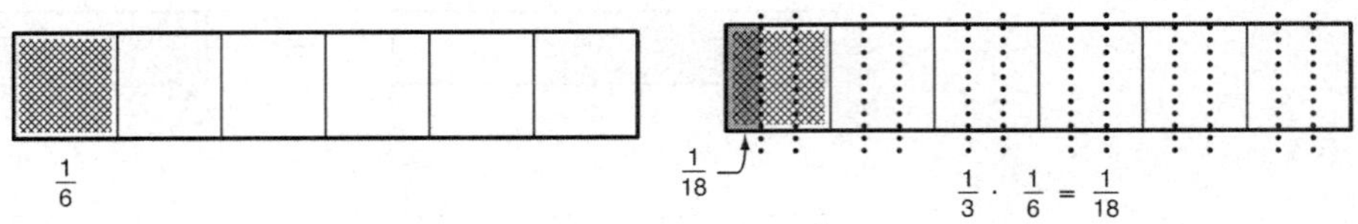

$\frac{1}{3} \times \frac{4}{5}$를 결정하기 위하여는 $\frac{4}{5}$막대의 빗금 친 각각의 부분을 3개의 동등한 조각으로 쪼개야 한다. 이러한 쪼개진 부분들 중의 하나가 전체 막대의 $\frac{1}{15}$이고, 이렇게 쪼개진 부분들 중의 4개가 전체 막대의 $\frac{4}{15}$이다. (당신은 이것을 어떤 양의 $\frac{4}{5}$를 갖고 있는 상태에서 각각의 $\frac{1}{5}$의 $\frac{1}{3}$을 취한 것으로 생각할 수 있다.)

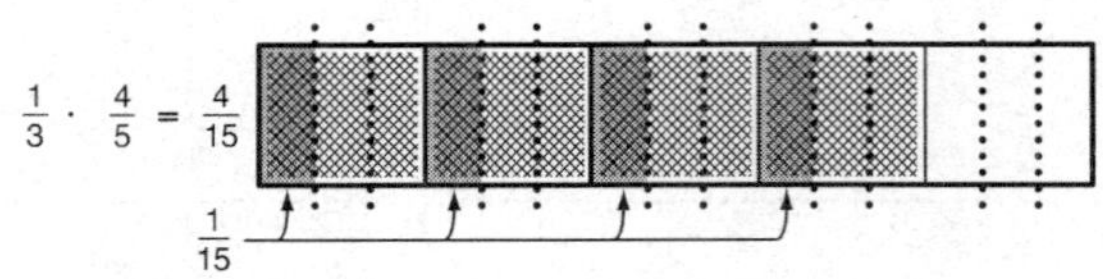

a. 각각의 막대의 각각의 부분을 2개의 동등한 조각으로 쪼개시오. 이 결과를 써서 주어진 등식을 완성하여라.

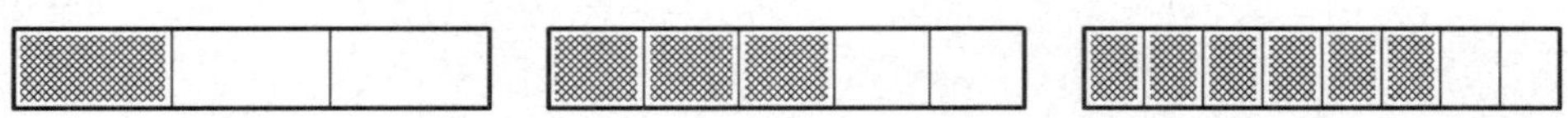

$\frac{1}{2} \cdot \frac{1}{3} =$ $\qquad$ $\frac{1}{2} \cdot \frac{3}{5} =$ $\qquad$ $\frac{1}{2} \cdot \frac{6}{8} =$

***b.** 각각의 막대의 각각의 빗금 친 부분을 3개의 동등한 조각으로 쪼개고 등식을 완성하여라.

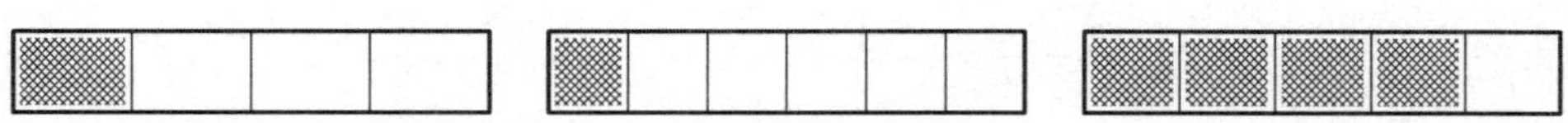

$\frac{1}{3} \cdot \frac{1}{4} =$ $\qquad$ $\frac{2}{3} \cdot \frac{1}{6} =$ $\qquad$ $\frac{2}{3} \cdot \frac{4}{5} =$

c. 각각의 막대의 각각의 빗금 친 부분을 3개의 동등한 조각으로 쪼개고 등식을 완성하여라.

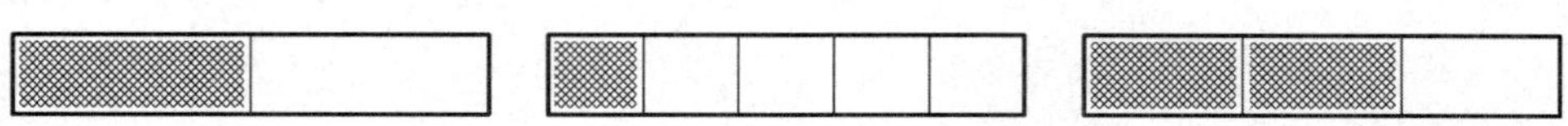

$\frac{1}{4} \cdot \frac{1}{2} =$ $\qquad$ $\frac{3}{4} \cdot \frac{1}{5} =$ $\qquad$ $\frac{3}{4} \cdot \frac{2}{3} =$

6 $\frac{3}{4}$에 대한 분수 막대를 그리고 곱셈 $\frac{2}{3} \times \frac{3}{4}$을 시각적으로 결정하여라. 당신이 한 과정을 써라.

나눗셈

7 나눗셈에 대한 '측정적' 접근을 사용한다면(활동모음 3.4 참조), $\frac{1}{2} \div \frac{1}{6} = 3$이라고 쓸 수 있다. 왜냐하면 $\frac{1}{6}$막대의 빗금 친 부분은 $\frac{1}{2}$막대의 빗금 친 부분의 3배로 정확히 재어 떨어지기(맞아 들어가기) 때문이다.

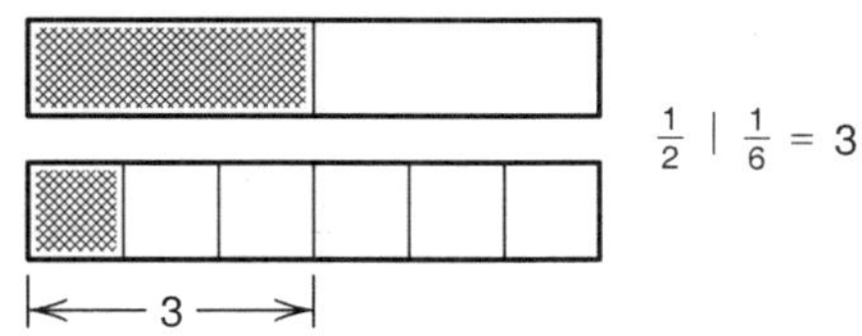

비슷하게, $\frac{5}{6} \div \frac{1}{3} = 2\frac{1}{2}$이다. 왜냐하면 $\frac{1}{3}$막대의 빗금 친 부분은 $\frac{5}{6}$막대의 빗금 친 부분의 $2\frac{1}{2}$배로 정확이 재어 떨어지기(맞아 들어가기) 때문이다.

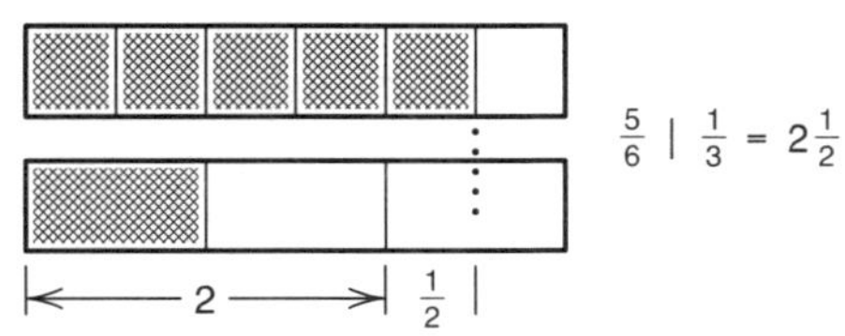

다음의 몫을 결정하는 분수 막대를 그려라. 이 그림을 써서 당신의 추론을 설명하여라.

a. $\frac{3}{4} \div \frac{1}{2} =$ ***b.** $\frac{10}{12} \div \frac{1}{6} =$ **c.** $\frac{7}{12} \div \frac{1}{6} =$

***d.** $1 \div \frac{2}{3} =$ **e.** $\frac{3}{2} \div \frac{3}{4} =$ ***f.** $\frac{7}{8} \div \frac{1}{4} =$

어림

8 분수를 어림하려 할 때에는 분수 모델을 시각화하는 것이 종종 도움이 될 수 있다. 예를 들면, 몫 $1\frac{5}{7} \div \frac{1}{8}$을 어림하려 한다면, 당신은 $1\frac{5}{7}$을 나타내는 분수 막대와 $\frac{1}{8}$을 나타내는 분수막대를 비교할 수 있다. 전체 막대 1 안에는 $\frac{1}{8}$이 8개 있고 $\frac{5}{7}$막대에는 $\frac{1}{8}$이 대략 6개 있다. 따라서 $\frac{1}{8}$은 대략 14번 재는 셈이 되고 $1\frac{5}{7} \div \frac{1}{8} \approx 14$이다.

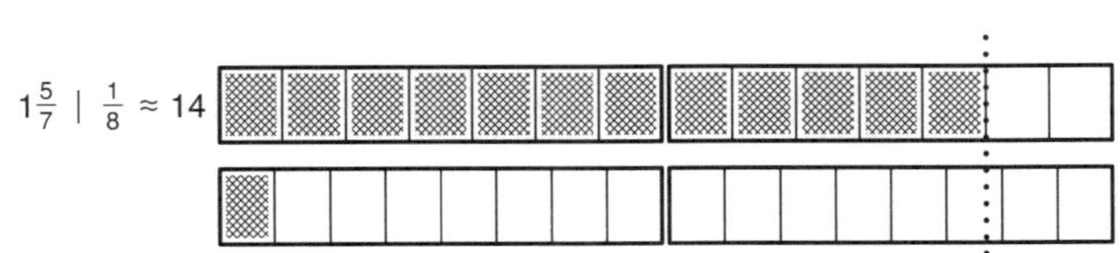

시각적인 접근을 써서 다음 분수 연산을 어림하여라. 분수막대 그림을 당신의 어림에 어떻게 도달했는지 설명하여라.

a. $1\frac{3}{4} \div \frac{1}{3}$ ***b.** $\frac{5}{8} - \frac{1}{6}$

c. $\frac{4}{5}+\frac{1}{2}$ *d. $\frac{2}{3}\times\frac{5}{6}$

네가지 연산 모두

9 *a. 다음의 10개의 분수는 분수 막대 세트에 있는 것들이다:

$$\frac{1}{6}, \frac{2}{4}, \frac{5}{12}, \frac{2}{6}, \frac{0}{3}, \frac{3}{4}, \frac{3}{12}, \frac{2}{3}, \frac{1}{2}, \frac{1}{4}$$

각각의 분수를 단 한 번만 써서 다음 10개의 빈칸을 채워서 4개의 등식이 성립하도록 만들어라.

________ + ________ = ________ 3× ________ = ________

________ − ________ = ________ ________ ÷ ________ = 2

b. 각자의 막대를 앞면이 보이지 않도록 뒤집어서 배열하고 임의로 10개를 선택하여라. 각각에 있는 분수를 한 번씩만 써서, 다음과 같은 네 개의 방정식을 가능한 많이 만들어라.

________ ________ ________ ________ ________

________ ________ ________ ________ ________

________ + ________ = ________ 3× ________ = ________

________ − ________ = ________ ________ ÷ ________ = 2

c. **혼자서 하는 놀이** : 위의 b에 있는 활동은 혼자서도 즐길 수 있다. 10개의 막대를 선택하는 것을 한 번의 시도라고 한다면, 네 개의 방정식을 모두 완성하기 위해서는 몇 번의 시도를 해야 할까?

놀이 활동

다음의 세 가지 게임은 분수의 연산을 수행할 기회를 제공한다.

분수 막대 블랙잭(덧셈 — 2명에서 4명까지의 경기자)

막대를 뒤집어서 배열하여라. 목적은 하나 혹은 그 이상의 막대를 선택해서 분수 혹은 분수의 합이 가능한 1에 가깝도록, 그러나 1보다 크지는 않도록 만드는 것이다. 각각의 경기자는 순번이 되면 1을 넘지는 않으면서 1에 가까이 가도록 막대를 선택한다. (어떤 경기자는 1개의 막대를 선택하기를 원할 것이다.) 각각의 경기자는 "나는 그만"이라고 말함으로써 그의 차례를 끝낸다. 모든 경기자가 끝낸 후에는 각자의 막대를 보여준다. 1은 넘지 않고 1에 가장 가까이 접근한 경기자가 이긴다.

사례: 경기자 1은 합이 1보다 크다. 경기자 2는 경기자 3보다 더 크고 따라서 이 라운드를 이겼다.

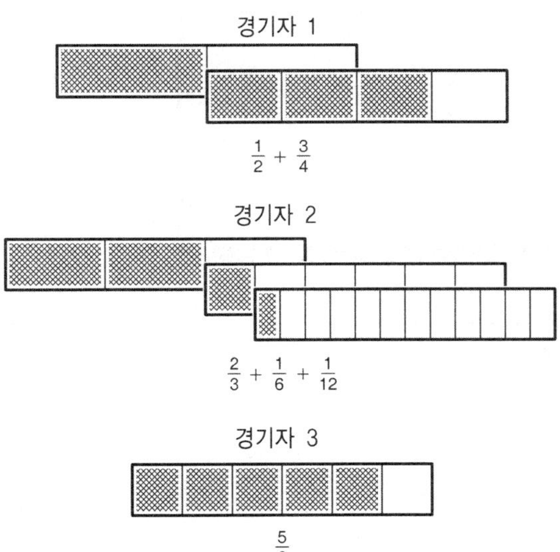

혼자서 하는 놀이(뺄셈)

막대를 뒤집어서 배열하여라. 두 개의 막대를 뒤집어서 그들의 빗금 친 부분을 비교하여라. 만약 두 막대 사이의 차이가 $\frac{1}{2}$보다 작다면, 두 막대를 얻는다. 만약 아니라면 당신은 두 막대를 잃는다. 막대 전체를 가지고 경기를 할 때 당신은 얼마나 많은 막대를 얻을 수 있는지 알아보아라. 다음 그림에서 위에 있는 두 개의 막대를 얻을 수 있을까? 아래에 있는 두 개의 막대는?

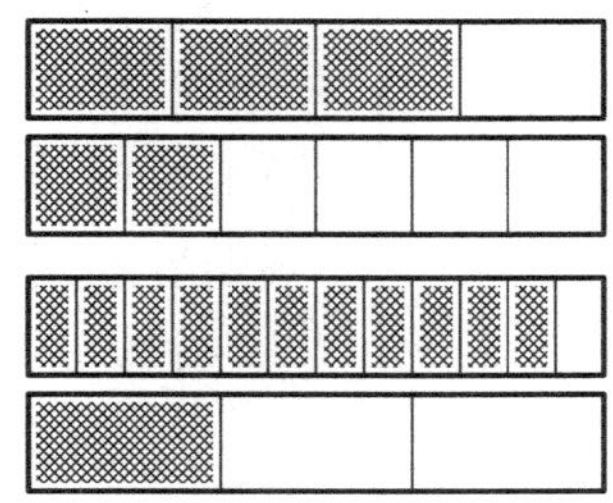

최대 몫(나눗셈 — 2명에서 4명까지의 경기자)

각자가 가진 32개의 막대에서 0막대를 제거하고 남은 막대를 뒤집어서 배열하여라. 각각의 경기자는 막대 2개를 고른다. 이 게임의 목적은 두 개의 분수 중에서 하나로 다른 하나를 나누어서 몫을 가능한 가장 크게 만드는 것이다. 한 분수가 다른 분수 안으로 들어갈 수 있는 최대 횟수(단 횟수는 '범자연수'이다)가 경기자의 점수이다. 각각의 경기자는 자신의 점수를 개선하기 위하여 또 다른 막대를 선택할 수도 있고, 아니면 그냥 통과할 수 있다. 만약 경기자가 다른 막대를 선택하기를 원한다면, 선택하기전에 먼저 카드 하나를 버려야만 한다. 21점을 먼저 따른 사람이 경기를 이긴다.

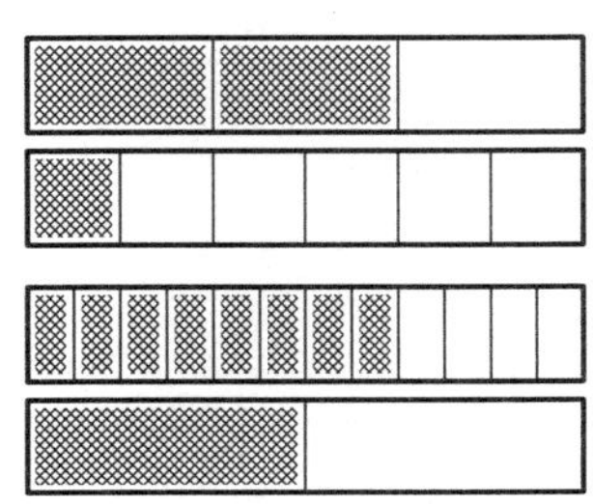

사례 : 몫의 자연수 부분은 막대의 빗금 친 부분을 비교함으로써 결정될 수 있다. 위에 있는 두 막대의 점수는 4이다. 왜냐하면 $\frac{2}{3}$막대의 빗금 친 양은 $\frac{1}{6}$막대의 빗금 친 양의 4배이기 때문이다. 아래에 있는 두 막대의 점수는 1이다. 왜냐하면 $\frac{1}{2}$막대의 빗금 친 양은 $\frac{8}{12}$막대의 빗금 친 양에 한 번을 들어가지만 두 번은 들어가지 못하기 때문이다.

기회를 잡아라

이 애플릿에서 당신은 분모가 2부터 10까지이면서 그 값이 0과 1 사이에 있는 분수 한 벌을 가지고 게임을 할 수 있다. 카드들이 뒤집어져서 보이게 되면, 당신은 두 분수 사이의 대소 관계에 관한 판단을 내려야 한다. 만약 당신이 기회를 잡기로 결정한다면, 4개의 분수에 대해서 해도 된다. 이 사례에서는 네 카드를 얻기 위해서는 뭐라고 답해야 할까? 만약 35장의 카드를 얻는다면, 당신은 컴퓨터를 이기게 된다.

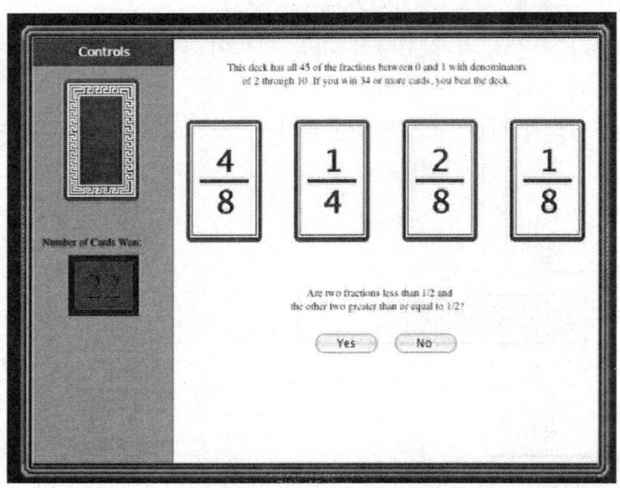

교사를 위한 후속탐구 5.3

1 **교실 상황** : 당신의 학생 중의 하나가 분수를 곱할 때 공통 분모들 써서 통분한 다음 분자를 곱해서 한다(예를 들면, $\frac{2}{3}\times\frac{3}{4}=\frac{6}{12}\times\frac{9}{12}=\frac{72}{12}$). 이 학생은 말하기를 선생님이 분수의 덧셈을 할 때 공통분모를 써서 통분한 다음 분자를 더해서 했기 때문이라고 말한다. 이 학생의 답이 불합리하다는 것을 이해시키기 위하여 어떤 도움을 줄 수 있을까?

2 이 절의 앞 부분에 제시된 '초등학교 교과서의 한쪽'은 $\frac{3}{4}$의 $\frac{1}{2}$을 계산하는 종이 접기 방법을 기술하고 있다. 여러분이 이 방법을 써서 $\frac{3}{4}$의 $\frac{2}{3}$를 계산한다고 할 때 어떻게 해야 하는지를 보여주는 그림을 그려라. 각각의 단계를 나타내는 빗금친 그림을 스케치하고 각각의 단계마다 무엇을 해야 하는지를 기술하여라.

3 **교실 상황** : 분수의 나눗셈을 도입하는데 있어서 분수 막대를 써서 $\frac{3}{4}\div\frac{1}{6}$을 어떻게 모델링할 것인지를 설명하고 도해를 그려라.

4 **수학 개념** : 다음 각각의 문제를 여러분이 분수 막대를 써서 모델링하는 동안 여러분이 거쳐야 할 각각의 단계를 그림으로 그리고 설명하여라.

a. $\frac{2}{3}+\frac{3}{4}$

b. $\frac{5}{6}-\frac{3}{4}$

5 **수학 개념** : 분수 막대를 써서 $\frac{1}{6}\times\frac{3}{4}$를 모델링하는 동안 여러분이 거칠 각각의 단계를 설명하고 도해를 그려라.

6 **수학 개념** : 온라인러닝센터로부터 "Math Laboratory Investigation 5.3: Read Me—Fraction Patterns Instruction"을 열고 'Starting Point for Investigation 5.3.'의 질문 2와 3에서 기술된 분수의 규칙성을 탐구하여라. 당신의 규칙성이나 결론 몇 개를 진술하고 당신의 사고를 설명하여라.

7 NCTM **규준** : 이 책의 부록에 있는 '6-8 학년 수와 연산 규준'으로 가서, '능숙하게 계산하기' 규준을 찾으시오. 이 '규준'의 첫째 '기대하는 사항'이, 그것이 분수에 관계될 때, 분수 연산을 위해서 분수 막대를 사용하는 것이 이 '기대하는 사항'을 학생들이 달성하도록 어떻게 도울 수 있겠는가?

BENNETT-BURTON-NELSON 웹사이트

www.mhhe.com/benett-nelson

웹 교구
대화형 애플릿
퍼즐 내는 사람
모눈종이와 점종이
투명색지
보충된 참고문헌
링크와 읽을 자료
Geometer Sketchpad 모듈

초등학교 교실활동 ▶▷▶ 분수막대를 써서 분수를 도입하기

▶▶ **목표** 초등학교 학생들에게 분수 막대를 사용하여 분수의 개념, 등식 그리고 부등식을 도입하기

▶▶ **연결성** 학생들에게 '분해'라는 단어의 의미를 아는지 질문하여라. '여러 조각을 분해하다'라는 뜻을 가지는 몇몇 단어에 대해서 토론하여라. 학생들에게 분수라는 단어는 분해라는 단어와 관련되어 있으며 분수는 어떤 것의 일부분을 가리킬 때 사용한다는 것을 말해주시오.

▶▶ **준비물** 분수 막대 세트는 온라인러닝센터로부터 분수 막대 이미지를 내려받아서 인쇄하면 만들 수 있다. 투명 분수 막대 또한 분수 막대 이미지를 써서 만들 수 있다. 분수 막대 세트는 밀봉이 가능한 플라스틱 봉투에 넣어둘 수 있다. 학생 2명당 분수 막대 한 세트를 필요로 할 것이다.

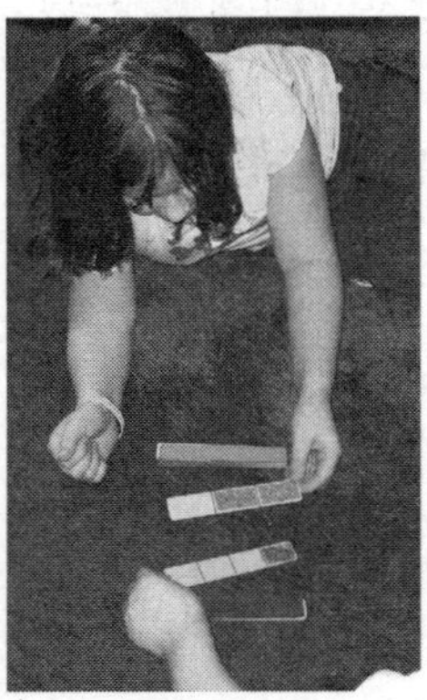
학생은 두 막대를 보고 더 많이 빗금 친 막대를 고를 수 있다

1 학생들의 각 모둠에게 그들이 주목해야 할 것이 무엇인지 알기 위해서 그들이 가진 막대 세트를 점검하도록 요청하여라. 그들의 관찰을 토론하여라. (사례: 모든 적색 막대는 6개의 부분을 가진다. 모든 청색 막대는 4개의 부분을 가진다. 어떤 막대는 빗금 친 부분과 빗금 치지 않는 부분을 가진다 등등.)

2 그들에게 5개의 부분이 빗금 칠해진 붉은색 막대를 보여주고 누가 그것의 분수를 아는지 물어보시오. $\frac{5}{6}$를 쓰고 그들에게 '5'는 어디로부터 왔으며 '6'은 어디로부터 왔는지 물어보아라. 그들에게 하나의 막대를 선택하고 그것의 분수를 쓰도록 요구하여라. 몇몇 자원자들에게 그들의 막대를 기술하고 그것의 분수를 쓰도록 요구하여라.

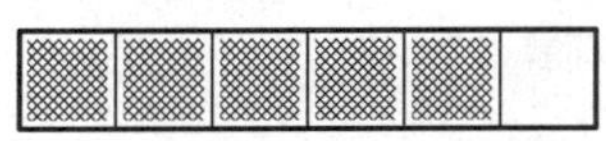

3 그들에게 같은 양만큼이 빗금이 칠해진 두 막대를 보여주고 그들의 분수의 동치성을 보여주는 등식을 써라. 각각의 학생들에게 같은 양만큼이 빗금이 칠해진 막대를 두 개 더 선택하고 등식을 쓰도록 요구하여라. 분수의 등식에 관한 몇 가지 사례들을 토론하여라.

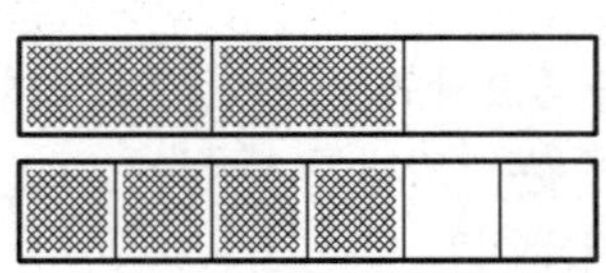
$\frac{2}{3} = \frac{4}{6}$ 막대

4 그들에게 같은 서로 다른 양만큼이 빗금이 칠해진 두 막대를 보여주고 그들의 분수의 부등식을 써라. 각각의 학생들에게 서로 다른 양만큼의 빗금이 칠해진 막대를 두 개 더 선택하고 그 분수들에 대한 부등식을 쓰도록 요구하여라. 여러 자원자들에게 막대와 부등식에 관하여 기술하도록 요구하여라.

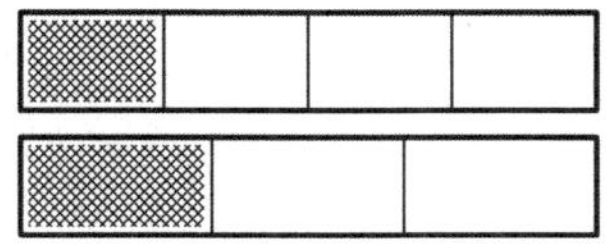

$\frac{1}{4} < \frac{1}{3}$ 막대

5 빗금이 칠해진 양을 합쳤을 때 하나의 전체 막대가 되는 막대 두 개를 제시하여라. 한 막대의 빗금 칠해진 양은 다른 막대의 전체가 빗금이 칠해지도록 '채우는 데' 사용될 수 있음을 지적하고 그 합이 1이 됨을 보여주시오.(사례 참조) 그들에게 하나의 전체 막대를 만들 수 있는 막대 2개를 찾고 그 합에 대한 등식을 쓰도록 요구하여라.

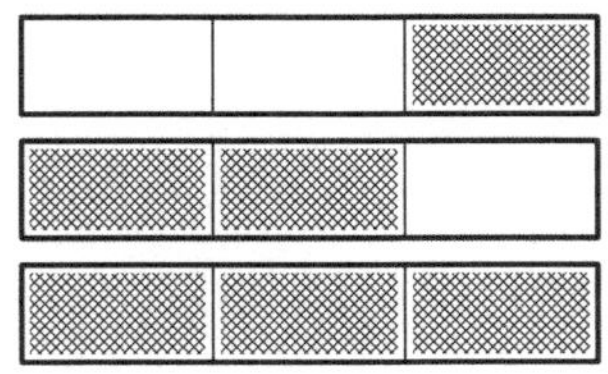

$\frac{1}{3} + \frac{2}{3} = \frac{3}{3}$

6 모든 학생들에게 그들이 가진 막대의 앞면이 보이지 않도록 모든 막대를 뒤집어 놓도록 하고, 학생들에게 임의로 막대 2개를 뽑은 다음, 빗금 친 부분의 전체 합이 전체 막대 하나보다 큰지, 같은지 혹은 작은지를 결정하도록 요구하여라. 모두가 이해했는지를 확신하기 위하여 여러 자원자들에게 그들의 합에 대해서 기술하도록 요구하여라. 빗금 친 전체 양이 더 큰 학생이 이기는 것으로 한다면, 이것은 하나의 게임이 될 수 있다.

CHAPTER

6 소수 : 유리수와 무리수

소수에 대한 접근은 분수와 유사하다. 다시 말해 모델과 구술 언어에 강조점을 두며, 그 작업을 상징과 연결시킨다. 모델을 사용하여 $\frac{1}{10}$과 $\frac{1}{100}$을 알아보는 아이디어는 기본적으로 동치분수와의 작업을 포함한다.[1]

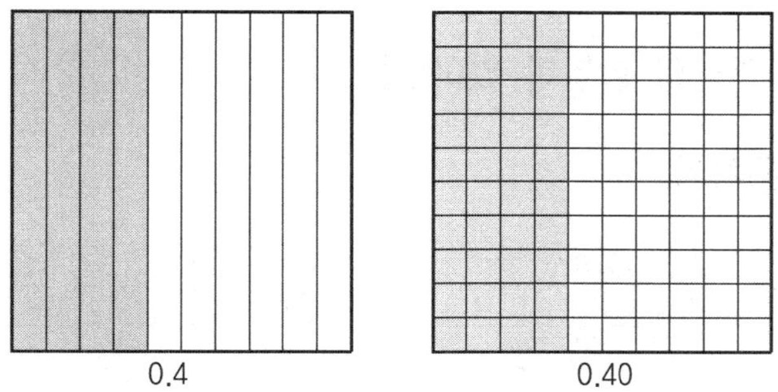

활동모음 6.1 소수를 위한 정사각형 모델

▶▶ 목표

소수의 부분 전체 개념과 소수의 동치와 동치 아님, 자릿값, 어림 등을 설명하기 위한 시각 모델로 소수판(Decimal Squares)[2] 사용하기

웹 교구

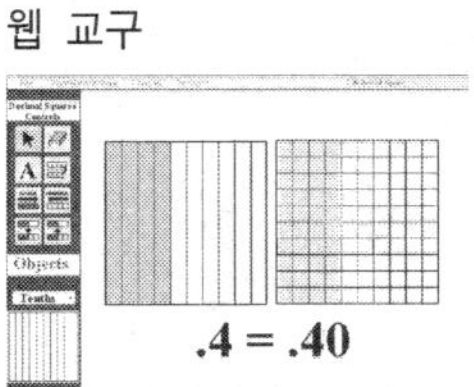

www.mhhe.com/bbn

▶▶ 준비물

교구 세트의 소수판

▶▶ 도입

National Assessment of Educational Progress(NAEP)의 수학 평가 결과는 소수 개념을 가르칠 때 모델 사용에 관한 중요한 시사점을 몇 가지 준다.

"소수를 다룬 시험 문제에서 학생들이 저지른 오류를 분석해 보면, 학생들이 겪는 어려움의 상당 부분이 개념적 이해의 부족에 있는 것이 분명하다. …소수를 수로 생각할 수 있어야 하며, 소수를 모델과 연결시킬 수 있는 능력이 이해에 도움이 되어야 한다."[3]

1 Curriculum and Evaluation Standard for School Mathematics(Reston, VA : National Council of Teachers of Mathematics, 1989) : 59.

2 소수판은 Scott Resources, Inc의 공식 상표이다.

3 T. P. Carpenter, M. K. Corbitt, H. S. Kepner, M. M. Lindquist, and R. E. Reys, "Decimals: Results and Implications from National Assessment," *Arithmetic Teacher* 28 (April 1981): 34-7.

소수를 비교하고 순서대로 놓을 수 있어요.

27.4 소수의 대소 비교

학습내용

자책점에서는 투수가 9회 던지면서 상대에게 얼마나 자책점을 허용했는가를 나타내기 위해 소수를 사용한다. 어떤 투수가 더 자책점이 낮을까?

자책점(2002시즌)	
투수	자책점
이철수	2.32
안지용	2.26

한 가지 이상의 방법이 있어요!

모델 사용하기

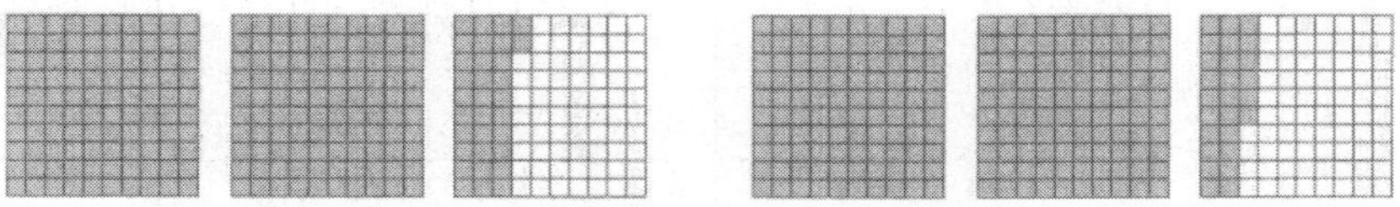

2.32 > 2.26

자릿값표 사용하기

각 자릿값을 비교해요.

일의 자리		십분의 일의 자리	백분의 일의 자리
2	.	3	2
2	.	2	6

↑ ↑ →1

2 = 2　　3 > 2

2.32 > 2.26

자릿값 사용하기

소수점에 따라 놓는다. 가장 큰 자릿값에서부터 출발하여 각 자릿값을 비교한다.

2 . 3 2
2 . 2 6
↑　↑
2 = 2　3 > 2　2.32 > 2.26

안지용은 이철수보다 자책점이 낮다

소수를 위한 소수판 모델은 3장에서 사용되었던 수조각 모델을 확장한 것이다. 십진 수조각 모델은 단위에서 시작하며 인수 10으로 크기를 늘리는 것이다(단위 10은 1막대와 같고, 10막대는 1판자와 같다). 소수판도 단위에서 시작한다. 그런데 그림에서 보듯이 수 조각이 크기 면에서 10씩 줄어든다. 1, $\frac{1}{10}$, $\frac{1}{100}$, $\frac{1}{1000}$을 나타내는 수 조각을 빗금처럼 표시하였다.

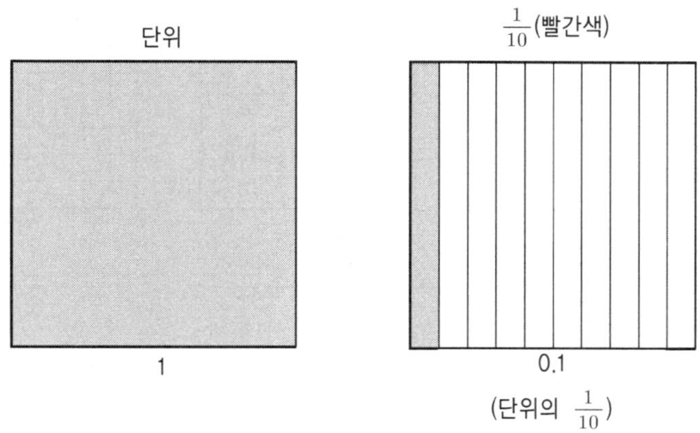

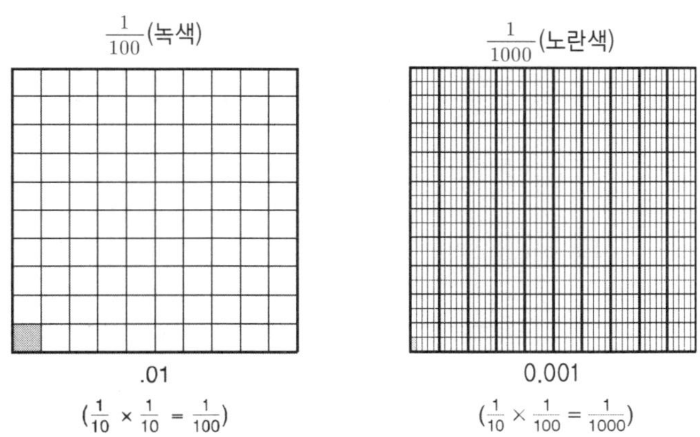

소수 0.3, 0.37, 0.379 등을 다음과 같이 소수판을 사용하여 나타낼 수 있다.

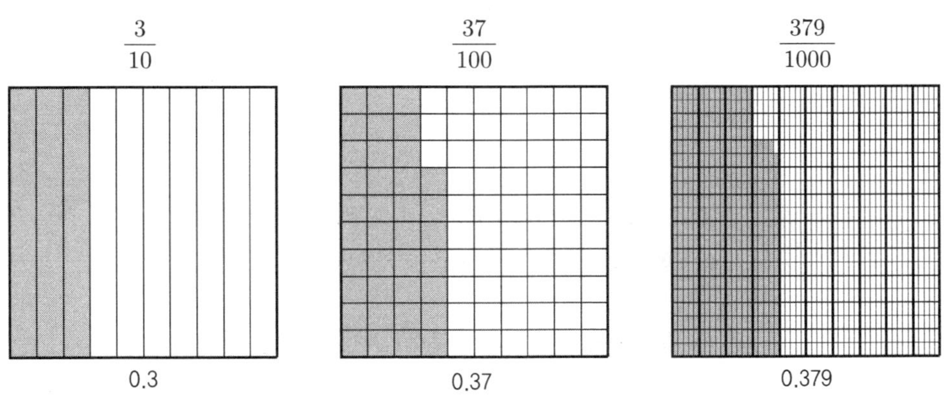

부분에서 전체로

1 다음 소수를 나타내는 소수판 카드를 찾으시오. 각 소수에 대해, 소수판 카드를 색칠하고, 아래 주어진 소수의 이름을 적으시오.

a. 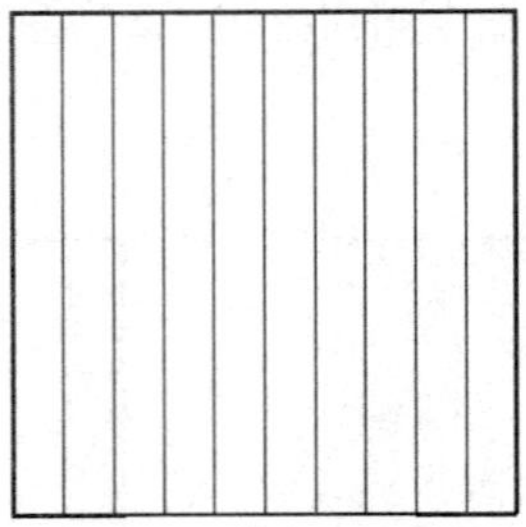

0.4

b. 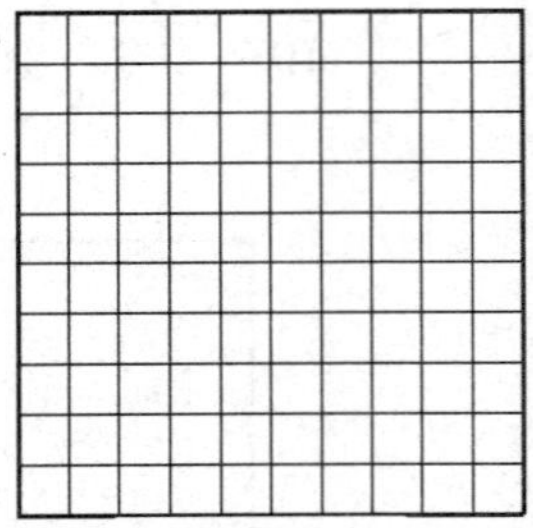

0.05

c. 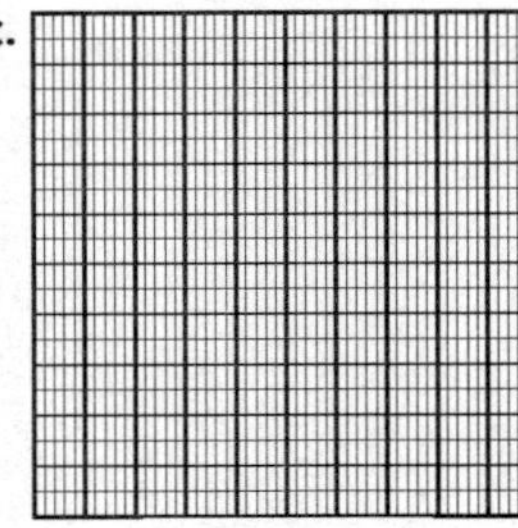

0.035

소수 이름 영점사 ______ ______

*d. 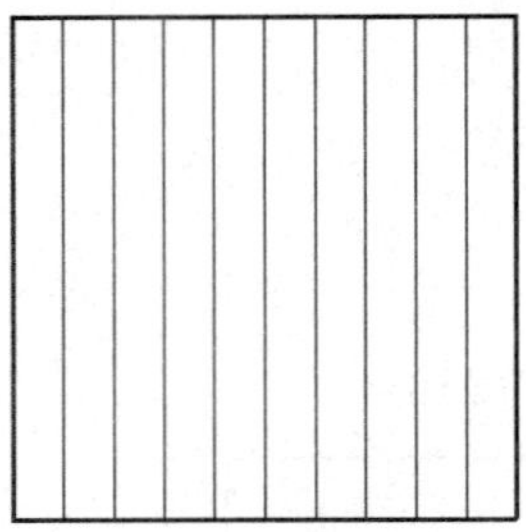

0.7

e. 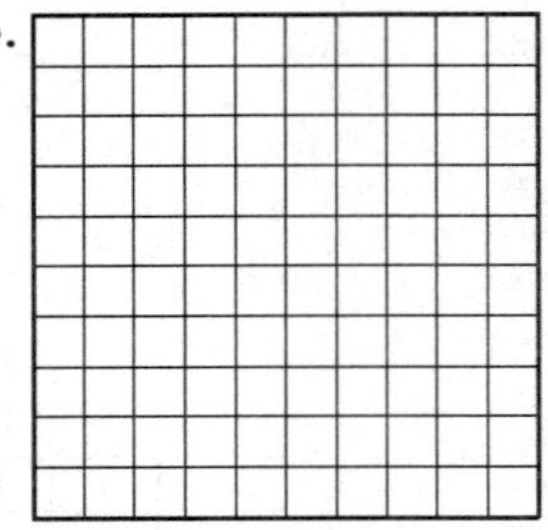

0.80

*f. 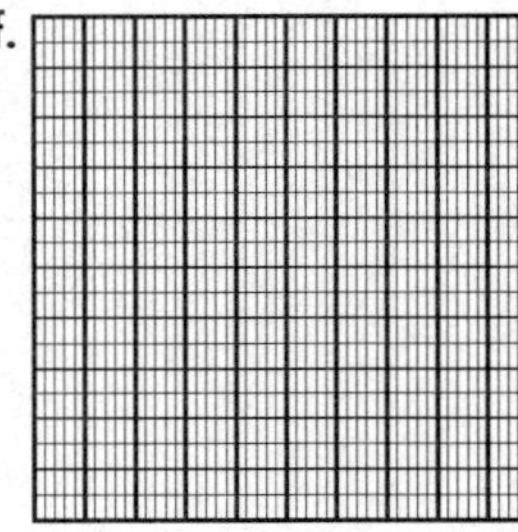

0.325

소수 이름 ______ ______ ______

2 아래의 각 정사각형에서 빗금친 부분의 양이 나타내는 소수와 소수의 이름을 써라.

a. 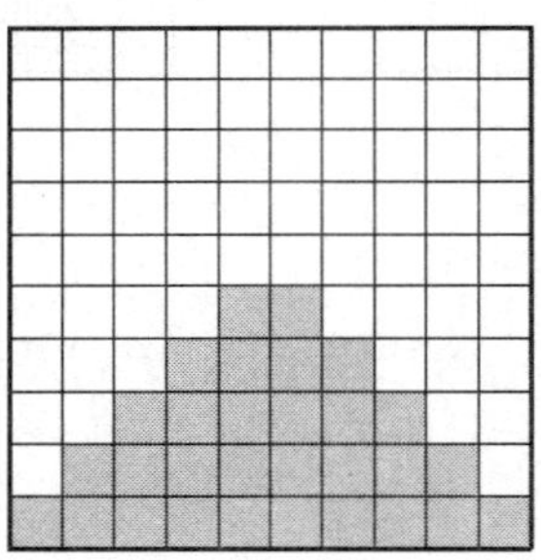

*b. 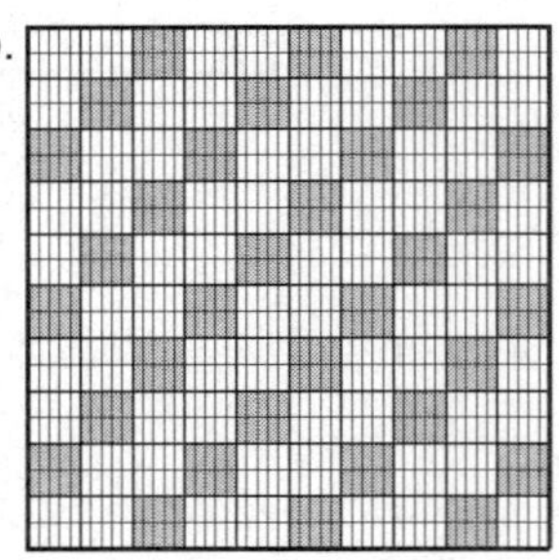

c. 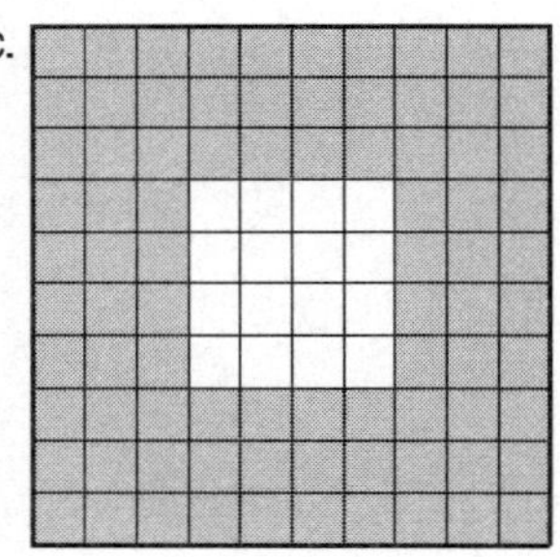

소수 ______ ______ ______

이름 ______ ______ ______

다음의 각 소수판이 나타내는 소수와 소수의 이름을 써라.

d. 10 부분 중에서 9 부분이 색칠됨. ______

e. 100 부분 중에서 13 부분이 색칠됨. ______

***f.** 100 부분 중에서 9 부분이 색칠됨. ______

g. 1000 부분 중에서 8 부분이 색칠됨. ________________________________

h. 1000 부분 중에서 90 부분이 색칠됨. ________________________________

동치성

다음의 소수판에 해당하는 소수는 모두 같은 값을 갖는다. 각 소수판이 같은 크기이며, 음영이 칠해진 부분도 같기 때문이다. 다시 말해 10 부분 중에서 4 부분은 100 부분 중에서 40 부분과 같고, 100 부분 중에서 40 부분은 1000 부분 중에서 400 부분과 같다.

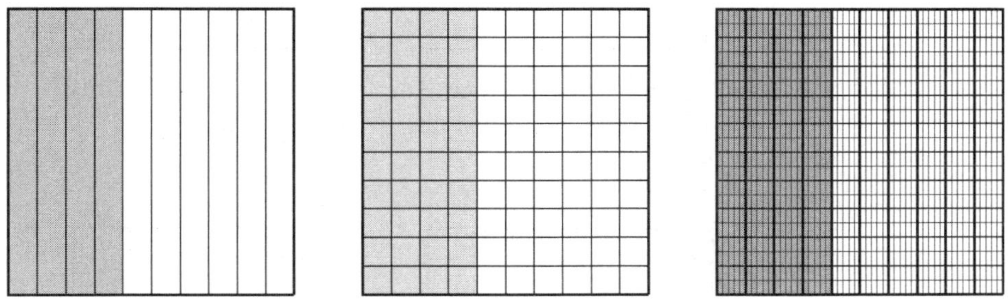

0.4 = 0.40 = 0.400

10 부분 중에서 4 부분 = 100 부분 중에서 40 부분 = 1000 부분 중에서 400 부분

3 a. 소수판을 동치 소수끼리 분류하여라. 몇 종류로 분류할 수 있는가?
3 카드 중에서________세트 2 카드 중에서 _______세트 1 카드 중에서 __________세트

b. 3개의 동치 소수의 세트 중에서 두 개를 선택하여 다음 소수판의 빈 칸에 그려라. 각 카드에 대해 해당되는 소수와 소수 이름을 카드 아래에 적으시오.

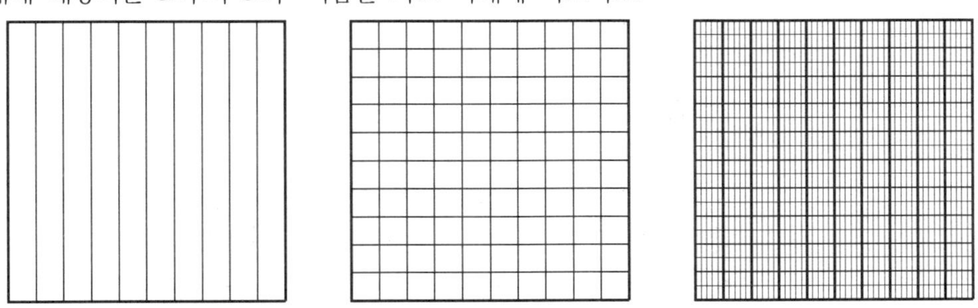

소수 ________ ________ ________

이름 ________________ ________________ ________________

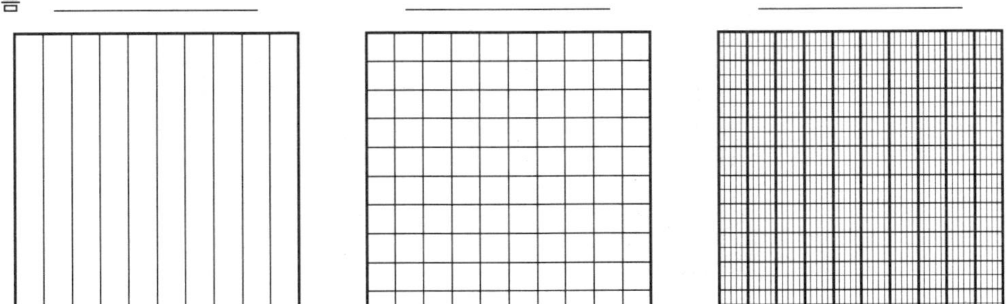

소수 ________ ________ ________

이름 ________________ ________________ ________________

아래 네모 칸 안에 알맞은 말을 적어라.

*c.

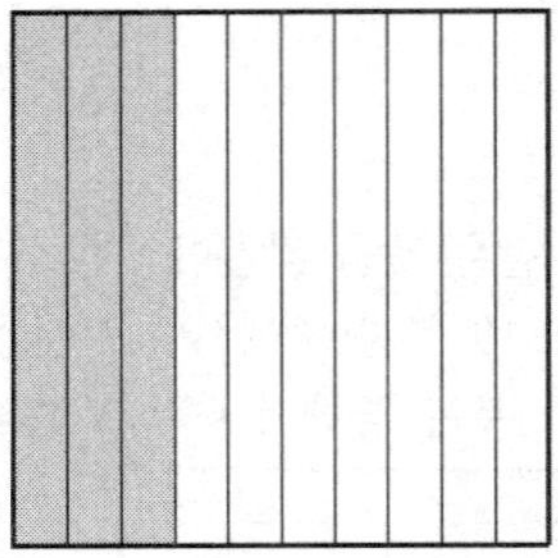

10중에서 3부분은 100중에서 □ 부분과 같다.
0.3 = □

d.

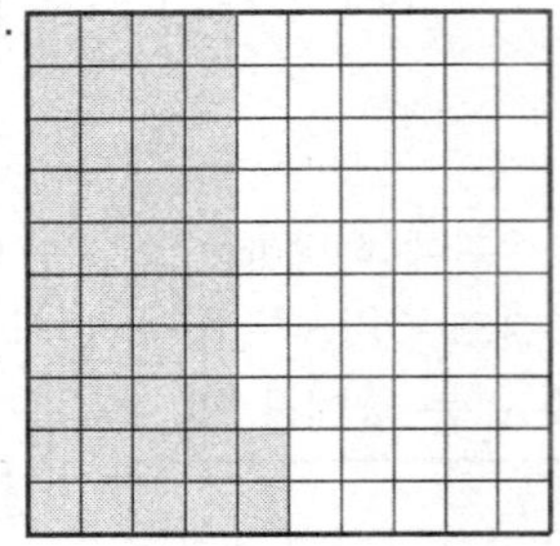

100중에서 42부분은 1000중에서 □ 와 같다.
0.42 = □

*e.

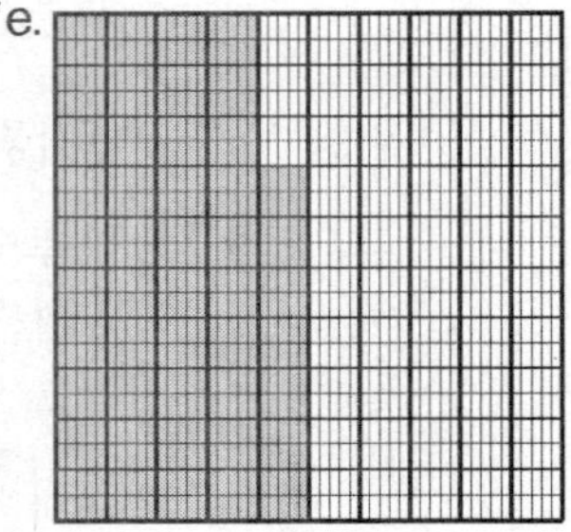

1000중에서 470부분은 100중에서 □ 와 같다.
0.470 = □

f.

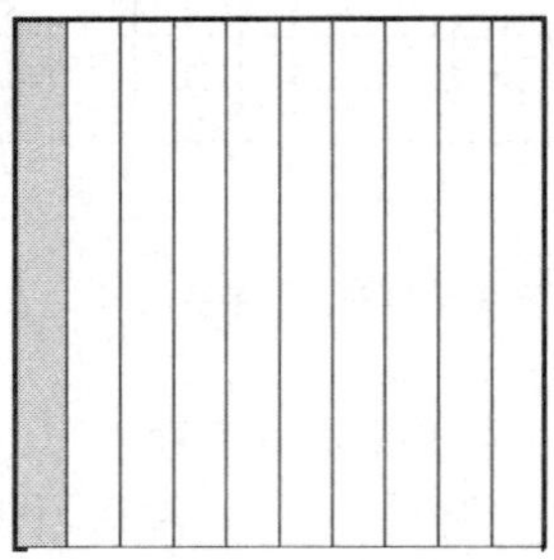

10중에서 1부분은 100중에서 □ 부분과 같다.
0.1 = □

*g.

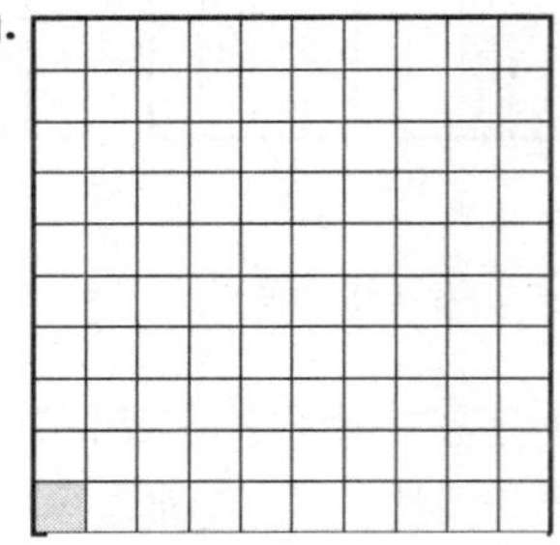

100중에서 1부분은 1000중에서 □ 부분과 같다.
0.01 = □ ______

h.

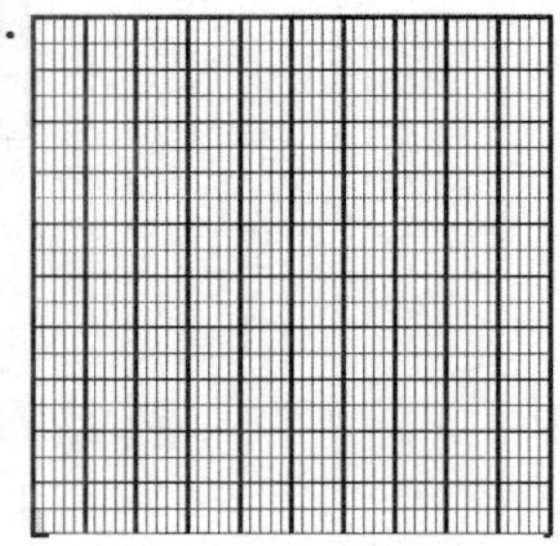

1000중에서 1부분은 10,000중에서 □ 부분과 같다.
0.001 = □ ______

자릿값

소수 0.435는 다음 소수판의 빗금 친 부분과 같이 나타낼 수 있다. 0.435의 그림을 보면, 천 개 중에서 435개에 빗금이 있기 때문에, 천분의 사백삼십오라고도 읽을 수 있다. 그림 b에서 원으로 표시한 부분을 보면, 0.435는 십분의 사, 백분의 삼, 천분의 오와 같으며, 각 자릿값은 다음 표에 적힌 대로 자릿값을 갖는다는 것을 알 수 있다.

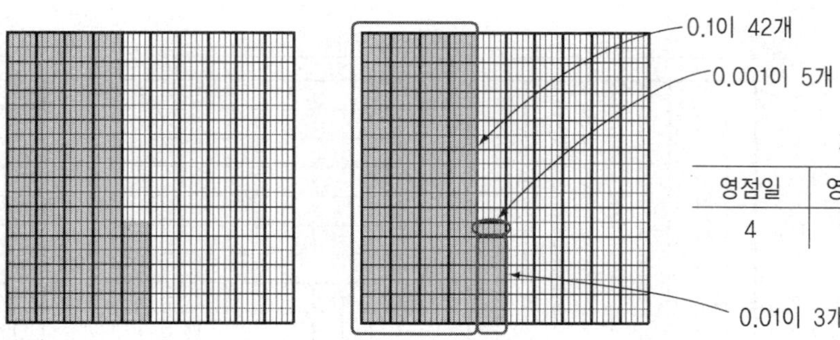

(a) (b)

자릿값표

영점일	영점영일	영점영영일
4	3	5

4 각 소수판에 소수를 나타내어라. 그리고 자릿값표에 각 소수에 알맞게 자릿수를 넣으시오.

a. 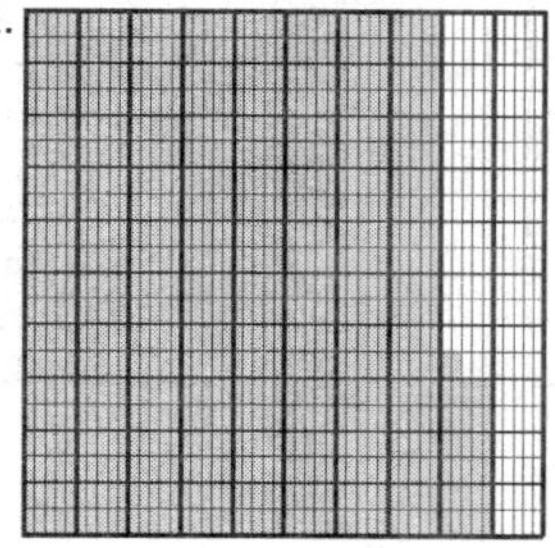

0.832

자릿값표

십분의 일	백분의 일	천분의 일

*b. 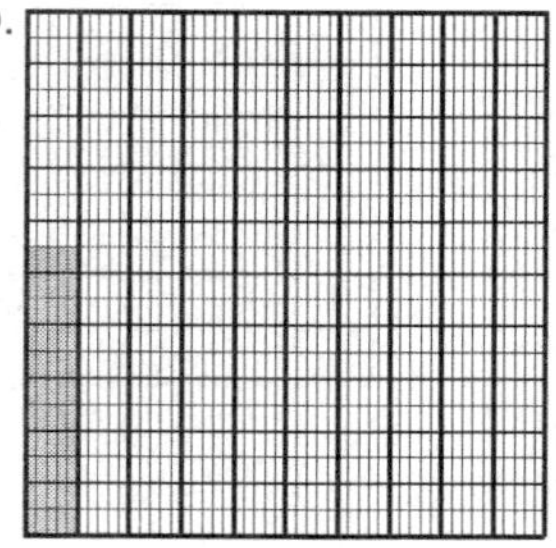

0.055

자릿값표

십분의 일	백분의 일	천분의 일

c. 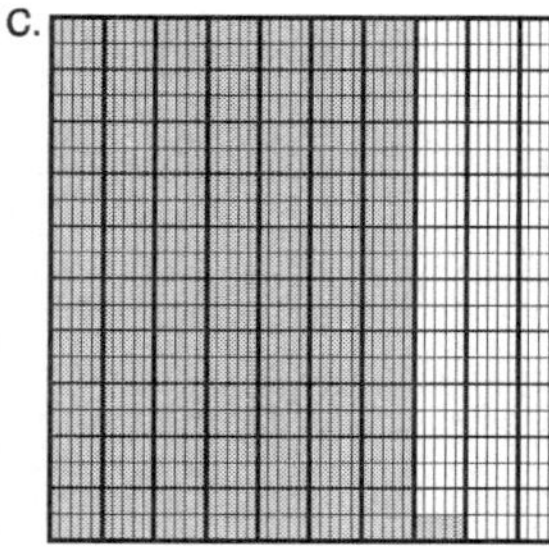

0.705

자릿값표

십분의 일	백분의 일	천분의 일

***d.** 소수를 나타내는 자릿값판에는 9보다 큰 수를 사용할 필요가 없다. 왜 그럴까?

5 백 칸짜리 소수판에서 각 부분들을 다시 10등분씩을 하게 되면, 1000개의 부분이 생긴다. 한 칸은 전체 소수판의 천분의 일이 되며 이를 소수로 나타내면 0.001이다.

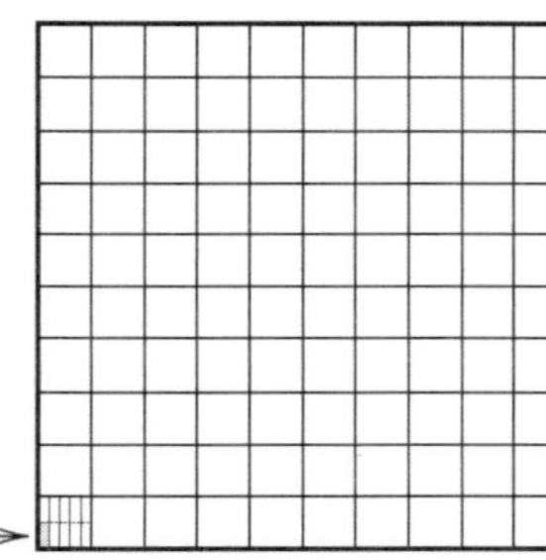

0.001 →

a. 천 칸짜리 소수판의 각 부분들을 다시 10등분씩을 했다고 하자. 각 부분을 분수로 나타내면 얼마인가? 이 작은 부부분들의 1을 나타내기 위한 소수는 무엇인가? 그 소수의 이름은 무엇인가?

***b.** 천 칸짜리 소수판의 각 부분들을 다시 100등분씩을 했다고 하자. 각 부분을 분수로 나타내면 얼마인가? 이 작은 부부분들의 1을 나타내기 위한 소수는 무엇인가? 그 소수의 이름은 무엇인가?

대소 비교

0.62와 0.610에 대한 소수판을 보면, 색칠된 부분이 많기 때문에 0.62가 0.610보다 크다는 것을 알 수 있다. 또한 자릿값 개념을 사용하여 $0.62 > 0.610$임을 알 수 있다. 0.62와 0.610에서 자릿수 6은 두 소수판에서 영점일 6개에 빗금을 칠한다는 것이다. 즉 소수판에서 6개가 통째로 색칠되어 있다. 다음 칸을 보면, 0.62에 대한 소수판에서 영점영일의 2개에 색칠이 되어 있는 반면에 0.610의 소수판에는 영점영일의 1개에 색칠이 되어 있다. 따라서 $0.62>0.610$이다.

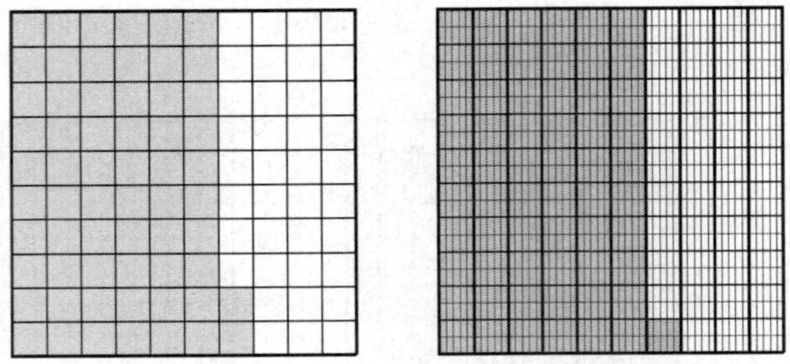

0.62 > 0.610

6 각 소수에 대해 대소를 비교하고, 소수판을 사용하여 그 이유를 설명하여라. 예를 들어, 0.4 > 0.27이다. 그 이유는, 0.4를 나타내는 소수판에는 4개의 열이 색칠이 되어 있으며, 0.27을 나타내는 소수판에는 3개보다 적은 열에 색칠이 되어 있기 때문이다.

a. 0.7 0.43

***b.** 0.042 0.04

c. 0.3 0.285

소수판을 모두 뒤집어 놓으시오. 각각의 d-f에 대해 세 개의 소수판을 마음대로 고르고, 카드를 소수의 대소 비교에 따라 차례대로 놓으시오. 예를 들어, 0.2, 0.15, 0.175를 골랐다면, 0.150 < 0.175 < 0.200으로 배열할 수 있다.

d. ______________ ______________ ______________

e. ______________ ______________ ______________

f. ______________ ______________ ______________

7 다음은 대학입학시험 문제에서 뽑은 것이다.

문제 : 다음 수 중에서 가장 작은 것은 어느 것인가?

a. 0.7 **b.** 1.003 **c.** 0.08 **d.** 0.075 **e.** 0.3

이 문제에 올바르게 답한 학생은 7100명 중에서 30%도 안 되었다.[4] 각 소수에 대한 소수판을 사용하여 올바른 답을 찾는 방법을 기술하여라.

어림하기

8 **a.** 영점일짜리 소수판을 사용하여 전체 사각형의 $\frac{1}{3}$이 되려면 몇 개의 부분을 색칠해야 하는지를 알아보고, 그 부분에 색칠하여라. 정사각형 아래에 빗금 친 부분을 나타내는 소수를 기록하여라.

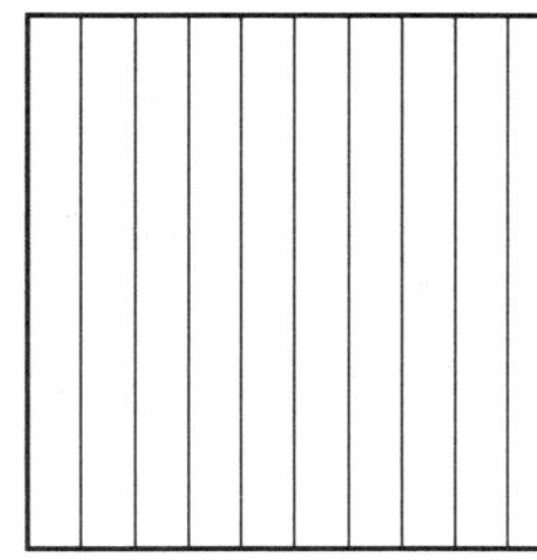

______

b. 전체 정사각형에 대하여 $\frac{1}{3}$에 근접하도록 두 가지 소수판의 각 부분에 색칠을 하여라. 각 정사각형 아래에 색칠된 부분이 나타내는 소수를 적으시오.

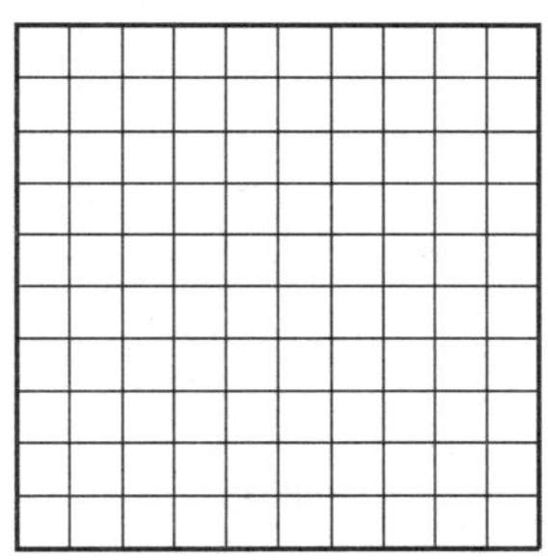 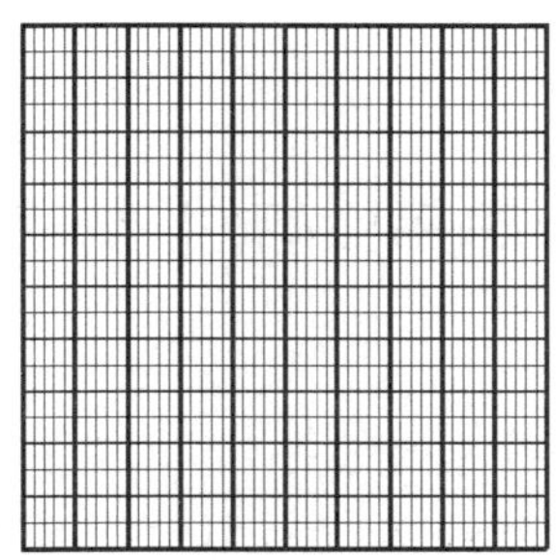

______ ______

***c.** 전체 정사각형의 $\frac{1}{6}$에 근접하도록 소수판의 부분들에 색칠을 하여라. 각 정사각형의 색칠된 부분이 나타내는 소수를 적으시오.

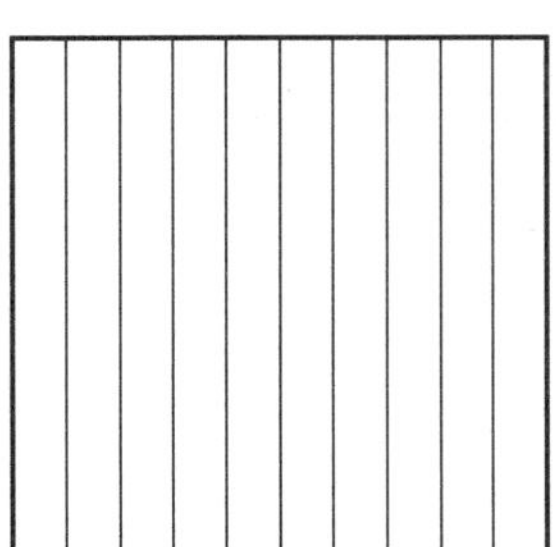 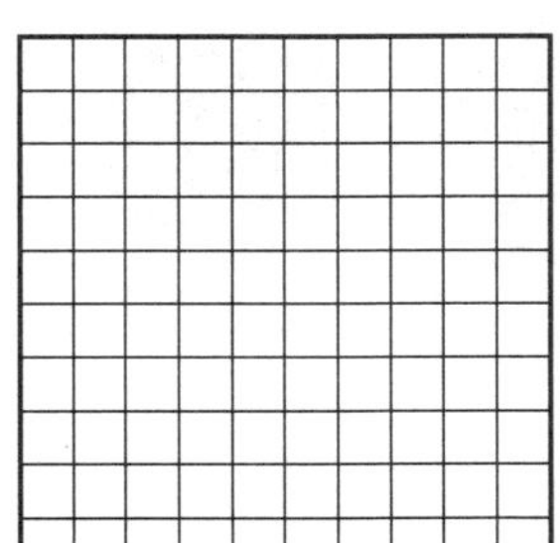 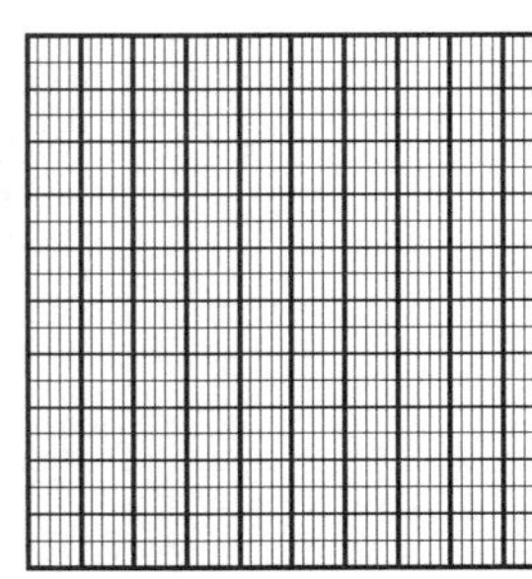

[4] A. Grossman, "Decimal Notation: An Important Research Finding," *Arithmetic Teacher* 30 (May 1983): 32–3.

놀이 활동

소수 빙고에서 같은 값을 갖는 소수들을 찾아내는 연습을 한다. 소수 자릿값 게임은 자릿값 개념에 대한 이해를 심화시킨다.

소수 빙고(2명에서 4명이 게임을 할 수 있음)

게임에 참여한 학생들은 각자 소수로 이루어진 다음의 빙고표 중에서 하나를 택한다. 소수판의 윗면이 밑으로 가도록 뿌려 놓는다. 각 학생들은 돌아가면서 정사각형을 하나씩 가지고 그 정사각형에 해당하는 소수와 같은 값을 갖는 빙고표 위의 소수에는 모두 동그라미를 친다. 행, 열, 대각선 중에서 어느 하나라도 네 개의 소수에 동그라미를 처음으로 친 학생이 이기는 것으로 한다.

0.30	0.400	0.1	0.70
0.7	0.55	0.3	0.8
0.10	0.40	0.85	0.95
0.8	0.300	0.05	0.550

표 1

0.60	0.50	0.3	0.10
0.1	0.75	0.600	0.5
0.450	0.30	0.15	0.525
0.500	0.45	0.425	0.750

표 2

0.70	0.2	0.50	0.40
0.5	0.4	0.450	0.65
0.20	0.700	0.375	0.675
0.400	0.45	0.475	0.650

표 3

0.75	0.300	0.60	0.4
0.600	0.9	0.30	0.350
0.40	0.750	0.325	0.25
0.35	0.6	0.575	0.90

표 4

소수 자릿값 게임(2명에서 4명이 게임을 할 수 있음)

학생들은 각자 주사위 옆에 있는 것과 같은 자릿값 표를 그린다. 학생들은 각자 돌아가면서 10보다 작은 합을 얻을 때까지 주사위 두 개를 굴린다. 학생은 자기 자릿값 표 안의 세 칸 중에서 하나에 그 수를 적는다. 한 칸에는 한 숫자만 적을 수 있으며, 일단 수를 적고 나면 그 수를 다른 데로 옮길 수 없다. 각 학생들이 세 번 돌아가면서 한 후에, 가장 큰 세 자리 소수를 갖고 있는 학생이 이긴 것으로 한다. 5번을 먼저 이긴 학생이 게임의 승자이다.[5]

변용 : 열이 네 개인 자릿값 표를 사용하고 네 자리 소수에 사용할 자릿수를 얻을 때까지 주사위를 굴리기

자릿값표

영점일	영점영일	영점영영일

[5] 이 게임을 위해 수를 만들어내는 또 다른 방법은, 각각의 카드에 0부터 9까지의 숫자를 쓰고, 이 무더기로부터 카드 한 개를 무작위로 뽑는다. 다음 번 카드를 뽑기 전에 그 카드를 다시 원래대로 놓는다.

교사를 위한 후속탐구 6.1

1 교실 상황 : 교실에서 학생들이 몇몇 소수들 간의 상대적인 가치를 논의하고 있다. 리처드는 15부분은 125부분보다 작기 때문에 0.15가 0.125보다 작다고 주장하고 수전은 그는 반대로 이야기하고 있다고 말은 하지만 왜 그런지 이유를 설명하지 못한다. 이 학생들이 소수판을 사용하는 것을 어떻게 도와 줄 것이며, 이 논의를 해결할 수 있도록 소수 언어를 바로 잡을 방법은 무엇인가?

2 교실 상황 : 초등학생들은 소수 끝에 영이 한 개 또는 그 이상 붙어 있더라도 값 자체는 변하지 않는다는 것을 배운다. 그런데 그들은 그 이유는 잘 모른다. 소수판을 사용하여 0.3 = 0.30 = 0.300임을 설명하고, 0을 부가하여 사용하는 것이 포함하고 있는 설명을 학생들이 이해할 수 있도록 써라. 빈 소수판은 관련 웹사이트에서 내려 받으시오.

3 교실 상황 : 이 장을 시작하면서 '초등학교 교과서 한쪽'의 소수판 모델과 자릿값 판을 사용하여 초등학생에게 2.3 > 2.29임을 설명하고자 한다. 어떻게 할 것인가? 빈 소수판은 관련 웹사이트에서 내려 받으시오.

4 수학 개념 : 0.5와 0.6 사이의 소수, 0.49와 0.5 사이의 소수, 0.311과 0.312 사이의 소수를 몇 개씩 찾기 위해서 소수판을 사용하여라. 각 경우에 소수의 이름을 제시하고, 소수판을 가지고 소수를 설명하고 당신의 사고를 설명하여라. 빈 소수판은 관련 웹사이트에서 내려 받으시오.

5 수학 개념 : 온라인러닝센터의 Math Investigation 6.1 : Read Me — Repeating Decimals Instructions을 열어보아라.

6 수학 개념 : 소수판에 다음과 같은 소수를 그리고 소수를 분수로 표현하기 위해 소수판을 어떻게 사용할 것인지를 기술하여라. 소수판 종이는 온라인러닝센터에서 내려받을 수 있다.

a. 0.7 **b.** 0.15 **c.** 0.250 **d.** 0.125

7 NCTM 규준 : 이 책의 뒤에 있는 3-5학년과 6-8학년의 수와 연산영역 규준을 읽어보라. 각 수준에서 한 개씩, 이 단원과 관련이 있는 두 개의 기대(Expectations)를 골라라. 기대와 규준을 적어라. 이 단원의 어떤 활동들이 이 기대와 어울리는지 설명하고, 어떻게 할 수 있는지를 설명하여라.

BENNETT-BURTON-NELSON 웹사이트

www.mhhe.com/benett-nelson

웹 교구	모눈종이와 점종이	링크와 읽을 자료
대화형 애플릿	투명색지	Geometer Sketchpad 모듈
퍼즐 내는 사람	보충된 참고문헌	

활동모음 6.2 소수판으로 하는 계산

▶▶ 목적

소수판을 사용하여 소수의 덧셈, 뺄셈, 곱셈, 나눗셈을 설명하기

웹 교구

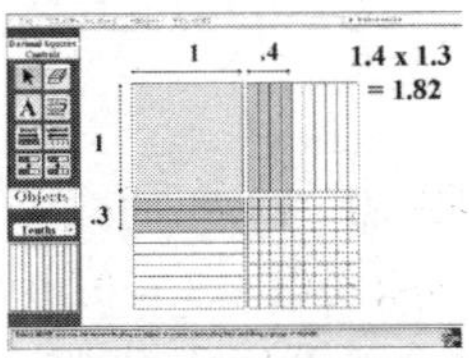

www.mhhe.com/bbn

▶▶ 준비물

교구 세트 소수판

▶▶ 들어가며

계산기로 계산을 하다보면 흔히 소수를 얻게 된다. 기술의 발달과 소수의 빈번한 출현으로 인해 소수 개념은 초등 수학교육과정에서 좀더 일찍 가르쳐야 한다는 주장이 있어 왔다.

계산기는 교육과정을 배열하고 수학을 과학과 통합하는데 있어 완전히 새로운 기회를 가져왔다. 교사들은 이제 더 이상, 아이들이 지필 계산 알고리즘에서 사용하는 수에 부자연스럽게 한정할 필요가 없게 되었다. 계산기에서 자연스럽게 등장하기 때문에 소수를 좀더 일찍 도입할 수 있게 되었다. 과학 실험에서의 실제 측정 작업이 수학 수업에서 사용될 수 있다. 아직 아이들이 사용법을 배우지 않았더라도 계산기를 이용하여 데이터를 더하거나 곱할 수 있기 때문이다. 그들은 먼저 더하기와 곱하기가 무엇인지를 배워야 할 것이며, 언제 그것을 사용할 것인지를 배워야 할 것이다. 그리고 나중에 가서 모든 경우에 대해 그러한 계산들을 어떻게 수행하는지를 배워야 할 것이다.[6]

초등학교 교육과정에서 덧셈, 뺄셈, 곱셈, 나눗셈 등의 십진 개념의 초기 도입은 그러한 개념을 포함하고 있는 물리적이고 시각적인 모델을 학생들이 가지도록 강제한다. 목적은 지필 조작 기술보다는 개념이나 소수 감각을 키우는 것이다. 예를 들어, 아이들은 0.35 ÷ 0.05를 계산할 때 소수점을 옮기는 전통적인 알고리즘을 모르고 있을 수 있다. 하지만 소수판 모델을 사용하여 답이 7임을 '볼' 수 있다. 그리고 계산기를 사용하여 그 결과를 확인해 본다. 다음 그림은 0.05에 해당하는 부분이 0.35 안에 일곱 번 들어가는 것을 보여준다.

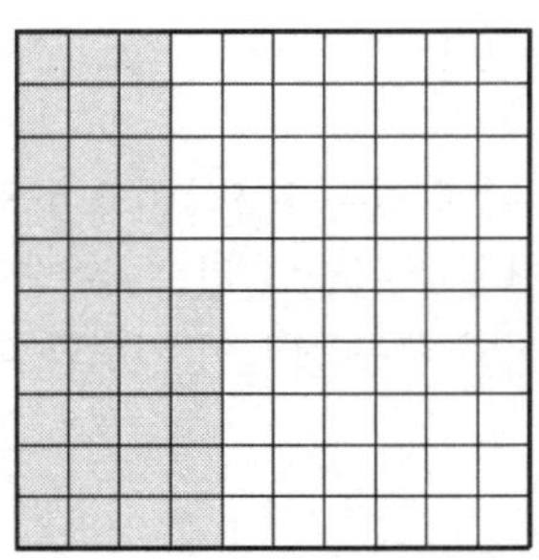

0.35

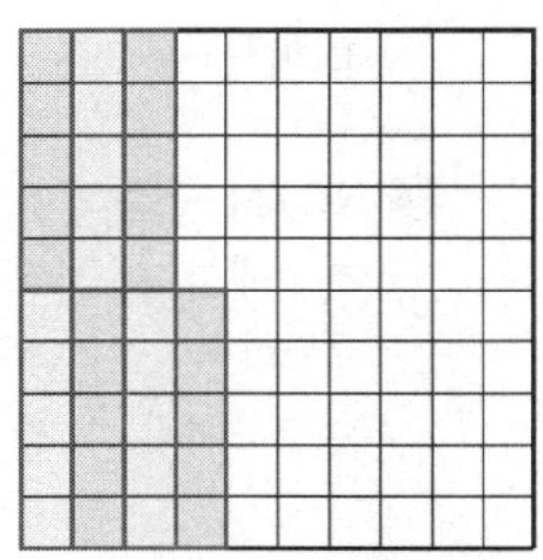

0.35÷0.05 = 7

[6] National Research Council, *Everybody Counts: A report to the Nation on the Future of Mathematics Education*(Washington, DC : The National Academy Press, 1989) : 47-48.

덧셈

1 소수의 덧셈은 두 개 이상의 소수판의 빗금 친 부분의 개수를 세는 것으로 설명될 수 있다. 빈칸에 적당한 수를 쓰고, 빗금이 칠해진 부분의 수를 헤아려서 합을 계산하여라.

a.

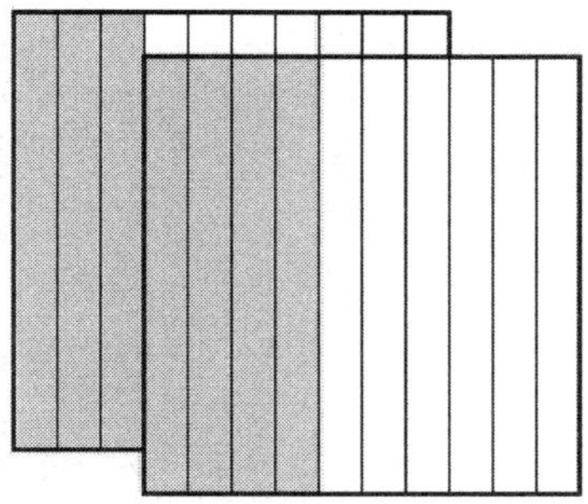

0.3 + ______ = ______

b.

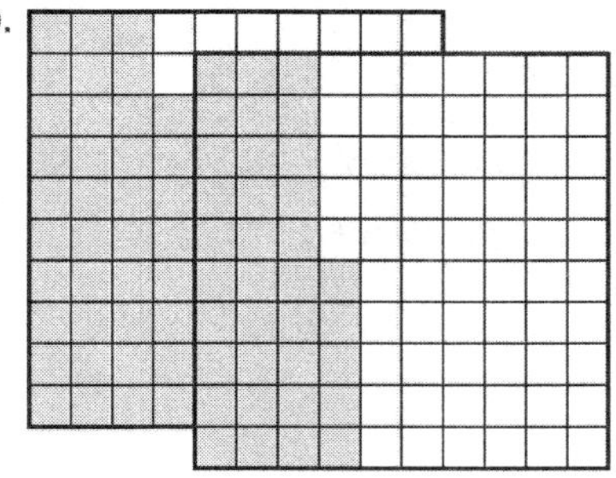

0.38 + ______ = ______

c.

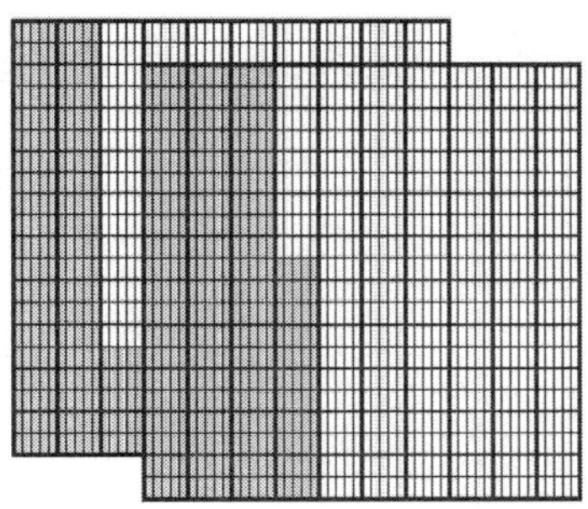

______ + 0.355 = ______

d.

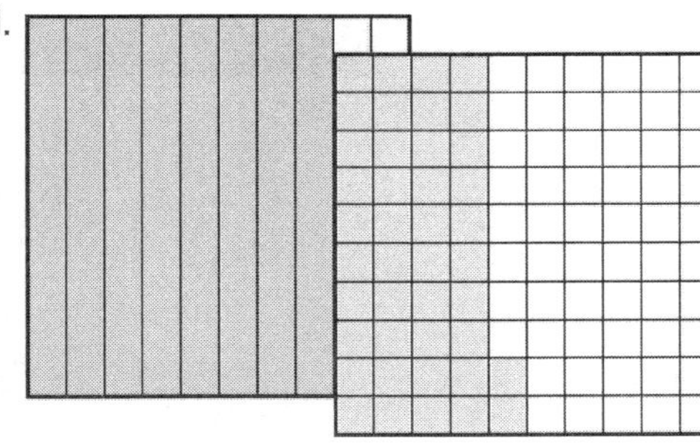

0.8 + ______ = ______

e.

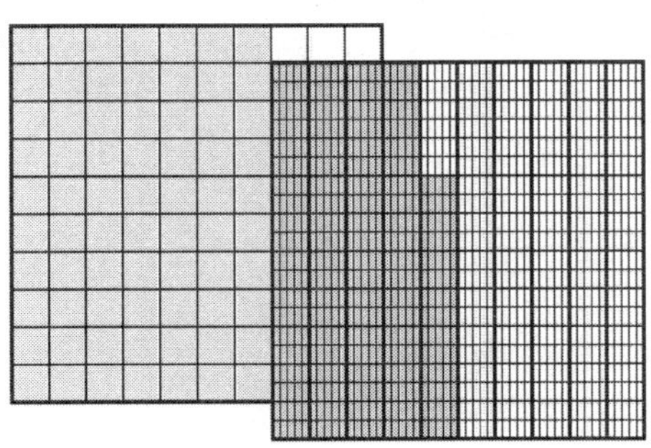

______ + 0.470 = ______

f.

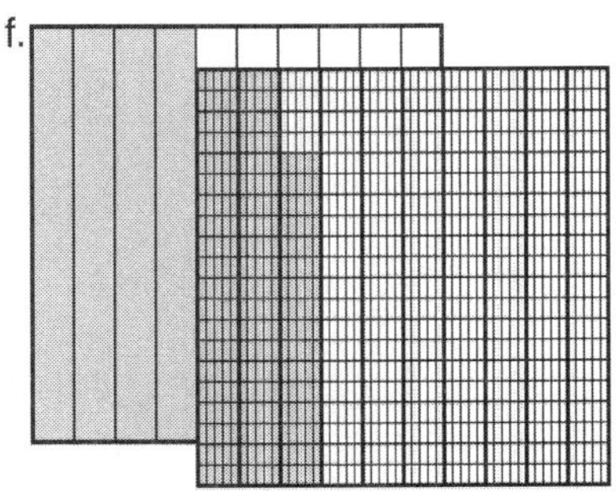

0.4 + ______ = ______

소수의 뺄셈을 할 수 있어요.

28.5 소수의 뺄셈

학습내용

미겔의 자동차는 길이가 2.50야드이다. 샘의 자동차는 1.75야드이다. 미겔의 자동차는 샘의 것보다 얼마나 더 길까?

식 : 2.50 − 1.75

모델과 지필 계산을 어떻게 연결시킬까?

연결지어 생각해 보기

	모델화	지필계산
제1단계 2.50만큼 색칠하여라.	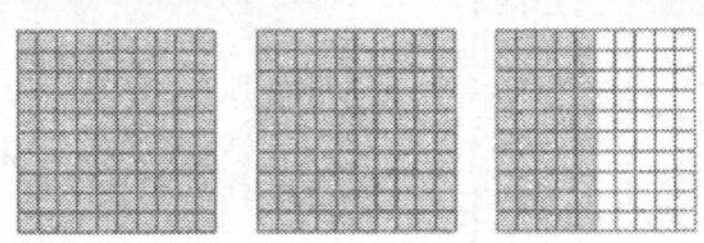	소수점에 맞춰 소수를 써라. 2.50 − 1.75
제2단계 1.75만큼 없애기 위해 1개를 잘라내고 75개짜리 작은 조각을 잘라낸다.	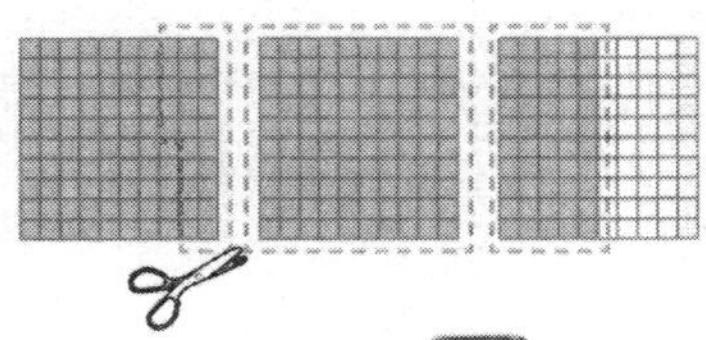	백분의 일자리에서부터 시작한다. 각 자릿값을 뺀다. 필요하면 받아내림을 한다. (14; 1 4̸ 10) 2̸.5̸0̸ −1.75 0 75
제3단계 차를 구하기 위해 센다.	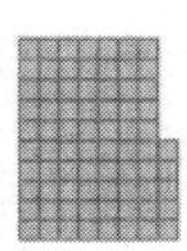	구한 차에 소수점을 적절히 찍는다. 0.75

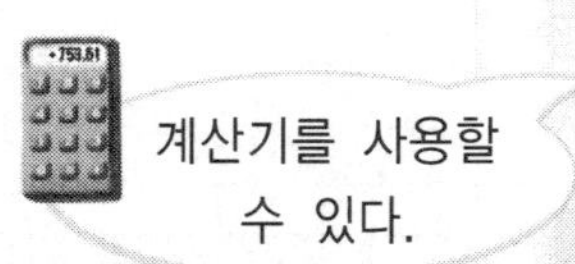

미겔의 자동차가 샘의 것보다 0.75야드만큼 더 길다.

연습해보자 빼기

1. 3.4 − 1.7 **2.** 6.8 − 2.7 **3.** 0.76 − 0.37 **4.** 6.52 − 1.29

5. 써봅시다 소수를 빼고 나서 어떻게 답을 검산할 수 있는지 설명하여라.

2 아래에 쓰인 소수를 나타내기 위해 소수판에 칠하여라. 두 소수판에서 칠한 부분의 수를 세어 소수를 더하여라. 답이 나온 과정을 설명하여라.

***a.**

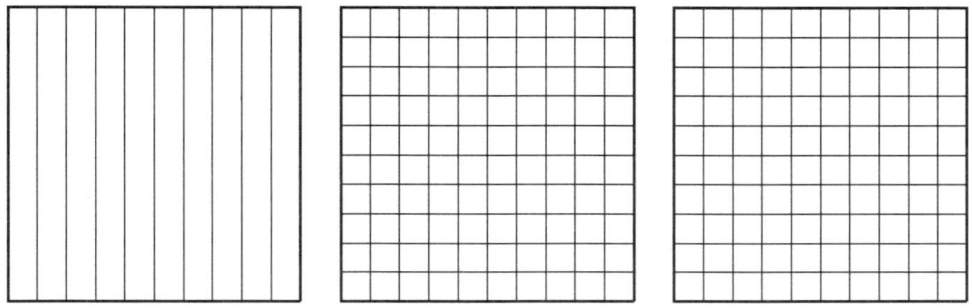

0.4 0.29 0.4 + 0.29 = _____

설명 :

b.

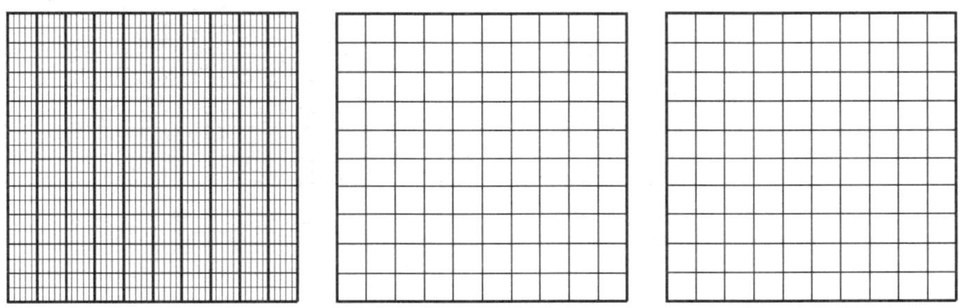

0.179 0.37 0.179 + 0.37 = _____

설명 :

***c.**

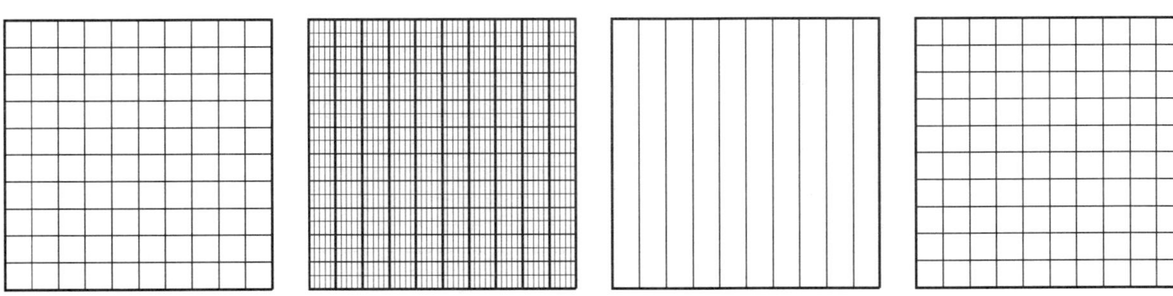

0.7 0.605 0.2 0.7 + 0.605 + 0.2 = _____

설명 :

뺄셈

3 소수의 뺄셈은 제거되는 양(뺄셈에서 제거의 관점)을 동그라미로 나타내고 남아 있는 빗금 친 부분을 세면서 소수판을 가지고 설명할 수 있다.

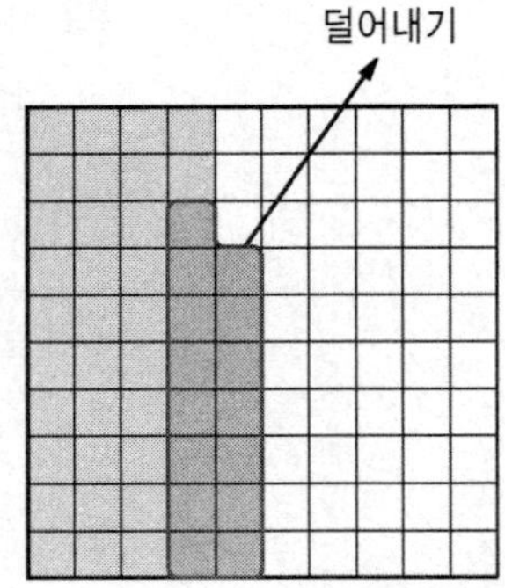

0.47 − 0.15 = 0.32

다음 각 그림에 대해 제거되는 양을 동그라미로 치고 식을 구하여라.

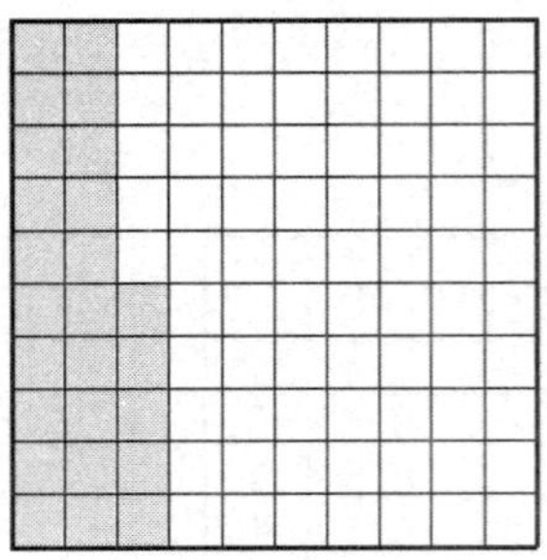

0.25 − 0.19 = ______

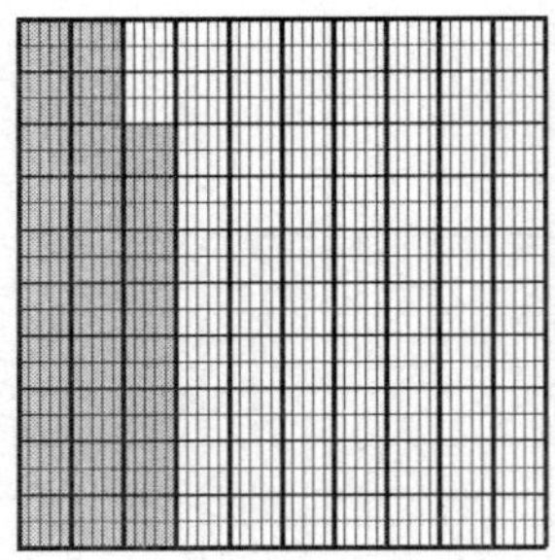

0.280 − 0.175 = ______

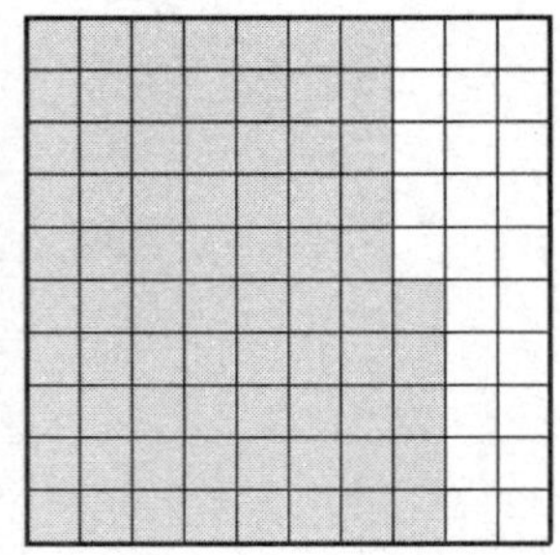

0.75 − 0.08 = ______

4 아래에 나타낸 소수가 되도록 각 소수판에 빗금을 쳐라. 소수판의 빗금 친 부분을 비교하여 그 차를 알아보도록 하자. 예를 들어 a부분에서 0.07에 얼마를 더 더해야 0.5가 되는지를 알아봄으로써 차이를 알아낼 수 있다. 각 답이 나온 과정을 간단히 설명하여라.

***a.**

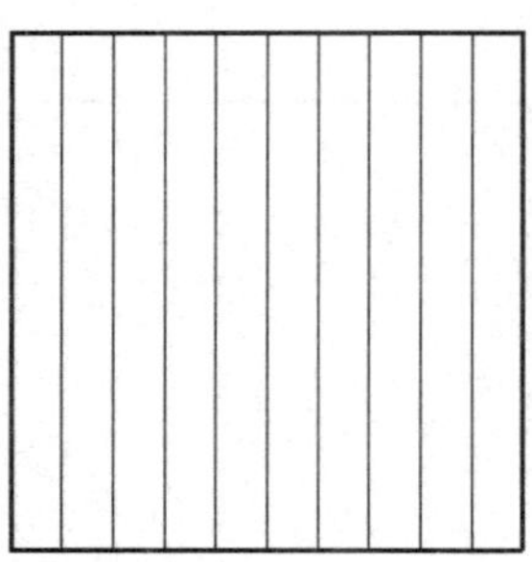

0.5

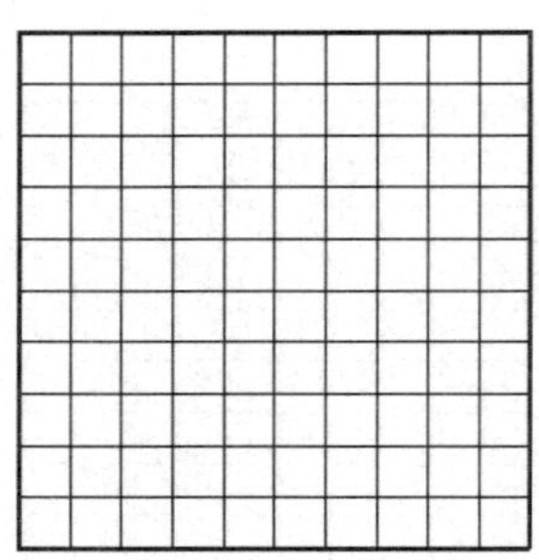

0.07

0.5 − 0.07 = ______

설명:

b.

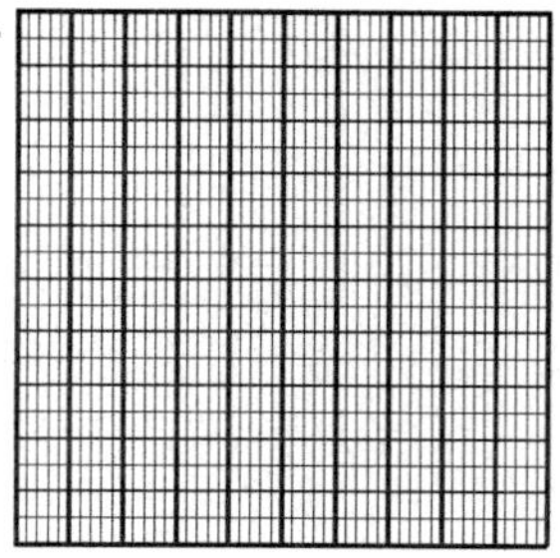

0.205

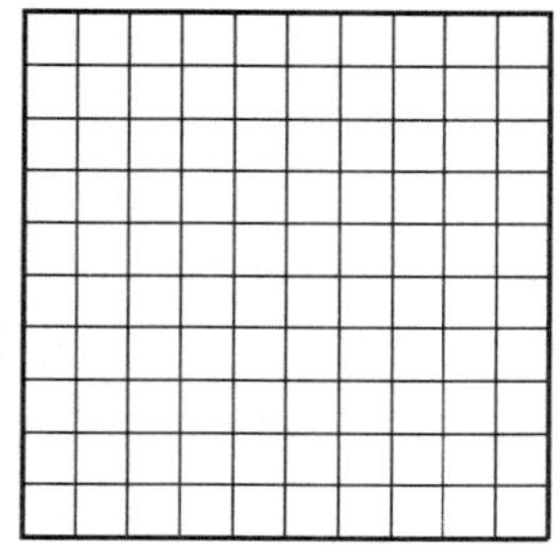

0.09

0.205 − 0.09 = ______

설명:

***c.**

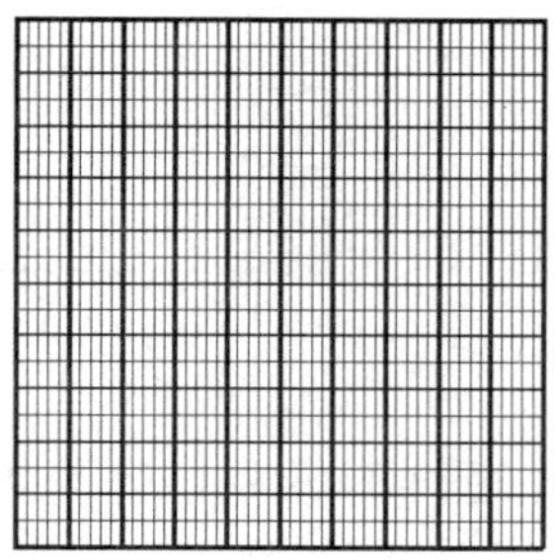

0.435

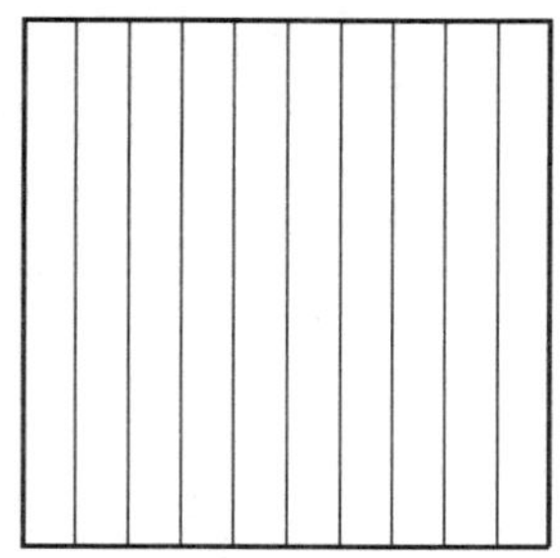

0.3

0.435 − 0.3 = ______

설명:

곱셈

5 그림에 0.45를 나타내는 소수판이 있다. 이 소수판의 3배가 있다면 전부해서 의 부분이 될 것이다. 각 정사각형에는 100개의 부분이 있기 때문에 전체 빗금 친 부분은 1로 전체 정사각형과 100개 중에서 35부분이 된다.

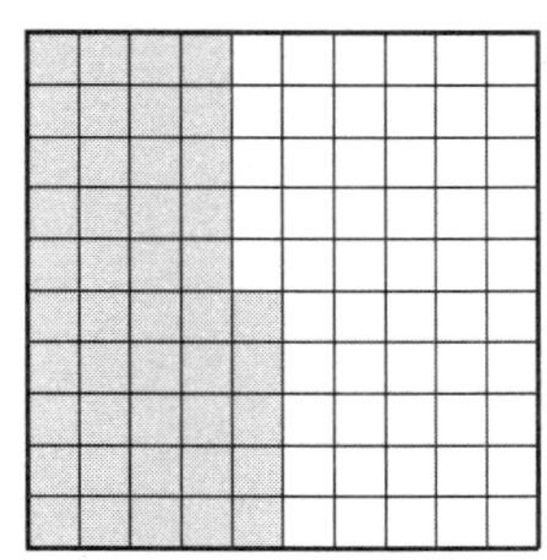

3×0.45
= 1.35

0.45

같은 방식으로, 다음의 곱을 계산하고 빗금 칠해진 부분으로 답을 설명하여라.

a. $6 \times 0.83 =$ ________

***b.** $4 \times 0.725 =$ ________

*c. 0.35에 10을 곱하면, 자릿수는 같지만 소수점의 위치가 달라지는 수가 나오는 이유를 설명해 보아라.

6 0.3×0.2는 10분의 3의 10의 2를 취하는 것이다. 이를 위해서는 0.3에 해당하는 빗금 친 부분을 다시 10개의 부분으로 분할하고 그중에서 2개의 부분을 취하는 것이다. 그 결과는 백분의 6이다. 이중으로 칠한 부분이 나타내는 것은 $0.3 \times 0.2 = 0.06$이라는 것이다.

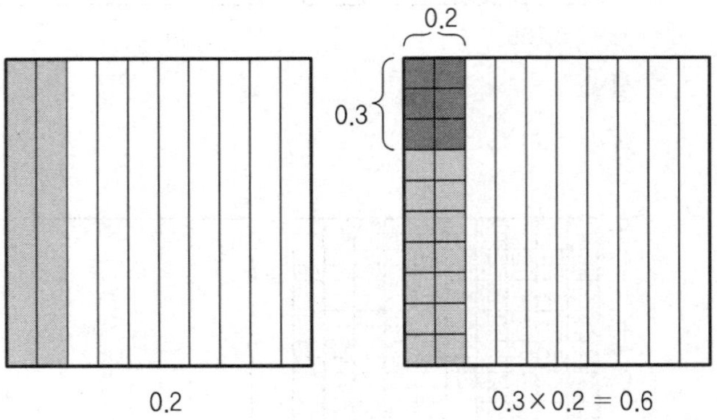

아래 그림의 첫 번째 빗금 친 부분은 소수 1.2를 나타낸다. 1.2를 나타내는 빗금 친 부분이 10개로 등분할되고, 두 번째 그림에서 이중으로 빗금 친 영역처럼 그중 3개를 취했을 때, 그 결과는 십분의 3과 백분의 6 또는 백분의 36이다. 두 번째 그림에서 0.3과 1.2는 회색 직사각형의 가로와 세로를 나타낸다. 따라서 소수의 곱셈을 위해 직사각형 모델을 사용하고 있는 것이다. 이는 두 자리 자연수 두 개를 곱하기 위해 직사각형 모델을 사용하는 것과 같다.

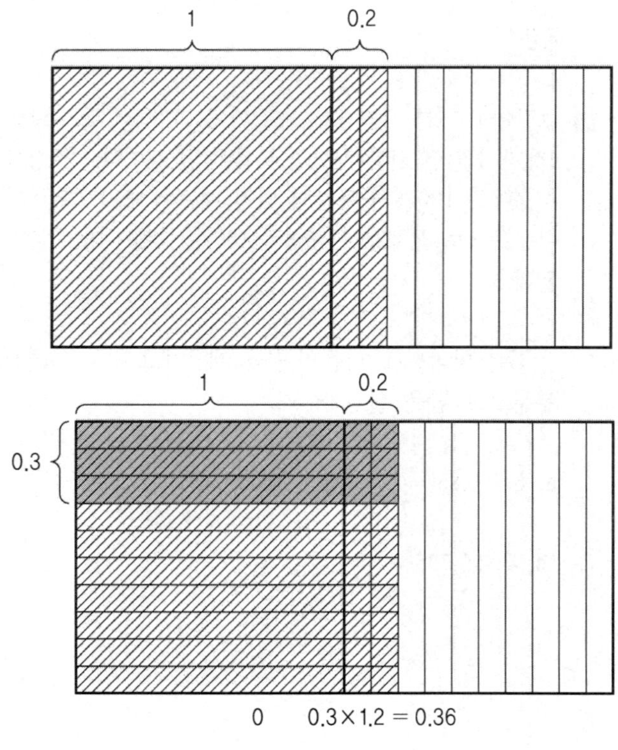

곱 1.3 × 1.2는 아래 그림처럼 1.3 × 1.2인 직사각형을 만들어 구할 수 있다. 회색 직사각형 영역은 1, 십분의 일의 5, 그리고 백분의 일의 6을 나타내므로, 1.3 × 1.2 = 1.56이다. 회색 직사각형의 제일 큰 부분은 1 × 1.2를 나타내며, 작은 부분은 0.3 × 1.2를 나타낸다. 두 부분 곱의 합은 1.56이다. 이 모델을 네 개의 부분의 곱(1 × 1, 1 × 0.2, 0.3 × 1, 0.3 × 0.2)로 볼 수 있으며, 그 합 역시 1.56이다.

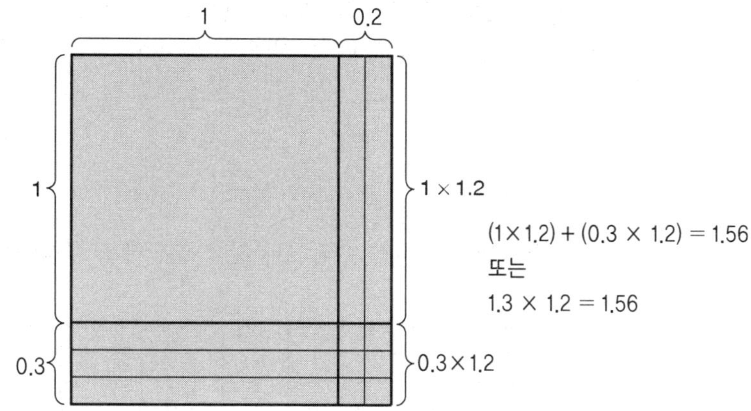

같은 식으로, 소수판 도식을 그리고 이름을 붙여서 다음의 각각을 설명해 보자. 직사각형의 변의 길이를 표시하고, 곱을 알아보아라. 사고과정을 설명하여라.

a. 0.4 × 0.3 = ____________________ **b.** 0.4 × 1.3 = ____________________

c. 1.4 × 1.3 = ____________________ **d.** 2.4 × 1.3 = ____________________

나눗셈

7 나눗셈의 등분제는 소수를 범자연수로 나누기를 설명할 때 사용할 수 있다. 다음에 그려진 소수판처럼 0.60을 나타내는 빗금 친 부분은 3부분으로 등분할 되었으며 이는 0.60÷3을 나타낸다. 이 부분들 중에서 각각은 20개의 빗금 친 부분을 가지고 있기 때문에, 3으로 0.60을 나누면 그 답은 0.20이다.

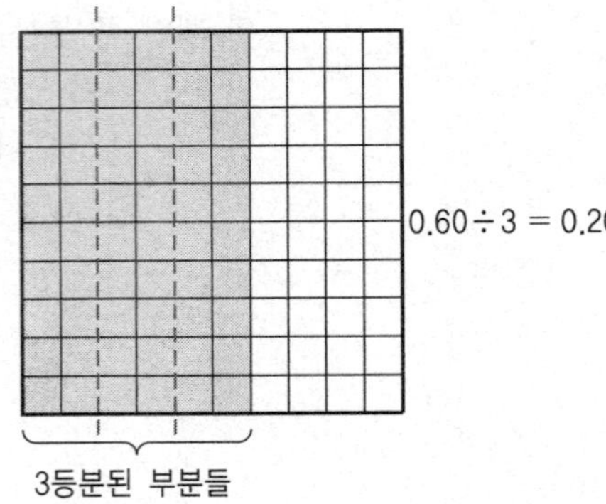

각 소수판을 주어진 수의 부분만큼 분할하고 몫을 구하는데 그 결과를 사용하여라.

a. 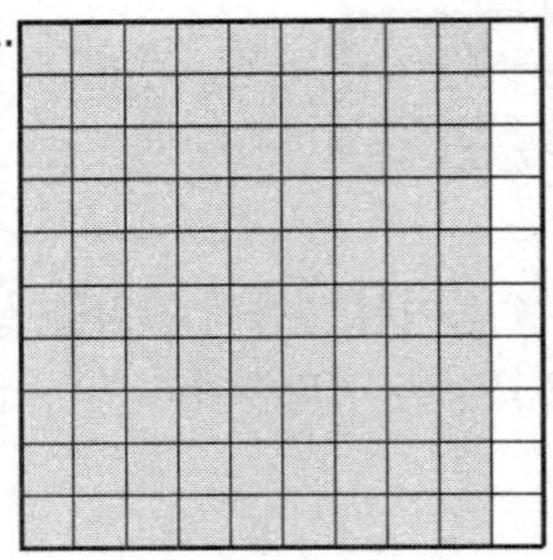

0.90 ÷ 6 = ______

b. 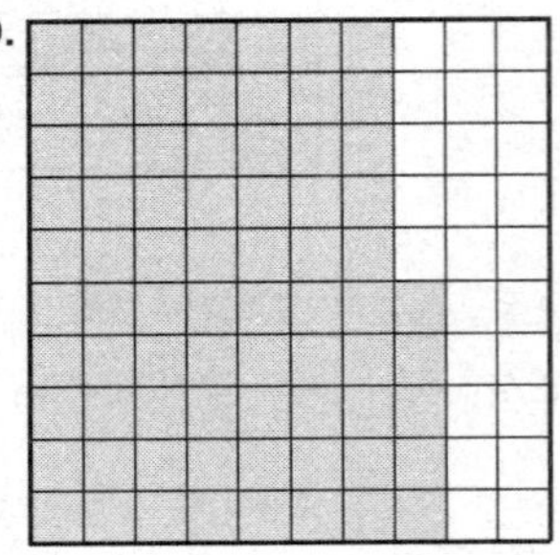

0.75 ÷ 3 = ______

c. 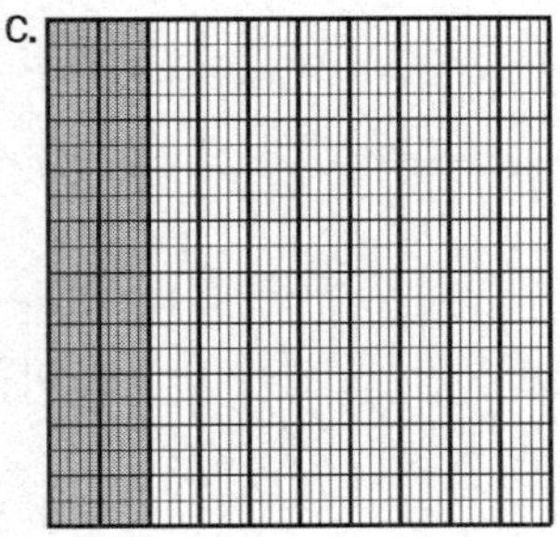

0.200 ÷ 4 = ______

8 다음의 소수판을 사용하여 몫을 정하여라. 각 정사각형 아래에 몫을 적고, 소수판에 몫에 해당하는 만큼 빗금을 칠하여라.

a. 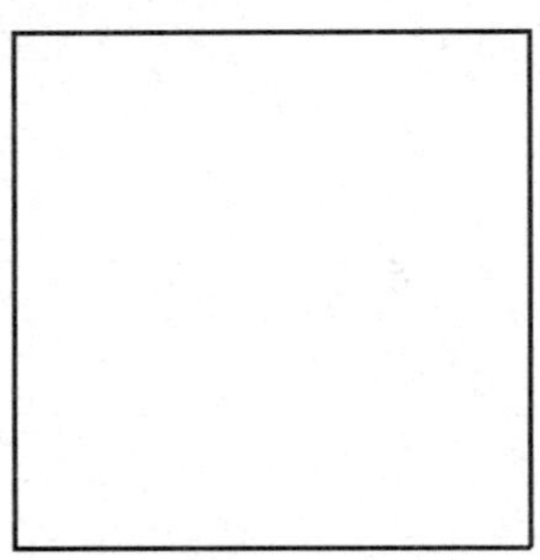

1 ÷ 10 = ______

b. 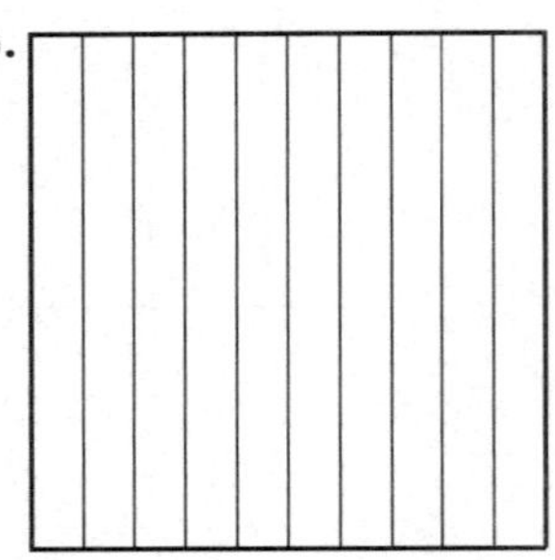

0.1 ÷ 10 = ______

c. 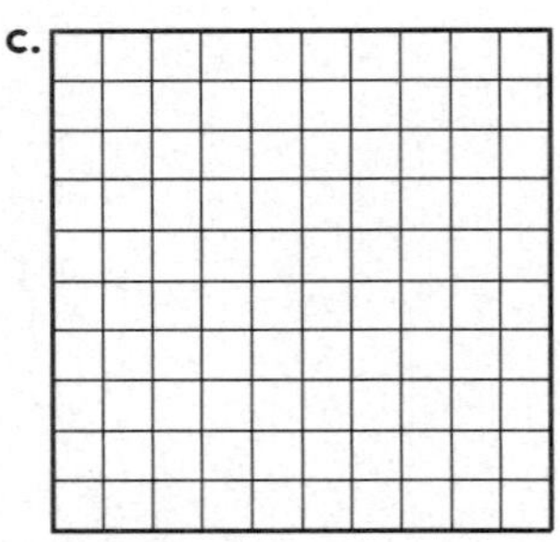

0.01 ÷ 10 = ______

***9** 활동 8에서의 결과에 비추어 볼 때, 2.87과 같은 소수를 10으로 나누면 그 결과로 자릿값은 같지만 소수점은 왼쪽으로 옮기는 것과 같은 이유를 설명하여라.

10 나눗셈의 포함제는 한 양에서 다른 양을 반복적으로 측정하는 것 또는 빼는 것을 말한다. 여기에 나타난 소수판에서는 빗금 친 부분의 15개 부분을 75개 부분으로부터 5번 빼는 것이다.

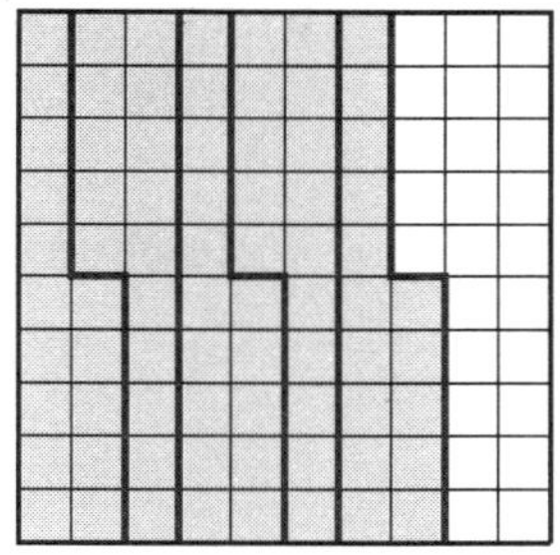

0.75 ÷ 1.5 = 5

a.

0.8 ÷ 0.2 = _____

*b.

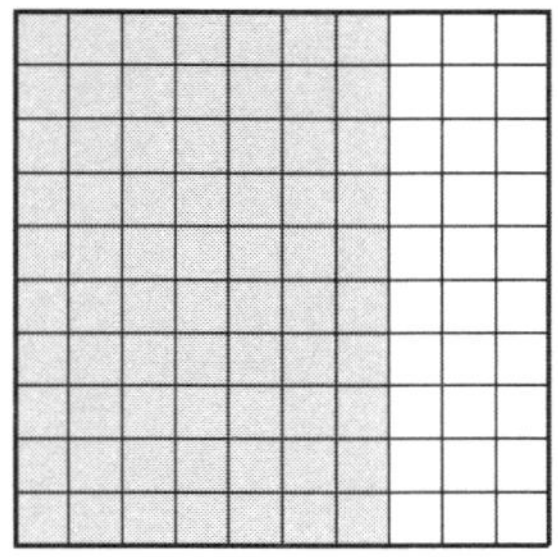

0.70 ÷ 0.05 = _____

c.

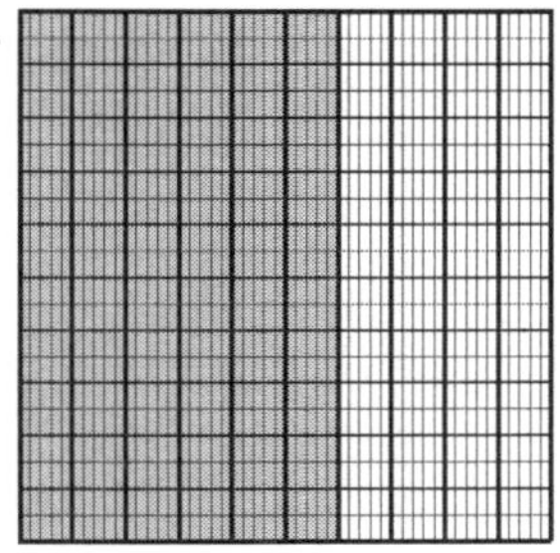

0.600 ÷ 0.3 = _____

***d.** 제2회 국가수준학업성취도평가(National Assessment of Educational Progress)에서 학생들에게 250 ÷ 0.5의 값을 구하도록 하였다. 17세 학생들 중에서 39%만이 몫을 제대로 구했으며, 47%는 소수점을 무시하고 50이라고 답을 썼다. 나눗셈에 대한 포함제를 사용하여 250 ÷ 0.5 = 500임을 설명하여라.

사칙계산

11 **a.** 다음 10개의 소수를 빈칸 하나에 하나씩 넣어 식을 완성하여라.

0.3 0.75 0.8 0.650 0.15 0.2 0.35 0.45 0.400 0.350

□ + □ = □

□ − □ = □

4 × □ = □

□ ÷ □ = 3

b. 소수판을 펴서 그중에서 10개를 선택한다. 10개의 소수를 여기에 나열한다. 소수를 오직 한 번씩만 사용하고 다음 네 개의 방정식을 가능한 많이 만들어라.

선택한 10개의 소수 ______________________________

____

$\square + \square = \square$

$\square - \square = \square$

$3 \times \square = \square$

$\square \div \square = 2$

c. 혼자서 하는 게임 : b에서 다룬 활동은 혼자서 하는 게임과 유사하다. 각 회마다 10개의 소수판을 선택하여 네 개의 식을 만족하도록 하려면 몇 번 해야 하는가?

놀이 활동

다음의 게임들을 통하여 소수 계산 수행 능력을 키우자. 첫 번째 게임에서는 덧셈, 두 번째 게임에서는 나눗셈, 세 번째 게임에서는 뺄셈이다.

소수판 블랙잭 (2명에서 4명이 할 수 있는 게임)

카드를 나누는 사람, 즉 딜러는 소수판을 뒤섞고 다른 사람들에게 정사각형을 하나씩 윗면이 보이지 않도록 내려 놓는다. 딜러도 한 장을 갖는다.

이 게임의 목적은 1과 같거나 그보다 작은 소수 또는 두 개 이상의 소수의 합을 얻기 위하여 하나 또는 그 이상의 정사각형을 사용하는 것이다.

딜러에게서 정사각형을 추가적으로 얻고 싶으면, "나를 쳐"라고 말한다. 정사각형이 필요하지 않은 경우에는 "나는 갖고 있어"라고 말한다. 모든 사람이 "나는 갖고 있어"라고 말한 후에는 모두 자신의 정사각형을 보여준다. 합이 가장 1에 가깝지만 1보다 크지 않은 사람이 1점을 얻는다. 5점을 먼저 얻는 사람이 이긴다.

가장 큰 몫 (2명에서 4명이 할 수 있는 게임)

소수판을 앞면이 밑으로 향하게 하고 흩어 놓는다. 각 사람은 정사각형 두 개씩을 고르고 한 소수를 다른 소수로 나눈 몫을 구한다. 가장 큰 몫을 얻는 것이 목표이다. 가장 큰 몫을 가진 사람이 버려진 정사각형을 포함하여 그 회에 사용된 정사각형 모두를 갖는다. 무승부인 경우에는 정사각형들을 한쪽에 쌓아두고 다음 회에서 이긴 사람이 가져간다. 소수판이 모두 없어져서 게임을 더는 할 수 없을 때까지 계속한다. 가장 많은 정사각형을 가진 사람이 이긴다.

선택 : 새로운 정사각형을 골라서 몫을 늘리고자 할 것이다. 그런데 새로운 정사각형을 고르기 전에 이미 고른 정사각형을 내놓아야 한다.

가장 큰 차 (2명에서 4명이 할 수 있는 게임)

이 게임은 '가장 큰 몫' 게임과 유사하다. 다만 매회 가장 큰 차를 가지고 게임을 한다는 점에서 다르다.

교사를 위한 후속탐구 6.2

1 **교실 상황** : 어떤 학생은 더하기 전에 소수점을 맞춰야 하는 표준 알고리즘의 사용에 대해 어떻게 소수를 더해야하는지를 알지 못할 수도 있다. 소수판 모델과 학생들의 소수 언어를 사용하여 학생들이 이 문제를 풀 수 있도록 도와 줄 것인가?

2 **교실 상황** : 초등학교 고학년 학생들이 소수판 모델과 뺄셈의 비교 모델을 사용하여 소수를 빼는 방법을 이해하도록 하는데 적절한 질문을 몇 개 만들어 보아라. 이를 초등학교 고학년 학생들에게 직접 실험해 보아라. 당신의 질문과 학생들의 반응을 기술하여라.

3 **교실 상황** : 이 장의 도입 부분에 나온 초등교과서의 소수판 뺄셈은 제거 뺄셈법을 사용하였다 (3.2절의 활동 중에 활동7을 보라). 똑같은 뺄셈을 소수판과 비교 뺄셈법을 사용하여 어떻게 할 수 있을지를 설명해 보아라.

4 **수학 개념** : 다음 각각에 대해 합 또는 차를 구하기 위해 소수판을 어떻게 사용할 수 있을지를 대략적으로 말해 보고, 모델을 표준적인 지필 계산에서의 소수점의 위치와 어떻게 연결시킬 것인지를 설명하여라. 관련 웹사이트의 소수판을 사용하여라.

a. $0.3 + 0.5$　　**b.** $0.4 + 0.65$

c. $0.85 - 0.2$　　**d.** $0.7 - 0.15$

5 **수학 개념** : 다음 각각에 대해 곱과 몫을 계산하기 위해 소수판 모델을 사용하는 방법을 보여주는 그림을 그리고 그 모델이 어떻게 지필 계산 알고리즘과 일치하는지를 설명하여라. 관련 웹사이트의 소수판을 사용하여라.

a. 0.2×0.5　　**b.** 1.2×1.5　　**c.** $0.75 \div 0.15$

6 **수학 개념** : 활동 10에서는 나눗셈의 포함제를 사용하여 한 소수를 다른 소수로 나누었다. 그런데 몫을 계산하는 또 다른 방법은 피제수와 제수에 똑같은 10의 거듭제곱을 곱하여 만들어진 자연수를 나눗셈하는 것이다. 예를 들어, $0.75 \div 0.15 = 75 \div 15$, $0.8 \div 0.2 = 8 \div 2$, $0.70 \div 0.05 = 70 \div 5$이다. 이와 같이 소수의 나눗셈이 자연수의 나눗셈으로 바뀔 수 있는 이유를 소수판을 사용하여 설명하여라.

7 NCTM **규준** : 6－8학년의 수와 연산 규준을 보고 '연산의 의미 이해'라는 규준을 찾아보아라. 소수판을 사용하는 것이 중학생들로 하여금 소수의 덧셈과 뺄셈을 이해하게 만드는 방법을 설명하여라.

BENNETT-BURTON-NELSON 웹사이트

www.mhhe.com/benett-nelson

웹 교구	모눈종이와 점종이	링크와 읽을 자료
대화형 애플릿	투명색지	Geometer Sketchpad 모듈
퍼즐 내는 사람	보충된 참고문헌	

활동모음 6.3 퍼센트 도입을 위한 모델

▶▶ 목표

퍼센트 개념을 도입하고 다양한 퍼센트 문제를 풀기 위해 십진수 조각을 사용하기

웹 교구

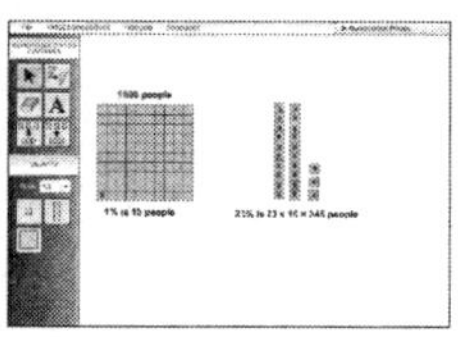

www.mhhe.com/bbn

▶▶ 준비물

교구 세트와 웹 교구의 십진수 조각

▶▶ 도입

퍼센트는 매우 널리 사용되는 수학적 개념이다. 텔레비전에서 신문, 쇼핑에 이르기까지 퍼센트라는 용어는 다음과 같이 매일 들을 수 있다.

> 퍼센트는 어디에나 있다. 우리가 먹는 음식(콘프레이크는 비타민의 일일 섭취 권장량 25%를 가지고 있다), 우리가 입는 옷(면이 35%), 우리가 즐겨보는 텔레비전 프로그램(시청자의 55%가 보는 프로그램), 우리가 버는 돈(세금 납세자의 25%), 우리가 쓰는 돈($5\frac{1}{2}$%의 세금 환급). 현대 사회에서 퍼센트를 이해하지 못하는 사람은 신문에 나타나는 글이나 광고를 읽는데 어려움이 있으며, 보험사, 소매상에 의해 속고 있는지를 알거나 정치가가 잘못하고 있는지 등을 아는데 어려움이 있다. [7]

어떤 것을 100개로 등분할했을 때 한 부분을 일 퍼센트라고 하며, 1%라고 쓴다. 십진수 조각의 10 × 10 격자는 100개의 부분으로 등분할 될 수 있으며, 가장 작은 정사각형이 1%이며, 격자 전체는 100%이다. 이 수 조각을 사용하여 퍼센트 개념과 다양한 퍼센트 문제를 풀 것이다.

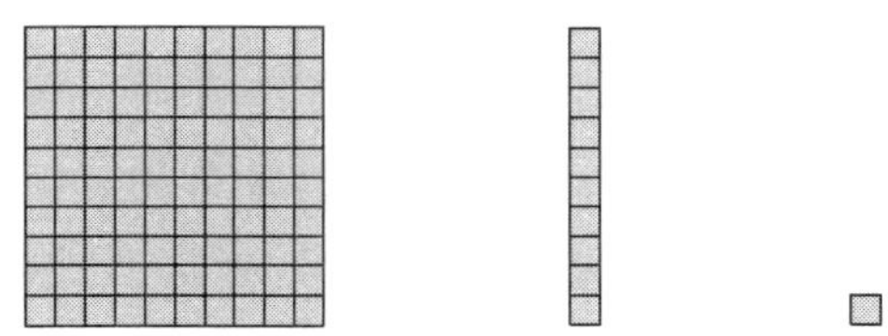

퍼센트를 다루는 전형적인 방식은 이 모델을 포함하는 다음과 같은 활동모음으로 나타날 것이다.

퍼센트와 전체	150의 25% = ?
부분과 전체	150의 ?% = 90
퍼센트와 부분	?의 6% = 24

이 활동모음의 끝에서 분수 막대를 거의 100개의 부분으로 분해하여 분수에 대한 퍼센트와 소수 어림을 하게 될 것이다.

---

1 10 × 10 격자가 100%를 나타낸다면, 다음에 나와 있는 십진수 조각들의 모임은 각각 몇 퍼센트를 나타내는가?

[7] James H. Wiebe, "Manipulating Percentages," *The Mathematics Teacher* (January 1986): 23–6.

단원 14 풍요롭게 하기

분수, 소수, 퍼센트의 관련성 탐구

용어
퍼센트
비

분수와 소수가 전체에 대한 부분을 어떻게 지칭하는지를 살펴보았다. 퍼센트는 전체에 대한 부분을 지칭하는 또 다른 방법이다.

퍼센트는 백에 대해 얼마인가를 의미한다. 격자판을 보면, 100개의 정사각형 중에서 25개가 회색이다. 이를 퍼센트로 다음과 같이 나타낸다: 이 격자의 25%는 회색이다.

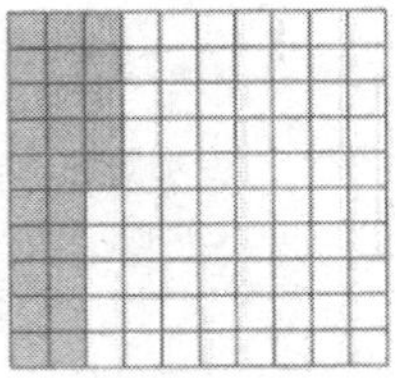

정사각형 판의 25%는 회색이다.

또한 분수로도 나타낼 수 있다: 100개 중에서 25개 $= \dfrac{25}{100} = \dfrac{1}{4}$

소수로도 나타낼 수 있다. 100개 중에서 25개 = 백분의 25 = 0.25

$$25\% = \frac{25}{100} = 0.25$$

격자의 부분을 비교하기 위해 비를 사용할 수도 있다. 비는 두 양을 비교하는 것이다. 비를 분수로 나타낼 수 있다.

100개의 부분들 중에서 회색 부분이 25개이다. 이를 비의 형태로 쓰면,

25 : 100 또는 1 : 4.

다음 회색 부분을 퍼센트로 나타내어라. 그리고 나서 퍼센트를 다시 분수로, 소수로, 비로 나타내어라.

1.

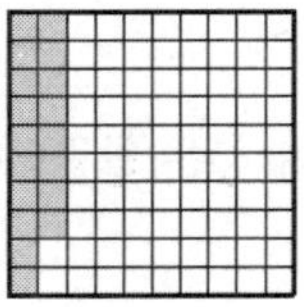

2.

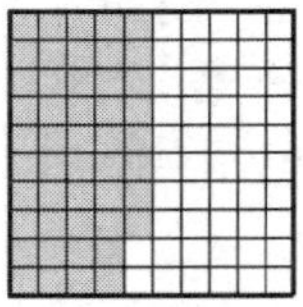

3.

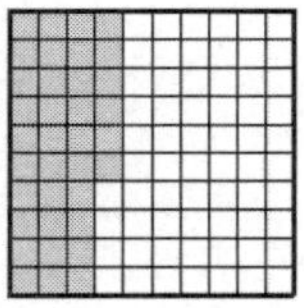

4.

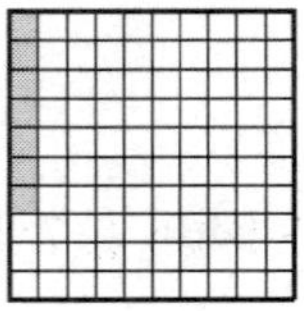

5.

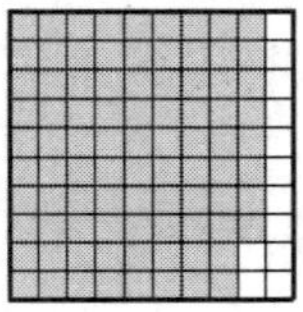

6.

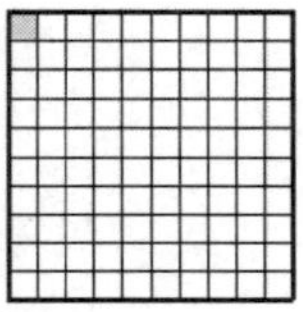

퍼센트를 분수와 소수로 나타내어라.

7. 50% **8.** 10% **9.** 44% **10.** 77%

11. 100%는 분수로 얼마인가? 소수로 얼마인가?

*a. b. *c. *d. e.

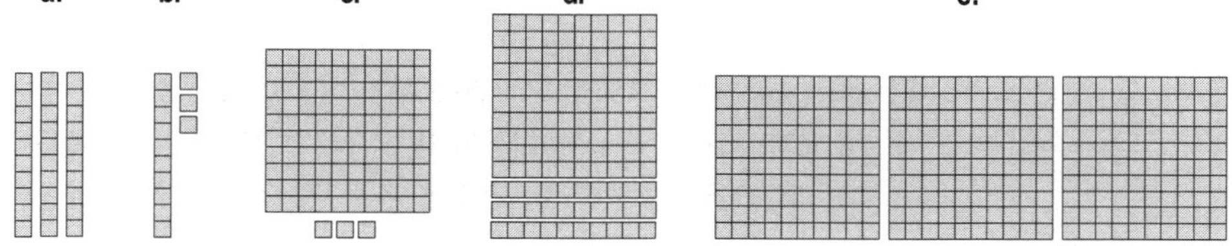

퍼센트: _______ _______ _______ _______ _______

2 10 × 10 격자가 100%를 나타낸다면, 십진 수 조각들을 사용하여 아래의 퍼센트가 되도록 나타내어 보아라. 그림을 그려라.

***a.** 23% **b.** 98% ***c.** 105%

d. 123% **e.** 202% ***f.** $\frac{1}{2}\%$

값 300

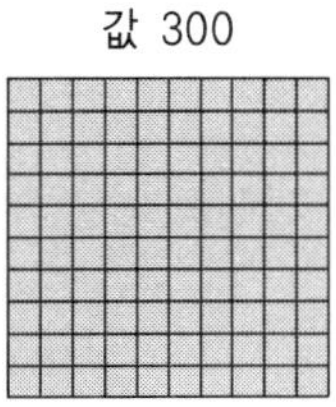

3 10 × 10 격자에 300이라는 값을 부과하였고, 모든 작은 정사각형에 공평하게 분배되었다고 가정해 보자. a－e에 이 값을 사용하여라.

***a.** 한 작은 정사각형의 값을 찾는 암산을 수행하기 위한 쉬운 방법을 써보아라.

암산을 사용하여 다음과 같은 십진수 조각들의 모임의 값을 정하여라.

b.

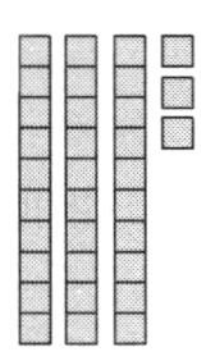

값 : _______

***c.**

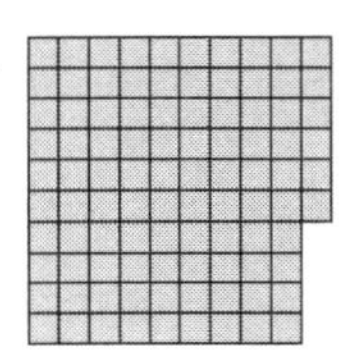

값 : _______

d.

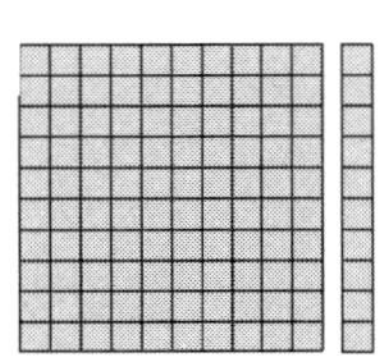

값 : _______

e.

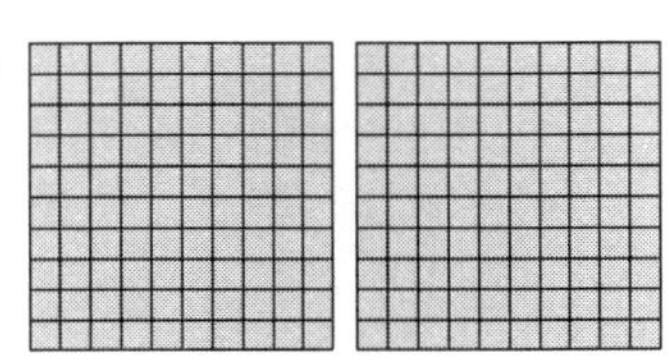

값 : _______

퍼센트와 전체

값 150

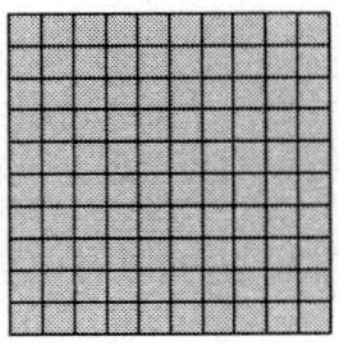

4 10 × 10 격자에 150이라는 값을 부과하였고, 모든 작은 정사각형에 공평하게 분배되었다고 가정해 보자. 각각의 a－e에 대하여 10 × 10 격자의 주어진 퍼센트를 나타내는 십진수 조각의 모임을 고르고 스케치를 하여라. 단순한 지필 계산 없이 각 값을 구하여라.

***a.** 150의 30%의 값 = ?

b. 150의 75%의 값 = ?

***c.** 150의 7%의 값 = ?

d. 150의 111%의 값 = ?

e. 150의 210%의 값 = ?

f. 전체에 대한 퍼센트의 값을 정하기 위해 십진블록을 어떻게 사용하였는지 설명하여라.

부분과 전체

값 450

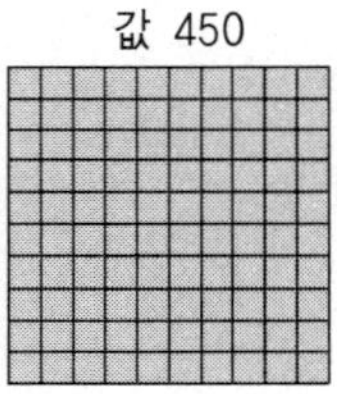

5 10 × 10 격자에 대해 450의 값을 부과하여라. 각각의 a－e에 대하여 10 × 10 격자의 몇 퍼센트인지 구하여라. 주어진 퍼센트를 나타내는 십진수 조각의 모임을 고르고 그려보아라.

***a.** 450의 ?% = 45

b. 450의 ?% = 108

c. 450의 ?% = 441

d. 450의 ?% = 585

e. 450의 ?% = 909

f. 전체에 대한 퍼센트의 값을 정하기 위해 십진수 조각을 어떻게 사용하였는지 설명하여라.

퍼센트와 부분

6 a－e에 대해 10 × 10 격자판에서 주어진 퍼센트를 나타낼 수 있는 십진수 조각의 모임을 고르고 그려라. 각 부분에서 주어진 값을 모임이 가지려면, 10 × 10 격자 전체는 어떻게 되어야 할까?

***a.** ?의 6% = 24

b. ?의 40% = 30

c. ?의 55% = 132

d. ?의 125% = 180

e. 전체에 대한 퍼센트의 값을 정하기 위해 십진수 조각을 어떻게 사용하였는지 설명하여라.

퍼센트에 관한 몇 가지 이야기들

7 퍼센트를 다루고 있는 많은 명제들을 십진수 조각 모델을 가지고 나타낼 수 있다. 예를 들어, "지난해에 자선 기부가 $6720 상승하였다. 이는 목표의 120%이다"라고 말했을 때, 120%를 십진수 조각으로 나타낼 수 있다.

모델에서 우리가 몇 가지 관찰할 수 있는 것들이 있다.

(1) 120%는 $6720의 값을 갖고 있기 때문에 각 막대는 $560($6720 ÷ 12)이며, 다시 말해 각각의 작은 정사각형은 $56($6720 ÷ 120)을 갖는다.

(2) 지난해의 목표(100%)는 $5600(10 × $560 또는 100 × $56)이었음에 틀림없다.

(3) 초과한 목표치는 $1120($6720 − $5600)이다.

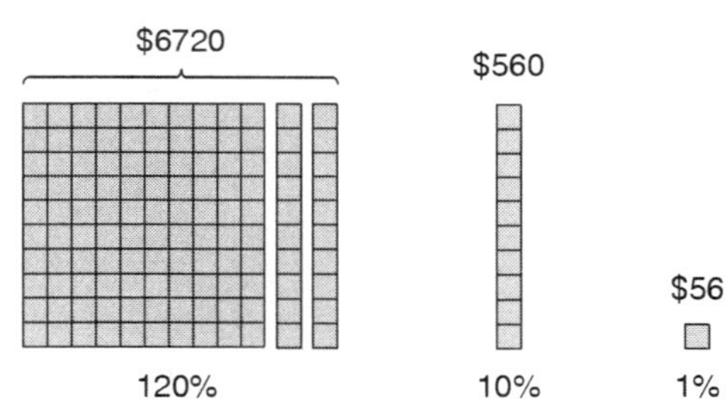

다음 각 명제를 십진수 조각을 가지고 모델화하여라. 모델의 그림을 그리고 최소한 한 번 퍼센트 관찰을 적고, 어떻게 그 결과에 이르렀는지를 설명하여라.

***a.** 농장의 320명의 노동자 중에서 65%는 여성이다.

***b.** 학교의 800명의 학생 중에서 280명이 결석하였다.

c. 상점에서 30%를 세일하여 $126에 이 스웨터를 샀다.

d. 올해 자선 기부의 목표치는 \$57,000이었으며, 이 목표치의 135%를 달성하였다.

e. 어떤 주에서는 허가를 위한 권장치보다 더 많은 학생 대 교사의 비율을 가지고 있다. 57개 학교는 이 주에 있는 학교 수의 38%이다.

f. 6월에 뉴욕 주식 거래소에 새로운 회사가 들어왔으며, 12월에 가서는 각 주식의 값이 223%까지 올라 \$32.50가 되었다.

퍼센트로서의 분수

8 분모가 100의 인수인 분수는 쉽게 퍼센트로 나타낼 수 있다. 예를 들어 $\frac{3}{4}$인 분수 막대의 각 부분이 25개의 부분들로 등분할될 수 있다면, 분수 막대는 전체 100개의 등분할된 부분 중에서 75개의 부분이 색칠될 것이다. 따라서 $\frac{3}{4}$는 75%, 또는 0.75와 같다.

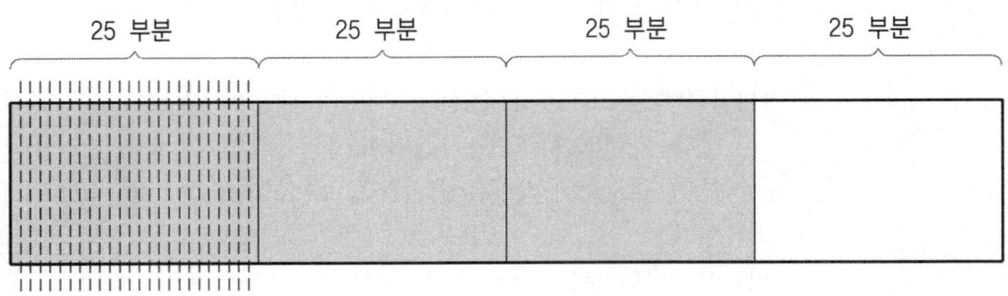

$$\frac{3}{4} = \frac{75}{100} = 75\% = 0.75$$

다음 분수 막대의 각 부분을 똑같이 100개의 부분으로 분할한다고 해보자. 분수 막대의 각 부분에 위에서처럼 분할 후의 새로운 부분들의 수를 쓰고, 각 분수에 대한 퍼센트와 더불어 동치인 소수를 구하여라.

a.

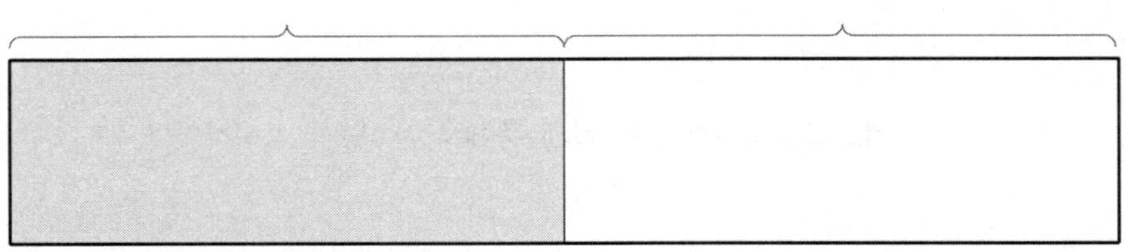

$$\frac{1}{2} = \frac{\quad}{100} = \underline{\qquad\quad}\% = \underline{\qquad\quad}$$

b.

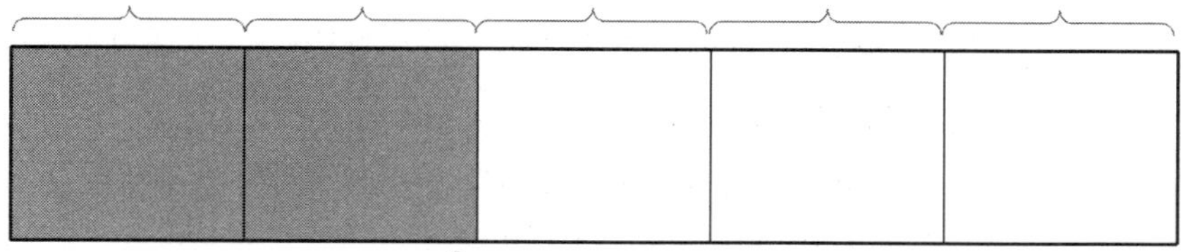

$\frac{2}{5} = \frac{\quad}{100} = $ ______ % = ______

c.

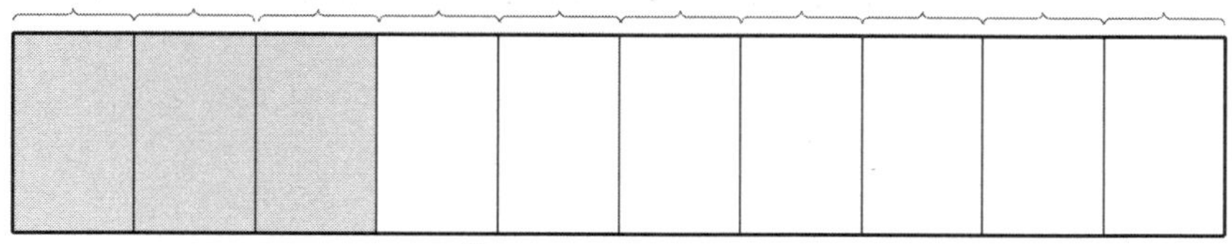

$\frac{3}{10} = \frac{\quad}{100} = $ ______ % = ______

***d.**

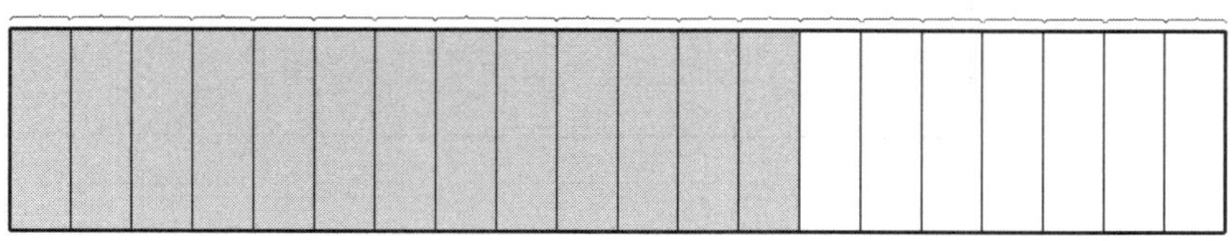

$\frac{13}{20} = \frac{\quad}{100} = $ ______ % = ______

근사 퍼센트로서의 분수

9 각 분수 $\frac{1}{7}$에 대하여 퍼센트로 근삿값을 구하기 위해서는 먼저 $\frac{1}{7}$ 분수 막대를 시각화하여라. 이 분수 막대는 7개의 부분 중에서 1 부분이 음영이 칠해져 있다. 이 분수 막대의 각 부분이 14개의 등분할된 부분으로 나뉜다면, 그 결과는 98개의 부분 중에서 14개의 부분이 음영으로 나타내는 것이다.

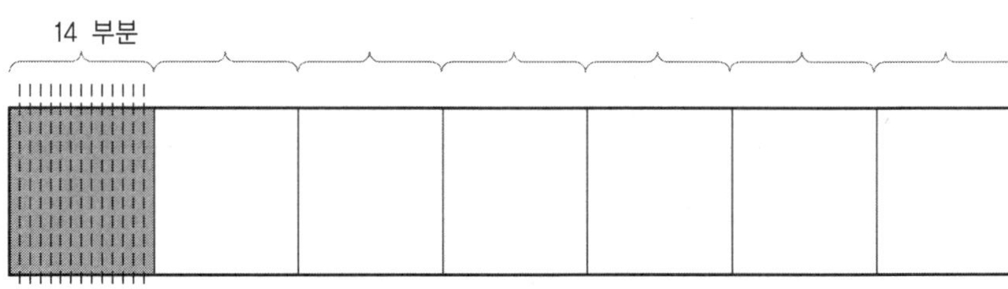

$$\frac{1}{7} = \frac{1 \times 14}{7 \times 14} = \frac{14}{98}$$

$\frac{1}{7}$ 분수 막대의 각 부분을 15개의 부분들로 등분할하면, 105개의 부분 중에서 15개의 부분이 음영으로 나타내질 것이다.

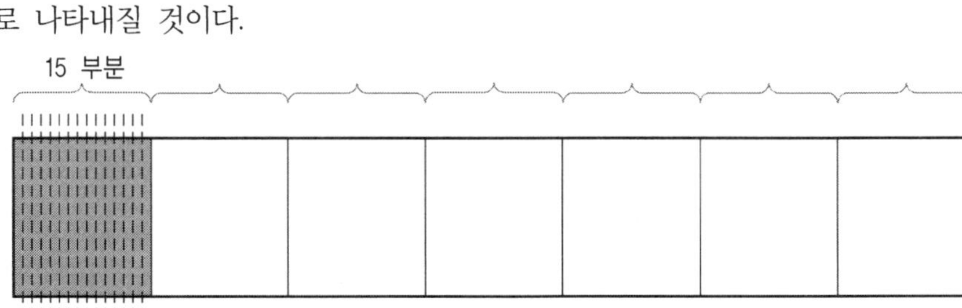

$$\frac{1}{7} = \frac{1 \times 15}{7 \times 15} = \frac{15}{105}$$

105는 98만큼 100에 가까운 것이 아니기 때문에 $\frac{1}{7}$은 거의 14%라고 말할 수 있다. 14%는 $\frac{14}{100}$이기 때문에 소수 0.14는 $\frac{1}{7}$의 근삿값이 된다.

다음 분수 각각에 대해 퍼센트와 소수로 근삿값을 구하여 보아라. 이때 해당되는 분수 막대를 거의 100개의 부분들로 분해하여라(또는 그림으로 나타내어라). 등분할을 이용하여 부분의 수를 가리킴으로써 각 분수를 위한 퍼센트를 어떻게 구하였는지를 설명하여라.(다음을 기억하여라. 분수 막대의 각 부분은 모두 똑같은 수의 부분들로 등분할되어야 한다.)

a. $\frac{1}{3} = \frac{\quad}{100} =$ ________ % = 0.____

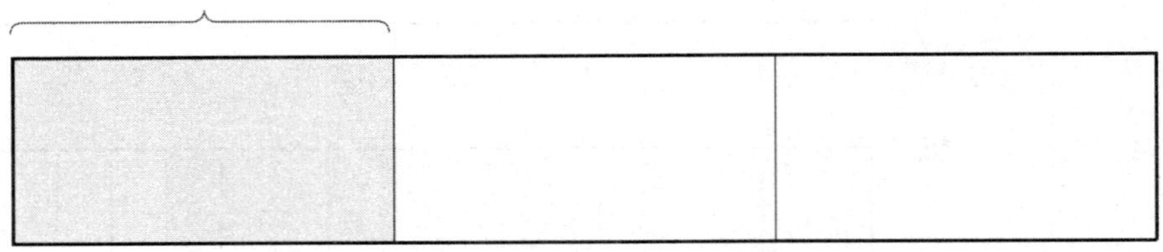

b. $\frac{5}{6} = \frac{\quad}{100} =$ ________ % = 0.__________

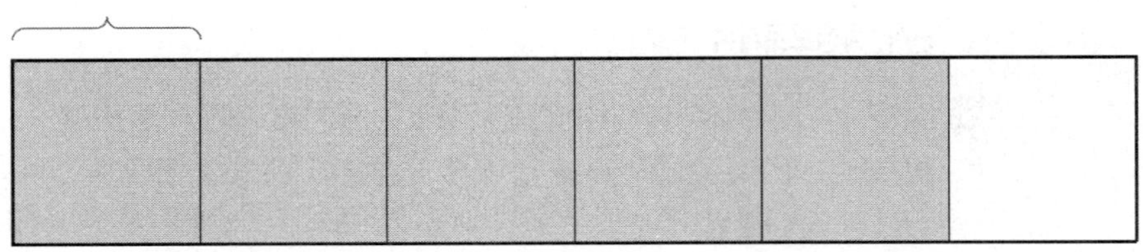

c. $\frac{2}{9} = \frac{\quad}{100} =$ ________ % = 0.__________

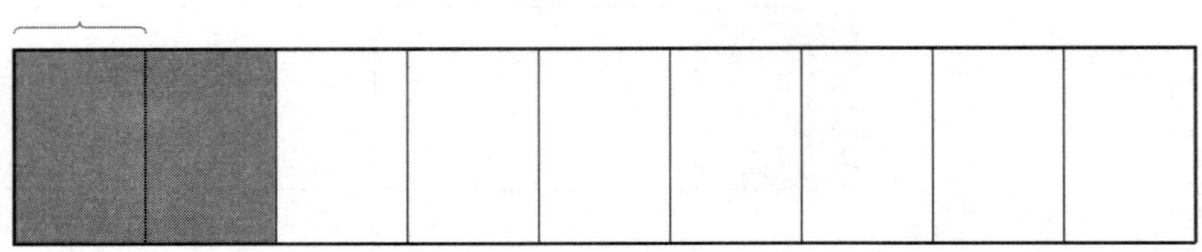

놀이 활동

재미있는 게임(2명에서 4명까지 할 수 있는 게임)

이 게임에서는 컬러 타일, 교구 세트 회전판(1에서 12까지 적혀 있음), 자료 카드 18의 게임판 등이 필요하다.

각 사람은 한 색 표지를 고르고 누가 먼저 게임을 시작할지(높은 수)를 알아보기 위해 회전판을 돌린다. 다음으로, 1%에서 10%를 나타내는 수 1－10을 지닌 퍼센트를 얻기 위해 회전판을 돌린다(11과 12의 수를 맞힌 사람은 다시 돌린다). 회전판을 돌리면서 머릿속으로 다음 양($50, $100, $200, $300, $400, $500, $600)에 대한 한 가지의 퍼센트를 계산하고, 그 양(interest)의 정확한 퍼센트에 해당하는 표의 수에 색 표지를 놓는다. 한 사람이 행, 열, 대각선 상관없이 한 줄로 이웃하는 표지들을 4개 놓게 될 때까지 게임을 계속한다.

• **예** • 7%를 맞혔다 : $400의 7%를 취하면 $28이다. 색 표지를 게임 판 위의 수 28에 놓는다.

$50 $100 $200 $300 $400 $500 $600

0.5	1	1.5	2	2.5	3	3.5	4	4.5	5
1	2	3	4	5	6	7	8	9	10
2	4	6	8	10	12	14	16	18	20
3	6	9	12	15	18	21	24	27	30
4	8	12	16	20	24	28	32	36	40
5	10	15	20	25	30	35	40	45	50
6	12	18	24	30	36	42	48	54	60

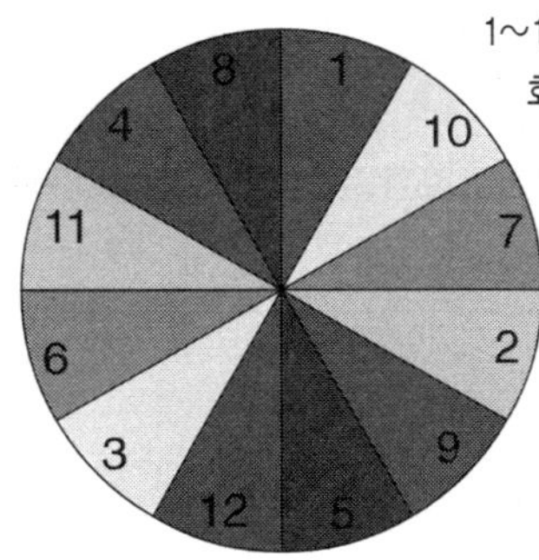

1~12까지의 회전판

자리값 애플릿에서 경기하기

이 애플릿은 두 사람이 하는 게임으로, 회전판을 돌려 나온 숫자를 자릿값 표에 넣어 가장 큰 네자리 소수를 만드는 것이다. 다음 예를 보면, 로봇과 게임을 하고 있는 것이다. 회전판을 돌려 나온 5를 당신이라면 자릿값표의 어느 빈 칸에 넣을 것인가? 이 놀이를 할 때, 표에 숫자를 넣는 로봇의 전략을 파악하려고 노력해야 한다. 예를 들어, 마지막 빈칸에 넣을 수 있는 수를 임의대로 한번 더 결정할 수 있다면, 회전판을 돌려 나온 숫자 5를 자릿값표의 어디에 놓을 것인가?

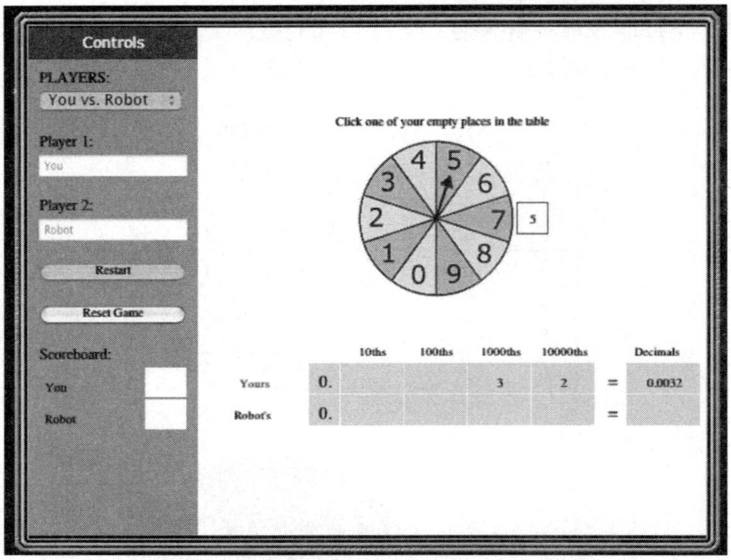

교사를 위한 후속탐구 6.3

1 교실 상황 : 학생들 중에서는 "원래 가격에서 30%를 할인하여 $10.99에 팝니다."와 같이 광고되는 물품의 원래 가격을 구하는 방법을 잘 모르는 학생이 있을 수 있다. 학생들을 도와 주기 위해 십진수 조각들을 어떻게 사용할 것인가? 설명에 도식을 포함하여라.

2 교실 상황 : 일부 학생들은 다음과 같은 질문에 대한 답에 동의하지 않을 수 있다. 십진수 조각이나 퍼센트 격자 등을 사용하여 이 문제를 해결하려는 학생들을 어떻게 도와줄 것인가? 값이 처음에 50% 오르고 그러고 나서 50%가 다시 내렸다면, 가격이 원래대로 되돌아온 것인가 아니면 원래 가격보다 오른 것인가, 내린 것인가?

3 교실 상황 : 10 × 10 격자 위에 $\frac{1}{2}$퍼센트를 나타내어라. 다음으로, 이 장의 도입 부분에 있는 초등교과서에 나와 있는 것처럼, $\frac{1}{2}$퍼센트를 분수, 소수, (범자연수의) 비 등으로 표현하는데 다이어그램을 어떻게 사용할 것인지 설명하여라.

4 수학 개념 : 다음을 십진블록 조각을 사용하여 나타내어라. 모델을 그리고, 그린 그림에 이름을 붙이고, 각 명제에 대하여 최소 1퍼센트를 기록하여라. 각 경우에 대해 추론 과정을 설명하여라.

a. 120명의 학생 중에서 70%는 여자이다.

b. 이 학급의 30명의 학생 중에서 10명은 중학교 선생님이 되고 싶어한다.

c. 교육센터에서 35퍼센트 세일할 때 제인은 교구를 25달러 주고 샀다.

5 수학 개념 :

a. 어떤 양이 가격에서 두 배가 된다면, 그 양이 몇 퍼센트 오른 것인가? 문제를 해결하는데 십진수 조각 도식을 포함하여라.

b. 어떤 양이 가격에서 세 배가 된다면, 그 양이 몇 퍼센트 오른 것인가? 문제를 해결하는데 십진수 조각 도식을 포함하여라.

6 수학 개념 : 다음 각 경우에 대하여, 당신의 생각을 설명하고, 당신의 답을 정당화하기 위하여 십진수 조각이나 퍼센트 격자의 도식 또는 그림 등을 포함하여라.

a. 어떤 양의 13%가 $45의 값을 가지고 있다면, 100%에 해당하는 값은 얼마인가?

b. 어떤 양의 45%가 $3의 값을 가지고 있다면, 100%에 해당하는 값은 얼마인가?

c. a와 b는 같은 질문인가 다른 질문인가? 당신의 생각을 써라.

7 NCTM **규준** : http://illuminations.nctm.org/와 '수업' 하위 항목인 6－8 수준과 수 연산 규준을 선택하여라. 퍼센트에 관한 단원을 고르시오.

a. 단원명을 명시하고 간단히 요약하여라.

b. 이 책의 부록에 있는 규준 요약집을 참조하여, 수 연산 규준에서의 기대하는 바를 나열하고 그 기대를 어떻게 달성할 것인지를 설명하여라.

BENNETT-BURTON-NELSON 웹사이트

www.mhhe.com/bbn

웹 교구	모눈종이와 점종이	링크와 읽을 자료
대화형 애플릿	투명색지	Geometer Sketchpad 모듈
퍼즐 내는 사람	보충된 참고문헌	

활동모음 6.4 지오보드와 무리수

▶▶ 목표

선분과 둘레의 길이가 무리수인 도형을 나타내기 위하여 지오보드와 점 종이를 사용하기

웹 교구

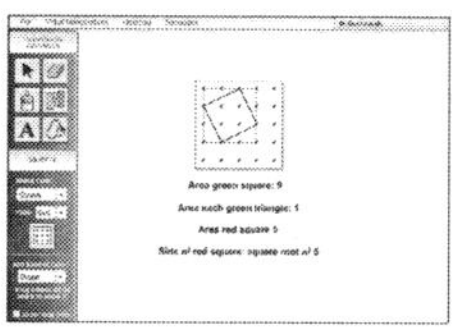

www.mhhe.com/bbn

▶▶ 준비물

지오보드와 고무줄(선택사항). 자료 카드 8에 있는 직사각형 지오보드를 만들기 위한 본이 있다. 웹 교구에 있는 지오보드를 사용할 수 있다.

▶▶ 도입

최대공약수를 위한 막대 모델을 사용할 때(활동모음 4.2), 자연수 길이를 가지고 있는 두 막대는 똑같은 공통의 길이를 갖는 조각들로 잘라질 수 있다는 것을 알아보았다. 몇몇 경우에는 3과 8과 같이 막대의 길이가 서로소이더라도 공통의 길이 1을 가지고 있는 똑같은 조각들로 분해될 수 있다.

두 막대가 자연수 길이를 가지고 있지 않고 유리수 길이를 가지고 있다면 우리는 역시 막대를 두 개의 공통된 길이로 자를 수 있을까? 그렇다. 예를 들어 막대가 $3\frac{1}{3}$과 $5\frac{1}{2}$의 길이를 가지고 있다고 가정해 보자. 각각은 $3\frac{2}{6}$, $5\frac{3}{6}$과 같기 때문에 막대는 길이 $\frac{1}{6}$의 길이로 자를 수 있다.

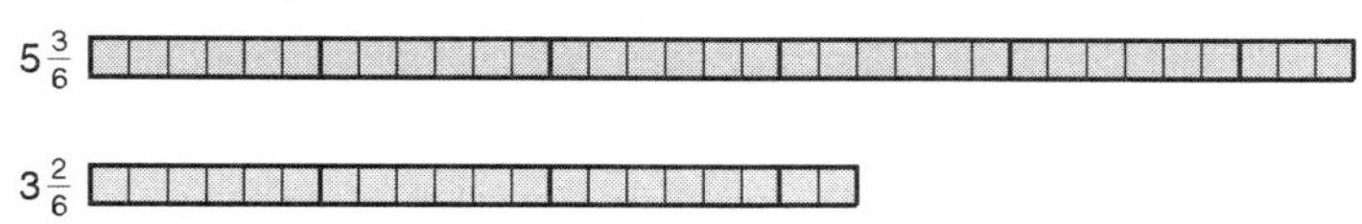

그렇다면, 어떤 두 길이도 공통의 길이로 분할될 수 있을까? 2300년 전 수학자들은 그렇다고 대답하였다. 그들은 어떤 두 길이도 통약가능하다(commensurable)고 생각하였다. 다시 말해 측정의 공통 단위를 가지고 있다고 생각하였다. 이 단위는 인치의 몇 백만분의 일, 십억분의 일 등으로 아주 작을지라도 확실히 그러한 길이는 항상 존재하는 것이었다. 그리스 수학자 히파소스(기원전 470년경)가 정사각형의 한 변과 대각선은 통약불가능하다는 것을 발견하였을 때, 다시 말해 측정의 공통 단위가 없다는 것을 발견하였을 때, 그는 수학에서 커다란 위기를 초래한 인물로 지목되었으며, 전하는 바에 따르면, 바다 어딘가로 끌려가서 다시는 돌아오지 못하였다고 한다. 그의 발견은 결국 새로운 유형의 수, 소위 무리수(irrational number), 순환하지 않는 무한소수의 발견이었다.

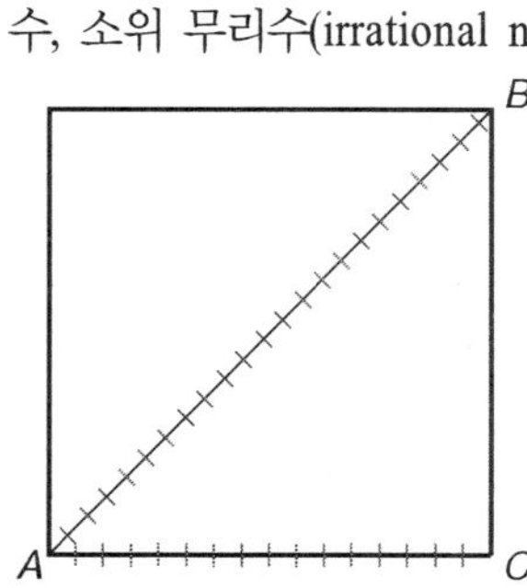

정사각형에서 변 AB와 변 AC는 똑같은 공통의 길이를 갖는 조각들로 분해될 수 없다

11-3a 실험해보기

단원 11-3 미리보기

배울 내용
직각삼각형의 변 사이의 관계를 찾기

교구
- 격자종이(센티미터)
- 자
- 가위

피타고라스 정리

관찰하기 : 교실에서의 수업

사천 년 전에 고대 이집트인들은 정사각형 모양의 틀을 가지고 영역을 표시하였다. 그들은 밧줄을 골라 간격이 일정하게 12개의 매듭을 지었다. 그러고 나서 다시 세 개로 나누어 직각이 되도록 밧줄을 다시 펼쳤다. 삼각형의 길이는 3, 4, 5가 된다.

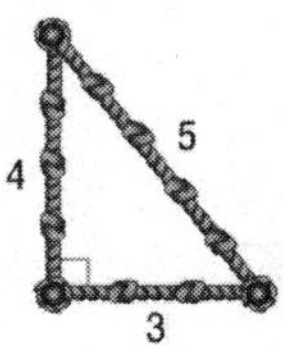

단계1: 격자 종이 위에 길이가 3센티미터인 막대를 그려라. 이 막대의 한 끝에 4센티미터가 되도록 수직인 선분을 그려라. 삼각형이 되도록 세 번째 막대를 그려라. 삼각형을 자르시오.

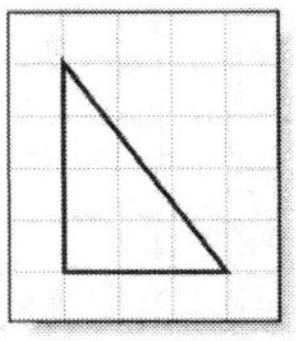

단계2 : 센티미터자로 가장 긴 변의 길이를 재어라. 이 경우 5센티미터가 된다.

단계3 : 정사각형을 세 개 자르시오. 한 변이 3센티미터인 정사각형, 한 변이 4센티미터인 정사각형, 한 변이 5센티미터인 정사각형.

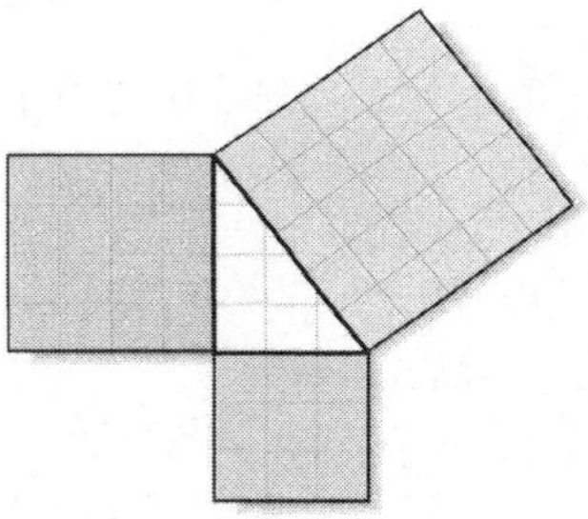

단계4 : 직사각형의 각 변에 위에서 만든 정사각형을 붙이시오.

단계5 : 각 정사각형의 넓이를 구하여라.

수학 쓰기

짝과 같이 해보아라.

1. 세 개의 정사각형의 넓이 사이에는 어떤 관계가 있습니까?
   다음의 길이를 갖고 있는 수직인 변들로 이루어진 직사각형에 대해서 위의 활동을 해 보아라. 발견한 내용을 식으로 써보아라.
2. 6cm, 8cm
3. 5cm, 12cm
4. 발견한 내용을 한두 문장으로 기술하여라.
5. **추측 만들기** : 한 삼각형에서 서로 수직인 두 변이 9인치, 12인치라고 할 때, 이 삼각형의 제3의 변의 길이를 정하여라.

1 영역 X는 지오보드에서 넓이의 단위 1을 나타낸다. 영역 Y는 6개의 단위 정사각형과 4개의 반 개짜리로 나눌 수 있으며 모두 8개 정사각형 단위의 넓이를 갖는다. 이 도형을 지오보드 위에 만든다면, 그것을 단위 정사각형과 반 개짜리들로 나누는데 고무줄을 사용하는 것이 좋을 것이다. 영역 Z는 넓이가 6 정사각형 단위인 직사각형의 절반이다. 그래서 Z는 3개의 정사각형 단위의 넓이를 가지고 있다.

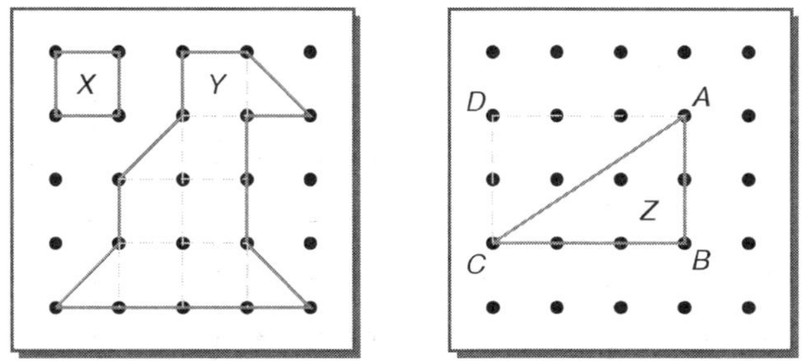

각각의 작은 정사각형은 1 정사각형 단위를 가지고 있다고 가정하고, 다음 지오보드 위의 영역들의 넓이는 얼마인지 구하여라. 도형 안에 넓이를 적으시오.

a.
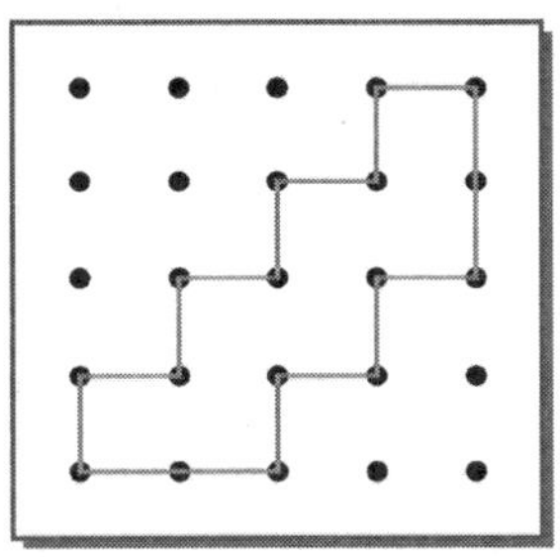

*b.
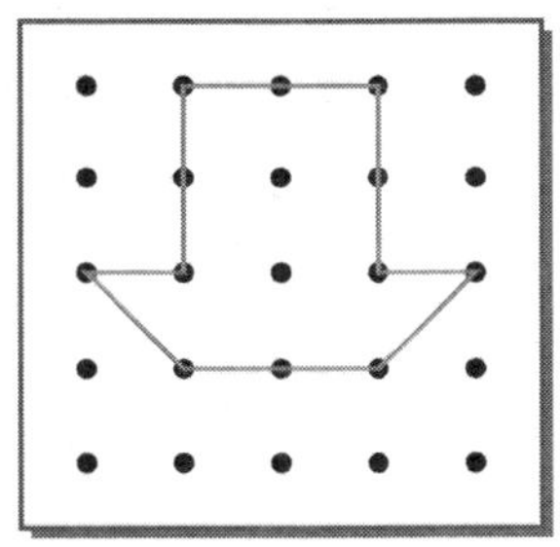

c.
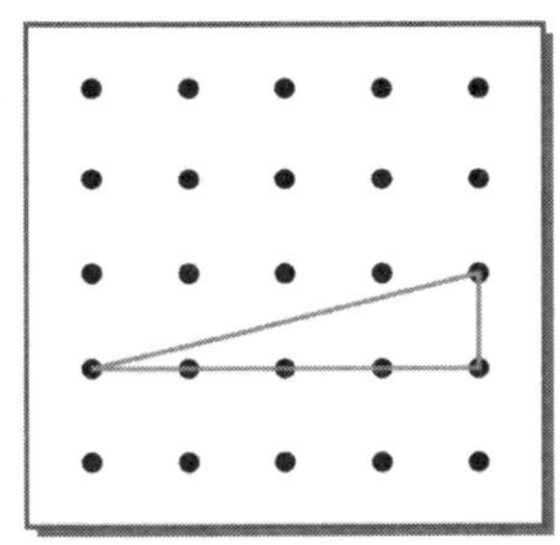

d.
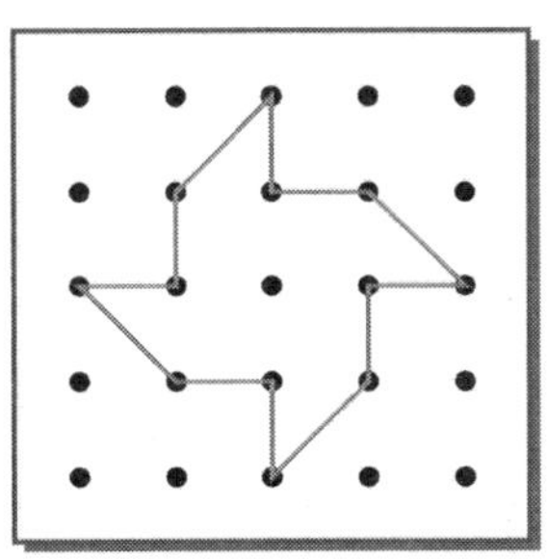

*e.
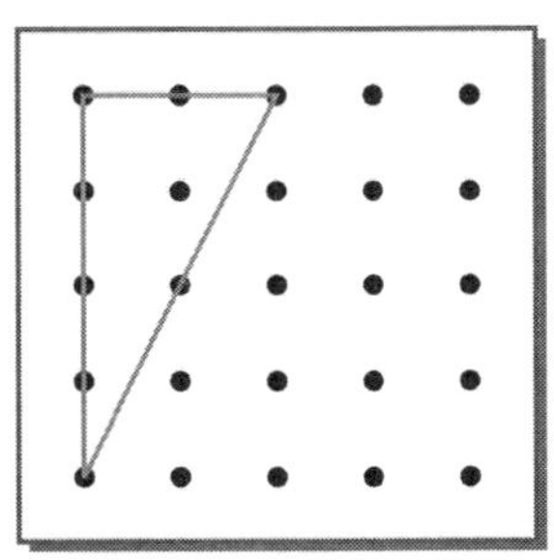

f.
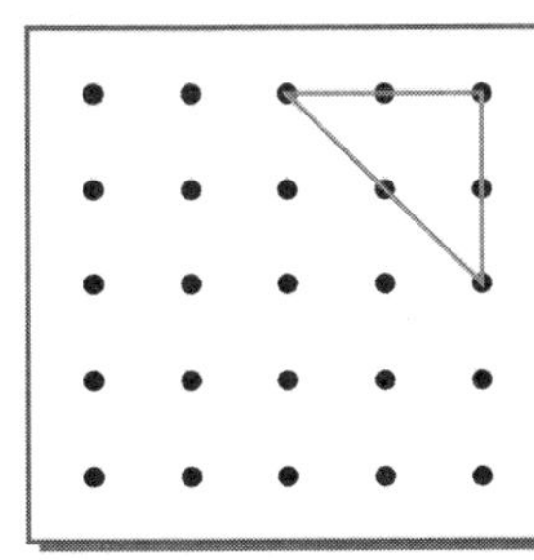

g.
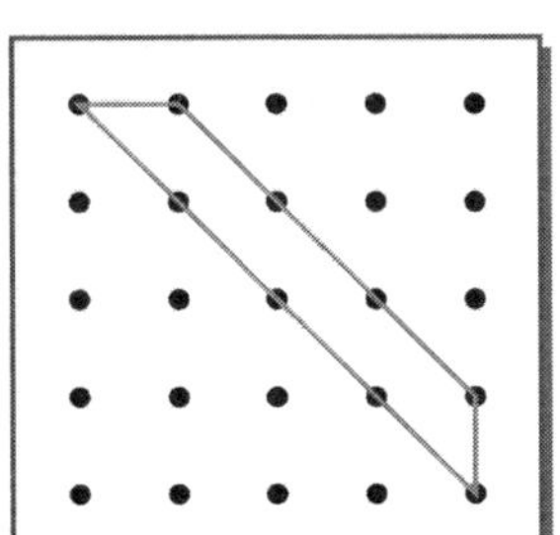

*h.
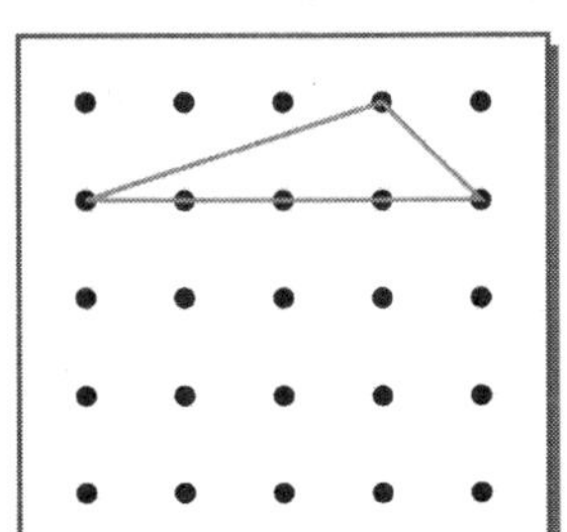

i.
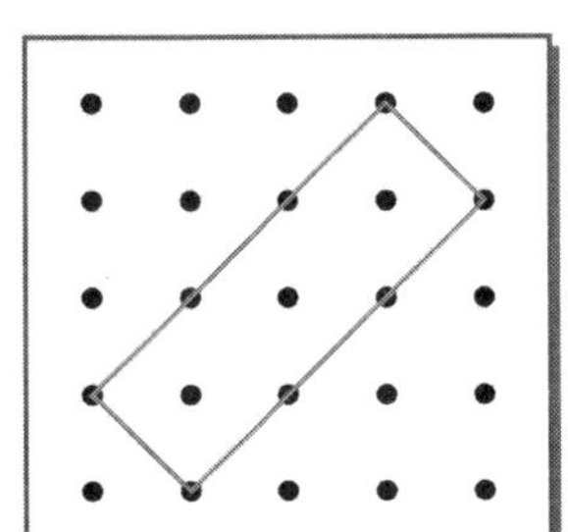

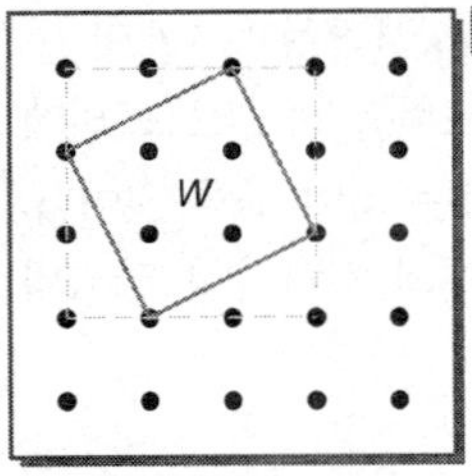

2 정사각형의 넓이 W를 구하는 한 방법은 그것을 조금 더 큰 정사각형으로 근접시키는 것이다. 각각의 작은 정사각형이 1 정사각형 단위를 나타낸다면, 좀더 큰 정사각형은 넓이 9 정사각형 단위를 갖는다. 정사각형 W와 큰 정사각형 사이에 있는 삼각형 영역들이 각각 1 정사각형 단위의 넓이를 갖기 때문에 W의 넓이는 (9 정사각형 단위) − (4 정사각형 단위) = (5정사각형 단위)이다.

지오보드 위에 만들 수 있는 또 다른 정사각형 7가지가 다음에 나온다. 각 정사각형의 넓이를 구하여라. 정사각형 안에 넓이를 적으시오.

a.

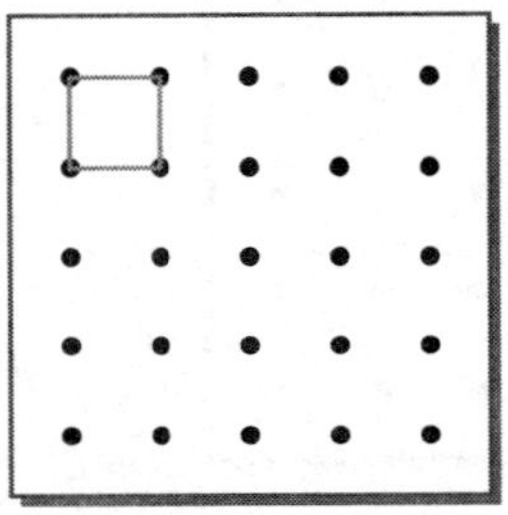

*b.

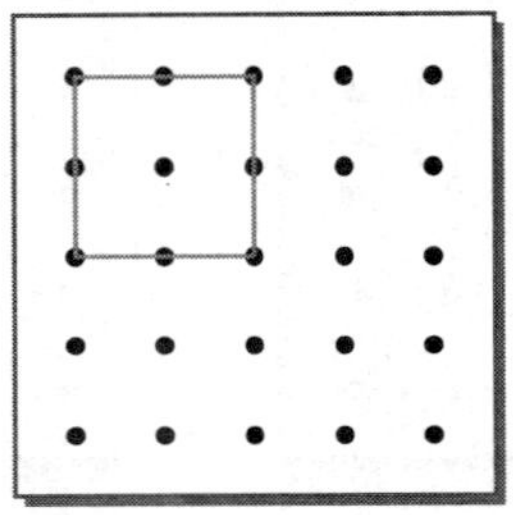

c.

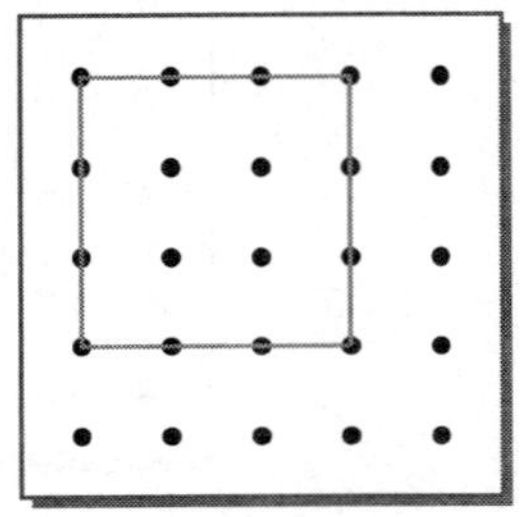

d.

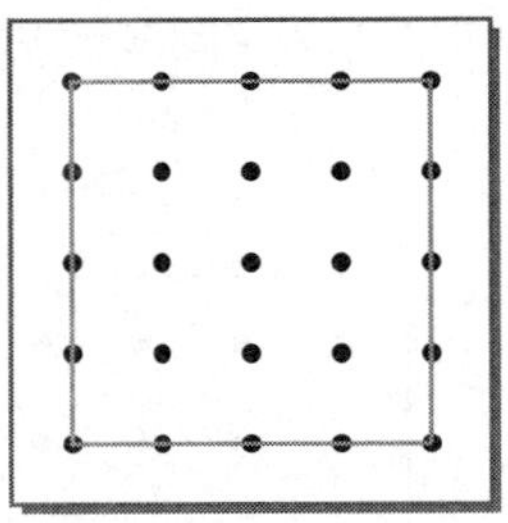

*e.

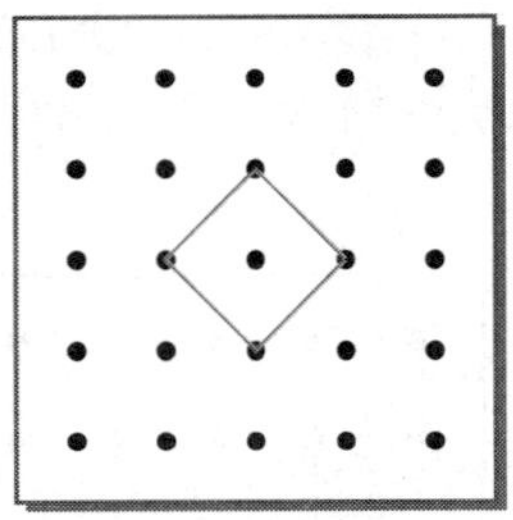

f.

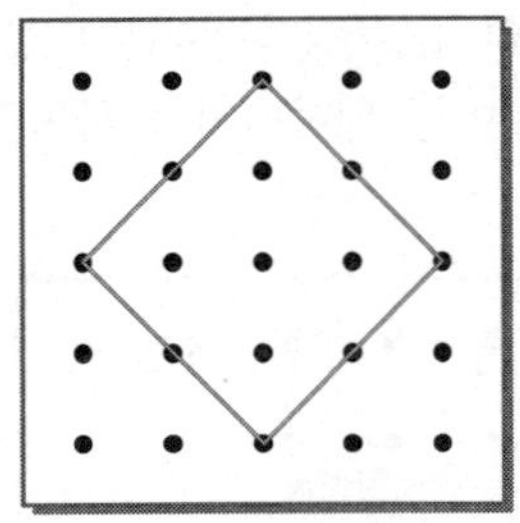

*g.

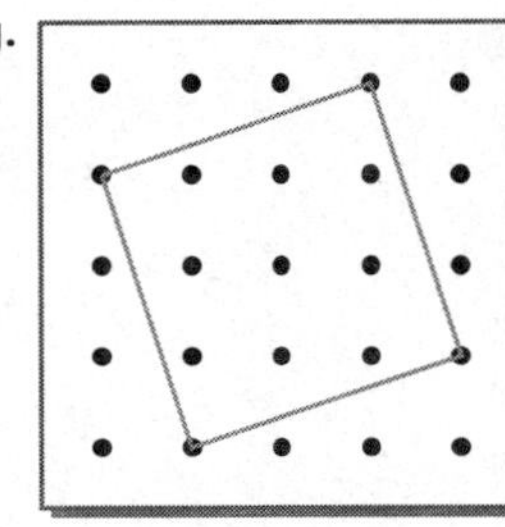

3 어떤 정사각형이든지 간에, 변의 길이의 제곱이 정사각형의 넓이다.

$$\text{변의 길이} \times \text{변의 길이} = \text{넓이}$$

활동 2에서 정사각형 W는 넓이가 5 정사각형 단위이다. 정의에 따라 $\sqrt{5}$는, 제곱했을 때 5가 되는 수이기 때문에, 정사각형 W의 변의 길이는 $\sqrt{5}$이다. 다시 말해, $\sqrt{5} \times \sqrt{5} = 5$이다. 활동 2에서 정사각형들의 하나는 넓이가 9이고 한 변의 길이는 $\sqrt{9} = 3$이다.

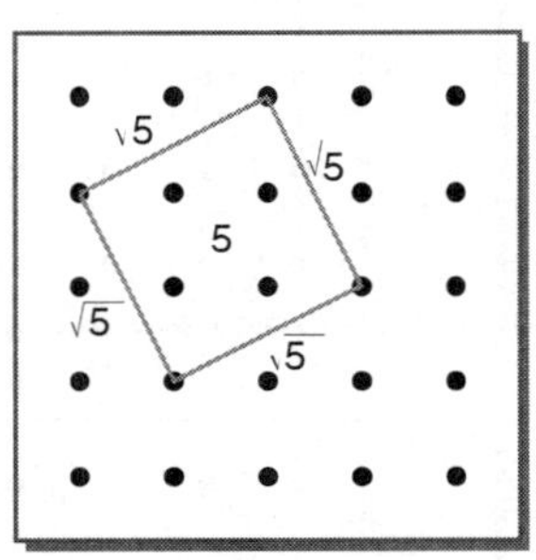

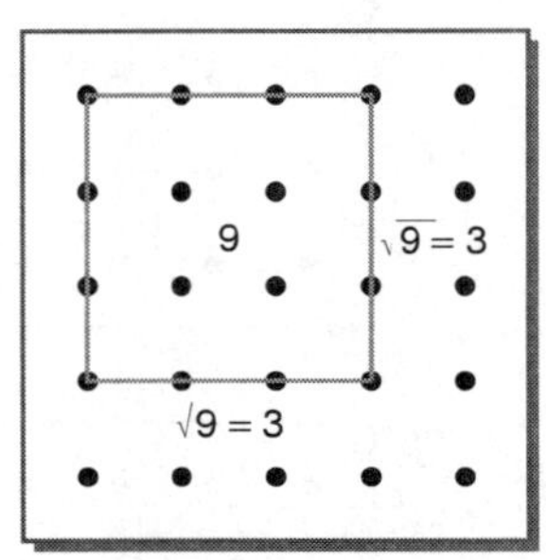

활동 2에 나오는 여덟 개의 정사각형에 대하여 넓이(가장 적은 것에서 가장 큰 것까지)와 해당되는 변의 길이를 기록하여라.

정사각형의 넓이 :_______ ________ ______ 5 ______ 9 __________ _________

변의 길이 : _______ ________ ______ $\sqrt{5}$ ______ 3 __________ _________

*4 각 선분 위에 정사각형을 그리고 정사각형의 넓이를 구하는 방식으로, 다음 도형에서 세 선분의 길이를 구하여라.(변을 그리고 정사각형의 점을 잡는데 종이의 점들을 사용할 수 있다. 각 정사각형의 점들은 점 종이 위의 점들이 될 것이다. 점선은 선분 a 위에 그려진 정사각형이다). 선분 옆에 변의 길이를 적으시오.

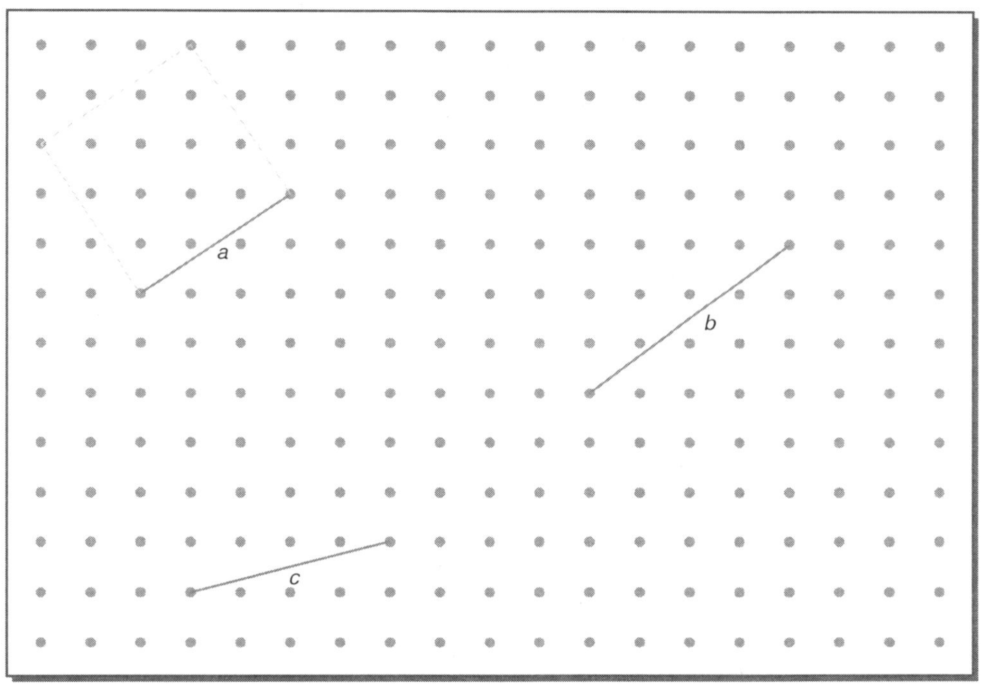

5 계산기 사용 활동 : n이 자연수이고 제곱수가 아니라면(즉, n이 1, 4, 9, 16, 25, 36, …), $\sqrt{n}$은 무리수이다. 예를 들어, $\sqrt{5}$는 무리수이다. 무리수를 소수로 나타내면, 무리수는 순환하지 않는 무한 소수이다.

a. 계산기 위에 있는 $\sqrt{\ }$ 단추를 사용하여 $\sqrt{5}$에 대한 근삿값을 구하여라. 계산기에 나타난 소수를 적으시오. (제곱근 기호 단추가 없다면, 5의 $\frac{1}{2}$제곱, 또는 0.5제곱을 구하여라.)

b. $\sqrt{5}$의 계산기 소수를 거듭 곱하고 그 결과를 써라. 5가 나왔습니까? 계산기로 5가 나온 이유나 나오지 않는 이유를 설명하여라.

c. 선분의 길이를 계산기 위에 나타난 소수를 사용하지 않고 $\sqrt{5}$ 와 같은 기호를 쓰는 것이 좋은 점을 설명하여라.

6 다음 도형 각각은 직각삼각형을 둘러싸고 있는 세 개의 정사각형을 가지고 있다(직각삼각형은 90°가 있는 삼각형이다). 각 도형에 대해 활동 2의 기술을 사용하여 각 정사각형의 넓이를 구하고 표를 채우도록 하여라.

	정사각형 A	정사각형 B	정사각형 C
a. 도형 1			
*b. 도형 2			
c. 도형 3			
*d. 도형 4			

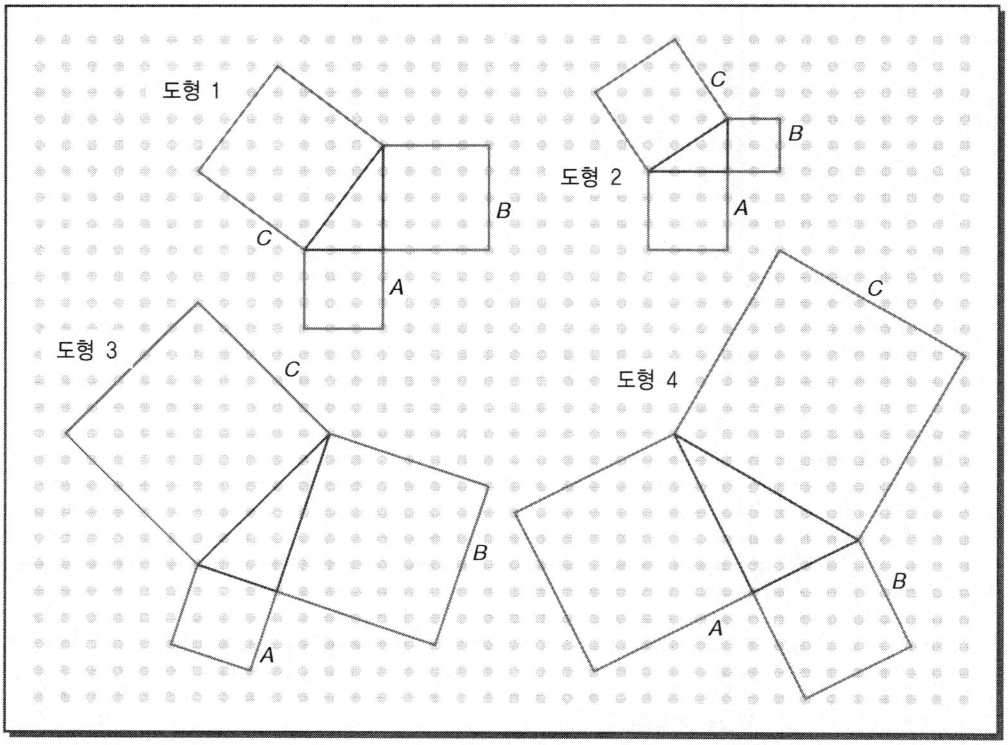

7 각 직각삼각형에 대하여 가장 긴 변(빗변) 위의 정사각형의 넓이와 다른 두 변 위의 정사각형의 넓이 사이에는 똑같은 규칙이 있다.

a. 활동 6으로부터 얻은 수치를 사용하여 추측하여 보고 그 관계를 글로 써라.

b. 다음 도형 각각에 대해 빗변 위의 정사각형의 넓이를 구하기 위하여 a로부터 얻은 규칙을 사용하여라. 표를 채우고 각 빗변의 길이를 구하는데 그 결과를 사용하여라.

	정사각형 A	정사각형 B	정사각형 C
(1) 도형 1			
*(2) 도형 2			
(3) 도형 3			
*(4) 도형 4			

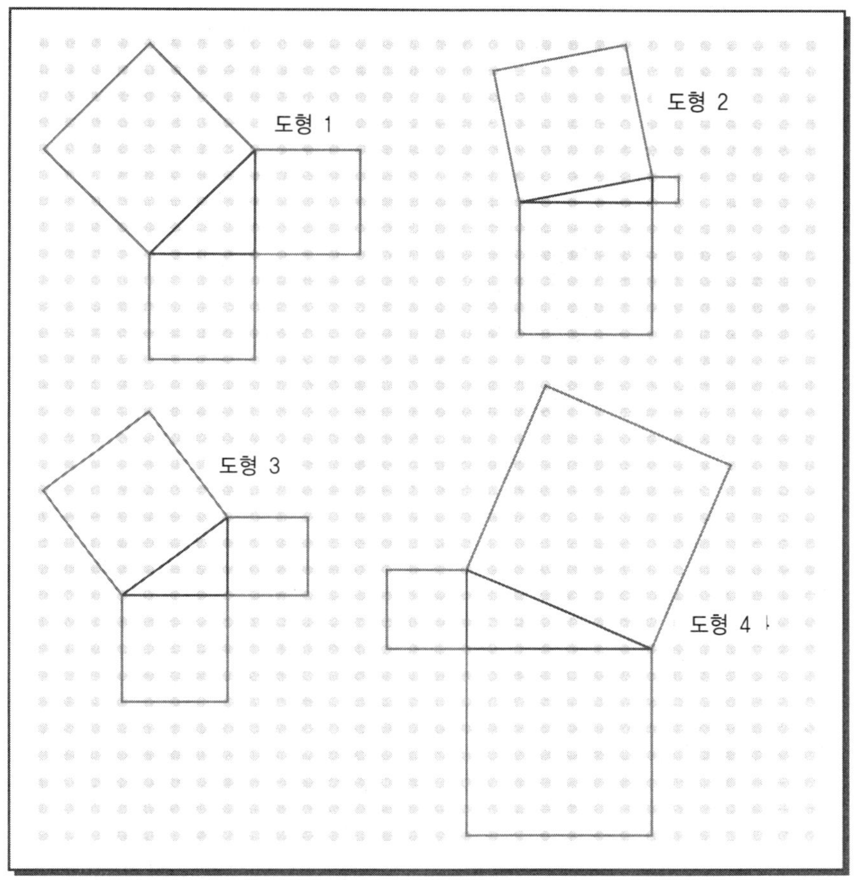

놀이 활동

황금 직사각형

미학적으로 좀더 흥미로운 직사각형들이 있다. 그 중에 하나가 황금 직사각형으로 건축가, 조각가, 예술가들이 3000년이 넘게 선호하던 것이다. 기원전 5세기경 그리스에서는 이 직사각형을 유난히 좋아하였다. 아테네에 있는 파르테논 신전의 전면이 황금 직사각형 안에 꼭 들어간다.

19세기에 독일의 심리학자인 구스타프 페흐너는 대부분의 사람들이 의식하고 있지는 못하지만 황금 직사각형을 좋아한다는 것을 발견하였다. 다음의 직사각형 중에서 가장 편안하다고 느껴지는 도형은 어느 것인가?

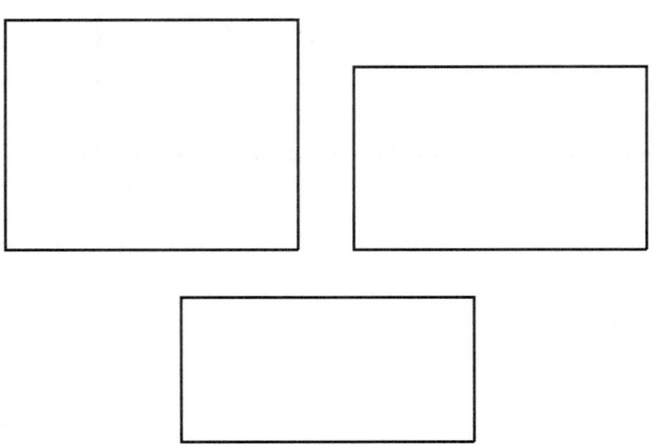

황금 직사각형의 가로를 세로로 나누면 무리수가 나온다. 소수 네 번째 자리에서 반올림하면 1.618이 된다. 앞서 제시한 직사각형들을 재보고 어떤 도형이 가장 황금 직사각형에 가까운지를 알아보아라. 초대장, 신용카드, 명함, 색인카드, 사진, 거울 등 과 같은 직사각형들도 재보아라. 황금 직사각형을 찾을 수 있는가? (비가 1.6 정도 되면 충분하다). 이 지면에 그려져 있는 파르테논 신전의 가로와 세로의 비를 재보라.

ABCD와 같은 정사각형에서 선분 AB의 중점에서 컴퍼스를 놓고 호 DF를 그려 넣어서 만들어지는 사각형은 황금 직사각형이다. 즉, FBCE는 황금 직사각형이다.

황금 직사각형을 만들고 그 변들의 비를 체크해 보아라. 정사각형의 변의 길이가 2이면 선분 $BF = 1 + \sqrt{5}$ 이다. 계산기를 사용하여 $(1 + \sqrt{5}) \div 2$(직사각형의 변들 사이의 비)의 값을 소수점 아래 셋째 자리까지 구해보자. 직사각형을 자르고 긴 변을 따라 그것을 절반으로 접는다. 그 결과로 나타난 사각형 역시 황금 직사각형인가?

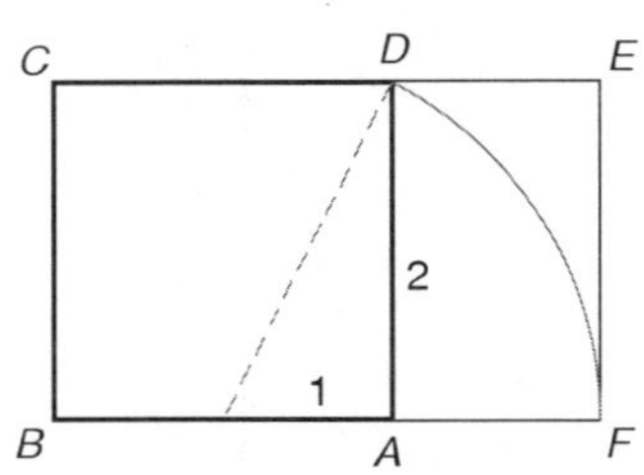

황금 직사각형의 변의 비를 황금비라고 부른다. 놀랍게도 이 수(근사치로 1.618)는 피보나치수열 1, 1, 2, 3, 5, 8, 13, …과 관련이 있다. 이 수열에서 연속되는 항 간의 비율$\left(\frac{1}{1}, \frac{2}{1}, \frac{3}{2}, \frac{5}{3}, \frac{8}{5}, \cdots\right)$은 점점 황금비에 가까워진다. 예를 들어 $\frac{8}{5}$의 값은 1.6이다. 계산기를 사용하여, 수 사이의 비가 1.618에 가까이 가기 전에 피보나치수열의 몇 번째 항에 가까이 가는지를 구하라.

교사를 위한 후속탐구 6.4

1 **교실 상황** : 마르토나는 피타고라스 정리를 종종 혼동하여 $a^2+b^2=c^2$, $a^2=b^2+c^2$, $b^2=a^2+c^2$을 섞어 사용하려고 한다. (여기서 c는 빗변이다.) 피타고라스의 정리를 이해하도록 어떻게 도와 줄 것이며, 그 문제를 어떻게 해결할 것인가?

2 **교실 상황** : 소수 계산을 배우고 있는 초등학생들을 가르치고 있다고 생각해 보자. 황금 직사각형(이 책의 놀이 활동에 기술해 놓았다), 황금률(반올림하여 1.618), 측정 등을 포함하여, 소수 계산을 배우는 학급을 위한 활동을 구상하여라. 당신의 활동계획을 상세히 기술하여라.

3 **교실 상황** : 관련 웹사이트에서 직사각형 지오보드를 복사하고 둔각삼각형을 그려라. 이 삼각형의 각 변에 정사각형을 만들고 각 정사각형의 넓이를 구하여라. 삼각형의 짧은 변 위에 만든 정사각형의 넓이의 합과 삼각형의 가장 긴 변 위에 만든 정사각형의 넓이를 비교하여라. 또 다른 둔각삼각형 두 개에 대해서도 같은 식으로 알아보아라. 둔각삼각형의 짧은 변 위에 그려진 정사각형의 넓이의 합과 긴 변 위에 그린 정사각형의 넓이 사이의 관계에 대해 추측해 보아라. 추측을 설명할 때 그림을 사용하여라.

4 **수학 개념** : 관련 웹사이트에서 점종이를 복사하여라. 다음 각 경우에 대하여 단위 정사각형으로 활동 1에 나와 있는 X 영역을 사용하여라.

a. 유리수 길이를 갖는 선분만을 사용하여 5 × 5 지오보드 위에 맞는 재미있는 모양을 만들어라.

b. a에서 그린 모양의 넓이를 구하여라. 점종이 위에 설명하여라.

c. 무리수 길이가 최소 세 개, 유리수 길이가 최소 한 개인 선분들을 사용하여 5 × 5 지오보드 위에 재미있는 모양을 그려라.

d. c에서 구한 모양을 넓이를 구하여라. 점종이에 자세하게 설명하여라.

e. 무리수 길이를 갖는 선분만을 사용하여 5 × 5 지오보드 위에 맞도록 재미있는 모양을 그려라.

f. e에서 구한 모양의 넓이를 구하여라. 점종이 위에 자세히 설명하여라.

5 **수학 개념** : 5 × 5 지오보드에서는 길이가 다른 선분들을 몇 개나 만들 수 있을까? 선분을 그리고 각 선분의 길이를 적어라. 당신의 생각을 적으시오. 직사각형 지오보드나 점종이는 관련 웹사이트에서 다운받아라.

6 **수학 개념** : 이 장의 놀이 활동에 제시된 활동에서 기술한 황금 직사각형은 고대에서부터 사람들에 의해 선호된 비율을 가지고 있다. 3" × 5" 색인 카드와 명함 카드(2" × 3.5")는 친숙한 직사각형들이다. 두 카드 중에서 어떤 것이 좀더 황금 직사각형에 가까운가? 당신의 답을 쓰고 풀이과정을 써라.

7 **수학 개념** : 관련 웹사이트에서 Math Laboratory Investigation 6.4: Read Me—Pythagorean Theorem Instruction 를 열고, Starting Points For Investigations 6.4의 질문 1과 2에 기술된 것과 같은 피타고리스 정리의 구체물 모델을 관찰하여라. 관찰한 결과를 쓰고 설명하여라.

8 NCTM **규준** : 피타고라스 정리는 6−8학년의 기하 규준에서만 특별하게 언급되어 있다. 그런데 정리를 이해하고 정리를 사용하여 능숙하게 계산하는 것은 다른 내용 규준에서도 기대하고 있는 바이다. 그러한 기대를 두 가지 찾아 열거하고 피타고라스 정리를 능숙하게 다루는 것이 그러한 기대와 어떻게 연결되는지를 기술하여라.

BENNETT-BURTON-NELSON 웹사이트

www.mhhe.com/bbn

웹 교구	모눈종이와 점종이	링크와 읽을 자료
대화형 애플릿	투명색지	Geometer Sketchpad 모듈
퍼즐 내는 사람	보충된 참고문헌	

초등학교 수업활동 ▶▷▶ 십진수 조각으로 소수 도입하기

▶▶ 목적 십진수 조각들을 사용하여 소수를 초등학생들에게 도입하기

▶▶ 연결 각 학생들에게 종이에 소수의 예를 적으라고 한다. 학생들이 제시한 예 중에서 몇몇을 모두 볼 수 있도록 적는다. 그러고 나서 소수를 어디서 보았는지를 묻는다. 학생들의 예 중에서 하나를 뽑아 모두 볼 수 있도록 소수 0.3을 적는다. 다음으로 그 소수를 나타낼 수 있도록 그림을 그리거나 스케치를 하도록 한다. 그 예들을 동료학생들과 교류하도록 한다. 아무도 10 부분 중에서 3 부분을 보여주는 부분-전체 스케치를 하지 않았다면, 한 예를 보여주도록 한다. 오늘 수업에서는 십진수 조각을 사용하여 소수를 자세히 알아볼 것이라는 말을 해준다.

▶▶ 준비물 십진수 조각의 집합은 십진 격자 종이를 인쇄용지 위로 복사하고 단위, 줄, 면 등으로 잘라서 얻을 수 있으며, 또는 온라인러닝센터에서 십진수 조각들을 다운받아 사용할 수 있다. 십진수 조각 복사지는 십진수 이미지를 가지고 만들 수 있다. 십진수 조각의 집합은 봉할 수 있는 봉투 안에 넣어 놓는다. 두 명에서 네 명까지의 학생들을 한 조로 하여 십진수 조각을 한 세트씩 배분한다.

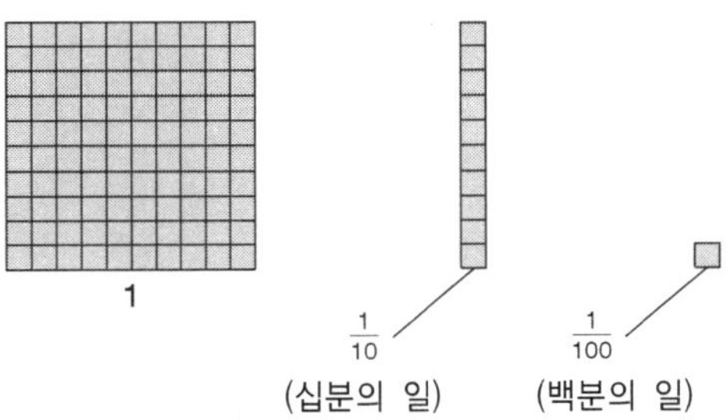

1 학생들에게 십진수 조각들에서 각 크기별로 한 조각씩 고르도록 한다. 각 그룹별로 가장 작은 조각들에 의해 똑같은 모임이 어떻게 표현될 수 있는지에 관한 제안을 묻는다. 발표하고 싶어하는 학생들은 자유롭게 자신들이 찾은 것을 기술하도록 한다.

2 11개의 백분의 일 조각들과 12개의 십분의 일 조각들을 잘 보이도록 놓고 학생들에게 같은 모임이 가장 작은 조각들로 어떻게 나타낼 수 있는가를 물어본다.

그러고 나서 아무도 그것을 제안하지 못하면 10개의 백분의 일 조각을 1개의 십분의 일 조각과 바꾸고, 10개의 십분의 일 조각을 1개의 단위 조각과 바꾸는 것을 보여준다. 모든 사람이 더 이상의 거래가 조각의 수를 줄일 수 없다고 동의할 때 다음과 같은 표에 조각의 최소 수를 적어라.

3학년 학생이 10 × 10 조각으로 소수점 2.563을 나타내고 있다.

1 조각	$\frac{1}{10}$ 조각	$\frac{1}{100}$ 조각
1	3	1

3 학생들에게 다음 각 모임들을 만들도록 하고, 최소 모임을 찾아 위의 경우와 같이 표 안에 그 결과를 적도록 한다.

a. 십분의 일 9개와 백분의 일 12개
b. 단위 1개와 십분의 일 4개와 백분의 일 11개
c. 십분의 일 14개

d. 백분의 일 16개
e. 단위 1개, 십분의 일 9개, 백분의 일 10개
f. 단위 2개, 십분의 일 13개, 백분의 일 15개

4 학생들에게 102가 무엇을 뜻하는지 묻는다. 방금 만든 표의 (a)에서의 모임을 1.02로 써서 102와 혼동하지 않도록 한다고 말한다. 점은 단위를 십분의 일로부터 격리시키는 것이며, 1.02는 단위가 1, 십분의 일은 없고 백분의 일이 2임을 의미한다. (b)에서 (f)까지의 모임에 대하여 소수점을 사용하여 수를 적어라.

5 1.32와 같은 소수는 여러 가지 방식으로 읽을 수 있다는 것을 학생들에게 말해준다. 각각에 대해 그 이유를 논의해 보자.

a. 일점삼이
b. 일과 백분의 삼십이
c. 일과 십분의 삼과 백분의 이

6 다음 수를 모두 볼 수 있도록 적어주고 그룹 별로 각 수를 나타내는 십진수 조각들을 만들도록 한다. 발표자들에게 자신들의 모임을 남들에게 보여주고 기술하도록 한다.

1.21 2.03 0.23 0.04 1.07

CHAPTER 7

통계

K−4의 학생들은 학년 수준에 알맞은 자료를 모으고 이 자료를 차트나 그래프로 도식화하는 활동과 자료로부터 정보를 읽는 활동 등을 통해 통계에 대한 기본 개념을 탐구하기 시작한다. 이러한 개념 탐구는 중학년에서 더 확장된다. 통계 수업의 전과정에서 학생들의 적극적인 참여에 초점을 맞춰야 한다. 주요 문제 제기하기, 자료 수집 및 조직하기, 자료를 그래프, 표·빈도·분포·통계치로 나타내기, 자료분석하기, 추측하기, 설득력 있는 방법으로 정보 전달하기[1]

활동모음 7.1 자료 수집 및 그래프

▶▶ 목표

자료 수집과 표현 및 두 자료 사이의 관계나 경향성을 탐구하는 것.

▶▶ 준비물

각도기, 자료 카드 19의 줄자 또는 자, 실(끈)

▶▶ 방법

그래프는 일련의 자료를 살펴봄으로써 자료 사이의 관계나 경향을 탐구하는 시각적인 수단이다. 자료를 나타내는 여러 가지 방법 가운데 어떤 것을 사용할 것인가 하는 것은 어떤 유형의 자료를 나타낼지와 결과를 가장 잘 나타낼 수 있는 방법이 무엇인지에 달려 있다.

원그래프

원그래프는 과일 음료수에 포함된 과일의 퍼센트를 나타내는 것과 같이, 원을 일정하게 나눠 특정 비율에 대한 상대적 크기를 보여준다.

과일음료에 포함된 과일주스의 퍼센트

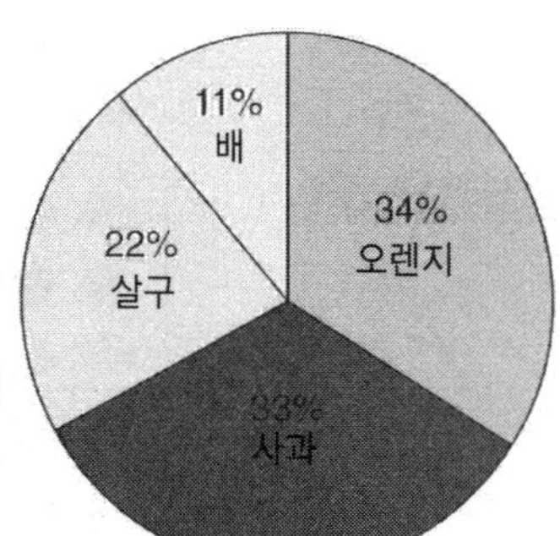

1 *Curriculum and Evaluation Standards for School Mathematics* (Reston, VA: National Council of Teachers of Mathematics, 1989): 105.

가장 알맞은 그래프를 선택하는 방법을 배울 것이다.

6.7 가장 알맞은 그래프 찾기

학습

용어
원그래프

수족관에 어류가 100마리 있습니다. 표에 제시된 정보를 나타내기 위해서 어떤 그래프를 이용할 것인지?
가장 알맞은 그래프를 선택하기 위해서 자료의 종류와 분석하는 방법을 결정하여라.

수족관 속 어류

어류	열대어	상어	돌고래	해마
수(마리)	30	15	20	35

그래프 선택하기

수족관 속 어류의 수를 비교할 수 있기 때문에 원그래프나 막대그래프가 적합하다.

수족관 속 어류

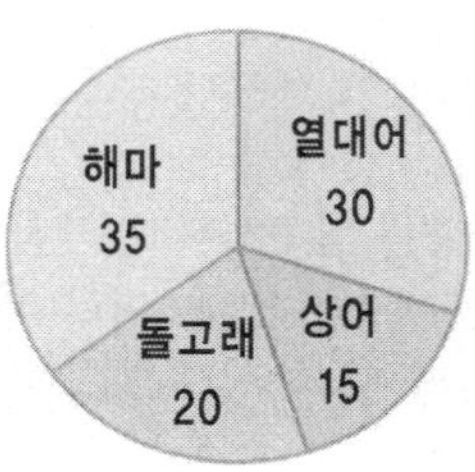

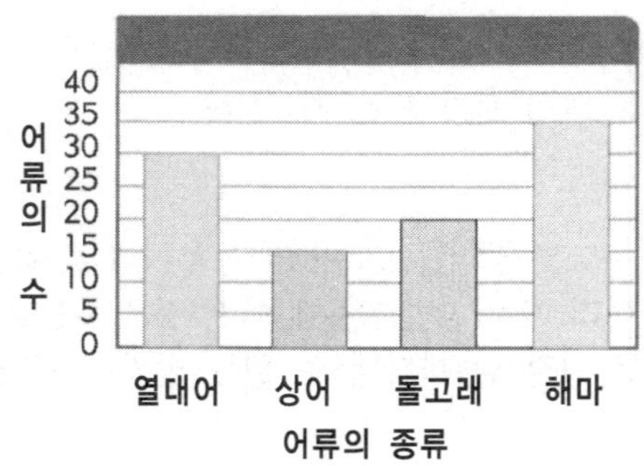

자료를 나타내는 다른 방법

시간상의 변화를 보여줄 때에는 꺾은선 그래프를 사용한다.

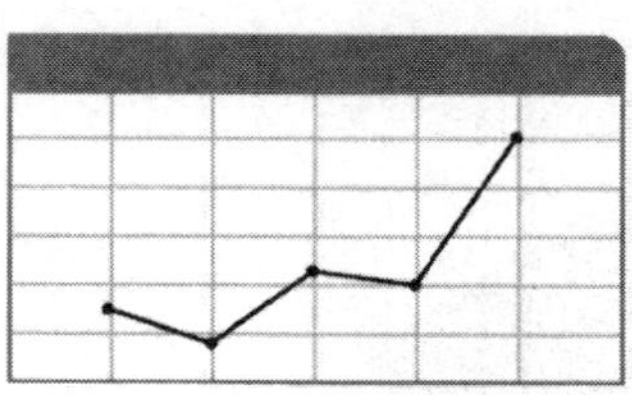

많은 수를 보여줄 때에는 그림그래프를 사용한다.

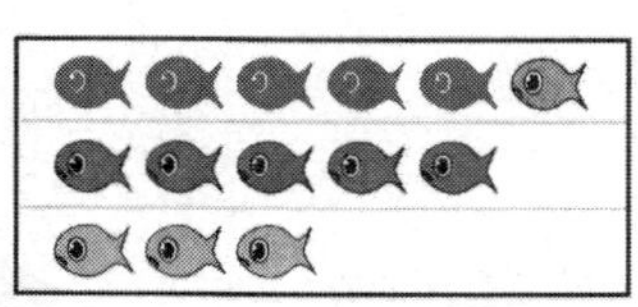

각각의 물고기 그림은 물고기 10마리를 나타냄.

자리 값으로 자료를 나타낼 때에는 줄기-잎 도표를 사용한다.

줄기	잎
7	1 3 6
8	4 7
9	5 5 6 7

막대그래프

대통령 선거 지지도를 보여주는 경우[2]와 같이 막대그래프는 서로 다른 범주로 구분된 자료를 빈도를 나타내는 폭이 같은 막대로 나타낸다.

주요 정당별 대통령 지지도:1992-2000

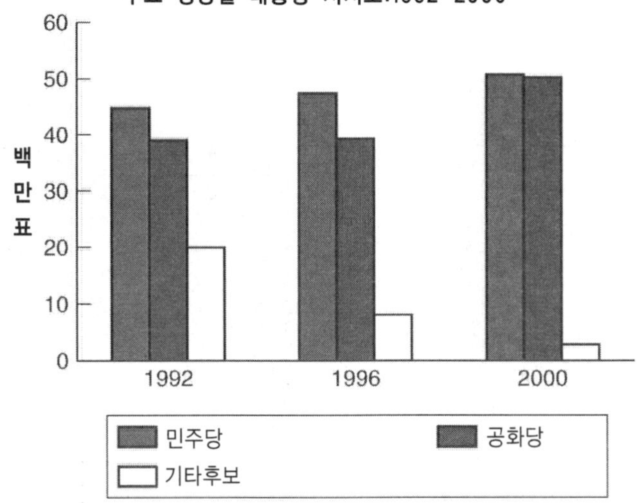

선형 도표

한 학급의 학생이 읽은 책의 권수를 나타내는 아래의 도표처럼 자연스럽게 서로 구분되는 수치적 범주에 해당하는 수량적 자료를 나타내는데 선형도표를 사용하곤 한다.

지난 해 존스 선생반 학생들이 읽은 책의 권수

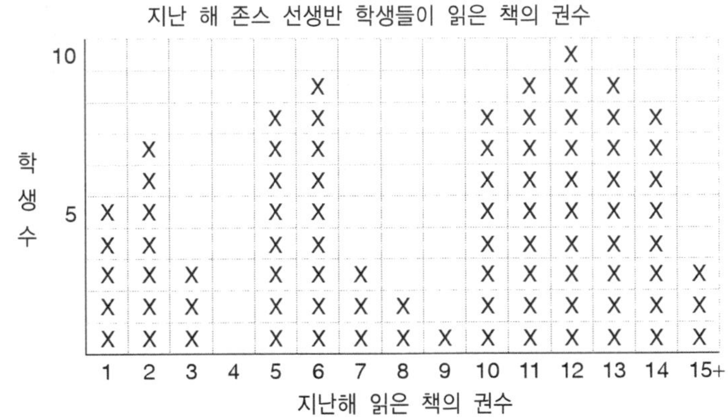

줄기-잎-그림과 히스토그램

다음 쪽의 줄기-잎 도표와 히스토그램은 숙제 점수를 그래프로 나타낸 것이다. 히스토그램은 해당 구간에 포함되는 점수의 전체 수를 보여 준다.(예를 들어 20－29점 구간의 점수는 4개다). 줄기잎

[2] *Statistical Abstract of the United States* (Washington, DC: Board of Census, 2004-.2005): 238.

그림 또한 같은 구간 내의 점수를 보여주지만 원자료가 그대로 남아 있다.(예를 들어, 20－29점 구간의 4명의 점수는 각각 22, 27, 28, 28이다.)

숙제 점수

줄기	잎
1	9
2	2788
3	022447779
4	01335567889
5	00

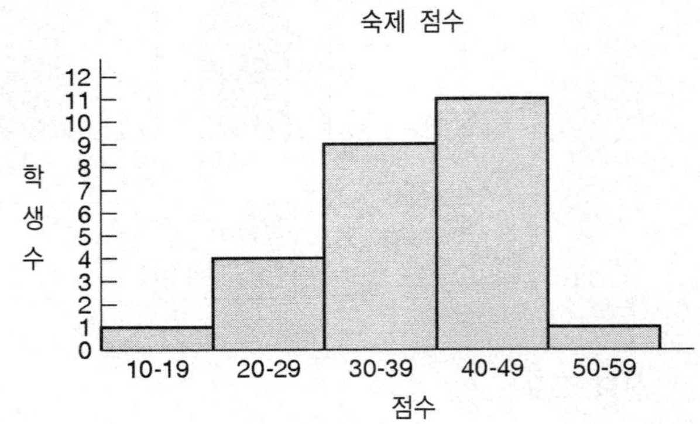

산점도

산점도는 두 자료 사이에 관계를 찾는 시각적인 수단을 제공한다. 아래 산점도는 중학생이 자기반 학생들의 부모의 키 자료를 수집한 것이다. 각 부모의 키를 짝지어 점으로 나타냄으로써 '키가 큰 여성이 키가 큰 남성과 결혼하는 경향이 있는가?'와 같은 경향성을 살펴볼 수 있다.

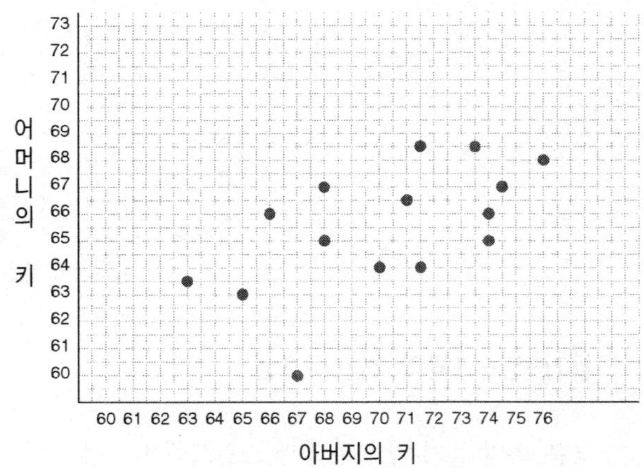

1 수업 시간에 학급 학생들의 눈동자 색깔을 조사하고, 아래 표를 완성하여라.

눈동자 색깔	학생 수
갈색	
파랑	
녹색	
옅은 갈색	
회색	

a. 세로축의 눈금을 표시하고 막대의 높이를 표시한 후, 이 높이에 맞게 눈동자 색깔 범주의 가운데에 막대가 위치하도록 그려라. 각 데이터 범주의 막대 가장자리는 서로 닿지 않고 폭은 같아야 한다.

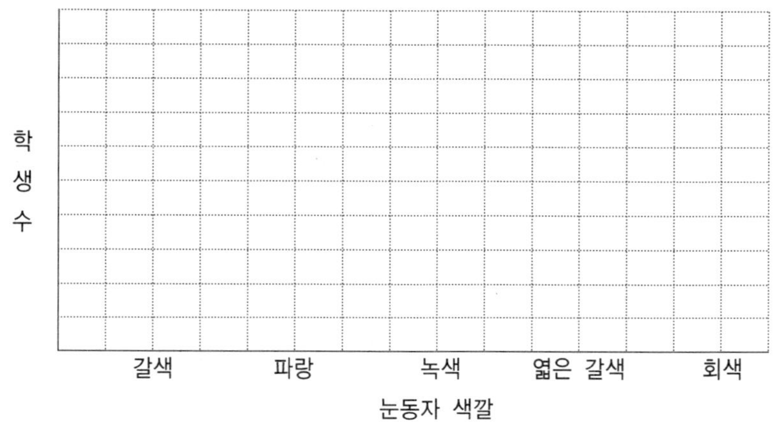

b. 눈동자 색깔자료에 해당하는 원그래프를 그려라. 그래프를 그리기 위해서는 각도기를 이용해서 원을 적절한 크기로 나누어야 한다. 적절한 크기로 나누어야 한다. 적절한 크기를 결정하려면, 특정한 눈동자 색깔에 해당하는 학생의 백분율을 360°에 곱해야 한다. 각 부분에 백분율과 눈동자 색깔을 나타내어라.

눈동자 색깔	학생 수	백분율	중심각
갈색			
파랑			
녹색			
옅은 갈색			
회색			
계			

눈동자 비교

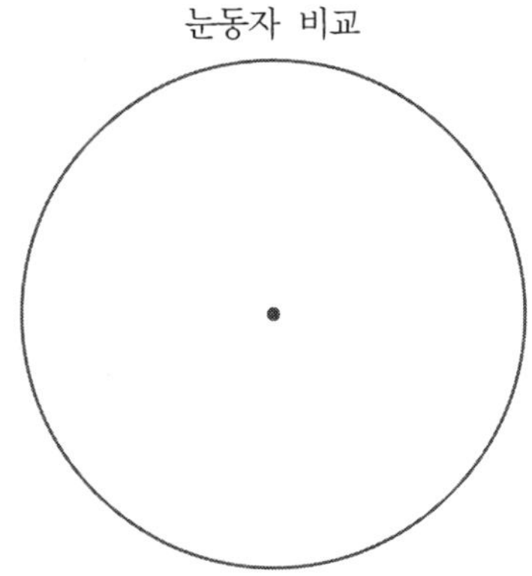

c. 눈동자 색깔 중 가장 흔한 색은 무엇인가? 가장 드문 색은 무엇인가?

d. 눈동자 색깔 자료를 나타내는데 막대그래프와 원그래프가 가장 적합하다고 생각합니까? 그

이유를 설명하여라.

e. 위 그래프에서 알 수 있는 것을 각각 3가지 이상 써라. 각 그래프의 가장 대표적인 특징은 무엇인가?

f. 막대그래프로 나타내는 것이 적합하다고 생각되는 자료를 몇 가지 적어 보아라. 그리고 그 이유를 써라.

g. 원그래프로 나타내는 것이 적합하다고 생각되는 자료를 몇 가지 적어 보아라. 그리고 그 이유를 써라.

2 수업시간에 학생들이 가지고 있는 개인별 필기도구(연필, 펜, 샤프, 마커 등)의 수를 조사하고, 아래 표를 완성하여라.

필기도구 수	학생 수	필기도구 수	학생 수
1		9	
2		10	
3		11	
4		12	
5		13	
6		14	
7		15 +	
8			

a. 각 학생들이 가지고 있는 필기 도구 수를 X축으로 하여 선형도표로 나타내어라.

수학 교실 학생들이 가지고 있는 필기도구 수

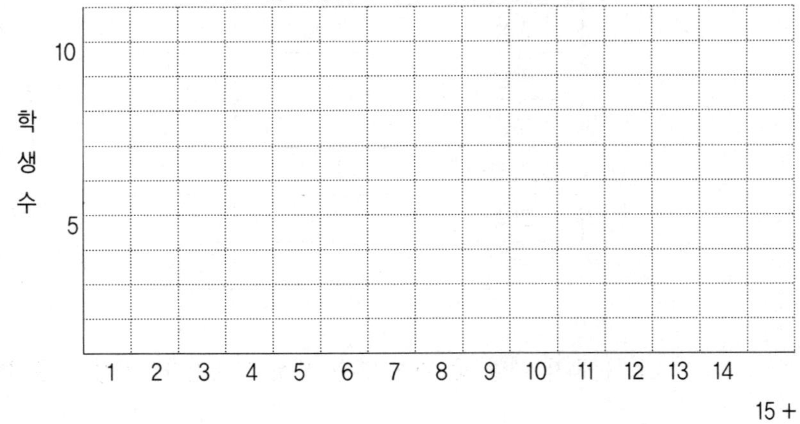

b. 필기도구의 수 중 해당 학생의 수가 가장 많은 것은 얼마인가? 가장 적은 것은 얼마인가?

c. 위 그래프에서 알 수 있는 것 3가지 이상 써라. 이 그래프의 대표적인 특징은 무엇입니까?

d. 선형도표로 나타내는 것이 적합하다고 생각되는 자료를 몇 가지 적어 보아라. 그리고 그 이유를 써라.

3 아래의 줄기-잎 도표는 2006년 2월 14일 낮 12시(태평양 표준시)에 미국 50개 주의 임의 지점의 온도를 나타낸 것이다.

온도	
줄기	잎
2	0678
3	025567777899
4	11246689
5	00555567789
6	0123344456
7	22344

a. 50° 이하인 곳은 몇 개 주인가?

b. 가장 온도가 높은 곳은 몇 도인가? 가장 낮은 곳은?

c. 온도 관련 자료를 분석하는 또 다른 방법은 자료의 범위를 몇 개의 구간으로 나누고, 각 구간에 속하는 온도의 빈도수를 적는 것이다. 아래 표에 온도 구간에 속하는 온도의 빈도수를 써라.

구간	15 − 24	25 − 34	35 − 44	45 − 54	55 − 64	65 − 74
빈도						

d. 가로축의 구간에 정확하게 점을 찍어 온도 자료를 히스토그램으로 나타내어라. 이웃하는 막대는 닿게 한다.

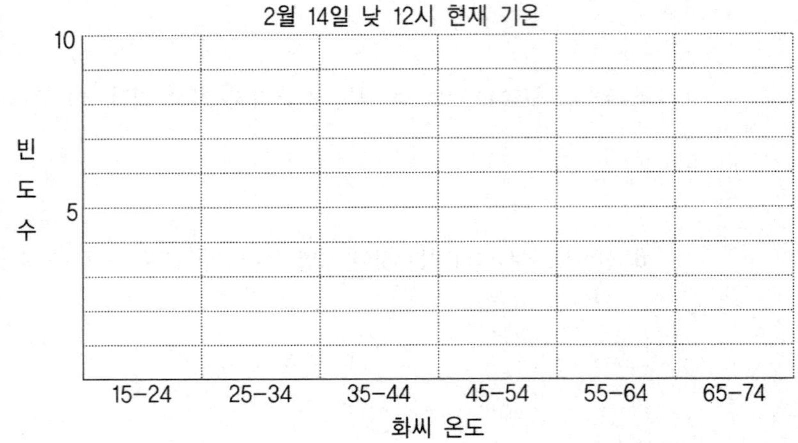

e. 가장 흔한 온도 구간은 무엇인가?

f. 그래프는 줄기-잎 도표와 히스토그램 중 온도 자료를 나타내는데 가장 알맞은 것은 어떤 것인가? 그 이유는 무엇인가?

g. 줄기-잎 도표와 히스토그램에서 알 수 있는 것 3가지 이상 써라. 각각에서 가장 대표적인 특징은 무엇인가?

h. 줄기-잎 도표로 나타내는 것이 적합하다고 생각되는 자료를 몇 가지 적어 보아라. 그리고 그 이유를 써라.

i. 히스토그램으로 나타내는 것이 적합하다고 생각되는 자료를 몇 가지 적어 보아라. 그리고 그 이유를 써라.

4 **a.** 수업시간에 학생들 부모의 키를 조사하여라. 정확한 키를 모를 때에는 근삿값을 조사하여 아래 표를 완성하여라.

아버지의 키	어머니의 키	아버지의 키	어머니의 키	아버지의 키	어머니의 키	아버지의 키	어머니의 키

b. 아래 격자에 위의 자료를 산점도로 나타내어라.

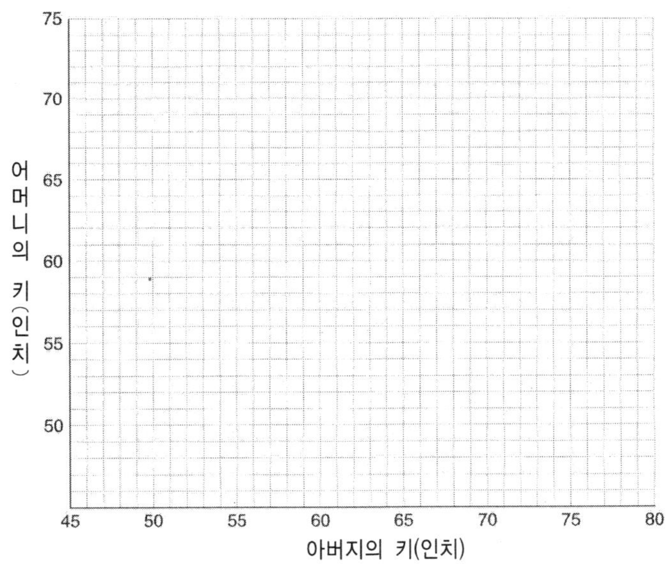

b에서 그린 산점도를 이용하여 아래 질문에 답하여라.

c. 키가 가장 작은 어머니의 키는 얼마입니까? 가장 큰 어머니의 키는?

d. 키가 가장 작은 아버지와 가장 큰 아버지의 키는 얼마인가?

e. 키가 가장 큰 어머니와 가장 작은 어머니의 키 차이는 얼마인가? 가장 큰 아버지와 가장 작은 아버지의 키 차이는 얼마인가?

f. 아버지보다 어머니가 더 큰 부부는 몇 쌍인가?

5 산점도에서 관계나 경향을 살펴보는 방법 중 하나는 점의 위치를 대략적으로 나타내는 하나의 직선이나 곡선을 그리는 것이다.

a. 활동 4의 산점도에 흩어진 점들의 경향성을 가장 잘 나타내는 것으로 생각되는 몇 개의 점을 지나도록 직선을 그려보아라. 이 직선을 추세선이라고 한다.(전략 1: 왼쪽에서 오른쪽 방향으로 점들의 패턴을 살펴보아라. 그런 후 이 패턴과 같은 방향의 선 중 점들을 반으로 나누는 선을 그린다.)

b. 두 자료 사이에 어떤 경향이나 관계가 있다고 생각는가? 즉, 수집한 자료에서 키가 큰 사람은 키가 큰 사람과 결혼할 것 같은가? 한두 문장으로 추측한 것을 정당화하여라.

*__6__ a. 도입부에서 제시된 중학생들의 산점도가 다음과 같다고 가정하자. 이 자료를 가장 잘 나타내는 추세선을 그려라. 그리고 부모의 키 사이의 관계를 한두 문장으로 요약하여라.

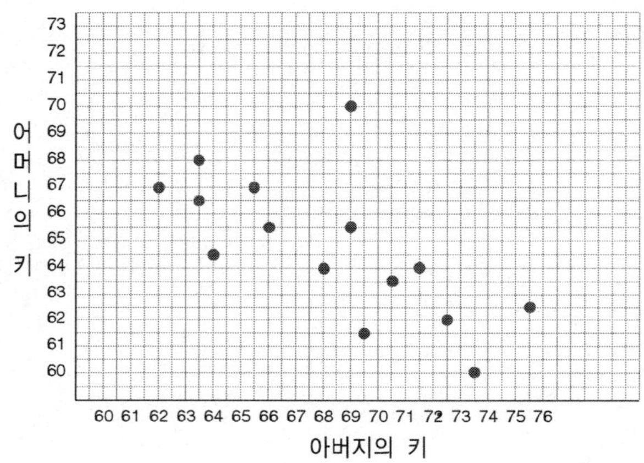

요약:

*b. 이제 학생들의 자료가 아래의 산점도와 같다고 가정하자. 이 점들에 대한 추세선을 그려라. 부모의 키 사이에 어떤 경향이나 관계가 있다고 할 수 있는가? 자신의 생각을 설명하여라.

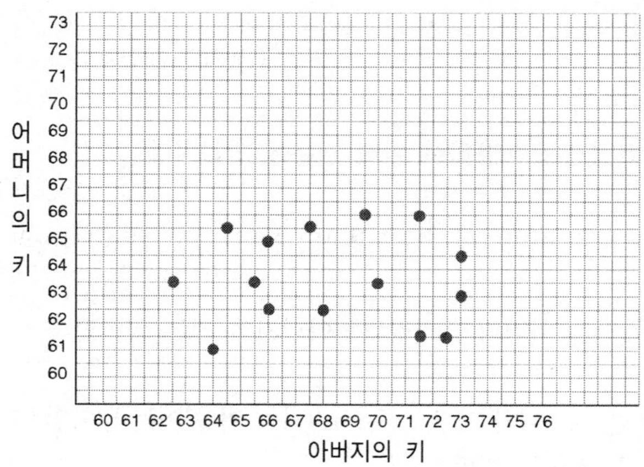

요약:

c. 추세선의 기울기에 따라 두 자료 사이의 관계를 정적, 부적 또는 관계 없음 등으로 설명할 수 있다. 앞의 활동 4와 6의 산점도에 나타난 관계를 정적, 부적 또는 관계 없음으로 분류하여라.

4b._______________ **6a.**_______________ **6b.**_______________

d. 하나의 자료가 증가될 때, 다른 한쪽의 자료가 감소하는 것을 부적 관계라 하고, 하나의 자료가 증가될 때, 다른 한쪽의 자료도 증가하는 것을 정적 관계라 한다. 부적 관계를 가질 한 쌍의 자료 집합과 정적 관계를 가질 한 쌍의 자료 집합을 말해보아라.

7 아래 자료를 산점도를 나타내고 추세선을 그려라. 그런 후 두 집합 사이의 관계를 정적, 부적 또는 관계 없음으로 설명하여라.

a. 아래 표는 어린이 발달의 한 측면인 일정 거리를 뛰는데 필요한 시간을 나타낸 것이다. 어린이의 나이는 6개월 단위로 반올림하여 나타내었다. 평균 7.5세 어린이가 뛰는데 걸리는 시간을 추세선을 이용하여 예측하고 표에 써넣으시오.

나이(년)	5	5	5.5	5.5	6	6	6.5	7	7	7.5	8	8	8.5	8.5	9	9	9.5	10	11
50피트를 뛰는데 걸린 시간(초)	10.8	10.8	10.5	9.0	8.4	7.5	9.0	7.1	6.7		7.5	6.3	7.5	6.8	6.7	6.3	6.3	4.8	4.4

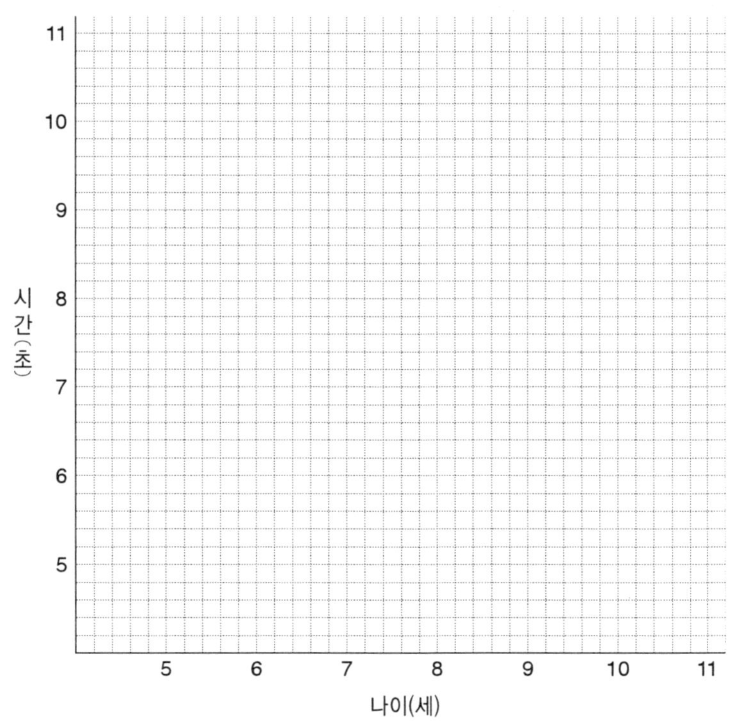

b. 아래 표는 산림전문가가 참나무 표본을 잘라 지름(인치)과 나이(나이테를 셈)를 기록한 것이다. 추세선을 이용해서 지름이 5.5인치인 나무의 나이와 40년 된 나무의 지름을 예측하여 보아라.

나이(세)	지름(인치)
10	2.0
8	1.0
22	5.8
30	6.0
18	4.6
13	3.5
38	7.0
38	5.0
25	6.5
8	3.0
16	4.5
28	6.0
34	6.5
29	4.5
20	5.5
4	0.8
33	8.0
23	4.7
14	2.5
35	7.0
30	7.0
12	4.9
8	2.0
5	0.8
10	3.5

지름이 5.5인치인 나무의 나이 : _____

40년 된 나무의 지름 : _____

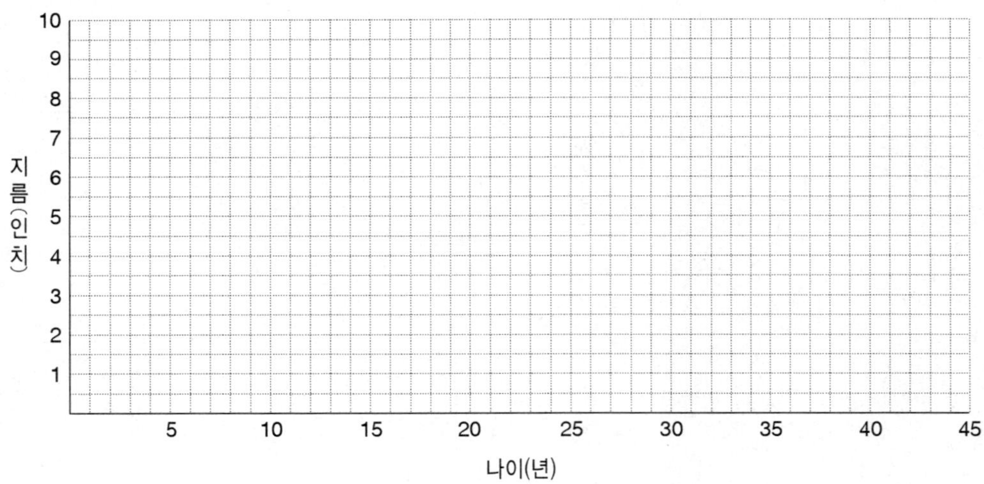

놀이 활동

M&M's

	봉지 번호																							
	1	**2**	**3**	**4**	**5**	**6**	**7**	**8**	**9**	**10**	**11**	**12**	**13**	**14**	**15**	**16**	**17**	**18**	**19**	**20**	**21**	**22**	**23**	**24**
빨강	9	12	5	10	9	11	11	11	11	14	10	14	12	8	11	11	12	5	10	18	14	13	11	9
노랑	16	13	16	17	17	8	14	19	13	15	19	12	20	15	14	18	18	16	24	13	10	17	17	9
파랑	12	7	11	11	11	8	11	8	7	11	11	7	7	12	8	11	11	9	5	9	15	8	12	4
주황	5	12	9	9	9	5	8	5	9	6	9	11	6	9	8	11	5	8	8	7	7	10	5	6
초록	6	5	5	6	9	10	6	7	8	2	2	4	10	7	9	2	8	5	4	5	6	4	9	16
갈색	8	6	9	5	1	12	5	5	8	8	3	10	5	5	7	5	2	12	10	5	5	3	3	11
전체	56	55	55	58	56	54	55	55	56	56	54	58	60	56	57	58	56	55	61	57	57	55	57	55

위의 표는 M&M's의 초콜릿 24개 봉지에 들어 있는 초콜릿 캔디의 색깔분포 목록이다.

*1. 캔디의 총 수는 봉지마다 거의 차이가 없지만 색깔 조합은 차이가 크다. 봉지에서 한 가지 색의 수가 달라지면, 다른 색깔의 수에 영향을 줄까? 예를 들어, 봉지에서 갈색캔디의 수가 많아지면 이것이 다른 특정 색의 수에 영향을 주는가?
옆의 격자에 두 색, 갈색과 파랑을 산점도로 나타내어라. 각 봉지에 따라 점이 결정된다. 예를 들어, (12, 8)은 봉지 1에서 파랑 12개, 갈색 8개을 나타내고, (7, 6)은 봉지 2에서 파랑 7개와 갈색 6개를 나타낸다. 모든 파랑/갈색 쌍을 격자에 나타내어라. 추세선을 그려 두 색 사이에 어떤 관계가 있는지 알아보아라.(참고: 파랑이 증가할 때 갈색도 증가하면 정적 관계이다. 파랑이 증가할 때 갈색이 감소하면 부적관계이다. 또는 아무런 관계가 없을 수도 있다.)

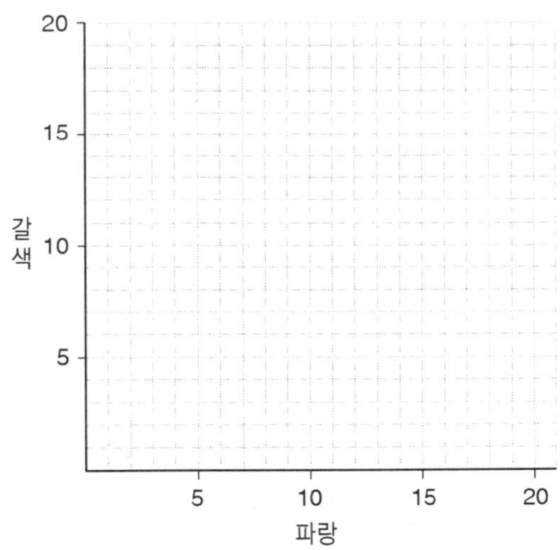

*2. 위의 표와 같은 수만큼의 캔디봉지를 구입한다고 가정해 보자. 추세선을 이용하여 파랑이 14개 들어 있다면 갈색은 몇 개가 있을까? 갈색이 14개라면 파랑은 몇 개일까?

3. 노랑과 초록을 비교해 보아라. 산점도를 만들고 추세선을 그려라.

4. 다른 색깔을 골라 비교해 보아라.

교사를 위한 후속탐구 7.1

1 **교실 상황** : 월수입과 외식 빈도의 비교를 통해 산점도를 공부하는 학생들이 산점도에 나타나지 않은 점들에 관해 해석을 요구하는 질문에 대해 어려움을 갖는다. 예를 들어, 월수입이 4000$인 가족은 외식을 얼마나 하느냐는 질문에 답하지 못한다. 학생들은 추세선이 4000$인 점을 지나지 않는다고 말한다. 이 학생들은 어떻게 도울 수 있을까?

2 **교실 상황** : 7장 도입부의 '초등학교 교과서'는 4학년 교과서에서 발췌한 것이다. 학생들이 표로 제시된 수족관자료를 원그래프로 나타내는 것을 어떻게 도울 수 있는지 설명하여라.

3 **교실 상황** : 중학교 학생들은 동일한 종이로 다리를 만들어 하중 강도를 알아보기 위하여 다리 위에 작은 큐브를 올려놓았다. 9회의 시도에서 학생들은 아래표와 같은 무게에서 다리가 무너진 것을 알 수 있었다.

	1차시도	2차시도	3차시도	4차시도	5차시도	6차시도	7차시도	8차시도	9차시도
큐브 수	688	851	787	832	1000	187	120	481	730

a. 어떤 그래프를 사용할 것인지를 말하지 않고서 학생들이 이 자료를 효과적으로 나타낼 그래프를 찾는 것을 어떻게 도와줄 것인지 설명하여라.
b. 이 자료에 가장 적합한 그래프는 무엇이라고 생각하는가? 왜 그렇게 생각하는가?

4 **수학 개념** : 7장 놀이활동의 M&M's의 분포에 대한 질문에 답하면서 산점도와 추세선에 대하여 탐구하여라.

5 **수학 개념** : 최근 정기 간행물(신문이나 잡지)을 살펴보고 7장의 활동에서 탐구한 그래프를 2가지 이상 찾아보아라. 각각의 그래프에서 읽을 수 있는 자료에 대해 관찰한 바를 3가지 써라. 그래프가 제시된 쪽을 복사해서 붙이고 출처를 밝히시오.

6 **수학 개념** : 다음에 나오는 각각의 그래프에 대하여 각각 2가지 이상의 유사점과 차이점을 써라.

a. 막대그래프와 줄기-잎 도표
b. 막대그래프와 히스토그램
c. 줄기-잎 도표와 히스토그램

7 **NCTM 규준** : 이 책 뒤에 제시된(유치원−2, 3−5, 6−8)의 '자료 분석과 확률 규준'을 읽으시오. 각 학년 수준에서 학습해야 할 그래프를 설명하는 '목표'를 적어도 1가지 써라.

BENNETT-BURTON-NELSON 웹사이트

www.mhhe.com/bbn

웹 교구	모눈종이와 점종이	링크와 읽을 자료
대화형 애플릿	투명색지	Geometer Sketchpad 모듈
퍼즐 내는 사람	보충된 참고문헌	

활동모음 7.2 자료 분석, 표본 추출 그리고 모의실험

▶▶ 목표

실제 자료를 분석하고 표본추출과 모의실험에 임의성을 적용하는 것.

▶▶ 준비물

교구 세트의 초록과 빨강 타일, 자료 카드 20의 난수표, 표본 타일의 추출을 위해 담을 상자와 가방 같은 상자

▶▶ 방법

통계의 주된 목표 중 하나는 모집단의 표본에서 얻은 정보를 토대로 모집단(학교에서 학생, 국가에서 유권자, 물고기 등등)에 대하여 결정을 하거나 예측하는데 있다. 잘못된 표본 추출은 모집단의 특징을 제대로 반영하지 못한다. 중요한 것은 표본 추출은 임의로 해야 한다는 것이다. 임의적 선택이란 많은 모집단 중에서 선택될 가능성이 똑같음을 말한다.

일단 표본이 선택되면 자료를 설명해주는 하나의 수를 결정하는 것이 좋다. 대푯값은 일련의 자료를 대표하는 값이다. 일련의 수들을 설명하기 위해서 흔히 이용되는 대푯값에는 3가지가 있다: 평균, 중앙값, 최빈값. 다음의 일련의 수들을 설명하기 위해서 이 대푯값들을 이용해보자.

2, 3, 4, 6, 8, 11, 12, 12, 12, 18

흔히 대푯값(average)이라고 말하는 평균(mean)은 각각의 합을 전체 수로 나눈 것이다. 위의 10개의 수를 합한 값은 88이므로 그 평균은 8.8(88 ÷ 10)이다. 중앙값은 모든 값을 순서대로 나열할 때 가운데 값이다. 위의 중앙값은 가운데인 8과 11의 중간인 9.5이다. 최빈값은 가장 많은 값으로 이 경우에는 12이다.

모의실험은 실제 문제에 대한 답을 하는데 도움을 주는 과정으로 실제 상황과 매우 유사하게 실험을 한다. 실험은 일반적으로 임의 표본 추출을 포함한다.

이 활동모음에서는 올드페이스풀 온천의 분출지속시간과 분출의 시간 간격 등을 줄기-잎 도표, 선형도표, 산점도, 실험적 임의 표본추출 등을 활용하여 분석할 것이다. 실제상황을 모의실험하기 위해서 임의성의 개념을 이용할 것이다.

1 옐로스톤 국립공원 관리원은 공원 방문자들을 안내하기 위하여 올드페이스풀 온천 분출 시간을 예측하여야 한다. 아래 표의 자료는 16번의 연속적인 분출에 걸린 시간(초)을 나타낸다.

57	87	73	94	52	88	72	88	62	87	57	94	51	98	59

줄기	잎

***a.** 자료를 조사하고 분출 사이의 시간의 길이에 대해 3가지 이상 해석하여라.

b. 이 자료를 보고 왼쪽의 줄기-잎 도표와 221쪽 선형도표를 완성하여라.

6.3 표본 추출 탐구하기

실전 활동

모집단은 정보를 얻고자 하는 대상 집단이다. 때때로 전체 모집단에서 모든 사람을 조사하는 것은 너무 어렵고 시간 낭비이며 비용이 많이 든다.

이런 경우에 표본추출을 통해 조사한다. 표본은 모집단에 대한 정보를 얻기 위해 모집단에서 추출한 일부분이다.
교실에서 몇 명의 학생들이 금주에 영화를 볼 것인지를 어림하는데 표본을 사용하여라.

- **종이가방이 필요하다.**

주요단어
모집단
표본추출

모델 사용하기

1단계
종이에 "이번 주에 영화를 보겠습니까?"라는 질문에 '예, 아니오'를 쓰고, 이를 모아서 종이 가방에 넣고 잘 섞으시오.

2단계
한 번에 한 개씩 10개의 종이를 고르시오. 표본 중에 '예'라고 쓴 학생 수를 기록하여라.

3단계
표본에서 알게 된 결과를 이용해서 여러분의 학급에서 이번 주에 영화를 볼 학생 수를 예측하여라.

4단계
종이 10개를 종이가방에 다시 넣은 후 2번 이상 표본 추출 실험을 반복하여라. 이를 이용해서 모집단에 대해 3가지 예측을 하여라.

5단계
3가지를 예측하였으면, 테이블 위에 가방을 쏟고 "예"라고 한 학급 학생 수를 살펴보아라.

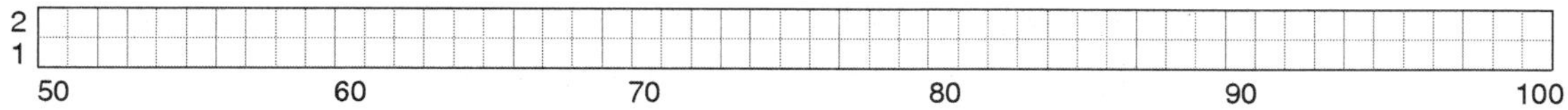

선형도표

c. 앞의 b에서 작성한 각각의 그래프에서 알 수 있는 정보와 알 수 없는 정보는 무엇인가?

d. 자료의 평균, 중앙값, 최빈값을 구하여라.

e. 분출 간격이 가장 짧은 8개와 가장 긴 7개에 대해 각각 평균, 중앙값, 최빈값을 구하여라. 그리고 이 대푯값이 자료를 분석하는데 있어서 d에서 계산한 것보다 더 중요한 이유를 설명하여라.

f. 두 분출 사이의 시간 간격을 알고 있다고 가정해 보자. 위의 정보를 이용하여 다음에 있을 분출간 시간 간격의 길이를 어림하는 가능한 방법을 설명하여라.

2 다음 자료는 올드 페이스풀의 15번의 연속적 분출을 나타낸 표이다. 각각의 분출지속시간에 대해 다음 분출까지 1시간의 간격이 제시되어 있다.[3]

지속시간	4.4	2.0	4.7	1.9	4.2	1.6	1.6	2.1	4.5	1.7	4.5	1.9	4.6	1.7	4.6
다음 분출까지의 간격	81	60	91	51	85	55	98	49	85	65	102	56	86	62	91

a. 위의 자료를 보고 산점도를 완성하고 추세선을 그려라.

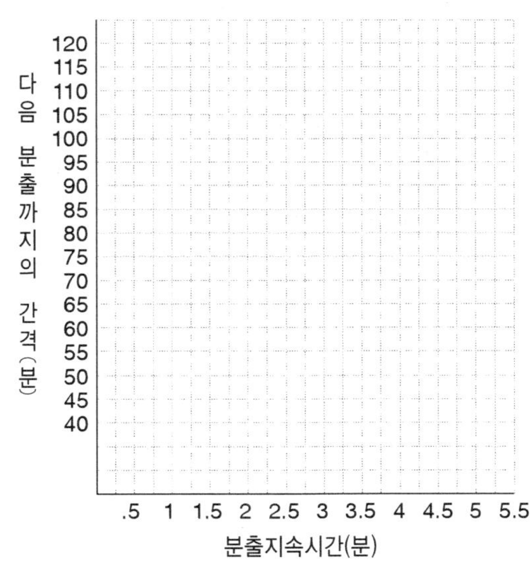

[3] For lesson plans about the eruptions of Old Faithful, see Linda C. Foreman and Albert B. Bennett, Jr., *Math Alive* (Salem, OR: The Math Learning Center, 1998): 399–417.

b. 아래 자료는 2일 동안 임의로 선택한 여러 개의 분출 시작 시각과 지속 시간을 나타낸 것이다. 산점도와 추세선을 이용하여 다음을 예측하여라.

시작시각	지속시간	다음 분출 전 예상 간격	다음 번 분출 예상 시각
오전 11:22	1분 50초		
오전 8:30	4분 26초		
오후 12:40	3분 46초		

3 **표본 추출과 예측**: 표본 추출의 목표는 큰 모집단에 대해 추측하는 것이다. 표본은 보통 상대적으로 작은 집단이다. 예를 들어, 어떤 국영 방송 시청률은 1100명의 표본만을 토대로 하기도 한다. 다음 활동은 표본이 모집단을 어떻게 대표하는지를 보여준다.
친구들에게 빨강, 초록 타일의 수를 모른 채로 큰 상자에 아래에 있는 3개의 모집단 중 하나를 임의로 넣도록 하여라. 이 활동이 모두 끝날 때까지 큰 상자 안의 타일을 보지 마시오.

모집단 1	모집단 2	모집단 3
25 빨강 타일	20 빨강 타일	10 빨강 타일
5 초록 타일	10 초록 타일	20 초록 타일

큰 상자에서 타일을 뽑아낸 후 아래 표에 나타내어라. 타일을 다시 큰 상자에 넣고 이 활동을 반복하여라. 5개의 타일을 뽑아낼 때마다 큰 상자 안에 든 모집단이 어떤 것인지 예측해 보아라. 25회까지 실험을 계속 하여라.

25개의 타일표본

	1	2	3	4	5	6	7	8	9	10	11	12	13	14	15	16	17	18	19	20	21	22	23	24	25
빨강																									
초록																									

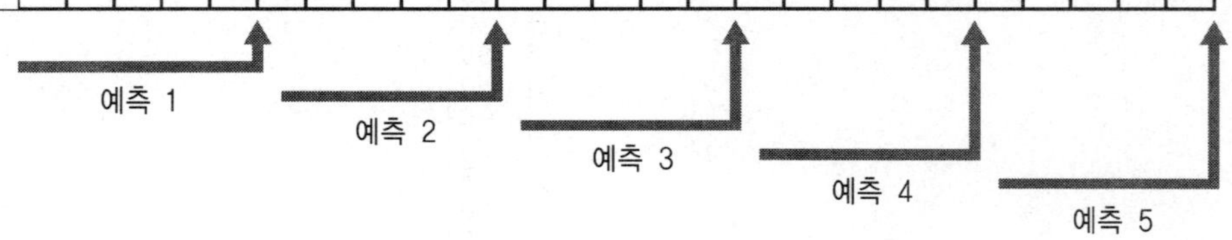

a. 다음 뽑아낸 각각에 타일들에 대하여 빨강 타일의 백분율을 구하여라.

_____ 처음 5개 _____ 처음 10개 _____ 처음 15개 _____ 처음 20개 _____ 처음 25개

b. 표본의 크기가 클수록 모집단을 대표할 가능성을 점점 더 커진다. 25개 타일 표본에 근거하여 3개의 모집단 중 어느 것의 표본인지를 예측하여라. 표본 크기가 5개였다면 지금 선택한 것과 같은 모집단을 선택했을까? 10개라면? 이제 예측을 확인하기 위해 큰 상자 안을 살펴보아라.

4 층화 표본추출: 다음은 18 가족의 연간 수입과 그들의 생활근거지를 나타낸 표이다. 각각의 종이에 각 가족의 정보를 써서 상자에 넣으시오.

호수지역	호수지역	호수지역	교외	교외	교외	교외	교외	교외
\$400000	\$250000	\$185000	\$100000	\$120000	\$105000	\$175000	\$159000	\$135000
시내	시내	시내	시내	시내	시내	시내	시내	시내
\$179000	\$226000	\$175000	\$193000	\$221000	\$300000	\$325000	\$105000	\$168000

a. 18가족의 평균 수입은 \$195,611.11이다. 상자에서 임의로 6개의 종이를 뽑으시오. 추출된 표본의 (평균) 수입을 계산해서 써라. 이 값은 18가족 전체의 수입 평균과 얼마나 다른가?

b. 6가족을 추출할 수 있는 방법은 무수히 많다. 예를 들어, 수입이 가장 많은 6가족이 표본에 포함되었다면 이 6가족의 수입의 평균은 얼마입니까? 수입이 가장 적은 6가족의 평균 수입은 얼마입니까?

c. 수입이 가장 많은 6가족의 평균 수입과 가장 적은 6가족의 평균 수입은 18가족 전체의 수입 평균과 차이가 많이 난다. 층화 표본 추출 방법을 사용하면 대표성이 없는 표본이 추출되는 것을 막을 수 있다. 모집단에 포함된 18가족의 수입을 지역에 따라 3개의 상자에 나누어 담으시오. 호수, 교외, 시내 지역의 속한 가족의 수입은 각각 모집단 전체 수입의 $\frac{1}{6}$, $\frac{1}{3}$, $\frac{1}{2}$을 차지한다. 6 가족의 수입에 대하여 비례 층화 표본을 얻기 위해서는 호수 지역에서 1가족(6의 $\frac{1}{6}$), 교외 지역에서 2가족(6의 $\frac{1}{3}$), 시내 지역에서 3가족(6의 $\frac{1}{2}$)을 선택하여야 한다. 이 6가족 수입의 평균을 구하여라. 이 값은 18가족 전체 수입의 평균과 얼마나 차이가 나는가?

d. c에서 이용한 층화 표본 추출을 사용하여 6가족의 평균 수입을 구할 때, 가능성이 가장 큰 평균 수입은 얼마인가?

가능성이 가장 작은 평균 수입은 얼마인가?

구한 평균 수입을 b에서 구한 평균 수입과 비교하고, 층화 표본추출의 장점을 논하여라.

5 **모의 실험**: O형 혈액은 다른 혈액형의 사람들에게도 모두 수혈이 가능하기 때문에 O형 헌혈자들을 만능 기능자라고 한다. 인구의 약 45%가 O형이다. 만약 혈액은행에 사람들이 헌혈하러 온다고 할 때, O형 헌혈자가 5명이 되려면 평균적으로 몇 명의 사람이 와야만 하는가? 추측해 보아라.

a. 00에서 99까지 100개의 숫자쌍이 있고, 숫자쌍 (00, 01, 02, ⋯, 44)은 그 중 45%를 나타낸다. 이 45개의 숫자쌍은 O형 혈액자를 나타낸다. 자료 카드 20의 난수표를 눈으로 보지 않은 채로 연필로 점을 찍으시오. 연필로 찍은 점에서 가장 가까운 수로부터 시작하여 이웃하는 두 자리씩 숫자쌍을 만들 때 숫자쌍 (00, 01, 02, ⋯ 44)중 정확히 5쌍을 얻을 때까지 숫자쌍을 써나가자. 각각의 숫자쌍이 헌혈자를 나타낸다면, 이 실험에서 O형 헌혈자가 5명이 되기 위해서는 몇 명의 헌혈자가 혈액은행에 와야 하는가?

b. 위의 a에서 여러분이 따라한 과정이 바로 모의실험이다. 이것이 문제와 유사한 실험을 함으로써 문제에 답하는 방법이다.[4] 혈액은행에 가는 사람들이 임의의 혈액형이고 그 중 45%가 O형이라고 가정했을 때, O형의 헌혈자가 5명이 되는데 필요한 헌혈자 수를 알아보는 실험이다. 10번 같은 실험을 하고, 아래에 그 결과를 기록하여라.

집계

실험	00–44 숫자쌍	45–99 숫자쌍	O형 5명이 되는데 필요한 헌혈자 수
1			
2			
3			
4			
5			
6			
7			
8			
9			
10			
		실험 평균	

c. 10회 실험에서 얻은 헌혈자 수의 평균이 바로 이 실험의 평균이다. 실험 결과를 토대로 볼 때, 5명의 O형 헌혈자를 받기 위해서는 혈액은행은 몇 명의 헌혈자가 필요한가?

[4] An excellent source for simulation activities is M.Gnanadesikan, R. Scheaffer and J. Swift, *The Art and Techniques of Simulation*(Palo Alto, CA: Dale Seymour Publications, 1987).

놀이 활동

모의 경주 게임(2명)

이 경주에서 한 사람은 동전을 뒤집고, 다른 사람은 주사위를 굴린다. 게임이 시작되면 각자 주사위를 굴려서 높은 수를 얻은 사람이 게임에서 주사위를 사용하게 된다. 경주 트랙은 12칸이고 경주자는 동시에 움직인다. 즉, 동전과 주사위를 동시에 던진다. 동전을 던진 사람은 앞면이 나오면 1칸을, 뒷면이 나오면 2칸을 움직일 수 있다. 주사위를 던진 사람은 주사위에 나온 수만큼 움직일 수 있다. 경주는 한 사람이 마지막 칸에 도착할 때까지 한다. 그러나 승자는 반드시 정확하게 마지막 칸에 도착해야만 한다. 이 경주는 무승부도 가능하다. 게임할 사람을 찾은 후 주사위와 동전을 사용하여 여러 번 경주를 해보아라.

1. 이 게임은 공정한가? 즉, 주사위를 던진 사람과 동전을 던진 사람이 이길 가능성이 같은가? 결론을 내리기 위해서 더 많은 게임 결과를 원할 수도 있다. 주사위와 동전 던지기 모의실험을 하는데 다음과 같이 자료 카드 20에 있는 난수표를 사용한다.

- **동전 던지기** : 난수표에서 임의의 수를 선택한다. 수가 짝수이면 앞면, 수가 홀수이면 뒷면이라고 한다. 다음 동전 던지기는 표에서 다음 수로 이동하고 똑같이 한다. 이러한 과정을 끝날 때까지 한다.

- **주사위 굴리기** : 난수표에서 임의의 수를 고른다. 가장 가까운 수가 1, 2, 3, 4, 5 또는 6일 경우 얻어진 수를 첫 번째 주사위 굴리기의 결과로 한다. 숫자가 0, 7, 8, 9가 나오면 표에서 0, 7, 8, 9가 아닌 수가 나올 때까지 다음 수로 옮기고, 그 수가 주사위 굴리기의 결과이다. 굴리기를 계속하는 동안, 표의 다음 수로 이동하면서 동일한 방법으로 진행한다. 게임이 끝날 때까지 이 과정을 반복한다.

2. 경주 트랙의 길이(단계의 수)가 짧다면 어떻게 되겠는가? 예를 들어, 경주 트랙의 길이가 2칸이라면 한 사람이 다른 사람보다 더 많이 이기게 되는가? 경주 트랙의 길이를 다르게 해서 경주를 해 보자. 경주 트랙의 길이와 공정성에 대해서 추측하고 결론을 내려 보아라.

경주 트랙

출발	1	2	3	4	5	6	7	8	9	10	11	도착
동전 던지기												
주사위 굴리기												

교사를 위한 후속탐구 7.2

1 **교실 상황** : 10명의 학생들에게 각자 호주머니에 있는 동전(25, 25, 43, 50, 50, 50, 50, 50, 75, 100센트)을 세어 그 값의 평균, 중앙값, 최빈값을 구하도록 하였다. 학생들은 최빈값과 중앙값은 50센트였기 때문에 타당하다고 생각하였으나 51.8센트인 평균에 대해서는 어느 누구도 가지고 있는 액수가 아니기 때문에 타당하지 않다고 생각하였다. 이러한 경우 학생들에게 평균의 의미를 어떻게 설명하겠는가?

2 **교실 상황** : 초등학교 학생들에게 알맞은 색깔 타일 표본추출활동(예를 들면 이 활동모음의 활동 3)을 만들고 그 활동에 대한 몇 가지 질문을 제시하여라. 그런 후 초등학생 연령의 학생을 선택해서 활동을 하여라. 활동을 설명하고, 질문과 학생들의 반응을 기록하여라.

3 **교실 상황** : 이 절의 도입에 실린 초등학교 교과서의 표본 추출 활동을 읽어 보아라. 만약 여러분이 초등학교 6학년 교사라면 이 활동에 대한 표본추출 과정과 그 결과를 이해하고 토의를 증진시키기 위해 6단계의 활동으로 학생들에게 할 추가 질문 3개를 적어보아라. 이 세 질문 각각의 유용성을 간단히 설명하여라.

4 **수학 개념** : 이 절의 놀이활동에서 설명한 경주 게임을 친구들과 하여라. 짝과 게임을 한 후에 제시된 두 가지 질문에 답하여라.

5 **수학 개념** : 다음 표는 오리건주 몬머스 지역의 3가지 유형의 주택 가격을 나타낸 것이다.

시내 주택	시내 주택	시내 주택	시내 주택	시내 주택	시내 주택
$180000	$220000	$150000	$135000	$147000	$165000
고급 주택	고급 주택	교외 주택	교외 주택	교외 주택	교외 주택
$375000	$410000	$200000	$190000	$220000	$250000

a. 위 자료에서 6개의 주택을 층화 표본 추출하고, 그 과정을 설명하여라.
b. 전체 자료의 중앙값과 층화 표본의 중앙값의 차이는 얼마입니까? 전체의 중앙값이나 층화 표본의 중앙값은 몬머스 지역의 주택 가격을 예측하는데 적합한가?
c. 전체 자료의 중앙값과 임의의 6개 주택에 대한 층화 표본의 중앙값의 차 중 가능한 가장 큰 값은 얼마인가?

6 **수학 개념** : 다음의 각각에 대하여, 조건을 만족하는 10－15개 정도의 자료를 만들어라. 각각의 경우에 대해 만들어진 자료가 실제로 발생할 수 있는 실생활 상황을 제시하여라.
a. 집중경향을 측정하는데 중앙값이나 최빈값보다 평균이 더 나은 경우
b. 집중경향을 측정하는데 평균이나 최빈값보다 중앙값이 더 나은 경우

c. 집중경향을 측정하는데 평균이나 중앙값보다 최빈값이 더 나은 경우

6 NCTM **규준** : 이 책의 뒷부분에 제시된 6－8학년의 자료 분석과 확률 규준 중 '추측을 하고 이를 평가하기' 규준에 해당하는 목표를 읽으시오. 각각의 목표에 대하여 이에 부합하는 활동의 예를 이 절에서 찾아서 제시하여라.

BENNETT-BURTON-NELSON 웹사이트

www.mhhe.com/bbn

웹 교구	모눈종이와 점종이	링크와 읽을 자료
대화형 애플릿	투명색지	Geometer Sketchpad 모듈
퍼즐 내는 사람	보충된 참고문헌	

활동모음 7.3 통계적 분포: 관찰과 적용

▶▶ 목표

빈도분포를 구성하고 적용하는 것

▶▶ 준비물

자료 카드 20의 난수표

알렉산더 해밀턴

제임스 매디슨

▶▶ 도입

일단 모집단 샘플에서 측정값이 모아지면 표, 차트, 그래프에 비슷한 값들끼리 모아서 정리를 한다. 빈도분포(frequency distribution)는 값을 범주나 구간으로 구분하여 표로 나타낸 것이다. 빈도분포 사용에 대한 한 가지 흥미로운 사실은 연방주의 논문(Federalist Papers)[5]에 대한 저작권 논쟁을 해결하는데 빈도분포를 사용했다는 점이다. 이 논문은 알렉산더 해밀턴, 존 제이, 제임스 매디슨이 18세기에 쓴 85편에 걸친 정치에 관한 논문을 모은 것이다. 논문 중에서 12편을 제외한 나머지 논문들의 저자에 대해서는 일반적으로 이견이 없었다. 논란이 되고 있는 12편의 논문에 대한 저자를 결정하기 위해, by, to, of, on과 같은 어떤 단어에 대하여 빈도분포를 기록하였다.

해밀턴 논문 48편과 매디슨의 논문 50편에 대해 본문의 매 1000단어에서 'by'라는 단어가 몇 번 사용되었는지를 분석하여 측정하였다. 예를 들면, 다음 페이지의 그림에서 알 수 있듯이 거의 16편의 해밀턴 논문에서는 매 1000단어당 'by'가 7, 8번 정도 사용된 반면, 거의 비슷한 수의 매디슨 논문에서는 11, 12번 정도의 'by' 단어가 사용되었다. 몇 편의 매디슨 논문에서는 'by'가 13번 이상 사용된 반면, 해밀턴은 12번을 넘게 사용한 적이 없었다.

단어 'by'의 사용에 대한 빈도분포의 비교를 통해 매디슨이 해밀턴보다 더 많이 사용하고 있음을 알 수 있다. 매디슨의 분포도는 그림 a의 맨 아래에 있는 논란이 된 논문에서 보이는 분포도와 비슷하다. 단어 'to'의 사용 빈도 해석은 그림 b에 나타나 있다. 이것과 다른 단어의 유사 분포도는 매디슨이 논란이 된 논문의 저자라는 주장을 뒷받침해 준다.

5 F. Mosteller et al., *Statistics: A Guide to the Unknown* (New York: Holden-Day, 1972): 164-175.

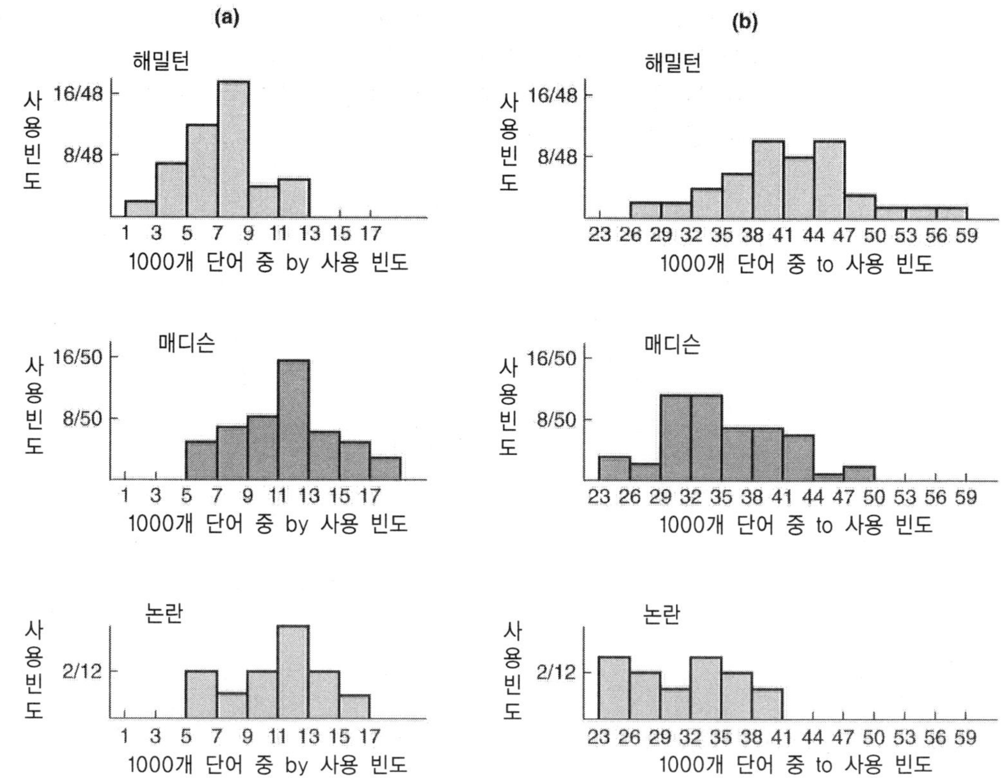

to의 사용빈도는 해밀턴은 48, 매디슨은 50, 논란이 된 논문은 12번이다.

to의 사용빈도는 해밀턴은 48, 매디슨은 50, 논란이 된 논문은 12번이다.

빈도분포에는 통상 몇 가지 형태로 나타난다. 각각의 범주나 구간에 대해 거의 같은 개수의 값이 포함될 때 그 분포를 일양 분포(uniform distribution)라 부른다. 예를 들면, 다음의 히스토그램은 주사위를 3000번 던져서 얻은 결과를 나타내는 빈도 분포이다. 각각의 주사위 눈이 나온 빈도수는 거의 480과 520 사이에 있다.

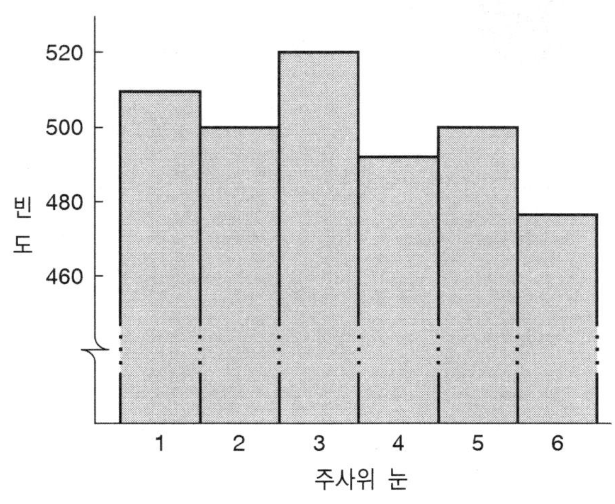

통계에서 가장 유용한 분포 중의 하나는 정규 분포이다. 이 분포는 자연과학, 사회과학, 생물학에서 종종 나타난다. 정규 분포 그래프는 친숙한 종모양의 곡선이다. 이 곡선은 평균을 중심으로 대칭이며, 양쪽 끝에서 점차 감소한다. 성인 남성 키에 대한 대규모 표본은 다음 그래프에서 볼 수 있듯이 정규분포이다.

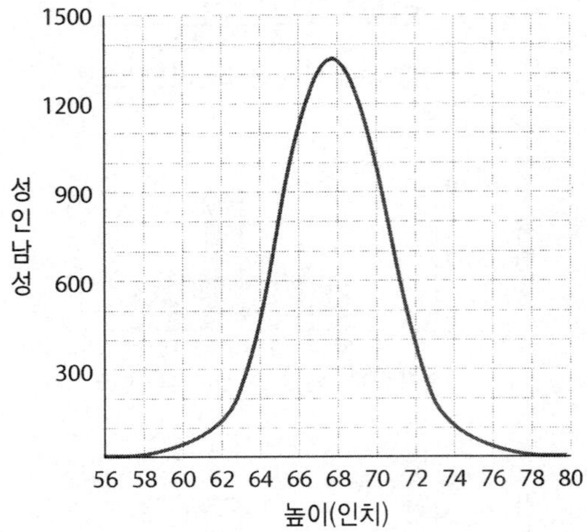

---

1 네 개의 동전을 던졌을 때 정확하게 두 개가 앞면이 나오도록 하는 방법은 6가지이다. 페니, 니켈, 다임과 쿼터 동전이 있다고 하자. 페니와 다임은 앞면, 니켈과 쿼터는 뒷면이 나올 수 있고, 페니와 니켈은 앞면, 다임과 쿼터가 뒷면이 나올 수 있다. 정확하게 두 개만 앞면이 되는 나머지 4가지 방법을 적어라. 그리고 나올 수 있는 다른 모든 가능한 경우를 모두 적어라. 가능한 경우는 모두 16가지이다.

H	H	T	T				
H	T	H	T				

다음 쪽 상단의 그래프는 네 개의 동전을 동시에 던졌을 때 나올 수 있는 결과를 보여준다. 2H에

표시된 6번의 빈도는 정확하게 2개의 앞면이 나오는 경우가 6가지임을 나타낸다. 4개의 동전을 동시에 던졌을 때 모두 앞면이나 뒷면이 나오는 경우는 각각 한 가지뿐이기 때문에 0H와 4H의 빈도는 1이다. 이 분포는 정규분포곡선과 유사하다. 4개의 동전 던지기 횟수가 증가할수록 결과의 분포는 이론적으로 정규분포에 근사하게 된다.

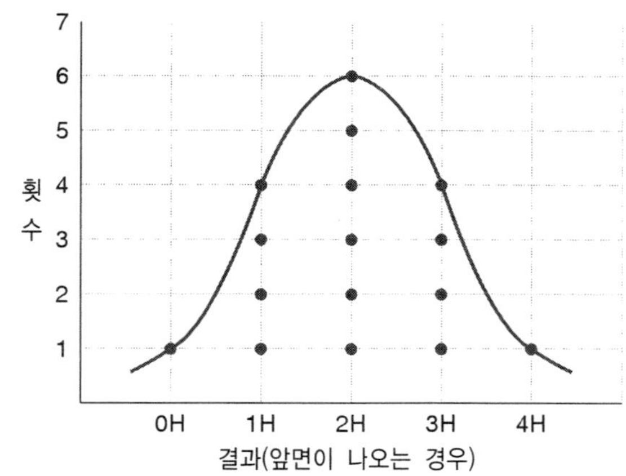

a. 자료 카드 20의 난수표를 사용하여 동전 6개를 던지는 모의실험을 해보아라. 표에서 시작점을 임의로 찍고 처음 6개의 수를 확인하여라. 짝수는 앞면, 홀수는 뒷면으로 센 후 아래 첫 번째 칸에 앞면이 나온 수를 기록하여라. 그런 후 다음 6개 난수(random digit)를 보고 두 번째 칸에 앞면 개수를 기록하여라. 이와 같이 6개의 난수를 이용해서 6개의 동전 던지기를 64번 시행한 것을 모의실험한 후 아래 표에 매번 나온 앞면의 수를 기록하여라.

____	____	____	____	____	____	____	____	____	____	____	____	____
1	2	3	4	5	6	7	8	9	10	11	12	13
____	____	____	____	____	____	____	____	____	____	____	____	____
14	15	16	17	18	19	20	21	22	23	24	25	26
____	____	____	____	____	____	____	____	____	____	____	____	____
27	28	29	30	31	32	33	34	35	36	37	38	39
____	____	____	____	____	____	____	____	____	____	____	____	____
40	41	42	43	44	45	46	47	48	49	50	51	52
____	____	____	____	____	____	____	____	____	____	____	____	
53	54	55	56	57	58	59	60	61	62	63	64	

b. 다음 쪽 상단의 그래프에 각각의 결과에 대한 빈도를 그려라. 예를 들면, 정확하게 앞면이 2번 나온 횟수를 그래프의 2H 위에 그리면 된다. 이론적으로 앞면이 2, 3, 4번이 나오는 것이 약 78%가 되어야 한다. 위 실험에서 앞면이 2, 3, 4번 나오는 경우는 약 몇 %인가?

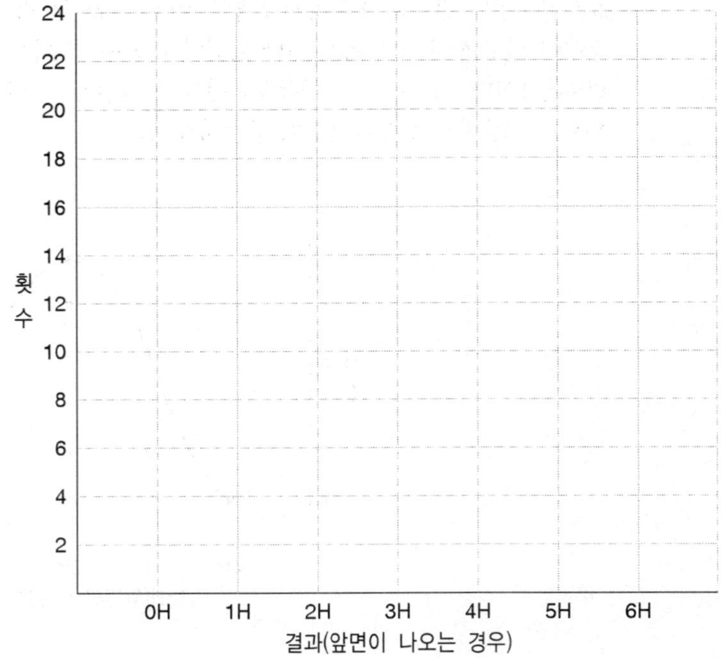

*c. 동전 앞면은 여아의 출생, 동전 뒷면은 남아의 출생을 나타낸다고 가정해 보자. 그리고 a에서 동전을 던지는 각 실험이 6명의 아이를 가지려고 생각하는 한 가족을 나타낸다고 가정해 보자. 이 자료를 이용해서 이런 가족들 중 약 몇 %가 최소한 세 명의 여아를 가질 수 있는지를 어떻게 예측할 수 있는지를 설명해 보아라.

2 많은 사람들을 대상으로 조사한 체중, 시력 또는 지능지수와 같은 측정값은 일반적으로 정규분포한다. 다음 목록은 60명 학생의 맥박수를 나타낸다. 이 자료로 히스토그램을 그리고 다음 쪽의 질문에 답하여라.

맥박수(1분간) / 횟수

맥박	53	56	57	58	61	62	63	64	65	66	67	68	69	70	71	72	73	74	75	76	77	78	79	80	81	82	84	86	89	91	92
횟수	1	2	1	1	1	3	1	1	3	1	2	2	2	6	1	4	3	4	2	3	1	1	2	3	1	1	2	2	1	1	1

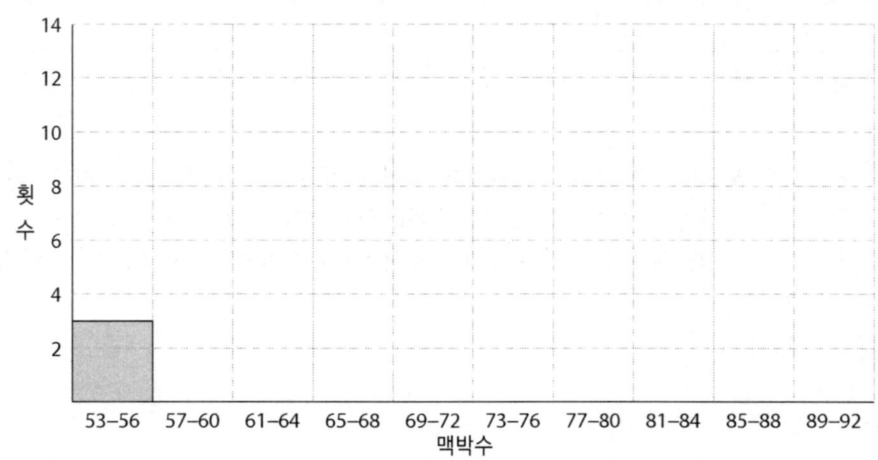

a. 맥박수의 분포는 정규분포와 유사한가?

b. 표준편차(standard deviation)는 분포의 변화와 퍼짐의 척도이다. 정규분포의 특징 중 하나는 그림에 나타낸 것과 같이 평균값으로부터 1 표준편차 내에 측정값의 68%가 분포하며 2 표준편차 내에 측정값의 95%, 3 표준편차 내에 측정값의 99.7%가 분포한다. 맥박수 자료의 평균은 72, 표준편차는 8.7이다. 평균값으로부터 ±1, ±2, ±3 표준편차 내에 분포하는 맥박수의 백분율을 구하여 결과를 아래에 써라. 맥박수의 분포는 정규분포의 특징을 대략적으로 만족시키는가?

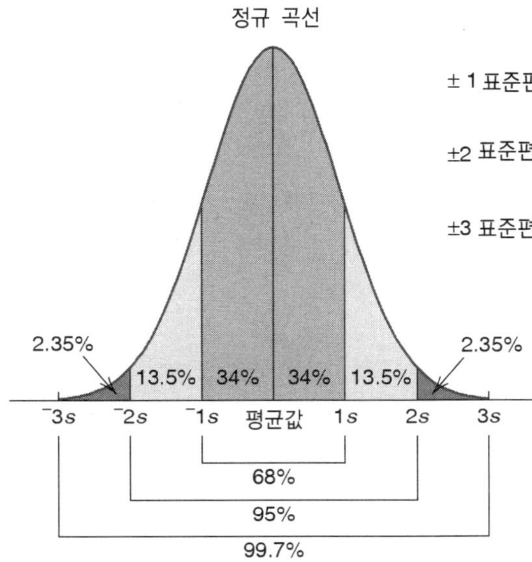

맥박수

± 1 표준편차 ________ %

±2 표준편차 ________ %

±3 표준편차 ________ %

c. 측정 자료의 수가 더 작은 경우에도 정규분포할 수 있다. 10초 간격으로 측정된 옆 짝의 맥박수를 막대그래프를 그려보아라. 정규분포곡선의 특징 중 하나는 평균값(mean), 중앙값(median)과 최빈값(mode)이 거의 같다는 것이다. 반 친구들의 맥박수에 대한 평균값, 중앙값, 최빈값을 구하여라. 그 값들은 거의 동일한가?

평균값 ________ 중앙값 ________ 최빈값 ________

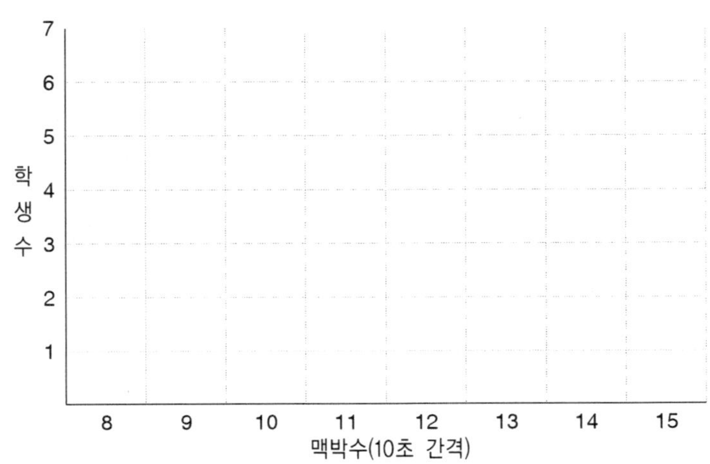

3 사람들은 단어에 포함된 글자가 균일하지 않다는 것을 잘 모른다. 타자기의 발명가인 크리스토퍼 숄츠도 그런 사람 중 하나였을 지도 모른다. 그는 모든 타자의 56%를 왼손이 담당하도록 했을 뿐만 아니라 알파벳에서 사용 빈도가 가장 낮은 두 글자인 j, k는 오른손 중에서 가장 민첩한 두 손가락에 배분했다. 다음 표는 많은 단어들을 임의로 표본 추출하여 조사한 각 문자의 발생 빈도의 백분율을 나타낸 것이다.

E	12.3%	S	6.6%	U	3.1%	B	1.6%	J	0.1%
T	9.6%	R	6.0%	P	2.3%	G	1.6%	Z	0.1%
A	8.1%	H	5.1%	F	2.3%	V	0.9%		
O	7.9%	L	4.0%	M	2.2%	K	0.5%		
N	7.2%	D	3.7%	W	2.0%	Q	0.2%		
I	7.2%	C	3.2%	Y	1.9%	X	0.2%		

***a.** 앞 문단은 350자로 구성되어 있다. 이 중 e, s, c, w, k가 몇 번 포함되어 있는지 빈도를 조사한 후 이를 백분율로 나타내어라. 그런 후 이 값을 위에 제시된 백분율과 비교해 보아라.

	기록	횟수	퍼센트
e			
s			
c			
w			
k			

b. 영어에서 가장 흔하게 나타나는 글자는 e이다. 1939년에 웨츨 출판사는 267쪽에 달하는 《개츠비(Gadsby)》라는 제목의 소설을 출판했다. 이 소설은 문학적 가치보다는 오히려 유별난 특징으로 잘 알려져 있다. 50,000개의 단위 중 글자 e를 포함하는 단어가 하나도 없다는 사실이다. 철자 e가 포함되지 않은 단어를 최소한 10개 이상 사용하여 문장을 만들어 보아라. (학급 친구들과 만든 문장을 공유해보는 것도 재미있다.)

***c.** 모스 부호에서는 글자를 전자신호로 보내기 위해서 점과 줄표로 표현한다. 점은 1 단위시간(time unit), 줄표는 3 단위시간을 차지하며, 부호 사이의 공백을 위해 1 단위시간이 필요하다. 1938년에 사무엘 모스는 필라델피아 신문에서 추출한 12000 단어의 표본에서 가장 많이 나오는 글자에 가장 짧은 시간간격을 할당했다. 모스 부호가 마구잡이로 할당한 것에 비해서는 효율적이지만 여전히 개선의 여지는 있다. 다음 쪽 상단 표에 제시된 글자들에 대해서 위쪽에 있는 글자일수록 단위시간 배당이 짧게 되도록 글자에 대한 부호를 효율적으로 바꾸거나 재할당하여라. 이 새로운 할당은 사무엘 모스가 할당한 것에 비교해서 9개의 글자에 배당된 단위시간이 얼마나 줄어들었는가?

모스 부호	수로 표시한 단위시간	글자	재할당한 모스 부호
•	1	e	______
—	3	t	______
• —	4	a	______
— — —	11	o	______
— •	5	n	______
••	3	i	______
•••	5	s	______
• — •	7	r	______
••••	7	h	______

4 큰 수들의 맨 앞자리 수를 살펴보면 놀랍게도 숫자들이 같은 빈도, 즉 고르게 분포되어 있지 않다. 아래 대도시 인구의 맨 앞자리 수를 기록하는 것을 도와줄 파트너를 찾아서 다음의 경기를 해보자. 표에 제시된 각 수가 1, 2, 3, 4로 시작되면 당신이 이기고, 5, 6, 7, 8, 9로 시작되면 파트너가 이긴다. 다음 쪽 하단의 표에 맨 앞자리 수의 빈도를 기록한 후 전체를 더해서 누가 이기는지 알아보아라. 그런 후 237쪽의 물음에 답해 보아라.

Populations of 166 Selected Metropolitan Areas

Philadelphia to Atlantic City					
Cecil	82,522	Fayette	144,847	Orange	110,116
Chester	421,686	Beaver	184,406	Chatham	45,406
New Castle	482,807	Allegheny	1,268,446	Durham	202,411
Bucks	587,942	**Portland-Salem**		**Richmod-Petersburg**	
Gloucester	247,897	Clark	326,943	Powhatan	21,950
Burlington	420,323	Washington	399,697	Hanover	81,975
Montgomery	719,718	Yamhill	82,085	Goochland	17,823
Atlantic	238,047	Polk	61,560	New Kent	13,052
Cape May	98,069	Clackamas	334,732	Chesterfield	245,915
Cumberland	140,341	Columbia	44,416	Henrico	246,052
Camden	505,204	Marion	268,541	Charles City	7,092
Salem	64,912	Multnomah	631,082	Dinwiddie	24,657
Delaware	542,593	**Providence-Warwick-Pawtucket**		Prince George	30,135
Philadelphia	1,436,287	Washington	120,649	Colonial Heights	16,955
Phoenix-Mesa		Bristol	49,114	Hopewell	22,529
Maricopa	2,784,075	Kent	161,811	Richmond	194,173
Pinal	146,929	Providence	574,038	Petersburg	34,724
Pittsburgh		**Raleigh-Durham-Chapel Hill**		**Rochester**	
Butler	170,785	Wake	570,615	Wayne	94,977
Westmoreland	372,103	Johnston	106,582	Orleans	44,518
Washington	205,566	Franklin	44,743	Livingston	66,000

Ontario	99,662
Genesee	60,654
Monroe	716,072
Sacramento-Yolo	
Placer	229,259
El Dorado	158,502
Sacramento	1,144,202
Yolo	153,849
St. Louis	
St. Charles	272,353
Lincoln	36,556
Warren	24,600
Monroe	26,586
Jefferson	195,675
Franklin	91,763
Clinton	35,591
Jersey	21,373
Madison	259,351
St. Louis County	998,696
St. Clair	261,941
City of St. Louis	339,316
Salt Lake City-Ogden	
Davis	233,013
Salt Lake	850,667
Weber	184,065
San Antonio	
Comal	73,391
Wilso	31,423
Guadalupen	80,472
Bexar	1,353,052
San Diego	
San Diego	2,780,592
San Francisco Bay Area	
Contra Costa	918,200
Sonoma	433,304
Solano	377,415
Santa Clara	1,641,215
San Mateo	700,765
Napa	119,288
Alameda	1,400,322
Santa Cruz	242,994
San Francisco	745,774
Marin	236,770
Sarasota-Bradenton	
Manatee	239,682
Sarasota	303,400
Scranton-Wilkes-Barre-Hazleton	
Wyonming	29,149
Columbia	64,120
Luzeme	313,767
Lackawanna	208,455
Seattle Area	
Snohomish	587,783
Thurston	202,255
Kitsap	232,623
Island	70,319
Pierce	676,505
King	1,654,876
Springfield, Mass.	
Hampshire	149,384
Hampden	439,600
Stockton-Lodi	550,445
San Joaquin	550,445
Syracuse	
Madison	71,069
Oswego	124,006
Cayuga	81,264
Onondaga	458,301
Tampa-St. Petersburg-Clearwater	
Hemando	127,227
Pasco	325,824
Hillsborough	925,277
Pinellas	878,231
Toledo	
Fulton	41,895
Wood	119,498
Lucas	448,542
Tucson	
Pima	790,755
Tulsa	
Rogers	68,128
King George	17,236
Manassas	35,336
Howard	236,388
Frederick	186,777
Carroll	149,697
Wagoner	55,259
Creek	67,142
Tulsa	543,539
Osage	42,838
Washington-Baltimore	
Loudoum	143,940
Sportsylvania	83,692
Stafford	87,055
Calvert	71,877
Manassas Park	8,711
Prince William	259,827
Berkeley	70,970
Culpeper	33,083
Harford	214,668
Queen Anne' s	39,672
Charles	117,963
Warren	30,126
Jefferson	41,368
Fredericksburg	21,686
Fairfax County	929,239
Anne Arundel	476,060
Fauquier	54,109
Montgomery	840,879
Prince George' s	777,811
Alexandria	118,300
Clarke	12,779
Falls Church	10,042
Washington County	127,352
Baltimore County	721,874
City of Fairfax	20,697
Arlington	177,275
City of Baltimore	645,593
Washington	523,124
West Palm Beach-Boca Raton	
Palm Beach	1,032,625
Wichita	
Butler	61,932
Sedgwick	448,050
Harvey	34,361
Youngstown-Warren	
Columbiana	111,521
Trumbull	225,066
Mahoning	255,165

수의 첫 자리	1	2	3	4	5	6	7	8	9
득점									
합									

a. 숫자 1, 2, 3이 나올 때만 당신이 점수를 얻었다면 경기에서 이길 수 있을까? 이 숫자를 맨 앞자리로 가지는 수의 백분율을 계산하여 자신의 답을 증명하여라.

b. 표에서 얻을 수 있는 결과를 이용해서 일련의 자료에 포함된 큰 수들의 맨 앞자리 수의 발생빈도에 대해 하나 이상의 추측을 해보아라.

c. 대도시 지역 목록에서 인구는 네 자리에서 일곱 자리의 수이다. 최소는 7,092이고 최대는 2,784,075이다. 아래 표에는 7,092에서 2,874,075 사이의 모든 수를 여섯 개의 구간으로 나누어져 있다. 첫 구간에서는 2,908개의 수(9,999 − 7,092 + 1)가 있으며, 모든 수의 맨 앞자리가 7, 8, 9이다. 두 번째 구간에 속하는 모든 수들의 맨 앞자리는 1, 2, 3, 4이다. 나머지 각 구간에 대해 포함된 수의 개수를 구하고, 당신이 1, 2, 3, 4만의 숫자로도 경기를 이길 수 있는지의 여부를 결정하여라.

간격	수의 개수	승패
7029 − 9999	2908	패
10000 − 49999		
50000 − 99999		
100000 − 499999		
500000 − 999999		
1000000 − 2784075		

d. 7,092와 2,784,075 사이의 모든 수를 고려할 때, 맨 앞자리가 1, 2 3, 4인 수의 개수와 5, 6, 7, 8, 9인 수의 개수를 어떻게 비교할 수 있는가? 이 결과를 이용해서 대도시 지역의 인구 목록이나 다른 큰 수의 목록을 이용해서 게임을 할 때 1, 2, 3, 4를 선택한 사람이 이기게 될 것이라는 것을 어떻게 설명할 수 있는지 써라.

놀이 활동

암호 해독

암호해독은 암호나 부호 또는 다른 비밀문서를 해석하고 해독하는 것이다. 성공적인 암호 해독은 군사적인 승리나 범죄 및 간첩활동을 막는데 중요시되어 왔다. 알려진 가장 초기의 암호체계는 줄리어스 시저가 사용한 시저의 암호(Caesar cipher)이다. 이 암호체계를 사용해 서신을 암호화해보면, 각 알파벳을 3자리 뒤에 있는 알파벳으로 대체하면 된다: A는 D, B는 E, C는 F 등으로 대체된다. 시저의 암호를 이용해서 두루마리에 써진 문장을 해독하여라.

왜 시저가 알파벳을 이동시키는 자리 수를 3으로 택했는지는 알려져 있지 않다. 암호문을 개선하기 위한 방법 중 하나는 단어의 길이 표시를 없애는 것이다. 아래 메시지는 5글자씩 묶어서 쓴 것이다. 각 알파벳을 오른쪽으로 동일 글자 수만큼 이동시켜서 암호화하면 된다.

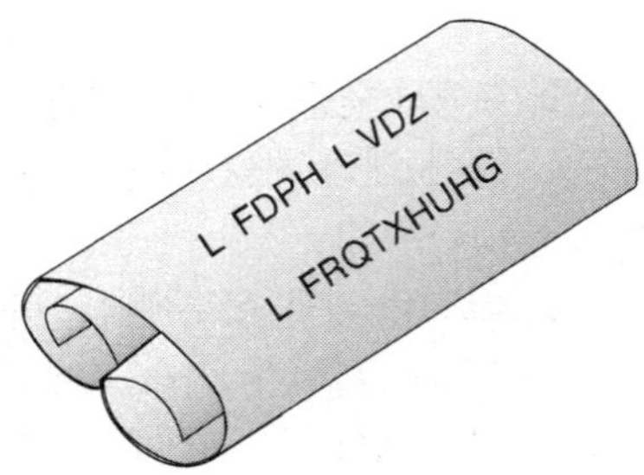

OITQT MWAPW EMLUM VWNAK QMVKM BPIBE MQOPQ VOIVL UMIAC
ZQVOI ZMEWZ BPEPQ TMVME BWVKW VDQVK MLITI ZOMXZ WXWZB
QWVWN BPMUB PIBEM QOPQV OIVLU MIACZ QVOIZ MBPMW VTGQV
DMABQ OIBQW VABPI BIZME WZBPE PQTMK PIZTM AAQVO MZ

이동 자리수를 결정하는 방법 중 하나는 서신에 있는 글자들의 빈도분포를 만들어 일상적으로 쓰이는 글자들의 빈도분포와 비교하는 것이다. 다음의 막대그래프는 대량의 암호화되지 않은 단어들의 표본에서 각 글자의 발생 빈도(가장 가까운 정수로 반올림)의 비율을 보여준다. 여기에 몇 가지 중요한 패턴이 있다. 빈도가 높은 글자 중에서 세 글자(A, E, I)는 4글자만큼 떨어져 있다. 두 글자(N, O)는 인접해 있고, 세 글자(R, S, T)는 나란히 있다. 빈도가 낮은 글자 중에서 두 글자(J, K)는 붙어 있고, 여섯 글자(U, V, W, X, Y, Z)는 나란히 있다.

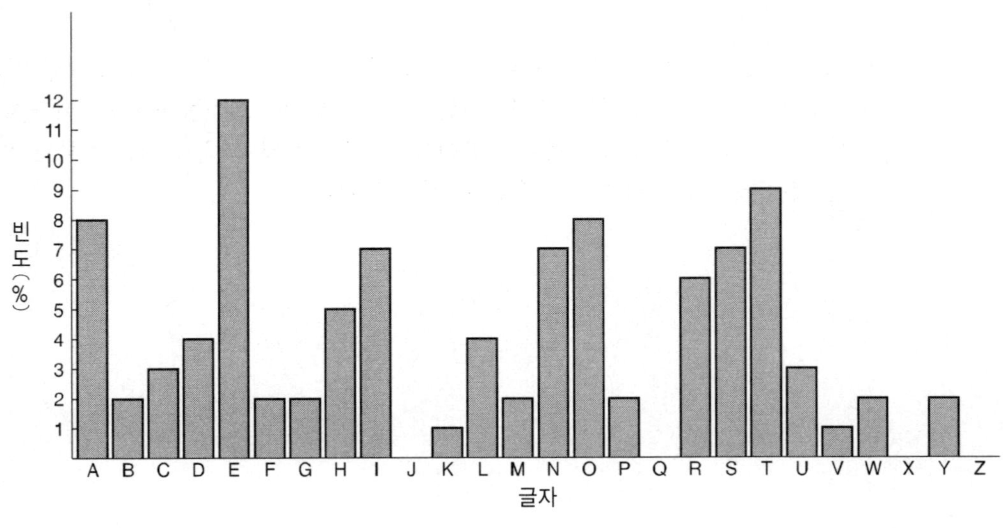

암호화된 서신에서 글자의 빈도 분포를 만들어 보자. 이 분포를 위의 분포와 비교해서, 빈도가 높은 글자와 낮은 글자의 패턴을 찾아서 이동 자리수를 예측해 보아라. 몇 개의 단어를 해독해서 예측한 것을 확인해 보아라. 정확한 이동 자리수를 찾았으면 서신을 해독해 보아라.

분포 애플릿

격자 바닥에 보이는 블루칩이 임의로 격자의 오른쪽(R이 새겨진 네모) 위나 왼쪽(L이 새겨진 네모) 위로 움직여 올라간다면, 어느 글자가 새겨진 곳으로 갈 것 같은가? 이 애플릿은 다양한 크기의 격자에서 패턴을 찾도록 도와줌으로써 최종적으로 어떤 격자에 타일이 놓이게 될지를 예측하는 것을 도우려는 것이다. 이러한 임의적인 움직임이 여러 번 적용되면 믿을 만한 패턴을 만들어 낸다는 것이 흥미롭다.

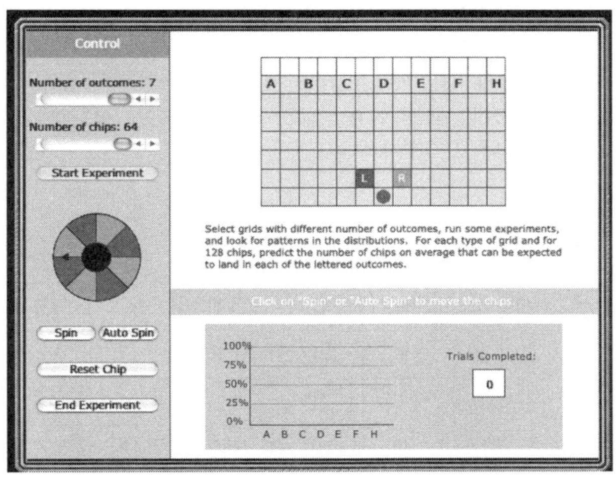

교사를 위한 후속탐구 7.3

1 **교실 상황** : 한 중학생이 자료가 왼쪽으로 쌓였을 때 "오른쪽으로 편향된"이라고 하는 것, 오른쪽으로 쌓였을 때 "왼쪽으로 편향된"이라고 하는 것을 혼란스러워 한다. 이 학생이 이 말들을 이해할 수 있도록 도와주려면 어떻게 설명해야 할까?

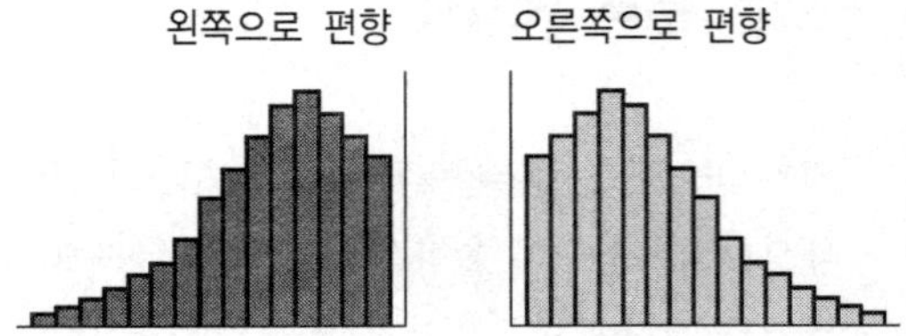

2 **교실 상황** : 모든 자료는 유한개이고, 빈도 히스토그램은 항상 울퉁불퉁할 것이기 때문에 정규분포와 같이 완전하게 부드러운 정규분포는 실제로 있을 수 없다고 말하는 중학생을 어떻게 도와줄 수 있겠는가?

3 **수학 개념** : 다음 표는 난수표를 사용해서 3개의 주사위를 30번 던지는 것을 모의 실험한 결과이다. 예를 들면, 실험 #1에서 모의 실험한 세 개의 주사위는 3, 3, 2가 나왔다

실험 #	1	2	3	4	5	6	7	8	9	10
주사위	332	356	642	332	234	225	353	311	365	411
실험 #	11	12	13	14	15	16	17	18	19	20
주사위	211	243	423	343	422	416	234	332	414	234
실험 #	21	22	23	24	25	26	27	28	29	30
주사위	324	221	352	212	426	551	214	153	415	141

a. 위의 표를 이용해서 각각의 주사위 던지기에서의 눈의 합을 구하여라. 합계 자료를 도표화하고 합계를 보여주는 막대그래프를 그려라. 그런 후 그래프의 제목을 붙여라. 합계 자료는 정규분포에 가까운가? 그렇게 생각한 이유를 설명하여라.

b. 주사위 눈의 합은 평균 8.8, 표준편차 2.5이다. 평균에서 ±1, ±2, ±3 표준편차 내에 포함된 값들의 백분율을 각각 구해시오.

c. b의 계산을 토대로 볼 때, 이 자료는 대략적으로 정규분포 하는가? 자신의 답에 대한 이유를 설명하여라.

4 **수학 개념** : 이 부분에서는 '놀이 활동'란을 읽어라.

a. 시저의 암호를 이용해서 그림이 그려진 두루마리에 새겨진 서신을 해독하여라.

b. 238쪽의 윗부분에 제시된 비밀 서신의 해독을 돕기 위해서 지시에 따라 빈도 분포를 이용하

여라.

5 **수학 개념** :

a. 표를 이용해서 5개의 동전을 던질 때 얻을 수 있는 가능한 모든 결과(32가지의 경우의 수가 있다)를 나열하여라. 앞면이 0, 1, 2, 3, 4, 5번 나올 경우는 몇 %나 되는가?

b. 각각의 경우 앞면이 나온 횟수를 이용해서 활동 1b에 사용된 격자와 유사한 격자에 각각의 결과에 대한 빈도를 나타내어라.

c. 앞면이 나온 횟수의 평균이 2.5, 표준편차가 1.1일 때, 이 분포는 정규분포와 비슷해지는가? 그렇게 생각한 이유를 설명하여라.

6 NCTM **규준** : 3－5학년 자료 분석과 확률 규준 중 "질문 만들기"에 해당하는 목표를 읽으시오. 그런 후 초등학생들이 흥미를 가질 수 있는 통계적 탐구활동을 제시하여 학생들이 질문을 만들고 이 질문에 답하기 위해서 자료를 수집하고 해석하도록 하여라. 목표와 관련하여 당신이 제안한 탐구활동에서 자료 수집 방법이 자료의 특징에 어떻게 영향을 미치는가?

7 NCTM **규준** : http://illuminations.nctm.org/의 'Lesson'에서 3－5학년 수준의 자료 분석과 확률 규준을 보아라. 그래프 자료를 포함하는 수업을 선택하여라.

a. 수업 주제를 기술하고 간단히 요약하여라.

b. 이 책의 뒤쪽에 있는 규준 요약을 참고하여 이 수업에서 말하는 자료 분석과 확률 규준의 목표를 나열하여라. 그리고 수업이 이 목표를 어떻게 다루고 있는지 기술하여라.

BENNETT-BURTON-NELSON 웹사이트

www.mhhe.com/bbn

웹 교구	모눈종이와 점종이	링크와 읽을 자료
대화형 애플릿	투명색지	Geometer Sketchpad 모듈
퍼즐 내는 사람	보충된 참고문헌	

초등학교 수업활동 ▶▷▶ 색 타일로 평균 찾기

▶▶ **목표** 초등학교 학생들에게 범자연수 평균을 시각적으로 소개하고, 이를 구하는 의미를 제공하는 것

▶▶ **연결** '평균'의 의미를 학생들에게 물어보아라. 학생들은 평균적인 사람이나 평균 점수와 같은 여러 가지 뜻을 말할 것이다. 이 단어의 몇 가지 의미를 논의하고, 오늘은 우리가 수학에서 '평균'의 의미를 탐구하고자 한다고 이야기하여라.

▶▶ **준비물** 홍보 사이트에서 색 타일 이미지를 복사하거나 네 가지 다른 색상의 카드에 2cm 크기의 격자 종이를 복사하여 색 타일을 만든다. 색 타일의 투명 자료 역시 색 타일 이미지로 만들 수 있다. 네 색상 각각 20개씩의 색 타일을 플라스틱 가방에 놓을 수 있다. 2－4명으로 구성된 한 모둠에 한 묶음의 색 타일이 필요하다. 학생들은 분수부분의 평균을 기록하기 위해 센티미터 단위의 모눈종이도 필요하다.

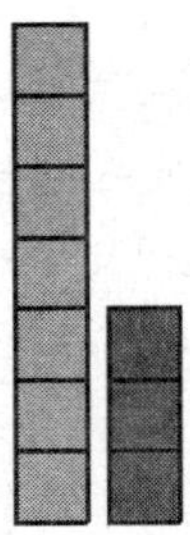

7 3

1 OHP에 높이가 7과 3인 타일을 놓은 후 학생들이 이를 보고 각자의 책상에 같은 탑을 쌓게 하여라. 그런 후 학생들에게 타일을 이동시켜서 두 타일의 높이가 같아지도록 높이를 맞추게 한다. 이러한 평준화 과정이 수의 평균을 찾는데 사용할 수 있다고 말하여라. 학생들에게 "7과 3의 평균은 얼마인가?"라고 질문한다.

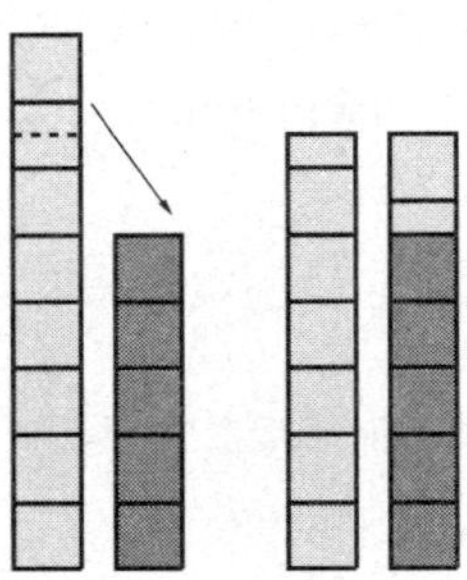

8 5 6.5 6.5

2 두 개의 탑을 쌓고 높이를 맞추는 방법으로 학생들이 1과 5의 평균을 찾도록 한다. 그런 후에는 탑을 쌓지 않고 높이 20과 26의 탑을 학생들이 상상하도록 하고 20과 26의 평균을 머릿속으로 찾게 한다. 그런 후 평균이 23임을 구하는 서로 다른 방법들을 학생들이 서로 공유할 수 있도록 한다.

3 학생들에게 탑을 쌓거나 생각만으로 5와 8의 평균을 찾도록 해 본다. 반쪽(혹은 조각) 타일을 사용하는 걸 허용할지 논의한다. 학생들이 이 새로운 생각을 기록하기 위해 모눈종이를 사용하도록 허용한다. 왼쪽의 두 탑을 보라.

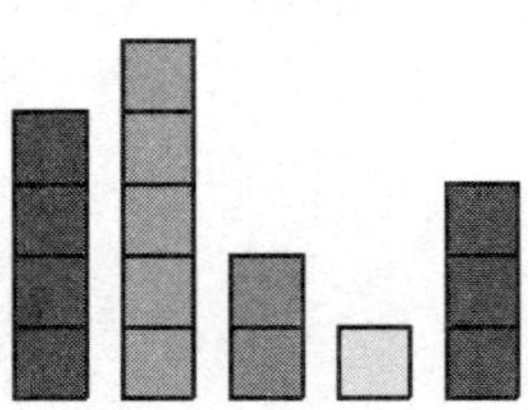

4 5 2 1 3

4 왼쪽에 보이는 것과 같이 다섯 개의 탑을 놓고 학생들에게 탑의 높이를 맞춰서 다섯 수의 평균을 찾도록 해 본다. 평균에 대해 얘기한 후 다음과 같은 질문을 한다.(원래 탑의 높이인 4, 5, 2, 1, 3을 OHP에 제시하여 학생들이 참고하도록 한다.)

a. 각각의 탑은 지난 5년 동안 미네소타 니스와의 강설량을 나타낸다고 학생들에게 얘기한다. 각 모둠은 최근 5년 동안 니스와의 평균 적설량이 어느 정도인지 토론하여 발표토록 한다.

b. 다음 해에 6피트의 눈이 내렸을 때, 타일과 모눈종이를 이용해 6년 평균 강설량을 구하게 한다.

c. 6번째 해에 눈이 전혀 내리지 않았다면 6년 평균은 어느 정도 될지 토론하여 결정하도록 한다.

학생들은 높이 7, 2, 6인 타일을 이동시켜 높이 5로 맞춤으로써 평균을 구한다.

CHAPTER

8 확률

유치원에서 2학년까지는 확률을 비형식적으로 다룬다. 교사는 "우리는 아마도 점심시간에 휴식시간을 가질 거야" 또는 "오늘은 비가 올 것 같지 않네…"와 같이 학생들이 새롭게 익힌 용어들을 활용해야 한다…. 3－5학년 학생들은 이론적 결과가 알려져 있는 동전, 주사위, 돌림판 등을 이용한 실험이나 친숙한 사건을 '불가능', '흔치 않는', '있을 법한', '불확실한'으로 규정하는 것을 통해서 우연의 아이디어를 생각할 수 있다.... 중학교 학생들은 적절한 용어를 배우고 활용할 수 있어야 하며 간단한 복사건에 대한 확률을 계산할 수 있어야 한다.[1]

활동모음 8.1 확률실험

▶▶ 목표

실험을 통해서 확률을 결정하고 가능한 경우에는 실험을 분석해서 이론적 확률을 결정하는 것

▶▶ 준비물

1페니 동전, 압정 10개, 자료 카드 21과 22의 2페니와 3페니 게임 판, 자료 카드 20의 난수표

▶▶ 도입

'확률론적인'이란 말은 이상하게 들리겠지만 과학계에서는 널리 보급되어 있으며, 임의의, 우연의, 무질서한 등의 의미를 가진다. 세상을 확률론화한다는 것은 임의, 우연, 확률이 우리가 살아가는 세상의 실제적이고 객관적이며 기본적인 것으로 인식함을 의미한다.

일간지에서 볼 수 있는 수많은 숫자들 중 대부분이 확률론을 기반으로 한다. 우리는 뉴욕시의 가정 중 무자녀 가정의 퍼센트, 플로리다 올랜도의 4인 가족이 소유하고 있는 자동차 평균 대수, 이식수술이 성공할 확률 등에 대해 신문에서 읽을 수 있다. 이것은 이런 자료들을 접하게 되면서 특정한 태도를 가지게 되고 이를 바탕으로 행동을 하게 된다는 것을 의미한다. 만약 네브라스카의 10학년 학생들의 영어점수가 이렇고 아이오와의 10학년 학생들의 영어점수가 저렇다고 보도되었다고 하면 아마도 사람들은 이것에 대해 뭔가 조치를 취해야 한다고 믿을 수도 있다.

세상의 확률론화는 이미 우리의 생각과 행동에 깊이 스며들어 있기 때문에 이것이 우리가 살고 있는 현대사회의 특징 중 하나라고 할 수 있다.[2]

[1] *Principle and Standards for School Mathematics*(Reston, VA: National Council of Teachers of Mathematics, 2000): 51.
[2] P. J. Davis and R. Hersh, *Descartes Dream*(New York: Harcourt Brace Jovanovich, 1986): 18-19.

나는 결과를 조직하고 나타내는 방법을 탐구할 수 있다.

26.6 결과를 찾는 방법의 탐구

조작 활동

2가지 색의 칩을 이용해서 확률실험의 결과를 탐구할 수 있다.

준비물
* 2가지 색 칩

용어
등확률
가능한 결과

칩을 20번 던졌을 때 얻을 수 있는 결과가 무엇인지 알아보아라.

모델 활용

빨간색과 노란색 칩을 얻을 확률은 같다.
확률은 분수를 이용해서 나타낼 수 있다.

$\frac{1}{2}$ ← 1: 빨간색 칩을 얻을 수 있는 기회, 2: 가능한 전체 결과의 수

1단계

표를 복사하여라. 동전을 20번 던질 때의 가능한 결과를 예상하여라. 가능한 결과란 실험 중에 일어날 수 있는 모든 결과를 의미한다. 표에 기록하여라.

결과		
동전	예측	횟수

2가지 결과가 나올 수 있다. 빨간색 또는 노란색

2단계

칩 하나를 20번 던져라. 매번 결과를 기록하여라.

3단계

결과를 기록하여라.

교양 있는 시민이 되기 위해서는 확률 및 관련된 통계 영역을 이해하는 것이 중요하다는 것은 널리 알려져 있다. Principles and Standards for School Mathematics에서는 K−12학년의 전학년에서 확률 관련 활동을 권장하였고, 이 활동에는 조사, 탐구, 실험, 논의 등의 정신이 깃들여 있다. 확률에는 흥미로운 문제가 많고 분수, 소수, 비, 퍼센트를 활용할 기회를 제공한다.

이 활동 모음에서는 실험 결과를 관찰함으로써 결정할 수 있는 실험적 확률과 수학적 계산에 의해서 결정되는 이론적 확률을 살펴볼 것이다. 주사위를 던져서 4의 눈이 나올 확률은 $\frac{1}{6}$이다. 왜냐하면 주사위에는 6개의 면이 있고 각 면이 나올 확률이 같으며 6개의 면 중 하나에 4가 있기 때문이다. 주사위에서 4가 나올 실험적 확률은 주사위를 여러 번 던진 후 결과를 기록해서 얻을 수 있다. 4의 눈이 나온 횟수를 전체 던진 횟수로 나누어서 실험적 확률을 구한다.

1 어떤 사람이 압정을 단단한 바닥에 던졌을 때 뾰족한 침이 위로 올 것이라는 것에 내기를 걸고 싶어 한다고 하자. 이 내기를 받아주겠는가? 돈을 걸기 전에 다음 실험을 해 보도록 하자. 같은 압정 10개를 단단한 바닥에 던지자. 그런 후 뾰족한 침이 위로 올라온 압정의 수를 세어 보아라. 이 실험을 10번 해서 결과를 아래의 표에 기록하여라.

시행 횟수	1	2	3	4	5	6	7	8	9	10
침이 위로 선 압정의 수										

a. 바닥에 떨어뜨린 100개의 압정 중 침이 위로 선 압정의 수는 몇 개인가? 이 실험을 바탕으로 내기를 할 것인지 말 것인지 그 이유를 설명하여라.

b. 결과를 바탕으로, 이런 종류의 압정을 던졌을 때 침이 위로 설 실험적 확률은 얼마인가?

$$\frac{\text{침이 위로 선 횟수}}{\text{전체 던진 횟수}} =$$

c. 앞의 결과를 바탕으로 했을 때, 압정을 300번 던지면 침이 위로 서는 경우는 몇 번 정도 기대할 수 있겠는가?

d. 앞의 결과를 바탕으로 했을 때, 이런 종류의 압정을 던졌을 때 침이 아래로 되는 경우의 실험적 확률은 얼마인가? 이것은 문제 b의 확률과 어떻게 관련되는가?

2 다음과 같은 우연 게임은 축제나 시장에서 흔히 볼 수 있다. 1페니 동전을 정사각형 격자가 그려진 종이 위에서 돌린 후 동전이 정사각형 안에 놓이면 상을 받게 된다. 1페니 동전의 지름을 2페니 게임판(자료 카드 21)의 격자의 너비와 비교해 보아라. 동전이 정사각형 안과 선 위에 놓일 확률 중 어느 것이 더 큰가? 아래의 실험을 하기 전에 추측하고 그 결과를 기록하여라.

추측

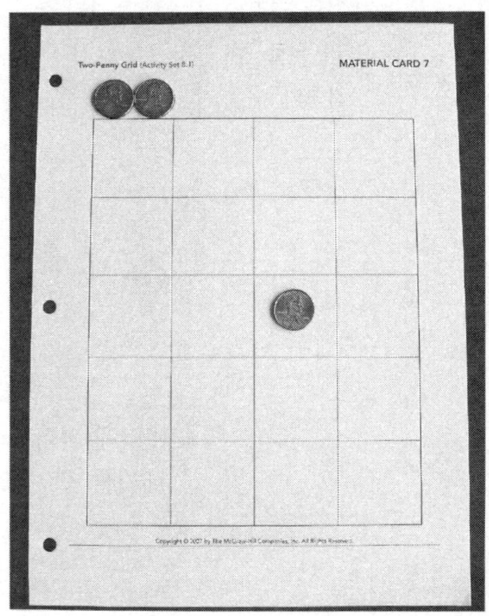

a. 1페니 동전을 2페니 게임판 위에서 24번 실험을 한 후 결과를 아래에 기록하여라.

	횟수	전체
정사각형 안		
선 위		

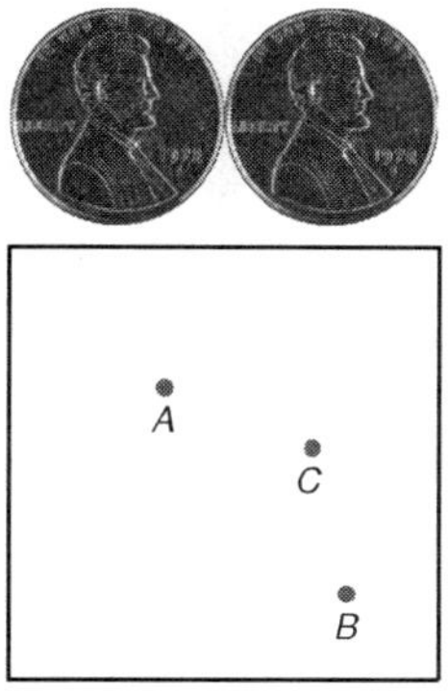

b. 실험 결과를 바탕으로 1페니 동전이 정사각형 안에 놓이게 될 실험확률을 계산하여 써라.

$$\frac{\text{정사각형 안에 놓인 횟수}}{\text{전체 실험한 횟수}} =$$

c. 정사각형의 한 변의 길이는 1페니 동전 지름의 2배이다. 왼쪽 그림의 점 A, B, C가 1페니 동전의 중심을 나타낸다면 어떤 점이 게임에서 이기는 점이 되는가?

d. 게임에서 이기기 위해 1페니 동전의 중심이 놓여야 하는 영역을 색칠해 보아라. 정사각형의 얼마가 색칠되었는가? 이것이 1페니 동전이 정사각형 안에 놓이게 될 이론적 확률이다.

***e.** 이 게임은 이길 확률이 50%인 공정한 게임인가?

3 3페니 게임판(자료 카드 22) 위의 정사각형의 한 변의 길이는 1페니 동전 지름의 3배이다. 이 게임판 위에서 1페니 동전을 회전시킬 때, 동전이 정사각형 안에 놓일 확률이 선 위에 놓일 확률보다 크다고 생각하는가? 실험하기 전에 추측하고 그 결과를 기록하여라.

추측

a. 1페니 동전을 24번 회전 실험을 하여 결과를 기록하고 동전이 선 위에 놓이지 않을 실험확률을 계산하여라.

	횟수	전체
정사각형 안	______	______
선 위	______	______

$$\frac{\text{정사각형 안에 놓인 횟수}}{\text{전체 실험한 횟수}} =$$

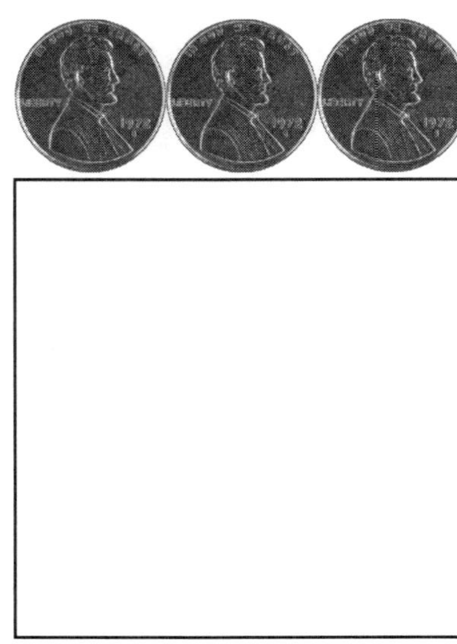

b. 게임에서 이기기 위해 1페니 동전의 중심이 놓여야 하는 영역을 색칠해 보아라. 1페니 동전이 정사각형 안에 놓이게 될 이론적 확률은 얼마인가?

c. 이 게임이 공정한 게임인지의 여부에 대해 설명하여라.

4 크기가 같은 카드를 3개 잘라라. 카드 하나의 양면에는 A, 다른 카드의 양면에는 B, 세 번째 카드의 한 면에는 A, 다른 한 면에는 B라고 표시하여라. 세 장의 카드 중 하나를 임의로 선택한 후 탁자 위에 놓아라. 탁자 위에 놓인 카드의 윗면에는 A 또는 B가 써져 있을 것이다. 그렇다면 아랫면에 써진 글씨가 윗면에 써진 글씨와 다를 확률은 얼마인가? 추측을 한 후 결과를 기록하여라. 그런 후 이 실험을 24번 실행한 후 윗면과 아랫면에 써진 글씨가 다른 경우가 몇 번인지를 표에 기록하여라. 실험 확률을 계산한 후 써라.

추측

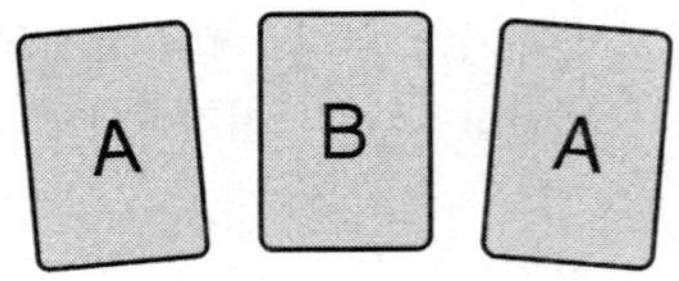

	횟수	전체
아랫면의 글씨가 같은 경우	________	________
아랫면의 글씨가 다른 경우	________	________

$$\text{실험 확률} : \frac{\text{아랫면의 글씨가 다른 경우의 횟수}}{\text{전체 실험 횟수}} =$$

일단 카드를 선택하고 나면 윗면의 글씨가 결정되기 때문에 사람들은 흔히 아랫면의 글씨가 다를 확률이 50－50이라고 생각한다. 만약 윗면의 글씨가 A라면, 이런 카드는 2장뿐이므로 이 카드가 A-B 카드일 확률은 50%라고 생각한다. 그러나 이것은 잘못된 생각이다. 3장의 카드에는 6개의 면이 있다. A－A 카드의 두 면을 구분하기 위해서 하나는 A_1, 다른 하나를 A_2라고 하자. 마찬가지로 B－B 카드의 면도 B_1, B_2로 구분하기로 하자. 단 A－B 카드의 면은 계속 A, B로 부르기로 하자. 첫 번째 카드가 선택되면 6개의 면 중 하나가 윗면에 된다: A_1, A_2, B_1, B_2, A, B. 각 면에 대해서 어떤 면이 아랫면일지를 써 보아라. 그런 후 아래의 질문에 답하여라.

결과	1	2	3	4	5	6
윗면	A_1	A_2	B_1	B_2	A	B
아랫면	_____	_____	_____	_____	_____	_____

***a.** 결과들 중, 윗면이 아랫면과 다른 경우는 몇 가지인가?(면은 A와 B로만 구분되어 있다는 것을 기억하라.)

b. 카드 윗면의 글씨가 아랫면의 글씨와 다른 카드를 선택할 확률은 얼마인가?

***c.** 하나의 카드를 선택한 후 윗면이 A라고 가정하자. 이때 가능한 세 가지 경우를 위의 표를 보고 기록하여라.

d. 위의 c의 경우에 아랫면에 써진 글씨가 B일 확률은 얼마인가?

***e.** 어떤 글씨가 윗면에 써져 있는지를 아는 것이 아랫면에 써진 글씨가 다를 확률을 계산하는데 도움이 되는가? 그 이유를 설명하여라.

5 **모의실험** : 한 학생이 10개의 티셔츠를 가지고 있다. 이 학생이 매일 아침 어둠속에서 임의로 하나의 티셔츠를 고를 때, 일주일의 5일간 한 번 이상 같은 티셔츠를 입을 확률은 얼마인가? 각 티셔츠에 0에서 9까지의 번호를 붙이고 모의실험을 통해서 실험적 확률을 구하여라.

a. 한 주에 임의로 선택한 5개의 티셔츠를 나타내기 위해서 자료 카드 20에 있는 난수표에서 5개의 수를 임의로 선택하는 것이 어떻게 위 질문에 대한 모의실험이 되는지를 설명하여라.

b. 10번 실험한 후 결과를 기록하여라.

c. 자료에 따르면, 일주일의 5일간 같은 티셔츠를 한 번 이상 입을 실험적 확률을 얼마인가?

놀이 활동

경주로 게임 (2–3인용)

경기자는 경주로 게임판의 세 개의 경주로 중 하나를 선택하고 표시물을 출발점에 놓는다. 경기자들은 교대로 2개의 주사위를 던진다. 주사위의 눈의 합이 경기자의 표시물을 놓아 둔 경주로와 같으면 결승점을 향해 한 칸 움직인다. 경주로의 결승점에 가장 먼저 도착한 경기자가 이긴다. 게임을 몇 번 해 보아라. 이길 확률이 가장 높은 세 경주로는 어느 것이며, 셋 중에서 이길 확률이 가장 높은 경주로는 어느 것인가?

결승점											
출발점	2	3	4	5	6	7	8	9	10	11	12

* **변형** : 2개의 주사위 눈의 합이 아닌 3개의 주사위 눈의 합과 다음의 게임판을 이용하라. 어떤 경주로가 이길 확률이 가장 높은가?

결승점																
출발점	3	4	5	6	7	8	9	10	11	12	13	14	15	16	17	18

교사를 위한 후속탐구 8.1

1 **교실 상황** : 학급의 학생들이 이 활동모음의 활동 2와 3에 기술된 1페니 동전을 회전하는 게임을 한 후, 몇몇 학생은 이 게임이 공정한 게임이 되기 위한 정사각형 격자의 너비를 알고 싶어 했다. 너비를 구하고 학생들이 이 결과를 발견하고 이해하도록 어떻게 도울 수 있는지 써라.

2 **교실 상황** : 학급 학생들에게 '놀이활동'에서 소개된 경주로 게임을 하도록 하려고 했으나 교실에 주사위가 없었다. 학생들이 2개의 주사위를 임의로 던지는 것을 모의실험 해서 게임을 성공적으로 할 수 있도록 하는 2가지 방법을 고안하고 그 방법을 상세히 설명하여라.

3 **수학 개념** : 이 활동 모음의 활동 4에서 소개된 카드 게임에서 카드와 글자의 수를 늘린다면 윗면의 글씨와 아랫면의 글씨가 다를 확률이 증가하는가 감소하는가? 아이디어를 탐구한 후 다음의 카드에서 임의로 선택된 카드의 윗면과 아랫면에 써진 글씨가 다를 이론적 확률을 계산하고 자신의 생각을 설명하여라.

6장의 카드 모음	
카드 1: 양면 모두 A	카드 4: 한 면은 A, 다른 면은 B
카드 2: 양면 모두 B	카드 5: 한 면은 A, 다른 면은 C
카드 3: 양면 모두 C	카드 6: 한 면은 B, 다른 면은 C

4 **수학 개념** : 이 절의 '놀이활동'에 소개된 경주로 게임과 비슷한 게임을 만들어라. 주사위의 합 대신 두 주사위 눈의 곱을 이용하라.

a. 게임판의 출발점에 써 넣을 수들을 써라(가장 작은 수부터 큰 수로)

b. 서로 다른 곱을 얻을 수 있는 이론적 확률은 얼마인가? 자신의 생각을 설명하여라.

5 **수학 개념** :

a. 활동 3의 1페니 동전 회전 게임에서 3페니 게임판 대신 가로의 길이는 1페니 4개, 세로의 길이는 1페니 3개인 게임판을 이용한다고 하자. 이 게임은 공정한가? 왜 그렇게 생각했는지 이론적 확률을 계산해서 이를 설명하여라.

b. 활동 3의 1페니 동전 회전 게임에서 3페니 게임판 대신 4페니 게임판을 이용한다고 하자. 이 게임은 공정한가? 왜 그렇게 생각했는지 이론적 확률을 계산해서 이를 설명하여라.

6 NCTM **규준** : http://illuminitions.nctm.org/의 'Lessons'으로 가서 6–8학년의 자료분석과 확률 규준을 선택하여라. 그런 후 확률과 관련된 수업을 선택하여라.

a. 수업의 제목을 말하고 수업 내용을 요약하여라.

b. 이 책의 뒤쪽에 있는 규준 요약에서 수와 연산 영역의 목표 중 이 수업에서 다루고 있는

것을 나열하고 수업에서 이런 목표를 어떻게 다루고 있는지를 설명하여라.

7 **NCTM 규준** : 이 책의 도입부에 제시된 초등학교 교과서에 제시된 확률 관련 활동은 3학년 교과서에서 발췌한 것이다. 이 활동이 3-5학년 자료분석과 확률 규준에서 기술하고 있는 목표를 어떻게 충족시키는지를 설명하여라.

BENNETT-BURTON-NELSON 웹사이트

www.mhhe.com/benett-nelson

웹 교구	모눈종이와 점종이	링크와 읽을 자료
대화형 애플릿	투명색지	Geometer Sketchpad 모듈
퍼즐 내는 사람	보충된 참고문헌	

활동모음 8.2 다단계 확률 실험

▶▶ 목표

다단계 확률 실험을 수행하고 얻어진 실험적 확률을 이와 대응되는 이론적 확률과 비교하는 것

▶▶ 준비물

교구 세트의 녹색과 적색 타일, 동전 4개, 주사위 2개, 자료 카드 23의 회전판, 타일을 고를 수 있는 상자와 가방 종류의 용기

▶▶ 도입

몬테카를로에서 룰렛 휠의 회전에서 32번 연속 빨간색이 나온 적이 있다. 이런 결과가 나올 확률은 10억 분의 1 정도 된다.

둘 이상의 사건이 일어날 확률을 복사건 확률 또는 다단계 확률이라고 한다. 한 사건이 다른 사건의 결과에 영향을 미치지 않을 때, 두 사건은 독립사건이라고 한다. 예를 들면, 룰렛 휠의 두 번째 회전은 첫 번째 회전으로부터 어떤 영향도 받지 않기 때문에 두 사건은 독립이라고 할 수 있다. 한 사람이 다른 사람의 결과에 영향을 미칠 때, 두 사건을 종속사건이라고 한다.

예를 들면, 4장의 녹색타일과 3장의 적색타일이 든 상자에서 2장의 적색타일을 임의로 뽑아내는 확률을 생각해보자. 첫 번째 추출에서 적색타일을 뽑을 확률은 $\frac{3}{7}$이다.
만약 두 번째 추출을 하기 전에 첫 번째 타일이 복원이 되면 상자 안에 든 카드의 수가 첫 번째 적색타일을 추출할 때와 같기 때문에 다른 적색타일을 뽑을 확률은 $\frac{3}{7}$이다. 이런 두 번의 추출은 서로의 결과에 영향을 미치지 않기 때문에 독립사건이다. 이 경우 2장의 적색타일을 추출할 확률은 255쪽의 확률도에 나타난 것처럼 $\frac{3}{7}\times\frac{3}{7}=\frac{9}{49}$이다.

9-2 세 과제

체험 미니 실험실

공부할 내용

결과를 세고 확률을 찾기 위해 수형도 활용하기

새 용어

공정한 게임

수형도

표본 공간

자료

* 2개의 칩
* 표시물

짝 활동

다음은 두 개의 칩을 이용해서 할 수 있는 확률게임이 있다.

- 칩의 한 면에 A라고 표시하고 다른 면은 B라고 표시하라. 두 번째 칩의 양면은 모두 A라고 표시하라.
- 경기자 1이 두 개의 칩을 던진다. 두 개의 면이 같으면 경기자 1이 1점을 얻는다. 두 개의 면이 다르면 경기자 2가 1점을 얻는다. 결과를 기록하여라.
- 그런 후 경기자 2가 두 개의 칩을 던지고 결과를 기록한다. 각 경기자가 10번씩 던질 때까지 게임을 계속한다. 점수를 많이 얻은 사람이 이긴다.

1. 게임을 하기 전에, 추측을 해 보아라. 두 경기자가 이길 확률이 같은가? 설명해 보아라.
2. 이제 게임을 해 보아라. 누가 이겼는가? 최종 점수는 몇 점인가?
3. 전체 학급의 자료를 모두 모아라. 경기자 1과 경기자 2의 종합 점수는 얼마인가?
4. 1번에서 한 추측을 수정하고 싶은가? 그 이유를 설명하여라.

같은 기능을 가진 경기자가 이길 가능성이 같을 때를 공정한 게임이라고 한다. 게임이 공정한 게임인지를 분석할 수 있는 한 가지 방법은 수형도를 그리는 것이다. 수형도는 확률 실험에서 모든 가능한 결과 또는 표본 공간을 보여주는데 이용된다.

예 수형도 그리기

❶ 위의 체험 미니 실험실에서 언급한 게임을 참고하라. 수형도를 그려서 표본 공간을 나타내어라. 그런 후 게임이 공정한지를 결정하여라.

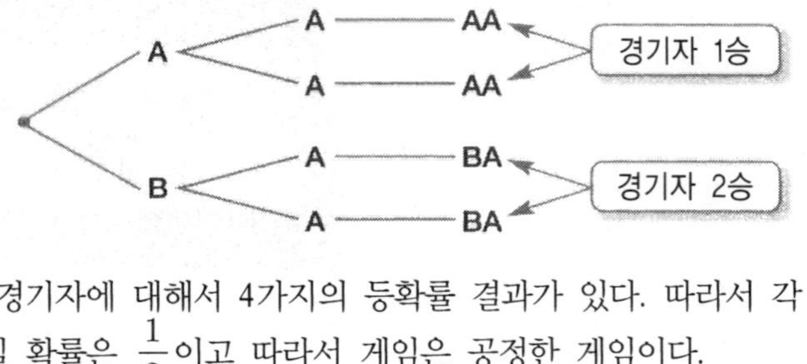

각 경기자에 대해서 4가지의 등확률 결과가 있다. 따라서 각 경기자가 이길 확률은 $\frac{1}{2}$이고 따라서 게임은 공정한 게임이다.

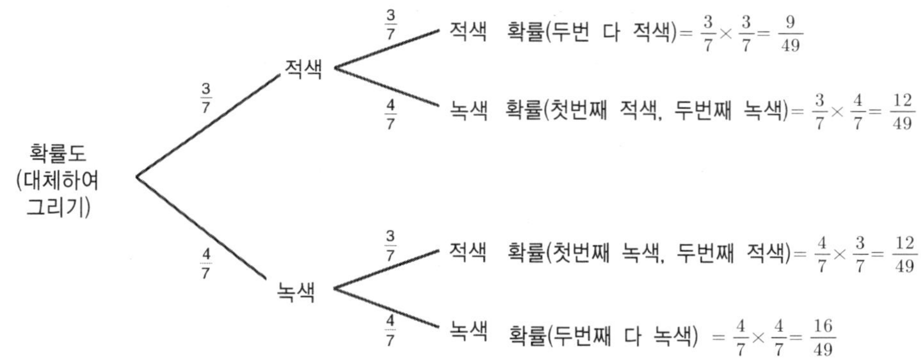

첫 번째 추출한 타일을 두 번째 타일을 추출하기 전에 다시 넣지 않는다면 결과는 완전히 달라진다. 이 경우, 두 번째 추출에서 적색타일을 뽑을 확률은 첫 번째 추출의 결과에 따라 달라진다. 즉, 두 사건은 종속사건이다. 예를 들면, 첫 번째 추출에서 적색타일이 뽑혔다면 두 번째 추출에서 적색타일이 뽑힐 확률은 $\frac{2}{6}$가 된다. 이 경우, 두 개의 적색타일을 뽑을 확률은 $\frac{3}{7}\times\frac{2}{6}=\frac{6}{42}$이다. 다음의 확률도가 이 경우를 나타낸다.

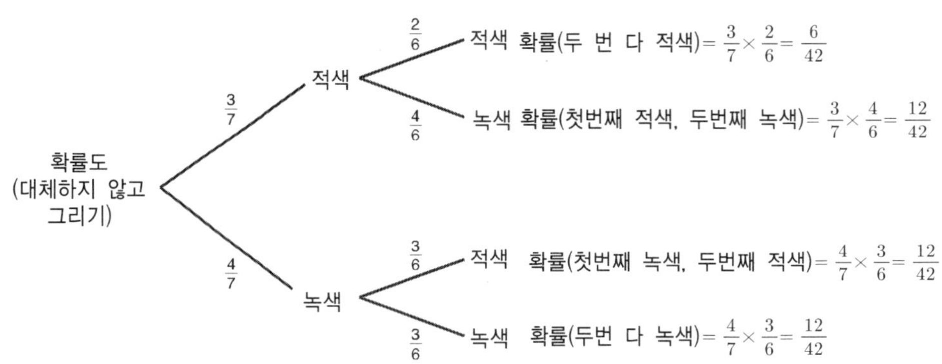

두 경우 모두, 확률도에 나타난 가능한 모든 경우는 실험에서의 표본 공간이다. 두 실험은 {적색-적색, 적색-녹색, 녹색-적색, 녹색-녹색}의 같은 표본 공간을 가진다. 그러나 각 결과의 확률은 서로 다르다.

다음 활동에서는 독립사건과 종속사건이 결합된 복확률과 관련된 몇 가지 실험이다. 각각의 경우, 실험적 확률과 이론적 확률을 비교할 것이다.

---

1 다음 실험은 우리의 직관과는 반대되는 결과를 보여준다. 용기에 3장의 적색타일과 3장의 녹색타일이 있고 2장을 한 번에 임의로 선택한다고 하자. 서로 다른 색의 타일을 얻을 확률은 얼마인가? 아래에 확률을 추측하고 40번의 실험한 후 결과를 아래의 표에 나타내어라.

추측 :

	횟수	전체
서로 다른 색깔의 두 타일	______	______
같은 색깔의 두 타일	______	______

a. 결과를 바탕으로, 다음과 같이 뽑을 실험적 확률은 얼마인가?
서로 다른 색깔의 타일 2장 ____________________
서로 같은 색깔의 타일 2장 ____________________

***b.** 이론적 확률을 구하는 한 가지 방법은 용기로부터 추출할 수 있는 가능한 15가지 쌍을 모두 나열하는 것이다. 아래에 가능한 모두 결과들의 표본 공간을 완성하여라. (각 색깔의 타일을 구분하기 위해서 숫자를 붙였다.) 목록을 완성하고 이를 이용해서 비를 구하여 이론적 확률을 구하여라. 구한 이론적 확률을 a에서 구한 실험적 확률과 비교하여라.

$$\frac{\text{내가 선호하는 결과의 가짓수}}{\text{전체의 가짓수}} =$$

서로 다른 색깔의 타일 2장을 뽑을 확률 ____________________
서로 같은 색깔의 타일 2장을 뽑을 확률 ____________________

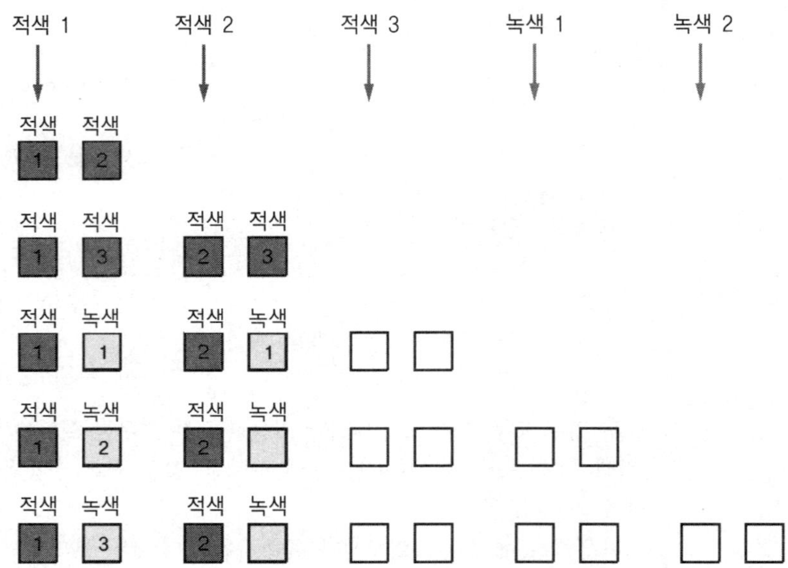

c. 2장의 타일을 동시에 뽑는 것은 1장의 타일을 뽑은 후 다시 넣지 않고 두 번째 타일을 뽑는 것과 같다. 적색타일을 뽑을 확률은 $\frac{1}{2}$이다. 그런 후 두 번째로 적색타일을 뽑을 확률은 $\frac{2}{5}$이다. 따라서 아래의 확률도에서 볼 수 있는 것과 같이 적색타일 1장을 뽑은 후 다시 적색타일 1장을 뽑을 확률을 $\frac{1}{2}\times\frac{2}{5}=\frac{1}{5}$이다. 빈칸으로 남겨진 이론적 확률을 계산하여라.

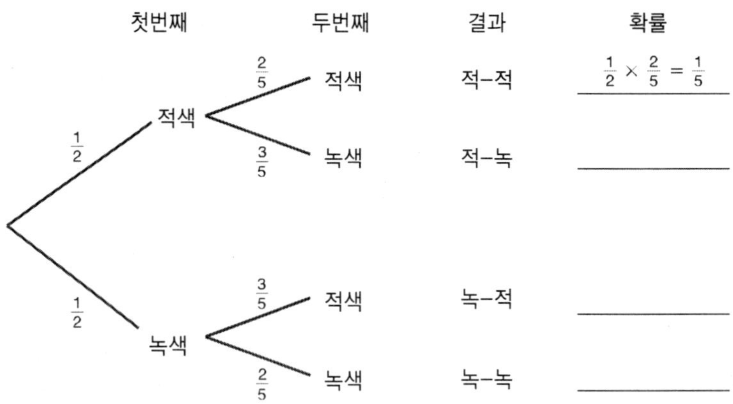

***d.** 색깔이 다른 2장의 타일을 추출할 이론적 확률은 앞의 확률도에서 구할 수 있다. (이 경우, 타일의 순서는 중요하지 않다. 녹색-적색과 적색-녹색은 모두 색깔이 다른 2장의 타일을 추출할 것으로 간주한다.) 확률도에서 어떻게 이론적 확률을 구했는지 기록하고 설명하여라. 이 결과를 b의 이론적 확률과 비교하여라.

2 4개의 동전을 던졌을 때 2개는 앞면, 2개는 뒷면이 나올 확률은 얼마인가? 먼저 확률을 추측하고 그런 후 4개의 동전을 던지는 실험을 한 후 아래의 표에 앞면과 뒷면의 수를 기록하여라. 실험을 32번 해 보아라.

추측 :

	1	2	3	4	5	6	7	8	9	10	11	12	13	14	15	16	17	18	19	20	21	22	23	24	25	26	27	28	29	30	31	32
앞																																
뒤																																

a. 위 표에 따르면, 4개의 동전을 던졌을 때 2개의 앞면을 얻을 실험적 확률은 얼마인가?

b. 4개의 동전을 동시에 던지는 것은 1개의 동전을 4번 던지는 것과 같다. 다음 쪽의 수형도를 완성하여 1개의 동전을 연속해서 4번 던졌을 때 얻을 수 있는 모든 결과에 대한 표본 공간을 결정하여라. 가능한 결과는 16가지이다. 이 가운데 앞면 2개와 뒷면 2개인 경우는 몇 가지인가?

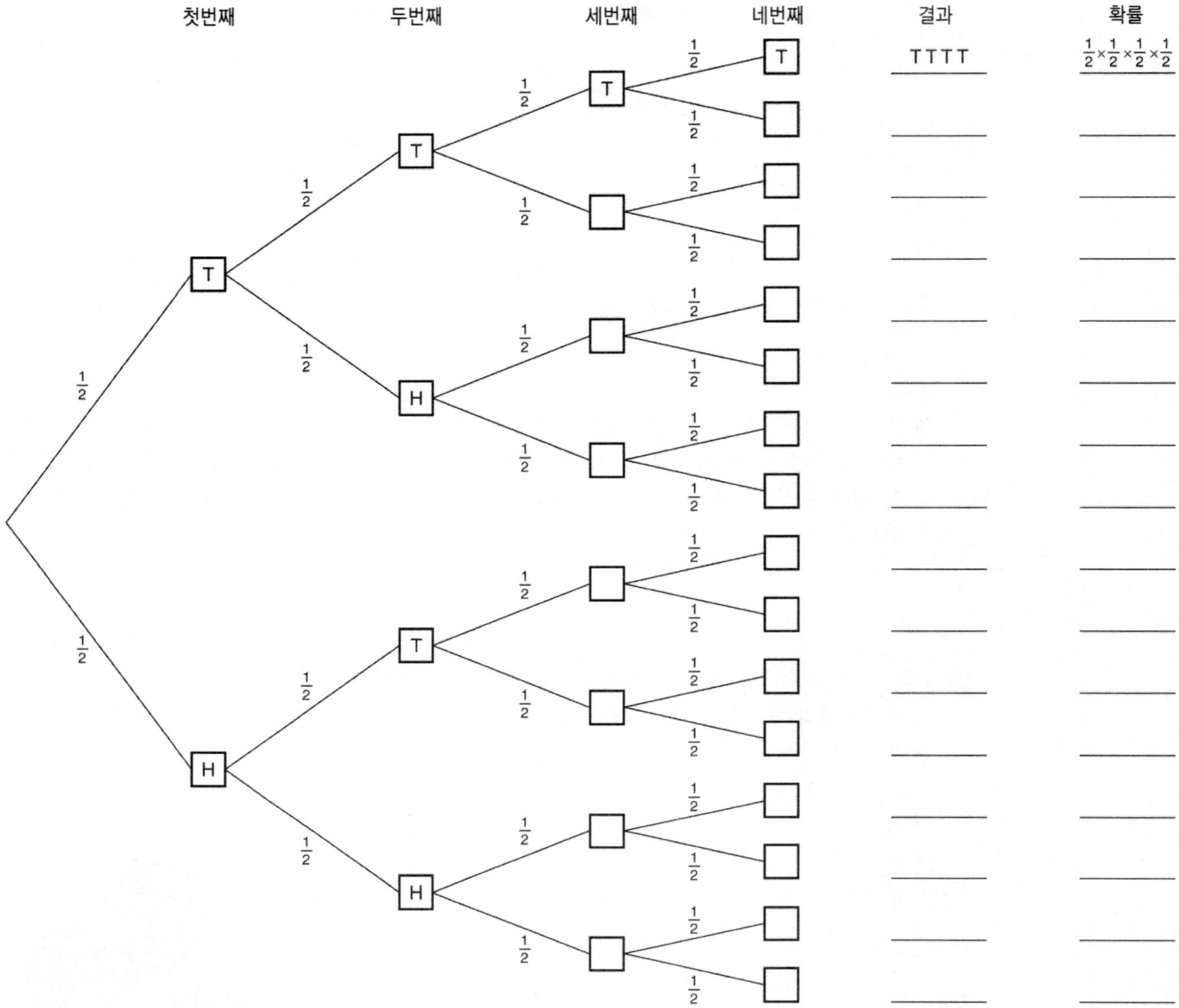

***c.** 4개의 동전을 동시에 던질 때 2개의 앞면과 2개의 뒷면을 얻을 이론적 확률은 얼마인가?

3 복사건에서 성공할 기회에는 흔히 속임수가 있다. 상자에 7개의 적색타일과 3개의 녹색타일이 있다면 2개의 적색타일을 동시에 추출할 기회는 상당히 많다. 실험을 30번 한 후 결과를 기록하여라. 실험할 때 2개의 타일을 동시에 추출하거나 1개의 타일을 추출한 후 다시 넣지 않고 두 번째 타일을 추출할 수 있다.

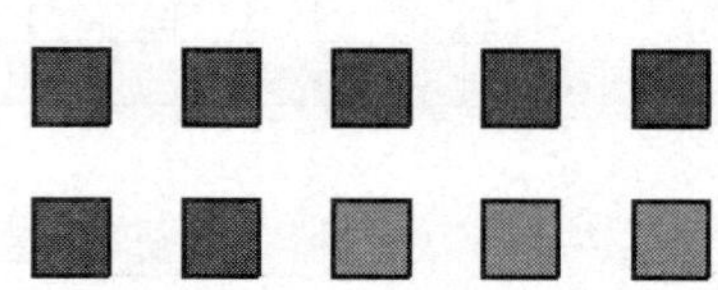

	횟수	전체
2개의 적색타일		
1개 이상의 녹색타일		

a. 2개의 적색타일을 추출하는 실험적 확률은 얼마인가?

b. 확률도를 그려서 2개의 적색타일을 추출하는 이론적 확률을 구하여라. 2개의 적색타일을 추출하는 확률은 얼마인가?

4 활동 3에서 2개의 적색타일을 뽑을 확률이 낮아서 놀랐는가? 두 번째 타일을 추출하기 전에 첫 번째 타일을 다시 넣으면 2개의 적색타일을 뽑을 확률은 활동 3에서보다는 높아진다. 실험을 다시 해 보아라. 이번에는 2개의 타일을 따로 뽑은 후 첫 번째 타일을 다시 넣어라. 실험을 30번 한 후 결과를 기록하여라.

	횟수	전체
2개의 적색타일		
1개 이상의 녹색타일		

a. 첫 번째 추출한 타일을 다시 넣을 때 2개의 적색타일을 연속으로 추출할 실험적 확률은 얼마인가?

***b.** 첫 번째 추출한 타일을 다시 넣을 때 2개의 적색타일을 뽑을 이론적 확률을 구하여라. 어떤 방법으로 구했는지 설명하여라.

5 2개의 주사위를 24번 던질 때 2개 모두 6의 눈이 나올 확률이 최소한 한 번 이상일 것이라는 것에 거는 것(즉, 확률이 50%이상)이 현명한 것인가? 이것은 도박과 관련해서 17세기에 제기됐던 질문으로 확률의 발달을 이끌었다. 2개의 주사위를 24번 던져서 결과를 기록하여라. (2개의 6의 눈이 나온 경우는 Y, 그렇지 않은 경우는 N라고 나타내어라.)

24번 던졌을 때의 결과

2개 모두 6의 눈이 나왔는가? 실험에서 한 번 이상 2개의 6이 눈이 나왔다고 해도 24번의 실험에서 2개의 6이 눈이 나올 확률은 50%가 못된다. 어떤 사건이 일어날 확률과 어떤 사건이 일어나지 않을 확률은 여확률이라고 한다. 다음의 이론적 확률을 계산할 때, 여확률의 합은 1이라는 사실을 이용하게 될 것이다.

***a.** 2개의 주사위를 한 번 던져서 2개의 6의 눈이 나올 이론적 확률은 얼마인가?

b. 2개의 주사위를 한 번 던져서 2개의 6의 눈이 나오지 않을 이론적 확률은 얼마인가?

***c.** 2개의 주사위를 두 번 던져서 2개의 6의 눈이 나오지 않을 이론적 확률은 얼마인가?

d. 2개의 주사위를 24번 던져서 2개의 6의 눈이 나오지 않을 이론적 확률을 어떻게 구할 것인지를 써라. (곱셈을 이용해서 답을 구하지 말라.)

***e.** $\frac{35}{36}$이 24번 일어났을 때의 확률인 $\frac{35}{36} \times \frac{35}{36} \times \cdots \times \frac{35}{36}$의 곱은 대략 0.51이다. 2개의 주사위를 24번 던졌을 때 최소한 2개의 6의 눈이 한 번 이상 나올 이론적 확률을 구하는데 위의 d의 결과를 어떻게 활용할 수 있는가?

6 **모의실험** : TV 게임쇼에서 참가자에게 1에서 3까지의 문을 선택해서 상을 받을 수 있는 기회를 제공한다. 1번 문 뒤에는 값진 상이 있다. 그러나 2번 문 뒤에는 쓰레기가 놓여 있다. 참가자가 문을 선택한 후, 진행자는 남은 두 개의 문 중 하나를 열었고 그 뒤에는 쓰레기가 놓여 있었다. 그런 후 참가자에게 처음 선택을 그대로 유지할 것인지 아니면 열어 보지 않은 문으로 바꿀 것인지를 물었다. 당신이 참가자라면 그대로 유지할 것인가, 바꿀 것인가 아니면 임의로 선택할 것인가? 상을 탈 기회가 당신이 선택할 전략에 따라 달라진다는 것을 알면 놀랄 것이다.

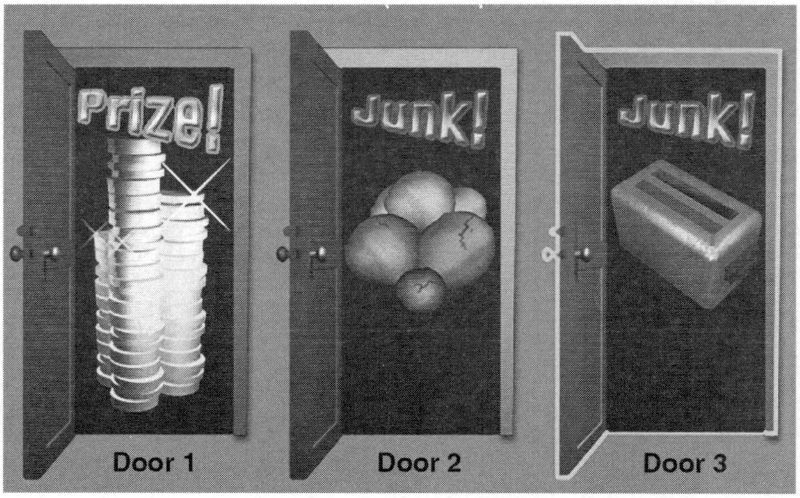

a. 그대로 유지할 때의 확률: 처음 선택을 그대로 고수한다고 하자. 답을 그대로 유지하는 전략을 실험하기 위해서 자료 카드 23의 회전판을 이용해서 문을 임의로 선택한다고 하자. 처음 선택을 고수하기 때문에 상이 놓여진 문이 선택될 경우 당신이 이기게 된다. 처음 선택한 것을 고수할 때 상을 받을 이론적 확률은 얼마인가?

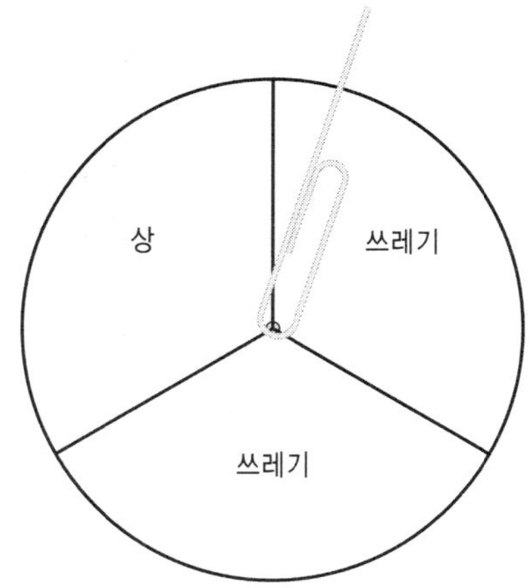

b. 답을 바꿀 경우의 확률: 참가자가 어떤 문을 선택하든 진행자는 쓰레기가 놓여진 문을 열 것이고 그런 후 참가자에게 선택을 바꿀 것인지를 물을 것이다. a에서 이용된 회전판을 이용해서 처음에 문을 임의로 선택했다고 하자. 답을 바꾸는 전략에서는 회전판에서 쓰레기가 선택되면 당신이 이기고 회전판에서 상이 선택되면 당신은 지게 된다. 왜 이렇게 되는지를 설명하여라. 답을 바꾸는 전략을 쓸 때 상을 받게 될 이론적 확률을 얼마인가?

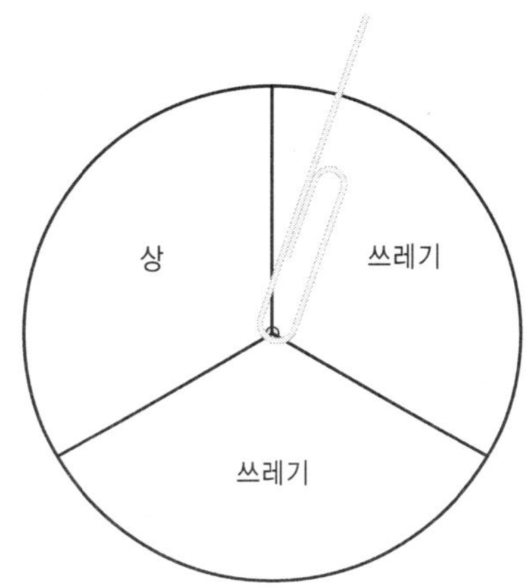

c. 답을 고수하거나 바꾸거나를 임의로 선택하는 실험적 확률: 최선의 전략은 문을 선택한 후 바꿀지 말지를 임의로 결정하는 것이다. 이 전략을 모의실험하기 위해서 다음을 해 보자. 먼저 a와 b에서 이용한 회전판을 이용해서 문을 임의로 결정하자. 그런 후 두 번째 회전판(준비물카드 23)을 이용해서 답을 바꿀지 말지를 결정하자. 실험을 50번 한 후 이 전략을 이용했을 때 상을 받을 수 있는 실험적 확률을 구하여라. 먼저 아래의 빈 칸을 채우고 실험 결과를 표에 기록하여라.

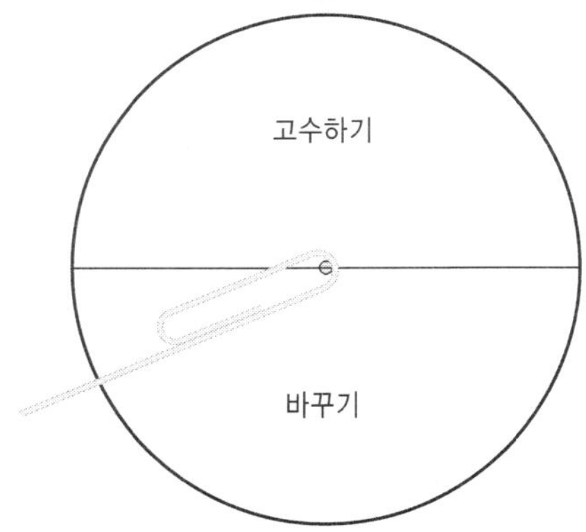

첫 번째 회전판	두 번째 회전판		첫 번째 회전판	두 번째 회전판	
쓰레기	변경	상	상	변경	______
쓰레기	고수	______	상	고수	______

	횟수	전체
상 획득	______	______
상 획득 실패	______	______

실험적 확률 ______________

d. 답을 고수하거나 바꾸거나를 임의로 선택하는 이론적 확률: 다음의 2단계 수형도는 문을 임의로 선택한 후 이를 고수할지 말지를 임의로 선택하는 것을 나타낸다. 가장 위쪽의 가지는 만약 처음에 쓰레기가 놓인 문을 선택한 후 임의로 문을 교체하는 것이 선택된 경우 상을 받게 됨을 의미한다. 아래의 수형도를 완성하여 처음 선택을 고수할지 말지를 임의로 선택할 경우 상을 받게 될 이론적 확률을 구하여라.

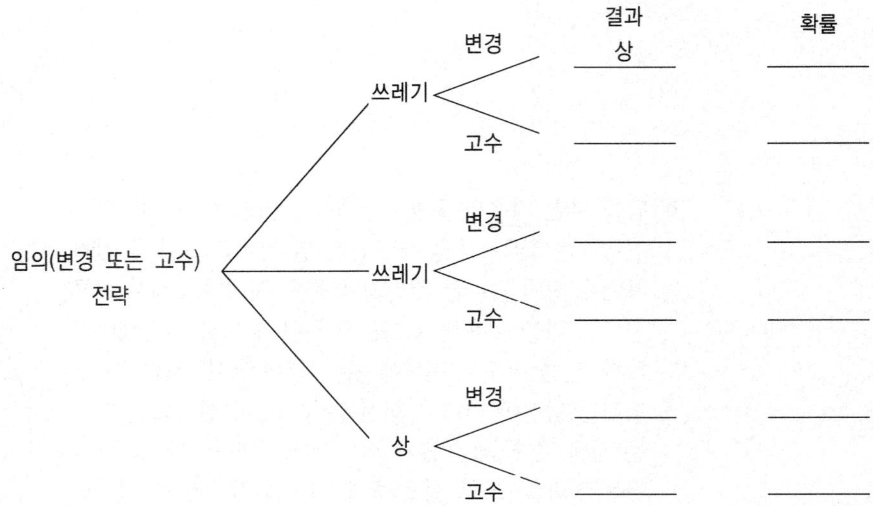

e. 당신이 이 게임의 참가자로 선택되었다고 할 때, 어떤 전략을 쓸 것이며 왜 그 전략을 선택했는지를 간략하게 설명하여라.

놀이 활동

속임수 주사위

다음에 제시된 네 개의 주사위는 재미있는 특징을 가지고 있다: 상대편이 어떤 주사위를 선택하든 당신이 주사위를 던질 때마다 이길 확률을 원하는 대로 할 수 있도록 남은 세 개의 주사위 중 하나를 선택할 수 있다. (이긴다는 것은 주사위의 눈이 더 큰 수임을 뜻한다.) 일반 주사위를 바꾸거나 자료 카드 24의 주사위를 이용해서 이 주사위들을 만들어라.

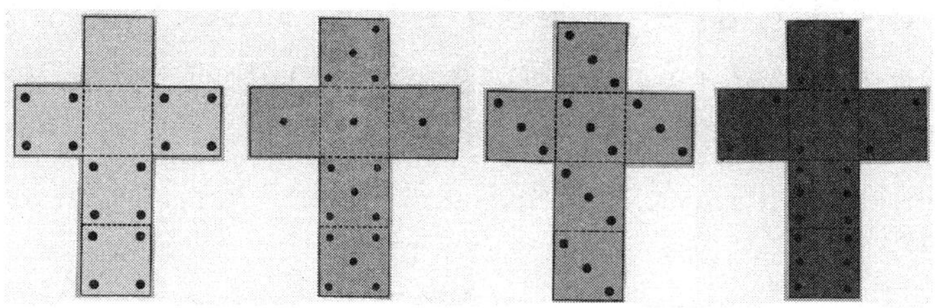

주사위 1 주사위 2 주사위 3 주사위 4

2번 주사위와 4번 주사위를 이용해서 다음 실험을 해 보아라. 두 주사위를 21번 던진 후 결과를 아래의 표에 기록하여라. 그런 후 4번 주사위가 2번 주사위를 이기게 되는 수에는 동그라미를 쳐라. 실험을 하기 전에 어떤 주사위를 쓰면 더 많이 이길지 예상해 보라.

주사위 2																					
주사위 4																					

1. 위의 실험에서 이기는 주사위의 이길 실험적 확률은 얼마인가?

***2.** 2개의 주사위를 던져서 나올 수 있는 36가지의 결과를 아래의 표에 나타내어라. 4번 주사위의 눈이 더 큰 경우에는 동그라미를 쳐라. 4번 주사위가 2번 주사위를 이길 이론적 확률은 얼마인가? 이 결과를 질문 1의 실험적 확률과 비교해 보아라.

***3.** 4번 주사위에서 2가 나오고 2번 주사위에서 1이 나오면 4번 주사위가 이기게 된다. 이 사건이 일어날 확률은 얼마인가? (힌트: 두 가지 사건이 일어날 확률을 곱하여라.)

	주사위					
주사위	5	5	5	1	1	1
2	2, 5	2, 5	2, 5	(2,1)	(2,1)	(2,1)
2						
2						
2						
6						
6						

***4.** 4번 주사위에서 6이 나오면 2번 주사위에서 어떤 수가 나와도 이기게 된다. 4번 주사위에서 6의 눈이 나올 확률을 얼마인가?

***5.** 4번 주사위가 2번 주사위를 이길 이론적 확률은 질문 3과 4의 확률을 합한 것과 같다. 이 확률은 얼마인가? 이 결과를 질문 2의 답과 비교해 보아라.

비슷한 방법으로 2번 주사위가 1번 주사위를 이기고, 1번 주사위가 3번 주사위를 이길 수 있음을 보일 수 있다.

놀랍게도, 이런 주사위 쌍들의 첫 번째 주사위가 두 번째 주사위에 이길 확률은 $\frac{2}{3}$이다. 친구들과 이 실험을 해 보아라. 친구들이 먼저 주사위를 선택하게 하면 언제든 승률이 높은 주사위를 선택할 수 있을 것이다.

문을 선택해서 상 받기: 결정을 고수할 것인가 바꿀 것인가?

참가자가 세 개의 문 중 상품이 놓인 하나의 문을 선택하는 TV 게임쇼에 대해 들어보았을 것이다. 그런 후 진행자는 남은 문 가운데 쓰레기가 놓인 문을 열고 참가자에게 처음에 한 선택을 고수할 것인지 바꿀 것인지를 묻는다. 당신이라면 고수하겠는가 바꾸겠는가? 다음의 애플릿은 이기는 전략을 발견하는데 도움이 된다. 결과가 놀랍다.

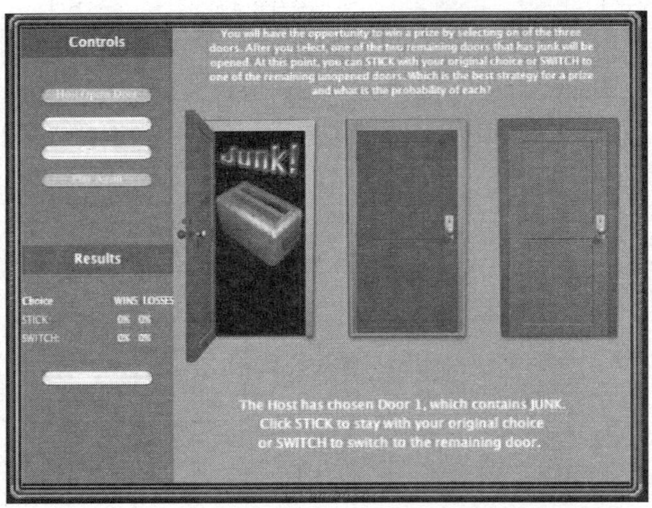

교사를 위한 후속탐구 8.2

1 **교실 상황** : 3개의 적색타일과 3개의 녹색타일이 든 상자에서 2개의 적색타일을 추출할 확률을 계산하라고 했을 때, 두 명의 학생이 문제를 해결하는 방법에 이견을 보였다. 한 학생은 한 번에 두 개의 타일을 임의로 추출해야 한다고 말했다. 다른 학생은 먼저 타일 하나를 임의로 추출하고 그런 후 다시 나머지 타일을 임의로 추출해야 한다고 말했다. 학생들에게 일방적으로 지시하지 않고 이 문제를 해결하도록 어떻게 도울 수 있는지 설명하여라.

2 **교실 상황** : 학생들 중 몇몇이 2개의 주사위를 던져서 하나는 2, 다른 하나는 3의 눈을 얻을 확률은 $\frac{1}{6}+\frac{1}{6}$이라고 주장하였다. 자신들의 생각이 틀렸다는 것을 이들이 이해하고 옳은 확률을 구할 수 있도록 어떻게 도울 수 있는지 설명하여라.

3 **교실 상황** : 이 절의 도입부의 초등학교 교과서에 제시된 확률게임을 읽어보아라. 이 게임을 분석하기 위해 수형도를 만들고 분석하는 것을 이해하지 못한 학생들에게 교사로서 어떤 말을 하고 어떻게 도와줄 것인지를 설명하여라.

4 **수학 개념** : 1, 2, 3, 4의 수가 써진 카드가 각각 4장씩인 16장의 카드를 나눠주려 한다.

a. 2장의 카드를 한 번에 나눠줄 때 원페어(같은 숫자가 써진 카드 2장)를 나눠줄 확률은 얼마인가? 수형도를 이용해서 이 아이디어를 탐구하여라. 그런 후 어떻게 했는지 자신의 생각을 설명하여라.

b. 합이 5 이하인 두 장의 카드를 나눠줄 확률은 얼마인가? 수형도를 이용해서 이 아이디어를 탐구하여라. 그런 후 어떻게 했는지 자신의 생각을 설명하여라.

5 **교실 상황** :

a. 1에서 6까지의 수가 써진 보통의 주사위 대신 1에서 4까지의 수가 써진 정사면체 주사위 2개를 던졌을 때 같은 수가 나올 확률은 커지는가 작아지는가? 수형도를 이용해서 이 아이디어를 탐구하여라. 그런 후 어떻게 했는지 자신의 생각을 설명하여라.

b. 1에서 6까지의 수가 써진 보통의 주사위 대신 1에서 8까지의 수가 써진 정팔면체 주사위 2개를 던졌을 때 같은 수가 나올 확률은 커지는가 작아지는가? 수형도를 이용해서 이 아이디어를 탐구하여라. 그런 후 어떻게 했는지 자신의 생각을 설명하여라.

6 **NCTM 규준** : 초등학교 교실에 적합하다고 생각되는 간단한 확률실험을 고안하여라. 실험을 설명하고 학생들을 위해 몇 가지 질문을 만들어라. 고안해 낸 확률실험이 다루고 있는 것이 무엇인지 이 책의 뒤쪽에 포함된 자료분석과 확률 규준 및 목표에서 찾아서 말하여라. 그리고 이 실험이 이런 목표를 어떻게 달성할 수 있는지도 설명하여라.

BENNETT-BURTON-NELSON 웹사이트

www.mhhe.com/bbn

웹 교구
대화형 애플릿
퍼즐 내는 사람
모눈종이와 점종이
투명색지
보충된 참고문헌
링크와 읽을 자료
Geometer Sketchpad 모듈

초등학교 교실활동 ▶▷▶ 주사위를 이용한 확률 실험

▶▶ **목표** 초등학교 학생들에게 간단한 확률을 이해하는 실험적 방법의 예를 제공해 주는 것

이 3학년 학생은 6열을 채우기 위해 생각하고 있다.

▶▶ **연결** 학급 학생들에게 "50-50으로 비가 올 것이다."가 무슨 뜻인지를 물어보라. 학생들은 비 올 확률이 높다 또는 잘 모르겠다 등의 몇 가지 뜻을 제시할 것이다. 그런 후 "비가 올 확률이 50-50도 안 된다."가 무슨 뜻인지 토론하게 한다. 학생들에게 어떤 것이 일어날 것인지는 결정하기 어려우며, 오늘은 두 개의 주사위를 던졌을 때 어떤 특정한 수를 얻는 가능성에 대해 실험해 볼 것임을 말해 주라.

▶▶ **준비물** 2명의 학생당 2개의 주사위, 학급 확률표 작성을 위한 OHP 또는 종이, 2명의 학생당 아래의 확률표와 같은 확률표 1-2개.

1 다음과 같은 확률표를 교실 앞에 붙이고 표 아래의 단계대로 해 보라.

두 주사위 눈의 합의 확률표

2	3	4	5	6	7	8	9	10	11	12

(i) 각각의 두 명의 학생들이 주사위를 던져서 합을 쓰도록 한다.
(ii) 각각의 두 명의 학생들에게 던진 주사위 눈의 합이 얼마였는지를 묻고 위의 표에서 그 수에 해당하면 X를 하도록 한다.
(iii) 위 표의 한 열이 완전히 채워질 때까지 계속한다.

2 각각의 2명의 학생들에게 빈 확률표와 2개의 주사위를 나눠준 후 한 열이 완전히 채워질 때까지 실험을 계속하도록 한다.

3 이제 1에서 기술한 실험을 전체 학급학생들과 새로운 확률표를 이용해서 하도록 한다. 그러나 개별 학생들에게 먼저 가장 먼저 채워질 것 같은 수를 선택하도록 한다. 학생들이 선택한 수 밑에 그 수를 선택한 학생의 이름을 쓴다. 실험이 끝나면 학생들에게 왜 그 수를 선택했는지를 물어봄으로써 토론을 시작한다.

4 원하면 실험을 반복하고 실험 전에 항상 가장 먼저 채워질 것 같은 수를 하나 선택하도록 하고 왜 그 수를 선택했는지를 물어보아라. 각 실험의 결과를 토론하여라. 이 실험을 통해서 학생들은 어떤 합은 다른 것보다 일어날 가능성이 크다는 결론을 이끌어내야만 한다. 학생들에게 어떤 수가 가장 먼저 채워질지, 어떤 수가 가장 나중에 채워질지를 써 보게 하라.

CHAPTER 9 도형

3-5학년의 도형 학습에서는 사고력은 물론 활동이 동반되어야 한다. 학생들은 분류하고, 뭔가를 만들고, 모델화하고, 따라 해보고, 측정하고, 구성해 가는 동안, 기하학적 관계를 시각화하는 능력들을 발달시키게 될 것이다. 동시에 그들은 추론을 하거나, 그러한 관계들에 대한 추측을 하고 시험해 보고 정당화하는 것을 배우게 될 것이다.[1]

활동모음 9.1 사각 지오보드와 원형 지오보드 위의 여러 가지 도형

목표

사각 지오보드를 사용하여 도형을 나타내고, 원형 지오보드를 사용하여 내각과 중심각을 공부한다.

준비물

웹 교구

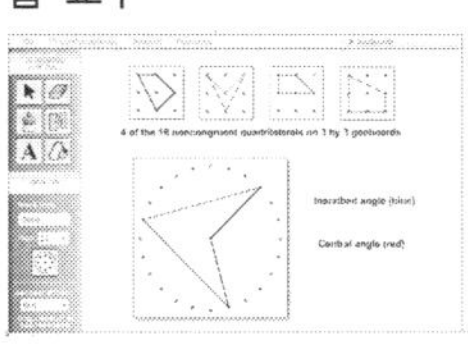

www.mhhe.com/bbn

사각 지오보드, 원형 지오보드, 고무줄(선택). 자료 카드 15와 18에는 각각 사각 지오보드와 원형 지오보드를 만들 수 있는 본이 있다. 사각 지오보드는 웹 교구 세트에서도 사용할 수 있다. 활동 1의 기록 카드는 자료 카드 9에 있으며, 삼원 벤다이어그램은 자료 카드 3에 있다. 각도기는 자료 카드 25에 있다. 활동 1에는 가위도 필요하다.

도입

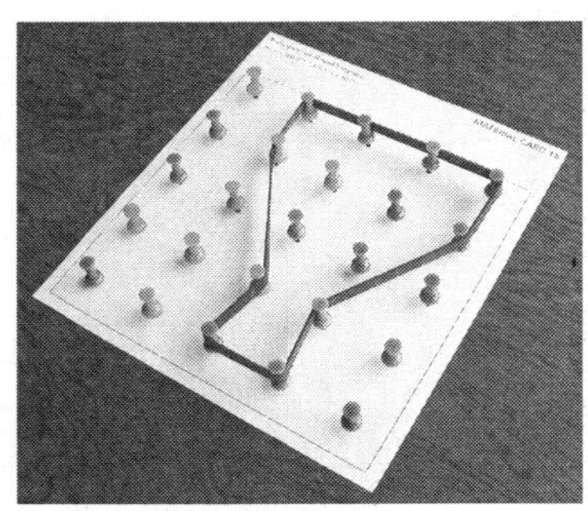

도형 개념을 설명하거나 도형 문제를 해결하는 데 지오보드는 흔히 사용되는 구체물이다. 가장 흔한 유형은 5행 5열로 배열된 25개의 걸이(nails)가 있는 사각형 모양이다. 고무줄을 걸이에 걸면 선분, 각, 다각형 등을 만들 수 있다. 예를 들어 옆의 그림은 팔각형이다.

원형 지오보드는 각 개념을 학습하는데 매우 도움이 된다. 다음 쪽의 맨 위의 것을 보면, 한가운데에 걸이가 한 개 있으며 원둘레에는 24개의 걸이가 있다. 이러한 원형 지오보드에서 만들 수 있는 각이나 다각형 중에서 많은 것들이 사각 지오보드에서는 만들 수 없는 것이다. 원형 지오보드는 중심각이나 내각(inscribed angles)을 만들거나, 그들 사이의 중요한 관계를 세우는데 사용할 것이다.

[1] *Principles and Standards for School Mathematics* (Reston, VA: National Council of Teachers of Mathematics, 2000): 80.

보충연습

새로운 모양이 되도록 선을 그리시오.

1 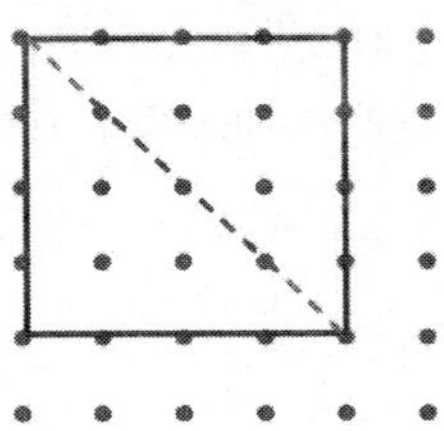

삼각형 두 개 만들기

2 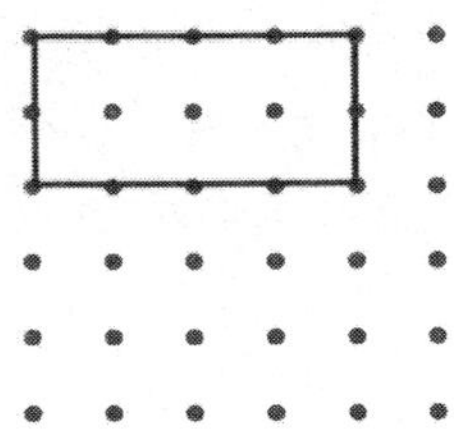

정사각형 두 개 만들기

3 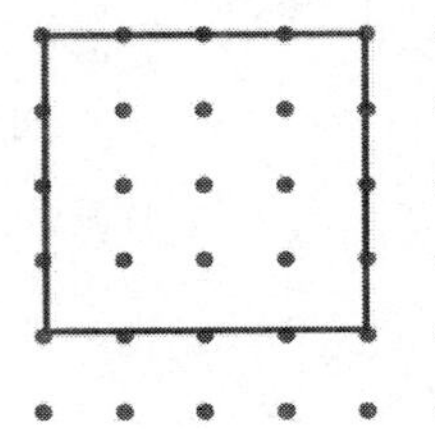

정사각형 네 개 만들기

4 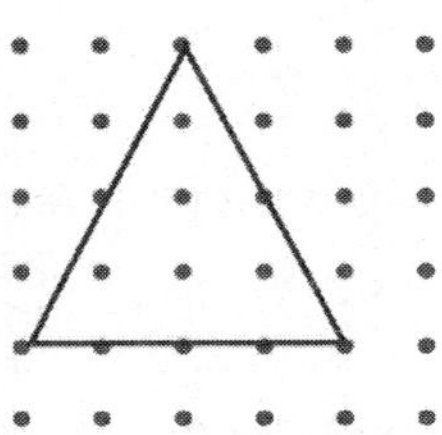

삼각형 두 개 만들기

5 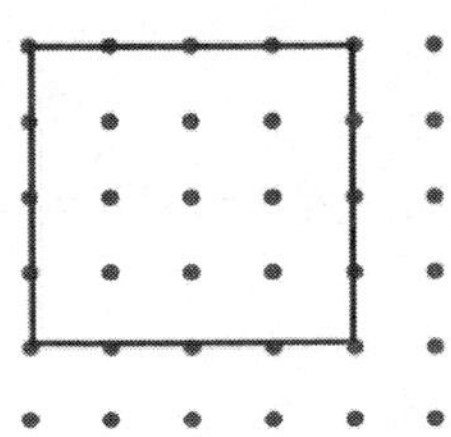

직사각형 두 개 만들기

6 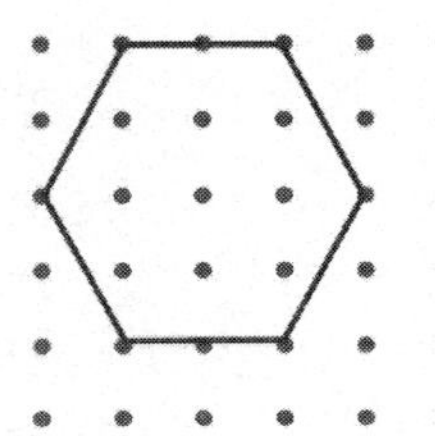

삼각형 여섯 개 만들기

7 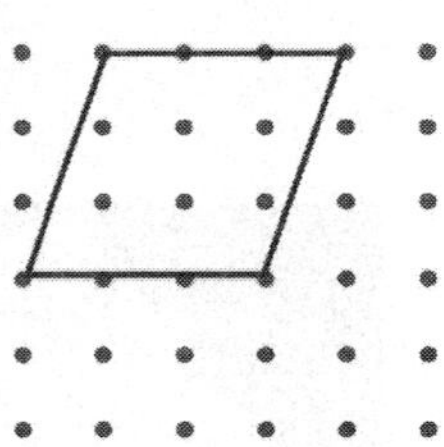

삼각형 세 개 만들기

8 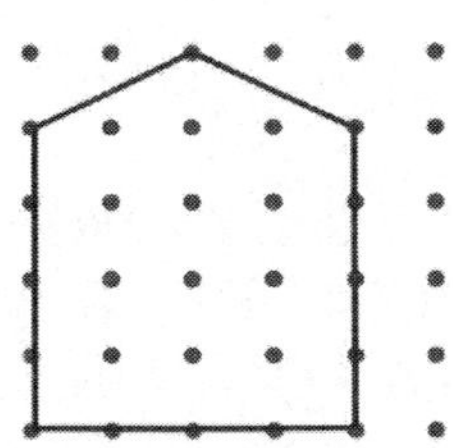

삼각형 한 개와 정사각형 한 개 만들기

9 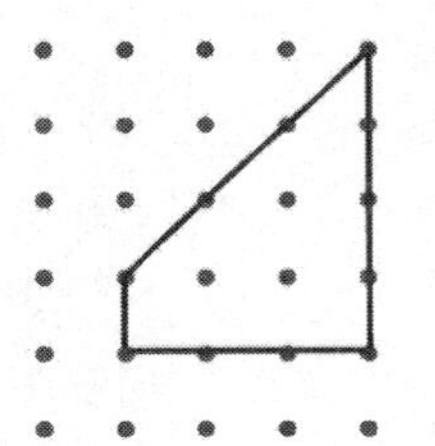

삼각형 한 개와 직사각형 한 개 만들기

LOG ON www.mmhmath.com
For more Practice

지오보드에서 하는 활동들의 대부분은 도형을 그리게 되는 점종이 위에서도 가능하기 때문에, 이어지는 활동들에서 지오보드를 사용할지 여부는 선택적이다. 그런데 지오보드는 탐구 과정에서 도형을 만들거나 다시 수정하기가 쉽기 때문에, 지오보드는 영감을 제공해 준다. 더불어 지오보드는 실험정신과 창의력을 고취할 수 있다. 사용 가능한 지오보드가 없다면, 자료 카드 15와 28에 있는 본을 사용하여 판들과 걸이들로 지오보드를 만들어 볼 수도 있다.

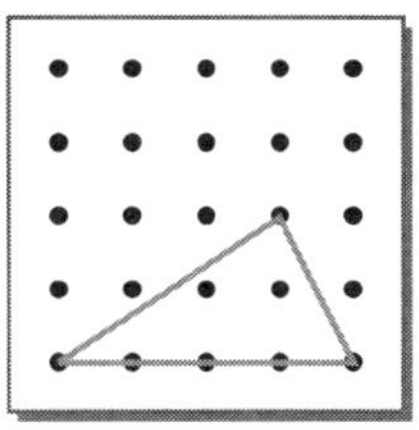

사각 지오보드

1 그림 위의 삼각형은 밑변이 맨 아래 열의 핀들에 나란하다. 밑변이 그와 같고 세 번째 꼭짓점이 다른 핀 위에 있도록 삼각형을 만들어보아라. 가능한 다양하게 만드시오. 기록 종이(자료 카드 25번) 위에 각 삼각형을 그려 넣어 결과를 남기시오.

a. 작은 정사각형 한 칸을 1 사각 단위라고 하자. 활동모음 6.4에서 다룬 방법들을 사용하여 그렸던 삼각형의 넓이를 구하여라. 각 삼각형 안에 넓이를 적어 넣어라.

***b.** 삼각형이 그려진 지오보드를 각각 오려라. (삼각형만 오려내서는 안되며 지오보드 테두리를 따라 오리시오) 넓이가 같은 것끼리 묶어라. 넓이가 같은 삼각형들이 공통으로 가지고 있는 특징을 써라.

***c.** 다음의 두 삼각형은 합동이다. 한 삼각형을 오려서 다른 것에 포개어보면 일치하기 때문이다. 삼각형들을 합동인 삼각형들끼리 분류하여라. 합동인 삼각형들 중에서 한 삼각형을 골라 새롭게 합동이 아닌 삼각형들의 모임을 만드시오. 합동이 아닌 삼각형들이 몇 개나 되는가?

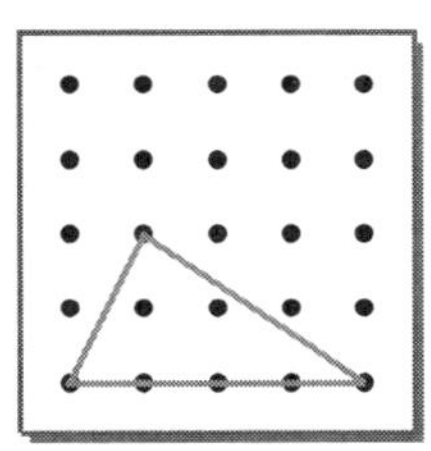

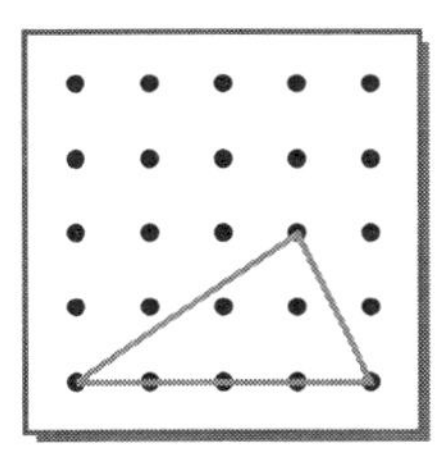

d. 자료 카드 6에 있는 삼원 벤다이어그램에 다음과 같이 이름을 붙이시오. c의 합동이 아닌 삼각형들을 벤다이어그램의 적절한 위치에 놓으시오. 다이어그램의 각 영역 안에 삼각형의 개수를 써라. (주: 부등변삼각형은 모든 변의 길이가 다른 삼각형이다. 이등변삼각형은 두 변의 길이가 같은 삼각형이다. 직각삼각형은 직각이 있는 삼각형이다.)

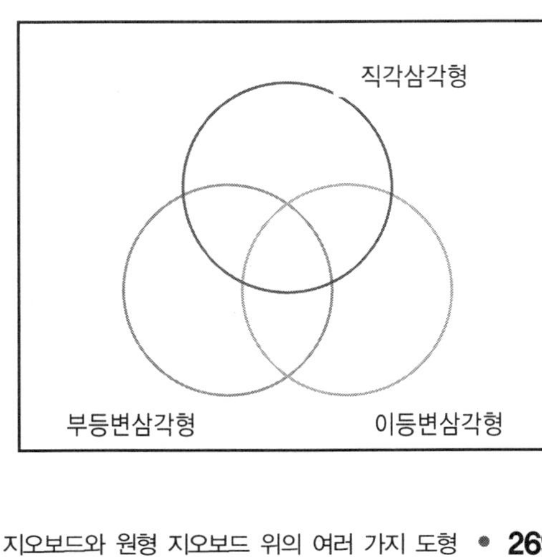

e. d의 벤다이어그램 중에서 원소가 없는 영역의 경우, 5행 5열 지오보드에서 만들 수 없는 삼각형이지만 그 영역에 속할 수 있도록 그릴 수 있을까? 답이 나온 과정을 설명하여라.

2 첫 번째 지오보드에 길이가 서로 다른 세 개의 선분의 있다. 각 선분의 끝점은 지오보드의 핀 위에 있다. 서로 다른 길이를 가지고 있는 선분을 몇 개 만들 수 있을까? 지오보드 위에 답을 써라.

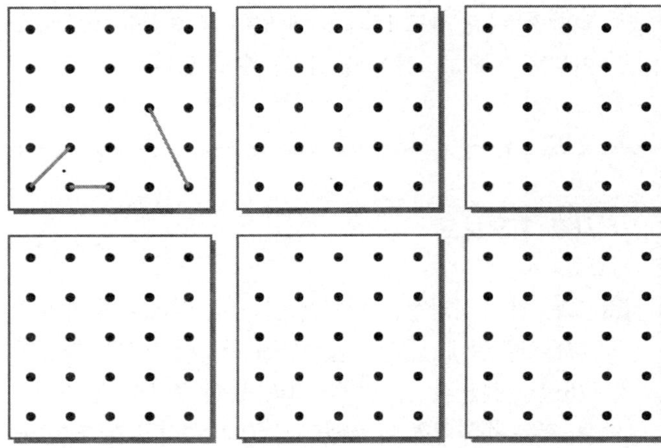

3 가능한 큰 정사각형이 되도록 바깥쪽 핀들을 따라 고무줄을 놓았다. 합동이 되도록 정사각형을 둘로 나누기 위해 고무줄을 사용하였다. (합동인 도형은 크기와 모양이 같다.)

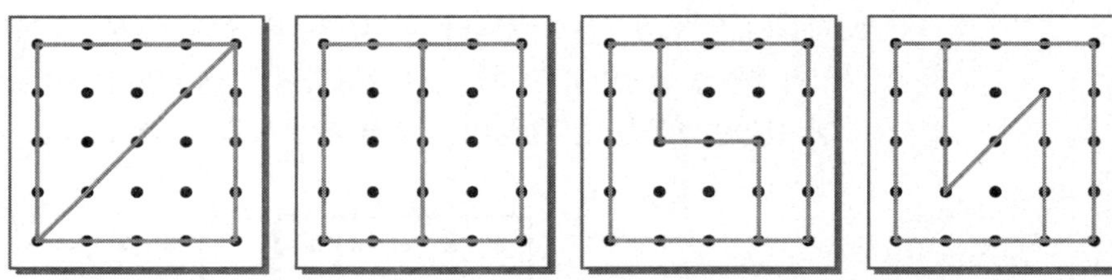

정사각형을 합동인 도형 둘로 나눌 수 있는 7가지 방법을 찾고, 그림으로 나타내시오.

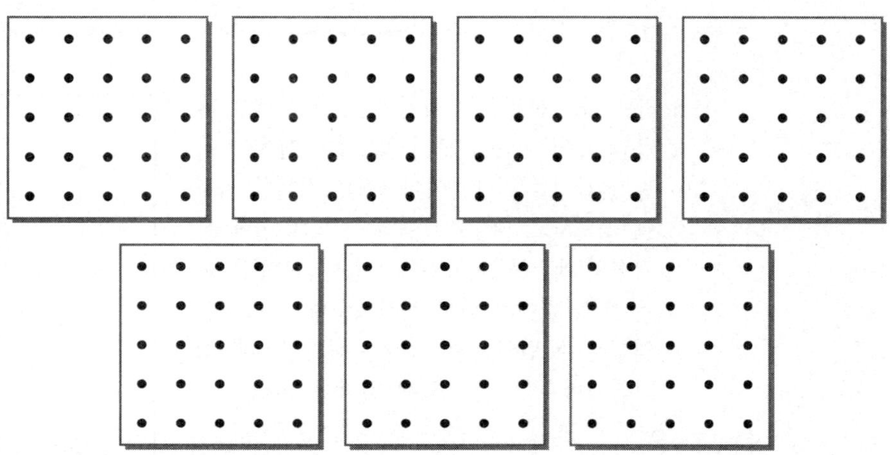

4 3행 3열 지오보드 위에 그릴 수 있는, 꼭짓점이 지오보드의 핀 위에 있는 사각형들로 합동이 아닌 것으로는 16개가 있다. 여기에 그림을 그려보아라.

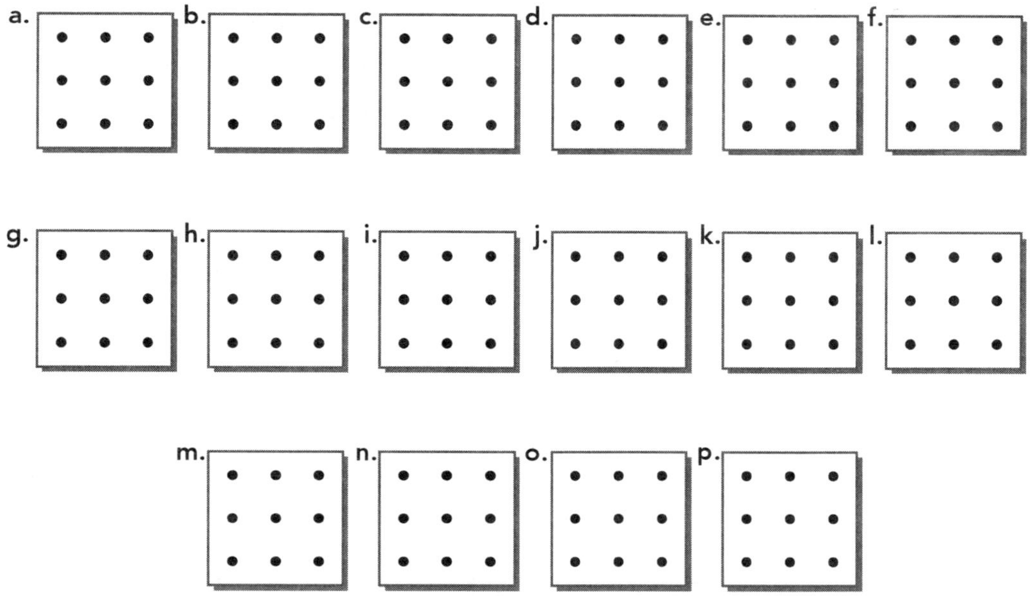

앞서 제시한 사각형을 분류하여라. 단, 다음 분류 기준에 따라 지오보드의 번호를 기록하여라. (평행사변형은 두 쌍의 마주보는 변이 평행한 사각형이고 사다리꼴은 오직 한 쌍만 평행한 사각형이고, 볼록다각형은 오목하지 않은 것으로, 다각형 안에 있는 임의의 두 점을 연결하는 선분들이 그 다각형 안에 있는 경우를 말한다. 오목다각형은 볼록이 아닌 경우이다.)

정사각형 ______________________

정사각형이 아닌 직사각형 ______________________

직사각형이 아닌 평행사변형 ______________________

사다리꼴 ______________________

볼록 ______________________

오목 ______________________

5 지오보드 위에 꼭짓점이 지오보드의 점이고 다음 조건을 만족하는 다각형을 그려라. (팔각형은 8개의 변을 가진 다각형이다. 구각형은 9개의 변을 가진 사각형이다. 10각형은 10개의 변, 12각형은 12개의 변을 가지고 있다.)

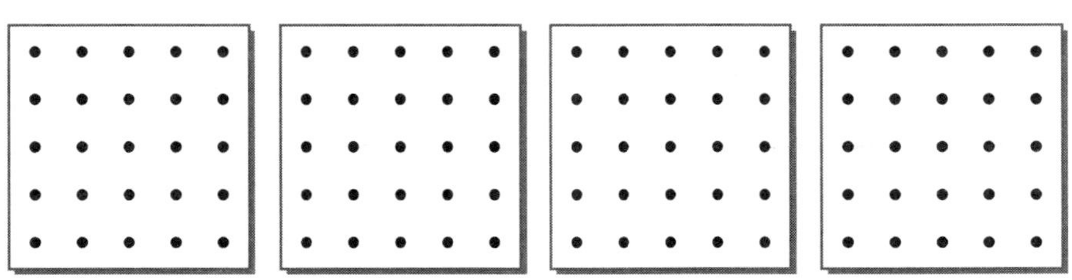

볼록팔각형 오목십각형 오목십이각형 볼록구각형

원형 지오보드

6 **중심각** : 꼭짓점이 원의 중심에 있고 변이 원과 만나는 각을 중심각이라고 한다. 각의 변에 의해 잘린 원의 부분을 호라고 한다. 이 지오보드 위의 중심각은 15도씩 잴 수 있다. 왜냐하면 호가 원 전체의 $\frac{1}{24}$이기 때문이다($360° \div 24 = 15°$).

***a.** 각 지오보드 아래에 중심각의 각도를 써라.

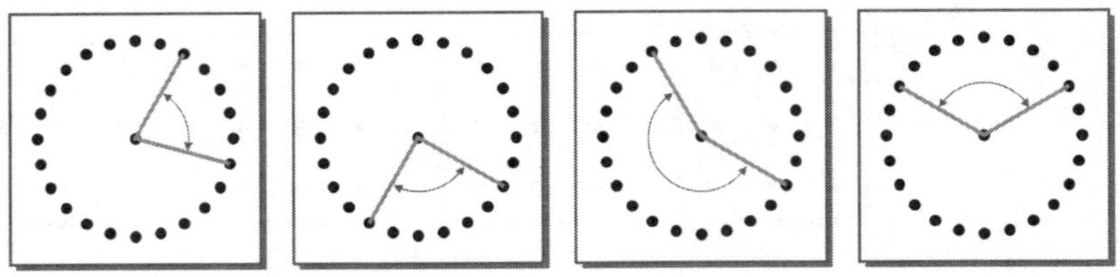

_____ _____ _____ _____

***b.** 다음 각을 가진 중심각을 지오보드 위에 만드시오. 그리고 각을 그리시오.

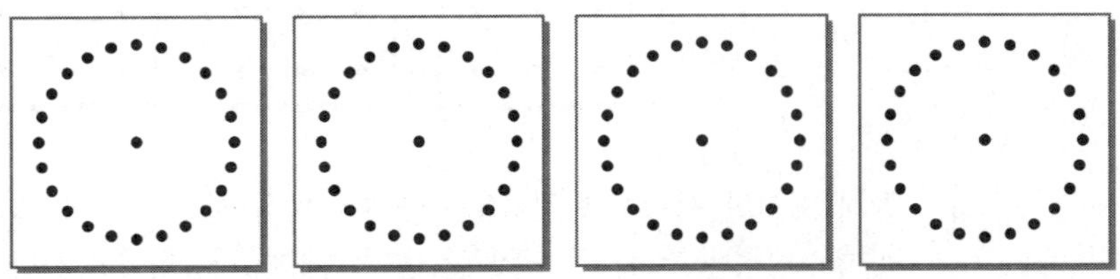

45° 165° 195° 105°

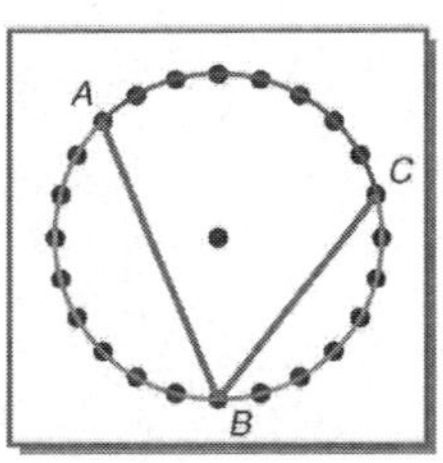

7 **내접각** : 어떤 각의 꼭짓점이 호 위에 있고 그 각의 변이 호의 끝점을 포함할 때, 그 각을 원의 호 안에 내접되었다고 한다.

***a.** 원형 지오보드 위에 다음의 내접각들을 만들고 각도기를 가지고 각도를 재어라. (재료 카드 25에 각도기가 있다. 원형 지오보드가 없다면, 재료 카드 28의 지오보드 원형 위에 연필로 각을 그려라.)

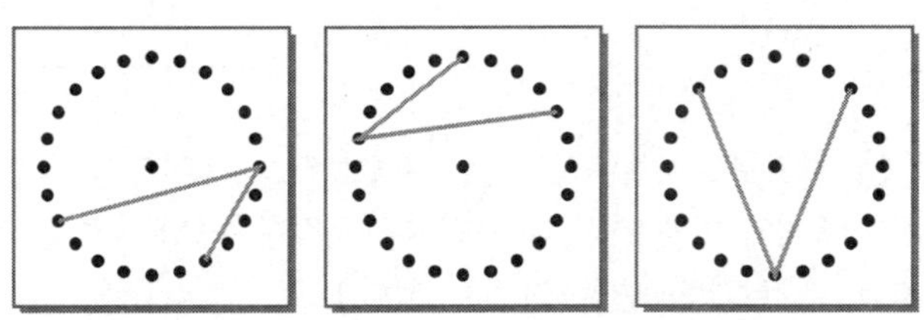

_____ _____ _____

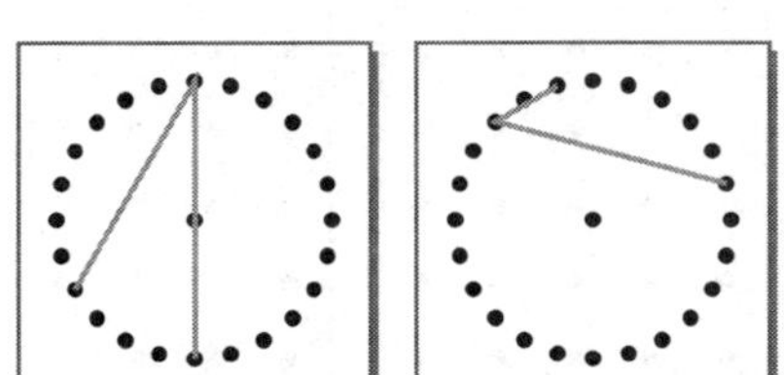

_____ _____

***b.** a에서 같은 각도를 가지고 있는 내접각을 찾으시오. 내접각과 그에 대응하는 호의 크기의 동등성(equality)에 관하여 추측을 하고 추측한 내용을 기록하여라.

추측 :

***c.** 각 PQR이 반원에 내접해 있다. 원형 지오보드와 각도기를 사용하여 PQR을 만들고 각을 재시오. 그리고 각의 변이 지름의 양 끝점과 만나는 다른 내접각들도 만들고 각을 재시오. 이 각도들에 대해 추측을 하고 그것을 써라.

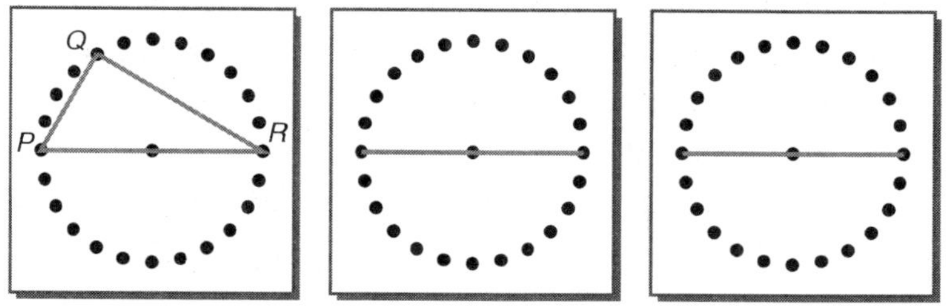

_____ _____ _____

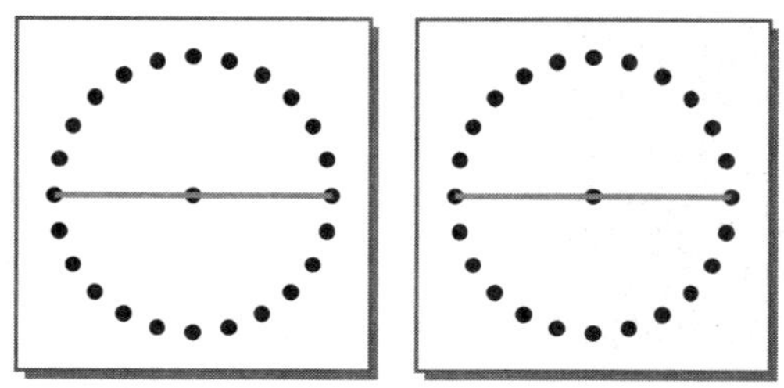

_____ _____

추측 :

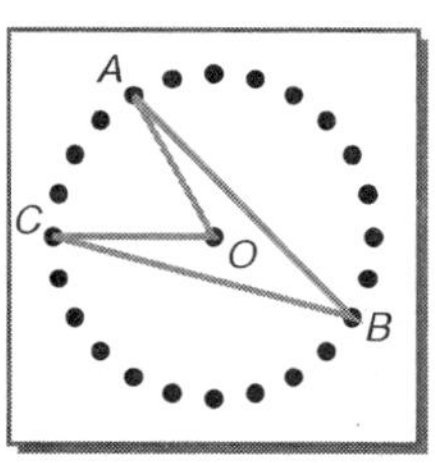

각 AOC ________

각 ABC ________

8 중심각 AOC와 내접각 AOC를 원형 지오보드에 만드시오(또는 원형 지오보드 본에 그리시오). 중심각 AOC의 각도를 재시오. 각도기로 각 ABC를 재시오. 도형 아래에 각도를 적으시오.

***a.** 지오보드 위에 다음의 내접각을 각각 그리고, 각도기로 각을 재고, 도형 아래에 내접각의 각도를 써라. 그리고 각 지오보드 위에 내접각과 같은 호를 가지는 각을 만들고 각도를 정하여라. 그리고 그 각을 적으시오.

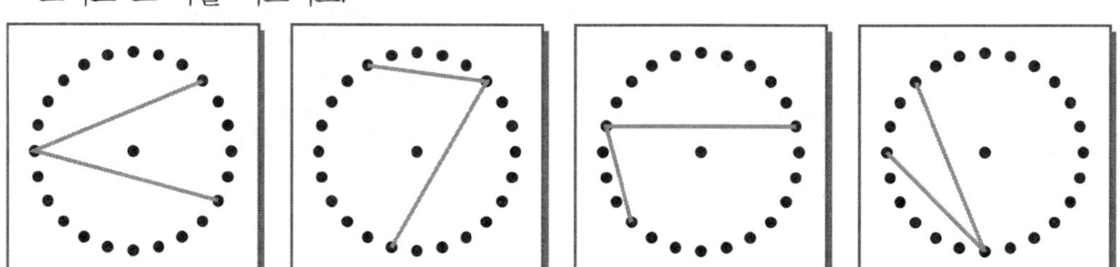

내접각 ________	내접각 ________	내접각 ________	내접각 ________
중심각 ________	중심각 ________	중심각 ________	중심각 ________

***b.** 내접각의 각도와 그에 대응하는 중심각의 각도 사이에는 어떤 관계가 있다. 그 관계를 추측하여 적으시오.

추측 :

놀이 활동

탱그램

탱그램은 고대 중국에서 가장 오래되고 유명한 퍼즐 중에 하나이다. 탱그램에 등장하는 7조각은 다음의 정사각형 안에 나타나 있다. 삼각형이 5개, 정사각형이 1개, 평행사변형이 1개 있다. 종이를 접어서 정사각형을 만들고 그 정사각형을 자른다. 그 종이를 접어 탱그램 7조각을 만들고 다음과 같은 순서대로 잘라내라.

*1 탱그램이라고 부르는 중국 퍼즐에서는 7조각을 사용한다. 탱그램 퍼즐의 목적은 탱그램 조각을 모두 사용하여 도형을 만드는 것이다. 탱그램 조각을 사용할 때는 겹쳐지지 않도록 해야 한다. 다음 도형을 만들어 보아라. 탱그램 도형은 아주 많이 있다. 자신만의 새로운 것을 만들도록 하여라.

2 도형을 만드는데 7조각을 사용할 수 있다. 예를 들면 다음과 같다.

a. 작은 삼각형 두 개를 사용하여 정사각형, 더 큰 삼각형, 평행사변형 등을 만드시오. 그 결과를 여기에 그리시오.

b. 작은 삼각형 두 개와 중간 크기의 삼각형을 사용하여 직사각형을 만드시오, 또한 직사각형이 아닌 평행사변형을 만드시오. 그 결과를 여기에 그리시오.

3 다음 장에 있는 표는 탱그램 3조각으로 삼각형을, 탱그램 5조각으로는 정사각형을, 4조각으로 정사각형이 아닌 직사각형을 어떻게 만들 수 있는지를 나타내고 있다. 위의 질문 2에 대한 결과를 적고 표를 채우시오. (X표를 한 곳에는 답이 없다.)

사용된 조각의 수	삼각형	정사각형	직사각형	평행사변형
1				
2				
3				
4				
5				
6				
7				

정육면체 애플릿의 단면

단면이 삼각형이 되도록 정육면체를 나누려면 어떻게 해야 할까? 부등변사각형으로 만들려면? 이 애플릿을 사용하면 당신이 원하는 대로 정육면체 모서리 위에 점을 찍을 수 있으며, 원하는 횡단면이 더 잘 나타나도록 정육면체를 회전시킬 수 있다.

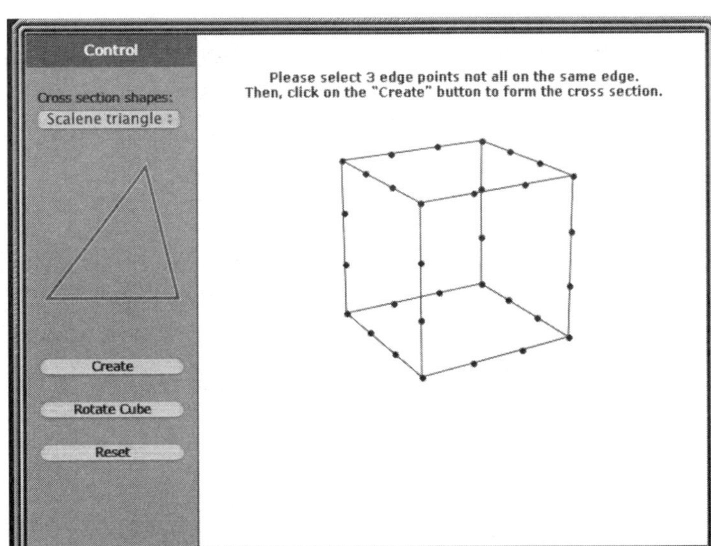

교사를 위한 후속탐구 9.1

1 **교실 상황** : 지오보드 정사각형들을 합동인 두 부분으로 나누는 활동을 할 때, 도형 A와 B의 두 부분은 합동이라는 것을 쉽게 알아내지만, 도형 C와 D의 두 부분이 합동이라는 것은 쉽게 알아내지 못할 수도 있다. 두 평면 도형이 합동일 때 이를 다른 도형뿐만 아니라 지오보드 도형에 적용할 수 있도록 학생들이 결정하는 것을 도와 줄 수 있는 방법을 설명해 보아라.

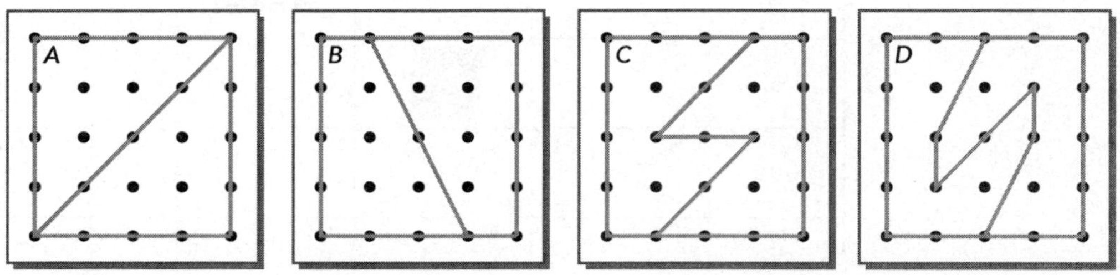

2 **교실 상황** : 다음 도형을 두고 변이 대각선에 있기 때문에 정사각형이 아닌 마름모라고 말하는 학생들이 있을 수 있다. 이 문제를 해결하도록 학생들을 어떻게 도울 수 있을까?

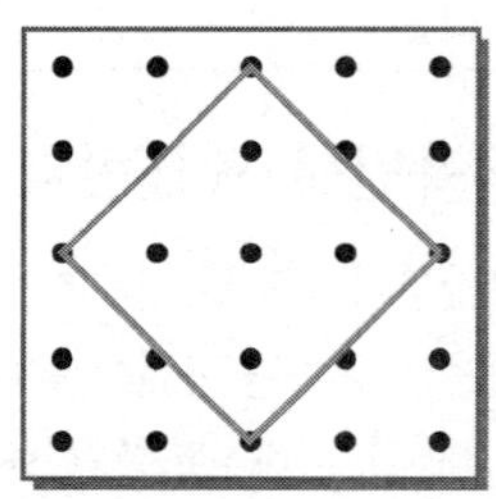

3 **교실 상황** : 이 장의 도입에 제시되었던 두 번째 수준의 초등교과서에서는 학생들에게 도형을 그리도록 하였다. 당신의 학급 학생들이 삼각형, 정사각형, 직사각형모양을 알고는 있지만 초등교과서의 도형들을 구분하는 데 어려움을 겪는다고 가정해보자. 그러한 학생들을 도울 수 있는 방법을 최소한 두 가지 기술해 보아라.

4 **수학 개념** : 원형 지오보드 위에 만든 다음 삼각형들은 모두 T_1T_{23}을 밑변으로 하고 있다. 합동인 삼각형, 예각삼각형, 둔각삼각형, 부등변삼각형, 이등변삼각형, 정삼각형, 직각삼각형 등을 찾아보아라. 꼭짓점(T_2에서 T_{22}까지)에 따라 각 삼각형을 확인해 보고 각 카테고리 안에 삼각형을 분류하여라. 원형 지오보드 기록지에 삼각형을 그리고 각 삼각형이 왜 그 카테고리에 속하는지를 설명하여라.

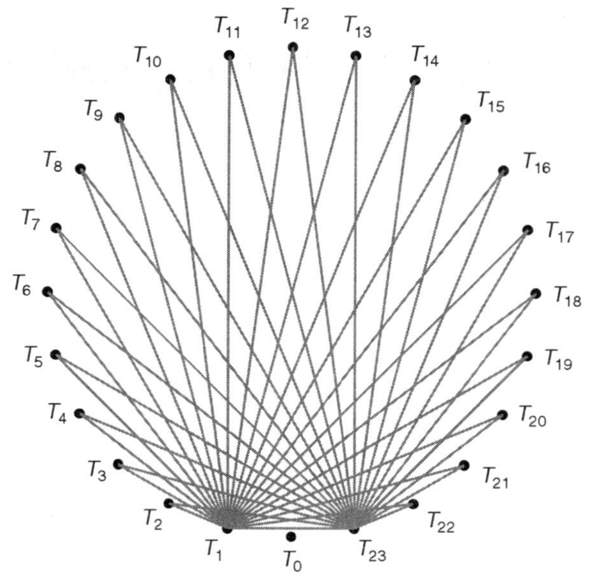

5 **수학 개념** : 24개짜리 걸이 원형 지오보드 위에서 어떤 다각형(모든 변이 합동이고 모든 각이 합동인 도형)을 만들 수 있을까? 원형 지오보드 기록지에 각 다각형을 그리고 그것이 다각형이라는 것을 어떻게 알았는지를 설명하여라. 원형 지오보드 기록지는 온라인러닝센터에서 찾아볼 수 있다.

6 **수학 개념** : 직사각형 지오보드와 가상 지오보드를 관련 웹사이트에서 만나볼 수 있다.

a. 5행 5열 지오보드의 격자점들을 꼭짓점으로 갖고 변의 수가 13, 14, 15, 16인 다각형을 만들어 보아라.

b. a에서 만든 다각형을 오목과 볼록으로 나누시오.

c. 5행 5열 지오보드 위의 격자점들을 꼭짓점으로 갖는 다각형 중에서 가장 변의 수가 많은 것은 무엇인가? 그림으로 나타내어 보아라.

7 NCTM **규준** : http://illuminations.nctm.org를 방문해서 배너 'Lessons' 중 3-5학년의 Geometry로 들어간다.

a. 단원명을 쓰고 간략히 요약하여라.

b. 이 책의 부록에 있는 규준 요약집을 참조하여, 기하 규준에서의 기대하는 바를 나열하고 그 기대를 어떻게 달성할 것인지를 설명하여라.

BENNETT-BURTON-NELSON 웹사이트

www.mhhe.com/bbn

웹 교구	모눈종이와 점종이	링크와 읽을 자료
대화형 애플릿	투명색지	Geometer Sketchpad 모듈
퍼즐 내는 사람	보충된 참고문헌	

활동모음 9.2 정규 테셀레이션과 준정규 테셀레이션

▶▶ 목표

평면의 정규 테셀레이션과 준정규 테셀레이션을 탐구하기

웹 교구

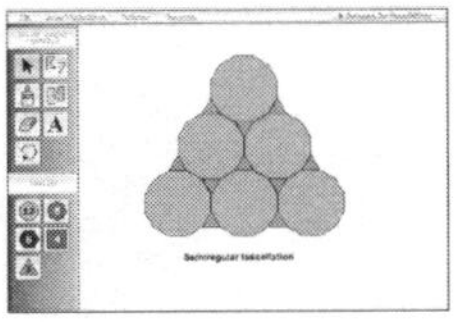

www.mhhe.com/bbn

▶▶ 준비물

조작도구나 웹 교구에서 가져온 테셀레이션을 위한 패턴 블록과 다각형.

아일랜드 앤트리 카운티의 자이언트 코즈웨이

▶▶ 도입

위 사진에 보이는 육각형 모양의 현무암들은 북부 아일랜드 해변가에서 볼 수 있다. 표면을 정육각형이나 정육각형에 가까운 도형들로 분할하는 것은 자연에서 흔히 볼 수 있다.[1] 정육각형과 같은 어떤 도형을 사용하여 빈틈도 없고 겹쳐지는 부분도 없게 표면을 반복적으로 덮을 수 있을 때, 표면을 타일링한다고 말한다. 그 결과로 나타나는 패턴을 테셀레이션이라고 한다. 테셀레이션에 사용될 수 있는 도형은 아주 많다. 네덜란드의 유명한 예술가 에셔(C. Escher, 1898-1972)는 테셀레이션 기법으로 새, 물고기 등 여러 가지 생물들을 표현한 것으로 잘 알려져 있다. 에셔식의 테셀레이션을 만드는 방법은 활동모음 11.2에 나와 있다.

[1] 육각형 패턴에 대한 다른 예들이나 왜 자연에서는 그런 일이 벌어지는지에 관한 논의는 다음을 참고하라. H. Weyl, *Symmetry*(Princeton : Princeton University Press, 1952) : 83-89.

패턴블록 테셀레이션

1 도형 1은 노란색 정육각형 패턴 블록을 가지고 테셀레이션을 만드는 것이고, 도형 2와 3은 빨간색 사다리꼴을 가지고 두 가지 상이한 테셀레이션을 만든 것이다.

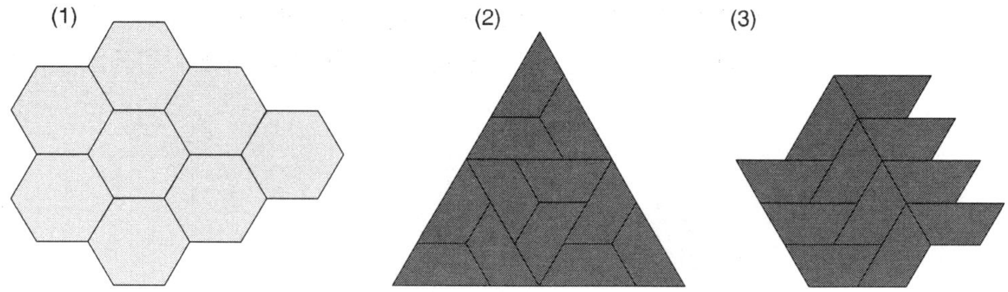

a. 빨간색 사다리꼴을 가지고 다른 식으로 테셀레이션을 만들어보고 패턴을 기록하여라.

b. 정육각형이 아닌 다른 패턴 블록 조각들은 모두 사다리꼴처럼 한 가지 이상의 테셀레이션 패턴을 만들 수 있다. 정사각형과 파란색 평행사변형에 대하여 두 가지 패턴을 만들어보고 독자들이 그 패턴을 확장할 수 있도록 그려보아라.

*2 황갈색 마름모 3개의 예각을 한 점에서 모으면, 그 값이 오렌지색 정사각형의 한 각과 같다. 정사각형의 한 각은 90° 이기 때문에 황갈색 마름모의 한 각은 30°이다.

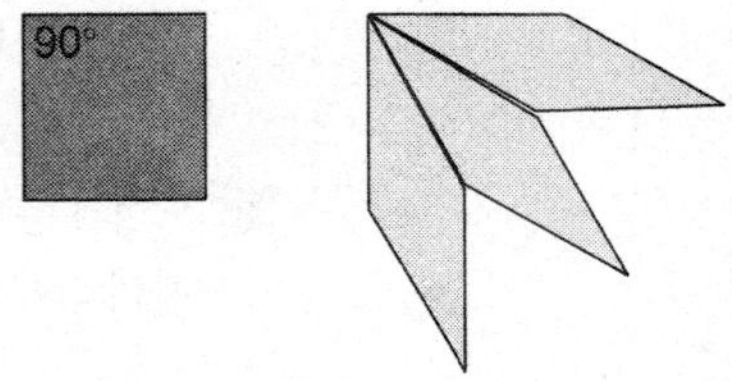

여러 조각들의 각을 비교해 봄으로써(필요한 경우 각도 재는 도구를 사용하여) 패턴블록에 있는 7가지 상이한 각의 크기를 재시오. 패턴블록 스케치를 아래에 그리고 결론을 간단히 기술하여라. 패턴블록 아래에 각도를 적으시오.

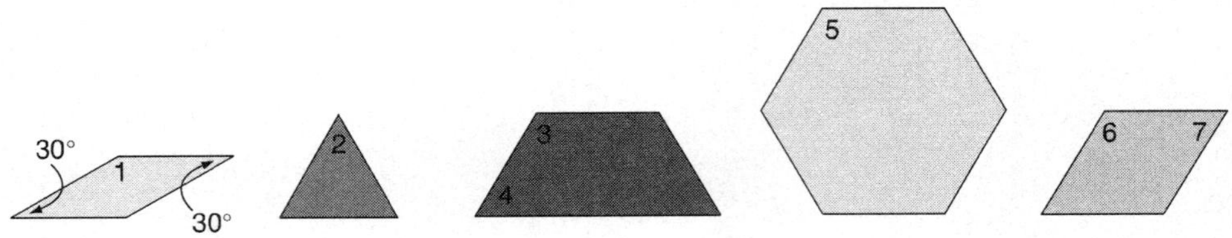

3 오른쪽에 있는 도형은 패턴블록 두 개를 붙여서 새로운 도형을 만든 것이다. 첫 번째 도형은 사다리꼴과 파란색 평행사변형을 사용하여 육각형(6개의 변과 6개의 내각)을 만든 것이고 삼각형과 황갈색 평행사변형을 사용한 두 번째 것은 오각형(5개의 변과 5개의 내각)이다. 그림 위에 새로 만든 도형의 각 내각의 크기를 적으시오.

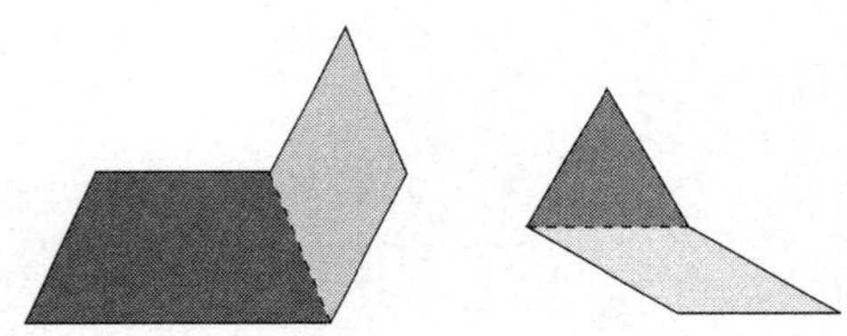

a. 테이프를 사용하여 이와 같은 두 도형을 만들어보고 그들을 사용하여 테셀레이션을 할 수 있는지를 알아보아라. 테셀레이션을 할 수 있다면, 패턴을 몇 가지 그려 놓고, 독자들이 그것을 확장할 수 있도록 해 보아라. 테셀레이션을 할 수 없다면, 왜 그런지 말해보아라.

b. 두 개의 다른 패턴블록 조각을 함께 붙여 테셀레이션이 되지 않는 새로운 모양을 만들어보아라. 도형을 그리고 왜 테셀레이션으로 할 수 없는지를 설명하여라.

다각형으로 만들어보는 테셀레이션

4 다음과 같이 여섯 개의 정다각형이 있다. 각 다각형마다, 크게 그려진 꼭짓점을 둘레로 추가적으로 복사된 것을 그리시오. 그리고 다음 쪽에 있는 질문에 답을 하여라. 삼각형, 정사각형, 육각형, 팔각형 등은 교구 세트 세트에 있는 테셀레이션을 위한 다각형이다. 사용할 정사각형과 정칠각형을 따라 그리고 자르시오.

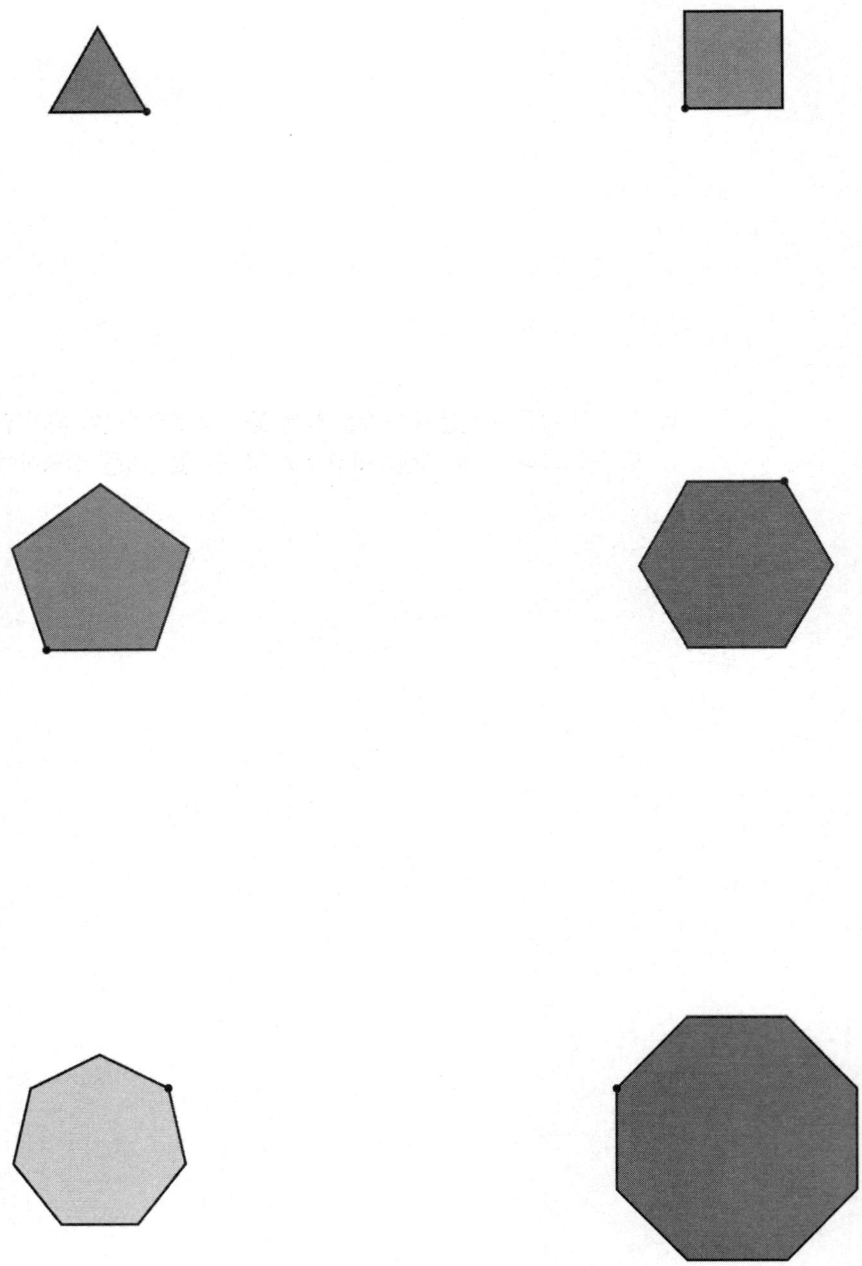

a. 이전 쪽에 있는 다각형 중에서 어떤 것으로 테셀레이션을 할 수 있을까?

b. 정다각형으로 만드는 테셀레이션을 정규 테셀레이션이라고 한다. 정다각형으로 테셀레이션을 만들기 위해서는 정다각형의 각이 어떤 조건을 만족해야 할까?

***c.** 여섯 개의 변 이상을 지닌 정다각형은 테셀레이션을 만들지 못하는 이유를 설명하여라.

5 두서너 개의 다른 정다각형을 이용하여 좀더 흥미로운 테셀레이션을 만들 수 있다. 정사각형과 정팔각형을 그림처럼 꼭짓점(예를 들어 꼭짓점 A를 보아라)을 따라 이어놓는다. 정사각형의 한 각은 90°이고 정팔각형의 각은 135°이므로, 90°+135°+135°=360°이다.

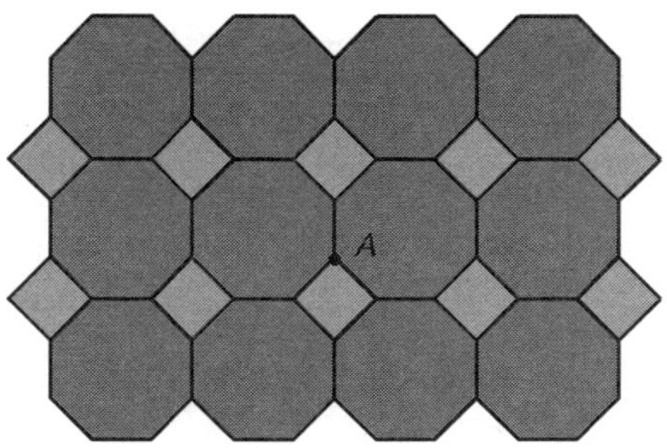

매 꼭짓점마다 같은 순서로 두 개 이상의 정다각형이 배열되어 있는 테셀레이션을 준정규테셀레이션이라고 한다. 준정규테셀레이션에 사용될 수 있는 정다각형은 오직 다섯 가지이며, 다음 그림과 같다. 각 다각형의 꼭짓점에서 각의 크기는 정다각형마다 그림으로 그려져 있다. 교구세트 세트를 보면 그러한 정다각형의 다양한 복사본이 있다. 그들을 사용하여 다음 쪽의 a와 b의 테셀레이션을 만들어보아라.

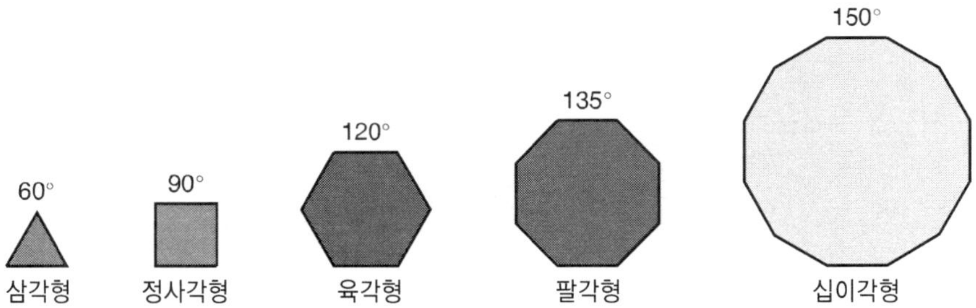

*a. 각 꼭짓점에서 두 개의 상이한 정다각형을 조합시켜서 만들 수 있는 준정규테셀레이션이 있다. 그중에서 최소한 한 개를 찾아 그리시오.(힌트 : 각도를 더했을 때 최대 360°가 되는 각의 조합을 찾아보아라.)

*b. 각 꼭짓점에서 세 개의 상이한 정다각형의 조합을 사용하여 만들 수 있는 준정규테셀레이션이 있다. 그중에서 하나를 찾아 그리시오.(힌트 : 각도의 합이 360°가 되는 각의 조합을 찾아보아라.)

*c. 패턴 블록 테셀레이션 : 준정규테셀레이션이 되지 않는 다각형의 조합으로 평면을 붙이는 것이 가능하다. 그러한 테셀레이션은 일정한 패턴을 가지고 있지 않을 수 있다. 매 꼭짓점이 다각형의 동일한 배열로 둘러싸인 것은 아니며, 각 다각형이 정다각형일 필요는 없다. 패턴 블록을 사용하여 새로운 테셀레이션을 만들어보고 여기에 그리시오.

놀이 활동

육각형 게임(2인용)

연역적 추론 게임인 '육각형'은 여기에 제시되어 있는 11행 11열의 격자(재료 카드 10)와 유사한 육각형 게임판 위에서 하는 것이다.

1번 사람과 2번 사람이 돌아가면서 각자의 표지나 상징들을 아무 표시가 안 된 곳에 놓는다. 1번 사람은 격자 게임판의 왼쪽에서 오른쪽 방향으로 상징이 적힌 사슬이나 줄을 만들어야 하며, 2번 사람은 위에서 아래로 상징이 적힌 사슬이나 줄을 만들어야 한다.

사슬을 먼저 완성시킨 사람이 이기는 것이다. O라는 기호를 사용한 2번 사람이 1번 사람을 이긴 것을 알 수 있다.

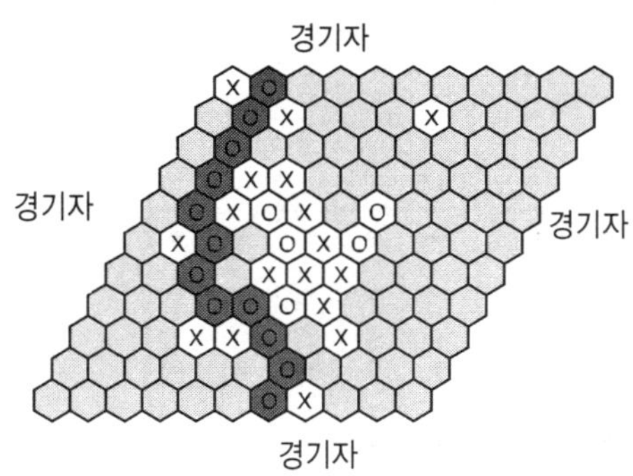

*** 이기는 전략** : Hex 게임에서는 항상 이기는 사람이 있다. 다른 사람을 이기는 방법은 오직 격자의 한쪽에서 다른 쪽으로 연결된 사슬을 만드는 것이기 때문이다. 3행 3열 게임판에서는 게임을 먼저 시작하는 사람이 쉽게 3번 움직임으로 이길 수 있다. 첫 번째 움직임은 무엇인가? 4행 4열, 5행 5열 게임에서도 상대방이 어떻게 움직이는 것과 상관없이 이길 수 있는 첫 번째 움직임을 찾으시오.

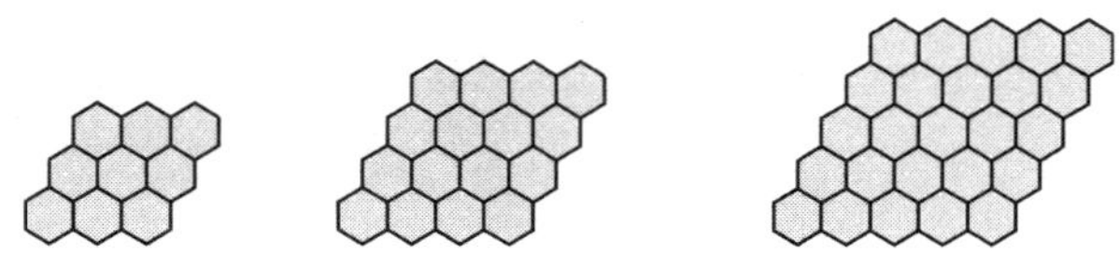

3행 3열　　4행 4열　　5행 5열

11행 11열 게임판에서 이기는 전략은 한가운데에 있는 육각형에서 첫 번째로 움직이는 것이라는 결론을 내리고 싶을 것이다. 그런데 이 경우의 판에서 게임을 할 수 있는 방법이 매우 많기 때문에 아직까지 이기는 전략이 발견되지 않았다. 수학에서 흔히 존재 증명이라고 불리는 유형의 증명이 있다. 이는 아무도 그것을 찾아내지는 못했지만 뭔가가 존재한다는 것이다. 11행 11열 격자판 '육각형' 게임에서 게임을 시작하는 사람이 이길 수 있는 전략이 있다는 것은 증명되었지만, 그 전략이 무엇인지는 아직까지 아무도 모른다.[2]

[2] 이 증명에 대한 초보적인 수준을 알고 싶다면 다음을 참조하여라. M. Gadner, "*Mathematical Games*"(Scientific American 197(1) (1957):145.

탐구 활동 9.2

1 **교실 상황** : 벌들은 벌집을 만들 때 테셀레이션을 만든다. 교실 수업을 위한 활동을 구상할 때 이 아이디어를 어떻게 사용할 것인가? 활동 아이디어와 생각을 설명해 보아라.

(a) (b)

2 **교실 상황** : 어떤 학생이 직사각형 지오보드 위에 변이 3개, 4개, 6개인 정다각형을 만들었다고 주장할 수 있다. 그 도형들이 정다각형인지 아닌지를 결정하는데 도와줄 수 있는 벙법을 설명하여 보아라.

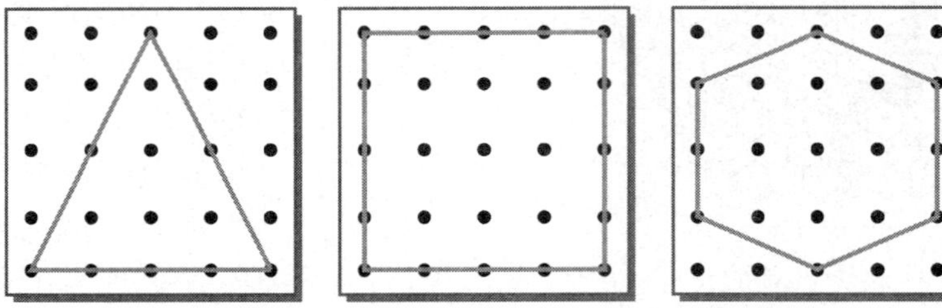

3 **교실 상황** : 아이들을 위한 테셀레이션을 다루고 있는 웹사이트를 인터넷에서 찾아보아라. 게임의 소개서나 수학 애플릿 등을 프린트하여라. 그리고 교실에서 어떻게 다룰 것인지 활동들을 논하여라. 찾은 게임이나 수학 애플릿의 URL을 주시오.

4 **수학 개념** : 점종이나 격자종이 위에 7개의 변을 지닌 다각형을 그려 테셀레이션을 만들어 보아라. 점종이나 격자종이는 온라인러닝센터에서 다운받을 수 있다.

5 **수학 개념** : 점종이의 중앙에 오목사각형을 그대로 나타내시오.

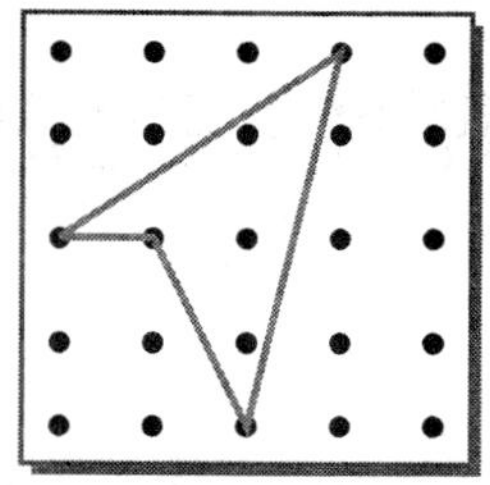

a. 이 도형으로 테셀레이션을 만들어보아라. 충분히 여러 개의 테셀레이션을 그려서 모든 방향으로 테셀레이션이 될 수 있음을 보이시오. 점종이는 온라인러닝센터에서 다운 받을 수 있다.

b. 사각형들이 만나는 꼭짓점의 둘레에 있는 각들에서 어떤 특징을 찾을 수 있는가?

6 **수학 개념** : 테셀레이션용 다각형을 사용하여 준정규 테셀레이션을 만드시오, 단 활동 5a에서 만든 것과는 다른 것이어야 한다. 결과를 그림으로 나타내시오. 인쇄할 수 있는 테셀레이션용 가상 다각형은 관련 웹사이트에서 얻을 수 있다.

7 NCTM **규준** : 이 책의 뒷부분에 있는 규준요약을 다시 잘 읽어 보아라. 테셀레이션을 언급하고 있지 않다. 어떤 내용 규준과 기대가 이 주제와 연결될 수 있을까? 규준과 기대를 열거하고 당신의 생각을 설명하여 보아라.

BENNETT-BURTON-NELSON 웹사이트

www.mhhe.com/benett-nelson

웹 교구	모눈종이와 점종이	링크와 읽을 자료
대화형 애플릿	투명색지	Geometer Sketchpad 모듈
퍼즐 내는 사람	보충된 참고문헌	

활동모음 9.3 정규다면체와 준정규다면체를 위한 모델

▶▶ 목표

정규다면체와 준정규다면체의 특징을 관찰하고 탐색하기 위해서 모델을 구성하고 사용하기

▶▶ 준비물

가위, 자료 카드 28과 29 위에 그려진 정규 다면체를 구성하기 위한 패턴. 자료 카드 30에 있는 2센티미터 격자 종이.

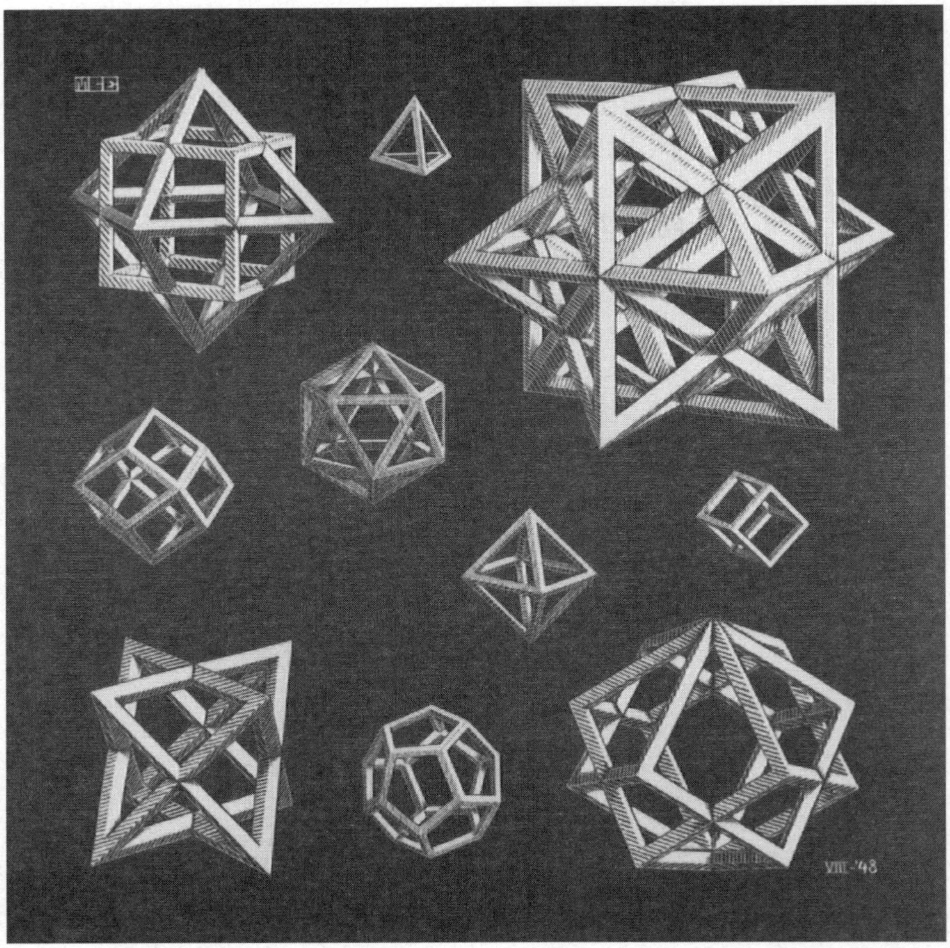

M.C Escher's "Stars"

▶▶ 도입

다면체라는 용어는 그리스 용어에서 왔으며, '면이 많다'라는 뜻을 가지고 있다. 정다면체는 면이 정다각형이고 각 꼭짓점이 똑같은 수의 다각형으로 둘러싸인 볼록다면체를 말한다. 이 정다면체들을 또한 플라톤 입체라고 부르기도 하는데, 그리스 철학자인 플라톤(427－347년경)이 자신의 저

서에서 특별하게 기록하고 있기 때문이다. 유클리드(340년경)는 정확히 다섯 개의 정다면체가 있다는 것을 증명하였다. 에셔(M.C. Escher)의 판화 〈별(Stars)〉에서 플라톤 입체를 찾을 수 있을까?

플라톤 입체

1 다섯 개의 플라톤 입체를 만드는 공통적인 방법이 몇 가지 있다. 여기 제시된 다면체는 에셔의 판화와 유사하게 속이 훤히 보이는 모델들이다. 빨대를 실로 연결하거나 꽂아서 만들 수 있다.

다른 방법은 정다각형을 잘라 풀로 서로 붙여 연결하는 것이다. 재료 카드 28과 29를 보면 플라톤 입체를 만들 수 있는 정다각형 패턴이 있다. 패턴을 그대로 자르고, 볼펜이나 연필로 접는 선에 번호를 붙이고 접는 선에 따라 접고 변을 테이프로 붙여 그것들을 한데 모은다. 각 플라톤 입체마다 면의 수와 면으로 사용된 다각형에 이름을 적는다.

	면의 수	면의 유형
사면체	________	________
정육면체	________	________
팔면체	________	________
십이면체	________	________
이십면체	________	________

2 사진에 있는 정십이면체와 정육면체는 화려한 카드로 만든 것이다.(면으로 사용되는 삼각형 패턴과 정사각형 패턴은 아래에 있다. 이 패턴들의 끝을 보면 펀치와 가위로 잘려져 있으며 변은 접는 선을 따라 접도록 되어 있다. 다면체의 연결 면은 변 위의 고무줄로 엮는다.)

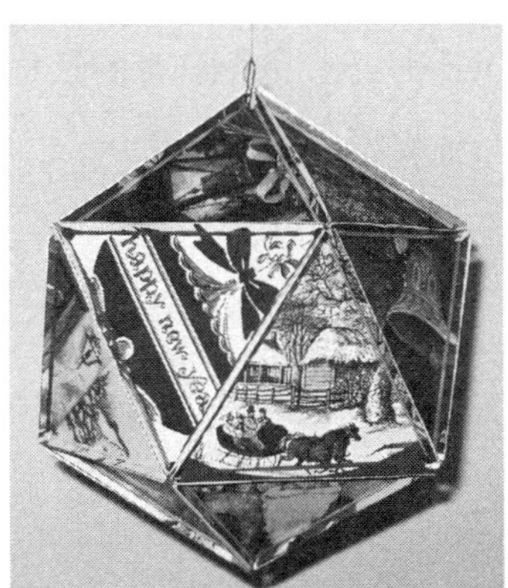

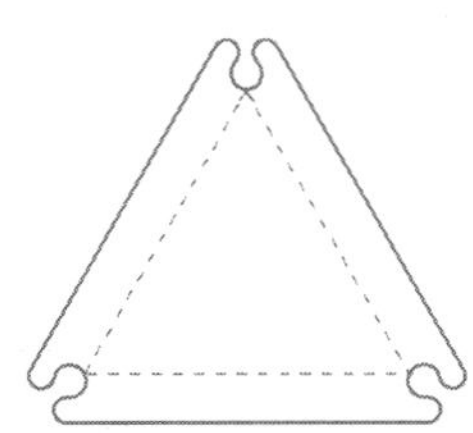

a. 이전 페이지에 그려진 대로 입체 도형을 만들려고 할 때, 각각을 만들기 위해 몇 개의 고무줄이 필요할까?(변 한 개를 만드는데 고무줄이 한 개가 필요하다.)

정사면체 ________
정육면체 ________
정팔면체 ________
정십이면체 ________
정이십면체 ________

b. 플라톤 입체에 색칠을 할 수 있다. 이때 변을 공유하고 있는 면끼리는 같은 색으로 칠하지 않는다. 그렇게 칠하고자 할 때, 정팔면체의 경우 최소 몇 개의 색이 필요할까?

3 오일러의 공식

***a.** 다음 표의 각 플라톤 입체에 대해 꼭짓점, 면, 변의 수를 적으시오.

	꼭지점(V)	면(F)	모서리(E)
사면체	________	________	________
정육면체	________	________	________
팔면체	________	________	________
십이면체	________	________	________
이십면체	________	________	________

b. 꼭짓점, 면, 변의 수 사이에는 규칙이 있다. 그 규칙에 대해 추측해 보고 적으시오. 이때 V, F, E라는 약자를 쓴다.

• 추측 •

***c.** 다음의 다면체는 플라톤 입체가 아니다. 꼭짓점, 면, 변의 수를 세고 그 결과를 적으시오. 그 다면체들에 대해 b에서 나온 추측을 적용해 보아라.

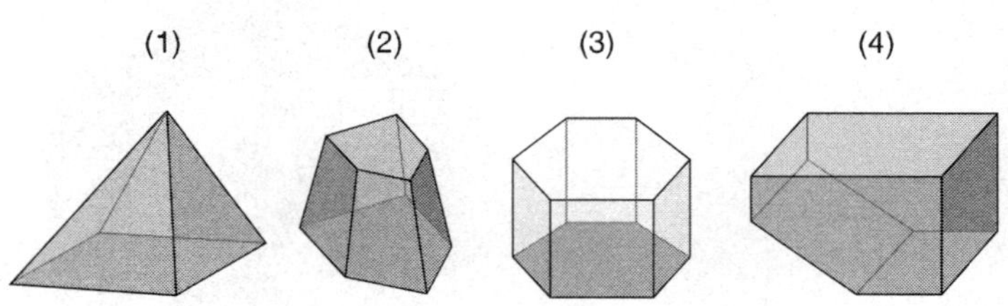

	(1)	(2)	(3)	(4)
꼭지점	_____	_____	_____	_____
면	_____	_____	_____	_____
모서리	_____	_____	_____	_____

4 정육면체를 위한 전개도 패턴 : a-f까지의 음영으로 칠해진 부분은 변을 따라 6개의 정사각형을 연결하면서 만든 것이다. 2차원 패턴을 접어서 서로 겹쳐지는 부분이 없는 3차원 모양으로 될 때, 이 2차원 패턴을 3차원 도형을 위한 전개도라고 한다. 다음의 패턴 중에서 세 개는 정육면체의 전개도이고 나머지는 그렇지 않다. a-f 중에서 정육면체의 전개도인 것을 찾으시오. 2센티미터 격자 종이(자료 카드 30)를 사용하여 정육면체의 전개도를 최소 다섯 개 이상 찾으시오(모두 11개의 전개도가 있다). 아마도 만든 패턴을 잘라서 확인해 보고 싶을 것이다. 주어진 격자에 전개도를 그려보아라.

a. 전개도가 되는가? 안되는가?

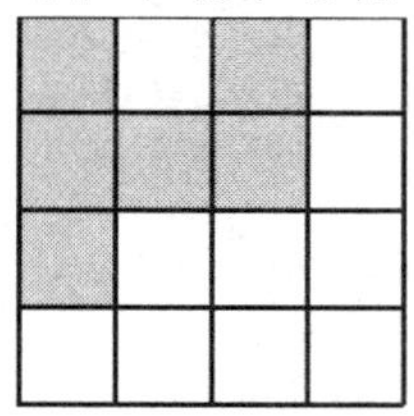

b. 전개도가 되는가? 안되는가?

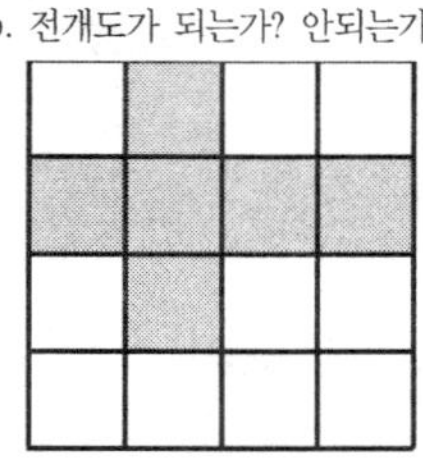

c. 전개도가 되는가? 안되는가?

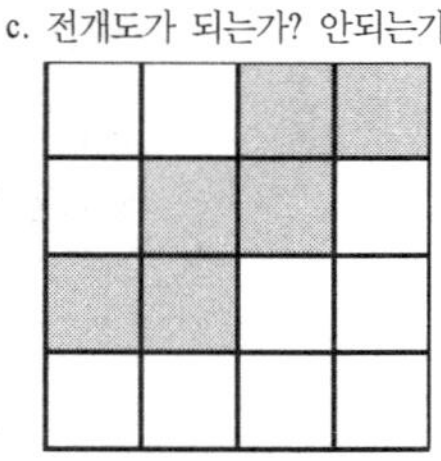

d. 전개도가 되는가? 안되는가?

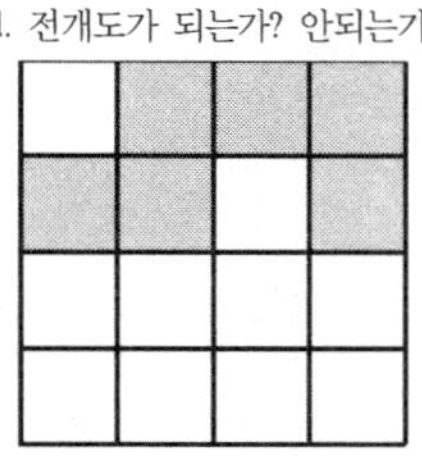

e. 전개도가 되는가? 안되는가?

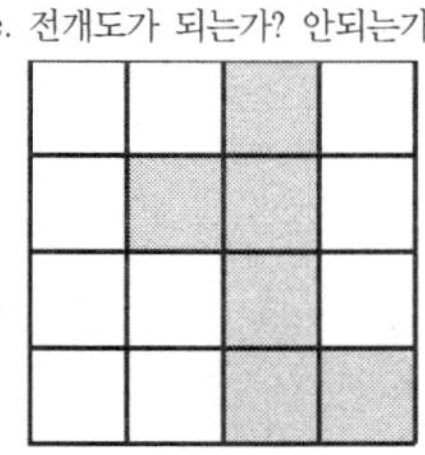

f. 전개도가 되는가? 안되는가?

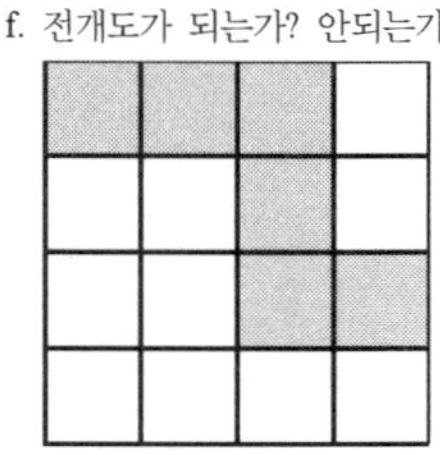

g. 전개도 그리기

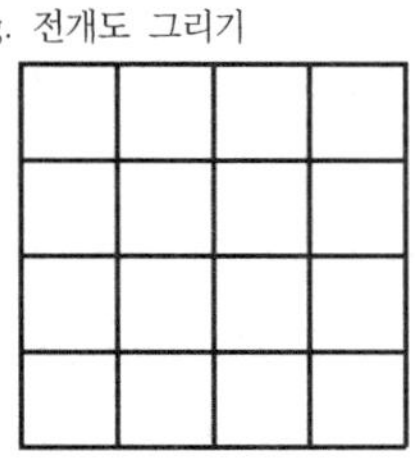

h. 전개도 그리기

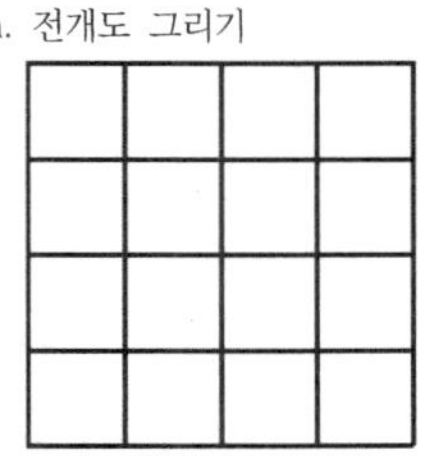

i. 전개도 그리기

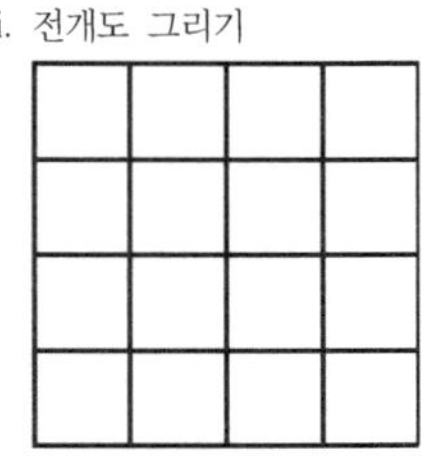

j. 전개도 그리기

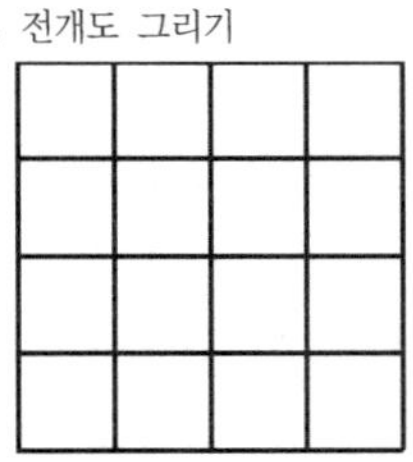

k. 전개도 그리기

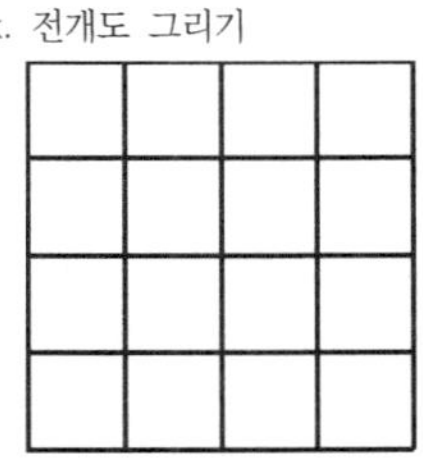

l. 전개도 그리기

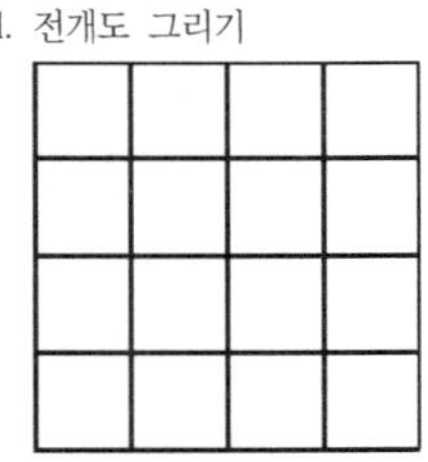

5 **아르키메데스 입체** : 두 개 이상의 정다각형으로 이루어져 있고 각 꼭짓점에서 만나는 다각형의 배열이 같은 다면체를 준정규 다면체라고 한다. 아래 그림에서 보듯이 모두 13개의 준정규 다면체가 있으며, 이를 아르키메데스 입체라고 한다. 이 입체에 관하여 쓴 아르키메데스(기원전 287 – 212년경)는 잘 알려져 있지만, 책은 전해 오지 않고 있다.

a.
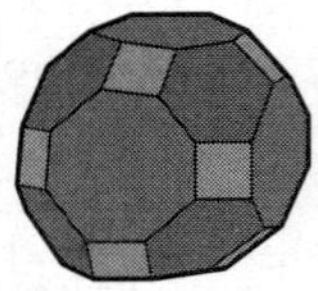
육각형 8개
정사각형 12개
팔각형 6개

b.
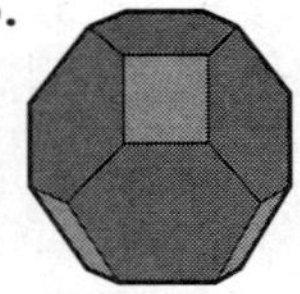
육각형 8개
정사각형 6개

c.
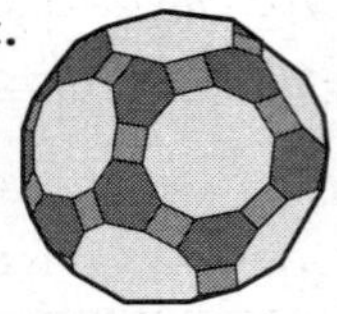
육각형 20개
정사각형 30개
십각형 12개

d.
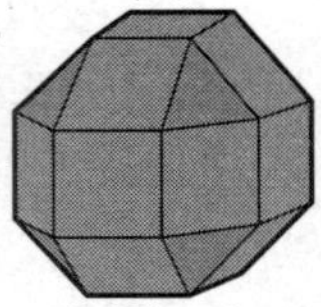
삼각형 8개
정사각형 18개

e.
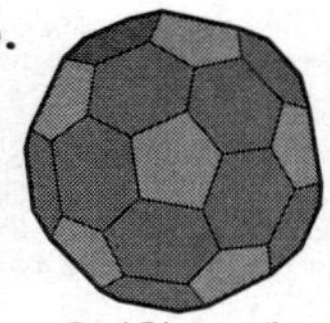
육각형 20개
오각형 12개

f.
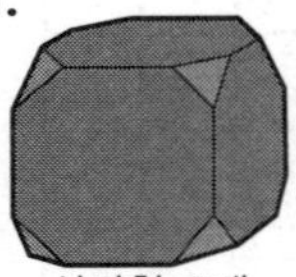
삼각형 8개
팔각형 6개

g.
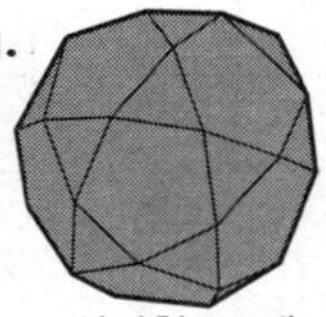
삼각형 20개
오각형 12개

h.
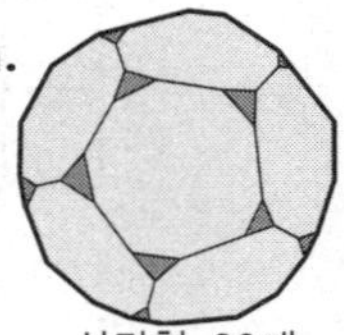
삼각형 20개
십각형 12개

i.
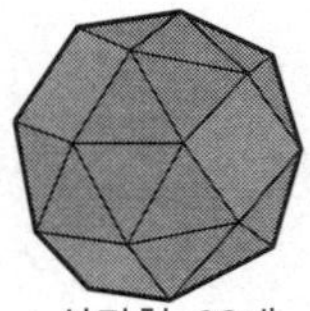
삼각형 32개
정사각형 6개

j.
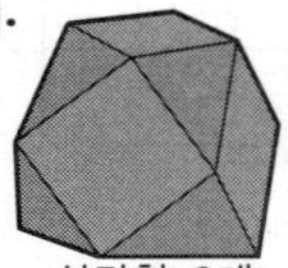
삼각형 8개
정사각형 6개

k.
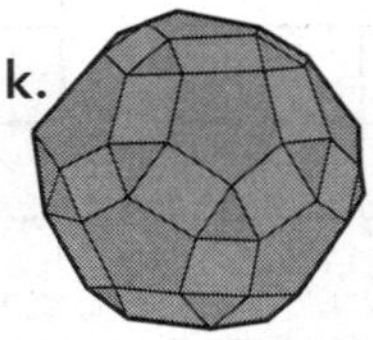
삼각형 20개
정사각형 30개
삼각형 12개

l.
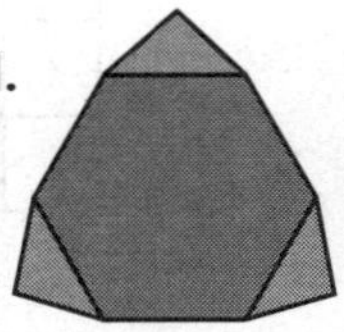
삼각형 4개
육각형 4개

m.
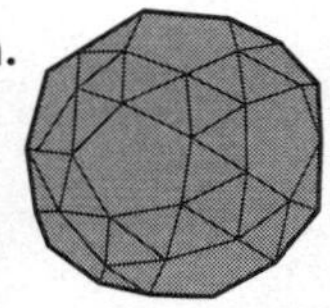
삼각형 80개
사각형 12개

b, e, f, g, h, j, l의 7개의 아르키메데스 입체는 플라톤 입체를 활용하여 만들 수 있다. 예를 들어, 정사면체의 각 꼭짓점을 오른쪽 그림처럼 자르면, 그림과 같이 면이 정육각형이고 정삼각형인 끝이 잘린 정사면체를 만들 수 있다.

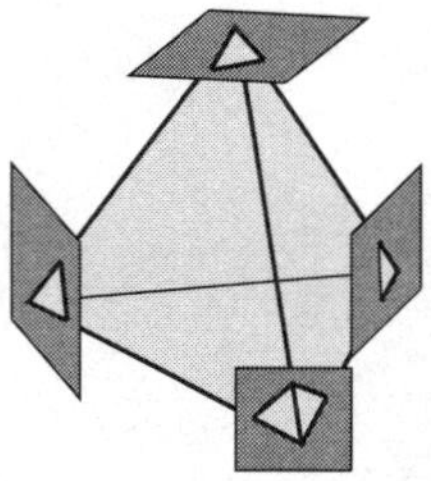
정사면체

- 끝을 잘라서, b, e, f, g, h, j의 준정규입체의 각각을 얻을 수 있는 플라톤 입체는 무엇입니까?
- 주의 : 꼭짓점에서 모든 방법으로 잘라 내어 변의 중심이 되게 할 수 있다.
- 활동1에서 만든 플라톤 입체를 보는 것이 도움이 될 것이다.

6 오른쪽 그림과 같은 아르키메디안 입체는 다각형 면을 자르고 같이 붙여서 만들 수 있다.

a. 이 모델을 만들려면 오각형과 육각형이 몇 개나 필요할까?

b. 운동할 때 사용하는 공 중에서 오각형 면의 수와 육각형 면의 수가 같은 공의 이름은 무엇인가?

놀이 활동

순간정신이상

순간정신이상은 파커 브라더스가 만든 유명한 퍼즐이다. 퍼즐은 네 개의 정육면체로 구성되어 있으며, 각 정육면체의 면마다 빨간색, 하얀색, 파란색, 녹색 중에 어느 한 가지로 색칠이 되어 있다. 이 퍼즐의 목적은 정육면체를 쌓아올렸을 때 쌓아서 생긴 입체의 면마다 다른 색깔이 있도록 하는 것이다. 재료 카드 32에는 네 개의 정육면체 세트를 위한 패턴이 있다. 그것을 잘라서 정육면체를 한데 모으고 퍼즐을 풀어보자.

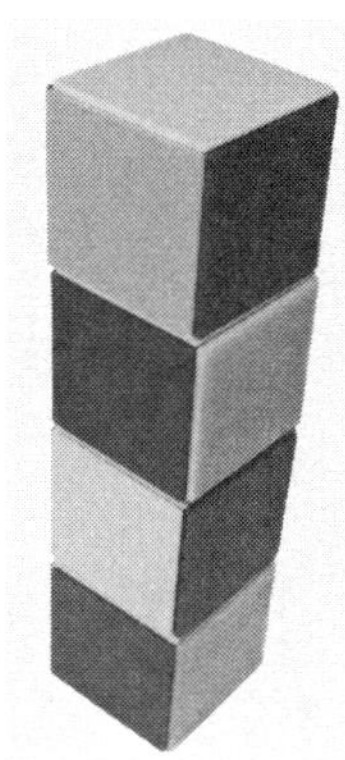

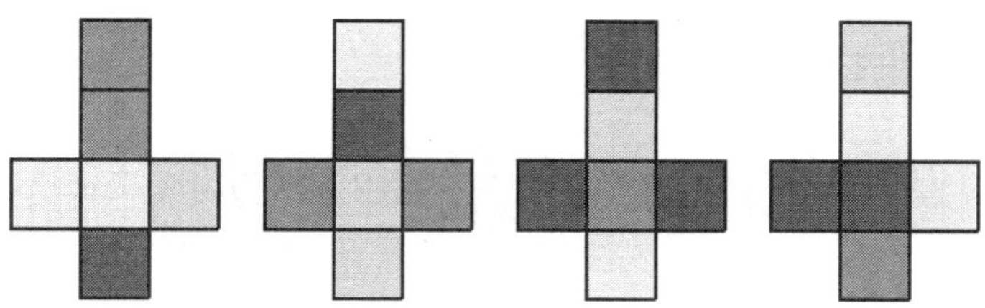

정육면체 A　정육면체 B　정육면체 C　정육면체 D

로버트 레빈은 이 퍼즐을 풀기 위한 다음과 같은 방법을 제시하였다. 그는 정육면체의 각 면에 숫자를 붙였다. 예를 들어, 빨간색에는 1, 하얀색에는 2, 파란색에는 3, 녹색에는 4와 같다. 이 퍼즐을 풀려면 전개도의 각 면에 따라 1, 2, 3, 4를 얻어야 한다. 각 수들의 합은 10이다. 그리고 맞은편 면의 수끼리의 합은 20이어야 한다.

레빈은 각 정육면체 위의 수의 쌍과 그들의 합을 보여주는 표를 다음과 같이 만들었다. 예를 들어, 4와 2는 정육면체 A의 맞은편 면 위에 있으며 그 합은 6이다.

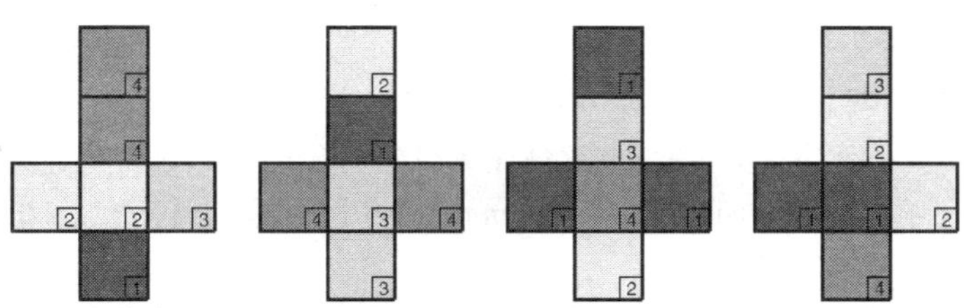

정육면체 A　정육면체 B　정육면체 C　정육면체 D

표의 아래 줄에는 각 정육면체의 맞은편 면의 합을 담고 있다. 합이 20인 수의 한 조합에 대해 그 합이 동그라미 치고 있다. 주의할 점은, 위의 동그라미 친 숫자들은, 즉 1, 2, 3, 4 는 각각 두 번씩 나타난다.

	주사위 A	주사위 B	주사위 C	주사위 D
맞은편 면의 합	4 4 3	4 1 2	1 1 3	1 1 4
	2 1 2	4 3 3	1 4 2	3 2 2
합계	6 5 5	8 4 5	2 5 5	4 3 6

교사를 위한 후속탐구 9.3

1 **교실 상황** : 학생들이 막대기와 찰흙 등을 사용하여 다섯 개의 플라톤 입체를 만들려고 한다고 해보자. 각 입체를 만들기 위해 몇 개의 막대기와 찰흙 덩이를 써야 하는지를 알아보도록 학생들을 어떻게 도울 것인가?

2 **교실 상황** : 정육면체의 전개도를 만들도록 하면 보통은 A와 같은 모양을 만들 것이다. 중학교 학생들에게 정사각형만을 사용하지 않은, B와 같은 형태의 전개도를 만들도록 하려면 어떻게 하면 좋을까? 다른 사람이 따라 해볼 수 있을 정도록 당신의 생각을 기술해 보자. 2센티미터 격자 종이에 그림을 그려서 몇 가지를 예를 제시해 보자. 2센티미터 격자 종이는 온라인러닝센터에서 다운 받을 수 있다.

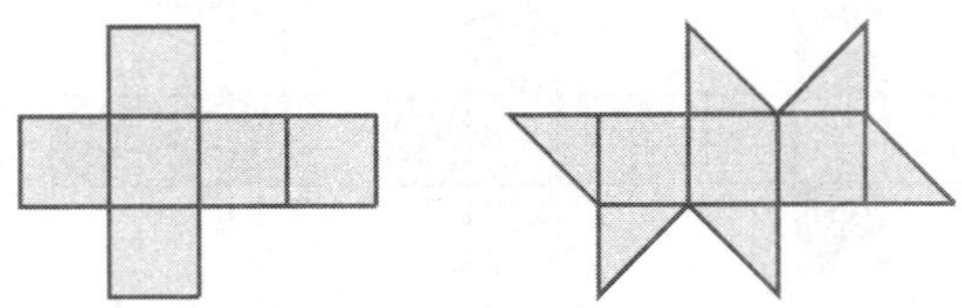

전개도 A　　　　전개도 B

3 **수학 개념** : 네 개의 정육면체로 이루어진 다음 도형을 만들 수 있는 2차원 전개도를 그려보자. 그 전개도를 그린 과정을 기술하고 당신의 반응에 대한 전개도의 예를 예시하여라.

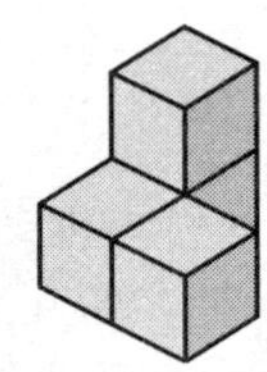

4 **수학 개념** : 온라인러닝센터에서 수학 실험탐구 9.3 : 피라미드 패턴 탐구를 열고, 탐구 9.3을 위한 초점의 질문 1에 기술된 피라미드 패턴에 대해 알아보자. 문제 풀이 과정을 쓰고 당신의 생각을 설명하여라.

5 **수학 개념** : 활동5에서 다룬 두 다각형 아르키메데스 입체(b, d, e, f, g, h, i, j, l)에 대하여 변, 꼭짓점, 면의 수를 비교해 봄으로써 오일러 공식의 추측을 적용해 보아라. Math World와 같은 사이트(mathworld.wolfram.com)에서 여기서 그림으로 그려져 있는 입체의 삼차원 동영상 모습을 찾아 볼 수 있을 것이다.

6 NCTM **규준** : 이 책의 뒷부분에 있는 기하 규준을 다시 한번 읽으시오. 각 학년별로 기대 수준을 한 가지 정하여라. 기대 수준과 규준을 말하여라. 어떤 활동이 어떤 기대수준을 나타내는지 설명하여라.

BENNETT-BURTON-NELSON 웹사이트

www.mhhe.com/benett-nelson

웹 교구	모눈종이와 점종이	링크와 읽을 자료
대화형 애플릿	투명색지	Geometer Sketchpad 모듈
퍼즐내는 사람	보충된 참고문헌	

활동모음 9.4 대칭도형 만들기 : 패턴 블록과 종이 접기

웹 교구

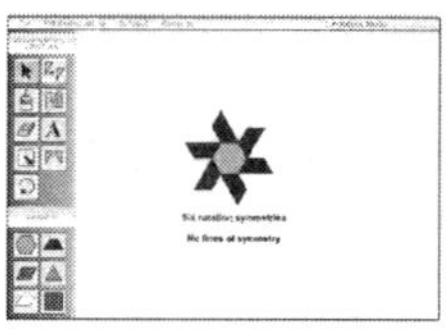

www.mhhe.com/bbn

▶▶ 목표

대칭성 탐구

▶▶ 준비물

교구 세트나 웹 교구의 패턴 블록, 자료 카드 11, 가위, 빈 종이, 메모용지

▶▶ 도입

다음에 제시된 풍배도(wind rose)는 바람의 방향을 나타내기 위해서 뱃사람들이 사용하는 장치이다. 최초라고 알려진 풍배도는 지중해 항해사가 사용한 고대 항해 표 위에 나타난 것이다. 거기에는 여덟 개의 기본 바람이 표시되어 있다. 이는 여덟 점 풍배도 위에 표시되어 있다. 나중에 절반씩 나눔으로써 16점을 지닌 풍배도가 나타났으며, 4등분으로 함으로써 32점의 풍배도가 나타났다.[3]

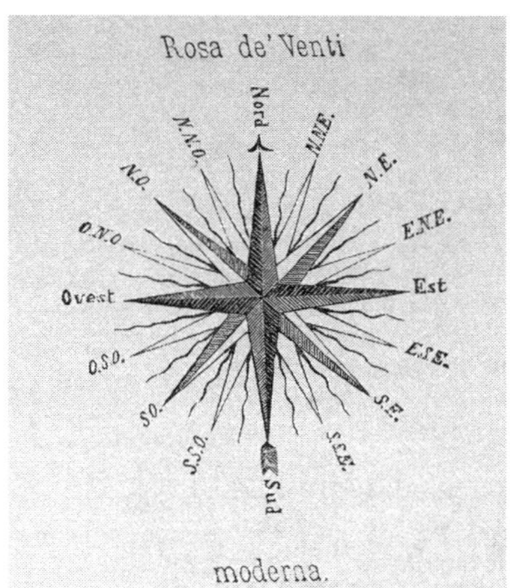

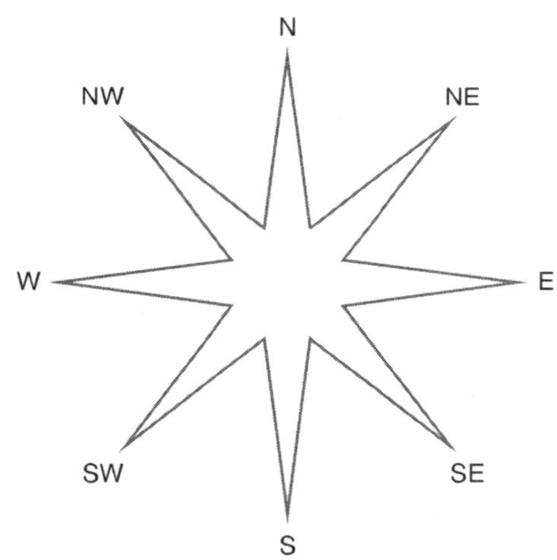

8점 풍배도는 매우 대칭적이다. 대칭선으로 모두 8개가 있으며, 여덟 개의 회전 대칭이 있다. 예를 들어, 풍배도에서 서로 마주 보는 두 점을 연결하는 선은 대칭선이다. 풍배도의 선을 따라 접으면 두 변이 일치하기 때문이다. 어떤 도형이 대칭선을 가지고 있으며, 그 도형을 반사대칭이라고 한다. 풍배도는 45°, 90°, 135°, 180°, 225°, 270°, 315°, 360° 회전 대칭이기도 하다. 이 각들 중에서 어느 한 각으로 중심에 따라 회전시켰을 때, 회전된 도형은 원래의 도형과 일치하기 때문이다.

활동 3에서 6은 대칭 도형을 자르는 기본 패턴이 들어 있다. 각도를 조금만 변화시켜도 얻을 수 있는 도형이 매우 다양한 것에 대해 놀라지 않을 수 없다. 그러한 도형을 자르면서 어떤 것이 8점 풍배도를 만들어 낼 수 있는지를 추측해 보도록 하자.

[3] M.C. Krause, "Wind Rose, the beautiful Circle" Arithmetic Teacher 20(May 1973): 375.

20.3 대칭

용어
대칭선
선대칭
회전대칭
회전의 중심

학습내용

예술가들은 대칭을 사용한다. 오른쪽 그림에서 예술가는 두 가지 유형의 대칭을 사용하였다.
대칭선은, 한 도형을 두 부분으로 나누는 선으로, 그 선을 기준으로 접었을 때 도형이 포개어지는 것이다, 대칭선이 하나라도 있는 도형은 선대칭 도형이다.

옆의 작품에는 선대칭도형이 있는가?

선대칭

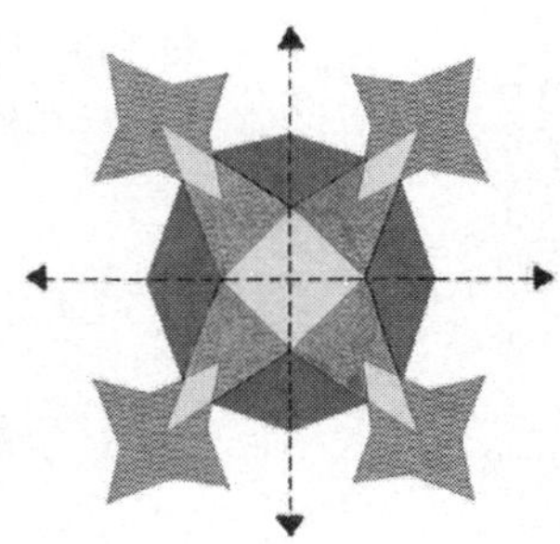

오른쪽에 있는 도형을 보자. 점선으로 된 선을 따라 도형을 접었을 때 두 부분이 완전히 포개어진다.
점선은 대칭선이 된다.

옆의 작품은 대칭 도형이다.

어떤 도형을 회전의 중심점에 대해 한 바퀴(360도)보다 적게 돌렸을 때 이전과 똑같이 보이게 되면, 이 도형은 회전대칭이다.

옆의 작품은 회전대칭인가?

회전대칭

작품에 대한 투사본을 한 점, 즉 대칭선이 만나는 점을 기준으로 투사본과 원본이 정확히 일치될 때까지 돌린다. 투사본을 $\frac{1}{2}$바퀴(180도)만큼 돌리면 된다.

옆의 작품은 회전대칭이다.

한번해보기 다음 도형에 대해 투사본을 만들어라. 선대칭도형인가? 예 또는 아니오로 답하여라. 예라고 답한 경우, 대칭선을 그리시오.

1. 

2. 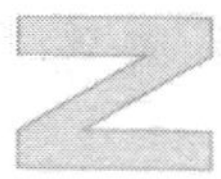

3. 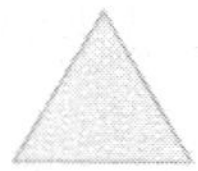

4. 

5. **써보기** 선대칭과 회전대칭 사이의 차이점을 설명하여라.

패턴 블록 대칭

1 패턴 블록 중 정사각형과 황갈색 마름모를 사용하여 도형 1을 만들어 보자. 도형 2와 3에서처럼 새로운 마름모가 첨가되면, 새로운 도형은 각각 대칭선을 갖게 된다. 도형 4에서처럼 마름모가 첨가되면, 대칭선은 없지만 180° 회전 대칭이 된다. 마지막으로, 마름모를 그림 5처럼 첨가하면, 대칭선도 없고 (360°를 제외하면) 회전대칭도 없다.

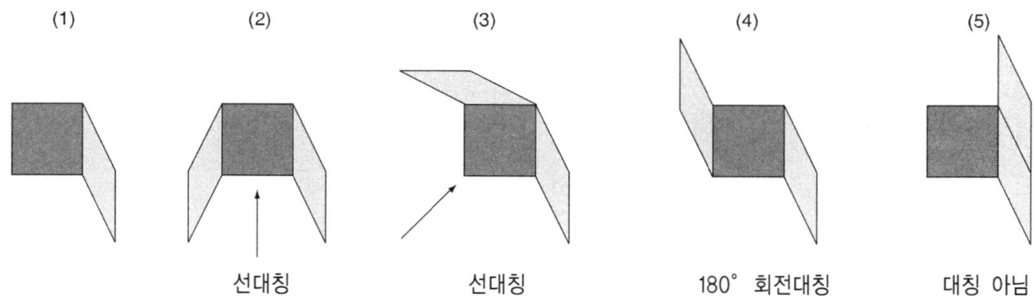

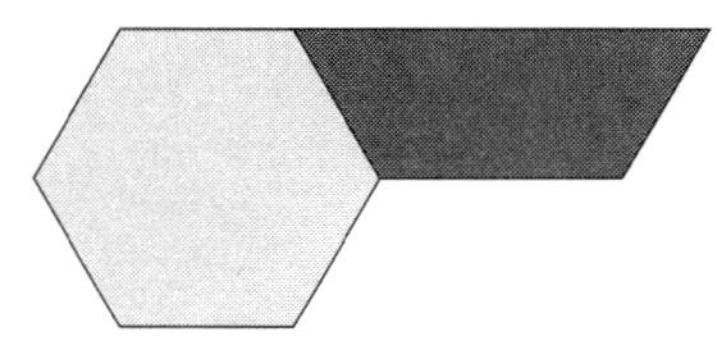

***a.** 패턴 블록 조각들로 다음 도형을 만들어보자. 또 다른 사다리꼴을 붙여서 회전대칭이 되는 도형을 만들 수 있는 여러 가지 방법을 찾아보자. 그런 도형을 최소한 네 개 이상을 만들도록 패턴 블록을 사용하고 그 결과를 그림으로 나타내시오. 그 그림에 대칭선을 표시하여라.

b. a와 같은 방식으로 하되, 회전대칭이 되는 도형을 만들 수 있는 두 가지 방법을 찾으시오. 각 도형에 대해 회전대칭을 나열하여라.

*c. 육각형 하나에 사다리꼴 6개를 붙여서, 주어진 성질을 만족하는 네 개의 도형을 만들어 보아라. 그 결과를 그림으로 나타내시오.

그림 1 : 대칭선이 한 개 있고
회전대칭(360도 제외)은 없는 경우

그림 2 : 회전대칭이 6개 있고,
대칭선이 없는 경우

그림 3 : 회전대칭이 3개 있고
대칭선이 3개 있는 경우

그림 4 : 회전대칭이 없고(360도 제외)
대칭선도 없는 경우

2 a. 패턴블록과 재료 카드 11을 사용하여 이 그림을 만드시오. 두 개의 수직인 선분에 대해 반사대칭이 되도록 패턴블록을 더 첨가하여 이 그림을 완성하여라. 완성된 그림을 여기에 그리시오. 완성된 디자인에 회전 대칭이 있는가? 그렇다면 어떤 것이 있는가?

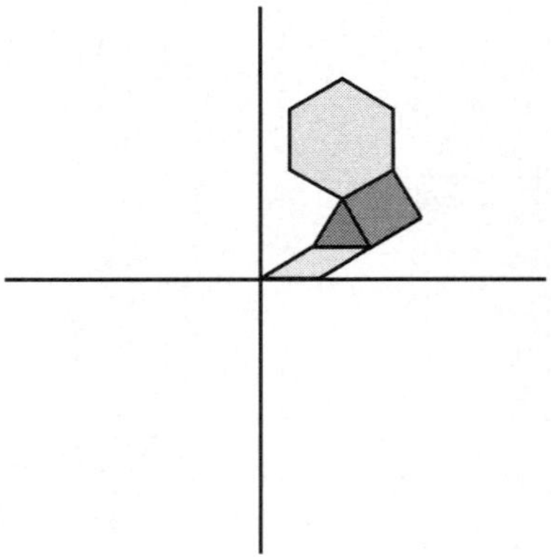

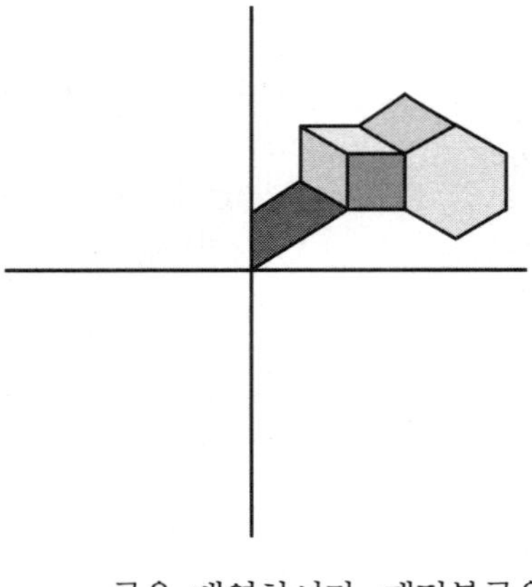

b. 여기에 보이는 디자인을 만들고, 수직인 선분의 교점에서 회전대칭 90°, 180°, 270°가 되도록 그림을 완성하도록 패턴블록을 추가하여라. 완성된 그림을 여기에 그리시오. 완성된 디자인에 반사 대칭이 있는가? 그렇다면 몇 개나 있는가? 그림에 대칭선을 표시하여라.

c. 이 그림대로 패턴블록을 배열하여라. 패턴블록을 추가하여 완성된 디자인이 90°, 180°, 270°의 회전대칭이 있도록 하여라. 완성된 그림을 여기에 그리시오.

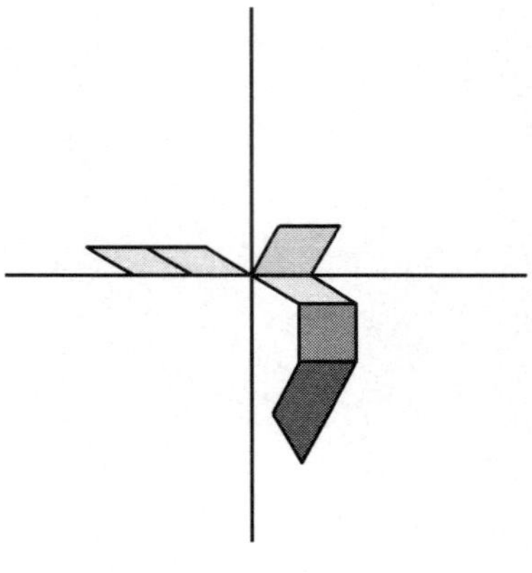

종이접기 대칭

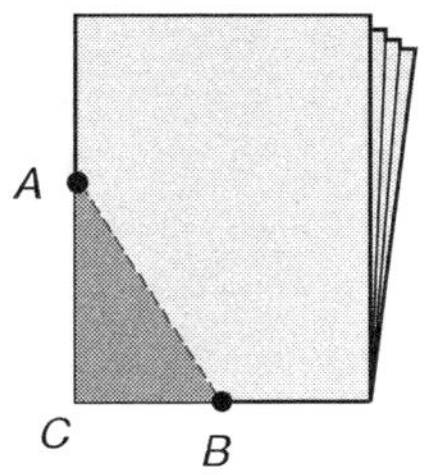

3 직사각형 모양의 종이를 절반씩 두 번 접는다. 이때 나중에 접는 것은 첫 번째에 수직이 되도록 한다. 모든 접은 선들의 한쪽 끝을 C라고 한다. 접은 종이를 점 C에서 잡고 선분 AB처럼 자른다. 접은 종이를 열기 전에 어떤 모양(음영 칠한 부분을 펼쳤을 때)이 될지, 대칭이 얼마나 나타날지를 추측해 본다.

	추측한 모양	실제 결과
다각형 유형		
대칭선의 수		

a. 선분 AB를 적당히 그려 그 선대로 잘랐을 때 그 조각이 정사각형이 되는 경우가 있을까? 가능하다면, 어떻게 자르는 선을 그리면 되는지 기술하여라. 불가능하다면, 왜 안 되는지 기술하여라.

b. 두 번 접은 종이에서 점A에서 출발하여 다른 세 개의 변 쪽으로 나가는 자르는 선을 그려 알아보아라. 접은 것을 펼치기 전에 미리 예상해 보아라. 만들고 싶은 다른 유형의 것들도 만들어 보아라.

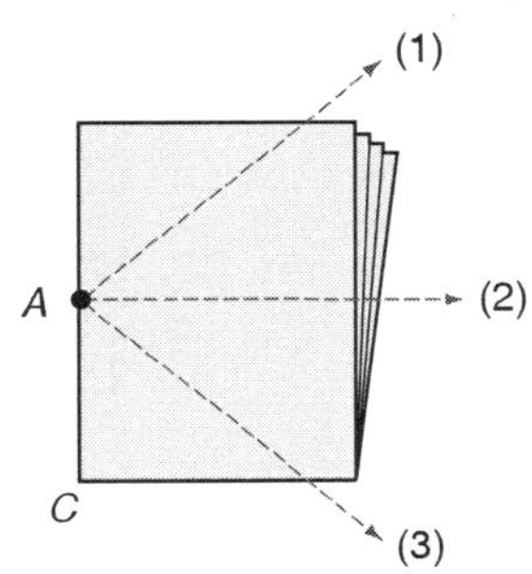

	추측한 모양	실제 결과
(1)		
(2)		
(3)		

4 활동 3에서처럼 두 번째 접은 것이 첫 번째 접은 것과 수직이 되도록, 직사각형 종이를 절반씩 두 번 접으시오. 접은 점이 모인 점을 C라고 한다. 그림에서처럼 내부의 점을 두고 가장자리로부터 두 개의 자르는 선을 만드시오. 종이를 자르기 전에 어떤 다각형이 나올 지, 대칭선은 몇 개나 있을지, 도형이 볼록이 될지, 오목이 될지 등을 추측해 보아라. 잘라서 추측을 확인해 보아라.

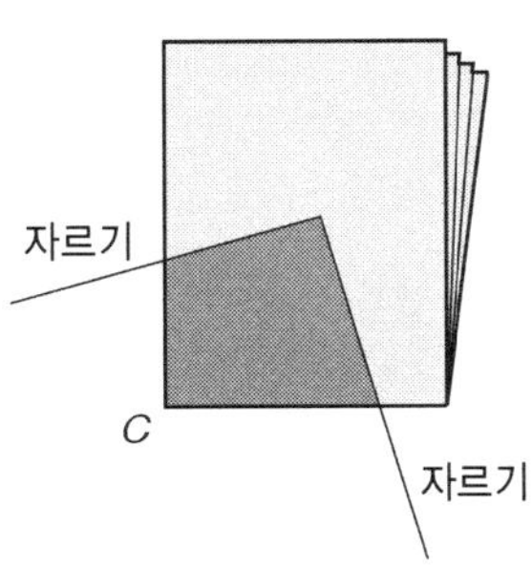

	추측한 모양	실제 결과
다각형 유형		
대칭선의 수		
볼록 또는 오목		

***a.** 내부의 한 점에서 만나도록 자르는 선 두 개를 만들어 정팔각형이 되도록 하는 방법을 찾으시오. 정육각형에 대해서도 방법을 찾으시오. 접은 종이 그림 위에 선의 위치를 그려 넣으시오.

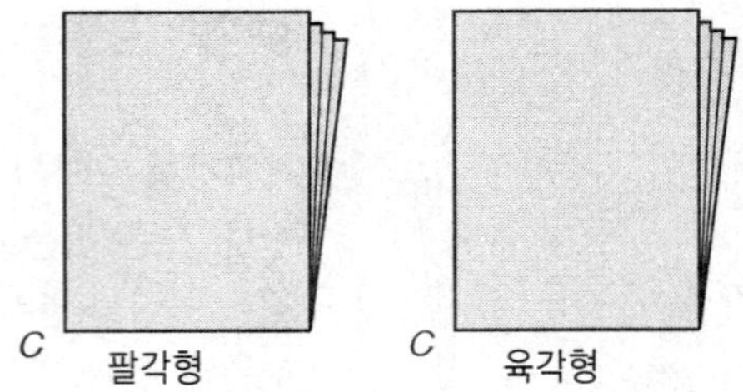

b. 다음과 같이 두 번 접은 종이를 잘랐을 때 그 결과로 나올 도형을 그려보아라. 그리고 나서 실제로 종이를 잘라보고 그 결과를 그리시오.

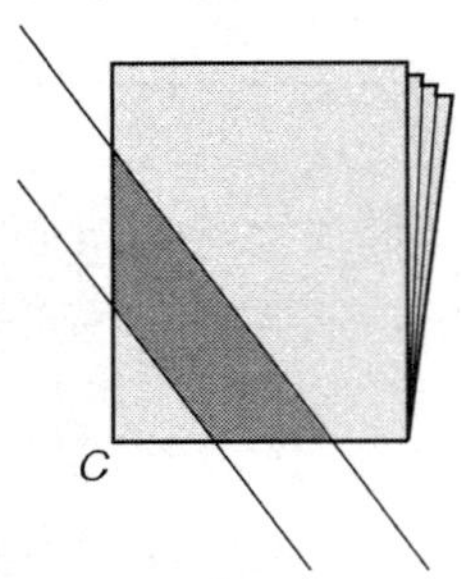

추측한 모양	실제 결과

c. b에 나오는 자르는 선의 각도를 다르게 하여 서로 평행이 되지 않도록 해보자. 정사각형 안에 마름모가 되도록 한번 잘라 보아라. 또는 마름모 안에 정사각형이 되도록 잘라보아라. 아래 접은 종이 그림에 선들을 그려보아라.

정사각형 안에 마름모가 되도록 자르기	정사각형 안에 마름모가 되도록 그리기	마름모 안에 정사각형이 되도록 자르기	마름모 안에 정사각형이 되도록 그리기

5 다음과 같은 방식으로 하면 다양한 대칭도형이 만들어진다. a와 같은 흔히 볼 수 있는 종이에서 시작하여, 오른쪽 상단의 끝점을 아래로 접어서 그림 b를 만든다. 그리고 나서 상단의 꼭짓점 R을 점 S로 접어서 그림 c를 만든다. 그림 d가 되도록 하려면 절반씩을 다시 안쪽으로 접어서 점 S와 T가 선 l에 있도록 한다.

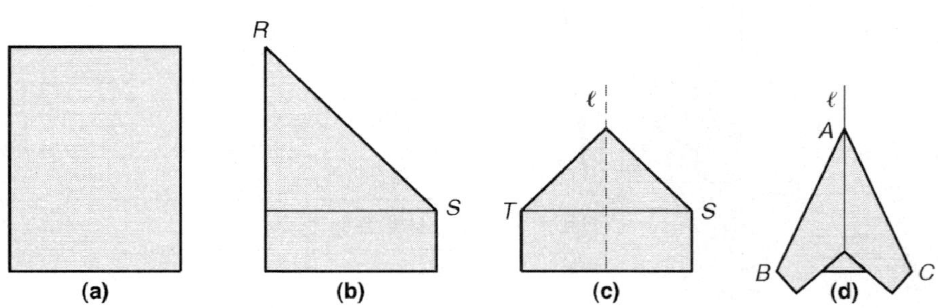

아래 그림처럼 수평선 방향으로 자르는 선을 그리고, 그 결과로 나타나는 도형을 그리시오.

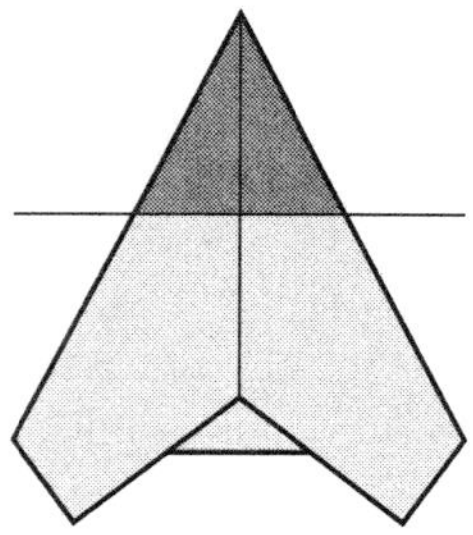

실제 결과

a에서 d까지 각각에 대해, 자르는 선대로 잘랐을 때 나타날 도형을 그려보아라. 그리고 나서 종이를 접고 자르는 선을 그리고 실제 결과를 그리시오. 각각에 대해 대칭선의 수도 정하여라.

a. 비스듬히 그은 선

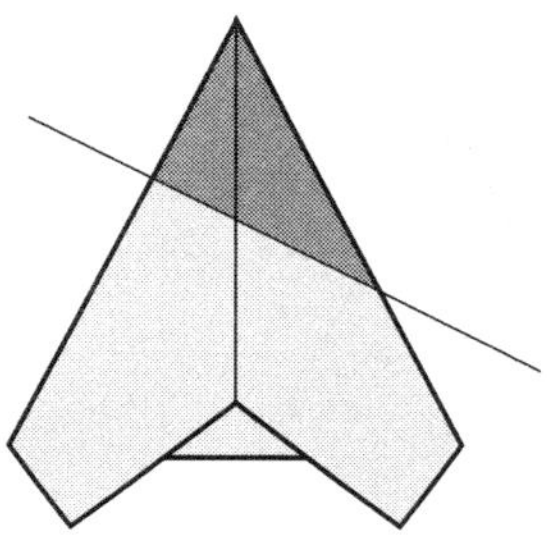

추측한 모양	실제 결과

대칭선의 수 ____________

b. 비스듬히 그은 선(반대방향)

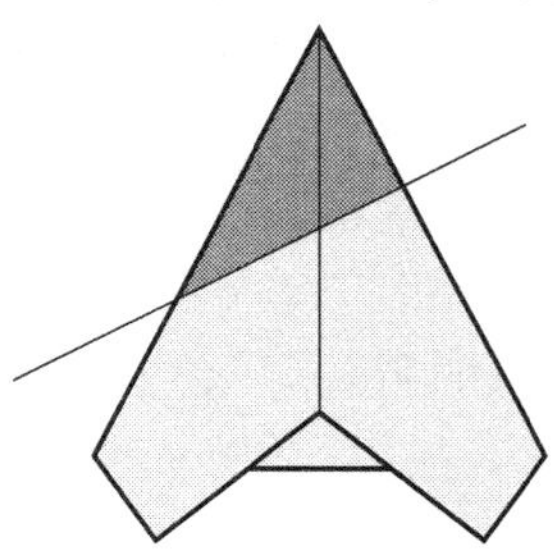

추측한 모양	실제 결과

대칭선의 수 ____________

c. 두 선의 조합

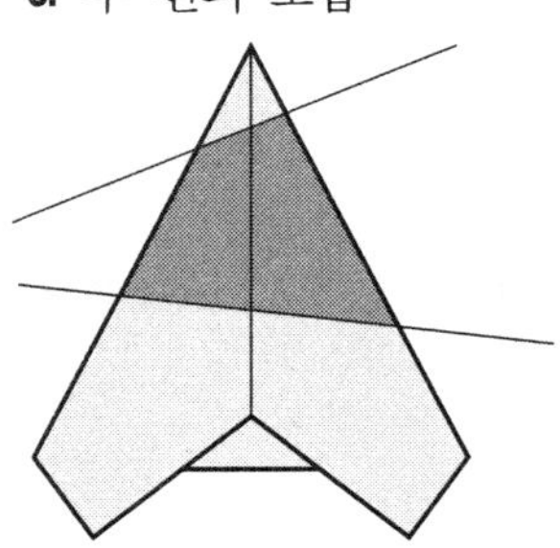

추측한 모양	실제 결과

대칭선의 수 ____________

d. 중심선에서 내부의 한 점으로 두 번 자르기

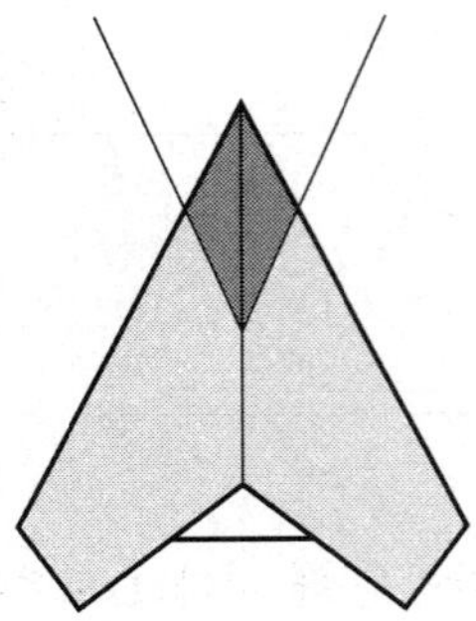

추측한 모양	실제 결과

대칭선의 수 ______________

***e.** 다음 그림에서 비스듬한 변에서부터 중심선 위의 한 점으로 두 번 자르기를 하여 정16각형을 찾아보아라. 그림 위에 자르는 선을 표시하여라.

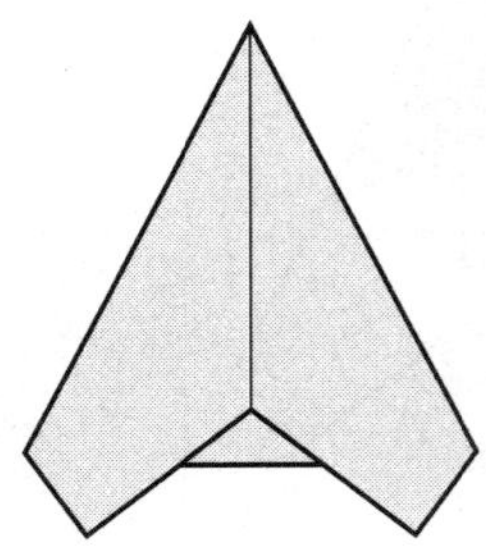

6 점을 다섯 개 지닌 별은 여러 나라에서 휘장이나 국가적인 상징물로 사용되어 왔다. 40개국 이상의 국기에서 그 별을 사용하고 있으며, 한때 미국의 $4 화폐의 뒷면에 사용된 적도 있다. 그림의 a에서 d까지 따라가다 보면, 점을 다섯 개 지닌 별을 접어서 만들 수 있다. 그림 a에서는 종이를 긴 쪽으로 수직이 되도록 접는다. 다음으로 그림 b에서는 점 C를 접어서 변 AD의 중심점 M에 닿도록 한다. 그림 c에서는 점 D를 포함하도록 끝을 접어 올려서 변 MZ를 따라 접어 선을 긋는다. 그림 d에는 마지막 접는 선이 그려져 있다. 그림 d의 오른쪽 선을 접어서 왼쪽 변으로 겹쳐지게 하면 변 NZ가 변 MZ를 따라 놓이게 되고 그 결과로 그림 e가 나온다.

a. 그림 e와 같이 접혀진 그림을 사용하여 Y에서 M까지 자르는 선을 만들고 그 결과를 여기에 그리시오. Y의 위치를 바꾸면 당신의 별 위의 점의 두께가 바뀔 것이다. 힌트 : 자를 때 미끄러지지 않도록 하려면 종이를 꽉 잡아야 한다.

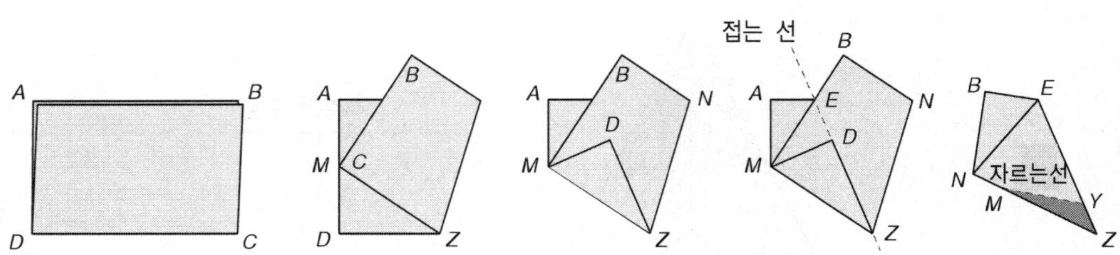

(a) (b) (c) (d) (e)

b. 새 종이로 시작하여 그림 d의 패턴을 얻기 위해 이전에 밝은 네 가지 단계를 거친다. 만들어진 도형이 정오각형이 되도록 하는 자르는 선을 찾으시오. 또한 정10각형이 되는 것도 찾으시오. 다음 그림에 자르는 선을 그리시오.

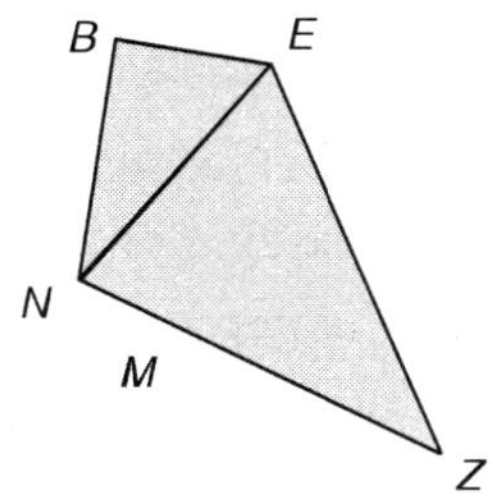

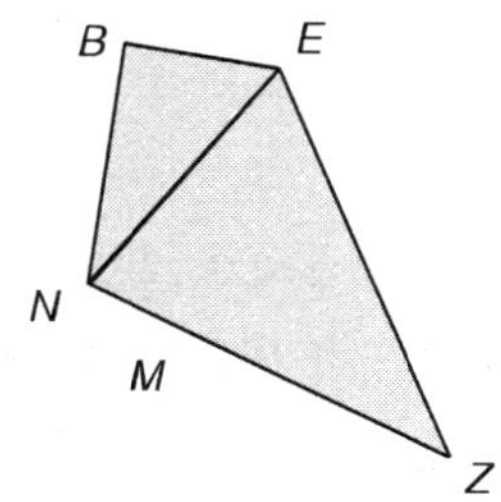

놀이 활동

눈송이 만들기

눈은 많은 다양한 도형에서 결정화될 수 있는 유일한 물질이다. 도형에서 다양한 변용이 가능하지만, 모든 눈 결정체는 공통된 특성을 지니고 있다. 바로 육각형 모양을 하고 있다.

뉴잉글랜드의 농부인 비틀리(W. A. Beetley)는 15세에 현미경이 생겼을 때 눈을 열심히 관찰하기 시작하였다. 몇 년 후에 카메라가 생겼을 때 가는 눈의 사진을 찍기 위해 현미경에 적용하였다. 1931년 임종을 앞두고 비틀리 눈의 결정을 담고 있는 2500장의 사진을 책으로 출간하였다. 그의 책은 예술가, 사진가, 삽화가, 보석상, 기상학자, 결정학자 등에 의해 사용되고 있다.

눈송이를 만들려면 종이를 다음 순서에 따라 접으시오.

1. 종이를 절반씩 두 번 접으시오. 단, 활동 3에서처럼 두 번째 접는 것은 첫 번째에 수직이 되도록 하여라. 그림 a에서 점 C는 원래 종이의 중심이다.
2. 그림 b에 나타난 것처럼, 긴 변에 평행인 중심선을 찾기 위해 접는다.
3. 그림 c와 같이, 점 X를 접어서 중심선으로 가져오고 $\overline{CY}$를 따라 선이 생기도록 한다.
4. 그림 d와 같이, 점 B를 접어 $\overline{CB}$가 $\overline{CY}$와 나란히 놓이도록 하고, $\overline{CX}$를 따라 선이 생기도록 한다.
5. 그림 e와 같이 $\overline{XY}$ 윗부분을 잘라낸다.

변 $\overline{CY}$, $\overline{CX}$, $\overline{XY}$를 따라 모양을 만들면서 잘라낸다. 마지막으로, 펼치면서 만든 눈의 모양이 어떻게 나타나는지

자세히 살펴본다. 어떤 모양이 되었는가? 대칭선과 회전대칭선을 가지고 있는가? 다른 방법으로 시도해 보고 다양한 눈송이를 만들어보자.

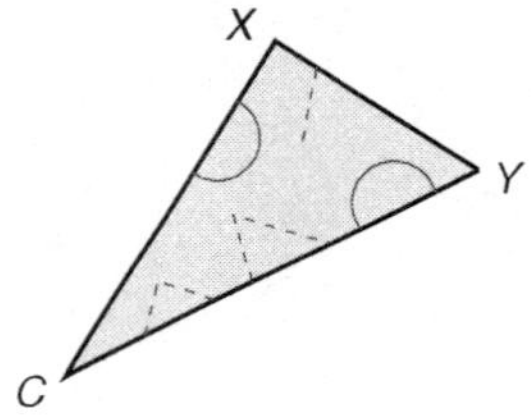

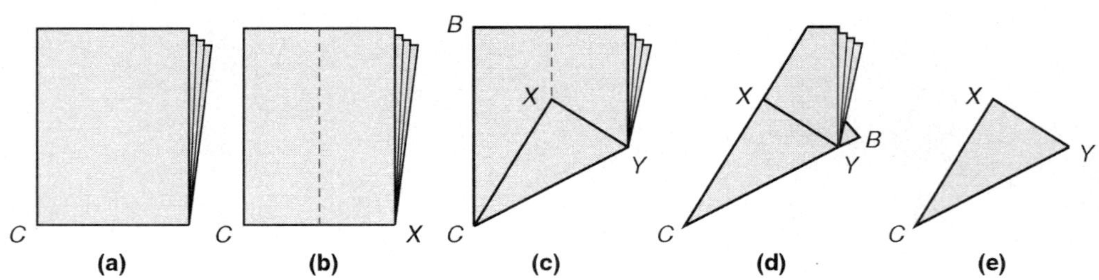

교사를 위한 후속탐구 9.4

1 교실 상황 : 어떤 학생이 정사각형의 중심을 지나는 선은 모두 정사각형의 대칭선이라고 주장할 수 있다. 이 학생이 생각하고 있는 것은 무엇인지, 정사각형의 대칭선 여부를 정할 때, 실제로 그 선들을 보여주지 않고 그 학생을 어떻게 도와줄 것인지를 기술하여라.

2 교실 상황 : 라이델은 멋진 패턴을 찾아내었다. 정사각형은 대칭선이 네 개이고 회전대칭이 네 개이며, 정사각형이 아닌 직사각형은 대칭선이 두 개이고 회전대칭이 두 개이다. 가는 이 패턴(대칭선의 수와 회전대칭의 수가 같다)이 모든 사각형에 들어맞을 것이라고 확신하고 있다. 그의 생각이 옳은가? 그렇지 않다면 어떻게 그를 도와줄 수 있을까?

3 교실 수업 : 이 장의 도입에 제시된 초등교과서 하단에 있는 '한번 해보기'의 네 가지 도형에 대해 회전대칭과 선대칭을 살펴보아라.

4 수학 개념 : 다음 각각에 대해 패턴블록을 사용하여 언급된 성질을 갖도록 도형을 만드시오. 이때 이 활동 모음에서 만들어진 도형을 똑같이 만들지 마시오. 결과를 그림으로 나타내시오. 관련 웹 사이트에서 인쇄 가능한 가상 패턴블록을 얻을 수 있다.

a. 도형 a: 대칭선 한 개와 회전대칭(360도 제외)은 없음.
b. 도형 b: 회전대칭 6개와 대칭선 없음.
c. 도형 c: 회전대칭 3개와 대칭선 3개
d. 도형 d: 회전대칭(360도 제외) 없고 선대칭도 없음.

5 수학 개념 : 그림과 같은 10개의 정사각형에 하나 이상의 정사각형을 연결했을 때 대칭 도형이 몇 개나 만들어질까? 조작 도구 모음의 색깔 타일을 사용하여 모양을 찾고 센티미터 격자 종이에 답을 적으시오. 대칭의 유형을 기술하여라. 센티미터 격자 종이는 관련 웹 사이트에서 다운 받을 수 있다.

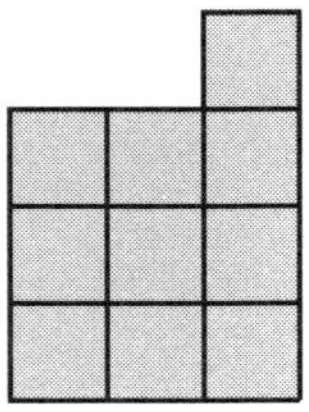

6 수학 개념 : 온라인러닝센터에서 수학실험탐구 9.4 : 미리 읽기－거울카드교수법을 열고 탐구 9.4의 초점 1, 2, 3에 기술된 거울 패턴을 탐구하여라. 풀이과정을 쓰고 생각을 설명하여라. 작은 손거울이 도움이 될 것이다.

7 NCTM **규준** : http://illuminations.nctm.org/ 와 '수업' 하위 항목인 3 − 5 수준과 기하 규준을 선택하여라. 대칭을 다루고 있는 단원을 고르시오.

a. 단원명을 명시하고 간단히 요약하여라.

b. 이 책의 부록에 있는 규준 요약집을 참조하여, 기하 규준에서의 기대하는 바를 나열하고 그 기대를 어떻게 달성할 것인지를 설명하여라.

BENNETT-BURTON-NELSON 웹사이트

www.mhhe.com/bbn

웹 교구
대화형 애플릿
퍼즐 내는 사람
모눈종이와 점종이
투명색지
보충된 참고문헌
링크와 읽을 자료
Geometer Sketchpad 모듈

초등학교 교실활동 ▶▷▶ 패턴블록으로 꾸미기

▶▶ **목표** 패턴블록으로 테셀레이션 만드는 것을 초등학생에게 도입하기

▶▶ **연결성** 학생들에게 자신의 집의 마루, 부엌, 화장실 등에 있는 벽면 타일의 구성을 기술해 보도록 한다. 집의 타일이 어떤 모양을 가지고 있고 이 모양들이 왜 타일로 쓰일까를 물어본다. 정사각형 모양이 아닌 타일도 집에 있는지 물어본다. 오늘은 패턴블록으로 꾸미기를 할 것이라고 말해준다.

▶▶ **준비물** : 패턴블록, 패턴블록 투명도는 패턴블록 이미지를 가지고 만들 수 있다. 패턴블록은 플라스틱 통에 넣어 둔다.

1 학생들에게 패턴블록을 나누어준다. 학생들이 패턴블록에 친숙하지 않을 경우 패턴블록을 가지고 스스로 분류하고, 색깔로 그룹을 짓고, 만질 수 있는 시간을 준다. 여러 블록들의 이름도 알아본다.

이 1학년 학생은 패턴블록으로 자연스럽게 테셀레이션을 만들고 있다

2 주황색 정사각형을 사용하여 꾸미기 작업에 어떻게 사용하는지를 학생들에게 물어본다. 꾸미기 패턴을 보여주기를 희망하는 학생을 선정한다. 정사각형을 가지고 꾸미기를 하는 다양한 방법을 보여달라고 한다. 꾸미기를 할 때 빈틈이 있거나 겹쳐지는 부분이 있어서는 안 된다는 것을 강조한다.

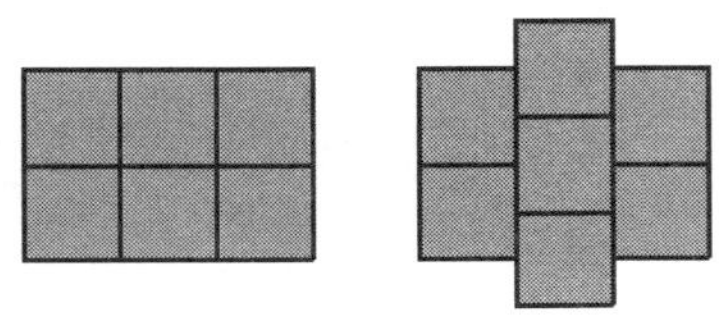

3 노란 육각형을 꾸미기 하는데 사용할 수 있는지를 알아보도록 한다. 육각형으로 만들 수 있는 꾸미기는 더 있는가? 논의해보자.

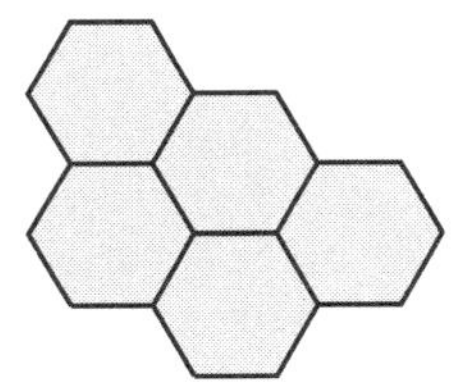

4 학생들에게 빨간 사다리꼴을 가지고 꾸미기를 해보도록 한다. 다양한 꾸미기 패턴을 나누고 논의해보자.

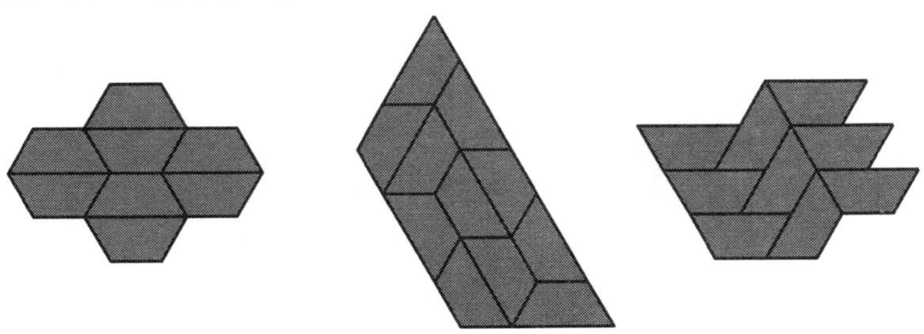

5 학생들에게 두 가지 상이한 모양을 골라 각 모양별로 면을 꾸며보도록 한다. 학생들에게 자신의 친구들이 만든 꾸미기 패턴을 볼 기회를 준다.

6 (선택활동) 학생들은 그들의 패턴블록을 그리고 기록물로 남기기 위해 색칠을 할 수 있다. 결과를 교실에 붙여 놓는다. 몇몇 학생들은 두 가지 이상의 패턴블록을 가지고 꾸미기 작업을 하고 싶어 할 것이다. 수준에 따라 이 꾸미기 작업을 '테셀레이션'이라고 한다는 것을 말해 줄 수 있다.

CHAPTER 10

측정

영어 문화권에서 사용하는 관습적인 측정 단위와 우리가 사용하는 미터법 단위를 서로 비교하고 대략적인 관계를 알아본다. 측정 영역과 관련해서 학생들은 초등학교에서 둘레의 길이나 넓이를 구하는 공식을 배우기 시작하고, 학년이 올라가면서 각기둥이나 원기둥과 같은 도형의 부피와 겉넓이를 구하는 공식을 스스로 알아낼 수 있도록 지도되어야 한다.[1]

활동 모음 10.1 미터법 단위로 측정하기

목적

어림과 측정 활동을 통해 기본적인 미터법 단위를 소개한다.

준비물

자료 카드 19의 미터 자, 자료 카드 32의 길이 측정 테이프, 종이 몇 장

도입

미터법은 세계 대부분의 나라에서 사용된다. 길이, 넓이, 부피를 위한 기본 측정 단위로는 미터(meter), 그램(gram; 클립 한 개 정도의 무게), 그리고 리터(liter)가 있다. 미터법 시스템에서 미터보다 더 크거나 작은 측정 단위를 원하면 다음 접두사를 이용하여 만들 수 있다. 별표를 한 4개의 접두사가 일반적으로 가장 많이 쓰이는 것이지만, 과학적인 목적에서 더 크거나 작은 측정을 위한 접두사가 필요할 수 있다.

[1] 학교 수학을 위한 원리와 규준 (Reston, VA: NCTM, 2000): 45-46.

측정 단위를 통한 길이 추정과 측정, 그리고 재고자 하는 길이에 따라 적당한 측정단위를 고르는 것을 배운다.

16.1 길이 재기 탐구

직접하는 활동

센티미터 자나 미터 막대를 이용해서 아래 그림에 보이는 송수신 겸용 무전기의 길이를 알아보자.

필요한 도구 :
센티미터 자,
미터 막대

1단계 : 무전기는
▸ 107 밀리미터의 길이이다.
▸ 11센티미터에 가깝다.

주의
밀리미터(mm), 센티미터(cm), 미터(m), 킬로미터(km)는 길이를 재는 측정단위이다.

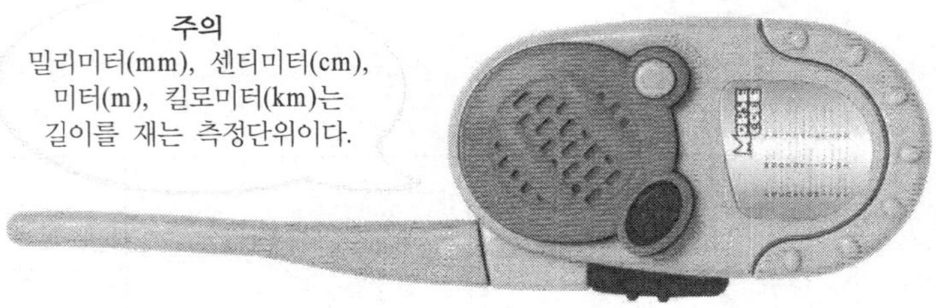

2단계 : 교실에서 길이를 잴 물건 5개를 찾아보아라. 각각의 길이를 추정하고, 센티미터 자나 미터 막대를 이용해서 직접 재어보아라. 측정 결과를 아래 표에 적어보자.

주의
정확한 측정값을 구하는 것은 불가능하다. 모든 측정값은 근삿값이다.

물건	길이		너비		높이	
	추정값	측정값	추정값	측정값	추정값	측정값

킬로(kilo)*	1000배
헥토(hecto)	100배
데카(deca)	10배
데시(deci)*	$\frac{1}{10}$배
센티(centi)*	$\frac{1}{100}$배
밀리(milli)*	$\frac{1}{1000}$배

위 접두사들은 10의 거듭제곱의 형태로 달라진다. 예를 들어,

10밀리미터(mm) = 1센티미터(cm)
10센티미터 = 1데시미터(dm)
10데시미터 = 1미터(m)
1000미터 = 1킬로미터(km)

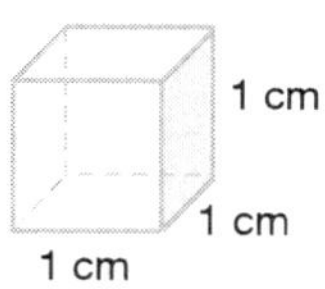

1세제곱센티미터(cm^3)는 1밀리미터(ml)와 같고, 물의 양으로 치면 약 1그램(g)의 무게를 갖는다.

측정단위 사이의 관계 : $1cm^3$의 물의 양은 물 1리터와 같고 1그램의 질량을 갖는다.

다음 활동들은 길이와 부피에 대한 것이다. 미터법 체계에 익숙하고 센티미터와 미터로 길이를 재는 데 능숙하다면 활동 1의 어림과 측정 게임은 쉽게 할 수 있을 것이다. 다른 게임은 마지막에 있는 '놀이 활동'에서 볼 수 있다.

---

1 '센티미터'와 '미터' 알아맞히기 게임(2명) : 한 사람이 종이 위에 두 점을 찍고, 다른 사람은 두 점 사이의 길이가 몇 센티미터인지 추측한 다음 자로 재어 알아본다. 추정값과 실제 측정한 값이 1cm 이하의 오차를 갖는다면 추측한 사람이 1점을 획득한다. 차이가 1cm가 넘으면 점수는 없다. 둘 중의 누구라도 먼저 11점을 획득할 때까지 이 과정을 번갈아 가면서 계속한다. 다음 쪽에 나오는 점수표를 이용해서 게임을 시작하자.

도전 : 상대방이 1cm 이하로 거리를 맞힐 수 없다고 생각되면 본인이 생각하는 값을 예상해서 도전할 수 있다. 만약 도전자의 추정값의 오차가 1cm 이내이고, 상대방의 값은 그렇지 않으면 도전자는 1점을 얻고 상대방은 점수를 획득하지 못한다. 그렇지만 상대방이 1cm 이내로 거리를 알아맞히면 도전자의 추정이 어떻든 상관없이 상대방은 2점을 획득하고 도전자는 점수를 획득하지 못한다.

응용 1 : 같은 방법으로 우리 주변에서 볼 수 있는 대상의 길이를 측정한다. 센티미터 단위로 측정하기 때문에 연필이나 책, 책상의 폭이나 길이와 같이 비교적 작은 물건이 좋다.

응용 2 : 이 게임은 **미터 측정 게임**이라 불린다. 한 사람은 방 안에 있는 물건을 하나 고르고, 상대방은 그 길이를 미터 단위로 추측한다. 추정값이 $\frac{1}{2}$미터 내에 놓이면 추측한 경기자가 1점을

획득하고 그렇지 않으면 점수는 없다. 서로 번갈아가면서 물건을 고르고 길이를 추측한다. 앞의 방법과 같이 도전해 볼 수 있다.

추정값(cm)	측정값(cm)	점수	
		1번	2번

2 한 뼘은 길이를 재는 데 편리한 도구가 된다. 손을 쭉 펴고 자료 카드 19에 있는 자를 이용해서 엄지 손가락에서 새끼 손가락까지의 최대 거리를 센티미터 단위로 측정해보자.

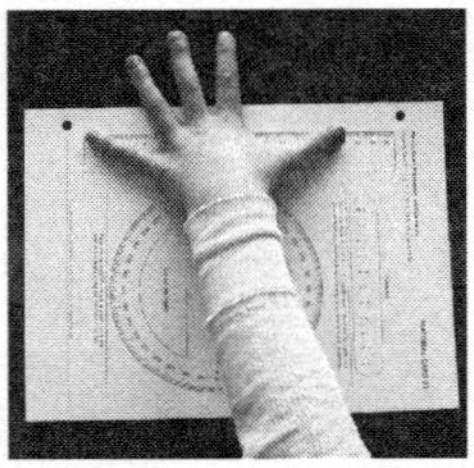

a. 한 뼘을 이용해서 이 페이지의 너비와 길이를 센티미터 단위로 재보자. 그 결과를 아래 기록하고 자로 그 길이를 확인하자.

	너비	길이
뼘(손을 이용한) 측정		
길이(자를 이용한)		

b. 주변의 사물을 선택해서 cm 단위로 길이를 추측해보고, 자로 재서 그 길이를 확인한다. 이 활동을 10번 반복해서 1cm 이내로 알아맞힌 개수를 센다. 선택된 사물과 그 길이의 추정값과 측정값을 적어라. 마지막 열에는 추정값과 측정값의 차이인 오차를 적고, 그 평균값을 계산한다.

사물	추정값	측정값(cm)	오차
			평균 오차 ________

3 밀리미터는 미터 자로 잴 수 있는 가장 작은 단위이다. 아래 a에서 c까지의 사물의 길이를 밀리미터 단위로 재어보아라.

***a.** 천 원짜리 지폐의 길이 :

***b.** 백 원짜리 동전의 지름 :

c. 손톱 하나의 너비. 1cm 너비의 손톱을 갖고 있는가?

d. 종이 한 장의 두께는 밀리미터의 몇 분의 일인가? (힌트: 여러 장의 종이를 묶어서 두께를 재어보아라.)

4 아래 표는 옷을 사고 만드는 데 필요한 몸의 치수에 대한 것이다. 추측하거나 손 한 뼘을 이용해서 근삿값을 구해보자. 그 다음엔 측정 테이프와 자를 이용해서 cm 단위로 측정값을 구하여라.

	추정값	측정값
가슴 둘레		
키		
팔 길이		
다리 길이		
손바닥 너비		
머리 둘레		

5 자료 카드 33의 측정 테이프를 이용해서 다음 활동을 하여라.

a. 팔을 쭉 뻗고 가슴의 중간 지점에서 손가락 끝까지의 길이를 잰다. 길이가 1미터보다 크거나 작은지 알아보자. 이 치수는 옷을 만들기 위한 단위로 이용된 적도 있었으며, 영미권 측정단위의 하나인 야드(yard)의 기원이다.

b. 바닥에서 허리까지 거리를 잰다. 이 값은 1미터와 비교해서 어떠한가?

c. 주변에서 길이가 1m가 넘는 사물을 몇 개 선택해서 $\frac{1}{2}$미터(50cm) 이내의 오차로 길이를 추정한다. 예를 들면, 키 또는 방의 너비나 길이를 추정한 다음 측정 테이프를 이용해서 값을 잰다. 10개의 다른 사물을 이용하여 이 과정을 반복한다. 사물과 그의 추정값, 측정값을 아래 표에 적는다. 마지막 열에는 추정 값과 측정값의 오차를 적고 평균값을 계산한다.

사물	추정값	측정값	오차
			평균 오차 ________

6 걸음을 걸을 때 앞발 뒤축에서 뒷발 뒤축까지의 거리를 **보폭**이라 한다. 보폭을 알아보기 위해 10m의 거리를 걸을 동안 걸린 시간(초)과 보폭의 개수를 적는다.

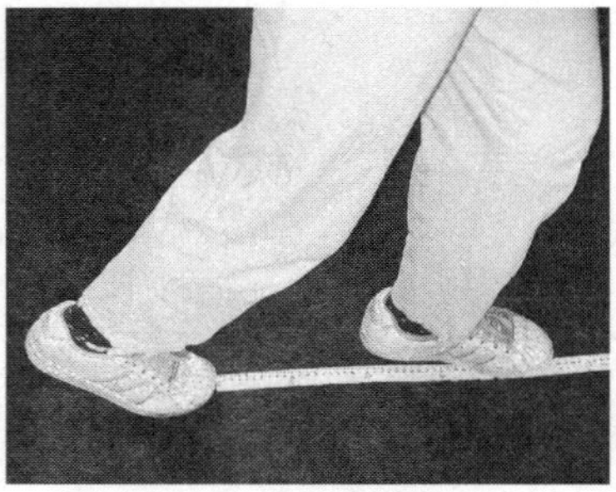

10m를 걷는 데 필요한 보폭의 개수: ______

10m를 걷는 데 필요한 시간(초): ______

이 정보를 이용해서 다음 값을 어떻게 재야 할지 설명해보자.

a. 1보폭의 길이(cm)

b. 1킬로미터를 걸을 동안의 보폭의 개수

c. 1킬로미터를 걷는 데 걸린 시간(분)

7 리터는 영미권 측정 단위인 쿼트(quart)와 비슷하다. 1리터는 가로 세로, 높이가 10cm인 정육면체의 부피인 1000cm^3와 같다.

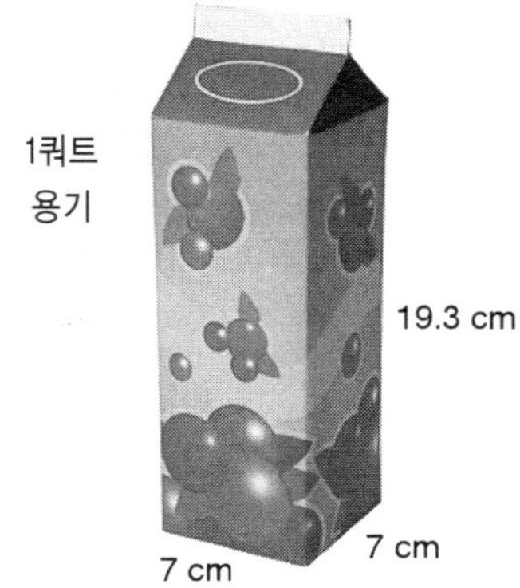

***a.** 오른쪽 그림의 1쿼트(quart)용 용기의 가로 세로, 높이의 치수(cm)를 이용하여 1리터와 1쿼트 중 무엇이 더 큰지 알아보자.

***b.** 2쿼트 짜리 우유 용기의 윗 부분을 잘라서 1리터를 측정하는 데 이용하려 한다. 1리터를 측정하려면 어느 높이에 맞춰서 잘릴 부분을 표시해야 하는가?

놀이 활동

센티미터 경주 게임(2명 또는 2팀)

이 게임은 자료 카드 34에 있는 경기 매트에서 이루어진다. 두 경기자는 번갈아가며 주사위 두 개를 굴려서 주사위에 나온 두 수를 더하거나 빼거나 곱하거나 나눈 값(cm 단위)을 길이로 갖는 선분을 그린다. (자료 카드 19의 자를 이용하자.) 게임은 원의 중심에서 시작해서 삼각형, 사각형, 오각형, 육각형 내부의 점으로 차례대로 움직인다.

각각의 단계에서 참가자들은 그 전에 그린 선분의 끝점에서 시작해서 다음 선분을 그린다. 다각형을 통과하거나 한 다각형에서 다음 다각형으로 이동할 때는 선분의 끝점이 그 다각형의 내부에 놓여 있어야 한다. 둘 중에 먼저 가운데 놓인 육각형 내부에 선분의 끝점을 그리게 되는 사람이 이긴다.

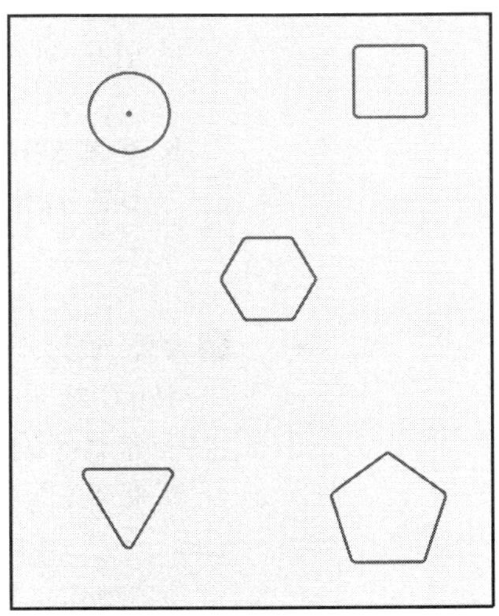

교사를 위한 후속탐구 10.1

1 교실 상황 : 측정 체계를 가르치는 데 있어 다음을 꼭 기억하자.

a. 측정 체계는 표준 측정 체계의 부과적인 관점에서 학습되어야 하며, 두 가지 측정 체계를 서로 변환시키는 것이 가장 중요한 목표가 된다.

b. 교사는 학생으로 하여금 표준 측정 체계를 잘 이용할 수 있도록 가르쳐야 한다.

2 교실 상황 : 측정 활동 중에, 학생 하나가 센티미터 단위로 측정값을 기록하는 것이 무엇을 의미하는지 질문했다. 학생에게 이 개념을 설명할 수 있는 방법을 말하여라.

3 교실 상황 : 밀리미터와 센티미터를 이용하는 측정 활동은 대부분 교실에서만 이루어진다. 교실 밖에서 미터법 측정 활동에 사용하는 데 효과적인 것을 찾아보자. 이 절의 앞부분에 제시된 초등학교 교과서 부분을 읽어보고 학생들이 교실 밖에서 할 수 있는 두 가지 활동에 대하여 설명해보자.

4 수학 개념 : 측정 체계 중에서 '미터'는 영미권 단위인 '야드'를 대신해왔다. 100야드 단거리 육상 경기는 (서로 다르지만) 현재 100미터 경기가 되었다.

a. 표준 측정 단위를 대신할 수 있는 영미권 측정체계의 길이는 무엇일까? 1인치의 4분의 1, 인치, 피트, 마일?

b. 각 체계안의 단위들 사이의 길이의 관계라는 관점에서 보았을 때, 영미권 단위와 비교해서 표준 측정 단위의 좋은 점은 무엇인가?

5 수학 개념 : 섭씨 단위는 온도를 재기 위한 측정 단위로, 어는 점의 온도는 0℃ 이고 끓는 점은 100℃ 가 된다. 각각의 온도에 대하여 대응하는 화씨 온도는 32°F 와 212°F 가 된다. 아래의 공식 없이 간단한 계산을 이용하여 두 온도의 크기를 대응시킨 표를 보고, 20℃ 에 대응하는 화씨 온도를 구하여라.

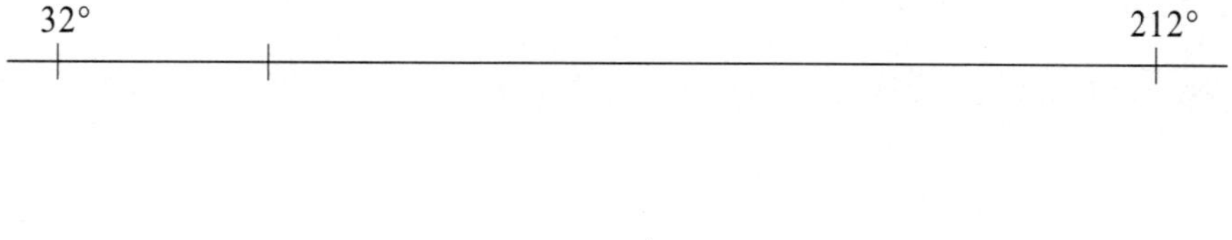

6 NCTM **규준** : http://illuminations.nctm.org 접속하여 'Lessons' 항목에서 6－8학년과 측정 규준을 선택한다. 측정을 포함한 수업을 하나 선택하자.

a. 수업의 제목을 적고, 수업 내용을 간단히 요약해보자.

b. 필요하다면 이 책의 마지막에 있는 규준 요약을 참고해서, 위 수업에 해당하는 측정 규준 학습 목표의 목록을 작성하고, 왜 이 수업이 이와 같은 학습 목표를 갖는지 설명하여라.

7 NCTM **규준** : 이 책의 뒤에 있는 규준 요약을 이용해서 Pre-K－2, 3－5 학년, 그리고 6－8학년의 각각의 수준에 대하여 어떤 측정 경험이 제시되는지 알아보자.

BENNETT-BURTON-NELSON 웹사이트

www.mhhe.com/bbn

웹 교구
대화형 애플릿
퍼즐 내는 사람
모눈종이와 점종이
투명색지
보충된 참고문헌
링크와 읽을 자료
Geometer Sketchpad 모듈

활동 모음 10.2 기하판 위의 도형의 넓이

▶▶ 목표

사각 기하판을 이용하여 넓이 개념을 탐구한다.

▶▶ 준비물

웹 교구

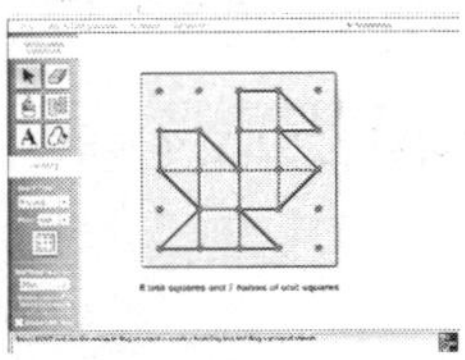

www.mhhe.com/bbn

기하판과 고무줄(선택). 자료 카드 8을 이용해서 사각 기하판을 만들거나 웹 교구를 이용한다.

▶▶ 도입

왼쪽에 있는 가상 기하판에는 정사각형 간격으로 25개의 못이 박혀 있다. 왼쪽 기하판 위에 만들어진 다각형은 6개의 정사각형과 7개의 $\frac{1}{2}$사각형(단위사각형을 대각선으로 잘라서 만든, 사각형의 절반의 넓이를 갖는 삼각형)으로 이루어져 있다. 작은 정사각형의 넓이를 1로 하면 주어진 도형의 넓이는 $9\frac{1}{2}$이다.

다음 활동들에서 다각형의 넓이를 재는 방법을 여러 가지 조사해 보고, 직사각형, 평행사변형, 삼각형의 넓이와 관련된 공식을 어떻게 알아낼 수 있을지 알아보자. 이 활동에서 넓이의 단위는 가장 작은 정사각형의 넓이이므로, 다각형을 모두 덮으려면 작은 정사각형 몇 개가 필요한지 구해야 한다.

1 a의 도형에서 위의 진하게 칠해진 도형은 가로 1, 세로 2인 직사각형의 절반이므로 넓이가 1이다. 같은 방법으로 아래 진하게 칠해진 도형은 가로 3, 세로 1인 직사각형의 절반이므로 $1\frac{1}{2}$의 넓이를 갖는다. 이와 같이 주어진 도형의 넓이를 정사각형, 정사각형의 절반, 그리고 직각삼각형으로 분할해서 구하시오.

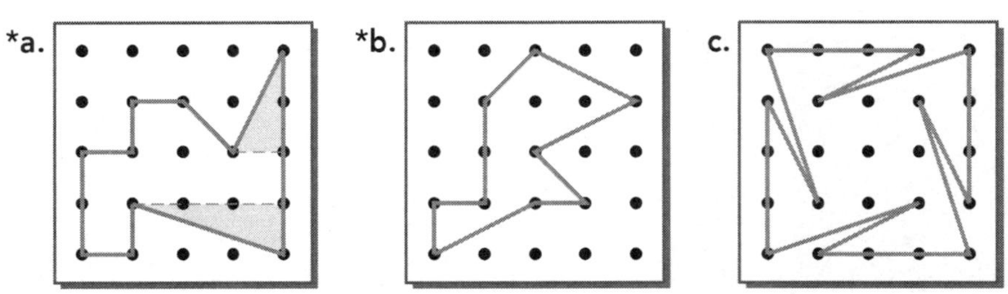

__________ __________ __________

2 때로는 도형 내부의 넓이를 재는 것보다 외부의 넓이를 재는 것이 쉬울 때가 있다. 다음 그림 a의 육각형은 큰 정사각형의 내부에 놓여 있다. 진하게 칠해진 영역의 넓이는 무엇인가? 가로 3, 세로 3인 정사각형의 넓이에서 이 넓이를 빼면 육각형의 넓이를 구할 수 있다. 이와 같은 방법으로 다른 도형의 넓이를 구해보자.

*a.

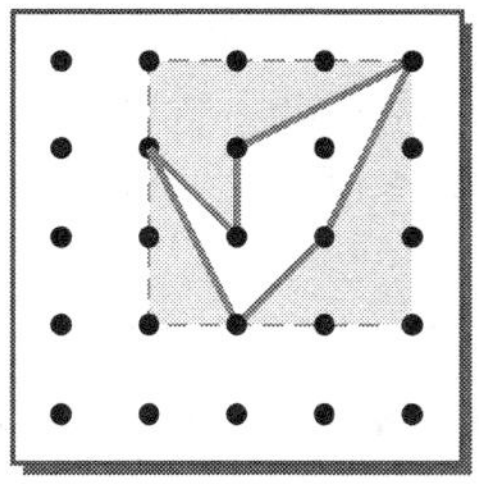

*b.

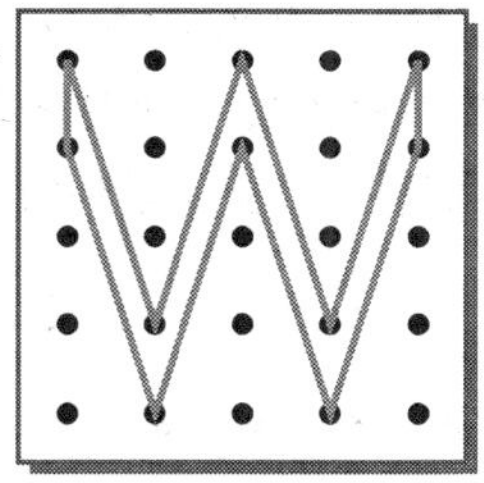

c.

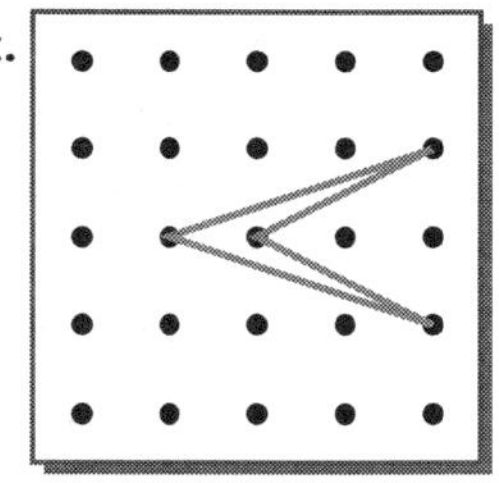

______ ______ ______

3 삼각형의 높이는 한 꼭짓점에서 그에 대응하는 변에 내린 수선의 길이가 된다. 평행사변형의 높이는 한 변을 포함하는 직선과 그에 평행한 다른 변을 포함하는 직선까지의 수직거리이다. 수평방향으로 또는 수직방향으로 인접한 두 핀 사이의 거리를 1로 해서 아래 주어진 삼각형 평행사변형의 높이, 변의 길이, 넓이를 각각 구하여라.

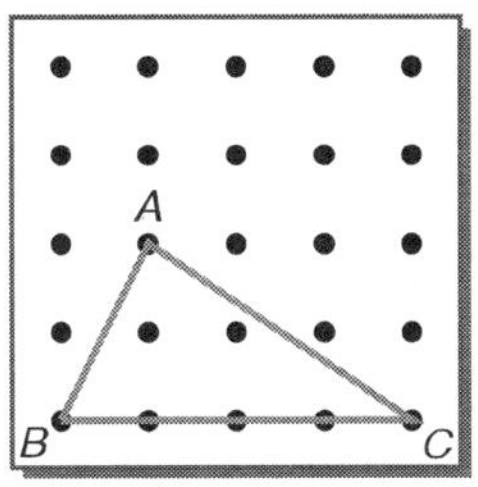

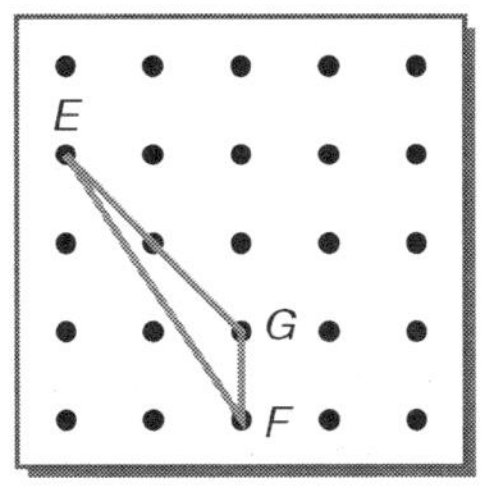

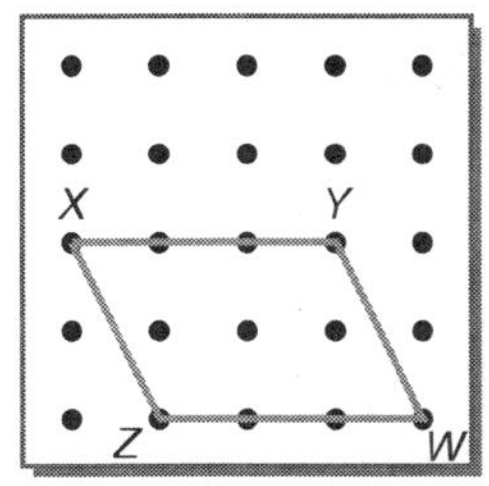

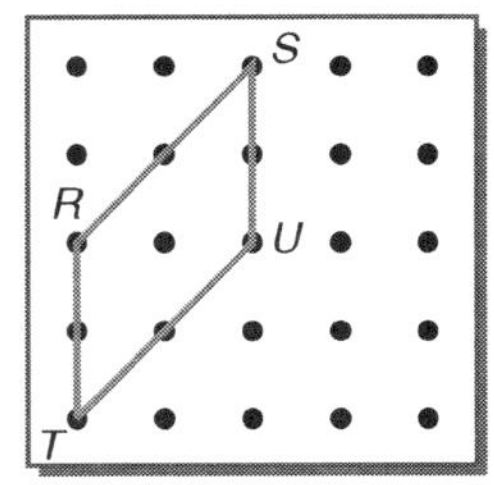

A에서의 높이:	E에서의 높이:	$\overline{ZW}$에서의 높이:	$\overline{RS}$에서의 높이:
$\overline{BC}$:	$\overline{FG}$:	$\overline{ZW}$:	$\overline{RS}$:
넓이:	넓이:	넓이:	넓이:

4 같은 방법으로 다음 평행사변형들의 넓이와 둘레의 길이를 구하여라.

a. **b.** **c.** **d.**

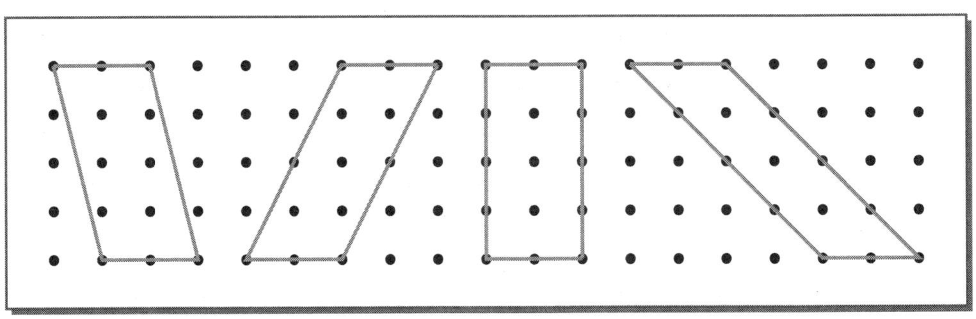

a.	b.	c.	d.
넓이: ______	넓이: ______	넓이: ______	넓이: ______
둘레의 길이: ______	둘레의 길이: ______	둘레의 길이: ______	둘레의 길이: ______

e. 위의 평행사변형들은 밑변의 길이가 2이고 그에 대한 높이는 모두 같다. 한 변의 길이와 그에 대한 높이를 알고 있을 때 평행사변형의 넓이를 구하는 방법에 대한 가설을 세워보자. 이 가설을 확인하기 위해서 다음 점종이에 서로 다른 넓이를 갖는 평행사변형 3개를 더 그리자.

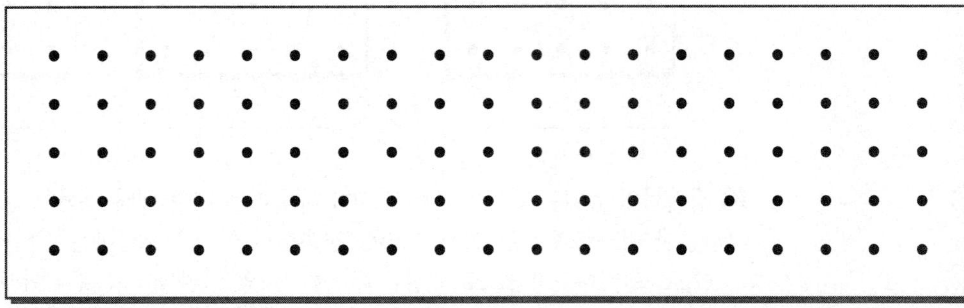

이 가설이 맞다고 생각되면 이곳에 적어보자.

- **가설:**

f. 다각형의 넓이가 둘레의 길이와 연관되어 있다고 생각하는 학생들이 있다. 즉, 다각형의 둘레의 길이가 증가하거나 감소하면 넓이도 그렇다는 것이다. 평행사변형에서 이 생각이 맞는가? 여러분의 생각을 설명해보자.

5 기하판 활동을 통해서 다음 삼각형들의 넓이를 재어보자.

a. **b.** **c.** **d.**

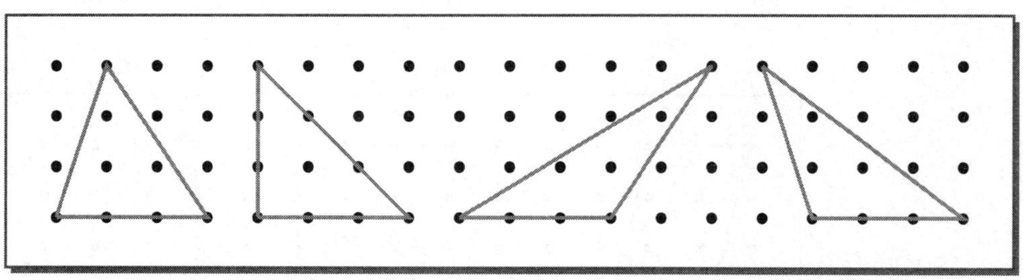

넓이: ______ 넓이: ______ 넓이: ______ 넓이: ______

밑변의 길이와 높이가 같은 삼각형의 넓이에 대한 가설을 세워보자. 모두 밑변의 길이는 5, 높이 4로 같지만 합동은 아닌 3개 삼각형을 더 그려서 가설을 확인해보자. 이 가설이 맞다고 생각되면 아래 주어진 공간에 적어보아라.

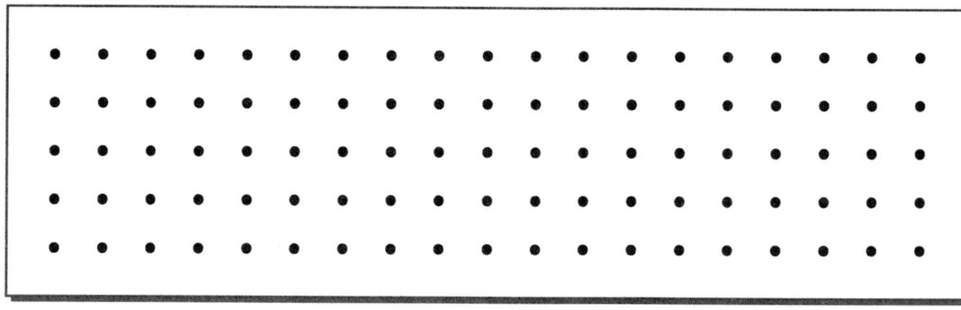

• **가설:**

6 삼각형의 넓이를 구하는 공식을 발견하는 과정은 평행사변형의 넓이를 구하는 공식을 유도하는 데도 유용하다. 아래 그림 중 *a의 삼각형은 두 변을 공유하는 평행사변형에 포함된다. b, c, d의 삼각형을 포함하면서 두 변을 공유하는 평행사변형을 그려보고 삼각형의 넓이와 평행사변형의 넓이를 기록한다.

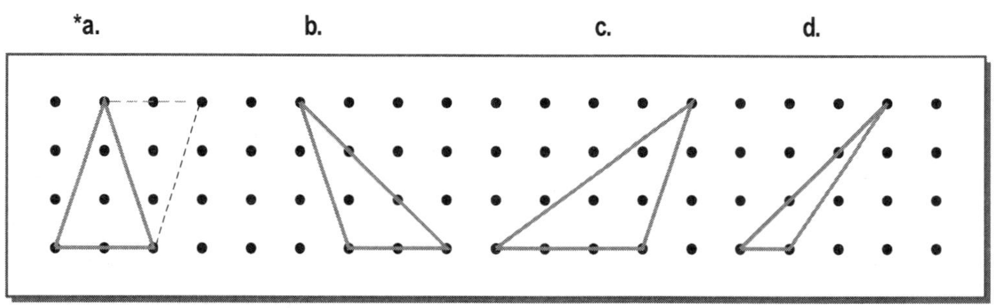

평행사변형 넓이:____	평행사변형 넓이:____	평행사변형 넓이:____	평행사변형 넓이:____
삼각형 넓이:____	삼각형 넓이:____	삼각형 넓이:____	삼각형 넓이:____

***7** 삼각형의 넓이를 구하는 공식은 밑변의 길이(b)에 높이(h)를 곱한 것의 절반($A = \frac{1}{2}bh$)이다. 활동 3, 4, 5에서의 관찰에 기초해서 왜 이 공식이 성립하는지 설명하고 진술하여라.

놀이 활동

펜토미노

펜토미노는 다섯 개의 정사각형을 이어서 만든 것으로, 놀랍게도 12개의 종류가 존재한다. 펜토미노는 퍼즐이나 게임, 테셀레이션, 그리고 다른 문제 해결 활동에 이용된다.

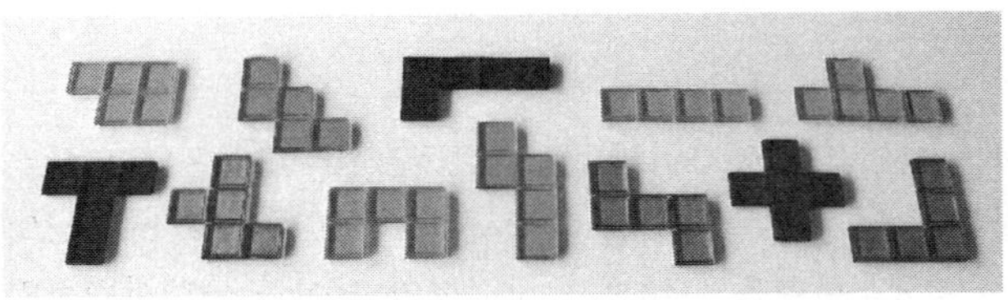

자료 카드 35에 펜토미노 풀세트가 있다. 자료 카드 36에는 문제 2, 3, 4번을 위한 점종이가 있다. (주의: 펜토미노 조각들은 활동을 위해서 여러 번 반복해서 이용될 수 있다.)

1. 펜토미노 세트에서 오른쪽과 같은 5×4 직사각형을 구성하는 적당한 조각을 고르자. 연필로 직사각형을 그리고, 이 직사각형을 구성할 수 있는 조각들의 몇 가지 조합이 가능한지 알아보자. 적어도 5개의 조합이 가능하다.

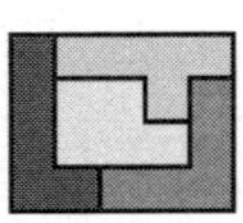

2. 이와 관련해서 잘 알려진 도전 문제는 펜토미노 12조각을 이용해서 10×6 직사각형을 완성하는 것이다. 아마도 2000개 이상의 다른 조합이 존재할 것이다. 이 중 하나를 알아내서 점종이 위에 그려보자.

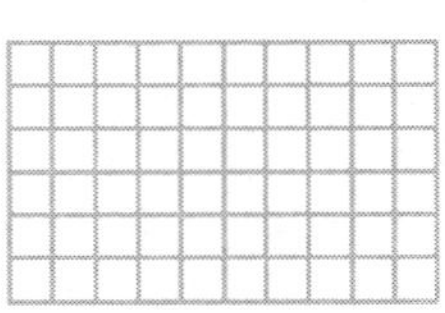

3. 8×8 개의 정사각형으로 구성된 점종이에서 정사각형 4개를 빼내서 퍼즐을 만드는 방법이 여러 개 있다. 이 중 하나는 오른쪽에서 볼 수 있듯이 네 귀퉁이의 정사각형을 없애서 만드는 것이다. 12개의 조각을 이용해서 이 퍼즐을 채워보고 답을 기록하자.

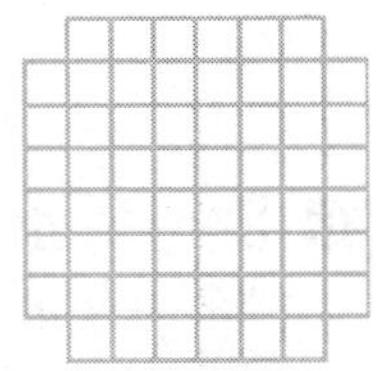

***4.** 펜토미노 게임(2명): 이 게임은 8×8 모눈종이를 이용한다. 서로 번갈아가면서 빈 자리에 펜토미노 하나를 놓는다. 경기는 더 이상 펜토미노를 놓을 자리를 찾을 수 없거나 펜토미노 조각을 모두 써 버릴 때까지 계속되며, 마지막 펜토미노를 놓은 사람이 이긴다. 아래 그림에서 경기자 A가 4번, B는 3번 펜토미노를 놓았다. B가 남아 있는 펜토미노 조각 가운데 하나를 이용해서 8번째 시행을 하고 경기를 끝낼 수 있는 방법을 찾아보자. 게임을 몇 번 해보고 전략을 찾아보자.

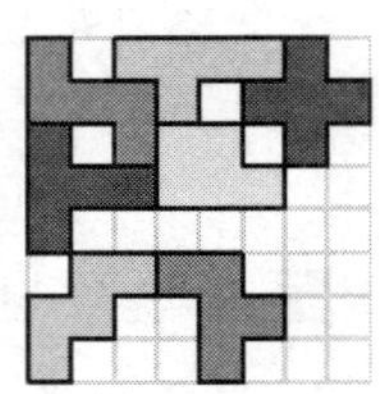

***5.** 8×8 모눈종이 위에 서로 다른 펜토미노 5조각을 놓아서, 같은 세트의 나머지 7조각은 놓을 수 없도록 하는 것이 가능하다. 이러한 조건을 만족시키는 5개의 조각을 찾아보자.

교사를 위한 후속탐구 10.2

기하판과 점종이로 된 기록지는 웹사이트에서 다운로드받을 수 있다.

1 **교실 상황** : 한 학생이 내부에 핀을 포함하지 않는 기하판 위의 도형의 넓이를 도형의 둘레에 놓인 핀의 개수에서 2를 뺀 후 나누기 2를 해서 알 수 있다고 한다. 이 조건을 만족하는 도형을 몇 개 만들어서 기하판 위에 구성해보고 그 넓이를 구해서 학생의 가설이 맞는지 알아보자.

2 **교실 상황** : 평행사변형의 둘레의 길이와 넓이 탐구에 관련해서 초등학생에게 적당하다고 생각되는 기하판 활동을 만들고, 이에 대해서 물을 수 있는 몇 가지 질문을 적어보자. 당신이 선택한 나이의 초등학생에게 이 활동을 하게 해보자. 활동을 묘사하고 당신의 질문과 학생의 답변을 기록하자.

3 **수학 개념** : 이 절의 활동에서 배웠던 하나 또는 여러 가지 방법을 이용해서 아래 도형의 넓이를 결정하여라. a의 육각형은 대칭축을 가지므로 반쪽의 넓이를 알면 그의 두 배를 구해서 전체 육각형의 넓이를 알 수 있다.

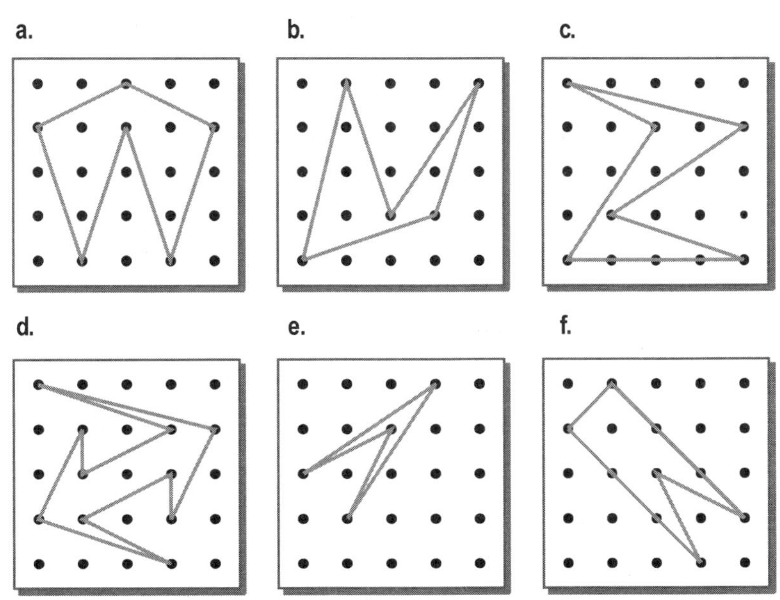

4 **수학 개념** :

a. 기하판 위의 사다리꼴의 넓이를 구하기 위하여 공식을 이용하지 말고 기하판 활동을 이용하자. (사다리꼴의 정의는 활동 모음 9에 있다)

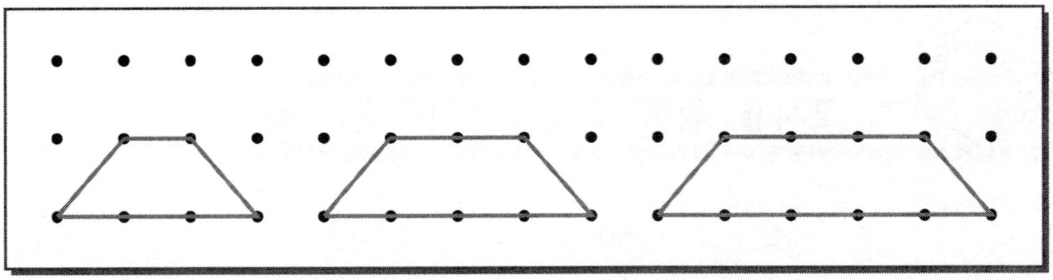

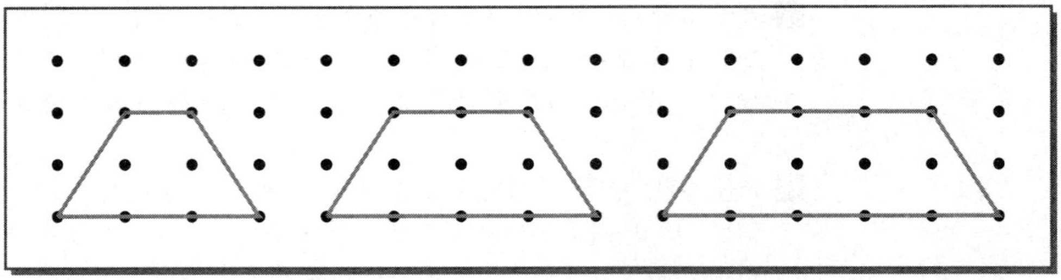

b. 위의 그림에서 변의 길이와 아랫변의 길이는 같고 높이가 다른 사다리꼴의 넓이를 비교해보고 사다리꼴의 넓이를 구하는 공식을 추측해보자.

c. 서로 합동이 아닌 사다리꼴 3개를 그리고 우리가 만든 공식에 대입해서 넓이를 구해보자.

5 **수학 개념** : 5×5 기하판(가로로 5핀, 세로로 5핀으로 구성된 기하판) 위에:

a. 기하판의 핀을 꼭짓점으로 해서 만들 수 있는 삼각형의 넓이 중에서 가장 작은 것은 무엇인가? 또한 가장 큰 넓이도 알아보자. 삼각형을 그리고 답의 근거를 제시하여라.

b. 넓이가 1인 삼각형과 넓이가 8인 삼각형을 기하판에 만들 수 있는가? 또한 넓이가 2, 3, 4, 5, 6, 7인 삼각형은 가능한가? 삼각형을 그리고 그 이유를 제시하여라.

6 NCTM **규준** : 이 책의 뒤에 있는 규준 요약을 이용해서 유아원·유치원 수준에서 손바닥의 너비와 같이 비정형화된 측정 단위를 갖는 활동을 제시하는 학습 목표의 목록을 작성하여라. 이 아이디어를 3-5학년 또는 6-8학년에 도입할지 결정하고 그 결과를 설명하여라.

BENNETT-BURTON-NELSON 웹사이트

www.mhhe.com/bbn

웹 교구	모눈종이와 점종이	링크와 읽을 자료
대화형 애플릿	투명색지	Geometer Sketchpad 모듈
퍼즐 내는 사람	보충된 참고문헌	

활동 모음 10.3 부피와 겉넓이 모형

▶▶ 목표

3차원 입체도형을 만들고 부피를 측정한다.

▶▶ 준비물

자료 카드 37에 있는 프리즘·피라미드·원기둥을 위한 모형, 자료 카드 19의 센티미터 자와 컴퍼스와 각도기, 활동 6을 위한 모래나 쌀알, 종이 몇 장. 활동 7을 위한 뚜껑 닫힌 원기둥 모양의 캔과 야구공, 물 속에 캔과 야구공을 모두 집어넣을 수 있는 크기의 용기.

▶▶ 도입

전 시대를 통해 가장 유명한 수학자 중에 시실리 섬의 시라쿠사 태생의 아르키메데스(Archimedes, 기원전 287-212)가 있다. 아마도 여러분은 아르키메데스가 헤론왕이 왕관에 대해서 낸 문제를 어떻게 풀었는지에 대한 다음 이야기를 들어 보았을 것이다. 헤론왕은 왕관을 만들기 위해 적당량의 순금을 내어 주었지만 완성된 왕관에 은이 섞였는지를 의심하게 된다. 왕관의 무게는 왕이 내어 주었던 순금의 무게와 거의 같았으므로 속임수를 알아챌 수 있는 방법은 없는 것 같았다. 아르키메데스는 목욕하던 중 이 문제에 대한 해답을 알아냈다. 그는 욕조 밖으로 넘치는 물의 양이 담겨진 자신의 몸의 부피와 같음을 깨달았다. 해답을 찾아낸 것이 너무 기뻤던 그는 목욕탕 밖으로 뛰쳐나가 그의 집으로 "유레카"라고 외치면서 뛰어갔다고 한다. 아르키메데스가 발견한 것과 같이 담겨진 물체의 부피는 넘친 물의 부피와 같다. 물속에 담가보아 부피를 재는 방법은 넘치는 물의 밀리미터가 그 물체의 cm^3와 같기 때문에 특히 편리하다. 이 관계는 다음 활동들에서 이용될 것이다. 활동을 하기 위해서 프리즘(각기둥)과 원기둥의 부피(밑면의 넓이×높이), 피라미드(각뿔)와 원뿔의 부피(밑면의 넓이×높이의 $\frac{1}{3}$), 구의 부피($\frac{4}{3}\pi r^3$)에 대한 공식을 이미 알고 있어야 한다.

*1 아르키메데스의 해답을 이해하기 위해, 각각 순금과 은으로 만들어진 같은 무게의 정육면체 두 개를 생각하자. 순금의 무게는 은 무게의 두 배가 되므로 금으로 만들어진 모형은 같은 무게의 은의 모형보다 작다. 따라서, 은으로 만든 정육면체를 넣었을 때 더 많은 양의 물이 넘치게 될 것이다. 위의 이야기로 돌아가서, 아르키메데스는 왕관과 같은 무게의 순금을 이용했다. 왕관과 순금을 각각 물에 넣어서 넘치는 물의 양을 재었더니 왕관을 넣었을 때 넘치는 물의 양이 더 많았다. 이것으로 어떻게 왕관의 부피와 순금의 부피를 비교할 수 있을까? 헤론왕은 정말로 속은 것일까?

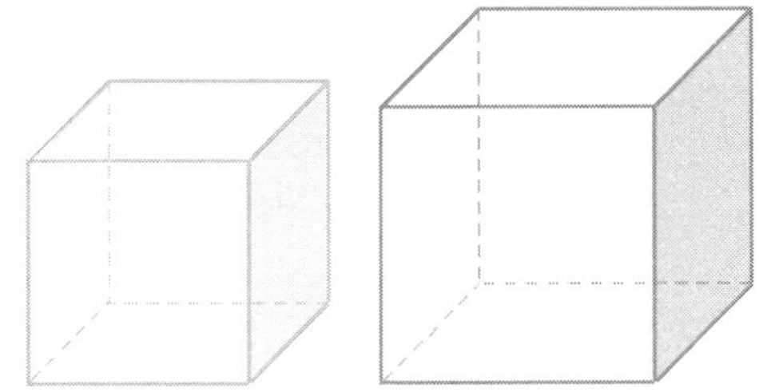

22.5 원기둥의 겉넓이 탐구

직접 활동

원기둥의 겉넓이, 높이, 밑면의 넓이 사이의 관계를 알아보기 위해 깡통이나 종이를 이용할 수 있다.

준비물

- 뚜껑 닫힌 깡통
- 연필
- 자
- 가위
- 종이

연결짓기

STEP 1

모눈종이에 곱셈의 인수가 각 변의 길이가 되는 직사각형을 그린다. 일의 자리와 십의 자리를 굵은 선으로 그린다.

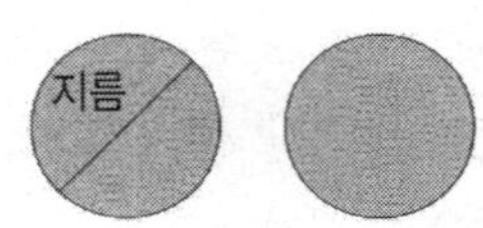

STEP 2

원기둥 모양의 깡통의 높이가 몇 cm인지 측정하라.
세로의 길이는 깡통의 높이와 같고, 가로의 길이는 윗면의 둘레의 길이와 같은 직사각형을 그려라.

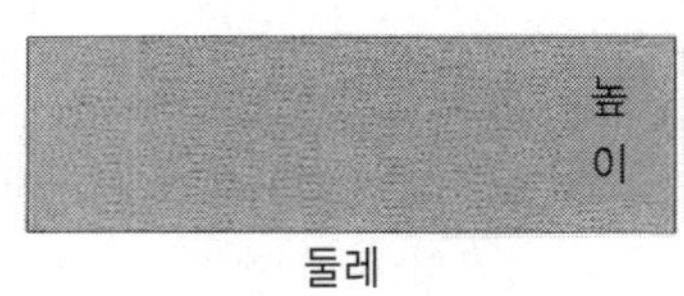

STEP 3

깡통 모형을 잘라서 두 원과 직사각형 한 개로 분할한다. 이 조각들이 깡통의 겉넓이를 설명할 수 있는지 서술하시오.

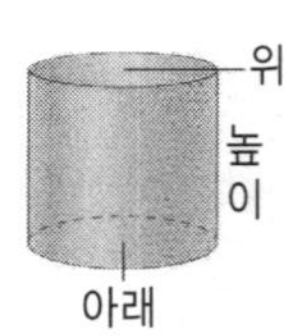

STEP 4

각 조각의 넓이를 구하고 오른쪽 표에 적으시오. 다른 깡통으로 반복해보라.

깡통	윗넓이 (cm^2)	밑넓이 (cm^2)	직사각형의 넓이 (cm^2)	겉넓이 (cm^2)

*2 프리즘(각기둥), 피라미드(각뿔), 원기둥 모형은 쉽게 만들 수 있다. 자료 카드 37에 준비된 모형을 잘라내서 가장자리를 붙이고, 부피와 겉넓이를 계산하여라. 원한다면 소금이나 설탕을 용기에 채워서 결과를 확인한다. (참고 : 원기둥의 밑넓이는 πr^2이다. π값으로는 3.14를 이용하자.)

	육각 프리즘	육각 피라미드	원기둥
밑넓이			
높이			
부피			
겉넓이			

*3 A4 크기(21.5cm × 28cm)의 표준 용지를 이용해서 아래 그림과 같이 두 가지 방법으로 원기둥을 만들 수 있다. 둘레의 길이가 21.5cm이고 높이가 28cm인 원기둥(밑면이 없는)을 만들고 다른 용지를 이용해서 둘레의 길이가 28cm, 높이 21.5cm인 원기둥을 만든다. 어떤 원기둥의 부피가 더 클지 예상해보자. 각 원기둥의 부피를 계산한 방법과 그 값을 그림 아래에 적는다.

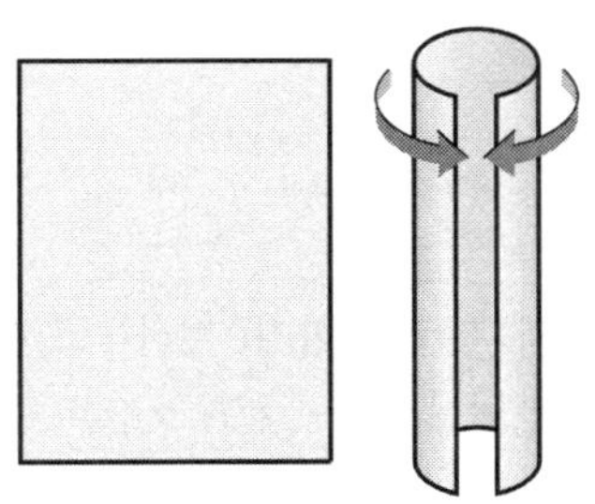
원기둥 A

부피 ______________

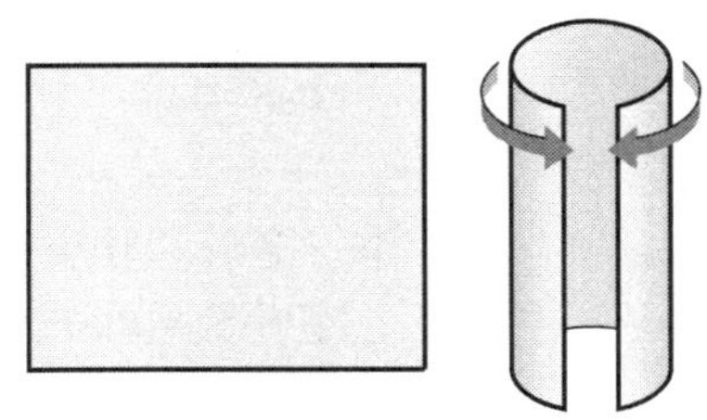
원기둥 B

부피 ______________

4 표준 용지를 같은 크기의 위아래 두 조각으로 잘라내고 옆으로 이어서 붙인다. 이를 이용해서 밑면과 윗면이 없이 옆면만으로 된 원기둥을 만들고 그 부피를 계산하자. 활동 3의 원기둥과 이 원기둥의 부피는 어떻게 다른가? 높이는 절반으로 줄어들고 원둘레의 길이는 두 배로 늘어날 때 원기둥의 부피는 어떻게 되는가?

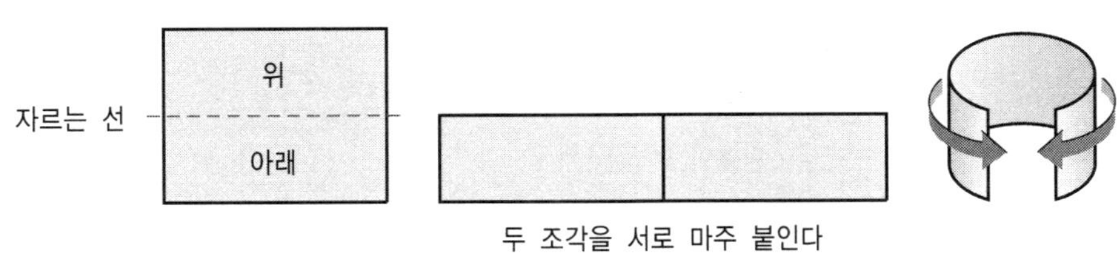

5 반지름이 10cm인 원 3개를 잘라서 6개의 서로 다른 원뿔을 만들 수 있다. (자료 카드 19에 컴퍼스와 각도기가 있다.) 아래 그림과 같이 하나의 원으로 두 가지 원뿔을 만들 수 있다. 중심각이 45°, 90°, 135°, 225°, 270°, 315°가 되도록 6개의 부채꼴을 잘라내고 순서대로 1번에서 6번까지 번호를 정한다. 잘려진 부채꼴 가장자리의 반지름을 붙여서 원뿔을 만든다.

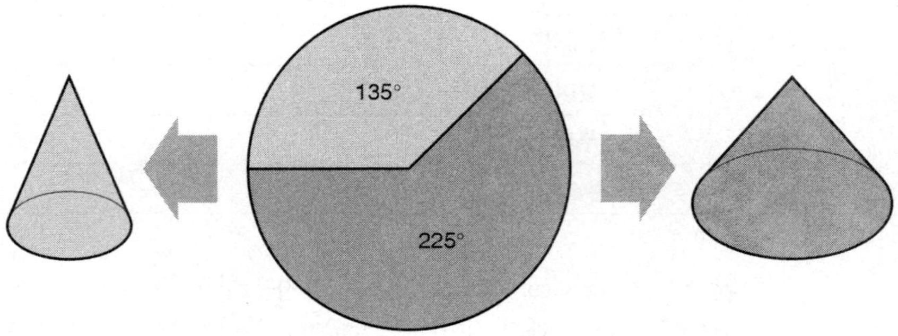

a. 계산하지 말고, 왼쪽에서 오른쪽까지 부피가 증가하는 순서대로 원뿔을 나열하여라. 예상한 대로 원뿔의 번호를 아래 칸에 기록하여라.

________ ________ ________ ________ ________ ________

최소 부피 최대 부피

***b.** 원뿔의 겉넓이와 부피를 (소수점 아래 두 자리까지) 계산하고 아래 표에 기록한다. a에서 예상했던 순서와 비교해보자. (원뿔의 겉넓이는 πr^2이고 π값은 3.14를 이용한다.)

• **계산 :**

번호	1	2	3	4	5	6
중심각의 크기	45°	90°	135°	225°	270°	315°
밑면인 원의 반지름(cm)	1.25	2.50	3.75	6.25	7.50	8.75
밑넓이(cm^2)						
원뿔의 높이(cm)	9.92	9.68	9.27	7.81	6.61	4.84
원뿔의 부피(cm^2)						

***c.** 부채꼴의 중심각이 45°보다 작을 때, 원뿔의 부피는 어떻게 되는가? 또 중심각의 크기가 315°보다 큰 경우는?

중심각이 45°보다 작을 때:

중심각이 315°보다 클 때:

6 활동 5의 원뿔을 하나 선택해서 바닥에 놓인 꼭짓점에서 시작해서 전체 높이의 절반이 되는 지점을 표시한다. (꼭짓점과 윗면의 원의 중심을 잇는 수선을 따라 높이를 잰다.)

a. 표시된 지점까지 물을 채웠을 때, 전체 원뿔 부피의 몇 분의 일이 되는지 추측하자. 아래 분수 중에서 골라 동그라미 하여라.

$$\frac{1}{8} \quad \frac{1}{7} \quad \frac{1}{6} \quad \frac{1}{5} \quad \frac{1}{4} \quad \frac{1}{3} \quad \frac{1}{2}$$

b. 실험을 통해 위의 추정값을 확인하기 위해 표시된 지점까지 물(또는 소금이나 쌀)을 채우고 원래의 원뿔과 같은 크기의 원뿔에 다시 붓는다. 새로운 원뿔이 가득 채워질 때까지 계속하자. 몇 번이나 반복해야 하는가?

***c.** 위에서 사용했던 $\frac{1}{2}$ 원뿔의 반지름과 높이를 결정해서 부피를 계산하고, 전체 원뿔의 부피와 비교하여라. 원뿔의 반지름이 r이고 높이가 h일 때, $\frac{1}{2}$ 원뿔의 반지름과 높이는 각각 $\frac{r}{2}$, $\frac{h}{2}$이다. a의 분수 중에서 $\frac{1}{2}$ 원뿔의 부피와 전체 원뿔의 부피의 관계를 보여주는 것은 어느 것인가? 당신의 생각을 모두 진술하여라.

7 농구공과 손이 7715밀리리터의 물을 대신하고, 손 하나만으로는 480밀리미터를 나타낼 수 있다. 그림에 표시된 선은 물의 원래 높이를 나타낸다.

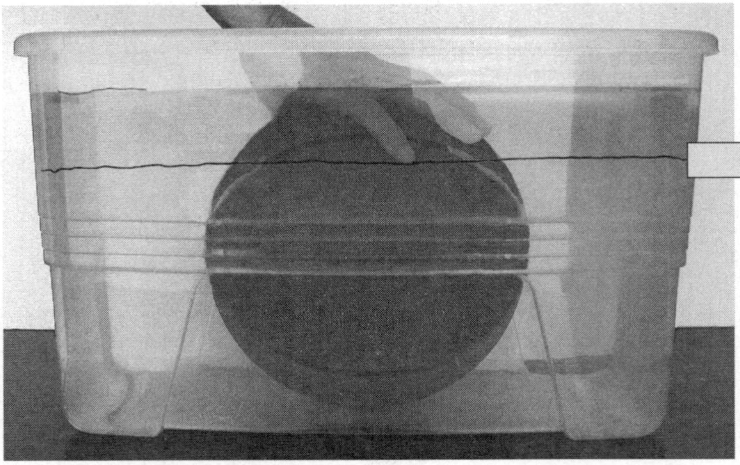

***a.** 농구공의 부피는 몇 m^3인가?

b. 이 공의 지름은 몇 cm인가? (구의 부피$=\frac{4}{3}\pi r^3$, 이때 r은 구의 반지름이고, π값은 3.14를 이용한다.) 결론에 도달하는 과정을 설명하여라.

c. 야구공을 물에 넣어서 넘친 물의 양을 밀리미터 단위로 측정하여라. 이 실험을 통해서 알 수 있는 야구공의 부피는 몇 cm^3인가? 야구공이 대략 7.3cm의 지름을 갖는다고 할 때, 이 부피를 cm^3 단위로 구하고 실험에서의 결과와 비교하여라. 결론을 기록하자.

d. 뚜껑이 닫힌 원기둥 모양의 깡통을 물에 잠기도록 넣어서 넘친 물의 양을 재고, 깡통 밑면의 지름과 높이를 측정해서 부피를 계산하여라. 계산된 부피와 실험에서 나온 결과를 비교하고, 결론을 기록하자.

8 크리스마스 장식물이나 농구공 같은 구 모양의 물건을 아래 그림과 같이 정육면체 모양의 상자에 넣어보자.

a. 구가 상자에 꽉 차게 된다면, 상자의 몇 분의 일이 빈 공간인지 추측해보고 아래 알맞은 값에 동그라미 한다.

$$\frac{1}{6} \quad \frac{1}{5} \quad \frac{1}{4} \quad \frac{1}{3} \quad \frac{1}{2}$$

25cm × 25cm × 25cm 상자에 포장된 지름 25cm의 구에 대하여 빈 공간의 부피를 계산하여라. 상자의 전체 부피에 대하여 빈 공간의 부피는 몇 분의 일인가?

b. 구 모양의 물건을 아래 그림과 같이 원기둥 모양의 통 안에 꽉 차게 포장할 수 있다. 원기둥은 상자보다는 낫지만 역시 여분의 빈 공간이 존재하게 된다. 같은 크기의 공 3개를 지름은 공과 같고, 높이는 공의 지름의 3배가 되는 원기둥 통에 넣었을 때 빈 공간은 전체 부피의 몇 분의 일인지 추측하자.

$$\frac{1}{6} \quad \frac{1}{5} \quad \frac{1}{4} \quad \frac{1}{3} \quad \frac{1}{2}$$

사용되지 않은 빈 공간의 부피를 계산하자. 공과 원기둥의 반지름이 r이라고 했을 때, 통의 높이는 r의 몇 배인가?

***c.** 테니스 공 3개가 원기둥 모양의 통에 꽉 차게 들어있다. 테니스 공의 지름이 6.3cm이고 통의 지름은 7cm 높이는 20cm일 때, 빈 공간의 부피를 결정하여라. b에서 제시된 분수 중에서 빈 공간의 양을 나타내는 데 적당한 것은 무엇인가? 테니스 공 3개와 물이 채워진 통을 가지고 실험해서 답이 적당한지 확인해보자.

놀이 활동

소마큐브

소마큐브는 덴마크의 피에트 하인(Piet Hein)이 개발한 일곱 조각의 퍼즐이다. 이 중에서 한 조각은 3개의 정육면체를 붙여서 만들었고, 나머지는 4개의 정육면체를 붙여서 만들었고 소마큐브를 구입하거나 각설탕, 정육면체 모양의 나무 블록, 또는 주사위를 붙여서 만들 수도 있다.

이 일곱 개의 소파 큐브 조각을 잘 조립하면 가로 3, 세로 3, 높이 3인 정육면체를 구성할 수 있다. 소마큐브를 이용한 일반적인 활동은 소마 큐브를 이용해서 잘 알려진 도형을 만드는 것이다. 그림 1의 도형을 만들기 위해서는 7개의 조각이 모두 필요하다. 한번 만들어보자.

소마큐브로 만들 수 없는 도형을 결정하는 초보적인 방법이 있다. 가장 쉬운 것은 정육면체의 개수를 세는 것이다. 예를 들어 18개의 정육면체를 갖는 도형은 만들 수 없는데 정육면체 3개로 이루어진 조각 하나와 정육면체 4개로 이루어진 조각 여러 개를 더해서 정육면체 18로 구성된 도형을 만들 수는 없기 때문이다.[2]

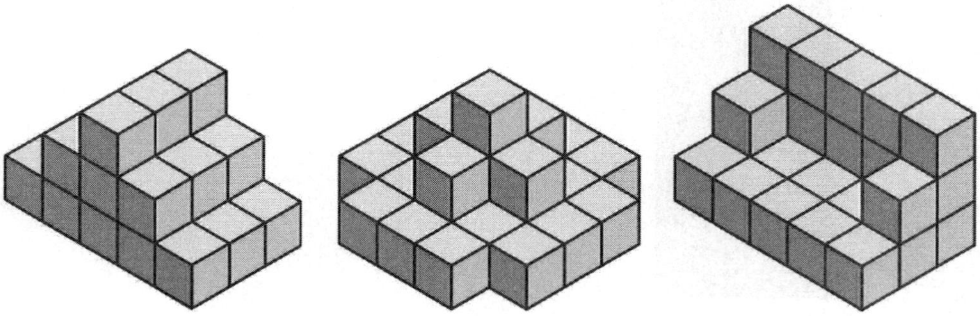

계단　　피라미드　　소파

그림 1

[2] 다른 방법은 G. Carson, "Soma Cubes", *The Mathematics Teacher* 66(1973): p.583-592에서 볼 수 있다.

3차원 도형 채우기

정육면체의 부피와 이 정육면체에 꽉 차게 들어가는 정사각형 피라미드의 부피를 어떻게 비교하면 될까? (즉, 두 입체도형의 밑면의 넓이와 높이는 같다.) 이 애플릿은 한 도형에서 다른 입체도형들의 물을 펌프해서 보내는 실험을 가능케 해서 그 관계를 예상하게 한다. 같은 방법으로 다른 고형물들의 부피를 비교하여라.

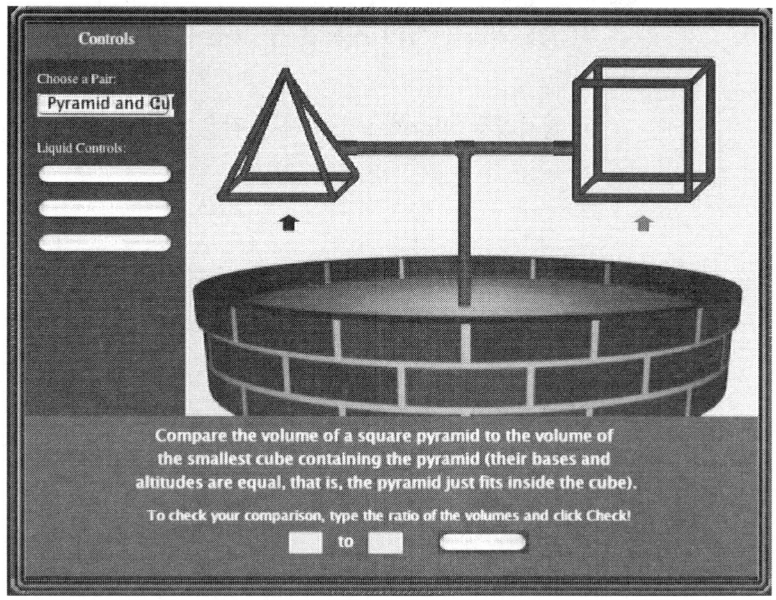

교사를 위한 후속탐구 10.3

1 **교실 상황** : 영희는 종이를 왼쪽에서 오른쪽으로 돌려 붙이거나 위에서 아래로 돌려 붙여서 만든 두 원기둥의 부피가 같다는 것을 이상하다고 생각한다. 원기둥의 부피 구하는 공식을 이용하지 않고 영희에게 이 개념을 어떻게 이해시킬 수 있을지 설명하여라.

2 **교실 상황** : 다음 공식을 이해시킬 수 있는 종이 모형을 만들고 많은 학생들이 참여하는 수업 시간에 이를 어떻게 지도할 수 있을지 설명하여라.

a. 정사각형 피라미드의 부피는 같은 밑넓이와 높이를 갖는 정육면체 부피의 $\frac{1}{3}$이다.

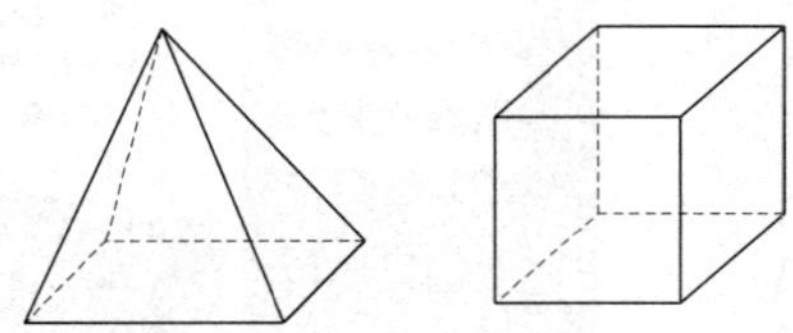

b. 직원뿔의 부피는 같은 반지름과 높이를 갖는 원기둥 부피의 $\frac{1}{3}$이다.

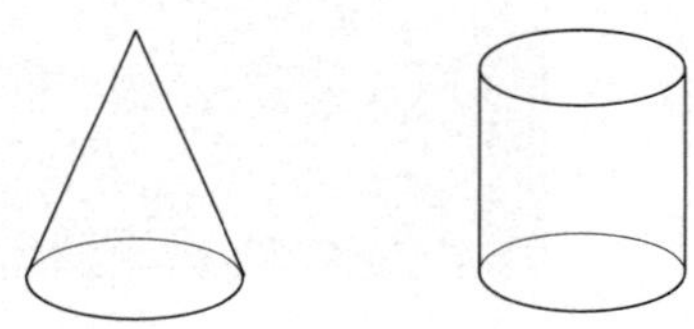

c. 거꾸로 세워진 직원뿔의 전체 부피는 절반 높이까지만 물을 채웠을 때의 부피의 여덟 배가 된다.

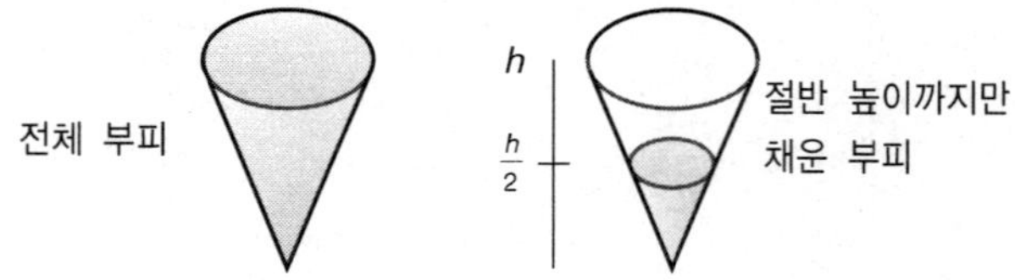

3 **교실 상황** : 앞서 제시된 겉넓이 활동에서 학생들이 넓이를 구하는 공식을 한 가지 정도는 알고 있을 것이라고 예상하고 있다. 학생들이 넓이를 구하는 공식을 하나도 알지 못할 때, 주어진 활동을 어떻게 재구성할 수 있을지 생각해보자.

4 **수학 개념** : 한 변의 길이가 7cm인 정육면체 상자에 대하여, 부피가 3배가 되는 상자를 새로 만들고 싶다면 큰 상자의 변의 길이는 원래 상자의 것보다 어느 만큼 커져야 하는가? 소수 첫째 자리까지 계산하고, 본인의 생각을 서술하여라.

5 **수학 개념** : 한 변의 길이가 10cm인 점토로 된 정육면체 모형을 갖고 있다고 생각하자.

a. 정육면체의 겉넓이는 얼마인가?

b. 정육면체 모양의 점토 모형을 변형시켜 구 모양으로 만든다. 같은 양의 점토로 만든 정육면체 모형과 구 모형 중에서 겉넓이가 더 큰 것은 무엇일지 예상해보고, 예측이 맞았는지 구의 겉넓이를 계산해서 알아보자. (구의 겉넓이는 $4\pi r^2$) 구의 겉넓이를 어떻게 결정했는지 자세하게 설명해보자.

6 **수학 개념** : 온라인러닝센터로 가서 10장의 애플릿 '3차원 도형 채우기(Filling 3D Shapes)'를 열자. 다양한 도형의 부피를 계산하고 관찰한 것을 기록하여라.

7 이 책의 마지막에 있는 규준 요약은 모든 학년에서의 부피 개념을 언급한다. 유아원·유치원 수준, 3－5학년, 그리고 6－8학년 각각의 수준에 맞는 부피에 대한 활동의 간단한 예를 찾는다. 이러한 활동이 기하 규준의 어떤 학습 목표를 만족하는 지 설명하고, 그에 해당하는 학습 목표를 진술하여라.

BENNETT-BURTON-NELSON 웹사이트

www.mhhe.com/bbn

웹 교구
대화형 애플릿
퍼즐 내는 사람
모눈종이와 점종이
투명색지
보충된 참고문헌
링크와 읽을 자료
Geometer Sketchpad 모듈

초등학교 교실활동 ▶▷▶ 기하판 위의 도형의 넓이 구하기

▶▶ **목표** 초등학생들에게 도형의 넓이를 정사각형 단위로 영역을 나누어 구하는 방법을 소개한다.

▶▶ **연결성** 학생들에게 '넓이'의 뜻을 알고 있는지 질문한다.

▶▶ **준비물** 학생 한 명 또는 학생 두 명: 기하판 한 개, 큰 고무줄 한 개와 10개에서 12개의 작은 고무줄.

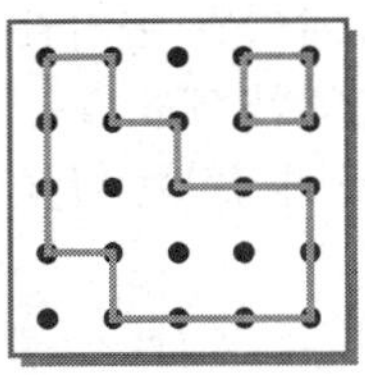

1 왼쪽 그림과 같이 기하판 위에 만든 두 도형을 학생들에게 보여주고 고무줄을 이용해서 각자 똑같이 만들게 한다. 작은 고무줄을 이용해서 큰 도형을 작은 도형 크기의 정사각형으로 분할하게 한다. 만들기가 끝나면 한 학생을 지명해서 다른 학생들에게 보여주게 하고, 큰 도형에 들어 있는 작은 정사각형의 개수를 묻는다. 학생들에게 이것은 큰 도형의 넓이가 10 (정사각형 단위)임을 보여준다고 이야기한다.

위 학생은 도형 안에 작은 정사각형과 1/2 사각형을 직접 놓아서 넓이를 측정하고 있다.

2 아래 도형을 학생들에게 보여주고 기하판에 만들어서 그 넓이를 알아보게 한다. 발표를 지원하는 학생이 발견한 넓이와 그를 구하는 방법을 설명하도록 한다. 어떤 학생들은 넓이를 구하는 데 작은 정사각형으로 분할하는 것이 유용하다는 것을 직접 발견할 것이고, 그 외의 학생들은 다른 방법을 쓸 것이다.

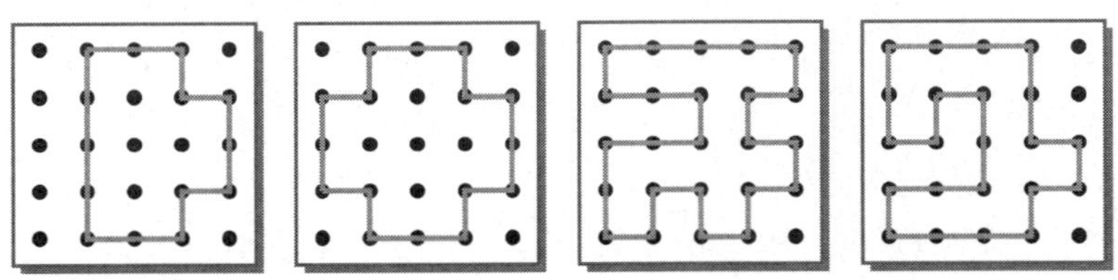

3 다음 도형들의 넓이는 단위정사각형과 그의 절반인 직각 이등변삼각형으로 분할해서 생각할 수 있다. 학생들에게 도형을 보여주고 기하판에 똑같이 만들어서 넓이를 알아보게 한다. 각각의 도형에 대하여 지원자를 뽑아 그들의 방법을 설명하도록 한다.

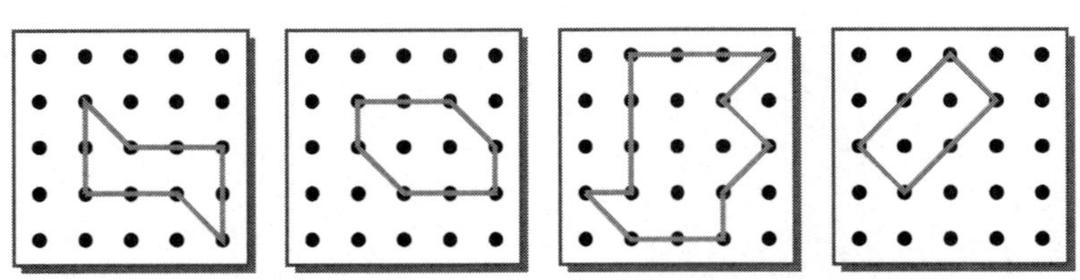

4 (선택) 직각삼각형의 넓이는 직사각형 넓이의 절반이다. 학생들에게 다음 그림의 첫 번째 기하판의 삼각형을 만들게 하고 어떻게 그의 넓이를 구할 수 있는지 질문하여라. 어떤 학생들은 삼각형의 아래쪽 조각은 단위 정사각형과 넓이가 거의 같고 나머지 위 조각으로 메우면 완전한 단위

정사각형이 된다고 대답할 것이다. 이와 같이 직사각형을 이용한 방법을 아무도 말하지 않으면 삼각형을 포함하는 직사각형 중에서 가장 작은 것을 골라 넓이를 알아보게 하고, 이것이 삼각형의 넓이를 구하는 데 어떤 도움을 주는지 학생들에게 질문한다. (작은 정사가각형의 넓이를 1로 약속하자.)

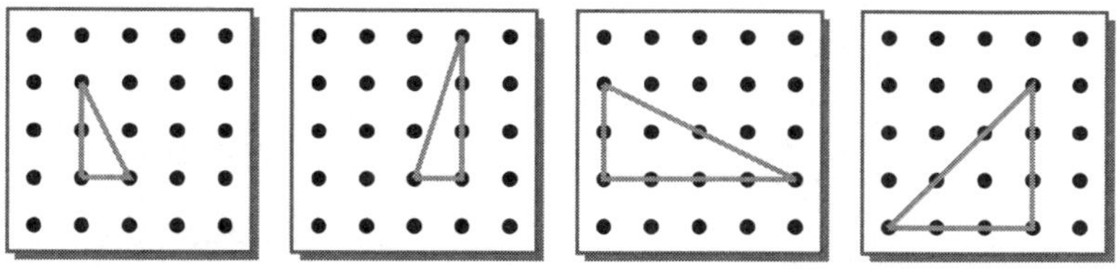

CHAPTER

11 도형의 변환

학생들은 합동, 닮음, 변환에 대해서 이해하기 시작하면서 체계적인 방법으로 대상의 위치, 방향, 크기를 물리적으로 그리고 심적으로 바꾸는 것을 학습할 필요가 있다.[1]

활동 모음 11.1 평면 위의 점의 위치

▶▶ 목표

주어진 조건을 만족하도록 평면 위의 점의 위치를 찾고 그린다.

▶▶ 준비물

자료 카드 19의 자와 컴퍼스와 각도기, 종이 몇 장, 명함 크기의 카드 또는 종이 2개, 가위.

▶▶ 도입

아래 같은 종류의 동전 2개가 인접해 있다. 왼쪽 동전을 오른쪽 동전의 주위를 따라 반 바퀴 굴리면 점 A의 위치는 어떻게 될 것인가? 가설을 세우고 동전 실험을 통해서 조사해보자.

이 활동 모음에서 우리는 평면 위의 점의 위치를 알아볼 것이다. 일반적으로 도형은 특정 조건을 만족하는 위치에 있는 점들의 집합으로 약속된다. 예를 들어, 점 P에서 2cm 떨어진 점들의 집합을 구한다고 가정하자. 먼저 (a)와 같이 P에서 2cm 떨어진 몇 개의 점을 자를 이용해서 구한다. 더 많은 점을 첨가해 나가면 (b)의 도형처럼 점들을 이어서 만든 매끄러운 곡선을 볼 수 있는데, P에서 2cm 떨어진 모든 점들의 집합은 P를 중심으로 반지름 2cm인 원이 된다.

[1] *Principles and Standards for School Mathematics* (Reston, VA: National Council of Teachers of Mathematics, 2000): 43.

원과 원의 일부분을 묘사하고 그리는 방법에 대해서 배운다.

20.1 원

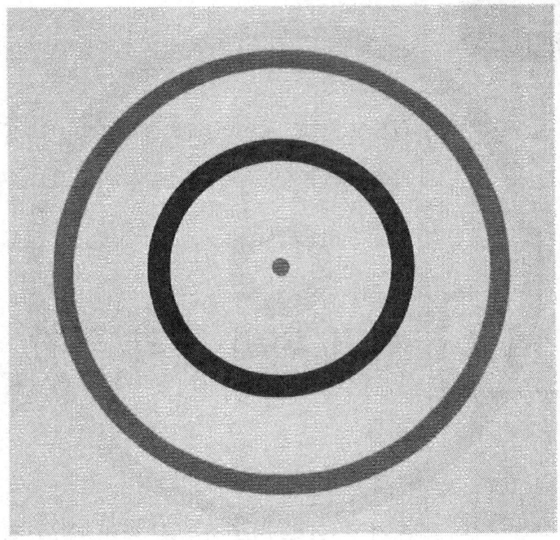

배우기

케네스 놀랜드(Kenneth Noland)의 그림 턴스톨(Turnstole)은 캔버스 위에 여러 개의 원을 그린 것이다. 원과 원의 요소를 어떻게 정의해야 할까?

주요 단어	
원	지름
중심	반지름
현	중심각

원의 구성요소

원은 평면 위의 한 점에서 같은 거리에 있는 점들로 이루어진 도형이다.

- 원은 중심(점)과 같은 이름으로 불릴 수 있다.
- 현은 원 위의 두 점을 연결한 선분이다.
- 지름은 원의 중심을 지나는 현이다.
- 반지름은 원의 중심과 원 위의 한 점을 잇는 선분이다.
- 중심각은 두 반지름이 이루는 각이다. 오른쪽 그림에서 각 $\angle CFA$, $\angle AFD$, $\angle DFB$, $\angle BFC$는 원 F의 중심각이다. 한 원의 중심각의 크기의 합은 항상 360°가 된다.

  두 수직인 지름으로 이루어지는 4개의 직각을 이용해서 이 사실을 확인할 수 있다. 측정된 각의 합은 $4\times 90^\circ = 360^\circ$ 이다.

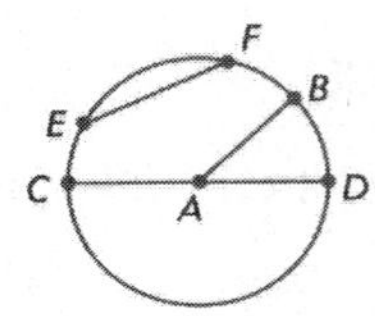

이 원은 원 A라고 불릴 수 있다. 중심: A

$\overline{EF}$는 원 A의 한 현이다. 현: $\overline{EF}$

$\overline{CD}$는 원 A의 지름이다. 지름: $\overline{CD}$

$\overline{AB}$는 원 A의 반지름이다. 반지름: $\overline{AB}$

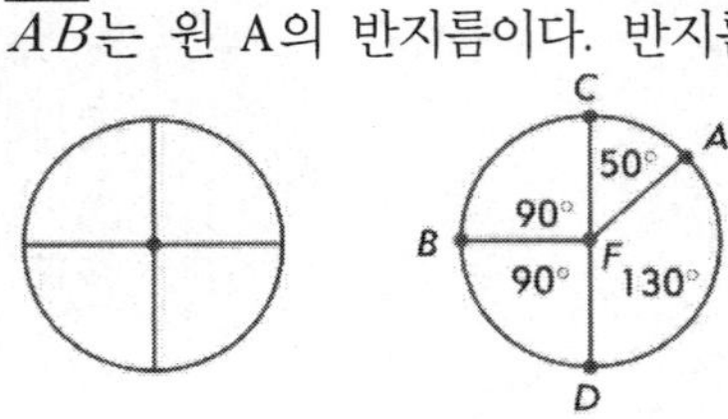

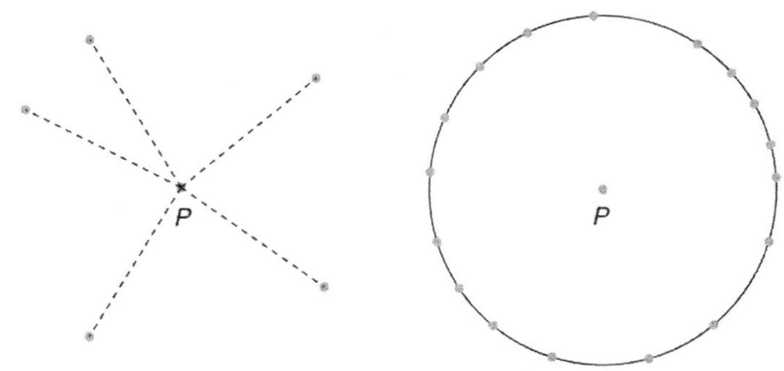

(a) (b)

1 다음 a와 b 단계에서 각 도형 위에 주어진 조건을 만족하는 열 개에서 스무 개 정도의 점을 찍는다. 주어진 조건을 만족하는 점을 이어 매끄러운 곡선을 그리고 그 결과에 대한 자신의 의견을 진술하여라.

a. 점 K에서의 거리와 점 L에서의 거리가 같은 점들의 집합.

***b.** 직선 m에서의 거리와 직선 n에서의 거리가 같은 점들의 집합. (한 점에서 직선까지의 거리는 그 점에서 직선까지의 수선을 따라 잰다.)

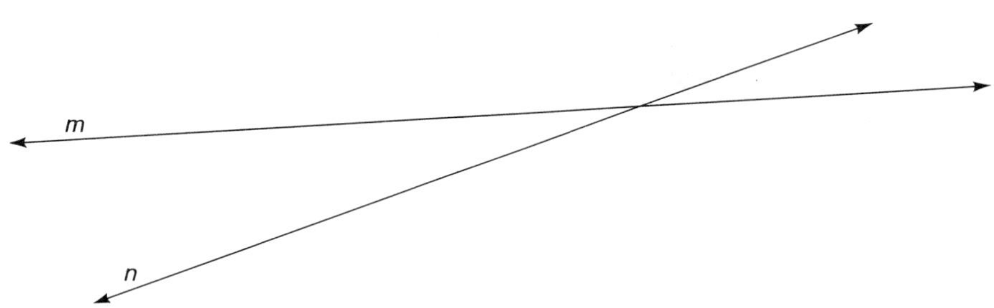

2 현은 원 위의 두 점을 잇는 선분이다. 아래 단계 a, b, c는 모두 현을 다루고 있다. 조건을 만족하는 도형을 그리는 데 충분할 정도로 많은 점을 찍어보고, 그 결과를 가능한 구체적으로 적어라.

***a.** 주어진 원에 대하여, 길이가 4cm인 현의 중점으로 이루어진 도형.

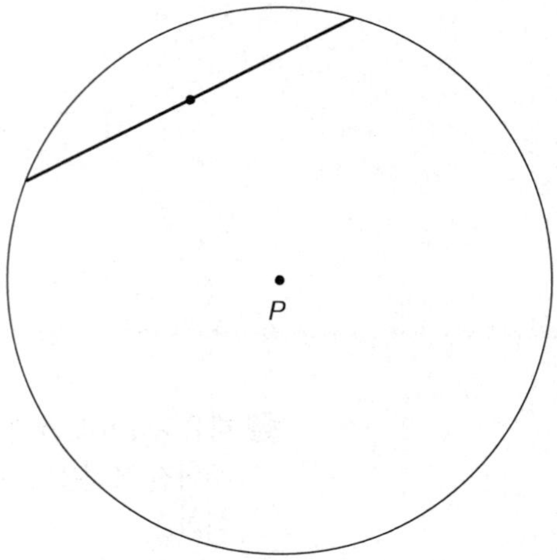

b. 점 R을 끝점으로 갖는 모든 현의 중점으로 이루어진 도형.

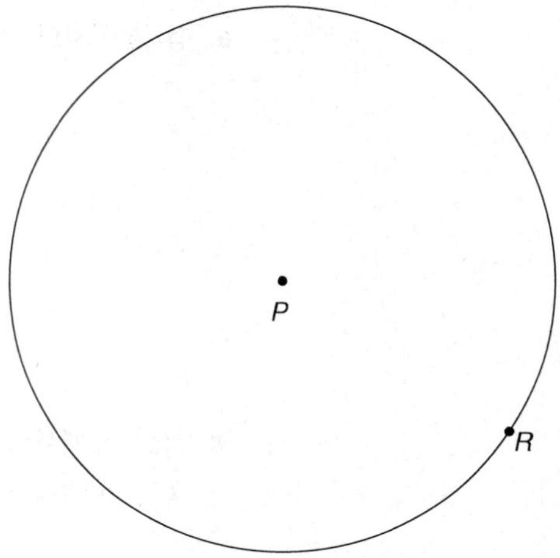

***c.** 점 S를 지나는 모든 현의 중점으로 이루어진 도형.

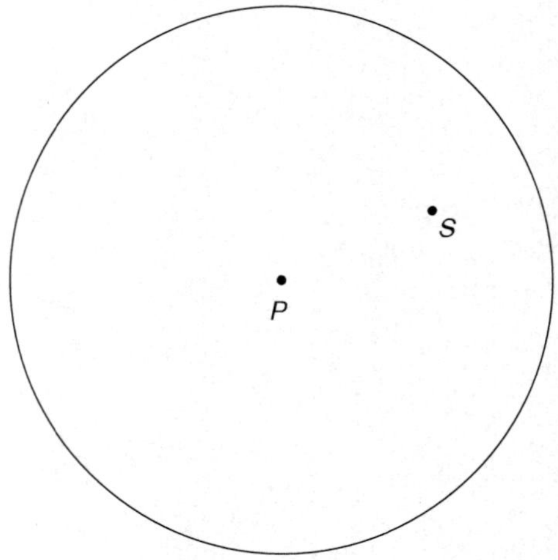

3 반지름 1.5cm인 원을 그린다.

a. 이 원이 아래 b의 정사각형의 내부에서 변을 따라 구를 때, 원의 중심의 자취를 그리고 자신의 의견을 진술하여라.

b. 원이 정사각형의 외부에서 변을 따라 구를 때, 원의 중심의 자취를 그리고 묘사하여라.

*__4__ 점 B는 반지름 1cm인 원의 중심이고, 점 A는 반지름 2cm인 원의 중심이다. 두 원의 교점 X, Y는 A로부터의 거리가 B에서의 거리의 두 배이다. 이와 같이 A로부터의 거리가 B에서의 거리의 두 배가 되는 모든 점의 집합을 그리고 설명하여라. (힌트: A, B에 대하여 원을 그려서 생각하는 게 좋을 수 있다. 단, A를 중심으로 하는 원의 반지름은 B를 중심으로 하는 원의 반지름의 두 배가 되어야 한다.)

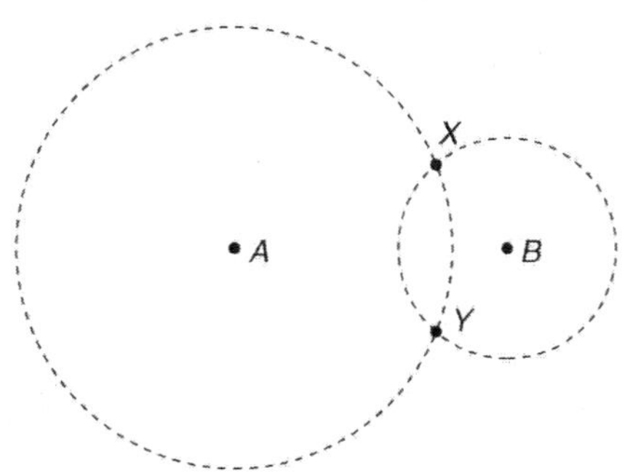

5 5cm 길이의 가는 종이띠를 만들고, 띠의 중앙 M에 작은 구멍을 뚫는다. 이 종이띠를 그림 1과 같이 서로 수직인 두 직선 위에 그 끝이 위치하도록 놓는다. 중점 M에 연필을 대고 짝꿍의 도움을 받아 종이띠가 그림 2의 두 수직선과 만나도록 하면서 움직일 때, 중점 M에 놓인 연필이 그리는 자취는 어떤 곡선이 되는가?

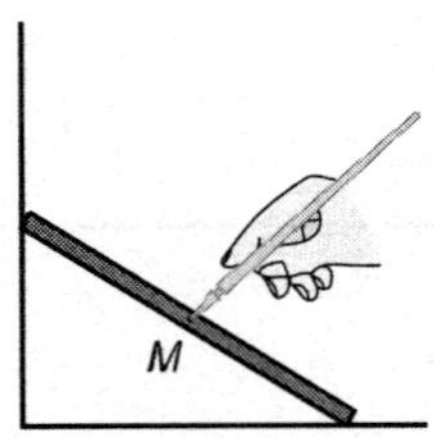

시작 지점의 연필 위치
그림 1

그림 2

6 길이 7cm의 선분 PQ를 그린다. 선분 PQ의 윗부분에 직각을 포함하는 카드(직각의 코너를 포함하는 종이 조각은 무엇이든지 무방하다)를 놓아 꼭짓점을 X라 하고, 두 점 P, Q가 직각을 이루는 두 변 위에 위치하게 한다. 이제 명함을 움직여서 꼭짓점 X를 Y의 위치로 옮긴다. 단, P, Q는 계속 직각을 이루는 두 변 위에 있어야 한다. 이 방법으로 명함을 이동시키면서 직각이 되는 꼭짓점의 위치를 정하고 표시한다.

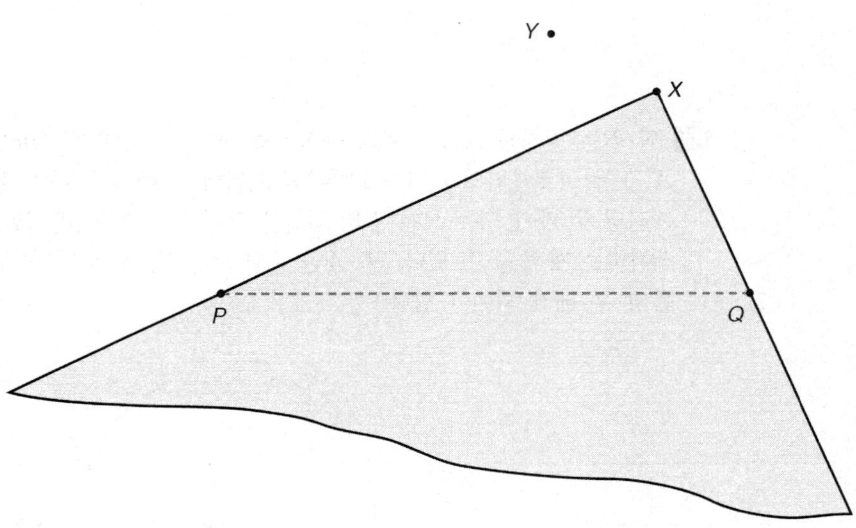

***a.** 가능한 직각 꼭짓점들로 이루어진 곡선을 그려라.

b. 카드 구석의 직각 부분의 이등분선을 따라 자르면 45°각을 얻는다. 점 W는 45°각의 꼭짓점이다. 이 점은 선분 RS의 윗부분에 위치하며, 인접한 두 변은 각각 점 R, S를 지난다. 카드를 이동시키는데, 여전히 두 점 R, S가 45°각의 두 인접한 변의 꼭짓점이어야 한다. 이러한 45° 각의 꼭짓점의 집합을 묘사하여라.

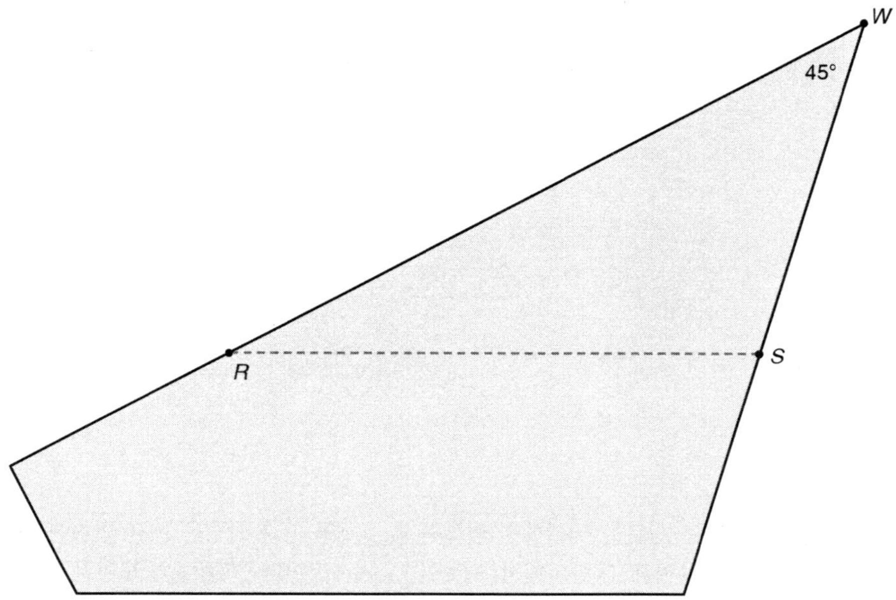

c. 문제 b의 카드의 꼭지각이 110°와 같이 90°보다 크다고 가정하면, 같은 방법으로 이동하는 꼭짓점의 집합이 어떻게 보이게 될지 예상해서 그려보아라. 이 가설을 90°보다 큰 각과 선분 AB 위의 점들의 위치를 실제로 정해서 확인하여라.

놀이 활동

라인 디자인

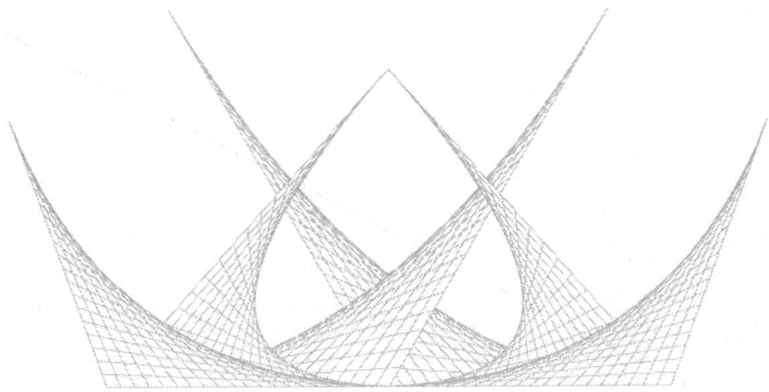

라인(line) 디자인은 두 점을 잇는 선분을 연결해서 만드는 디자인이다. 많이 쓰이는 방법은 아래 그림 a에서 보듯이 직각을 이루는 두 변 위에 동일한 간격으로 놓인 점을 다음 순서대로 즉 A에서 a, B에서 b, C에서 c 등등 서로 연결하는 것이다. 이 디자인은 결과적으로 포물선이 될 것처럼 보인다. 이제 직각 외에도 여러 가지 종류의 각을 이루는 두 변을 이용해서 실험해보자. 그림 c와 같은 둔각의 경우에는 그림 b의 예각의 경우보다 각에 더 가까워지는 곡선이 만들어진다. 이와 같은 여러 각에 대한 곡선을 합성하고 다양한 색을 이용하여 색칠하면 흥미롭고 아름다운 무늬를 얻을 수 있다.

또 다른 방법은 어떤 법칙에 따라 주어진 원의 현을 그리는 것이다. 그림 d의 도안은 원 둘레를 36등분해서 구성한 것이다. 첫 번째 현은 1번 점에서 2번 점까지 선분을 연결한 것이고, 두 번째 현은 2번에서 4번, 세 번째 현은 3번에서 6번, 등등. 아래 그림은 18번과 36번이 연결된 것까지 모두 18개의 현을 보여주고 있다. 다음으로 19번에서 2번, 20번에서 4번 등등, 36번 점에 도달하는 현을 그릴 때까지 계속한다. 이러한 시행의 결과로 나타나는 그림은 하트 모양이 된다. 이 모양의 곡선을 심장형 곡선이라 부른다. 위 심장형 곡선의 현의 시작점은 끝점이 원을 한 바퀴 도는 것보다 두 배의 빠른 속도로 돌게 된다.

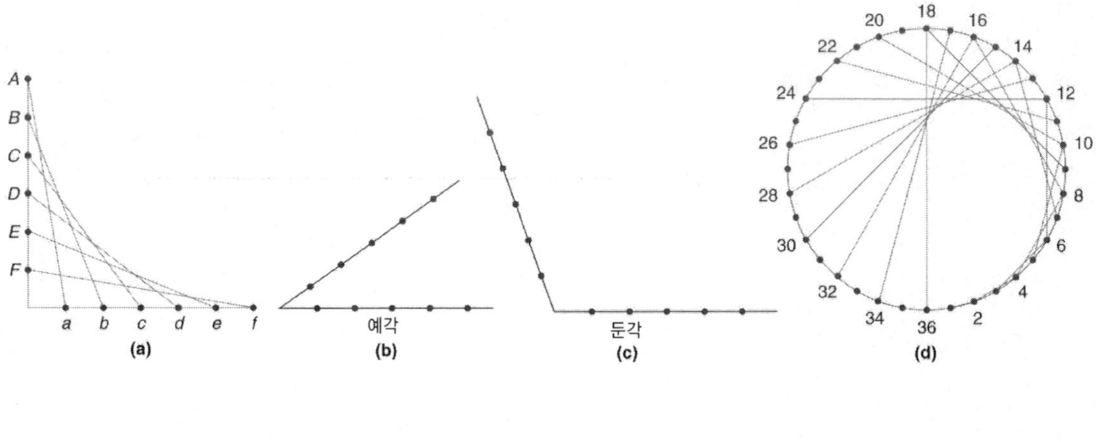

(a) (b) (c) (d)

다음 그림은 현의 시작점이 끝점보다 3배 빠르게 움직이게 한 것으로, 1번에서 3번, 2번에서 6번, 3번에서 9번의 순서로 현을 작도한 것이다. 이 과정을 계속하되, 현의 끝점들은 대칭축 하나를 갖는 선대칭 도형이 되고 시작점들은 대칭축이 3개인 선대칭 도형이 될 때까지 현을 그린다. 앞에 제시된 심장형 곡선은 (두 곡선이 서로 만나는) 교점 한 개를 갖는다. 새로운 곡선은 두 직선에 대하여 몇 개의 교점을 갖는가?

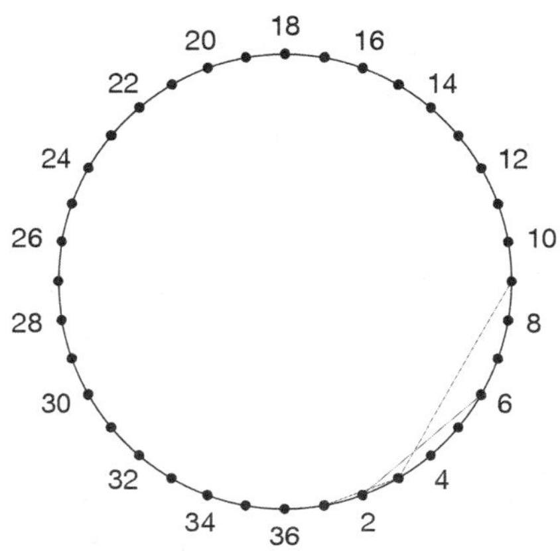

더 많은 모형을 가지고 실험하여라. 예를 들어, 현의 시작점이 끝점보다 4배 빠르게 (1 → 4, 2 → 8, 3 → 12, …) 움직이도록 하거나 5배 빠르게(1 → 5, 2 → 10, …) 할 수 있다. 각각의 경우에 두 직선의 교점의 개수를 예상할 수 있는가? (원을 36등분 하면 2, 3, 4, 또는 6개의 두 직선에 대한 교점을 가지게 된다. 교점 5개를 만들려면, 원을 40등분을 하거나 360을 나눌 수 있는 5의 배수를 이용한다.) 이러한 디자인은 두꺼운 색 도화지나 천 위에 색실이나 뜨개질 실로 꿰매거나 못이나 끈 또는 고무줄로 구성할 수 있다. 아래 그림은 여러 색깔의 실로 보드지에 꿰매서 만든 다양한 직선 디자인 작품이다. 이 작품을 만든 학생은 컴퍼스와 각도기를 이용해서 보드지 뒷면에 도형의 밑그림을 먼저 그렸다.

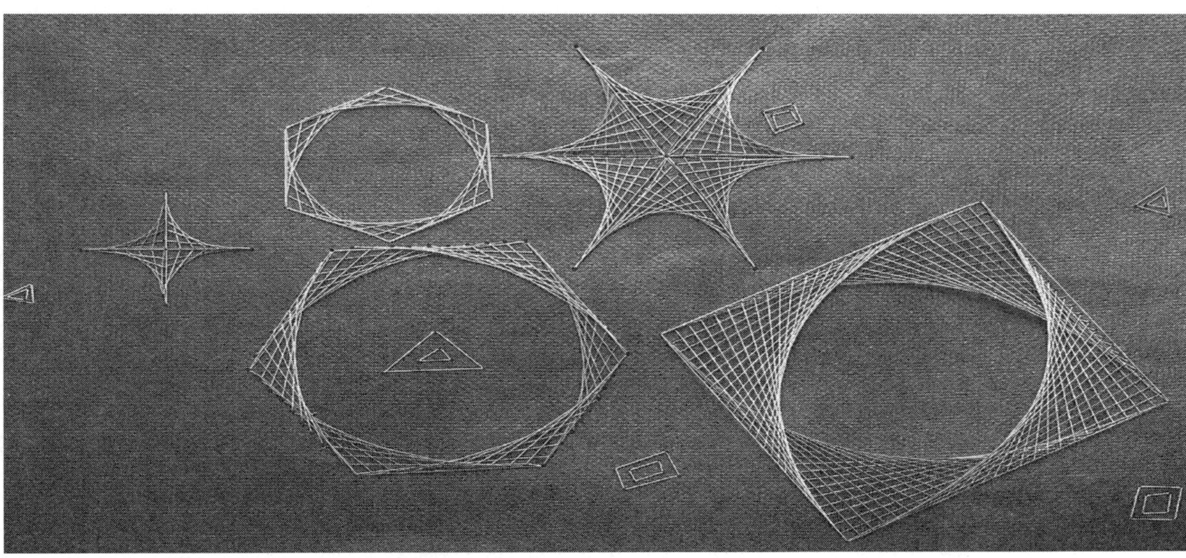

웨스턴 오리건 대학교에 다니는 학생의 라인 디자인 작품

교사를 위한 후속탐구 11.1

1 **교실 상황** : 철수는 원, 지름, 현, 호 등의 용어를 구분하는 데 어려움을 겪고 있다. 이러한 개념을 이해할 수 있도록 철수와 다른 학생들을 도울 수 있는 실제적인 방법을 여러 가지 제시하여라.

2 **교실 상황** : 평면 위의 점집합의 의미를 가르칠 수 있는 한 가지 방법은 콩이나 쌀알과 같이 작은 개체를 주어진 조건을 만족하도록 놓아보게 하는 것이다. 예를 들어, 책상 위에 콩 하나를 놓고 그 콩으로부터 같은 거리에 쌀알을 여러 개 늘어놓게 해서 원의 개념을 알려주는 것이다. 점집합의 위치와 관련된 초등학생에게 적합한 활동을 2개 만들어보고 구체적으로 그림과 함께 묘사해보자.

3 **수학 개념** : 놀이 활동의 라인 디자인을 분석해보자. 학생들이 라인 디자인을 그릴 수 있도록 도움을 줄 수 있는 지도방법을 진술하고, 이 방법에 따라 그림을 그려보자. 그림을 그리면서 진술을 다듬고, 그에 대하여 설명하여라.

4 **수학 개념** : 점 P가 직선보다 위쪽에 놓여 있다고 하자. P와 직선 위의 점을 잇는 선분을 여러 개 그릴 수 있다. 이렇게 그린 선분의 중점 M의 자취를 묘사하고, 그려보자.

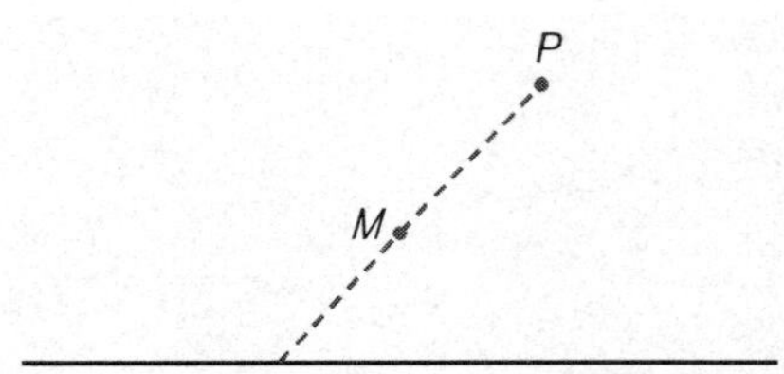

5 **수학 개념** : 온라인러닝센터의 수학 실험 연구 11.1: Read Me－Paper Folding Instructions를 열고 시작 부분의 1, 2, 3, 4에서 묘사된 삼각형 만들기를 조사해보자. 이 연구를 묘사하고 당신의 생각을 설명하여라.

6 NCTM **규준** : 이 책의 뒤에 있는 모든 학년을 위한 기하 규준을 잘 읽어보자. 주어진 조건에 의해서 위치가 정해진 점으로 이루어진 점을 묘사하는 활동을 만족한다고 생각되는 학습 목표의 목록을 적어보자. 학습목표와 규준과 그에 맞는 학년 수준을 진술하여라.

BENNETT-BURTON-NELSON 웹사이트

www.mhhe.com/bbn

웹 교구	모눈종이와 점종이	링크와 읽을 자료
대화형 애플릿	투명색지	Geometer Sketchpad 모듈
퍼즐 내는 사람	보충된 참고문헌	

활동 모음 11.2 에셔 타입의 테셀레이션 그리기

▶▶ 목표

기하학적 운동을 설명하기 위하여 비정형화된 테셀레이션과 에셔 타입의 그림을 그려본다.

▶▶ 준비물

투사지(반투명 종이)와 자료 카드 19의 자와 컴퍼스.

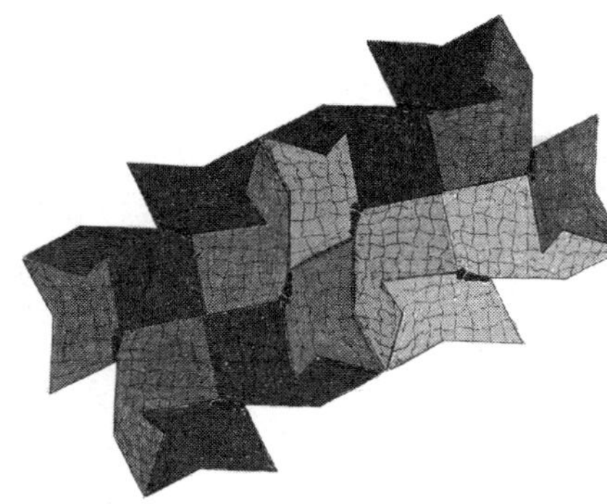

포틀랜드 주립대학교 학생들의 테셀레이션 작품

▶▶ 도입

덴마크의 화가 M. C. 에셔는 스페인 그라나다에 있는 13세기 무어인의 궁전인 알함브라의 벽과 복도, 천장에서 볼 수 있는 타일에 매료되었다. 그는 이와 같이 순수 기하적인 테셀레이션을 "자신의 영감을 위한 풍부한 원천"으로 여겼다. 에셔의 작품들은 아래 학생의 작품과 같이 살아있는 생물들의 이미지로 가득 채워져 있다.

포틀랜드 주립대학교 학생들이 만든 테셀레이션 작품

에셔 타입의 그림은 합동 변환(평행이동, 회전이동, 대칭이동, 미끄러짐 대칭이동)을 이용해서 다각형을 변화시켜서 모자이크한 것이다. 이 활동 모음에서 학생들은 그림을 고안하고 스스로 예술 작품을 창조하는 기회를 갖게 될 것이다.

6-9b 직접해보는 실험실

A Follow-Up of Lesson 6-9

우리가 배우게 될 것

평행이동과 회전이동을 이용한 에셔 타입의 작품 만들기

준비물

- 카드(명함 정도 크기의 종이면 된다.)
- 가위
- 테이프
- 종이

테셀레이션

모리츠 코넬리우스 에셔(1898-1972)는 테셀레이션을 이용한 작품을 많이 만든 네덜란드의 판화가이다. 테셀레이션은 같은 도형을 이용해서 겹치지 않게 평면을 가득 메우는 것이다. 각 꼭짓점에서 만나는 각의 합은 반드시 360°가 되어야 한다. 따라서 정삼각형과 정사각형은 평면 테셀레이션이 가능하다.

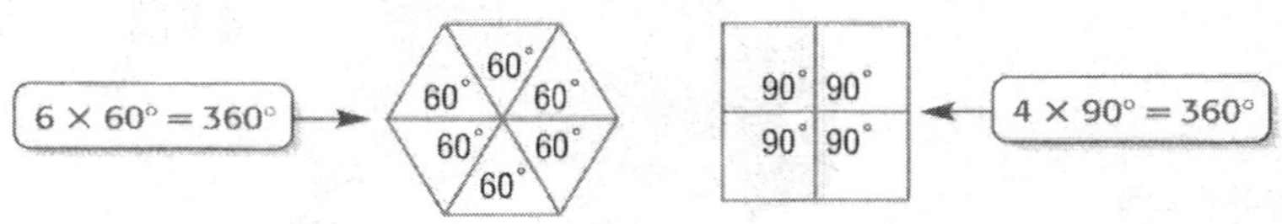

활동

1 평행이동을 이용해서 테셀레이션을 만들어 보자.

1단계 : 카드 뒷면에 정사각형을 그린 다음 아래 그림에서 보이는 것과 같이 윗변의 주위에 삼각형을 그린다.

2단계 : 정사각형을 오리고, 그 다음 삼각형을 오려서 정사각형의 아랫변으로 이동시킨다.

3단계 : 삼각형을 정사각형에 붙혀서 패턴을 하나 만든다.

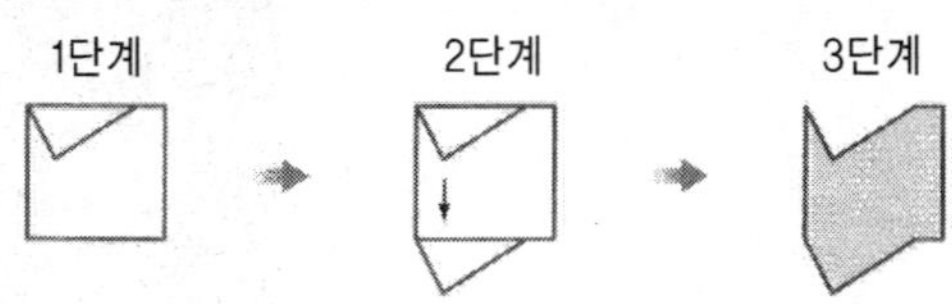

4단계 : 이 패턴을 종이 위에 계속해서 그려서 그림에서 보이는 것과 같은 테셀레이션을 완성한다.

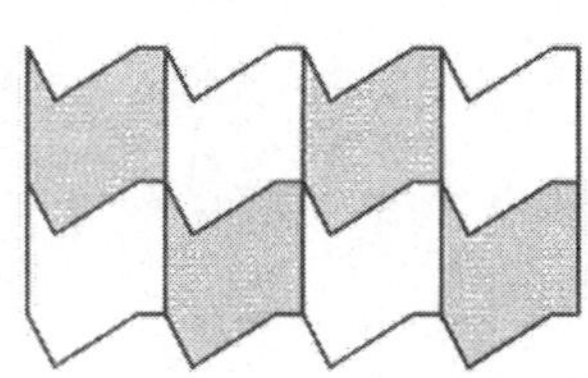

해보기 아래 각 패턴을 이용해서 에셔 타입의 작품을 만들자.

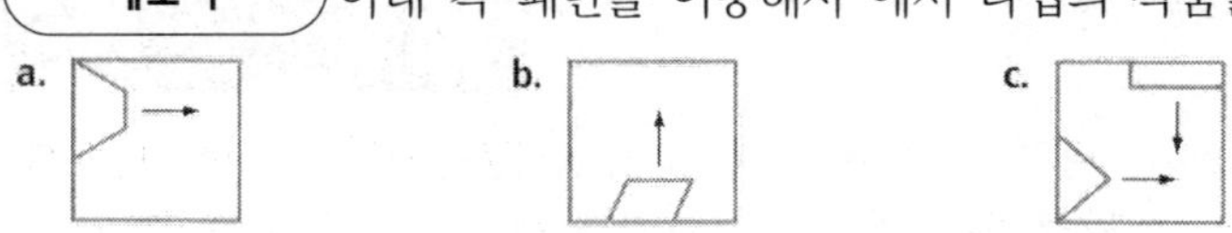

1 **평행이동 테셀레이션** : 그림 (a)에 있는 직사각형의 한 변을 삐죽삐죽하게 변형시켜 그림 (b)를 얻는다. 이제 변형된 변을 반대방향으로 평행이동시켜 그림 (c)를 얻는다.

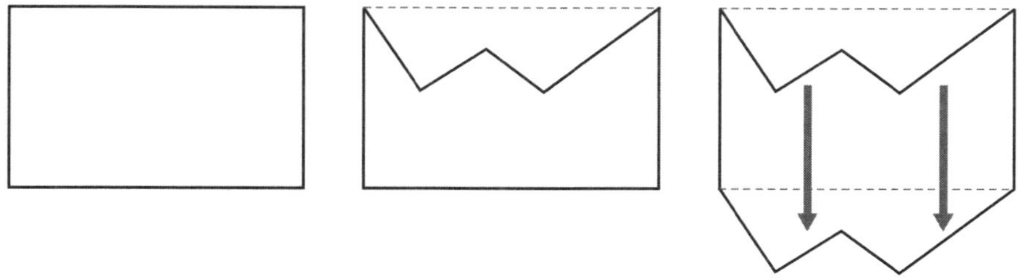

(a) (b) (c)

*a. 그림 (c)의 도형 역시 평면을 빈틈없이 채울 수 있게 되는 이유를 설명하여라.

그림 (d)에서, 나머지 한 변을 다른 모양으로 변형시키고, 그림 (e)와 같이 반대 방향으로 평행이동하면 최종 도형인 그림 (f)를 얻는다.

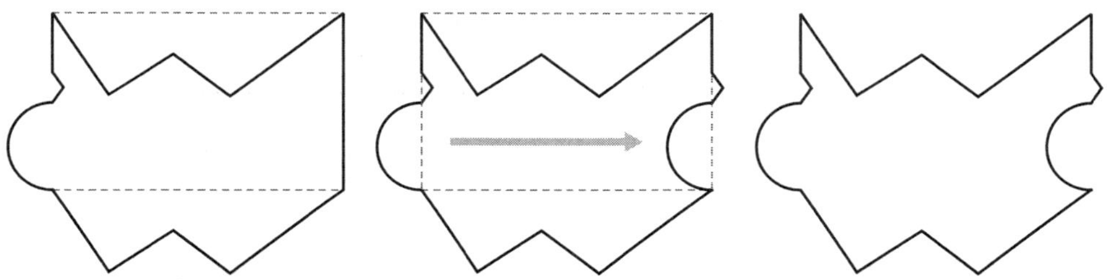

(d) (e) (f)

변형된 직사각형을 이용한 테셀레이션은 그림 A에서 볼 수 있다. 여기에 세부적인 묘사나 색칠이 가해지면 그림 B와 같이 에셔 타입 테셀레이션이 된다.

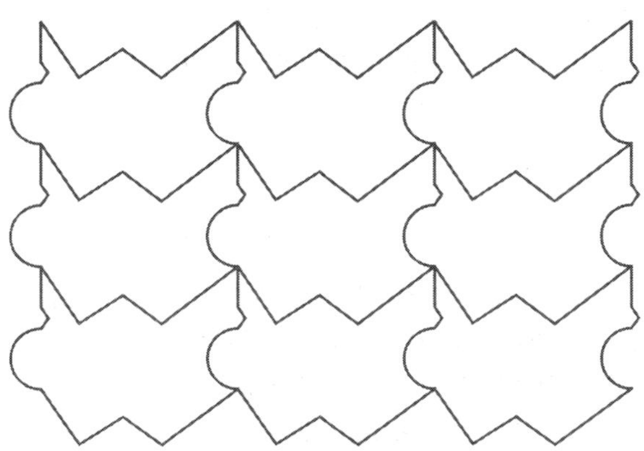

그림 A

그림 B

b. 아래 평행사변형의 각 변을 아래 (1), (2), (3)과 같이 변형시키고 평행이동해서 얻을 수 있는 자신만의 테셀레이션을 창조하여라.

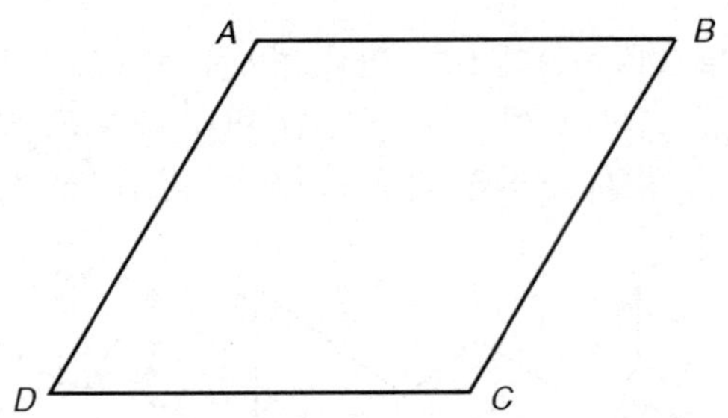

(1) 적당한 모양으로 변 AB를 변형시켜라.

(2) 이 디자인을 변 DC로 평행이동한다. 평행사변형 위에 투사지를 놓고 점 A, B를 표시한 다음 변 AB의 변형 디자인을 베낀다. 이제 투사지를 점 A가 점 D로, 점 B가 점 C로 옮겨지도록 이동시키고 뾰족한 것(볼펜이나 컴퍼스의 끝)을 이용해서 자국을 내고 투사지를 치운 다음 자국을 따라 변 DC로 옮겨진 디자인을 그린다.

(3) 1, 2단계를 반복해서 변 AD의 변형을 변 BC로 평행이동하여라.

c. 우리가 만든 패턴을 이용해서 테셀레이션을 만들자. 쉬운 방법 중의 하나는 모형 위에 투사지를 올려놓고 조심스럽게 테두리를 따라 자국을 내는 것이다. 그리고 나서 투사지를 위로, 아래로, 오른쪽으로, 그리고 왼쪽으로 이동시켜 맨 처음 그려진 모형의 모서리에 인접하도록 놓아서 자국을 낸다. 마지막으로 세부 묘사를 더해서 에셔 타입 작품을 완성하여라.

2 **회전이동 테셀레이션** : 다음 그림은 정삼각형 각 변의 변형과 회전이동을 나타낸 것이다. 우선, 변 AB를 그림 (a)와 같이 변형시키고 꼭짓점 A를 중심으로 변 AC 쪽으로 회전시켜서 꼭짓점 B를 꼭짓점 C에 오도록 한다.

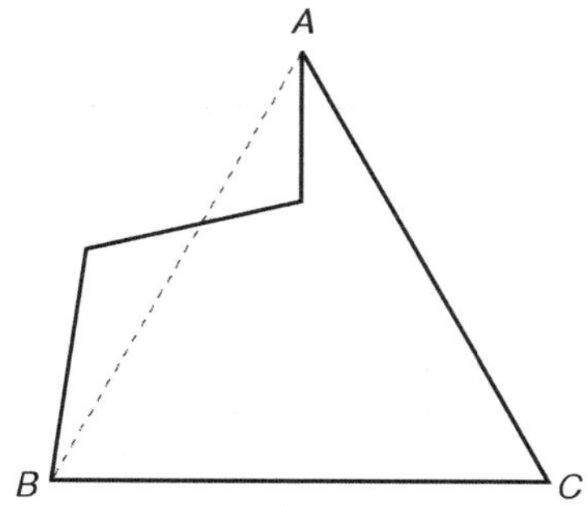

(a) (b)

변 BC는 다음과 같이 중점 M을 중심으로 회전해서 변형시킬 수 있다. 그림 c에서 중점 M과 꼭짓점 C 사이를 변형한 다음, 그림 (d)에서 볼 수 있듯이 중점 M을 중심으로 꼭짓점 C가 꼭짓점 B로 이동되도록 180° 회전해서 완성할 수 있다.

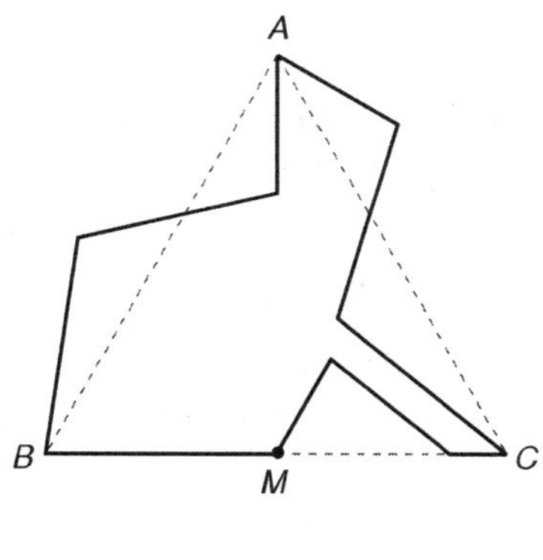

(c) (d)

이 패턴을 이용해서 아래 그림의 테셀레이션을 만든다. 이 테셀레이션은 적당한 꼭짓점에 대한 회전이동에 의해 자기 자신과 겹치게 된다.

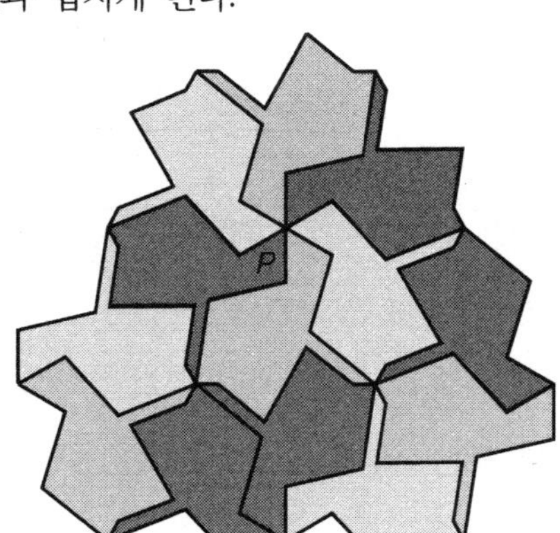

점 P를 중심으로 한 회전이동 중에서 자기 자신과 겹쳐지려면 돌리는 각(회전각)이 얼마인지 모두 구하여라.

a. 정사각형 $ABCD$을 기초로 하는 회전이동 테셀레이션 모형을 다음과 같이 만들어 보자. 우선 변 AB를 변형시키고 이 디자인을 꼭짓점 B를 중심으로 변 BC로 회전시킨다. 다음으로 변 AD를 변형하고 꼭지점 D를 중심으로 변 DC로 회전한다. 이렇게 만들어진 모형을 이용해서 테셀레이션을 만들고, 테셀레이션에서 가능한 회전이동을 모두 구하여라.

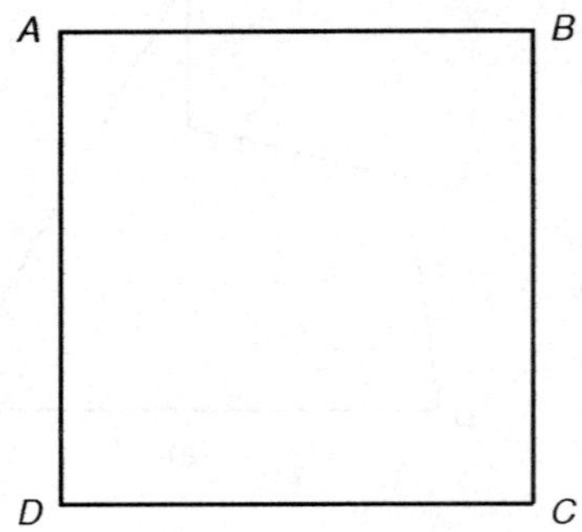

b. 다른 형태의 회전이동 테셀레이션 패턴을 제작하기 위해 아래 그림과 같이 세 변의 길이가 모두 다른 삼각형을 이용하자. 세 변의 길이가 모두 다르므로 활동 2의 b와 같이 한 꼭짓점을 중심으로 회전시키는 것은 불가능하다. 그렇지만 활동 2의 그림 c와 d와 같이 한 변의 중점을 중심으로 회전시키는 것은 가능하다. 각 변의 중점을 표시하고 중점과 한 꼭짓점 사이의 변을 변형한 디자인을 구성하고, 중점을 중심으로 이 디자인을 180°회전시킨다. 이 패턴을 이용해서 테셀레이션을 구성할 수 있음을 확인해보자. 만들어진 테셀레이션에서 가능한 회전이동의 개수는 얼마인가?

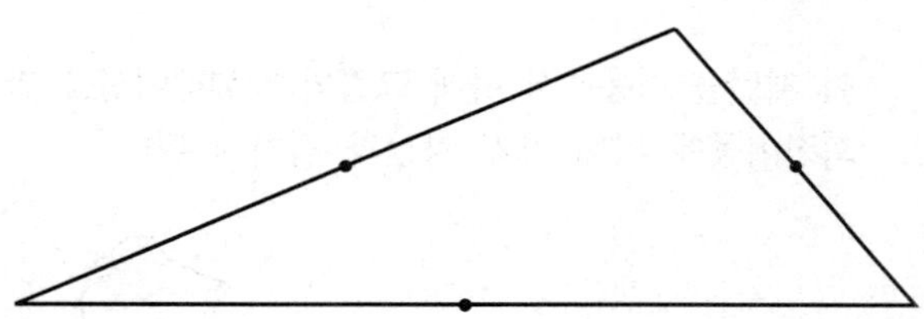

c. 하나 또는 두 개의 테셀레이션 패턴을 에셔 타입의 그림으로 개량하여라.

3 미끄러짐 대칭 테셀레이션 : 평행사변형 $ABCD$을 변형시킨 테셀레이션을 만드는 데, 미끄러짐 대칭을 이용할 수 있다. 그림 (a)의 변 AD을 변형시키고, 이를 그림 (b)와 같이 변 BC로 평행이동 시킨다. 다음으로 변 DC를 그림 (c)와 같이 변형시킨다.

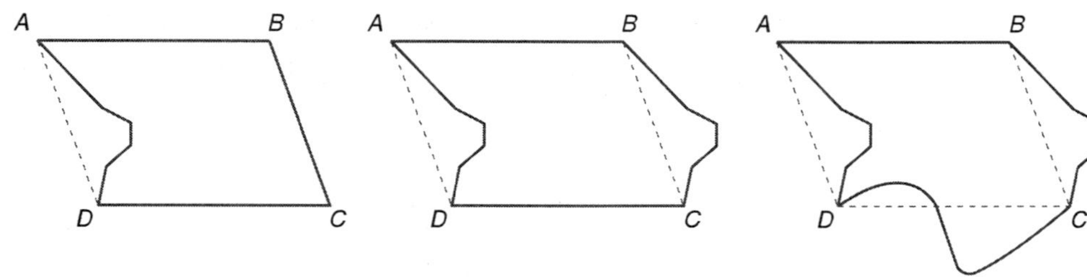

(a) **(b)** **(c)**

그림 (d)에서 볼 수 있듯이 변형된 변 DC의 디자인을 변 AB로 평행이동 시킨다. 마지막으로, 그림 (e)와 같이 변 AB의 중점을 지나는 수선 ℓ에 대하여 변 AB의 디자인을 대칭이동시킨다. 그림 (d)와 (e)에서 볼 수 있는 두 가지 이동(평행이동, 그리고 대칭이동)의 합성을 미끄러짐 대칭이동이라 한다.

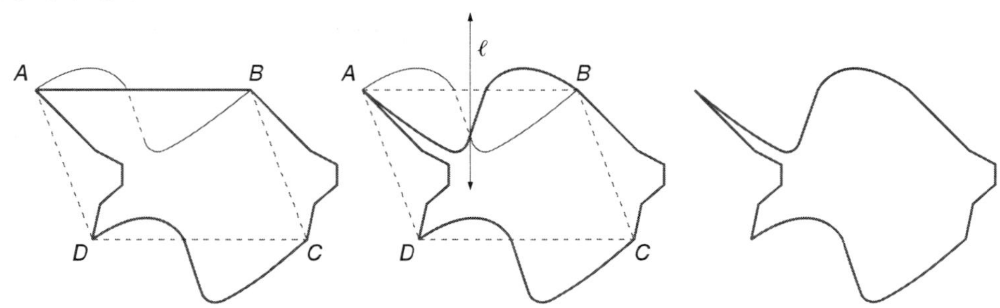

(d) **(e)** **(f)**

a. 위의 그림 (a)−(f)에서 만들어진 패턴은 아래 보이는 테셀레이션을 구성하는 데 이용된다. 하나의 변환을 이용하여 각 행을 아래 행으로 옮길 수 있는가?

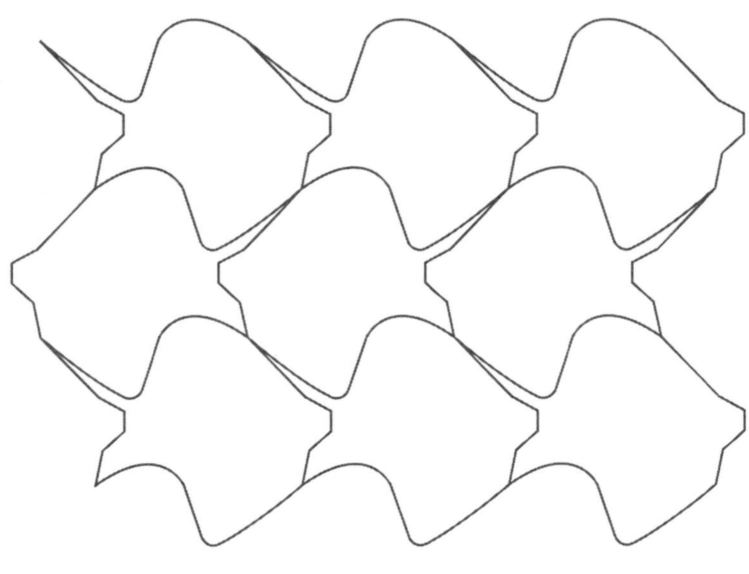

• **변환 :**

b. 정사각형 $ABCD$을 변형시켜서, 두 개의 미끄러짐 대칭이동을 이용한 테셀레이션을 다음과 같이 구성하자. 변 AD를 변형해서 디자인을 만들고 이를 변 BC로 평행이동 한 다음, 변 BC의 중점을 지나는 수선에 대하여 대칭이동 한다. 마찬가지로, 변 AB를 변형시키고 미끄러짐 대칭이동을 통해 변 DC로 이동시킨다. (제안: 투사지를 이용해서 미끄러짐 대칭이동을 실행하여라.)

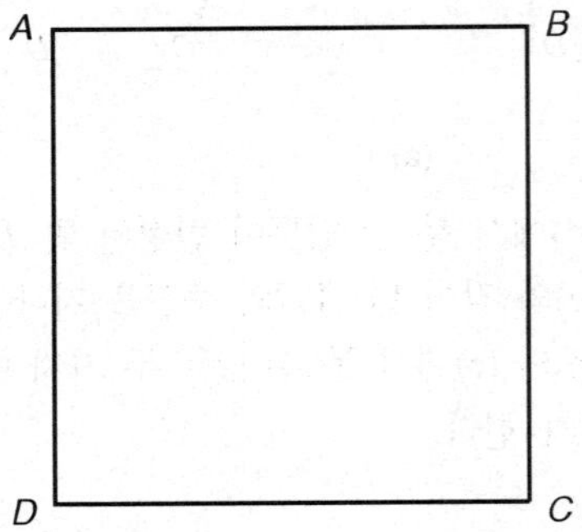

종이퍼즐 1: 종이띠로 만든 정육면체

한 변의 길이가 3cm인 정사각형 8개로 이루어진 이 종이띠를 잘 접어서 모서리의 길이가 3cm인 정육면체를 만드시오.

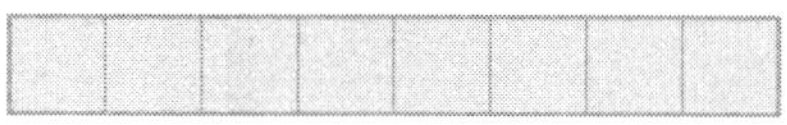

종이퍼즐 2: 숫자 순서대로 접기

8개의 정사각형들로 이루어진 아래의 직사각형은 그림 (a), (b), (c)와 같이 세 번 접으면 1번부터 8번까지 차례대로 나열된다. (주의: 번호가 보이는 면이 뒷면이 될 수도 있다.)

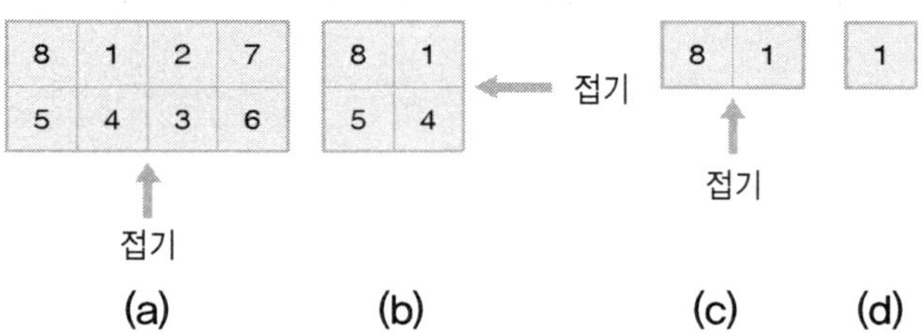

아래 4개의 직사각형도 위와 같이 번호 1에서 8까지 순서대로 보이도록 접을 수 있다. 직사각형을 여러 개 복제해서 번호 순서대로 나열될 수 있게 접어라. 어떻게 접어야 하는지 탐구하고 다른 사람이 과정을 이해할 수 있도록 해답을 기술하여라.

2	1	3	4
7	8	6	5

6	7	5	8
3	2	4	1

8	7	2	5
1	6	3	4

1	8	7	4
2	3	6	5

비슷한 퍼즐을 만들어 보자. 한 가지 방법은 위 과정을 반대로 하는 것으로, 8개의 정사각형으로 이루어진 직사각형을 적당히 접어서 순서대로 나열되게 만들고 난 후에 정사각형에 순서대로 번호를 적는 것이다.

종이퍼즐 3: 종이 조각을 따라 걷기

A4 용지 크기의 종이에 한 걸음만큼의 크기로 구멍을 뚫을 수 있을 만큼 잘라낼 수 있다. 종이 한 장과 가위가 필요하다. 테이프로 붙이거나 풀로 붙이는 것은 필요없다.
(힌트: 종이 한 장을 접어서 접힌 선 위에 세 점 A, B, C를 표시한다. 이제 아래 그림의 점선을 따라 세 번 잘라낸다. 점 A, C를 지나는 절단선은 둘 다 접힌 선까지 연결되지만 종이의 가장자리까지 잘려지는 점 B의 절단선은 접힌 선에 연결되지 않는다. 마지막으로, 점 A에서 점 C까지 접힌 선분을 따라 자른다. 조심스럽게 종이를 펴서 구멍이 얼마나 큰지 확인하시오 이제 다른 종이에 더 많은 개수의 접힌 선위의 절단과 종이 끝에 연결되는 절단을 번갈아 가면서 수행하여 더 큰 구멍을 만들 수 있도록 위 활동을 확장해보자.)

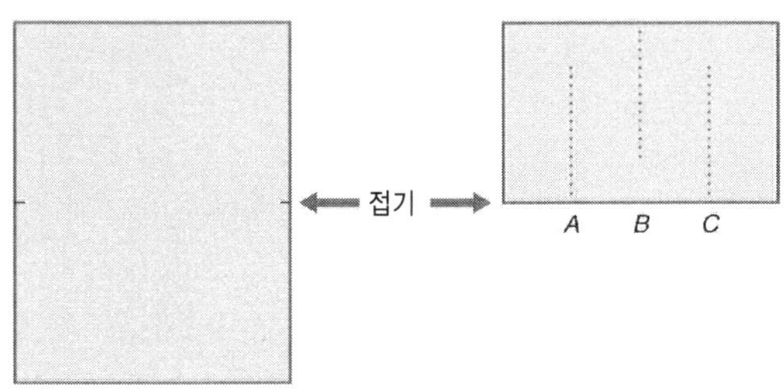

테셀레이션 애플릿

종이 위나 창문에 그림을 그려서 테셀레이션을 구성해 보았다면 이 애플릿의 능력에 감탄하게 될 것이다. 다각형 하나를 그리고 한 변을 변형시킨 다음 클릭해서 테셀레이션의 결과를 살펴보자. 놀라운 결과를 보게 될 것이다.

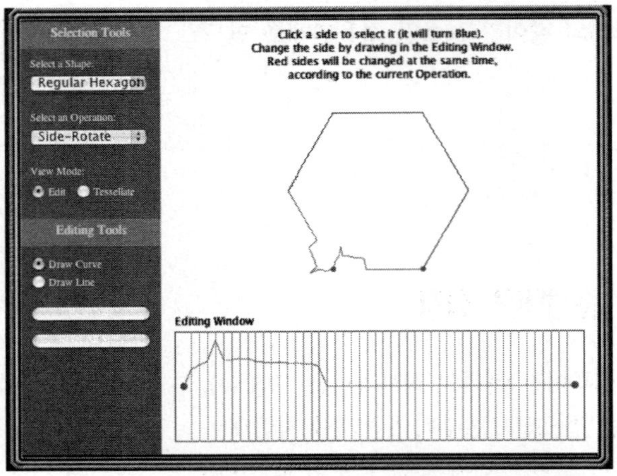

교사를 위한 후속탐구 11.2

1 **교실 상황** : 초등학생이 평행이동 테셀레이션 만들기를 배울 수 있을 것으로 생각되는 기하학 지식이나 학습 목표(expectations)의 목록을 작성해라. 학생이 회전이동 테셀레이션이나 미끄러짐 대칭이동 테셀레이션을 성공적으로 수행했을 때 이 목록에 무엇을 더 첨가할 수 있는가? 자세히 설명하여라.

2 **교실 상황** : 최소한 2개의 초등학생 수준에 적합하다고 생각하는 에셔 타입 그림을 찾아서 복사하여라. 그림과 함께 초등학생 수준에서 이의 수학적 측면에 대한 토론을 시작할 수 있는 될 질문의 목록을 첨부하고, 학생들이 무엇을 알아야 할지에 대하여 설명하여라.

3 **수학 개념** : 모든 사각형은 테셀레이션 가능하다. 그렇다면 아래와 같은 임의의 사각형의 네 변을 변형시켜서 테셀레이션이 가능하게 할 수 있을까? 이 절에서 소개한 방법 중에서 사각형의 네 변을 변형시켜 테셀레이션 구성을 하기 위하여 적당한 것을 선택하여라. 아래 그림의 사각형은 네 변의 길이가 모두 다르고 서로 평행한 것도 없다. 선택한 방법으로 패턴을 만들고 평면 위의 테셀레이션 구성이 가능한지 확인하여라. 결과를 묘사하고 도움을 줄 수 있는 모든 그림을 함께 첨부하여라.

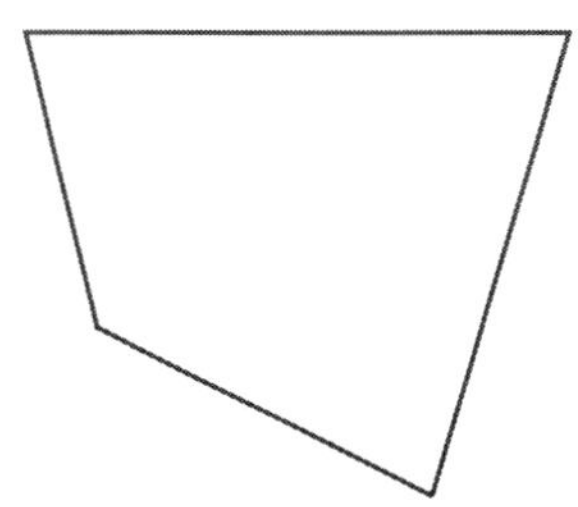

4 **수학 개념** : 온라인러닝센터의 11장 테셀레이션 애플릿에 접속하여라. 이 절의 테셀레이션 중에서 하나를 골라 온라인에서 수행하고 그 결과를 인쇄하여라.

5 **수학 개념** : 테셀레이션을 위한 모형을 만드는 방법의 하나는 활동 1에서와 같이 투사지 위에 자국을 내고, 투사지를 치운 후 그리는 것이다. 또 다른 방법은 변형된 변을 따라 조각을 잘라내고 그림 1과 같이 반대쪽 변에 붙이는 것이다.

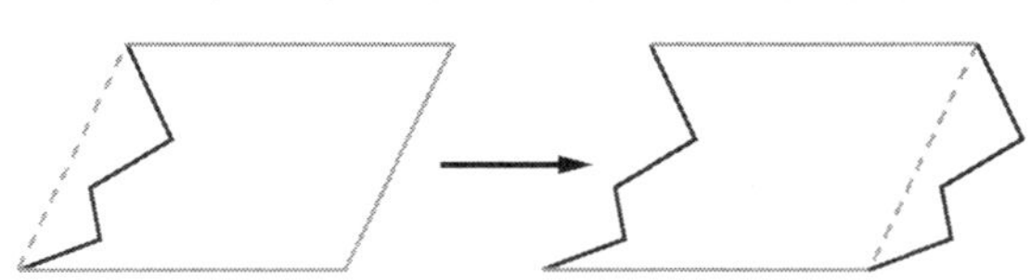

그림 1

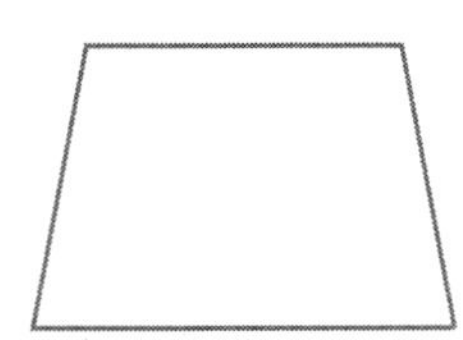
그림 2

a. 이 활동에서 소개된 테셀레이션 중에서 어느 것이 위의 자르고 붙이는 과정으로 만들어질

수 있는가? 당신의 생각을 설명하여라.

b. 위 그림 2의 등변사다리꼴에 대하여 자르고 붙이는 방법을 이용해서 새로운 패턴을 만든 다음, 이를 이용해서 에셔 타입의 테셀레이션을 구성한다. 독자가 당신의 패턴을 확장할 수 있는 충분한 정보를 얻을 수 있을 만큼 초기 과정을 자세히 묘사하시오.

6 NCTM **규준** : 이 책의 뒤에 있는 규준 요약에 5개의 과정 규준(Process Standards)이 있다. 과정 규준은 내용 지식을 획득하고 이용하는 방법에 대하여 토론한다. 이 절의 활동이 어느 과정 규준의 어떤 학습 목표에 어떻게 적용되는지 설명하고, 이 학습 목표와 규준을 진술하여라.

BENNETT-BURTON-NELSON 웹 사이트

www.mhhe.com/bbn

웹 교구
대화형 애플릿
퍼즐내는 사람
모눈종이와 점종이
투명색지
보충된 참고문헌
링크와 읽을 자료
Geometer Sketchpad 모듈

활동 모음 11.3 비정형화된 측정을 위한 도구

▶▶ 목표

닮음 삼각형의 성질을 이용해서 거리를 측정하기 위한 방법과 단순한 도구를 제작한다.

▶▶ 준비물

테이프, 빨대, 끈, 키친타월 속대, 작은 저울, 큰 자, 압정 여러 개, 자료 카드 38의 측고기와 경사계, (무엇을 만드는지에 따라) 자료 카드 19의 자와 각도기. 활동 4를 위한 명함이나 두꺼운 종이.

▶▶ 도입

기원전 2세기, 그리스의 천문학자 히파르쿠스(Hipparchus)는 기하학의 간단한 정리를 적용해서 거리를 간접적으로 측량했다. 그는 달까지의 거리 외에도 여러 가지 천문학적 거리를 계산했다. 히파르쿠스가 이용했던 정리는 닮은 두 삼각형의 대응하는 변의 길이의 비는 같다는 것이다. 이 중요한 정리는 토지 측량, 지도 제작, 선박 항해에 이용된다.

두 삼각형이 닮기 위해 필요 충분한 조건은 대응하는 두 각의 크기가 각각 같은 것이다. 아래 주어진 두 삼각형은 각 A와 각 D가 같고 각 C와 각 F가 같기 때문에 서로 닮았다. (삼각형의 두 각의 크기가 같다면 나머지 한 각의 크기도 같게 되는 이유는 무엇일까?)

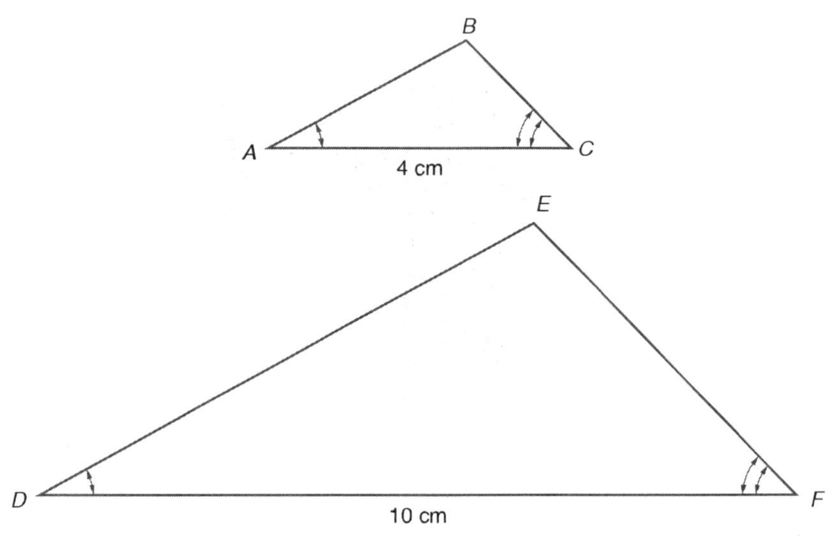

히파르쿠스는 두 삼각형이 닮기 위해서는 변의 길이의 비가 일정해야 함을 알았다. 예를 들어, 변 DF는 변 AC에 대응되고 그 길이는 2.5배 더 길다. 변의 길이를 모두 측정해서 알아보면 다음과 같이 서로 대응하는 변끼리 같은 관계를 만족함을 알아볼 수 있다. 즉,

$$\overline{DF} = 2.5 \times \overline{AC} \quad \overline{FE} = 2.5 \times \overline{CB} \quad \overline{ED} = 2.5 \times \overline{BA}$$

한 삼각형의 두 변의 길이의 비는 다른 삼각형의 대응하는 변의 길이의 비와 같음에 주의하자. 예를 들면,

$$\frac{\overline{AB}}{\overline{AC}}=\frac{3}{4}\text{이고 }\frac{\overline{DE}}{\overline{DF}}=\frac{2.5\times 3}{2.5\times 4}\text{이므로, }\frac{\overline{AB}}{\overline{AC}}=\frac{\overline{DE}}{\overline{DF}}$$

마찬가지로, 다음 비율도 같다.

$$\frac{\overline{AB}}{\overline{BC}}=\frac{\overline{DE}}{\overline{EF}},\ \frac{BC}{AC}=\frac{EF}{DF}$$

이 활동 모음의 모든 측정 방법과 도구는 닮은 삼각형의 대응하는 변의 길이의 비가 같음을 이용한다.

---

1 관측 수단 : 어떤 물체까지의 거리는 그 물체의 크기가 대략적으로 알려져 있을 때 다음과 같이 구할 수 있다. 즉, 앞으로 팔을 쭉 뻗고 자를 세워 든다. 이제 측정하고자 하는 대상의 크기(키)를 추정한다. 자의 꼭대기가 관찰자의 눈과 대상이 된 사람의 머리를 잇는 직선 위에 오게 정하고, 엄지 손가락으로 관찰자의 눈과 대상이 된 사람의 발을 연결하는 직선에 위치한 자의 지점을 짚어 표시한다.

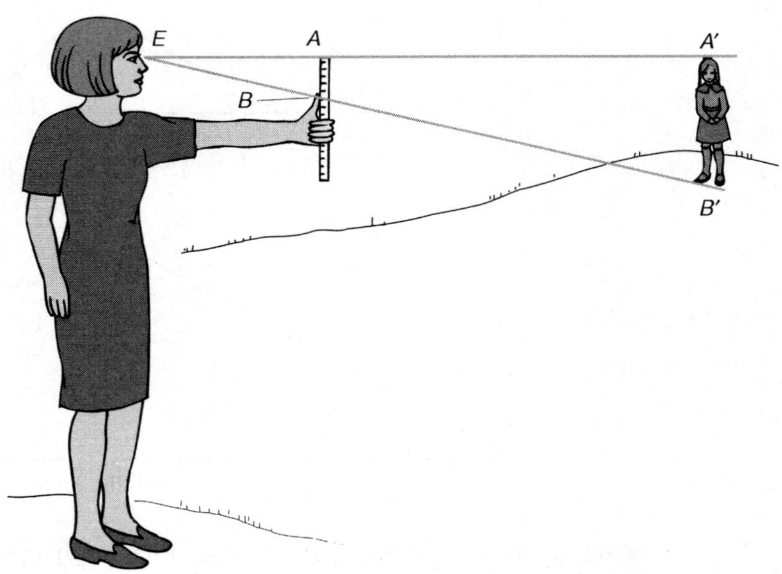

***a.** 관찰자의 눈(점 E)과 자의 꼭대기, 그리고 엄지 손가락으로 짚은 자의 지점을 연결한 삼각형 EAB를 만든다. 또한 관찰자의 눈과 대상이 된 사람의 머리와 발을 연결한 또 다른 삼각형 $EA'B'$를 구성한다. 두 삼각형은 왜 닮았는가?

b. 관찰자의 눈에서 자까지의 거리를 측정하여 그림과 같이 선분의 길이 EA를 알아본다. 이때 선분 AB는 자를 이용해서 잴 수 있다. 이 두 길이를 기록하고 거리를 재고자 하는 사람의 키 ($\overline{A'B'}$)를 추정해보자.

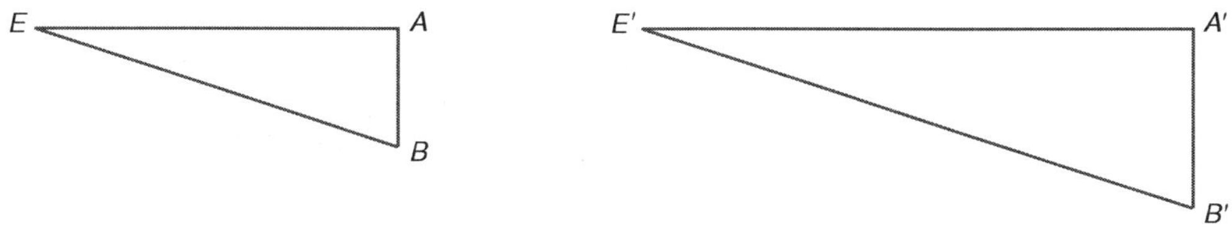

c. 삼각형 EAB와 삼각형 $E'A'B'$의 닮음을 이용하여 대상이 된 사람까지의 거리 EA'를 추정해보자.

2 **스카우트 관측법** : 거리를 어림 추정하는 오래된 스카우트들의 방법이 있다. 이 방법은 자가 필요 없다. 스카우트는 왼쪽 눈은 감은 채 팔을 쭉 뻗어 오른쪽 눈으로 손가락의 끝에서 대상이 되는 물체 T를 본다. 그 다음엔 오른쪽 눈을 감고 왼쪽 눈으로 고정된 다른 물체 R을 관찰한다. 두 물체 사이의 거리를 알아보고 여기에 10배를 하면 관찰자에서 이 물체들까지 원하는 거리를 추정할 수 있다.[2]

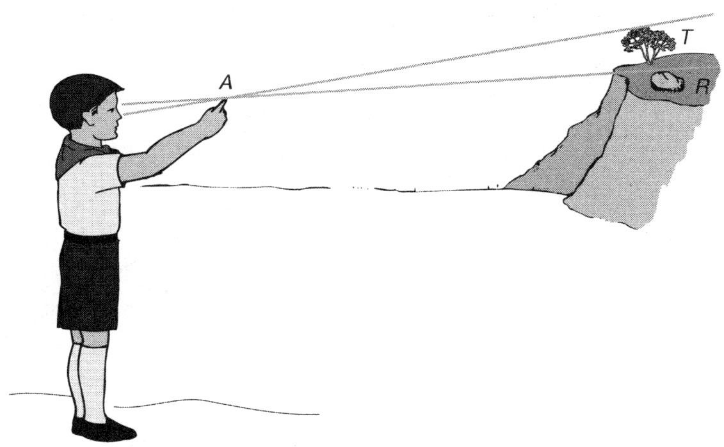

a. 다음 도형에서 E_1, E_2는 관찰자의 두 눈을 나타내고 A는 손가락, T는 나무, 그리고 R은 바위를 나타낸다. 삼각형 E_1E_2A와 삼각형 TRA가 닮은 이유는 무엇인가?

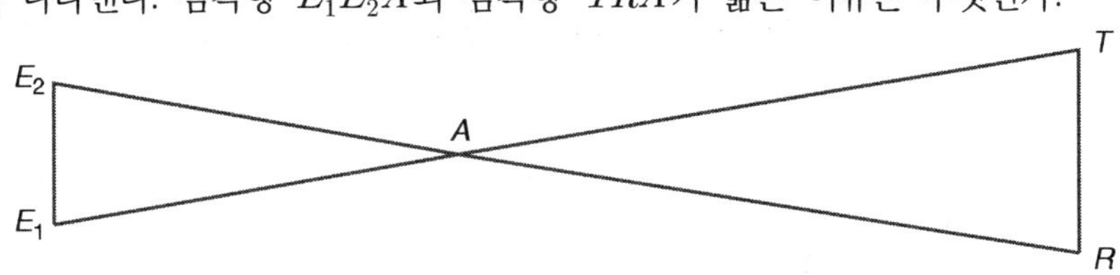

b. 관찰자의 두 눈 사이의 거리가 7.5cm이고, 눈에서 손가락까지의 거리는 75cm이다. 나무와 바위 사이의 거리를 90미터로 추정한다면 관찰자의 손가락에서 나무까지의 거리는 얼마인가? 즉, 선분 AT의 길이를 구하고 당신의 생각을 설명하여라.

[2] 초보적인 관측 방법을 더 찾고 싶으면, C. N. Shuster & F. L. Bedford, *Field Work in Mathematics*(East Palistine, OH: Yoder Instruments, 1935): 56-57을 보아라.

c. 스카우트 관측법은 선분 E_1A의 길이(눈에서 손가락까지의 거리)가 E_1E_2(두 눈 사이의 거리)의 10배가 된다는 가정을 기초로 한다. 앞으로 팔을 쭉 뻗고 눈에서 위로 세워진 손가락까지 거리를 측정하고, 두 눈 사이의 거리를 재어라. 이 결과를 아래 그림에 적는다. 스카우트 관측법에서 10배를 하는 것이 타당한가? 그렇지 않다면 어떤 수를 이용해야 하는가?

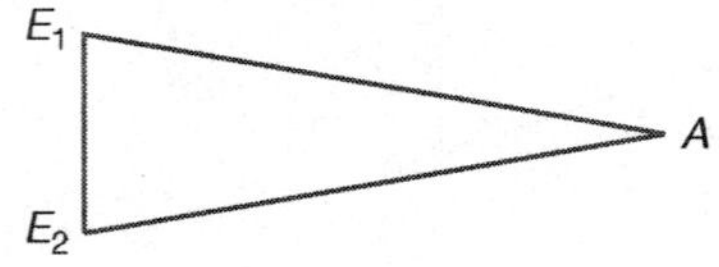

$$\frac{\overline{E_1A}}{\overline{E_1E_2}} = \underline{\qquad\qquad}$$

***d.** 방 안의 물건과 같이 측정하고자 하는 물체가 가까운 거리에 있을 때는 눈에서 손가락까지의 거리에 주의해서 스카우트 관측법으로 거리를 계산해야 한다. 그러나 비교적 먼 거리에 위치한 물체의 경우엔 눈에서 손가락까지의 거리 E_1A를 무시해도 된다. 그 이유를 설명하여라.

3 **스타디아경**(stadiascope) : 스타디아경은 활동 1의 관측방법과 같은 원리로 작동된다. 이 기구의 한쪽 끝에는 가늠 구멍이 하나 뚫려 있고, 다른 쪽 끝에는 실을 여러 줄로 걸쳐 놓았다. 아래 그림의 스타디아경은 27cm의 키친타월 속대를 이용해서 만든 것이다. 실은 1cm 간격으로 배열되어 있다. 종이로 키친타월의 옆면을 싸고, 가늠 구멍은 반대편 끝의 가장 아래쪽 실의 높이와 같은 높이에 낸다.

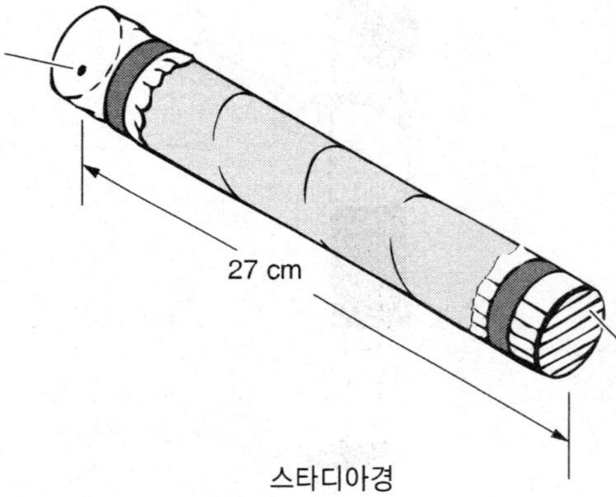

스타디아경

다음 그림은 스타디아경이 트럭까지의 거리를 재는 방법을 보여준다. 트럭은 스타디아경으로 보면 반대편 구멍의 아래 끝에서 4칸(실로 된)까지의 높이로 보여진다. 트럭의 높이는 3m라 가정한다.

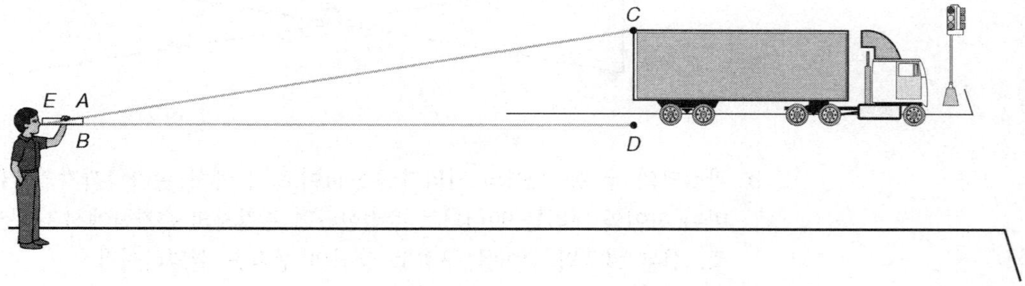

a. 점 E는 가늠 구멍이고, 점 A, B는 트럭이 보이는 스타디아경의 아래 끝과 위 끝을 각각 나타낸다. 삼각형 EBA와 삼각형 EDC는 직각삼각형이다. 이들이 닮은 이유를 설명하여라.

***b.** 삼각형 EBA와 삼각형 EDC가 닮았으므로 대응하는 변의 길이의 비는 같다. 이를 이용하여 ED의 길이를 미터 단위로 계산하여라. (주의: EB, AB의 길이는 센티미터 단위로 나타낼 수 있지만 CD의 길이는 미터 단위로 재었다.)

$$\frac{\overline{ED}}{\overline{EB}} = \frac{\overline{CD}}{\overline{AB}}$$

***c.** 스타디아경의 두 칸만큼 보이는 사람의 키를 180cm로 추정했다. 이 사람은 관찰자로부터 얼마나 떨어져 있을까?

d. 직접 만든 스타디아경을 이용해서 사물의 높이나 거리를 재어 보고, 직접 측정한 결과와 비교하여 확인하여라.

4 **경사계**(Clinometer) : 사물의 높이를 재는 경사계는 만들기 쉬운 도구이다. (자료 카드 38을 보자.) 이것은 중세 시대 중요한 도구였던 사분의(quadrant)와 배의 위치를 재는 데 쓰였던 도구인 육분의(sextant)의 단순화된 형태다. 이들 도구는 앙각(올려다본 각)을 재는 데 유용하도록 구성된 것으로, 호 위에 적당한 간격에 따라 각을 배열해 놓는다. 아래 경사계의 호에는 0°에서 90°까지 표시되어 있다. 경사계의 위에 붙여놓은 빨대 구멍으로 보이는 대상에 대하여, 각 BVW의 값은 경사계의 호를 따라 읽을 수 있다. 각 BAC는 경사계가 기울어져 올라간 각도이다.

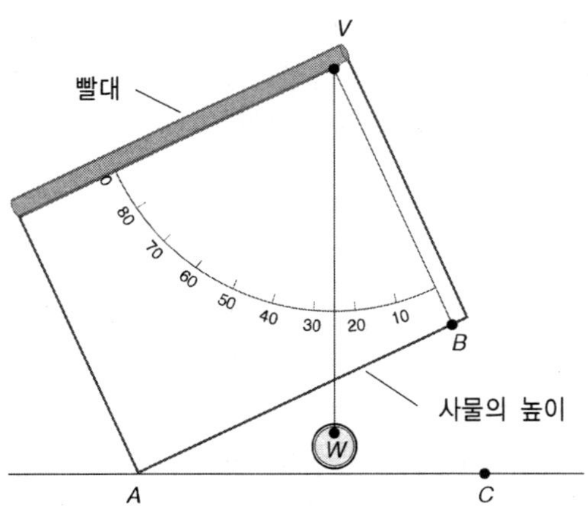

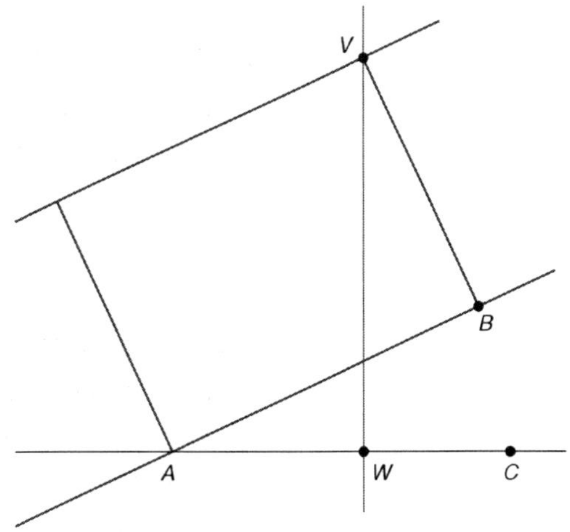

a. 그림 2를 이용하여 경사계의 각 BVW와 앙각 BAC의 관계를 결정하여라.

b. 다음 그림에서 경사계를 이용하면 관찰자의 눈에서 나무 끝까지의 앙각 $\angle TER$은 18°가 된다. 이제 직각삼각형 ETR의 축척도를 그릴 수 있다. 삼각형 ETR의 축척도가 어떻게 관찰자의 눈과 나무의 양끝을 잇는 실제 삼각형 ETR과 닮게 되는지 설명하여라.

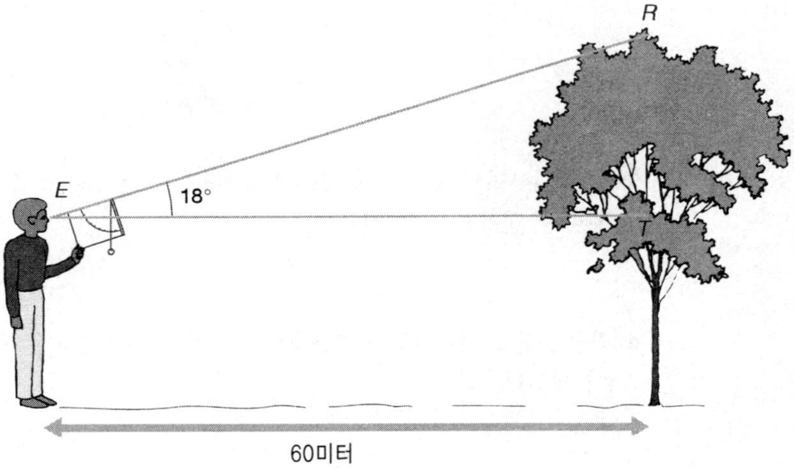

***c.** 관찰자의 발에서 나무의 밑둥까지의 거리가 60m라고 가정하자. 자를 이용해서 길이 ET의 축척을 정하자. 예를 들면 길이 ET는 밀리미터로 단위를 바꾸어 축을 정할 수 있다. 실제 길이 ET의 길이가 60m이면 밀리미터 축척도에서는 어떻게 나타내야 할까? 또한 우리가 정한 축척에 의해 길이 TR의 길이를 찾아라.

d. 관찰자의 눈은 땅에서 150cm 위치에 있다. 나무의 높이는 얼마인가?

e. 자료 카드 38을 종이에 붙여서 만든 경사계를 이용해서 어떤 물체의 높이를 측정한다. 닮은 삼각형을 그리고 축척을 정하고 어떻게 물체의 높이를 구했는지 설명하여라. **주의** : 지면에서 눈높이까지의 거리를 명시하는 것을 잊지 마라.

5 **측고기(hypsometer)** : 측고기는 경사계와 같은 목적으로 이용되지만 각을 측정해야 하는 필요성을 없앤 것이다. (자료 카드 38을 보자.) 점종이는 측고기의 축척을 정하는 데 쓰인다. 예를 들면, 관찰자가 건물의 꼭대기를 올려 보았을 때 측고기의 줄이 아래 그림과 같이 늘어져 있다고 가정하자. 관찰자가 빌딩의 바닥에서 55m 높이에 서 있다면, 측고기의 오른쪽 칸에 10m 간격으로 축척을 정해서 눈금을 표시한다. 동일한 축척이 측고기의 아래쪽 칸에도 사용되어야 한다. 이제 오른쪽 눈금의 55m 지점에서 시작해서 왼쪽으로 화살표를 따라 줄의 위치까지 이동한 다음 아래쪽 격자 방향을 따라 이동하면, 빌딩의 높이는 25m에 관찰자의 눈까지의 거리 55m를 더한 것과 같다는 것을 알 수 있다.

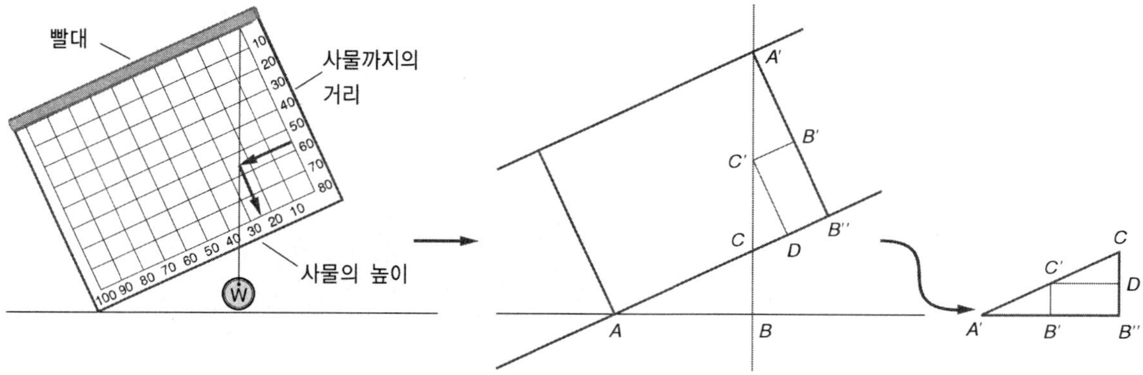

a. 삼각형 ABC가 삼각형 $A'B'C'$과 닮은 이유를 설명하고 왜 $\overline{B'C'} \cong \overline{B''D}$인지 답하여라.

b. 닮은 삼각형을 이용해서 측고기가 작동하는 원리를 설명하여라.

***c.** 어떤 물체를 측고기로 보았더니 위에서 보았던 것과 같은 위치에 줄이 늘여진다. 지면에서 관찰자의 눈까지의 거리가 1.5m 일 때, 70m 거리에 있는 대상 물체의 높이를 결정하여라.

d. 대상의 높이를 알 때, 측고기를 이용해서 지면까지의 거리를 알 수 있다. 지면에서 관찰자의 눈까지의 거리가 1.5m일 때, 위 측고기와 같은 줄의 위치에 대하여 30m 높이의 나무의 밑둥까지의 높이를 결정하여라.

e. 자료 카드 38을 이용해서 측고기를 만들고 물체의 높이를 측정한다. 측고기의 줄의 축척과 위치를 적고, 어떻게 높이를 구했는지 설명하여라.

6 **자오의(transit)** : 자오의(또는 측량위theodolite)는 토목 공학에서 수평, 수직각을 재는 가장 중요한 기구 중 하나이다. 초기 형태는 수평각만 잴 수 있는데, 아래 그림에서 보이는 것과 같이 단순한 형태였다. 자오의를 만들기 위해 자료 카드 19의 각도기를 미터 막대기(또는 가늘고 긴 판자)에 붙이고 각도기의 중앙에 빨대를 핀으로 고정시킨다.

다음 그림은 자오의가 요새까지의 거리를 어떻게 측량하는지 보여준다. 길이 AB는 강의 왼쪽 제방에 말뚝으로 표시되어 있다. 점 B에 서서 길이 AB에 평행하게 자오의를 들고 있으면 각 FBA를 잴 수 있다. 같은 방법으로 점 A에 서서 길이 AB에 평행하게 자오의를 들고 있으면 각 FAB를 잴 수 있다. 두 말뚝 사이의 거리는 줄자로 재거나 걸어보아서 잴 수 있다. 이 경우 두 말뚝 사이의 거리는 500m이다. 종이 위에 닮은 삼각형을 그려서 요새와 두 말뚝을 잇는 삼각형을 대신한다. 각 A와 각 B가 실제 자오의로 관측한 값을 갖게 되면, 이 삼각형은 실제 삼각형과 닮게 된다.

a. 자를 이용해서 그림의 길이 AB가 500m를 나타낼 수 있도록 축척을 정한다. 이 축척을 이용하여 A지점에서 요새, F,까지의 실제 거리를 찾을 수 있다. 거리는 몇 미터에 가까운가?

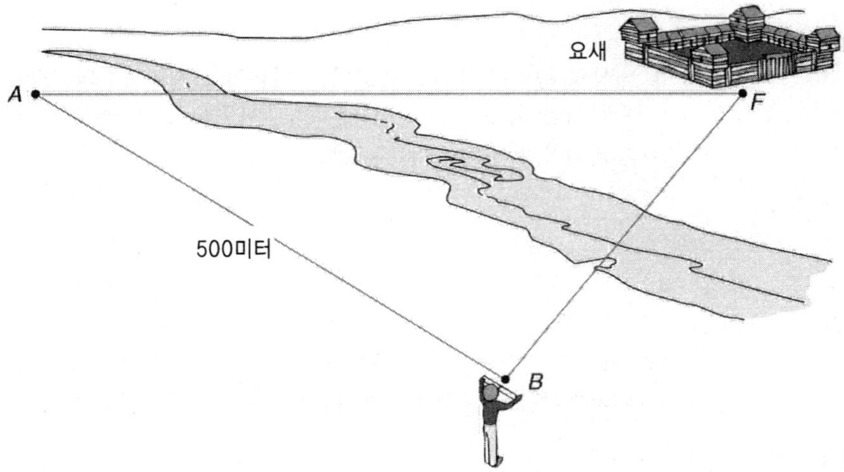

*b. 벌판에 있는 나무와 바위, 우물 등의 지도를 만들기 위해 어떻게 자오의를 사용할 것인지 설명하여라. 측량해야 하는 각과 거리의 최소 개수는 얼마인가?

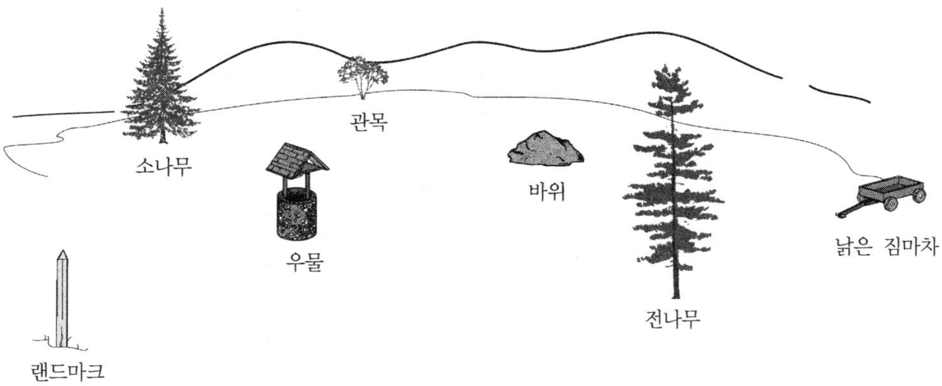

놀이 활동

그림 확대

다음은 토끼 그림이다. 그림을 2배 확대해서 복사하고 싶다고 하자. 자동 확대 기능이 있는 복사기를 바로 이용할 수 없을 때 다음과 같은 방법을 이용할 수 있다. 그림 b와 같이 토끼 위에 반투명 점종이를 놓는다.

그림 b의 점종이의 격자를 변의 길이를 2배의 확대한 격자로 구성된 새로운 점종이를 그려서, 격자 하나에 들어 있는 토끼 그림의 조각을 변의 길이가 2배 확대된 큰 점종이에 다름은 모양으로 베껴서 옮긴다.

(a)

(b)

아래 있는 점종이는 앞 장의 그림 b에서 5개의 정사각형이 옮겨진 것이다. 나머지 부분도 베껴서 그림 확대를 완성하여라. 사진이나 만화, 또는 그림을 하나 고르고 점종이를 이용해서 확대해보자. 적당한 점종이를 선택하면 우리가 원하는 만큼 확대할 수 있다.

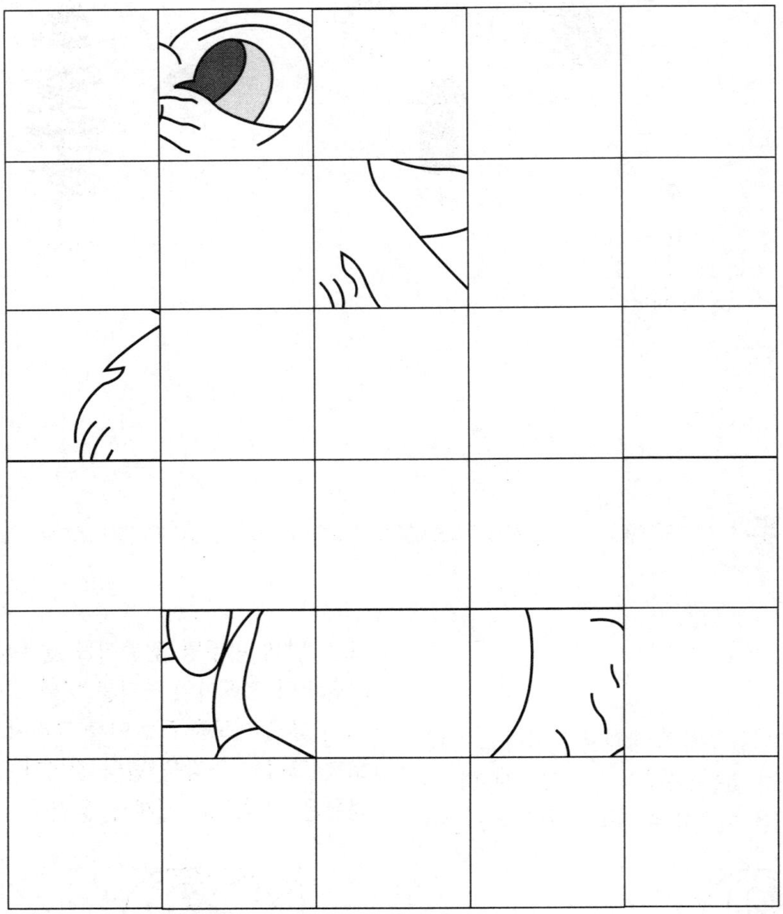

교사를 위한 후속탐구 11.3

1 **교실 상황** : 학생 한 명이 모든 정사각형은 닮았는지 질문을 한다. 이에 대해서 학생과 같이 탐구할 것인지 설명하여라.

2 **교실 상황** : 한 학생이 두 직사각형이 닮았는지 알아보기 위해 작은 직사각형을 그림과 같이 큰 직사각형의 구석에 놓는 방법을 이야기한다. 즉, 큰 직사각형의 변에 놓이지 않은 작은 사각형의 꼭짓점 X가 큰 사각형 대각선 AC위에 놓이면 두 직사각형은 닮았다는 것이다. 이 학생의 의견이 옳은지 그렇지 않은지 설명하여라.

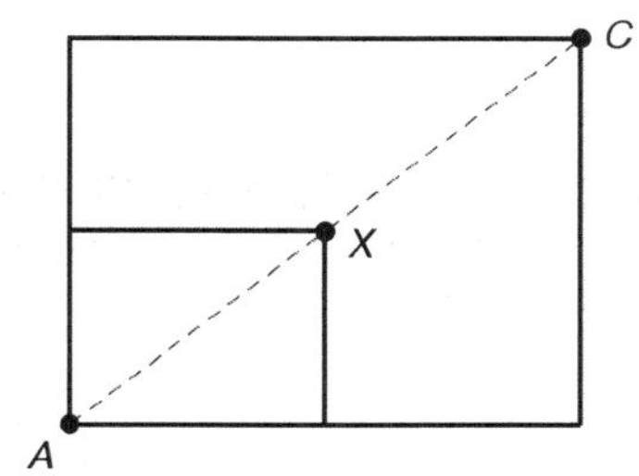

3 **수학 개념** : 패턴 블록을 이용해서 아래 그림 (1)을 구성하여라. 다시 패턴블록을 이용하여 그림 (1)과 닮은 도형을 만드는데, 기존 도형과의 변의 길이의 비가 2 : 1이 되게 하고 그 결과를 스케치하여라.

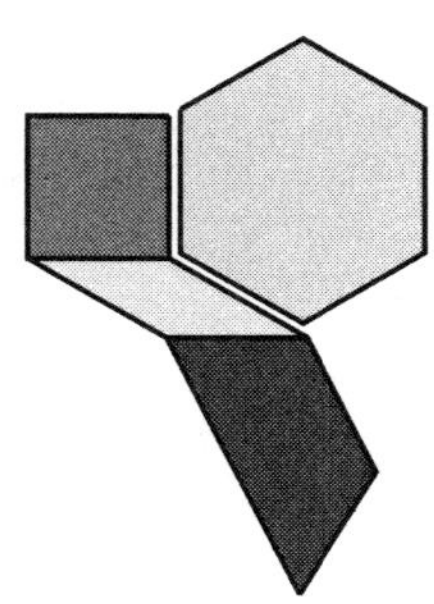

4 **수학 개념** : 센티미터 간격의 점종이에 아래 그림 (1), (2)의 변의 길이에 대하여 2 : 3의 비율인 변의 길이를 갖는 닮은 도형을 그려라. 새로운 도형의 넓이와 그림 (2)의 넓이를 비교하여라. 그림 (2)의 넓이의 몇 배가 되는가? 센티미터 점종이는 온라인러닝센터에서 다운로드받을 수 있다.

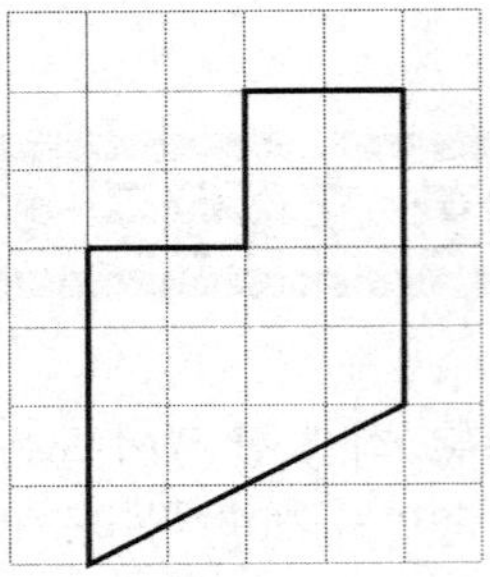

(2)

4 NCTM **규준** : 3학년에서 5학년까지 닮음을 탐구하는 활동의 예를 찾아보자. 이 활동은 어떤 학습목표와 규준에 위치하는가? 학습목표와 규준을 진술하고 왜 당신의 활동에 이들이 적당한지 설명하여라.

BENNETT-BURTON-NELSON 웹사이트

www.mhhe.com/bbn

웹 교구
대화형 애플릿
퍼즐 내는 사람
모눈종이와 점종이
투명색지
보충된 참고문헌
링크와 읽을 자료
Geometer Sketchpad 모듈

초등학교 교실활동 ▶▷▶ 에셔 타입의 테셀레이션 만들기

▶▶ **목표** 초등학생들에게 에셔 타입의 테셀레이션을 만드는 방법을 소개한다.

▶▶ **연결성** 에셔의 테셀레이션 작품을 복사해서 학생들에게 연습해보게 한다. (예를 들어, 활동 모음 11.2의 시작 페이지를 보자.) 많은 학생들이 그의 작품을 이미 보았을 수 있다. 학생들에게 같은 패턴이 보이는지 물어보고, 오늘 학생들 스스로 에셔 타입의 그림을 만들어 볼 것이라고 애기한다.

사진에서 보이는 에셔 타입의 작품은 초등학교 4학년 학생의 작품이다.

▶▶ **준비물** 스카치 테이프, 가위, 자. 카드와 그림을 그릴 큰 종이. (카드는 수업 전에 각 학생마다 하나씩 가로 2, 세로 4의 비율로 만든다. 오래된 파일 폴터와 같이 두꺼운 재질이 좋다.)

1 여러 개의 카드와 준비물을 학생들에게 나누어 준다. 카드 위에 두 점 (P, Q와 같이)을 찍고 오른쪽 그림과 같이 각각의 점에서 직사각형의 꼭짓점과 변까지 선으로 잇는다. OHP를 이용해서 학생들이 설명하도록 해도 좋다.

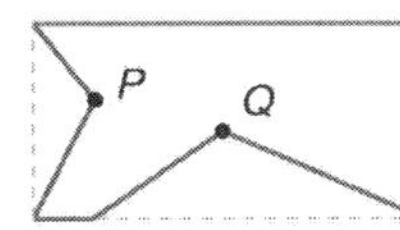

2 직사각형의 왼쪽 삼각형을 잘라내어 오른쪽 변으로 옮겨서 조심스럽게 붙인다.

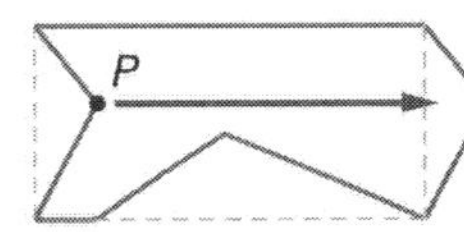

3 같은 방법으로, 아래 변의 삼각형을 잘라내어 위로 평행이동해서 윗변에 조심스럽게 붙인다.

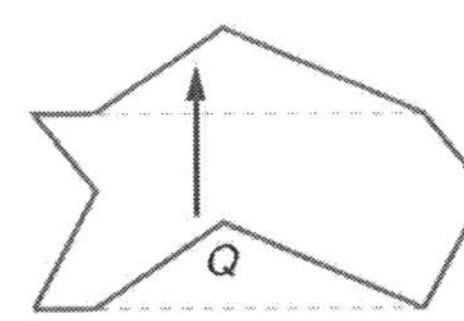

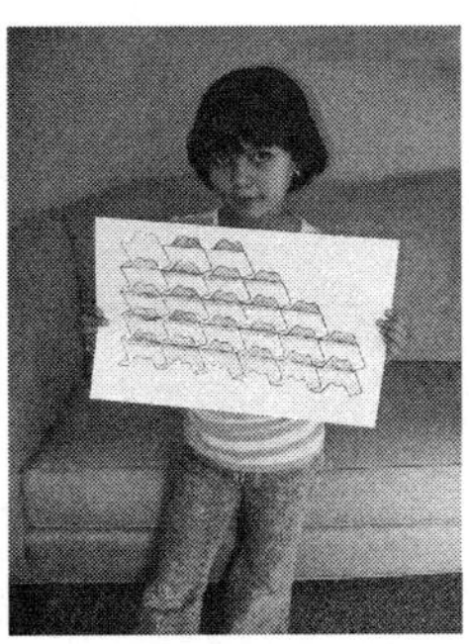

자신의 작품을 자랑스럽게 들고 있다.

4 이제 테셀레이션을 구성할 수 있는 패턴이 하나 만들어졌다. 각자의 종이 가운데에 이 모형을 놓아서 연필로 테두리를 따라 그리고, 그려진 도형의 모서리에 모형을 맞춰서 놓아서 그 테두리를 계속 그린다. 첫 번째로 그려진 도형에서 모든 방향으로 그림을 확장시켜서 테셀레이션을 만든다.

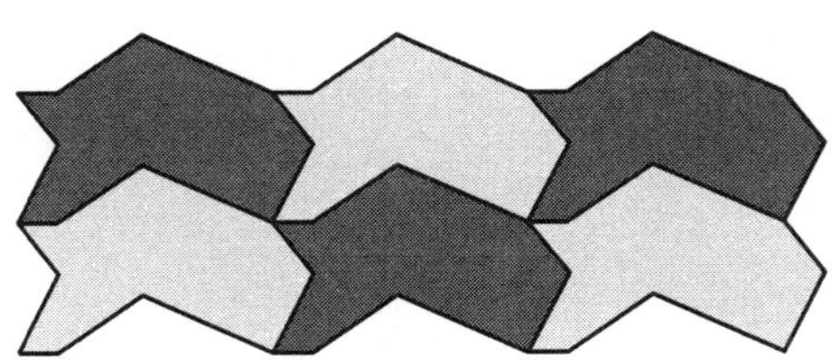

5 테셀레이션 작업을 끝낸 다음에 색을 칠하거나 반복되는 도형(얼굴, 날개, 귀, 지느러미, 그 외 단순한 디자인)을 첨가할 수 있다.

6 (선택) 다른 테셀레이션을 만들고자 하는 학생들이 있을 수 있다. 시작하는 도형은 정사각형, 평행사변형, 또는 직사각형이 좋다. 가장자리에서 삼각형 외의 다른 도형을 잘라서 위에서 보았던 것과 같이 반대편의 변에 붙이는 것도 가능하다.

정답 및 해설

활동모음 1.1

1 **a.** 다음은 서로 다른 여러 방법 중 일부분이다.

(1) 7번째 패턴은 6번째 패턴보다 삼각형이 하나 더 많다.

(2) 6번째 패턴에서는 위로 향한 삼각형과 아래로 향한 삼각형의 개수가 같다.

(3) 6번째 모양을 평행사변형을 이루고, 7번째 모양은 사다리꼴을 이룬다.

b. 15번째 모양은 15개의 초록 삼각형을 한 줄로 포함할 것이다. 그 모양은 사다리꼴이 될 것이며, 8개의 삼각형은 위로, 7개의 삼각형은 아래로 향해 있을 것이다.

3 **a.** 이 배열에서 새로운 모양은 이전 모양이 오른쪽에 하나의 블록을 추가해서 만들어진다. 첫째 모양과 그 이후에 모든 셋째 모양에서는 노란색 정육각형을 추가한다. 둘째 모양과 그 이후의 모든 셋째 모양에서는 흰색 마름모를 추가한다. 셋째 모양과 그 이후의 모은 셋째 모양에서는 주황색 정사각형을 추가한다.

b. 마름모이다. 패턴은 3의 배수를 따라서 반복되므로 모든 셋째 모양에서는 오른쪽에 정사각형이 추가된다. 15번째 모양은 오른쪽에 정사각형을 가지고, 16번째는 오른쪽에 정육각형을 가지고, 17번째는 마름모를 가진다.

c. 20번째 모양 안에는 정육각형 7개, 마름모 7개, 정사각형 6개를 가진다. 3의 배수번째 모양에는 각각의 블록의 개수가 같다. 18번째 모양에는 각각의 블록의 개수가 6이다. 19번째에는 정육각형이 더해지고, 20번째에는 마름모가 더해진다.

d. 각각의 블록은 19개이다.

6 다음은 한 가지 방법이다. 다른 방법도 있을 수 있다. 배열 I: 이전 모양의 각각의 열 위에 각각 하나씩의 정사각형을 추가한다.

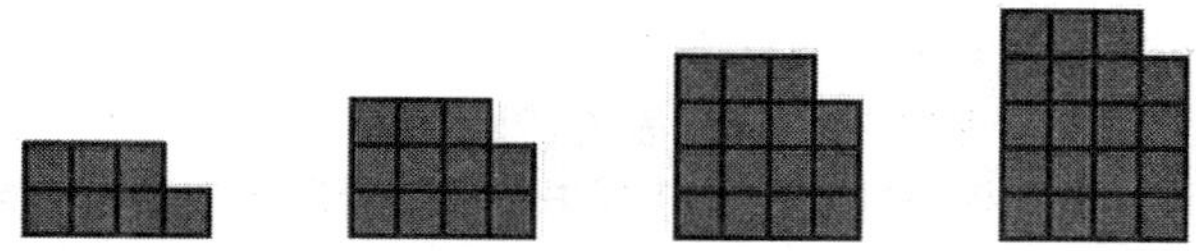

7 배열 II: 정사각형 10개, 정삼각형 19개 그리고 마름모 9개이고 오른쪽 끝은 정삼각형이다. 36번째 모양은 4번째 그림은 9번 복제한 모양이므로, 그것은 정사각형 9개, 정삼각형 18개 그리고 마름모 9개이다. 38번째 모양을 얻기 위해서는 정사각형 1개와 정삼각형 1개를 더 추가하면 된다.

활동모음 1.2

1 **a.** 10번째 홀수(즉 10번째 모양에 있는 타일의 개수)는 19이다.

b. 그것을 기술할 수 있는 여러 가지 방법이 있다. 다음은 한가지 방법이다: 20번째 모양은 타일로 만든 L처럼 보일 것이다. 20개의 타일이 수직 부분을 만들기 위해서 필요하고, 수평 부분을 완성하기 위해서는 19개의 타일이 추가로 필요하다. 따라서 총 $20+19-30$개의 타일이 필요하므로 20번째 홀수는 39이다.

c. 다음은 그것을 기술하는 한 가지 방법이다: 50번째 그림은 수평 방향으로 50개의 타일을, 수직 방향으로는 49개의 타일을 가질 것이다. 그것은 총 $5+49=99$개의 타일을 포함할 것이다.

d. 다음은 몇 가지 방법들이다.

(1) 어떤 그림수에 그 그림수에서 1을 뺀 수를 더한다: $n+(n-1)$

(2) 그림수에 2를 곱하고 1을 뺀다: $1:2n-1$

(3) 그림수를 제곱하고, 그로부터 그 그림수에서 1을 뺀 수를 제곱한 수를 뺀다.

3 **b.** 배열에서 넷째 항은 20이고 열째 항은 44이다. 주어진 어떤 그림수에 4를 곱한다. 그 결과에 4를 더하면 타일의 전체 개수가 된다.

5 **a.** 다섯째 계단은 15개의 타일로 이루어지고, 열째 계단은 55개의 타일로 이루어진다.

b. 50번째 계단은 1275개의 타일을 이루어진다.

c. 100번째 계단

d. $(100 \times 101) \div 2 = 5050$

e. 1부터 어떤 지정된 수(이것을 마지막 수라고 부르자)까지의 연속된 자연수들의 합은 타일로 만들어진 계단들로 나타낼 수 있다. 계단 안에 있는 타일의 숫자는 한 변의 길이가 마지막 수이고, 다른 한 변의 길이가 마지막 수 +1인 직사각형의 절반이다. 따라서 $1 + 2 + 3 + 4 + \cdots +$ 마지막 = (마지막 수) × (마지막 수 + 1) ÷ 2

놀이활동

1 배열이 "나를 사랑한다"로 시작한다면, 꽃잎의 개수가 홀수인 데이지 꽃의 경우, 마지막 대답이 "나를 사랑하지 않는다"가 될 것이다.

활동모음 1.3

2 a.

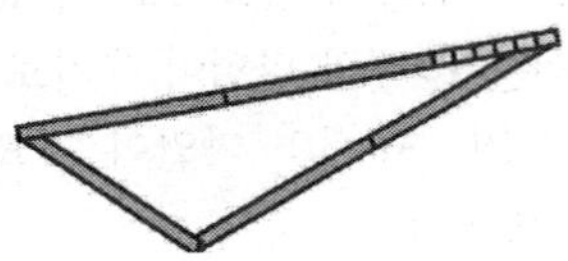

b. 삼각형의 둘레는 변량 조각 5개와 단위 6개로 나타낼 수 있다. 둘레는 66이므로 변량 조각 5개는 단위 60개를 나타낸다. 그러므로 변량 조각 한개는 12개의 단위를 나타낸다. 삼각형의 세 변은 각각 12 단위, 24 단위 그리고 30 단위이다.

4

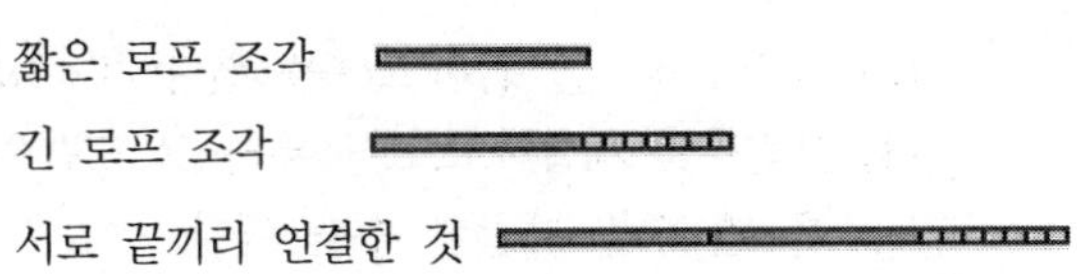

끝끼리 연결하면 길이가 75미터이다. 그러면 변량 조각 2개는 68미터(75 − 7)를 나타내는 것이 되고, 변량 조각 한 개는 34미터이다. 따라서 짧은 조각은 34미터이고 긴 조각은 41미터이다.

6

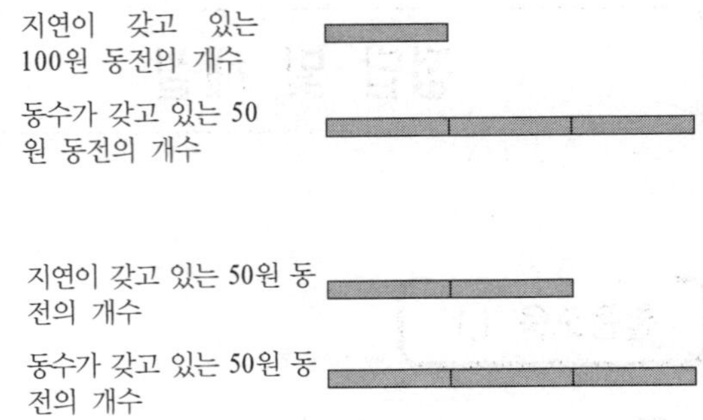

동수가 지연이보다 200원을 더 갖고 있으므로, 변량 한 조각은 100원을 나타낸다. 따라서 지연이가 가진 돈은 400원이다.

8

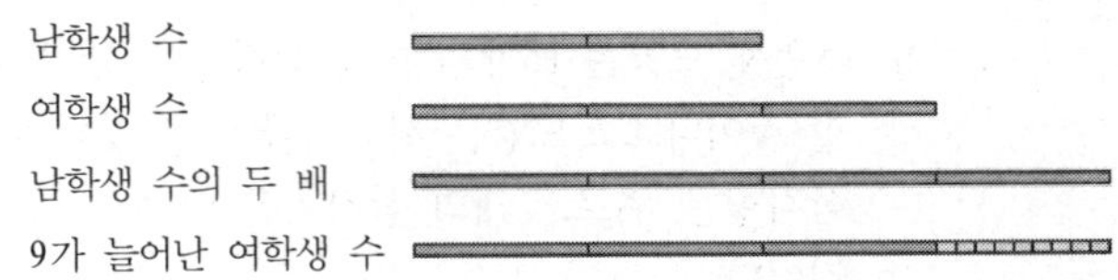

각각의 변량 조각이 학생 수의 5분의 1을 나타낸다고 가정하자. 그러면 변량 조각 2개는 남학생의 전체 수를 나타내고, 변량 조각 3개는 여학생의 수를 나타낸다. 남학생의 2배와 9만큼 늘어난 여학생의 수가 같다는 사실은 각각의 변량 조각은 9명의 사람을 나타낸다는 것을 보여준다. 처음의 학급은 18명의 남자와 27명의 여자, 합해서 45명으로 이루어진다.

활동모음 2.1

2 a. 한 속성을 언급하는 "예" 또는 "아니오"로만 답할 수 있는 질문을 던졌을 때, 각 경기자는 6개의 추측만으로 조각을 결정할 수 있다. 예를 들어, 큰지? 빨간색인지? 파란색인지? 삼각형인가? 정사각형인가? 원 모양인가?

4 b. LRC, SRT, SBT, LRS, LRH, SRC, SRS, SRH, LRT, SYT, LYT, LBT

5 a. LRC, LYC, SRC,

6 b. 빨간색 큰 조각, 또는 크고 빨간 조각

c. LYT, SYT, LBT, LBS, LBC, LBH, LRS, LRC, SRT, S고, SRS, SRC

7 b. (2) 파란색 큰 육각형과 빨간색 큰 육각형
(5) 노란색 작은 육각형을 제외한 모형, 빨간색 작은 육각형, 빨간색 그리고 파란색 큰 육각형

활동모음 2.2

2 c. 아래 선분은 모두 기울기 $-\frac{4}{3}$

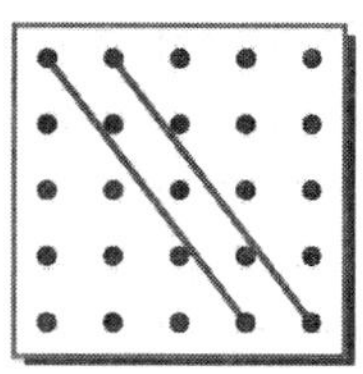

4 a. 선분 A의 기울기는 $-\frac{2}{3}$
선분 C의 기울기는 $\frac{3}{2}$

5 d. 점 P와 Q를 이용한 직선의 기울기는
$\frac{4-3}{2-5}=\frac{1}{-3}=-\frac{1}{3}$
점 Q와 다른 임의의 점 R을 이용한 직선의 기울기도 $-\frac{1}{3}$이 되어야 한다.

6 a. $y=\frac{5}{2}x$

7 a. 직선 K의 방정식은 $y=x$
직선 L의 방정식은 $y=x+2$

활동모음 2.3

3 수학-로빈슨, 영어-스미스, 프랑스어-브라운, 논리-존스

4 조종사-존스, 부조종사-스미스, 엔지니어-로빈슨

활동모음 3.1

1 c. 0 막대-판자, 0 판자, 4 막대, 4 단위

2 c. 1 막대-판자, 0 판자, 0 막대, 1 단위
f. 452 단위

3 c. $1001_{\text{오}}$
f. $3303_{\text{오}}$

4 b. 142 단위

5 a. 밑수 3

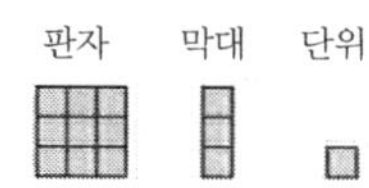

6 b. $425_{\text{칠}}$ 단위의 전체 개수: 215

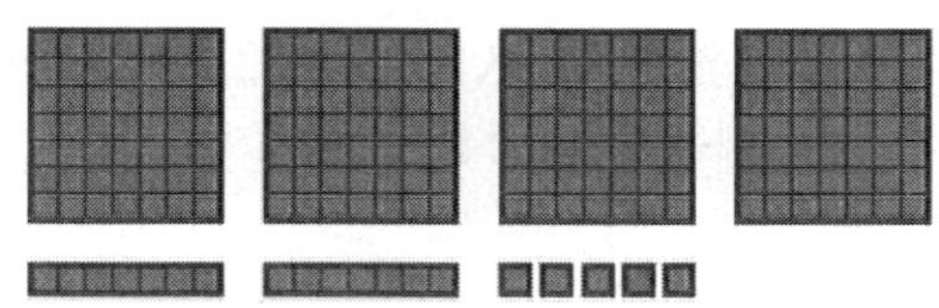

7 b.

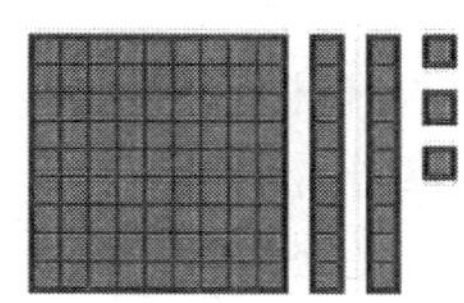

$123_{\text{구}}$

놀이 활동

독심 카드

2 27 = 1 + 2 + 8 + 16, 따라서 1, 2, 8 그리고 16 카드

4 수 k가 어떤 카드에 있을 필요충분 조건은 다음과 같다. 그 카드의 제일 왼쪽 위에 있는 숫자가 k를 여러 개의 이진수의 합으로 나타내었을 때의 그 이진수 중의 하나이다. 따라서 어떤 사람의 나이가 나타나는 카드의 제일 왼쪽 위에 있는 숫자의 합이 그 사람의 나이와 같다.

5 44 = 32 + 8 + 4이기 때문에, 44는 4, 8 그리고 32 카드에 써 있어야만 한다.

님(Nim) 게임

3 둘째 줄에서 한 개의 이쑤시개를 제거하면 이진 묶음의 개수가 짝수인 상태가 된다.

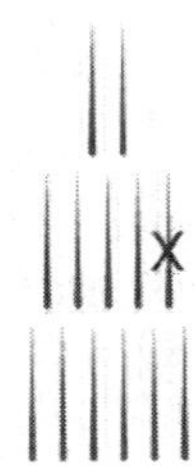

4 한 번의 시행을 통해서 짝수 상황이 또 다른 짝수 상황으로 바뀌는 것은 불가능하다. 따라서 만약에 당신이 당신의 상대방에게 짝수 상황을 남겨준다면 당신의 차례 때는 홀수 상황이 될 것이다.

활동모음 3.2

2 b. 한 차례 시도에서 얻을 수 있는 최대 분량은 막대 2개와 단위 2개이므로, 게임을 이기기 위해서는 적어도 11번의 실행을 해야만 한다. (만약 당신이 각각의 실행마다 최대 분량을 얻는다면, 2번의 실행을 통해서 당신은 단위 1개가 부족한 판자를 얻을 것이다. 따라서 10번의 실행을 한다면 당신은 단위 5개가 부족한 막대-판자를 얻을 것이고, 한 번만 더하면 이기게 될 것이다.

d. 당신이 지금까지 얻은 것은 판자 4개, 막대 2개, 단위 1개이고 이것은 하나의 막대-판자로부터 막대 2개와 단위 4개가 부족한 것이다. 당신이 한번에 최대로 얻을 수 있는 분량이 막대 2개와 단위 2개이므로, 당신의 다음 차례에서 이기는 것은 불가능하다.

3 a. $122_{오}$ c. $1021_{오}$

4 a. $1010_{삼}$ c. $433_{육}$

6 b. $313_{오}$과 $242_{오}$에 대한 진법 조각들을 비교해본다면 그 차이는 막대 2개와 단위 1개임을 알 수 있다. 따라서 경기자는 한 주사위에는 5, 다른 주사위에는 6을 얻어야만 한다.

8 c. 가수를 구하는 뺄셈 방법

9 a. $424_{오}$

활동모음 3.2

만약 당신이 16을 제거했다면, 다음에 상대방이 어떻게 제거하더라도 당신은 그 다음에 20을 제거함으로써 경기를 이길 수 있다. 당신이 16을 제거하는 것을 보장받기 위해서는 당신은 12를 제거해야 한다. 유사하게, 당신이 12를 제거하는 것을 보장받기 위해서는 당신은 8을 제거해야만 하고, 당신이 8을 제거하는 것을 보장받기 위해서는 당신은 4를 제거해야만 한다. 당신이 4를 제거하는 것을 보장받는 유일한 길은 상대방이 먼저 시작하는 것이다.

활동모음 3.3

2 두자리 숫자는 최대로는 막대 9개와 단위 9개로 나타낼 수 있다. 한 자리수와 두 자리수의 곱은 두자리수를 나타내는 막대와 단위를 지정된 한 자리수(1부터 9까지)만큼 복제한 것을 나열함으로써 구체적으로 수행될 수 있다. 곱셈값은 진법 조각들을 다시 묶음으로써 결정될 수 있다. 단위 10개는 막대 1개, 막대 10개는 판자 1개 등등. 열을 넘어서 세는 것은 불필요하다.

3 b. 483

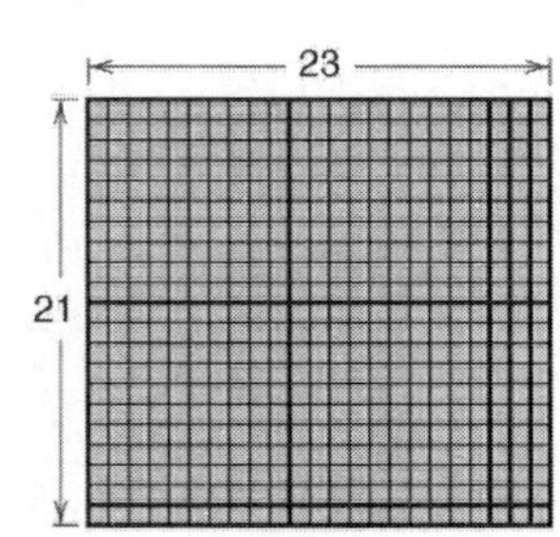

4 곱셈값은 직사각형 배열 안에 있는 판자, 막대 그리고

단위의 개수를 셈으로써 결정될 수 있다. 승수와 피승수를 써서 직사각형의 외곽을 나타내시오. 그리고 나서 직사각형 안을 진법 조각으로 채우시오. 조각들을 다시 묶음으로써 곱셈값을 결정하시오. 다음 사례는 21 × 33에 대한 이러한 과정을 보여준다.

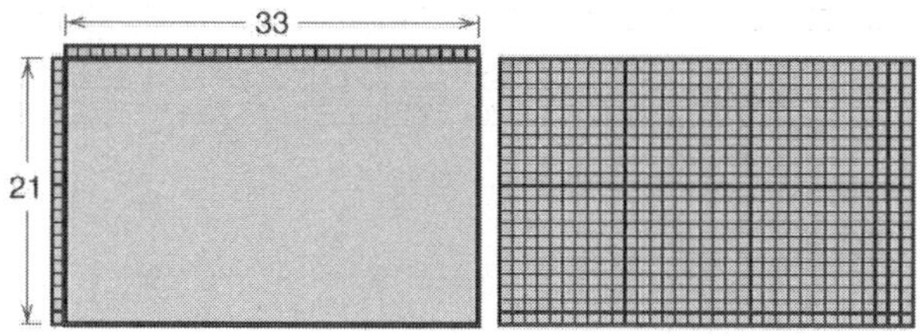

따라서 21 × 33은 판자 6개, 막대 9개 그리고 단위 3개로 나타나고, 21 × 33 = 693이다.

5 a.

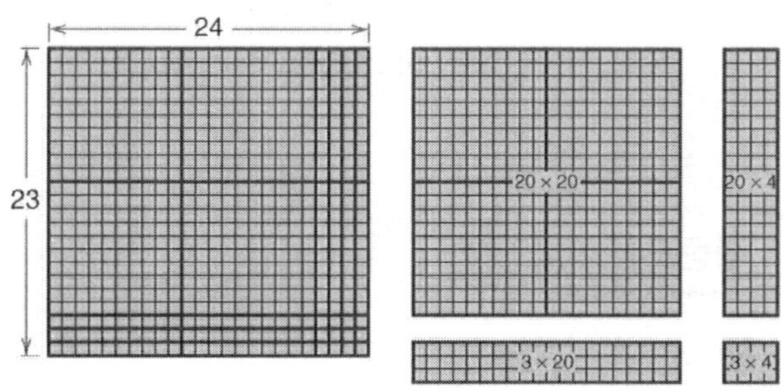

6 b.

스케치하고 곱셈값 구하기	네 개의 부분 곱셈이 나타나는 알고리즘	두 개의 부분곱셈이 나타나는 알고리즘

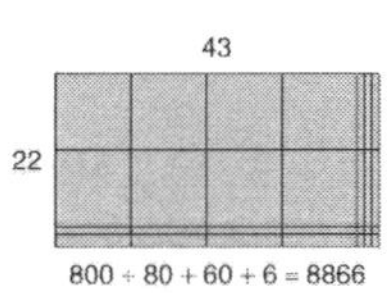


```
   43
   22
    6   2 × 3  ┐
   80   2 × 40 │ 부분
   60  20 × 3  │ 곱셈
  800  20 × 40 ┘
 8866
```

```
   43
   22
   86   2 × 43 ┐ 부분
  860  20 × 43 ┘ 곱셈
 8866
```

114÷12=9, 나머지 6

활동모음 3.4

1 b.

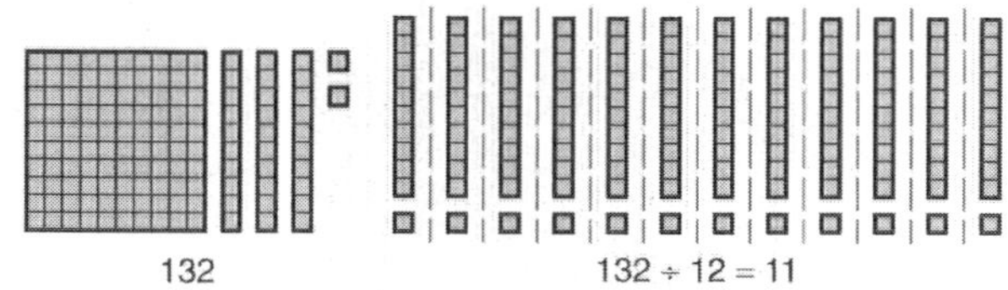

2 b.

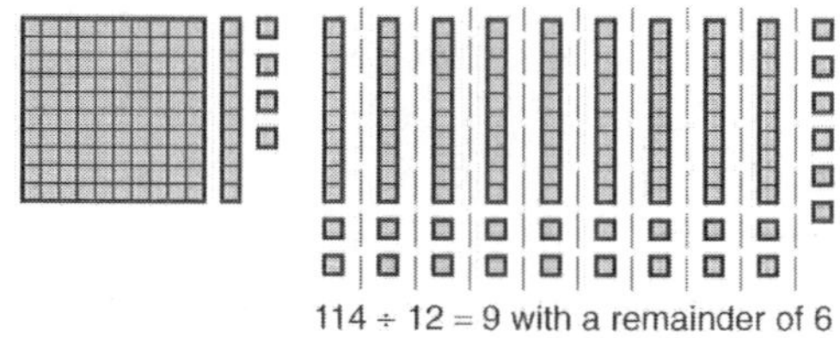

3 b.

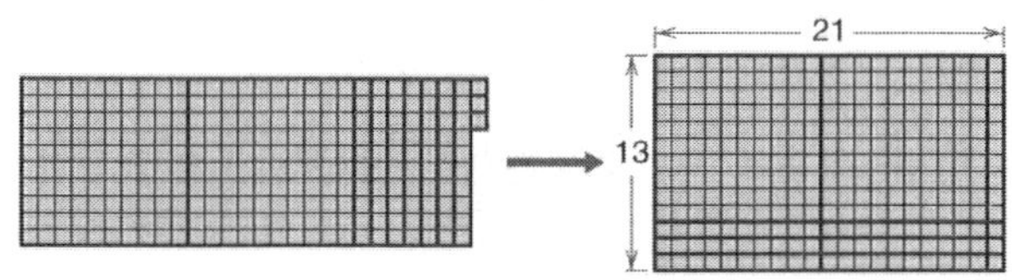

4 b.

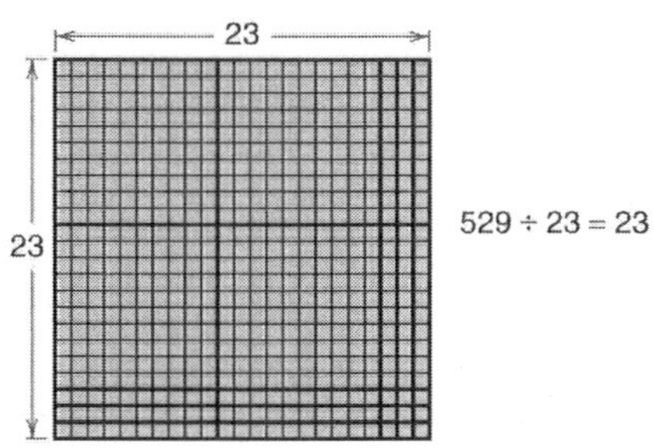

6 c.

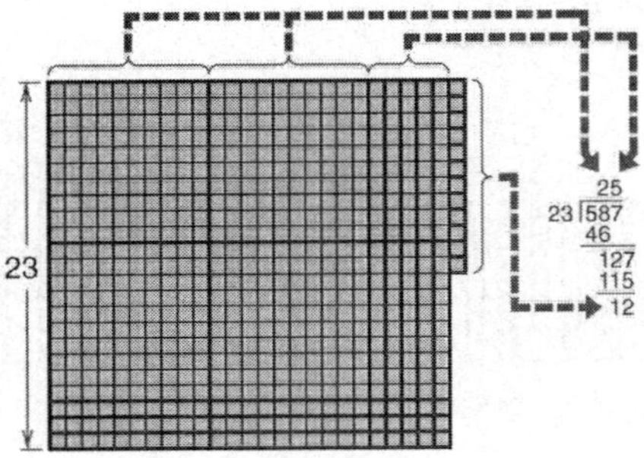

활동모음 4.1

2 b. 125번째 짝수는 125개의 타일이 두 줄이므로 250이다.

3 b. 15번째 홀수는 아래쪽에 15개의 타일 한 줄과 위쪽에 14개의 타일 한 줄이 있으므로 29이다.

d. 79는 40번째이다; 117은 59번째이다.

4 b. 짝수　　　　e. 짝수

5 b. 10개의 연속하는 홀수를 나타내는 L자 모양은 한 변이 10인 정사각형이므로 처음부터 10개의 연속된 홀수의 합은 100이다.

8 b. 1은 약수가 하나뿐인 유일한 0이 아닌 범자연수이다.

e. 약수의 개수가 홀수인 수는 직사각형 배열 중에 정사각형이 있다. 즉, 이들은 제곱수이다.

활동모음 4.2

1 b. 1, 2, 3, 4, 9, 18

2 b. GCF(18, 25) = 1

4 a. 8

5 GCF(40, 24) = 8　　GCF(42, 28) = 14
GCF(21, 12) = 3

6 b. GCF(280, 168) = GCF(112, 168) = GCF(112, 56) = GCF(56, 56) = 56

d. GCF(306, 187) = GCF(119, 187) = GCF(119, 68) = GCF(51, 68) = GCF(51, 17) = GCF(34, 17) = GCF(17, 17) = 17

7 b. LCM(14, 21) = 42

d. LCM(8, 10) = 40

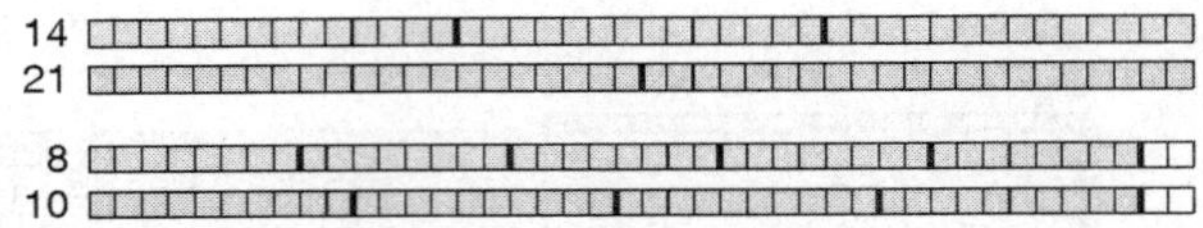

8 a.

A	B	GCF(A, B)	LCM(A, B)	A×B
(3) 14	21	7	42	294
(5) 8	10	2	40	80

9 a. GCF(9, 15) = 3이고 9 × 15 = 135, 135 ÷ 3 = 45이므로 LCM(9, 45) = 45이다.

c. GCF(140, 350) = 70이고 (140 × 350) ÷ 70 = 70이므로 LCM(140, 350) = 700이다.

활동모음 4.2

1 그렇다

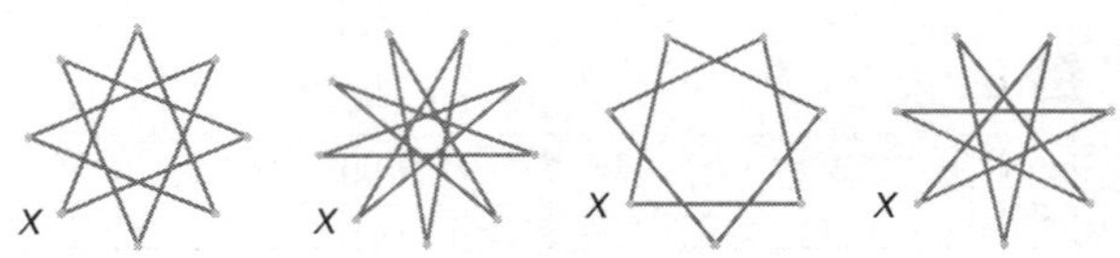

별(8, 3)　별(9, 4)　별(7, 2)　별(7, 4)

2 별(n, s)은 별(n, r)과 크기와 모양이 같은 합동이다.

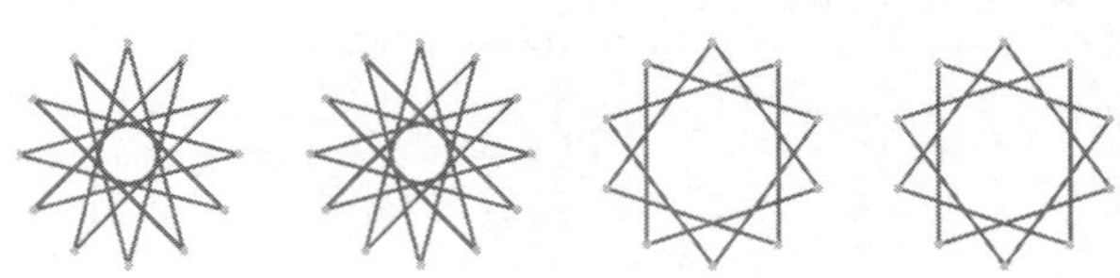

별(12, 5)　별(12, 7)　별(10, 3)　별(10, 7)

3 별(5, 1)은 경로가 1개이다. 별(10, 4)는 경로가 2개이다. 별(12, 4)는 경로가 4개이고, 별(6, 3)은 경로가 3개이다.

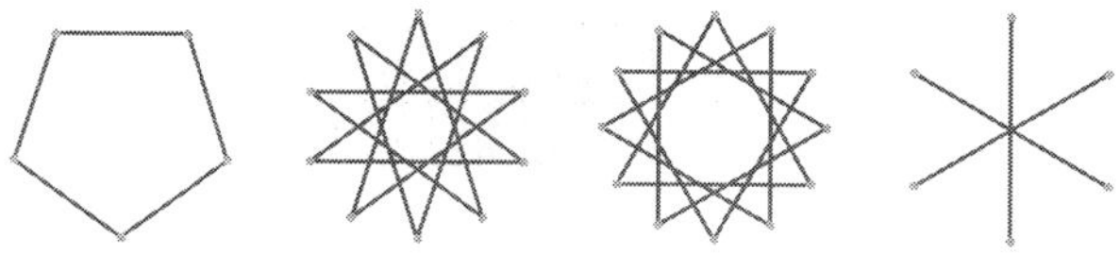

별(5, 1)　별(10, 4)　별(12, 4)　별(6, 3)

4 n과 s는 서로소여야 한다. 즉, GCF(n, s) = 1이어야 한다. 이 별다각형들은 하나의 연속된 경로를 가진다. (1) 별(15, 2) = 별(15, 13); (2) 별(15, 4) = 별(14, 11); (3) 별(15, 7) = 별(15, 8)

별(15, 2)　별(15, 4)　별(15, 7)

5 별(9, 2)는 경로가 1개이고 궤도는 2개이다. 별(8, 6)은 경로가 2개이고 각 경로는 궤도가 3개씩이다. 별(14, 4)는 경로가 2개이고 각 경로는 궤도가 2개씩이다.

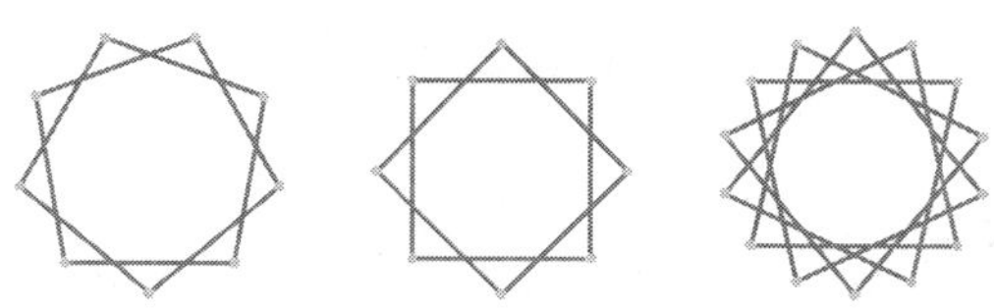

별(9, 2)　별(8, 6)　별(14, 4)

6 **b.** 별(n, s)의 궤도 수는 LCM(n, s)를 n으로 나눈 값이다.

7 **b.** 11

활동모음 5.1

2 **a.** 37　8　29　21

b. 20　6　14　8

f. 24　13　11　$^-2$

3 **c.** 13, $^-59$, $^-62$

4 **b.** 만약 검은색 타일보다 붉은색 타일이 더 많다면, 붉은색 타일의 개수에서 검은색 타일의 개수를 빼면 되고, 답은 음수가 된다. 만약 붉은색 타일보다 검은색 타일이 더 많거나 같다면, 검은색 타일의 개수에서 붉은색 타일의 개수를 빼면 된다.

5 **b.**

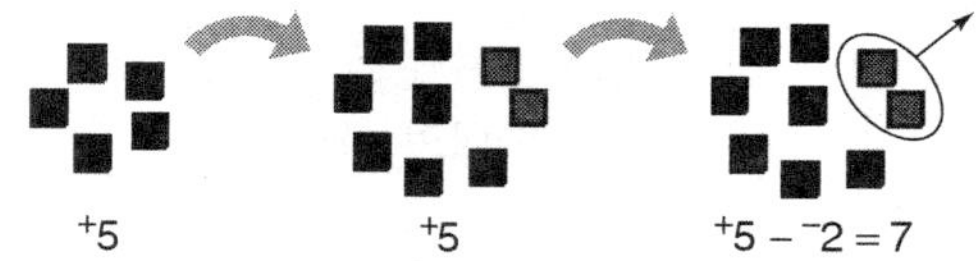

6 앞의 여러 사례에서 볼 때, 어떤 색깔의 타일을 주어진 개수만큼 제거하는 것은 반대편 색깔의 타일을 같은 개수만큼 추가하는 것과 같음을 알 수 있다. 예를 들면, 5b에서 붉은색 타일 2개와 검은색 타일 2개가 동시에 처음 집합에 추가된 후, 붉은색 타일 2개가 그 집합으로부터 다시 제거되었다. 같은 결과가 붉은색 타일 2개를 단순히 더하는 것에 의해서도 만들어질 수 있다.

7 **b.**

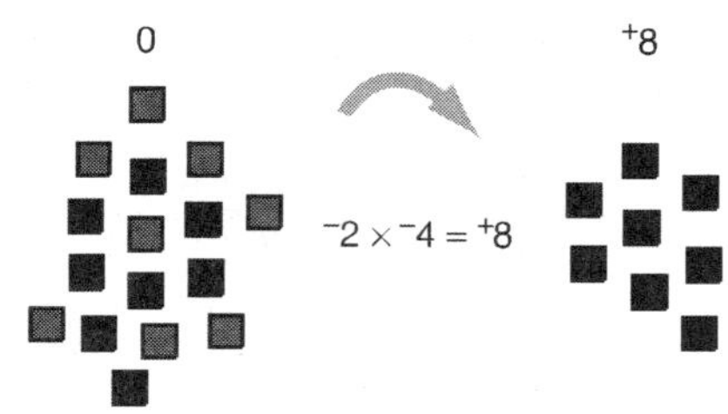

9 **c.** 분배적 접근에서는 $^-3$은 묶음의 개수를 나타내야 하는데 그것은 불가능하다. 측정적 접근에서는 붉은색 타일 3개가 검은색 타일 12개로부터 만들어져야 하는데 그것도 불가능하다.

10 **c.** i. 15÷3=15; 검은색 타일 15개를 3개의 묶음으로 나누면, 각각의 묶음은 검은색 타일 5개로 이루어진다. 혹은 검은색 타일 15개로부터 한번에 검은색 타일을 3개씩 꺼낸다. 검은색 타일 3개로 이루어진 묶음이 5개 만들어진다.

iii. 15÷3=15; 검은색 타일 15개를 3개의 묶음으로 나누면, 각각의 묶음은 검은색 타일 5개로 이루어진다. 혹은 검은색 타일 15개로부터 한번에 검은색 타일을 3개씩 꺼낸다. 검은색 타일 3개로 이루어진 묶음이 5개 만들어진다.

활동모음 5.2

1 a.

분수	같은 분수값을 가지는 막대의 개수
$\frac{0}{4}$	5
$\frac{1}{2}$	4
$\frac{2}{3}$	3
$\frac{6}{6}$	5
$\frac{1}{4}$	2

2 a. $\frac{1}{12}<\frac{1}{6}<\frac{1}{4}<\frac{1}{3}<\frac{5}{12}<\frac{1}{2}<\frac{7}{12}<\frac{2}{3}<\frac{3}{4}<\frac{5}{6}<\frac{11}{12}$

3 b. 다음은 10개의 부등식들이다. 이것 이외의 다른 것이 있을 수 있다.

$\frac{1}{2}<\frac{2}{3}$, $\frac{1}{2}<\frac{3}{4}$, $\frac{1}{2}<\frac{4}{6}$, $\frac{1}{2}<\frac{5}{6}$, $\frac{1}{2}<\frac{5}{6}$, $\frac{1}{3}<\frac{2}{4}$,

$\frac{1}{3}<\frac{3}{4}$, $\frac{1}{4}<\frac{1}{2}$, $\frac{1}{4}<\frac{1}{3}$, $\frac{1}{4}<\frac{2}{6}$, $\frac{1}{4}<\frac{3}{6}$

4 b.

$\frac{2}{3}<\frac{3}{4}$ 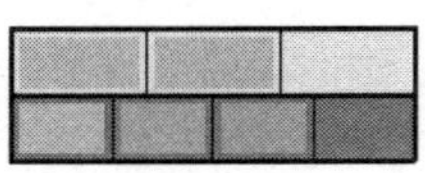

d. 그들은 둘다 막대 전체이기 때문에 $\frac{7}{7}=\frac{5}{5}$이다.

5 a. 가장 가까운 범자연수는 5이다.

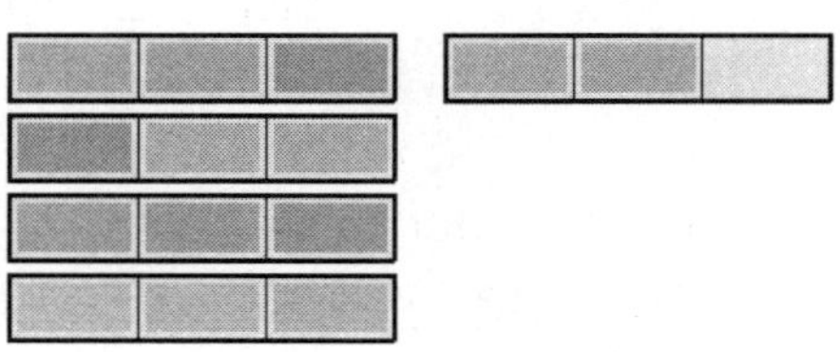

c. 가장 가까운 범자연수는 1이다.

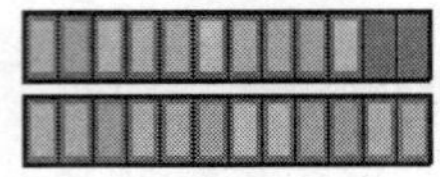

6 b.

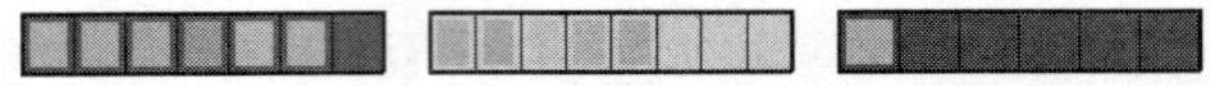

$\frac{6}{7}=\frac{18}{21}$ $\frac{5}{8}=\frac{15}{24}$ $\frac{1}{6}=\frac{3}{18}$

7 b. $\frac{2}{3}=\frac{2\times17}{3\times17}=\frac{34}{51}$

d.

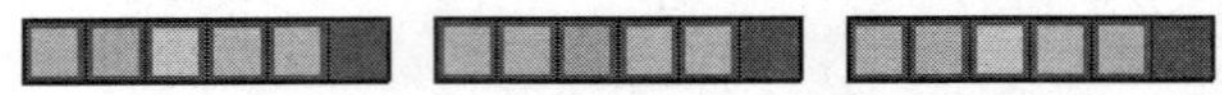

$\frac{5}{6}=\frac{10}{12}$ $\frac{5}{6}=\frac{15}{18}$ $\frac{5}{6}=\frac{20}{24}$

8 a.

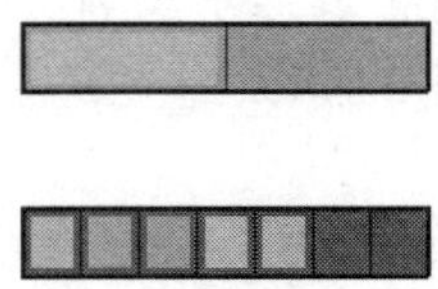

$\frac{1}{2}=\frac{7}{14}$

$\frac{5}{7}=\frac{10}{14}$

9 d. $\frac{7}{9}=\frac{70}{90}$, $\frac{8}{0}=\frac{72}{92}$ 그래서 $\frac{8}{10}>\frac{7}{9}$

10 b. $2\div3=\frac{2}{3}$

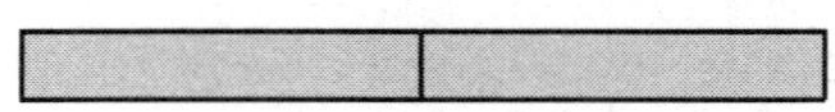

활동모음 5.3

1 a.

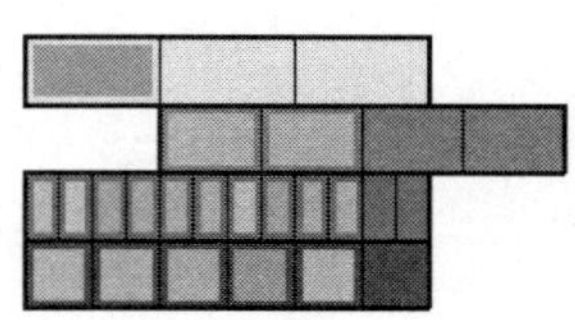

$\frac{1}{3}+\frac{2}{4}=\frac{10}{12}=\frac{5}{6}$

c.

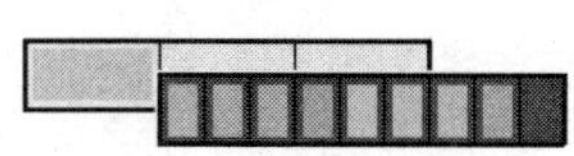

$\frac{1}{3}+\frac{8}{9}=1\frac{2}{9}$

e. 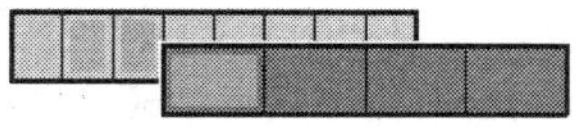

$\frac{3}{8}+\frac{1}{4}=\frac{5}{8}$

3 a. 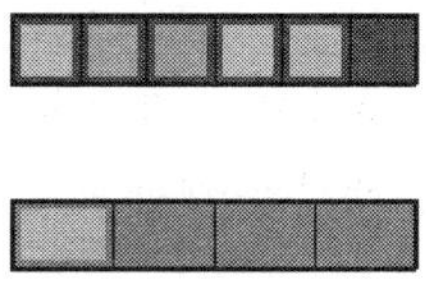

d. $\frac{13}{12}=1\frac{1}{12}$

g. $\frac{7}{12}$

4 a. 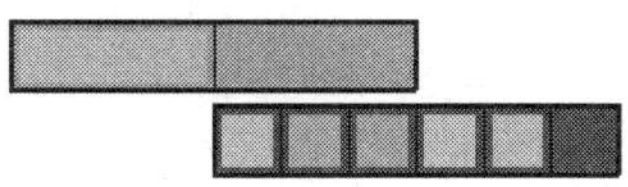

$\frac{1}{2}+\frac{5}{6}=1\frac{2}{6}$

5 b. 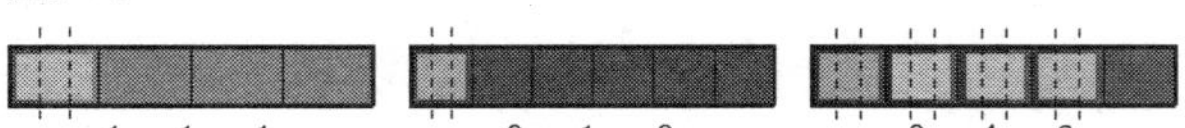

$\frac{1}{3}\times\frac{1}{4}=\frac{1}{12}$ $\frac{2}{3}\times\frac{1}{6}=\frac{2}{18}$ $\frac{2}{3}\times\frac{4}{5}=\frac{8}{15}$

7 b. 5

d. $1\frac{1}{2}$

8 b. 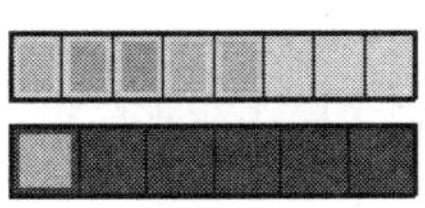

$\frac{5}{8}-\frac{1}{6}\approx\frac{4}{8}=\frac{1}{2}$

d. 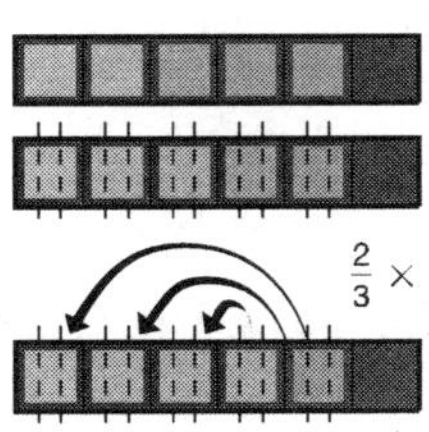

$\frac{2}{3}\times\frac{5}{6}\approx\frac{3}{6}$

9 a. $\frac{1}{6}+\frac{1}{4}=\frac{5}{12}3\times\frac{3}{12}=\frac{3}{4}\,\frac{2}{4}-\frac{1}{2}$

$=\frac{0}{3}\,\frac{2}{3}\div\frac{2}{6}=2$

b. $\frac{2}{4}+\frac{0}{3}=\frac{1}{2}3\times\frac{1}{4}=\frac{3}{4}\,\frac{5}{12}-\frac{3}{12}$

$=\frac{1}{6}\,\frac{2}{3}\div\frac{2}{6}=2$

활동모음 6.1

1 d.

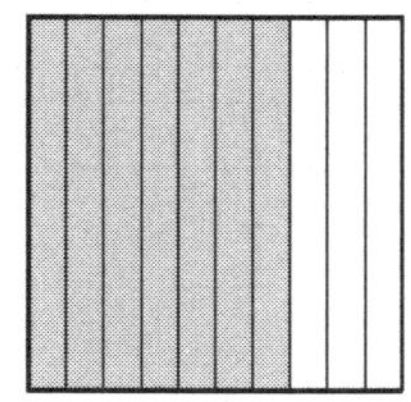

0.7=영점칠

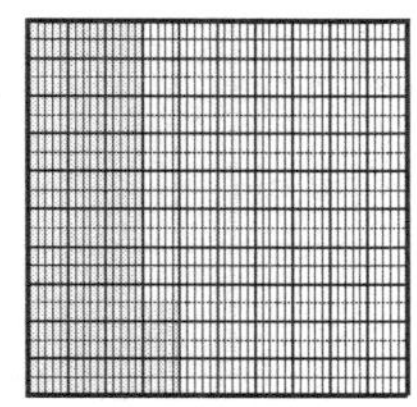

0.325=영점삼이오

2 b. 0.33 f. 0.09, 백분의 구

h. 0.090, 천분의 구십

3 c. 10 중 3부분은 100 중 30 부분과 같다. 0.3 = 0.30

e. 1000 중 470 부분은 100 중 47 부분과 같다.

0.470 = 0.47

g. 100의 1 부분은 1000 중 10 부분과 같다.

0.01 = 0.010

4 b.

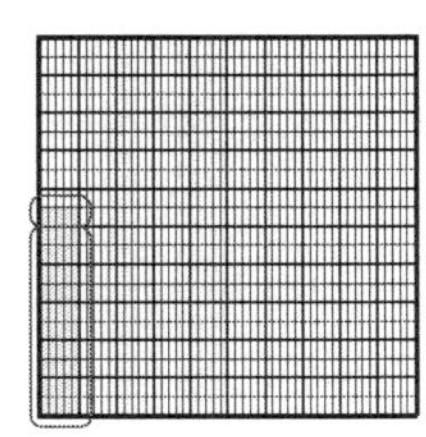

0.055

십분의 일	백분의 일	천분의 일
0	5	5

d. (천분의 일, 백분의 일, 십분의 일 등과 같은) 부분들을 10개씩 모으면, 1 더 큰 부분으로 다시 묶을 수 있으며, 이를 왼쪽의 인접한 줄에 적을 수 있다.

5 **b.** 각 부분은 단위 정사각형의 $\frac{1}{100,000}$이 될 것이다. 소수로 나타내면 0.00001이며, 십만분의 일이다.

6 **b.** $0.042 > 0.04$

8 **c.**

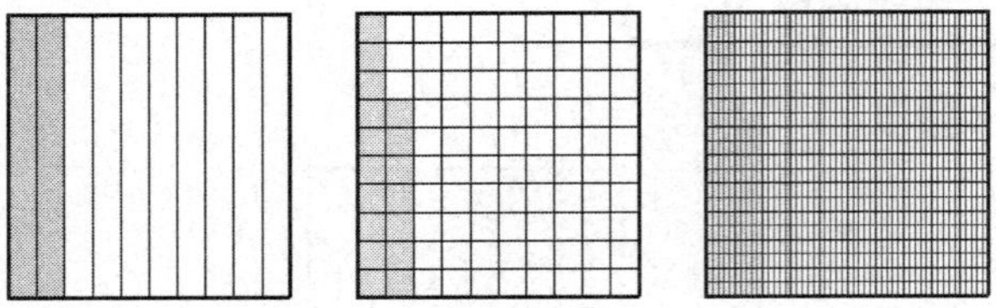

0.2　　0.17　　0.167

활동모음 6.2

2 **a.** $0.4 + 0.29 = 0.69$

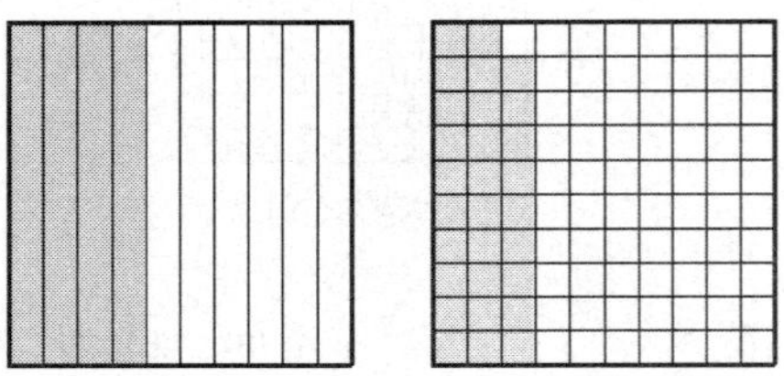

c. $0.07 + 0.605 + 0.2 = 0.875$

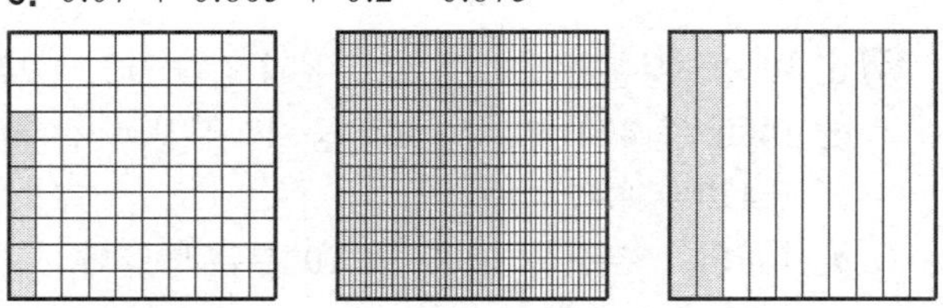

0.7　　0.604　　0.2

4 **a.** $0.5 - 0.07 = 0.43$. 0.07에 해당하는 정사각형에 백분의 3과 십분의 4를 합하면 정사각형은 0.5가 된다.

c. $0.435 - 0.3 = 0.135$. 십분의 1, 백분의 3, 천분의 5를 0.3에 더하라.

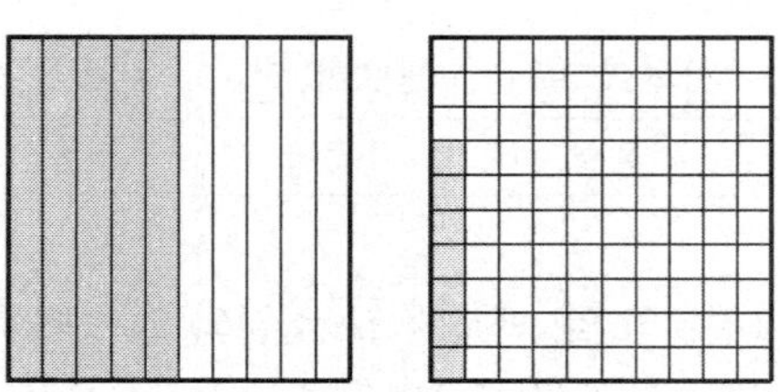

5 **b.** $4 \times 0.725 = 2.9$이다. 왜냐하면 천분의 일짜리 각각의 정사각형에 725부분이 색칠되어 있고 그 정사각형의 4개가 있다면, 색칠된 부분이 총 2900부분이 되기 때문이다. 1개의 전체 정사각형에는 1000개의 부분이 있기 때문에 색칠된 전체는 2개의 전체 정사각형과 1000개의 부분 중에서 900개의 부분이 색칠된 것과 같을 것이다.

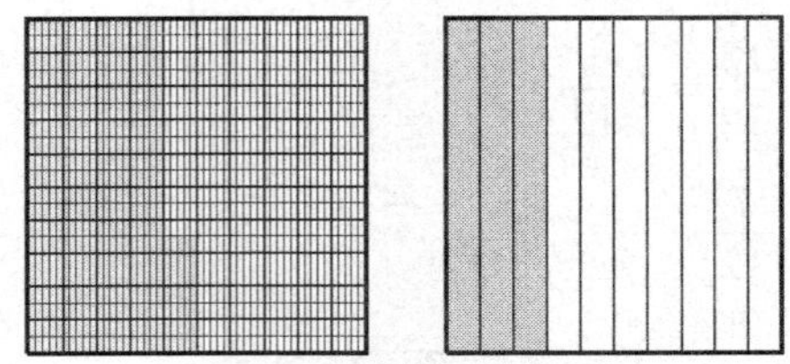

c. 10을 곱하면 각각의 색칠된 십분의 일 행은 단위 정사각형과 같아진다. 같은 식으로, 10을 곱하면 각각의 백분의 일 정사각형은 십분의 일 행과 같아지며, 각각의 천분의 일 조각은 백분의 일 정사각형과 같아진다.

6 **c.**

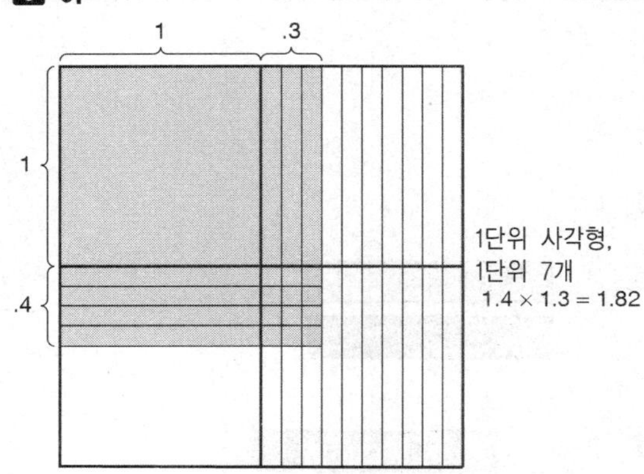

9 소수 2.87은 2개의 전체 정사각형과 87개의 백분의 일이 색칠된 정사각형(8개의 십분의 일 행과 7개의 백분의 일 정사각형들)으로 나타낼 수 있다. 단위 정사각형을 10으로 나누면, 1개의 십분의 일 행과 같은 영역이 나온다. 십분의 일 행을 10으로 나누면 1개의 백분의 일 정사각형과 같은 영역이 되며, 백분의 일 정사각형을 10으로 나누면, 1개의 천분의 일 조각과 같은 영역이 나온다. 2.87을 나타내는 정사각형을 10으로 나누면 그 결과는 2개의 십분의 일 행, 8개의 백분의 일 정사각형, 7개의 천분의 일 조각이 된다.

10 b. $70 \div 0.05 = 14$

d. 십분의 오를 각 단위로부터 두 번씩 뺄 수 있다. 250개의 단위가 있기 때문에, 0.5는 500번 뺄 수 있다.

활동모음 6.3

1 a. 30% c. 103% d. 130%

2 a.

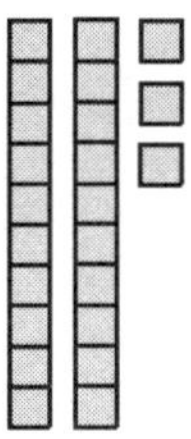

c.

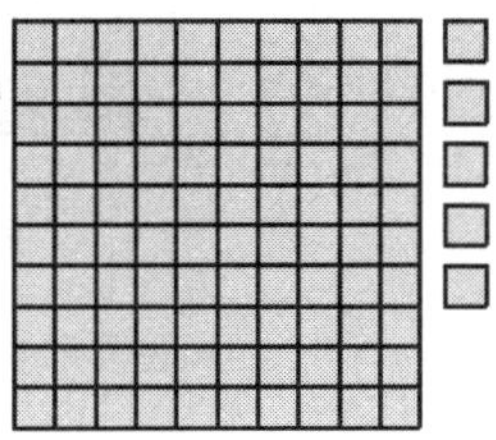

f.

3 a. 값은 $3.300 \div 100 = 3$

c. 값은 288. 각각의 작은 정사각형은 값이 3이고, $300 - 12 = 288$.

4 a. 값은 45: 각각의 줄(10%)은 값 15를 갖기 때문에 세 개의 줄(30%)은 값이 45이다.

c. 값 10.5: 작은 정사각형들의 각 쌍은 값이 3이며 $3 + 3 + 3 + 1.5 = 10.5$.

5 a. 45는 450의 10%이다. 각 줄은 값이 45이며, 450의 10%이다.

c. 441은 450의 98%이다. 각각의 작은 정사각형은 값 4.5를 가지며, 따라서 98(98%)개의 작은 정사각형은 값이 441이다.

6 a. 격자의 값은 400이다. 6%는 24를 갖기 때문에 1%는 값이 4이며, 10×10 격자의 값은 400이다.

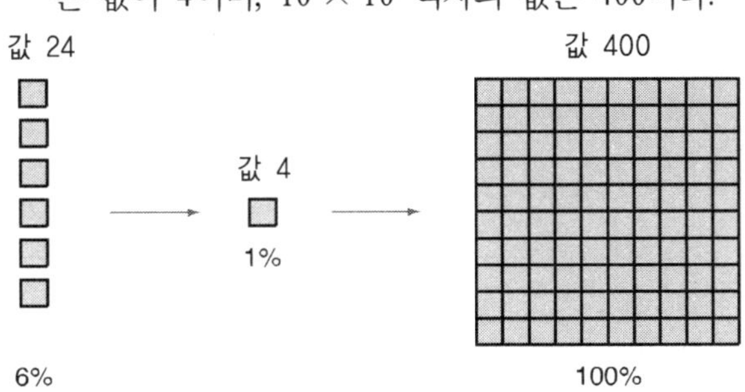

c. 격자의 값은 240이다. 55%는 값 132를 갖기 때문에 1%는 값이 2.4이며($132 \div 55$), 100%는 240이다.

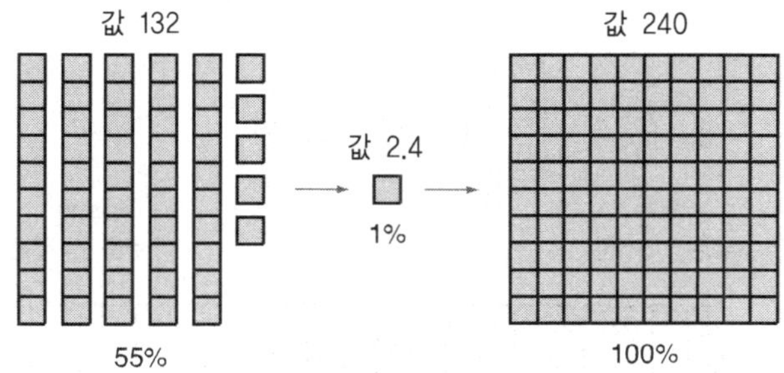

7 a. 가능한 관찰: 여성 취업자가 208명이다. 취업자의 35%는 남자이다. 112명의 남자 취업자가 있다.

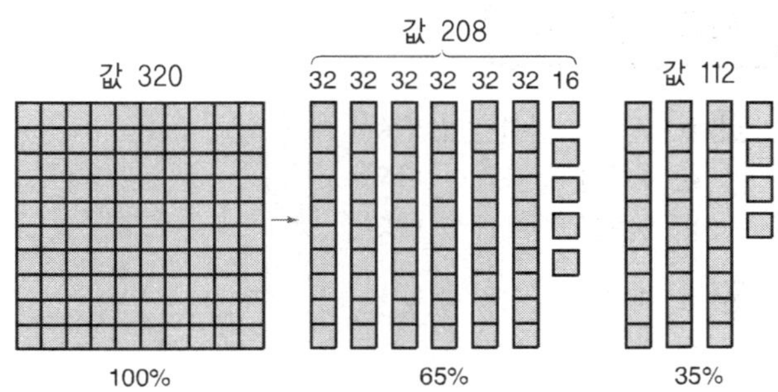

b. 관찰: 학생들 중 35%가 결석을 하였다. 학생들 중에서 65%가 출석을 하였다.

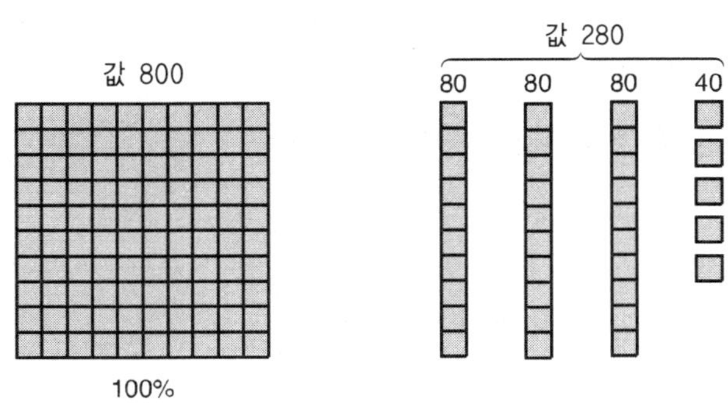

8 b. $\frac{2}{3} = 40\% = 0.4$

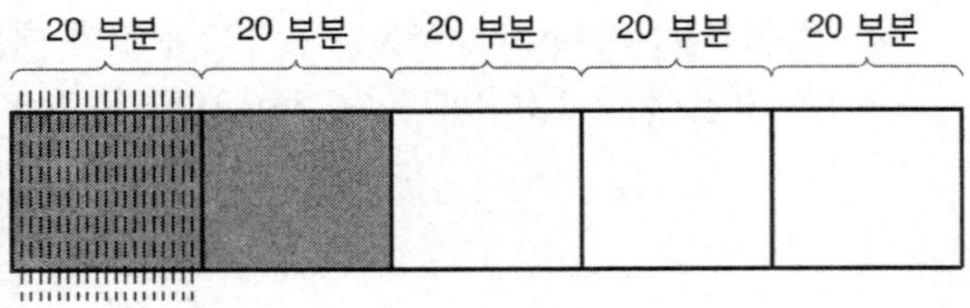

d. $\frac{13}{20} = \frac{65}{100} = 0.65\% = 0.65$

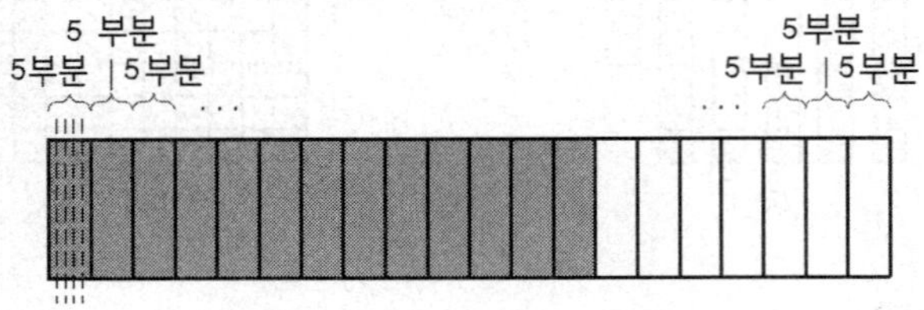

활동모음 6.4

1 b. 7개의 정사각형 단위
e. 4개의 정사각형 단위
h. 2개의 정사각형 단위

2 b. 4개의 정사각형 단위
e. 2개의 정사각형 단위
g. 10개의 정사각형 단위

4 a. $\sqrt{13}$ b. 5 c. $\sqrt{17}$

6

	정사각형 A	정사각형 B	정사각형 C
b. 도형 2	9	4	13
d. 도형 4	45	20	65

7 b.

	빗변 아닌 두 변으로 만든 정사각형들의 전체 넓이	빗변 위에 만든 정사각형의 넓이	빗변의 길이
(2) 도형 2	1 + 25 = 26	26	$\sqrt{26}$
(4) 도형 4	9 + 49 = 58	58	$\sqrt{58}$

활동모음 7.1

1 a. 눈동자 색을 나타내는 전형적인 막대그래프는 다음과 같다.

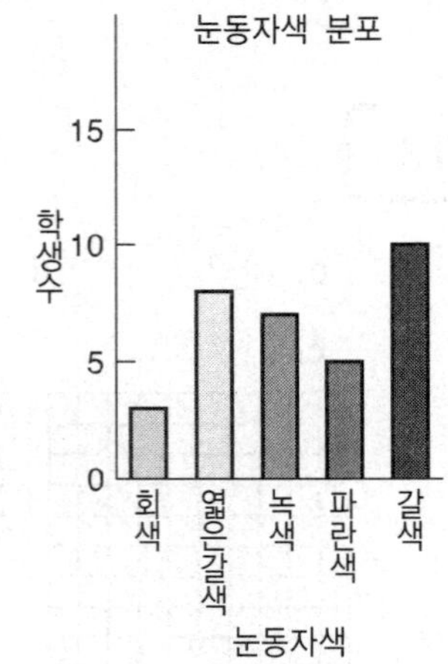

b. 전형적인 분포와 원그래프는 다음과 같다.

눈동자 색	수	백분율	중심각(도)
갈색	10	30.3	109.1
파란색	5	15.2	54.5
녹색	7	21.2	76.4
옅은 갈색	8	24.2	87.3
회색	3	9.1	32.7
계	33	100.0	360

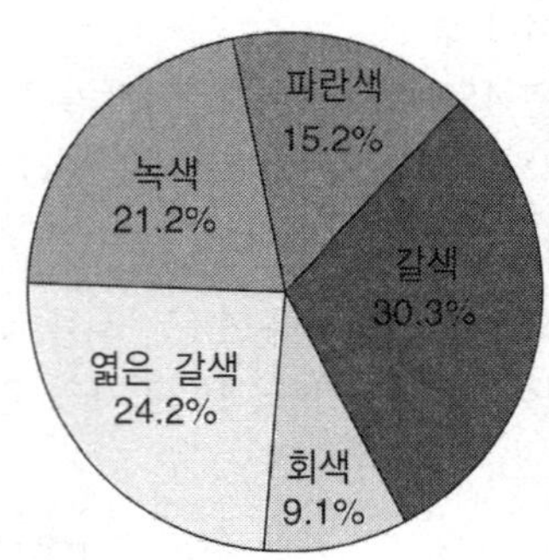

2 **a.** 전형적인 선형도표는 다음과 같다.

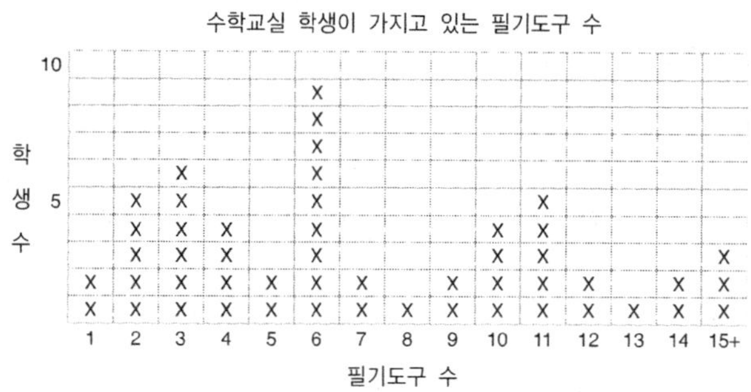

3 **c.**

구간	15－24	25－34	35－44	45－54	55－64	65－74
빈도	1	5	14	6	17	7

6 **a.** 이 자료에 대한 추세선의 기울기는 음수이다. 이것은 아버지의 키가 크면 클수록 어머니의 키는 작다는 것을 의미한다.

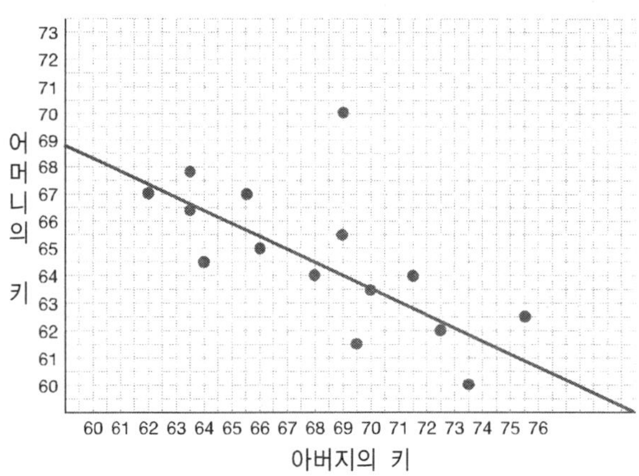

b. 이 자료의 수평 추세선은 기울기가 0이다. 키가 작은 아버지는 키가 크거나 작은 어머니와 결혼하였고 키가 큰 아버지도 마찬가지다. 이 둘 사이에는 경향성이 없는 듯 하다.

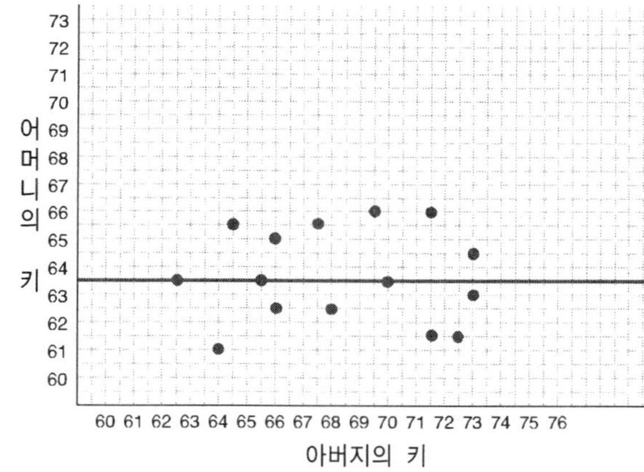

놀이활동 7.1

1 부적관계이다. 파란색이 증가하면 갈색은 감소한다. (－0.5의 상관계수)

2 산점도의 추세선을 보면, 만약 파란색이 14개이면 3~5개 정도의 갈색을 기대할 수 있다. 10개의 갈색을 가지고 있다면 3~5개 정도의 파란색을 기대할 수 있다.

3 노란색과 녹색 사이에도 부적관계가 존재한다. (－0.4의 상관계수)

활동모음 7.2

1 **a.** 가능한 해석

- 분출간격이 길고 짧고 교대로 일어난다.
- 분출간격이 가장 짧은 것은 51분이고, 가장 긴 것은 98분이다.
- 분출간격이 가장 긴 것과 가장 짧은 것 사이의 차는 47분이다.
- 표에서는 분출 간격은 알 수 있지만 분출이 얼마나 지속되었는지는 알 수 없다.
- 15개의 분출간격 중에서 분출간격이 같은 것이 4쌍 존재한다.

2 a.

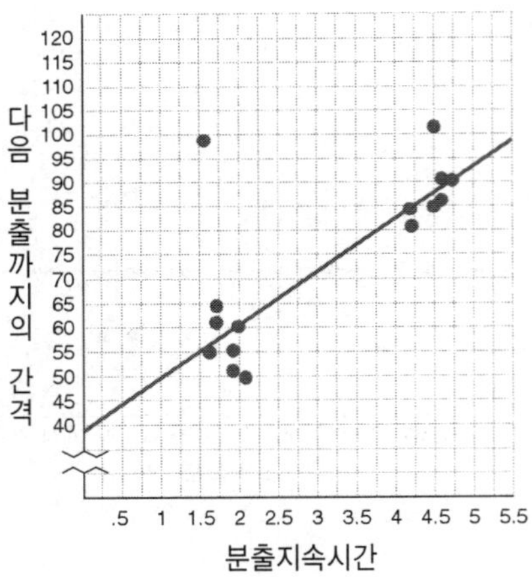

b.

시작 시각	지속 시간	다음 분출 전 예상 간격	다음 번 분출 예상 시각
오전 11:22	1분 50초	55분~65분	오후 12:17 ~오후 12:27
오전 8:30	4분 26초	80분~90분	오전 9:50 ~오전 10:00
오전 12:40	3분 46초	75분~85분	오후 1:55 ~오후 2:05

4 b. 수입이 가장 많은 6가구의 평균은 287,000달러이다. 수입이 가장 작은 6가구의 평균은 120,667달러이다.

d. 평균의 최대값은 264,167달러이고 최소값은 139,667달러이다. 이 두 값은 b의 최대값과 최소값보다는 평균인 195,611달러에 더 가깝다.

활동모음 7.3

1 c. 최소한 3명이라는 말은 3, 4, 5, 6명의 여아를 뜻한다. 그림에서 앞면이 3, 4, 5, 6인 경우를 모두 센 후 64로 나눈다.

2 b. 맥박수의 분포는 이런 성질을 만족한다. 왜냐하면 맥박수의 68.3%가 평균의 1 표준편차 내에 포함되며 95%가 평균의 2 표준편차 내에 포함되기 때문이다.

3 a.

글자	e	s	c	w	k
백분율	16.3%	7.2%	2.6%	1.7%	0.6%

c. 모스 부호가 47 시간단위가 필요한 것에 비해 새로 할당된 부호는 43 단위시간이 필요하다.

e	t	a	o	n	i	s
•	—	••	•—	—•	•••	——

s	r	h	h
••—	•—•	••••	—••

4 d. 7092와 2784075 사이에는 2776984개의 수가 있다. 80%의 맨 앞자리가 1, 2, 3, 4이다. 인구가 임의적으로 잘 분포되었다면 맨 앞자리가 1, 2, 3, 4인 인구수가 더 많을 것이라고 기대할 수 있다.

활동모음 8.1

2 e. 아니오. 이길 확률은 25%뿐이다.

4 a. 2 c. A_1A_2A A_2A_1B e. 아니오.

놀이활동

변형: 경주로의 길이가 9, 10, 11, 12일 때의 이길 확률이 각각 11.5%, 12.5%, 12.5%, 11.5%이다.

활동모음 8.2

1 b. 서로 다른 색깔의 타일 2장을 뽑을 확률: $\frac{3}{5}$

서로 같은 색깔의 타일 2장을 뽑을 확률: $\frac{2}{5}$

d. 확률도로부터 처음에 적색타일 나중에 녹색타일을 뽑을 확률은 $\frac{1}{2}\times\frac{3}{5}=\frac{3}{10}$이고, 처음에 녹색타일 나중에 적색타일을 뽑을 확률은 $\frac{1}{2}\times\frac{3}{5}=\frac{3}{10}$이다. 따라서 서로 다른 색 타일을

2장 뽑을 확률은 $\frac{3}{10}+\frac{3}{10}=\frac{3}{5}$이다.

2 d. $\frac{6}{16}$ 또는 $\frac{3}{8}$

4 b. $\frac{40}{100}$

5 a. $\frac{1}{36}$ c. $\frac{35}{36}\times\frac{35}{36}$ 또는 $(\frac{35}{36})^2$

e. 대략적으로 $1-0.51=0.49$

놀이활동

2 $\frac{2}{3}$ **3** $\frac{1}{3}$ **4** $\frac{1}{3}$ **5** $\frac{2}{3}$

활동모음 9.1

1 b. 세 번째 꼭짓점이 밑변에 대해 평행한 직선 위에 있는 삼각형들은 모두 넓이가 같다.

c. 주어진 선분을 밑변으로 하면서 합동이 아닌 삼각형은 모두 12이다.

4

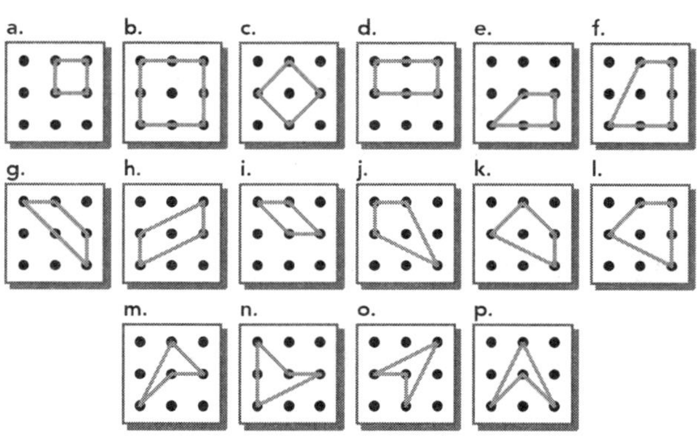

도형 a, b, c는 정사각형이다. 도형 d는 직사각형이지만 정사각형은 아니다. 도형 h와 i는 평행사변형이지만 직사각형은 아니다. 도형 e, f, g는 사다리꼴이다. 도형 a, b, c, d, e, f, g, h, i, j, k, l은 모두 볼록도형이다. 도형 m, n, o, p는 볼록도형이 아니다.

6 a. 75°, 90°, 210°, 120°

b.

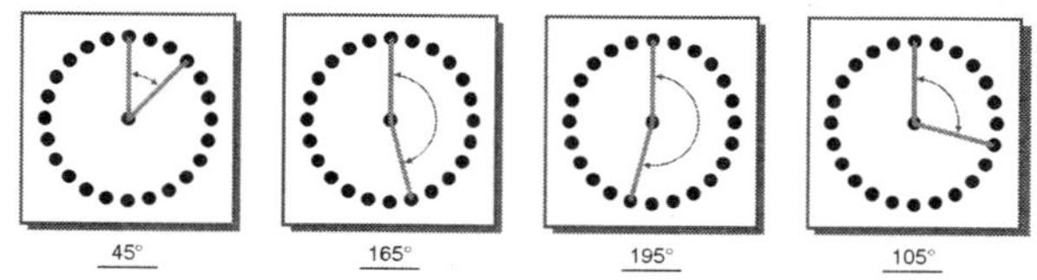

7 a. 45°, 30°, 45°, 30°, 45°

b. 동일한 원 또는 합동인 원 안에 같은 길이를 갖는 호와 만나는 내접 각은 모두 그 크기가 같다.

c. 지름의 끝점과 만나는 내접각은 직각이다.

8 a.

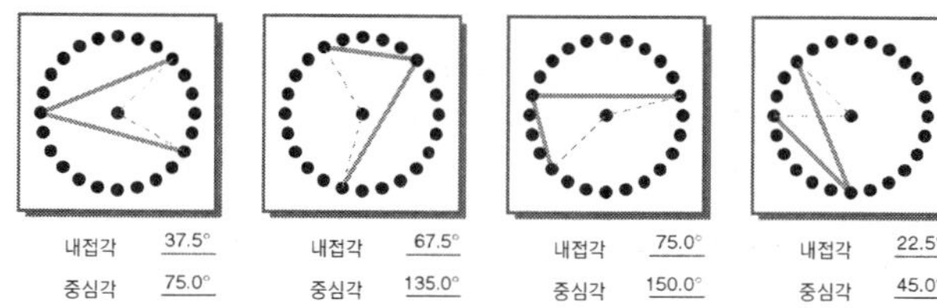

b. 내접각의 크기는 같은 호와 만나는 중심각 크기의 절반이다.

활동모음 9.1

1 탱그램 7 조각에 번호를 매겨(아래 도형을 보시오) 퍼즐의 답을 제시하였다.

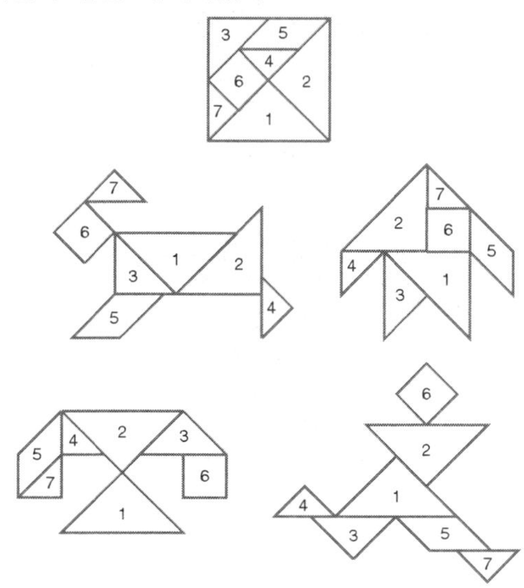

활동모음 9.2

2

각	크기
1	150°
2	60°
3	120°
4	60°
5	120°
6	120°
7	60°

4 c. 변이 6개 이상인 정다각형의 내각은 120°보다 크거나 180°보다 작다. 각의 크기는 360의 약수가 아니다.

5 c. 패턴블록을 이용한 테셀레이션의 예를 두 개 제시하였다. 이는 정규 테셀레이션도 아니고 준정규 테셀레이션도 아니다.

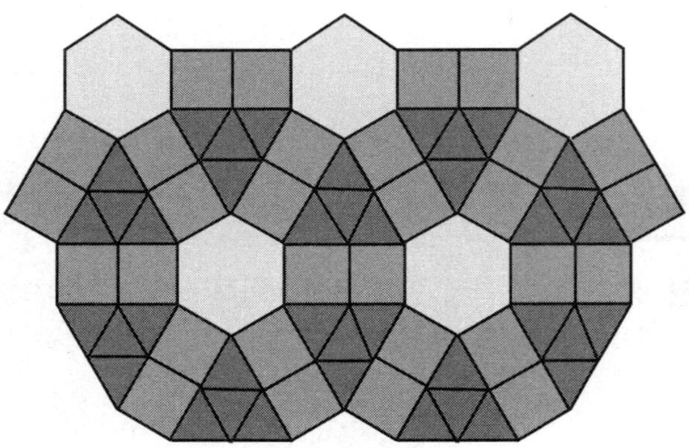

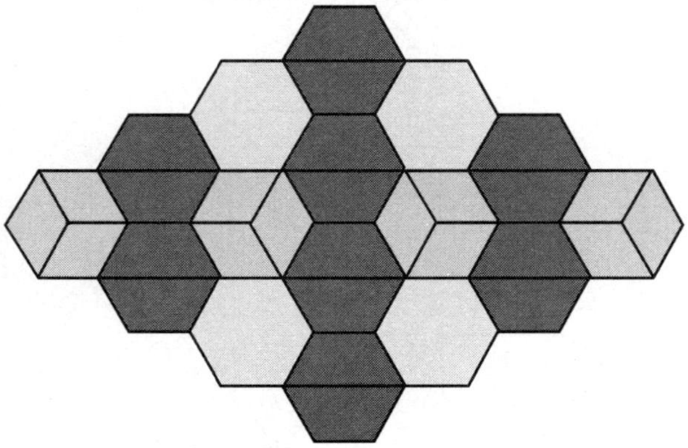

놀이활동

3행3열 또는 5행5열 격자에서 이길 수 있는 전략은 첫 회에서 정육각형의 중심을 차지하는 것이다. 4행4열 격자에서는 아래 표시된 한 지점을 차지하는 것이 이길 수 있는 방법이다.

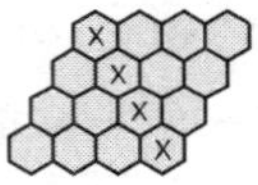

4행4열

활동모음 9.3

3 a.

	꼭짓점(V)	면(F)	모서리(E)
사면체	4	4	6
정육면체	8	6	12
팔면체	6	8	12
십이면체	20	12	30
이십면체	12	20	30

c.

	(1)	(2)	(3)	(4)
꼭짓점	5	10	12	10
면	5	7	8	7
모서리	8	15	18	15

5 b. 팔면체 e. 이십면체 f. 육면체
g. 이십면체 또는 십이면체
h. 십이면체 j. 육면체 또는 이십면체

활동모음 9.4

1 **a.**

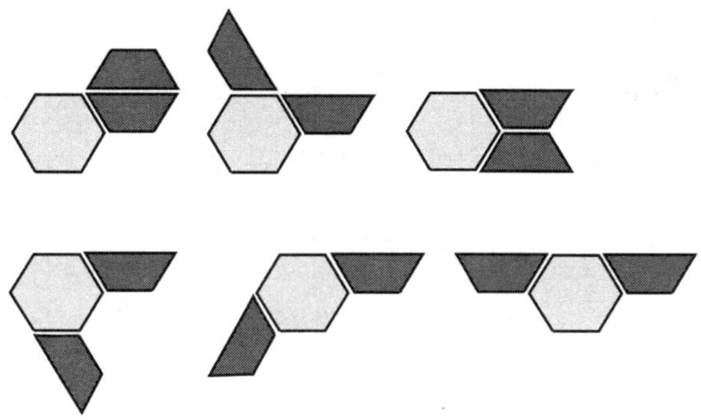

c. 다음 그림 외에 다른 방법도 가능하다.

그림 1

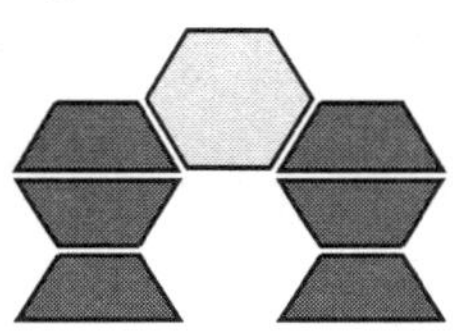

그림 2

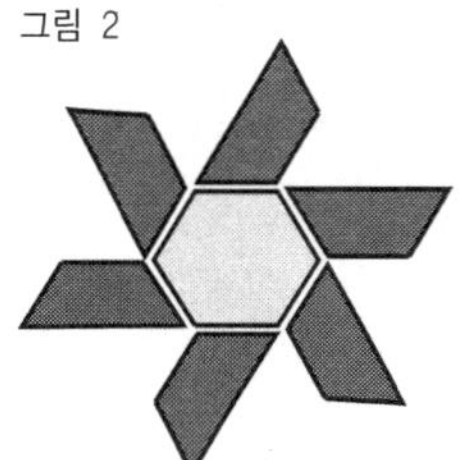

그림 3

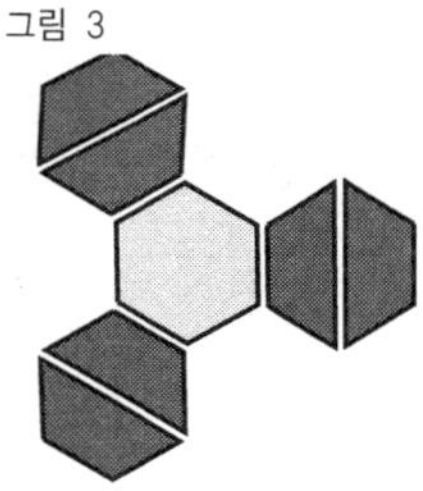

그림 4

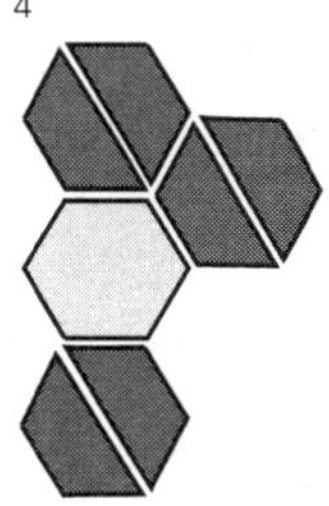

4 **a.** 각 ABC의 크기는 135°이다 ; $AD = DC$이며, $AB = BC$

팔각형

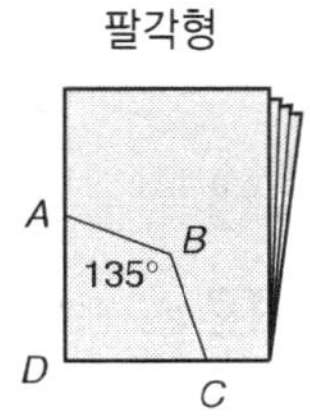

각 EFG의 크기는 120°이다. $FG = HG = HF$이며 $EF = FG$의 $\frac{1}{2}$이다.

육각형

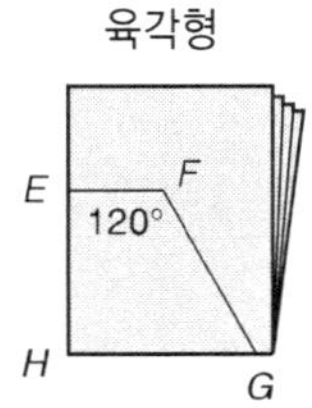

5 **d.** 꼭짓점이 여덟 개인 풍배도

e. 변이 16개인 정다각형은 아래 그림과 같이 157.5°로 잘라 만들 수 있다. 여기서 AB=AC=AD이다. 대칭선의 몇몇은 주름선이 아니다.

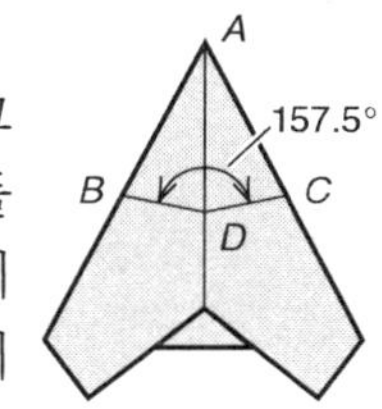

활동모음 10.1

3 **a.** 156mm **b.** 19mm

7 **a.** 1쿼트는 약 946cm^{3}가 되고, 1리터는 1쿼트보다 조금 많다.

b. 약 10.9cm

활동모음 10.2

1 **a.** 9 **b.** 6

2 **a.** 3 **b.** 4

6 **a.** 평행사변형, 6 삼각형, 3

c. 평행사변형, 9 삼각형, $4\frac{1}{4}$

7 평행사변형의 넓이는 밑변의 길이에 높이를 곱한 값과 같다. 밑변의 길이가 b이고 높이 h인 삼각형은 밑변의 길이가 b이고 높이 h인 평행사변형의 넓이의 절반이다.

놀이활동

4 다음 그림에서 × 표시된 정사각형은 펜토미노 게임에서 가능한 마지막 이동을 나타낸다.

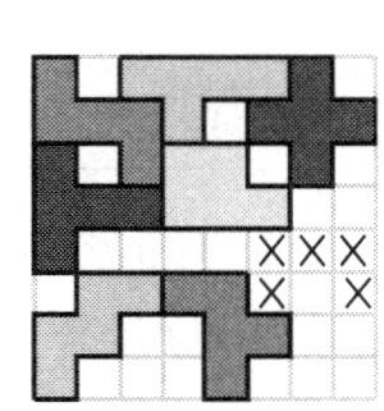

5 다섯 조각으로 구성된 작품의 예

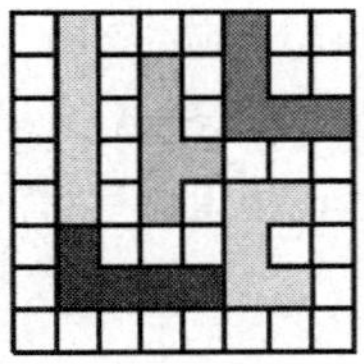

활동모음 10.3

1 왕관의 부피는 순금의 부피보다 많았다. 헤론왕이 속은 것이다.

2

	육각 프리즘	육각 피라미드	원기둥
밑변	9.1cm^2	9.1cm^2	12.6cm^2
높이	5.0cm	5.0cm	3.0cm
부피	45.5cm^3	15.2cm^3	37.7cm^3
겉넓이	75.2cm^2	38.7cm^2	62.8cm^2

3 원기둥 A : 1030cm^3
원기둥 B : 1342cm^3

5 **b.**

	1	2	3	4	5	6
중심각	45°	90°	135°	225°	270°	315°
반지름	1.25	2.50	3.75	6.25	7.50	8.75
밑변의 넓이	4.91	19.63	44.16	122.66	176.63	240.41
원뿔의 높이	9.92	9.68	9.27	7.81	6.61	4.84
원뿔의 부피	16.24	63.34	136.45	319.32	389.17	387.86

c. 45°보다 작은 중심각에 대하여, 각이 작아지면 부피도 작아진다. 그러나 315°보다 큰 중심각에 대해서는 각이 커지면 부피가 작아진다는 것이다. 최대 부피는 약 403cm^{3}로 중심각 294°인 경우이다.

6 **c.** 밑면의 반지름 r, 높이 h인 원뿔의 부피는 $1-\times \pi r^{2h}$이다. '반원뿔'은 반지름 $\frac{r}{2}$, 높이 $\frac{h}{2}$가 된다. 이 경우 부피는 $\frac{1}{3}\times\pi\left(\frac{r}{2}\right)^2\left(\frac{h}{2}\right)$이고 $\frac{1}{3}\times\pi r^2 h\times\frac{1}{8}$과 같다. 따라서 반원뿔의 부피는 원뿔 부피의 $\frac{1}{8}$이 된다.

7 **a.** 7235cm^3

8 **c.** 원 3개의 부피의 합은 $3\times\frac{4}{3}\times\pi(3.15)^3\approx$ 394cm^3. 상자의 부피는 $20\times\pi(3.5)^2\approx 769$cm^3. 그러므로 빈공간은 상자의 절반 정도가 된다.

활동모음 11.1

1 **b.** 이 점들은 직선 m, n의 교점을 지나면서 두 직선이 이루는 각의 각각의 이등분선이 되는 한 쌍의 수선을 구성한다.

2 **a.** 점 P를 중심으로 하고 반지름은 P에서 현의 중점까지의 거리가 되는 점들의 자취이다.

c. 이 점들의 자취는 선분 PS의 중점을 중심으로 하고 선분 PS를 지름으로 갖는 원이 된다.

4 원

6 **a.** 지름 PQ를 갖는 반원(만약 카드를 지름 PQ의 반대쪽으로 뒤집어서 놓아서 이 과정을 반복하면 원이 된다.)

활동모음 11.2

1 **a.** 직사각형의 한 변을 변형하면서 첨가된 조각은 반대편 변을 따라 잘려진 조각과 겹쳐지므로 테셀레이션이 가능하다.

활동모음 11.3

1 **a.** 두 삼각형은 E의 각을 포함하고, A, A'에서의 각은 직각이다. 한 삼각형의 두 각이 다른 삼각형의 두 각과 합동이면, 삼각형들은 닮았다.

2 **d.** 먼 거리를 추정할 때, 눈에서 손가락까지의 거리는 비교적 작으므로 무시해도 추정값에는 영향을 미치지 못한다. 그렇지만 가까운 거리는 눈에서 손가락까지의 거리의 몇 배밖에 안 될 것이므로 이를 무시하면 큰 오차가 생기게 된다. 따라서 후자의 경우, 눈에서 손가락까지의 거리는 반드시 첨부되어야 한다.

3 **b.** 20.25m　　　　c. 24.3m

4 **c.** 그림의 길이 ET는 80mm이므로, 80mm는 60m를 나타낸다. 다시 말하면 1mm는 0.75m를 의미한다. 그림의 T에서 R까지 나무의 높이는 24mm이고 따라서 실제 나무의 높이는 $24 \times 0.75 = 18\text{m}$.

5 **c.** 약 33m에 지면 위 측고기의 높이 1.5m를 더한 값으로 34.5m가 된다.

6 **b.** 랜드마크에서 소나무를 연결한 선을 기준선으로 이용해서 두 점 사이의 거리를 측정한다. 소나무에서 기준선과 다른 5개의 대상들 사이의 각 다섯 개를 측정한다. 랜드마크로부터 기준선과 나머지 5개 대상사이의 각을 잰다. 소나무에서 랜드마크까지의 거리를 이용해서 들판의 대상들 사이의 거리를 모두 구할 수 있는 척도를 만들 수 있다.

자료 카드

1. 대수조각 (활동모음 1.3)
2. 대수식 카드 (활동모음 1.3의 놀이활동)
3. 속성목록카드 (활동모음 2.1)
4. 속성목록카드 (활동모음 2.1)
5. 두 개의 원 벤다이어그램 (활동모음 2.1)
6. 3개의 원 벤다이어그램 (활동모음 2.1, 9.1)
7. 교사를 위한 후속탐구와 질문 3 (활동모음 2.1)
8. 사각기하판 모형 (활동모음 2.1, 6.4, 9.1, 10.2)
9. 좌표 알아맞히기와 도형 숨기기용 좌표평면
10. 논리문제 도움말 카드와 인물 카드, 문제 1 (활동모음 2.3)
11. 논리문제 도움말 카드와 인물 카드, 문제 2 (활동모음 2.3)
12. 논리문제 도움말 카드, 우수상과 수상자들, 문제 3 (활동모음 2.3)
13. 논리문제 도움말 카드, 우수상과 수상자들, 문제 4 (활동모음 2.3)
14. 논리문제 도움말 카드, 문제 5 (활동모음 2.3)
15. 논리문제 도움말 카드, 문제 5 (활동모음 2.3)
16. 논리문제 도움말 카드, 문제 5 (활동모음 2.3)
17. 독심 카드 (활동모임 3.1의 놀이 활동)
18. 재미있는 게임판 (활동모임 6.3의 놀이 활동)
19. 각도기, 줄자, 컴퍼스 (활동모음 7.1, 9.1, 10.1, 10.3, 11.1, 11.2, 11.3)
20. 난수표 (활동모음 7.2, 7.3, 8.1)
21. 2페니 게임판 (활동모음 8.1)
22. 3페니 게임판 (활동모음 8.1)
23. 회전판 (활동모음 8.2)
24. 속임수 주사위 (활동모음 8.2의 놀이활동)
25. 지오보드 기록판 (활동모음 9.1)
26. 원 지오보드 판 (활동모음 9.1)
27. 육각형 게임판 (활동모음 9.2의 놀이활동)
28. 정다면체 (활동모음 9.3)
29. 정규 다면체 (활동모음 9.3)
30. 2cm 격자 종이 (활동모음 9.3)
31. 이상한 정육면체 (활동모음 9.3의 놀이활동)
32. 수직선 종이 (활동모음 9.4)
33. 길이 측정테이프 (활동모음 10.1)
34. 센티티미터 경주용 매트 (활동모음 10.1의 놀이활동)
35. 펜토미노 (활동모음 10.2의 놀이활동)
36. 센티미터 경기용 매트 (활동모음 10.2의 놀이활동)
37. 프리즘, 피라미드, 원기둥 (활동모음 10.3의 놀이활동)
38. 측고기와 경사계 (활동모음 11.3)

대수조각(활동모음 1.3)

자료 카드 1

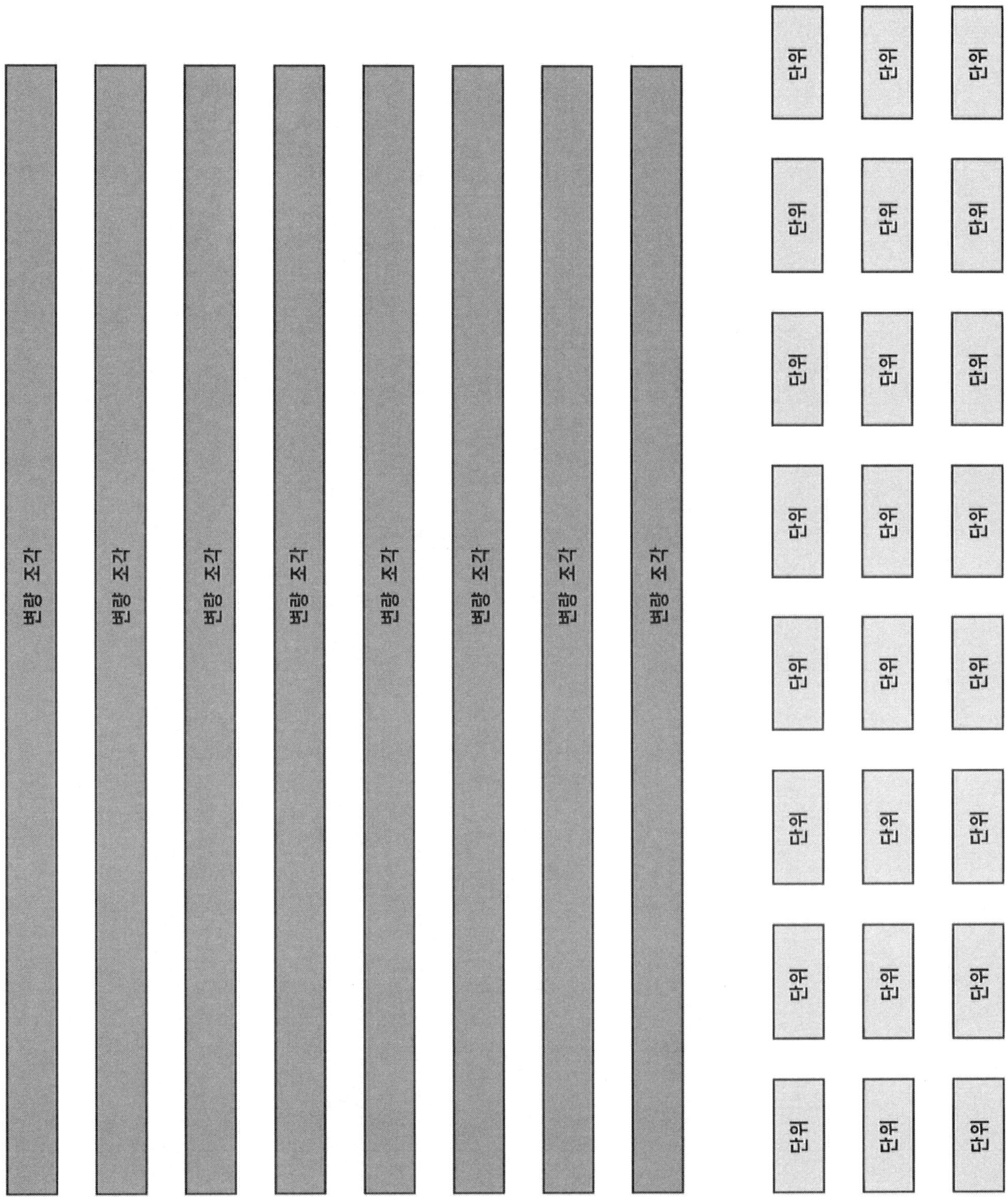

자료 카드 2

나는 $n+1$을 가지고 있다. 누가 어떤 수보다 2 작은 것을 갖고 있는가?	나는 $4n+5$를 가지고 있다. 누가 제곱보다 2 큰 수를 갖고 있는가?	나는 $n+2$를 가지고 있다. 누가 어떤 수보다 5 작은 것을 갖고 있는가?	나는 $5n+3$을 가지고 있다. 누가 제곱의 3배에 1 많은 것을 갖고 있는가?
나는 $n-2$을 가지고 있다. 누가 어떤 수보다 2배에 1 많은 것을 갖고 있는가?	나는 $\sqrt{n}+2$을 가지고 있다. 누가 어떤 수보다 8배에 5 작은 것을 갖고 있는가?	나는 $n-5$을 가지고 있다. 누가 어떤 수보다 3배에 2 많은 것을 갖고 있는가?	나는 $3n^2+1$을 가지고 있다. 누가 어떤 수보다 $1/3$배에 2 많은 것을 갖고 있는가?
나는 $2n+1$을 가지고 있다. 누가 어떤 수보다 7배에 5 작은 것을 갖고 있는가?	나는 $8n-5$을 가지고 있다. 누가 어떤 수보다 제곱의 4배에 1 많은 것을 갖고 있는가?	나는 $3n+2$을 가지고 있다. 누가 어떤 수보다 6배에 5 작은 것을 갖고 있는가?	나는 $\frac{n}{3}+2$을 가지고 있다. 누가 어떤 수보다 세제곱에 6 작은 것을 갖고 있는가?
나는 $7n-5$을 가지고 있다. 누가 어떤 수보다 제곱에 7 많은 것을 갖고 있는가?	나는 $4n^2-1$을 가지고 있다. 누가 어떤 수보다 $1/3$배에 4 많은 것을 갖고 있는가?	나는 $6n-5$을 가지고 있다. 누가 어떤 수보다 제곱에 8 많은 것을 갖고 있는가?	나는 n^3-6을 가지고 있다. 누가 어떤 수보다 4배에 9 많은 것을 갖고 있는가?
나는 n^2+7을 가지고 있다. 누가 어떤 수보다 $1/2$배에 3 많은 것을 갖고 있는가?	나는 $\frac{n}{3}+4$을 가지고 있다. 누가 어떤 수보다 제곱에 7 작은 것을 갖고 있는가?	나는 n^2+8을 가지고 있다. 누가 어떤 수보다 $1/2$배에 5 작은 것을 갖고 있는가?	나는 $4n+9$를 가지고 있다. 누가 어떤 수보다 $1/2$배에 7 작은 것을 갖고 있는가?
나는 $\frac{n}{2}+3$을 가지고 있다. 누가 어떤 수보다 4배에 5 많은 것을 갖고 있는가?	나는 n^3-7을 가지고 있다. 누가 어떤 수에 1 많은 것을 갖고 있는가?	나는 $\frac{n}{2}-5$을 가지고 있다. 누가 어떤 수보다 5배에 3 많은 것을 갖고 있는가?	나는 $\frac{n}{2}-7$을 가지고 있다. 누가 어떤 수에 2 많은 것을 갖고 있는가?

속성목록카드(활동모음 2.1)

자료 카드 3

			삼각형(T)
			육각형(H)
			원(C)
			사각형(S)
		그리고	빨강(R)
		그리고	파랑(B)
크다(L)	작다(S)	NOT	노랑(Y)
작다(S)	NOT	또는	크다(L)
작다(S)	NOT	또는	크다(L)

속성목록카드(활동모음 2.1)

가로(1점) 세로(2점) 대각선(3점)

		시작하는 속성조각은 여기에 두세요		

자료 카드 5

두 개의 원 벤다이어그램(활동모음 2.1)

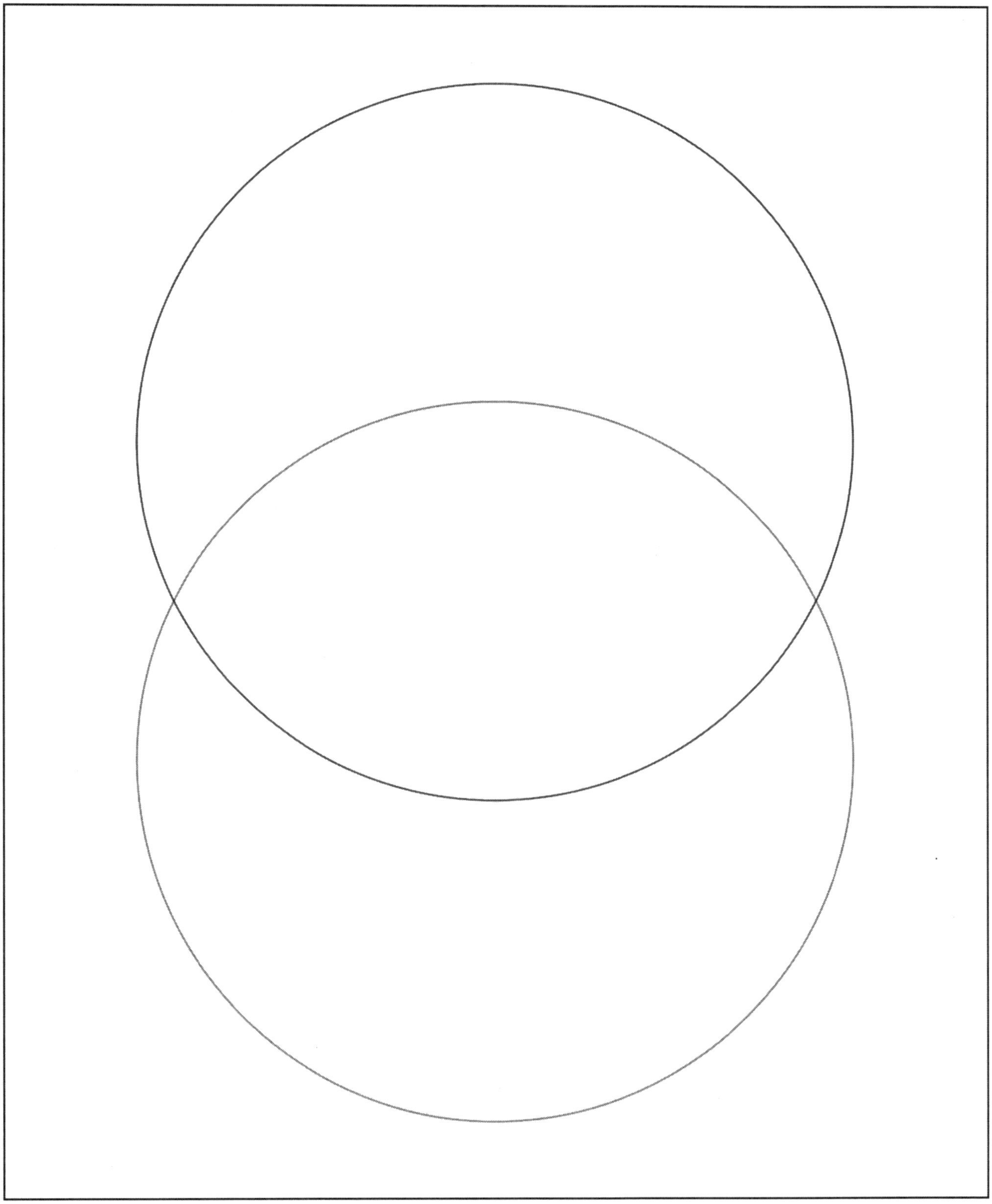

자료 카드 6

3개의 원 벤다이어그램(활동모음 2.1, 9.1)

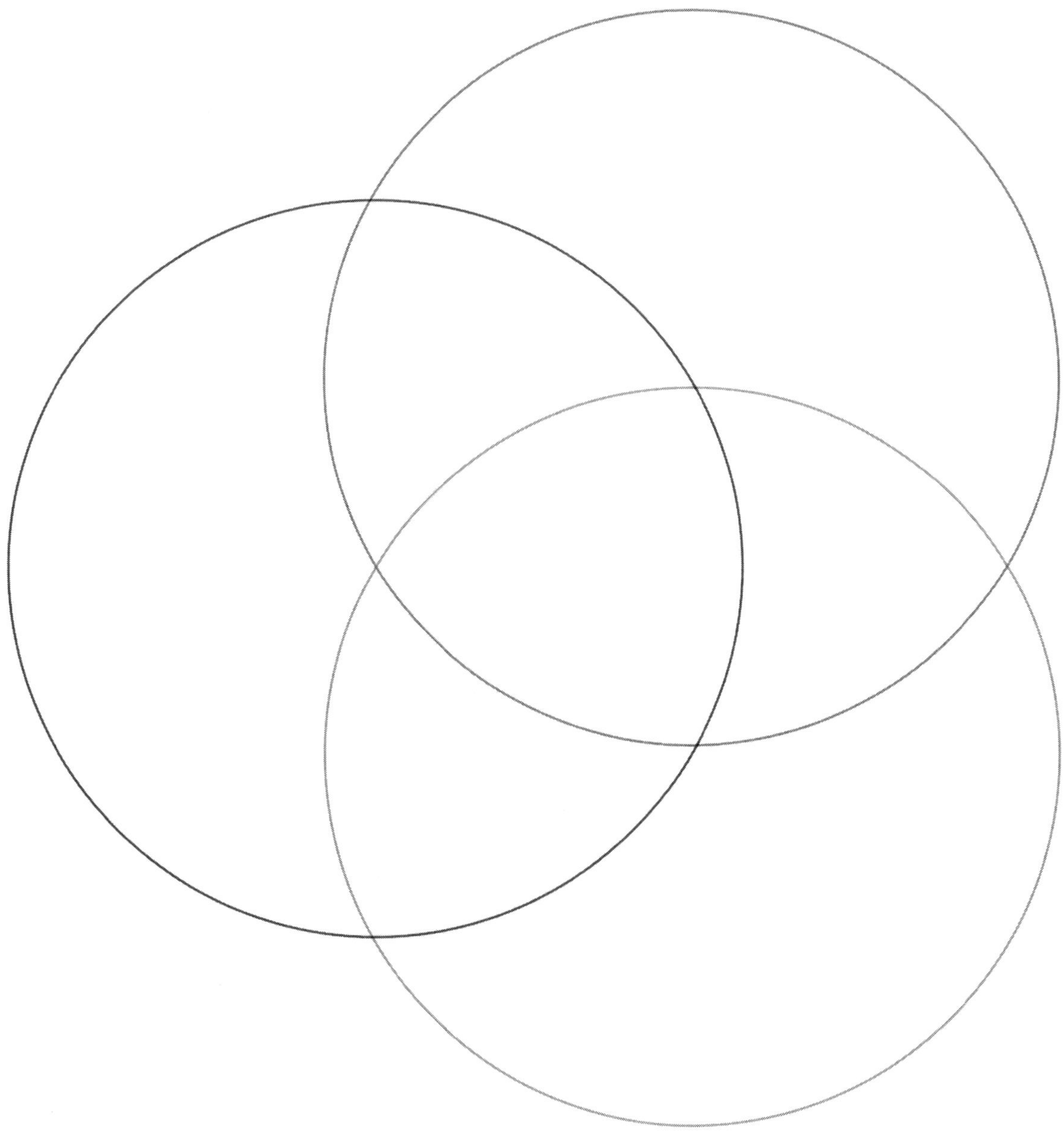

자료 카드 7

a.

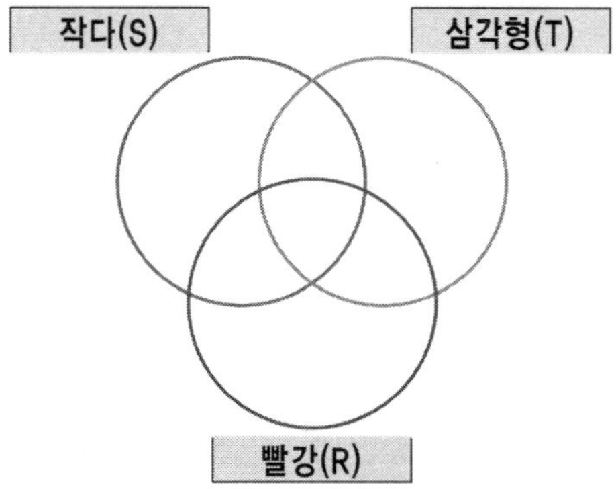

묘사

d.

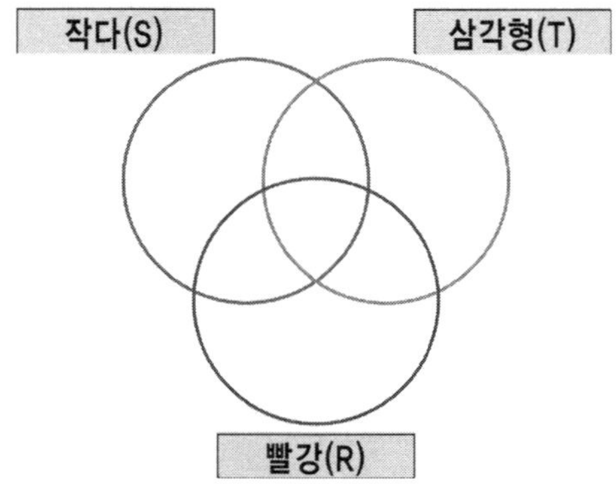

묘사

b.

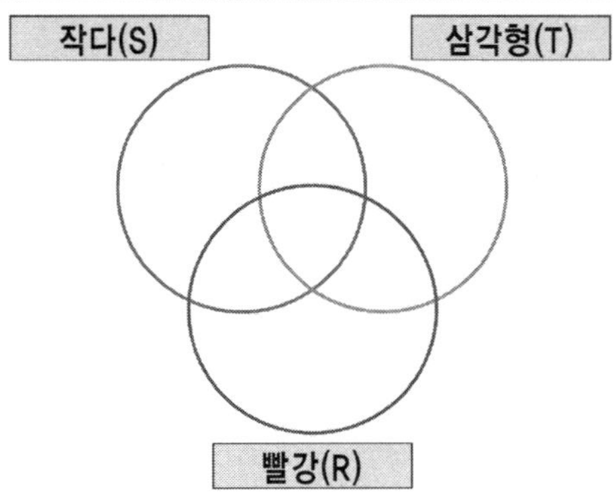

묘사

e.

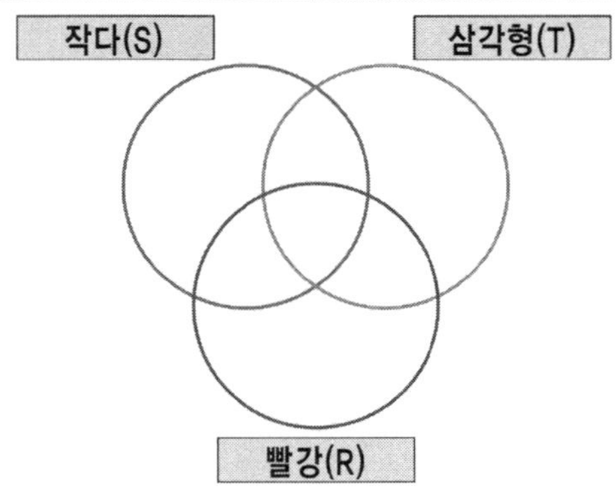

묘사

c.

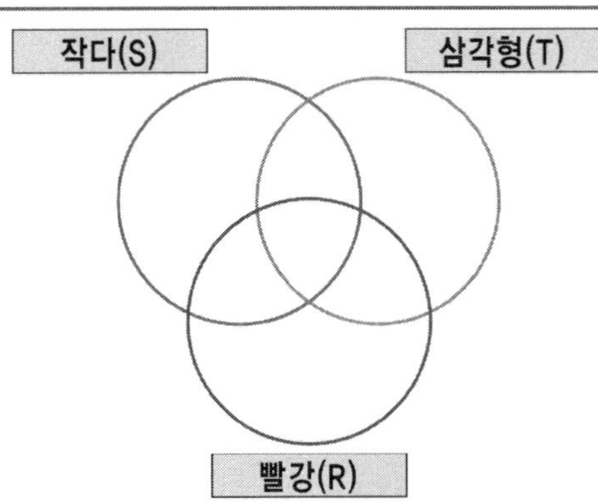

묘사

f.

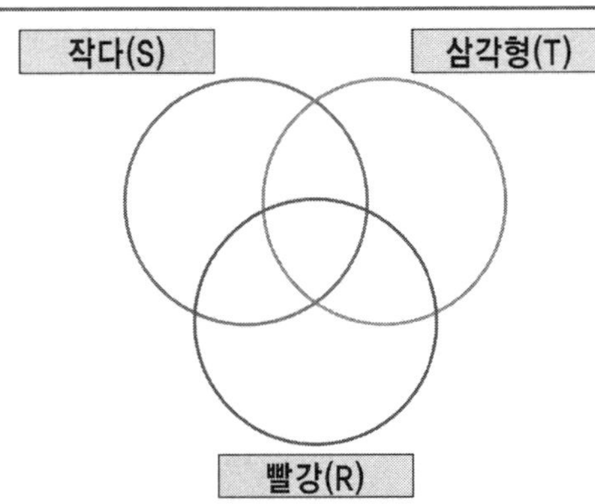

묘사

사각기하판 모형
(활동모음 2.1, 6.4, 9.1, 10.2)

자료 카드 8

좌표 알아맞히기와 도형 숨기기용 좌표평면 **자료 카드 9**

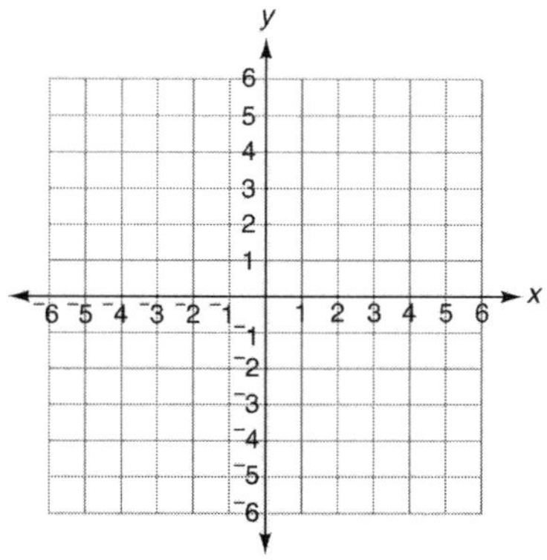
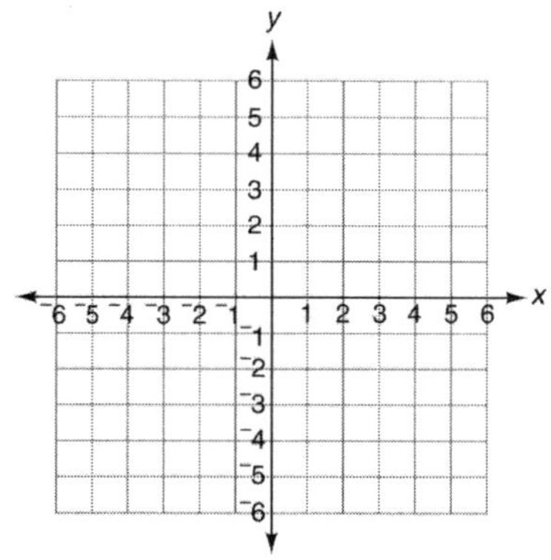
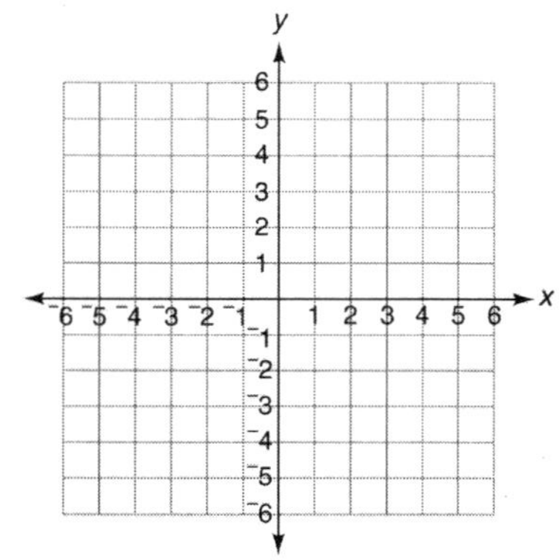
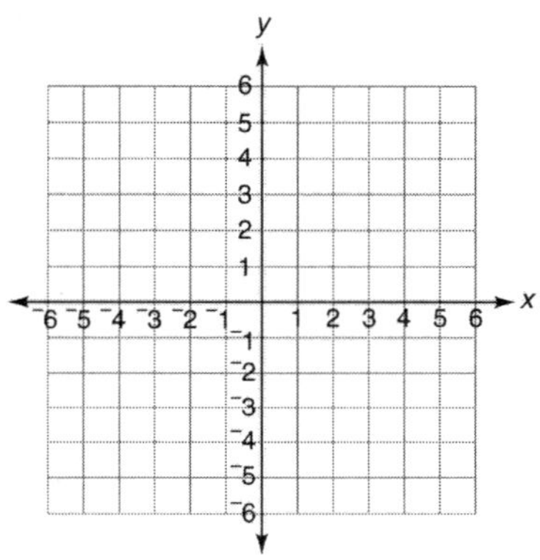
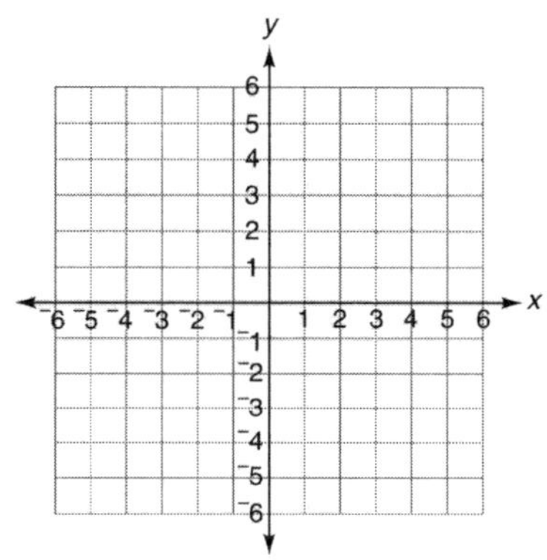
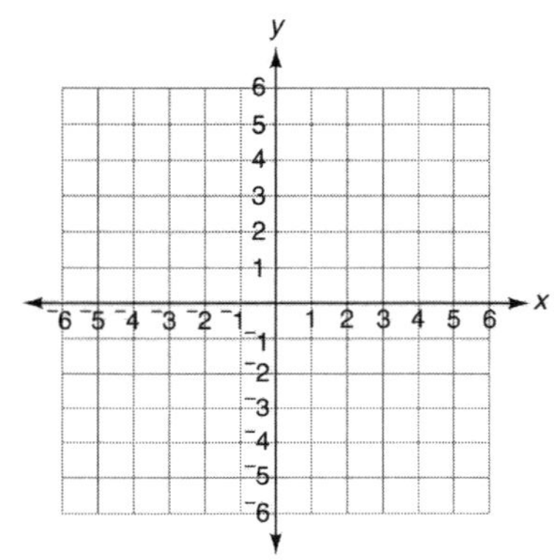
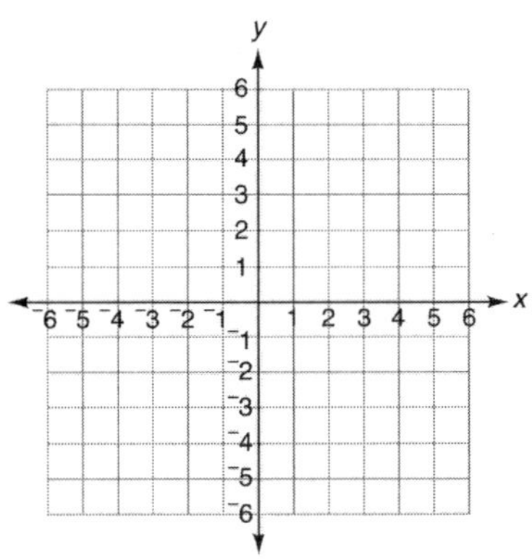
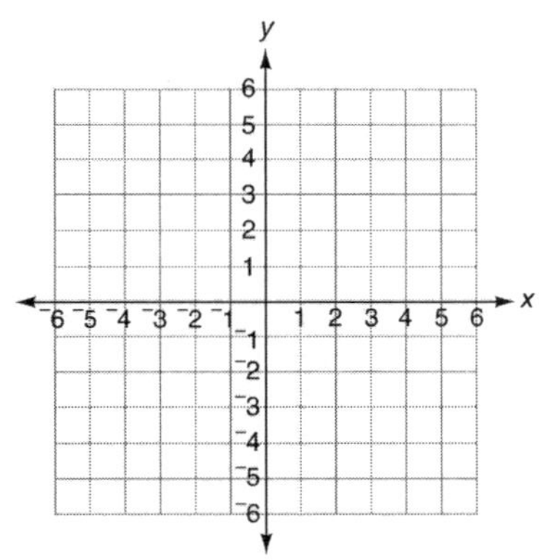
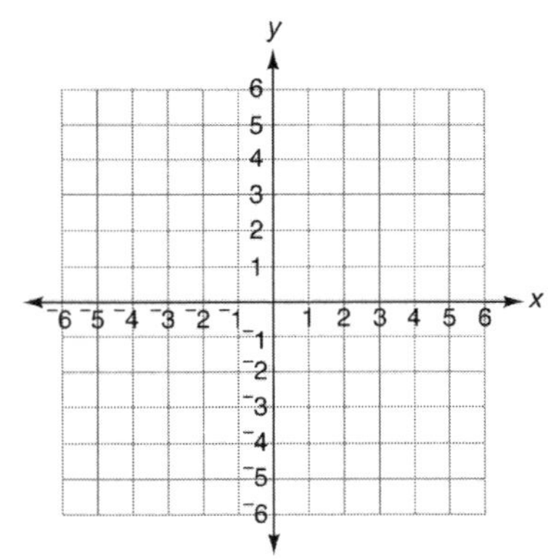
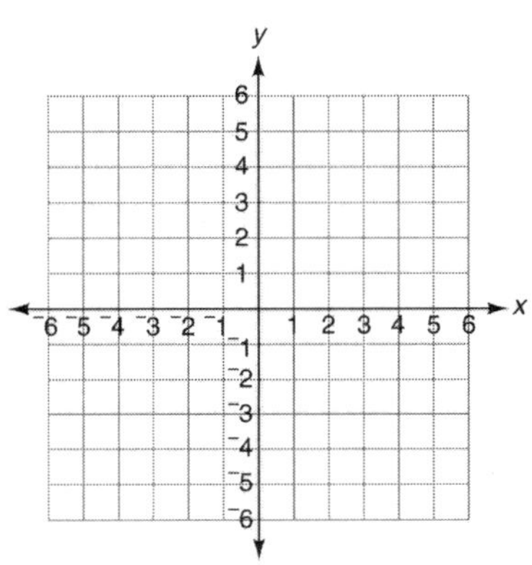
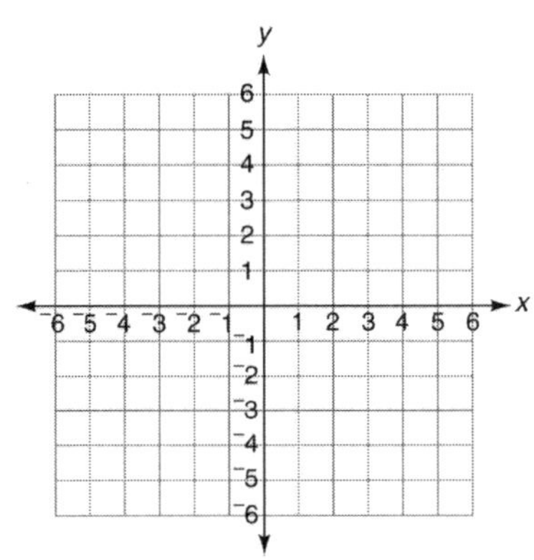
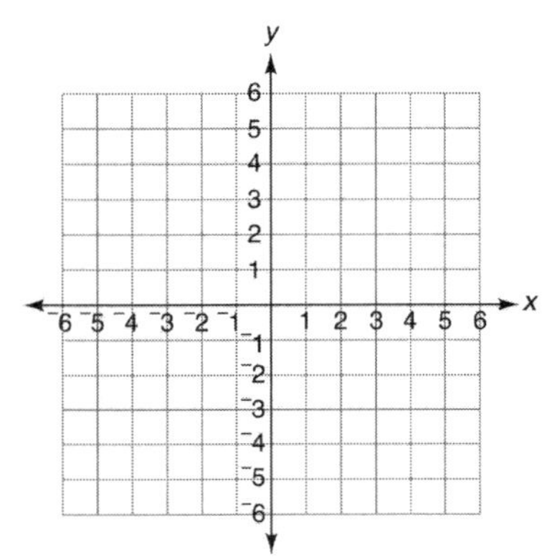

논리문제 도움말 카드와 인물 카드

문제 1 (활동모음 2.3)

폴, 니키, 샐리, 유리, 제인, 베네타, 몬티, 마크와 에디트는 키순서대로 서 있다. 에디트는 니키보다 샐리와 더 가깝게 서 있다.

논리 문제 1 카드 A

베네타, 에디트, 마크, 샐리, 몬티와 제인은 폴, 니키, 유리보다 작다.
유리와 폴 사이에 딱 한 명이 서 있다.
키가 작은 사람부터 차례대로 이름을 적어보시오.

논리 문제 1 카드 B

에디트, 마크, 몬티, 제인, 베네타는 다른 4명보다 작다.
유리는 샐리와 니키 사이에 있다.
몬티와 폴의 사이에는 7명이 있다.

논리 문제 1 카드 C

유리, 니키, 제인, 폴, 샐리는 다른 친구들보다 크다.
에디트보다 작은 친구는 베네타와 몬티뿐이다.

논리 문제 1 카드 D

니키

폴

샐리

마크

유리

에디트

제인

몬티

베네타

논리문제 도움말 카드와 인물 카드

문제 2 (활동모음 2.3)

라이트 씨는 테니스 팀의 코치이다.
맥케나가 말했다. “나는 타이론이 한 팀이 되면 게임하지 않을 거야.”

논리 문제 2 카드 A

후안, 맥케나, 타이론, 데릭, 이다, 안나는 복식게임을 한다.
타이론이 말했다. “만약 데릭이나 이다가 들어오면 게임 안 할 거야”

논리 문제 2 카드 B

라이트 씨가 남자선수 2명 여자선수 2명을 뽑아서 장거리 여행을 하려고 한다.
어떻게 선발하면 좋을까?
데릭은 “나는 안나가 뛰면 할래.”라고 했다.

논리 문제 2 카드 C

후안은 “나는 맥케나가 뛰면 게임할래.”라고 했다.
안나는 아무 상관이 없었다.

논리 문제 2 카드 D

후안

안나

타이론

데릭

맥케나

이다

논리문제 도움말 카드, 우수상과 수상자들

자료 카드 12

문제 3 (활동모음 2.3)

스미스, 브라운, 존스, 로빈슨은 모두 4개 부문의 학업 우수상을 수상했지만 자신이 상을 받게 된 과목이 무엇인지 몰라 궁금해하고 있다.
스미스는 로빈슨이 논리상을 받았다고 생각하고 있다.

논리 문제 3 카드 A

4가지 학업 우수상은 수학, 영어, 프랑스어, 논리 과목에 대한 것이다.
존스는 스미스가 수학상 수상자는 아니라고 확신한다.
각 과목의 수상자는 누구일까?

논리 문제 3 카드 B

로빈슨은 브라운이 프랑스어 수상자일 거라고 생각한다.
수학과 논리 수상자의 추측은 옳다.

논리 문제 3 카드 C

영어와 프랑스어 수상자의 추측은 틀렸다.
브라운은 존스가 영어 수상자라고 생각한다.
수학상은 로빈슨에게 수여되었다.

논리 문제 3 카드 D

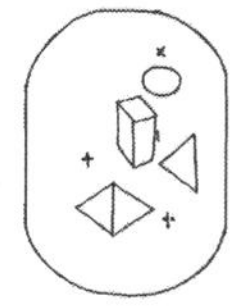

수학

존스

영어

스미스

프랑스어

로빈슨

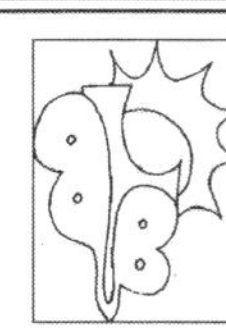

논리

브라운

논리문제 도움말 카드, 우수상과 수상자들 문제 4 (활동모음 2.3)

비행기에 스미스, 존스, 로빈슨, 조종사, 부조종사, 엔지니어가 함께 타고 있다. 부조종사는 같은 마을에 살고 있는 가수와 이름이 같다.

논리 문제 4 카드 A

비행기에는 3명의 성인남자, 스미스 씨, 로빈슨 씨, 존스 씨로 구성된 가수 그룹이 있다.
부조종사는 존스 씨 동네와 엔지니어 동네 사이에 있는 도시에 산다.

논리 문제 4 카드 B

로빈슨 씨는 뉴욕에 산다.
존스는 엔지니어와 자주 라켓볼을 즐긴다.

논리 문제 4 카드 C

가수들은 각각 뉴욕, 샌프란시스코, 시카고에 흩어져 살고, 비행기 승무원들도 세 도시에 흩어져 살고 있다.
조종사의 이름은 무엇인가?

논리 문제 4 카드 D

조종사	시카고
부조종사	뉴욕
엔지니어	샌프란시스코
존스 씨	존스
스미스 씨	스미스
로빈슨 씨	로빈슨

논리문제 도움말 카드

문제 5 (활동모음 2.3)

현대차 소유주는 말들을 보살피고 있는 집 옆집에 산다.
빨간 집에 사는 사람은 영국인이다.
일본인은 대우차를 몬다.
모든 집에는 서로 다른 국적을 갖는 사람이 혼자 살고 있다.
하얀색 집에 사는 사람은 우유를 마시지 않는다.

논리 문제 5 카드 A

쌍용차 운전자는 여우와 함께 사는 사람의 옆집에 산다.
삼성차 소유주는 오렌지 쥬스를 마신다.
노르웨이인은 파란집 옆집에 산다.
녹색집에선 커피를 마시고 있다.
스컹크의 주인은 누구일까?

논리 문제 5 카드 B

현대차 소유주는 노란집에 산다.
우유는 가운데 집에서 마신다.
노르웨이인은 첫번째 집에 산다.
스페인 사람은 개를 키우고 있다.
각각의 사람들이, 집 한 채, 애완동물 한 마리, 차 한 대, 서로 다른 국적, 다른 음료수를 갖는다면, 물을 마시는 사람은 누구일까?

논리 문제 5 카드 C

우크라이나인은 차를 마신다.
녹색집은 하얀색 집의 오른쪽에 인접해 있다.
기아차 운전자는 달팽이를 키운다.
여우는 녹색집에서 가장 멀리 떨어진 집의 소유주와 함께 살고 있다.
다섯 집은 일렬로 서 있다.

논리 문제 4 카드 D

논리문제 도움말 카드 　　　　　　　　　　　　　　　　　　　　자료 카드 15

문제 5 (활동모음 2.3)

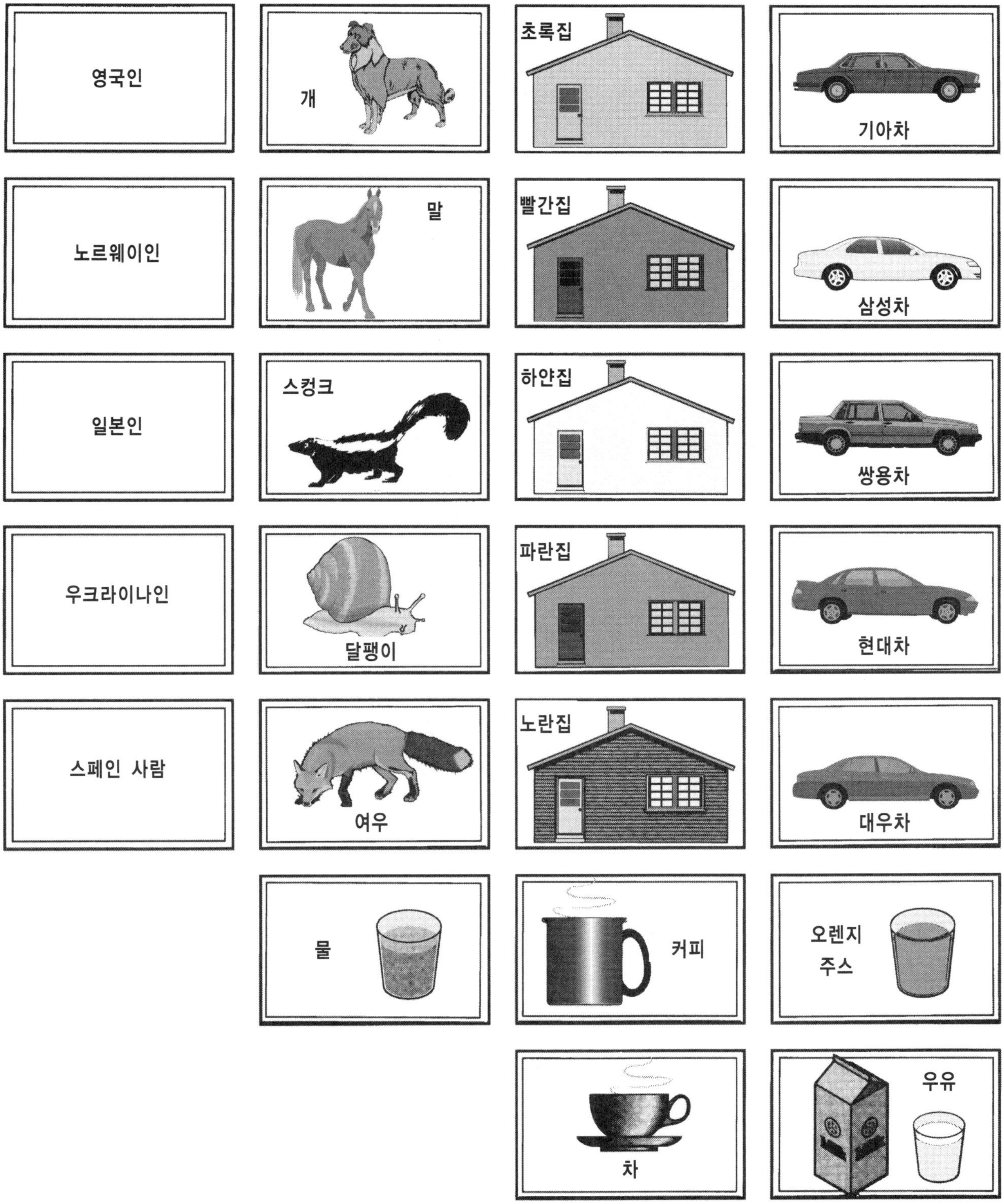

논리문제 도움말 카드 **자료 카드 16**

문제 5 (활동모음 2.3)

세 자리 기록카드

추측 자리			결과 파이카	센트로

추측 자리			결과 파이카	센트로

추측 자리			결과 파이카	센트로

네 자리 기록카드

추측 자리				결과 파이카	센트로

추측 자리				결과 파이카	센트로

추측 자리				결과 파이카	센트로

4	23
5	28
6	29
7	30
12	31
13	
14	
15	
20	
21	
22	

카드 1

2	23
3	26
6	27
7	30
10	31
11	
14	
15	
18	
19	
22	

카드 2

1	21
3	23
5	25
7	27
9	29
11	31
13	
15	
17	
19	

카드 1

32

카드 32

16	26
17	27
18	28
19	29
20	30
21	31
22	
23	
24	
25	

카드 16

8	27
9	28
10	29
11	30
12	31
13	
14	
15	
24	
25	
26	

카드 8

재미있는 게임판

$50	$100		$200	$300		$400	$500		$600
.5	1	1.5	2	2.5	3	3.5	4	4.5	5
1	2	3	4	5	6	7	8	9	10
2	4	6	8	10	12	14	16	18	20
3	6	9	12	15	18	21	24	27	30
4	8	12	16	20	24	28	32	36	40
5	10	15	20	25	30	35	40	45	50
6	12	18	24	30	36	42	48	54	60

각도기, 줄자, 컴퍼스 **자료 카드 19**

(활동모음 7.1, 9.1, 10.1, 10.3, 11.1, 11.2, 11.3)

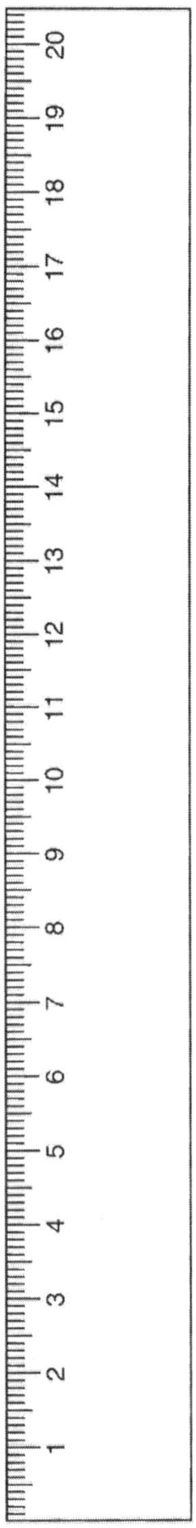

컴퍼스

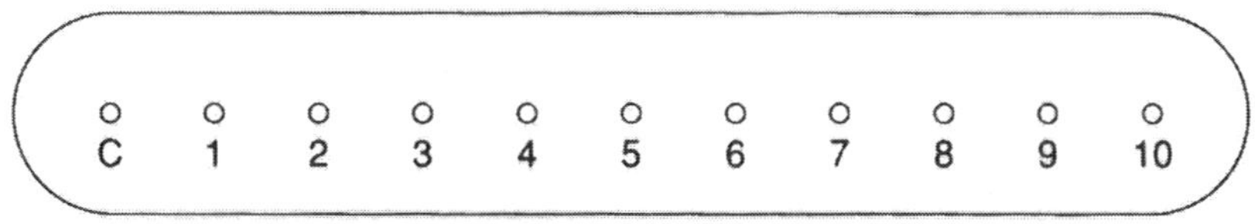

1에서 10까지 구멍을 뚫는다. C를 고정시키고 구멍 8에 연필을 넣고 원을 돌리면 8cm 원이 그려진다.

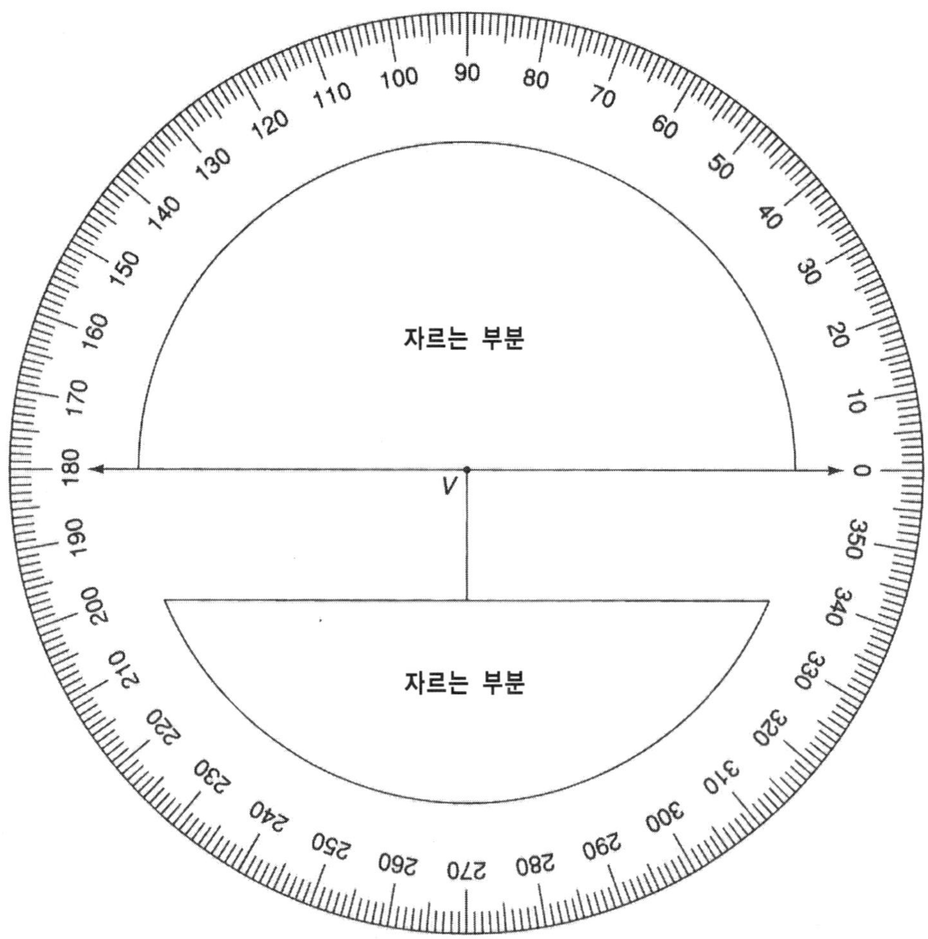

점 V을 꼭지각으로 두고, 한쪽 면에 0°부터 180°까지 각이 놓인다.

난수표(활동모음 7.2, 7.3, 8.1)

자료 카드 20

69588	18885	24831	28185	84019	91168	62187	69079	86492	24195
19797	27708	70288	72541	10576	79693	28704	97678	95777	46759
50212	65574	17333	21694	47617	71881	88513	62695	76222	42544
16380	57486	86835	82724	23964	77540	93652	75555	77283	29473
29826	51673	28082	85640	43062	21997	77247	14653	13471	03865
51427	10863	96787	43214	68955	13735	72107	63399	15951	53968
36037	55838	30244	28819	19794	72893	43642	89344	72686	17378
52421	74281	44363	37701	25103	06701	33100	00483	38208	57711
64936	77559	27432	27412	89263	50899	68524	54274	35905	40343
05013	22060	17792	96536	74156	88924	19652	84311	92236	18008
69970	37423	22837	28337	06347	84836	68812	06121	23216	64020
96601	64066	87785	41608	32193	67850	46509	70020	18435	75427
30984	17658	07126	96234	66401	05691	55657	29217	61037	83086
93775	97887	39692	84605	98008	43174	07226	17637	63106	11806
10975	47371	37928	71999	19339	87802	88208	23697	57359	64825
34487	51270	55303	80666	63115	97793	01883	46650	10668	04238
77876	02108	02420	23983	49776	29281	01665	04908	78948	09727
38781	58184	25008	00962	80002	22962	92127	49898	24259	61862
83788	62480	44711	21815	84629	06939	67646	06948	04529	45214
89704	30361	15988	83311	78147	00323	49940	68820	24291	44077
24113	92774	25852	01814	44175	64734	25392	58525	88314	97199
23041	81334	43410	28285	59247	22853	24395	17770	61573	38097
43123	25825	91840	79914	41137	99165	33796	95374	25960	35135
20585	11696	84826	43878	74239	98734	35854	82082	97416	20039
45699	87633	29489	57614	52384	88793	24228	60107	83502	28129
42060	77709	09509	58712	21415	38415	10841	93372	53568	70864
23038	92956	27304	20825	70350	33151	93654	81710	34692	58456
72936	52909	92458	61567	72380	00931	49994	38711	12237	49788
24631	18803	35690	70000	10040	38204	67146	85913	48332	86757
62397	54028	77523	24891	27989	02289	74513	26279	85382	82180
75724	78027	60675	01294	37607	84053	41144	94743	85633	50356
44997	49702	68073	99166	05851	22239	76340	79458	25968	75875
20733	42897	05445	46195	97046	16120	41546	04463	34074	05515
90448	49154	27693	90607	98476	50924	25067	01233	64588	31287
50151	76497	10878	87213	84640	35943	46320	03267	15324	95455
33944	22308	60879	07308	10759	75179	05130	66184	69554	65891
42837	55847	75893	54245	38752	68095	33158	81860	56469	84190
39357	40544	25447	96260	87283	22483	78031	91393	38040	82382
45673	87347	44240	61458	87338	62039	71825	52571	27146	86404
97714	52538	91976	52406	19711	99248	23073	43926	81889	47540

회전판(활동모음 8.2) **자료 카드 23**

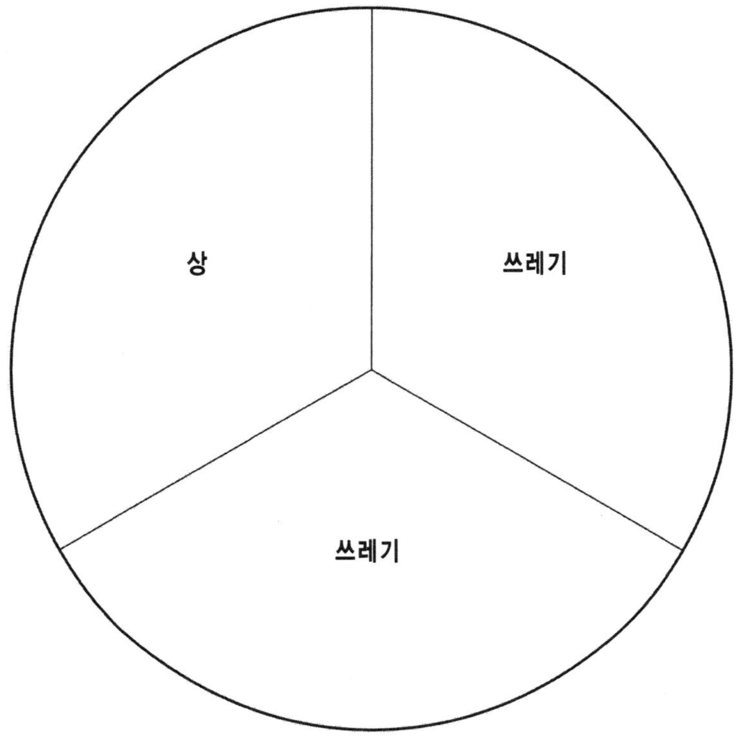

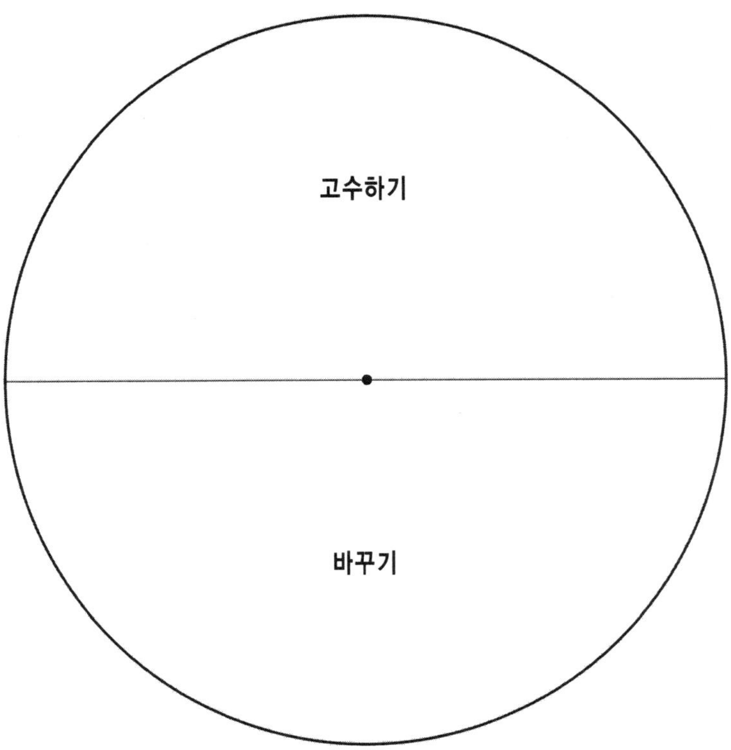

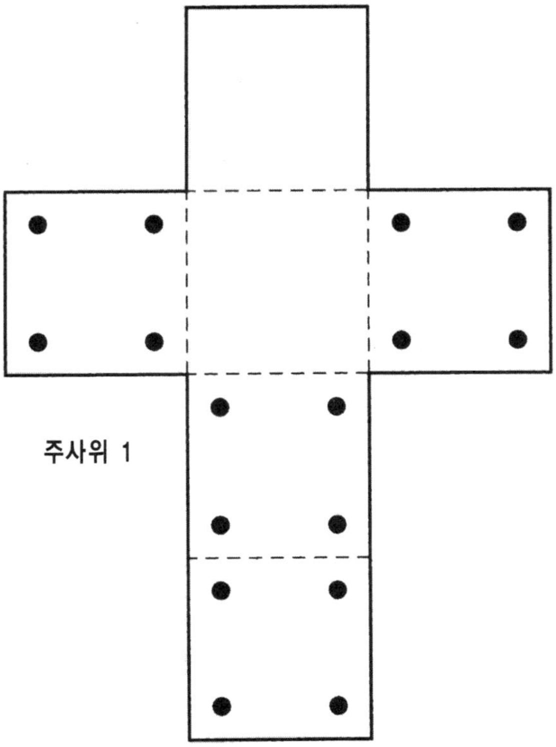

주사위 1

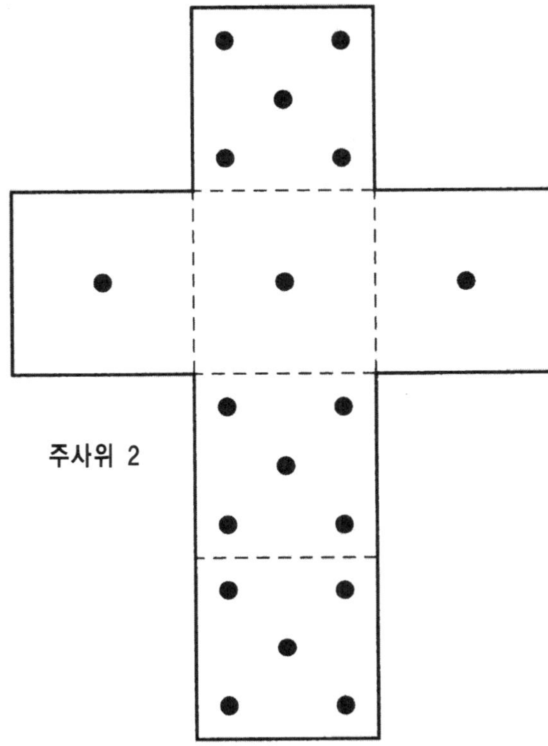

주사위 2

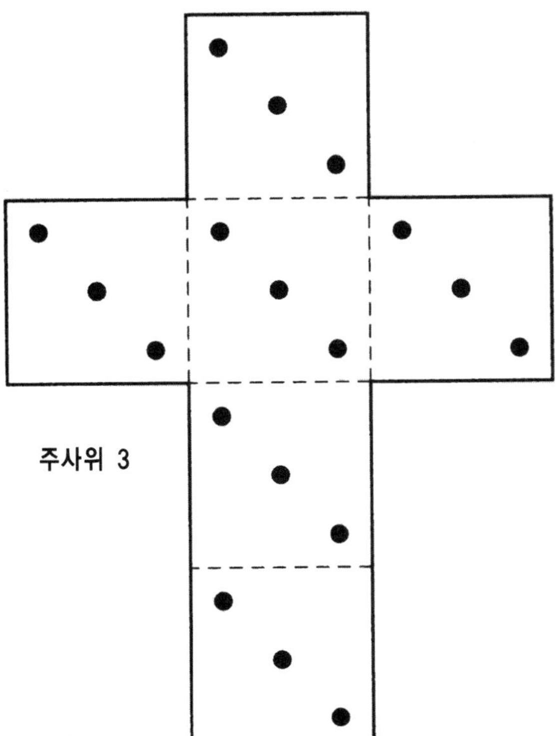

주사위 3

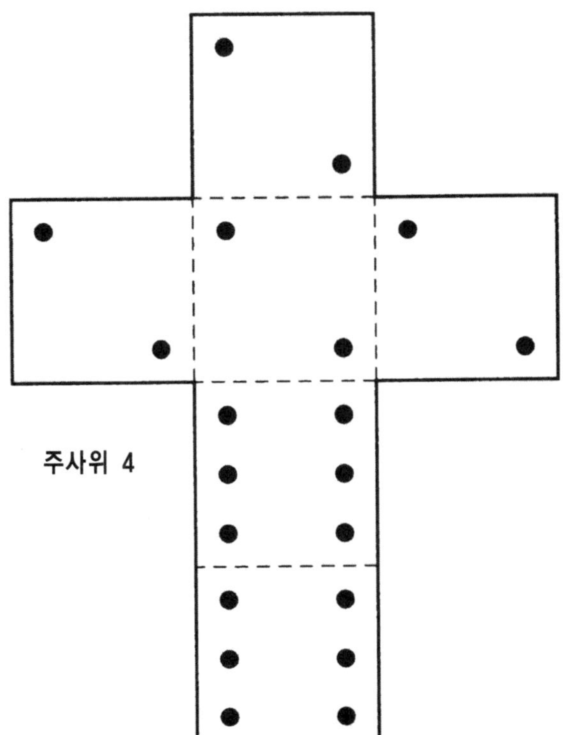

주사위 4

지오보드 기록판(활동모음 9.1) 자료 카드 25

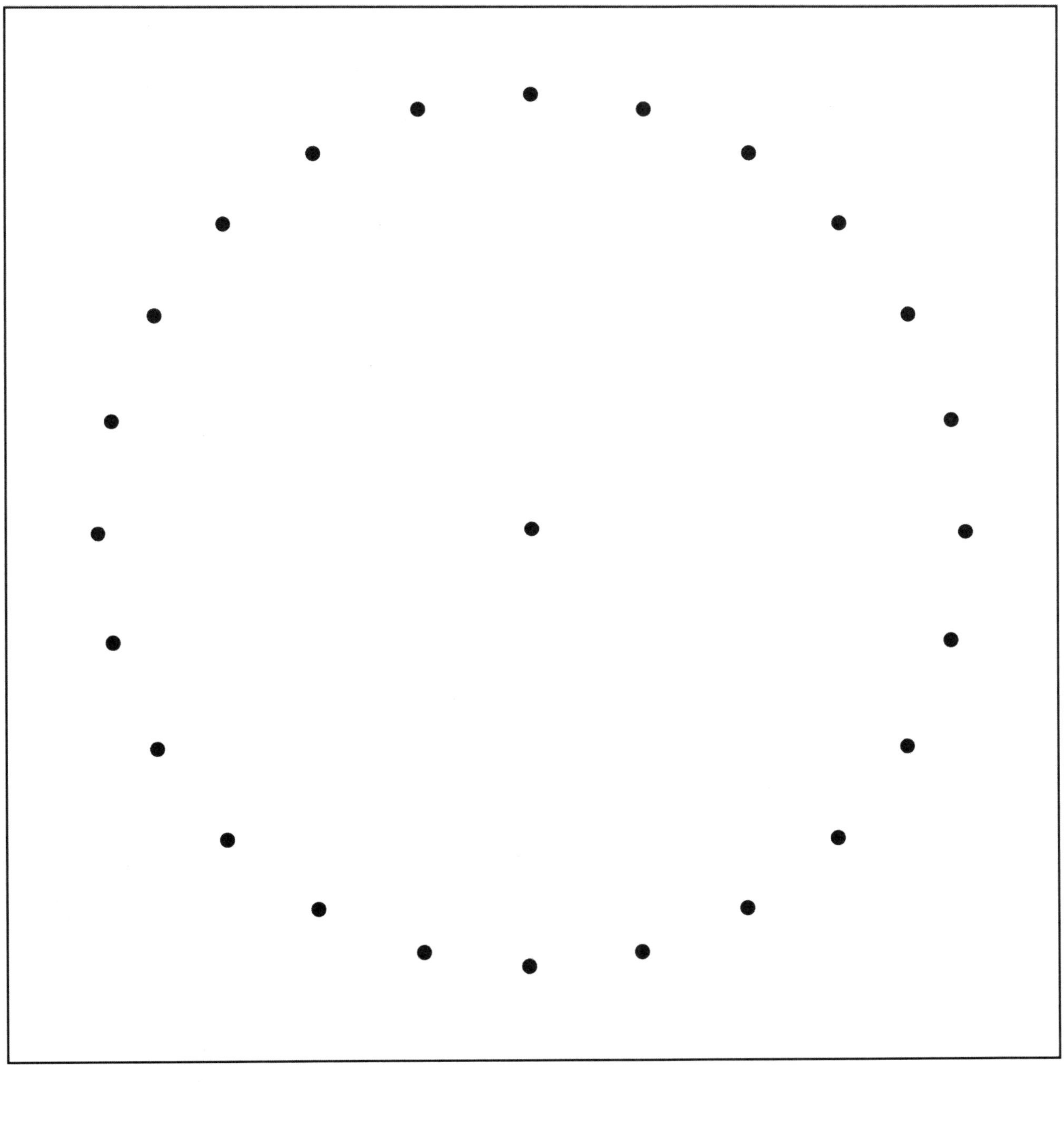

육각형 게임판(활동모음 9.2의 놀이활동) 자료 카드 27

정다면체(활동모음 9.3)

정육면체(6면)

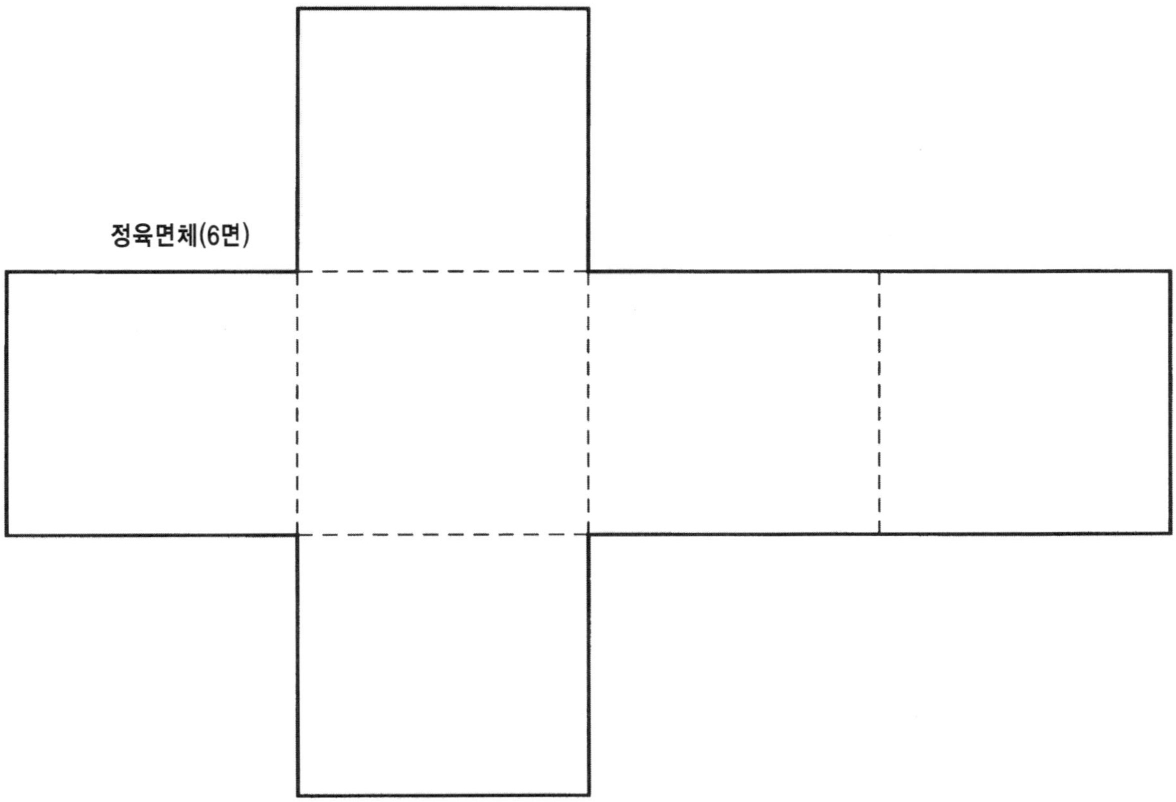

정팔면체(8면)

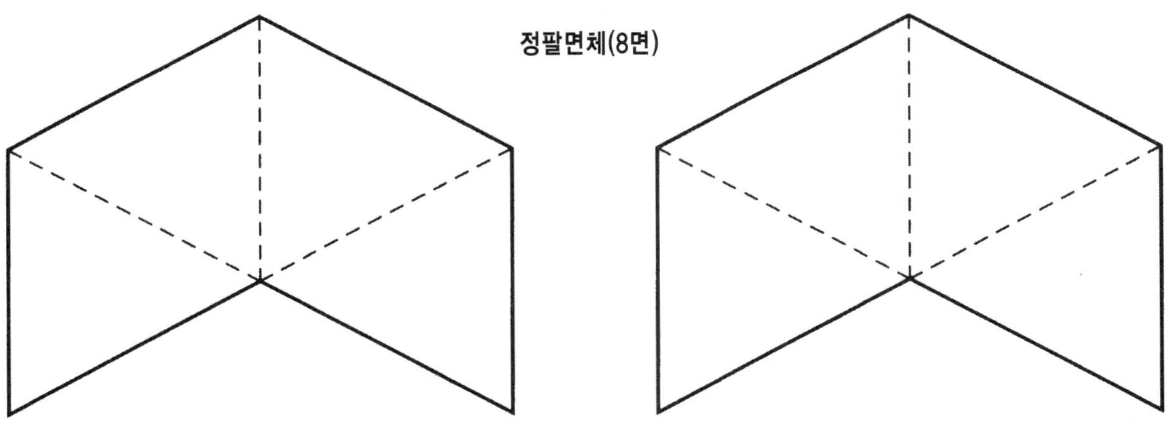

정사면체(4면)

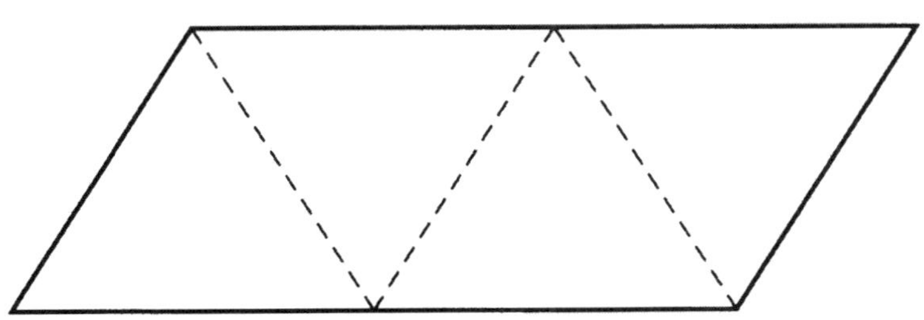

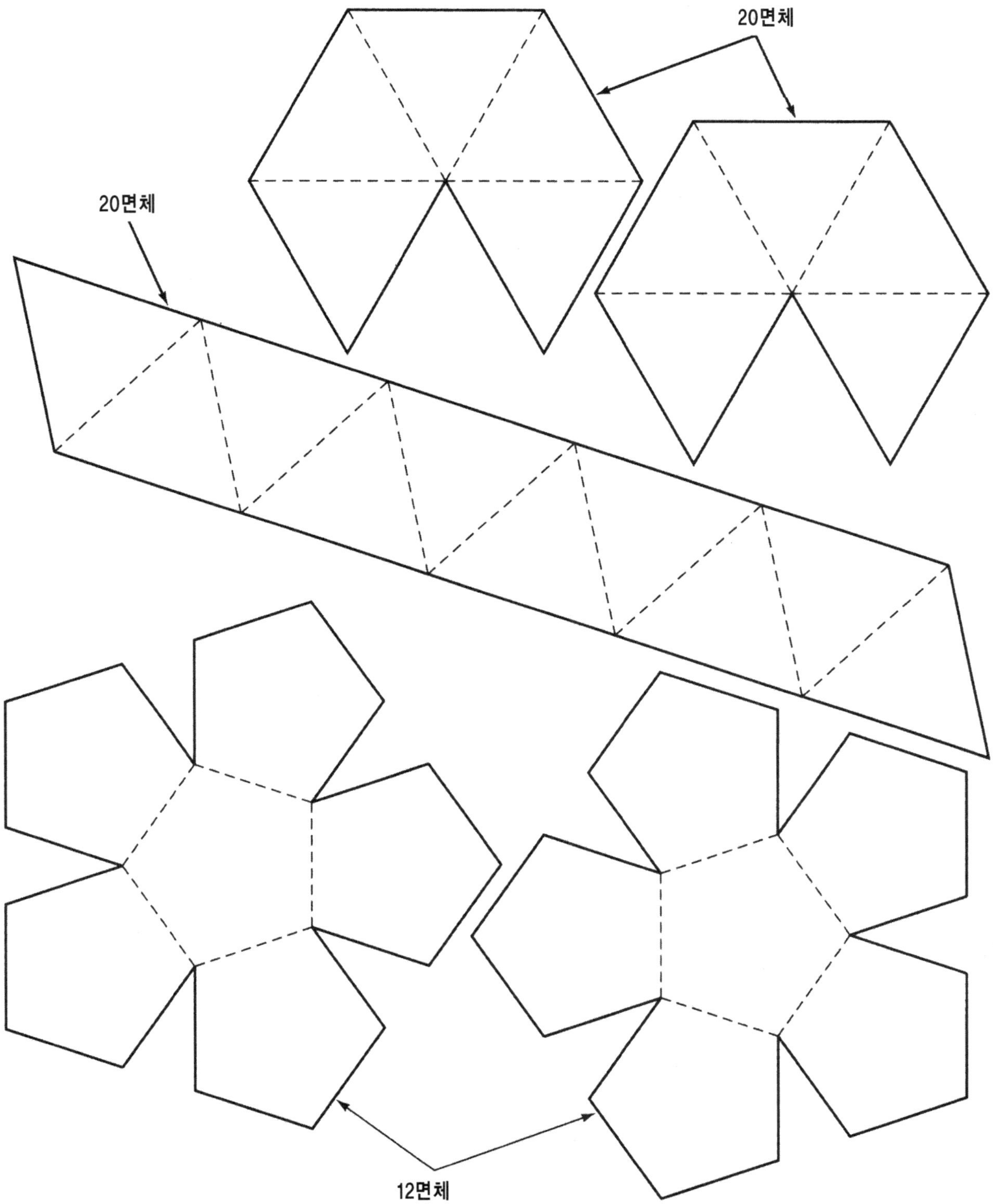
20면체
20면체
12면체

2cm 격자 종이(활동모음 9.3)

자료 카드 30

수직선 종이(활동모음 9.4)

자료 카드 32

오른쪽 5개의 종이 띠를 자르고, 탭 2번을 2번 라벨 아래로 가도록 테이프나 풀로 붙인다.
같은 방법으로 탭 4, 6, 8번도 각각 4, 6, 8번 라벨 아래로 가도록 붙여서 100cm 길이의 측정테이프를 만든다.

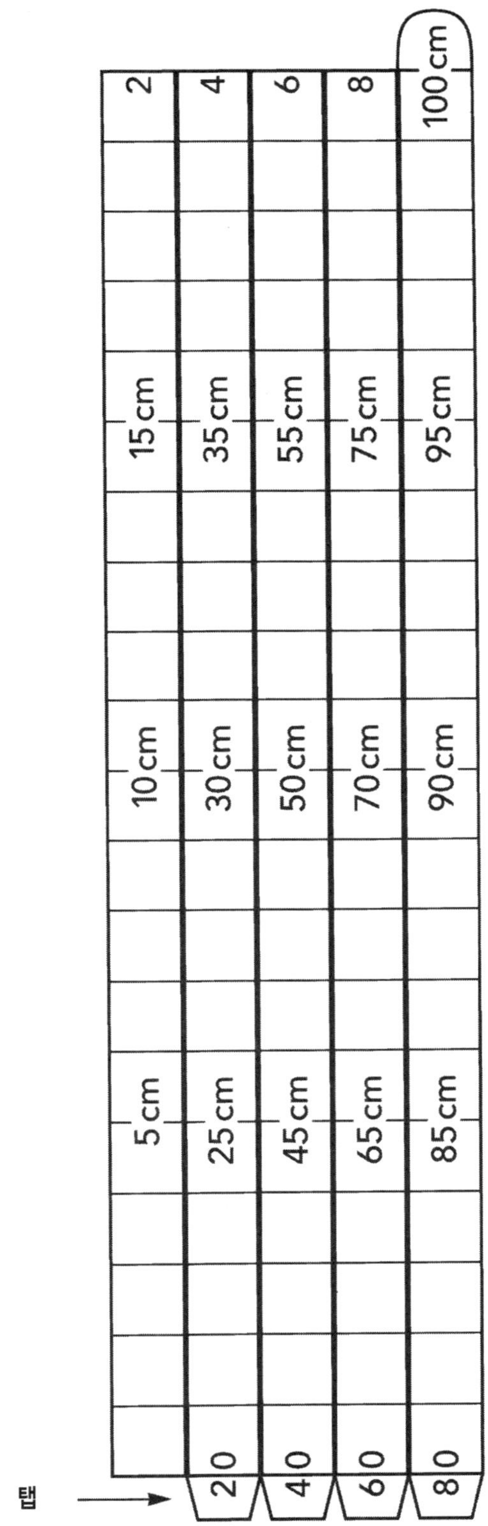

센티미터 경주용 매트(활동모음 10.1의 놀이활동) 자료 카드 34

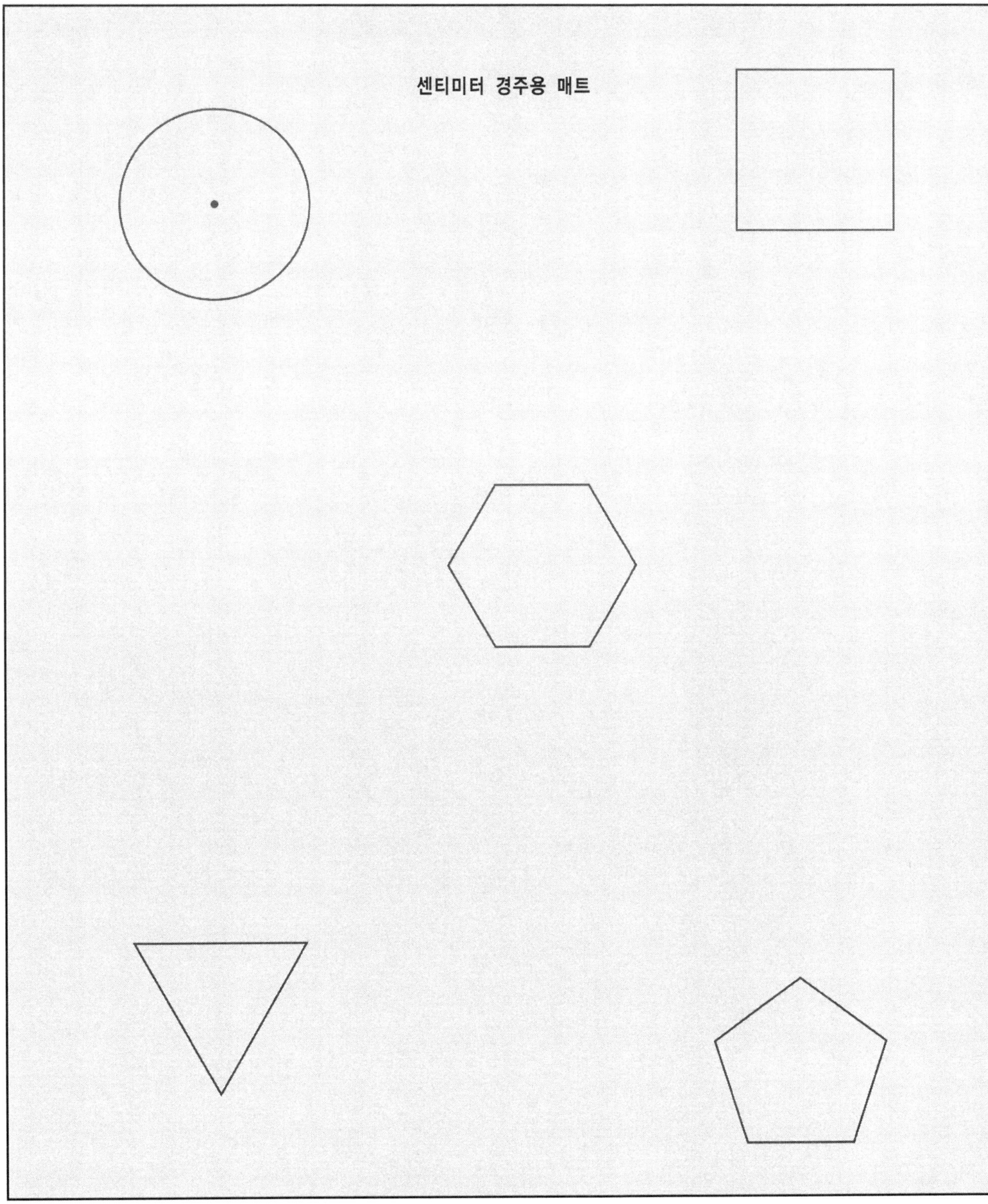

센티미터 경기용 매트(활동모음 10.2의 놀이활동)

자료 카드 36

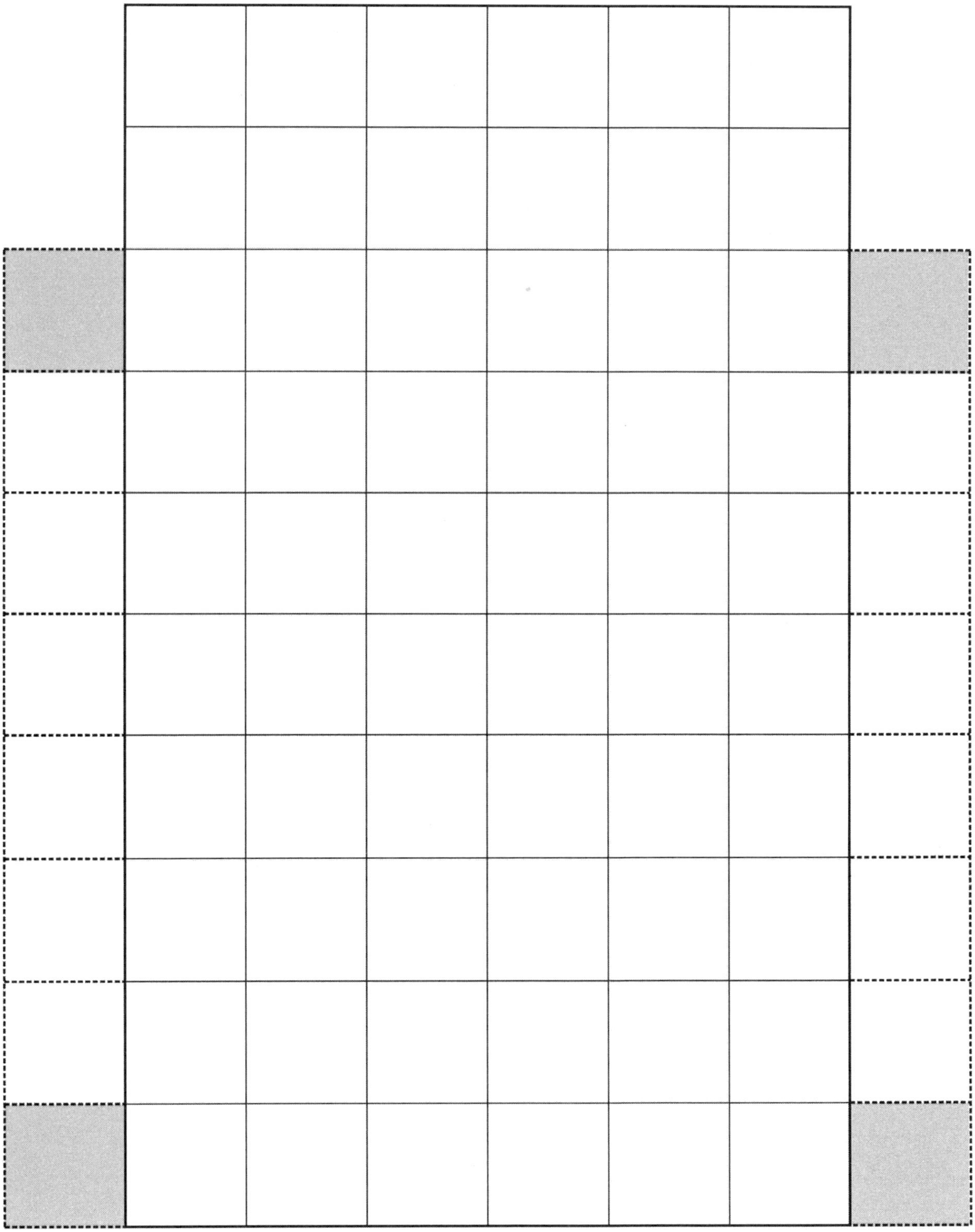

프리즘, 피라미드, 원기둥(활동모음 10.3의 놀이활동)

자료 카드 37

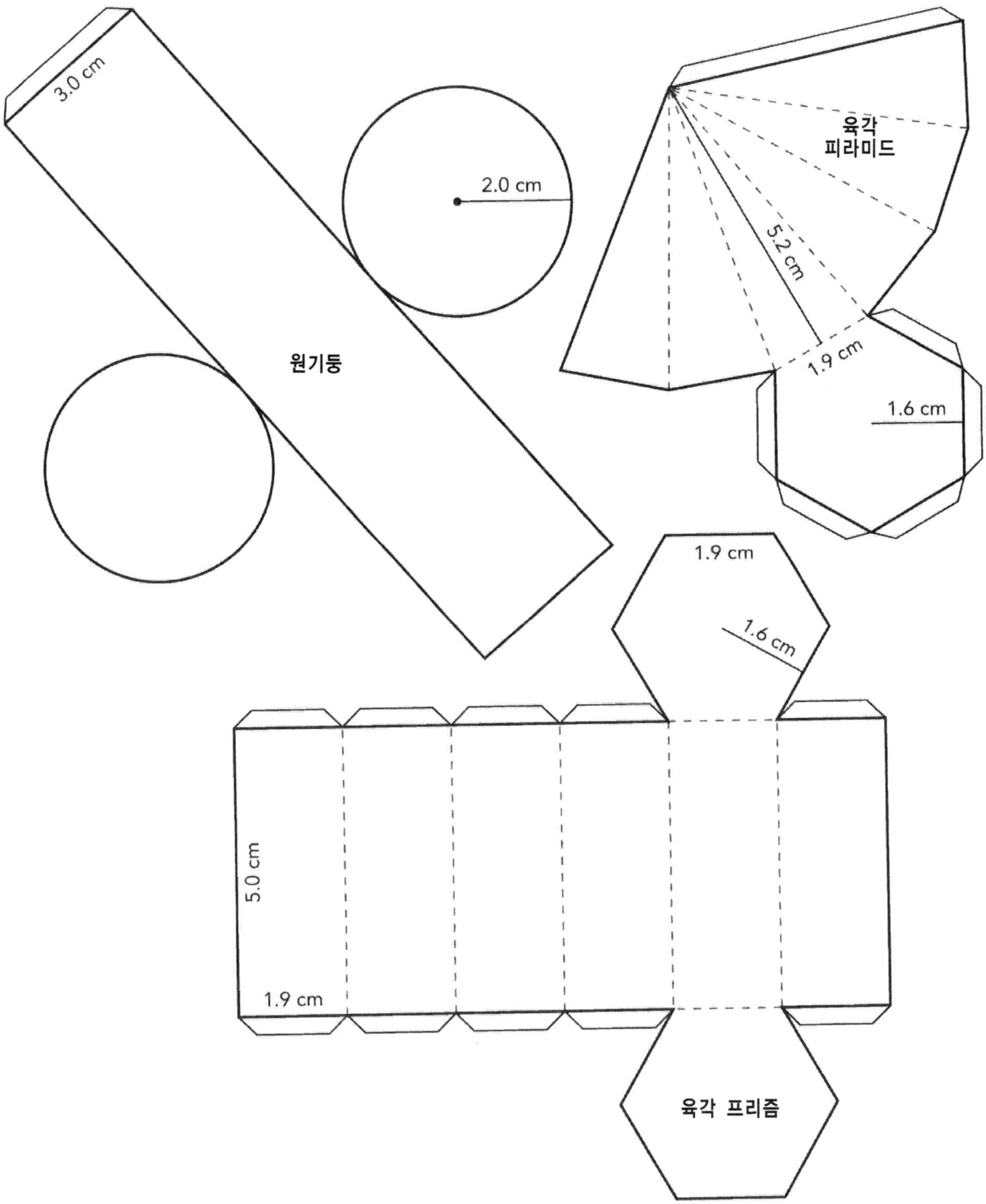

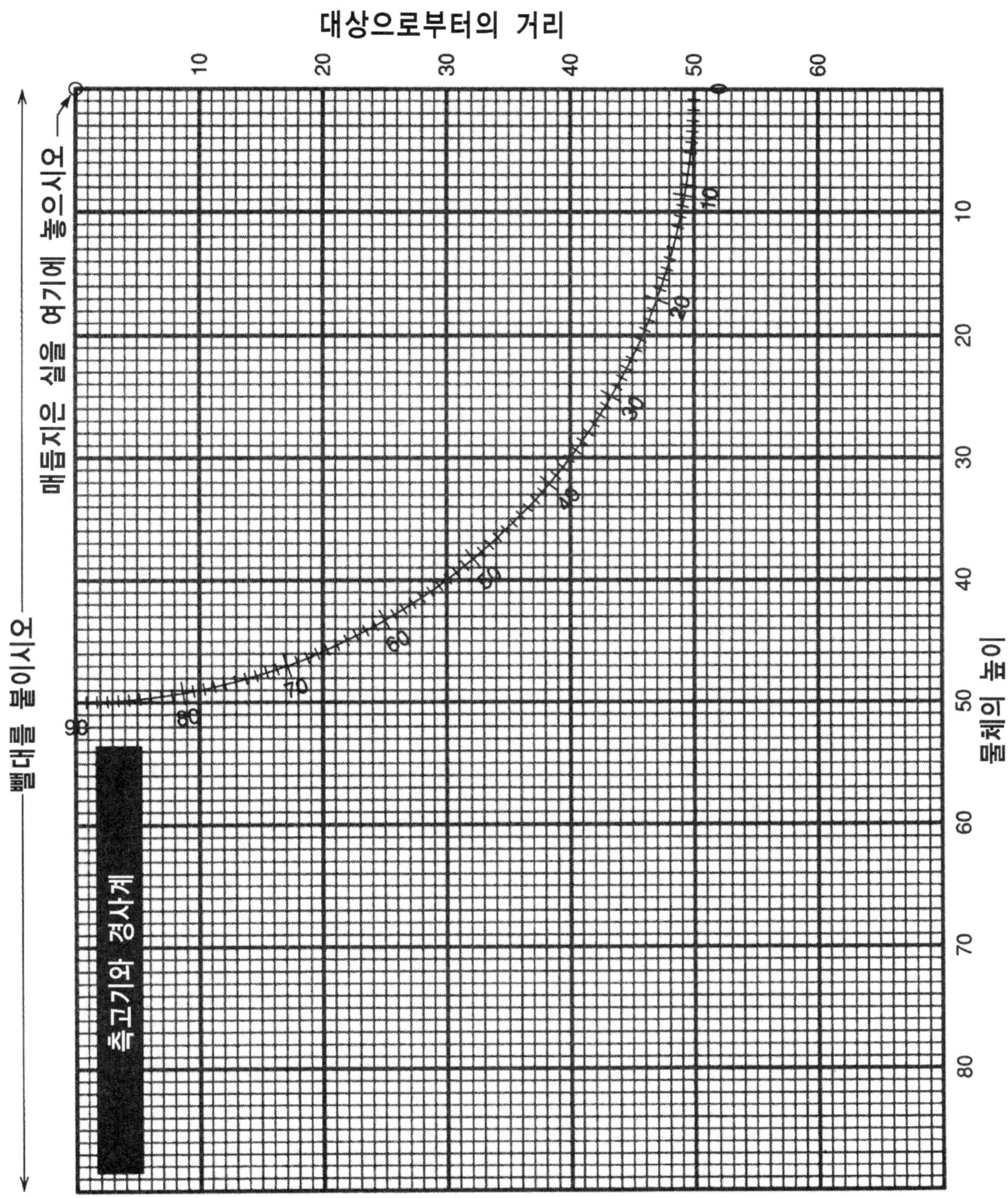
대상으로부터의 거리
10
20
30
40
50
60
매듭지은 실을 여기에 놓으시오
빨대를 붙이시오
물체의 높이
측고기와 경사계

교구 세트

패턴블록조각
색타일 (1)
색타일 (2)
속성 조각
오진수 조각
십진수 조각
분수막대
테셀레이션을 위한 다각형
회전판
소수판

* 컬러 파일은 경문사 홈페이지 자료실에서 다운받을 수 있습니다.

패턴블록조각

색타일 (1)

색타일 (2)

속성 조각

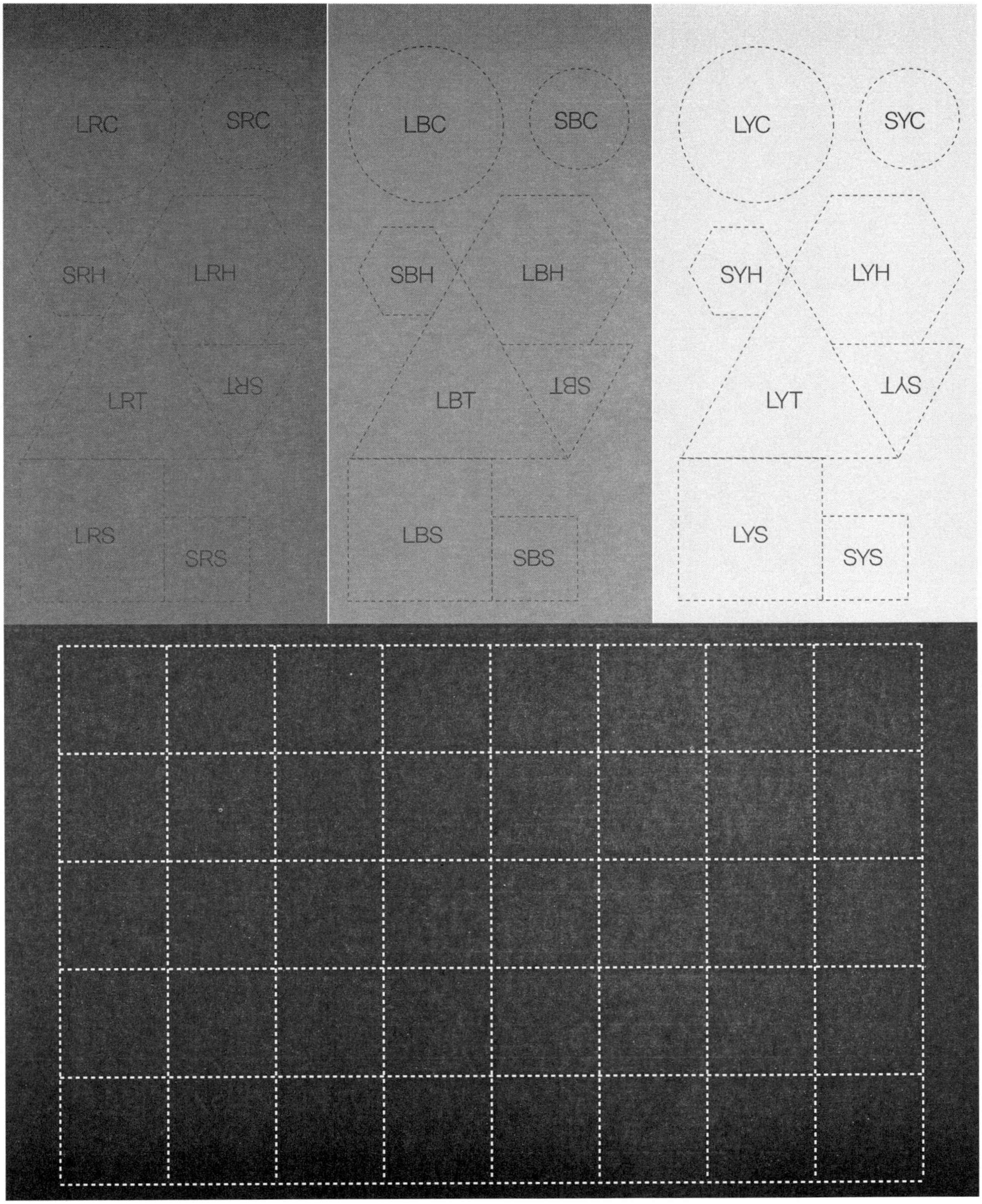
LRC
SRC
LBC
SBC
LYC
SYC
SRH
LRH
SBH
LBH
SYH
LYH
LRT
SRT
LBT
SBT
LYT
SYT
LRS
SRS
LBS
SBS
LYS
SYS

오진수 조각

오진수 조각

십진수 조각

십진수 조각

분수막대

분수막대

테셀레이션을 위한 다각형

회전판

1~4
회전판

1~6
회전판

회전판

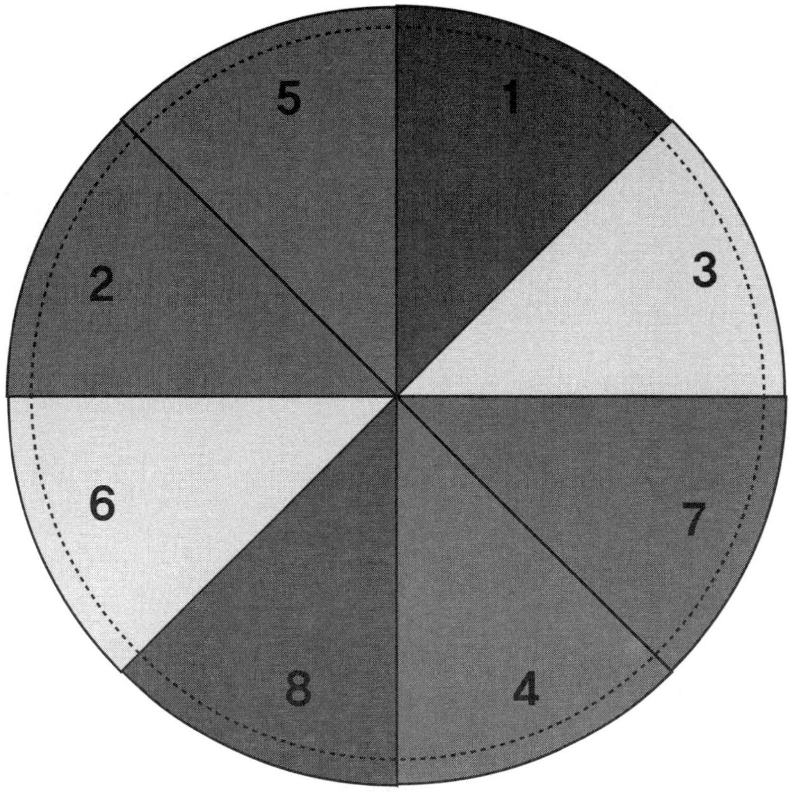

1~8
회전판

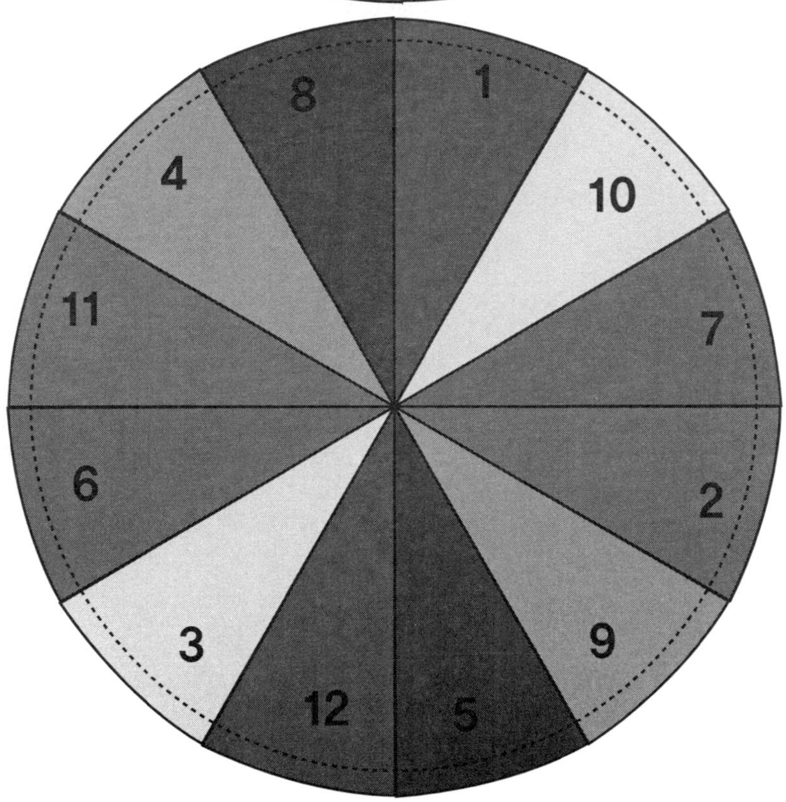

1~12
회전판

소수판

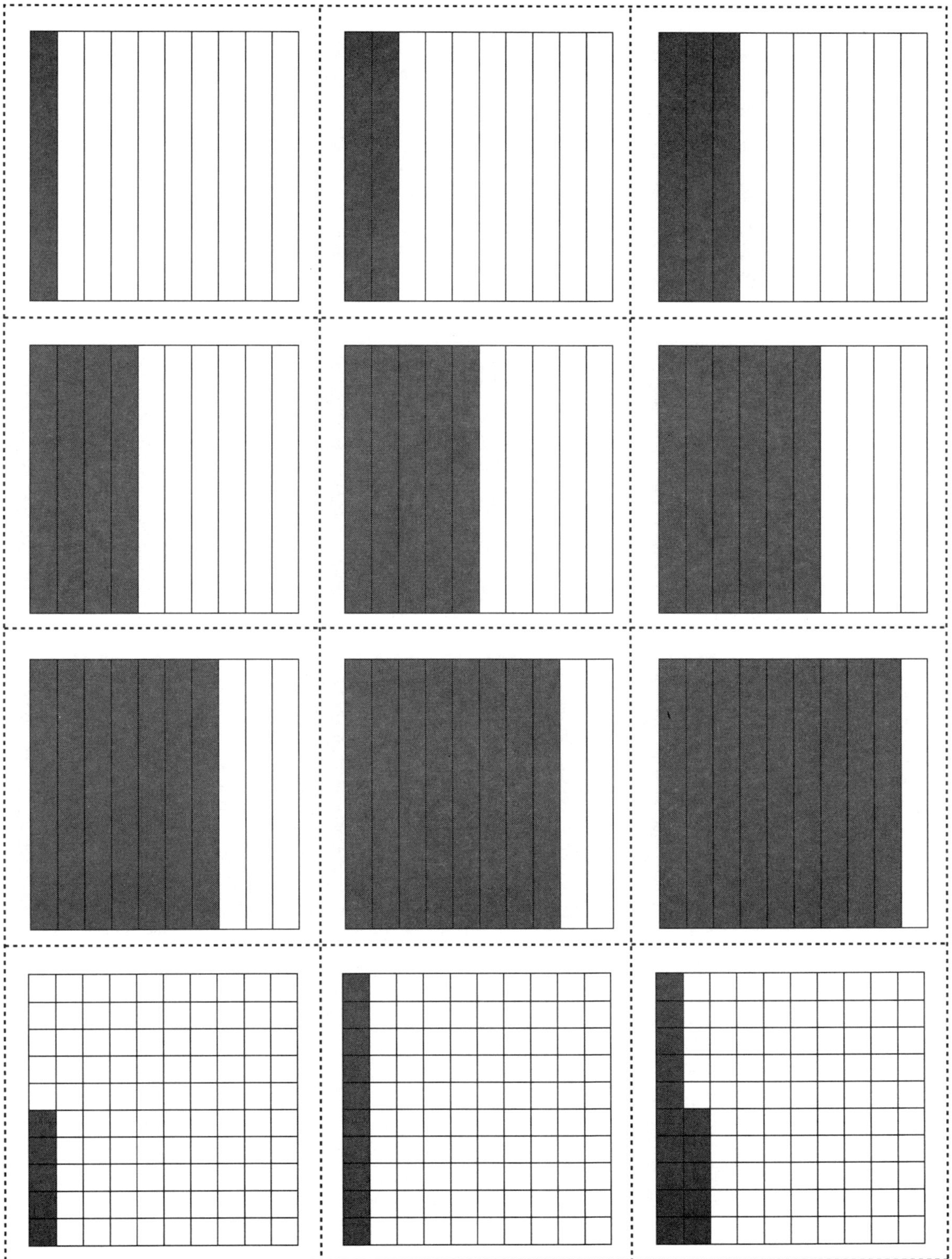

소수판

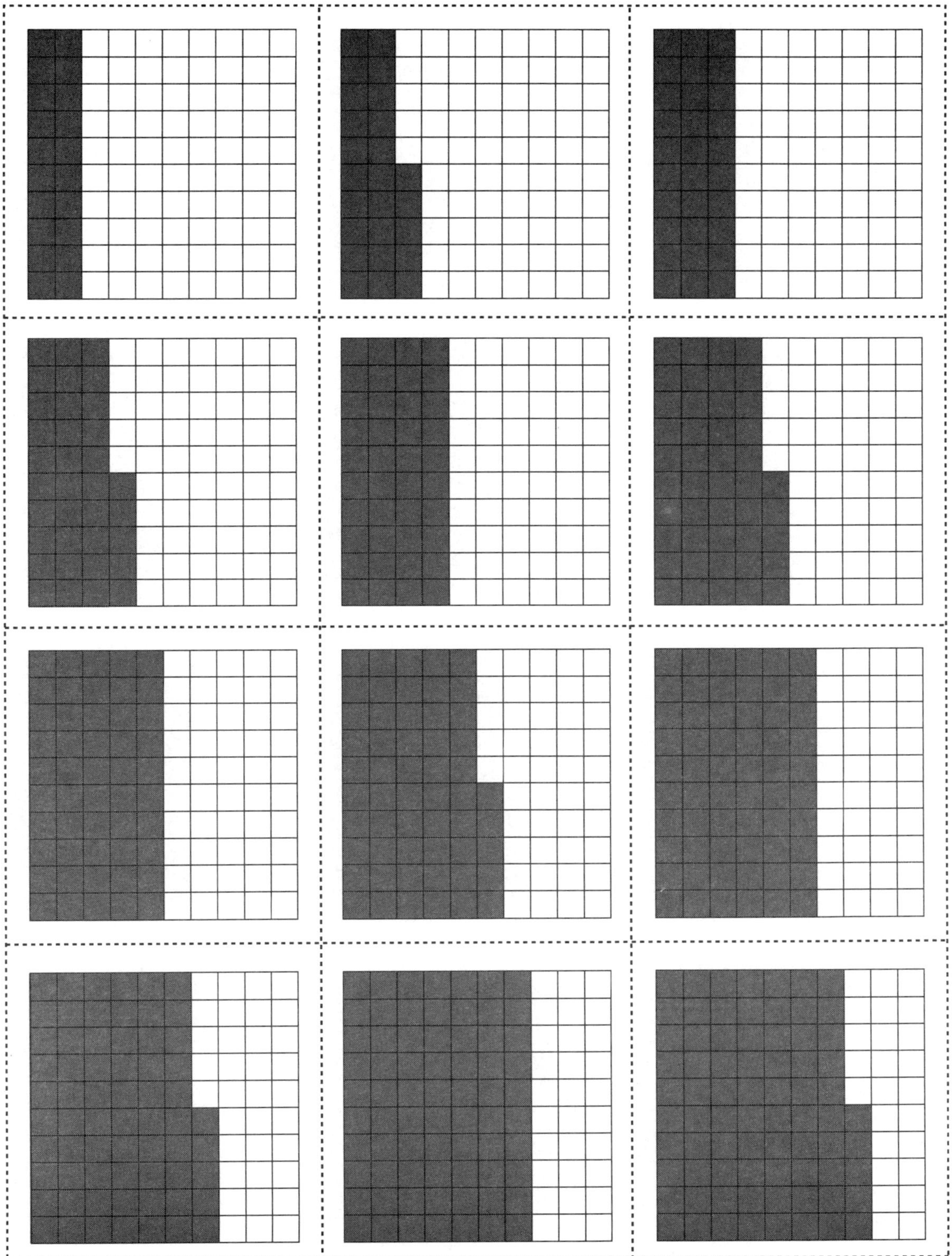

소수판

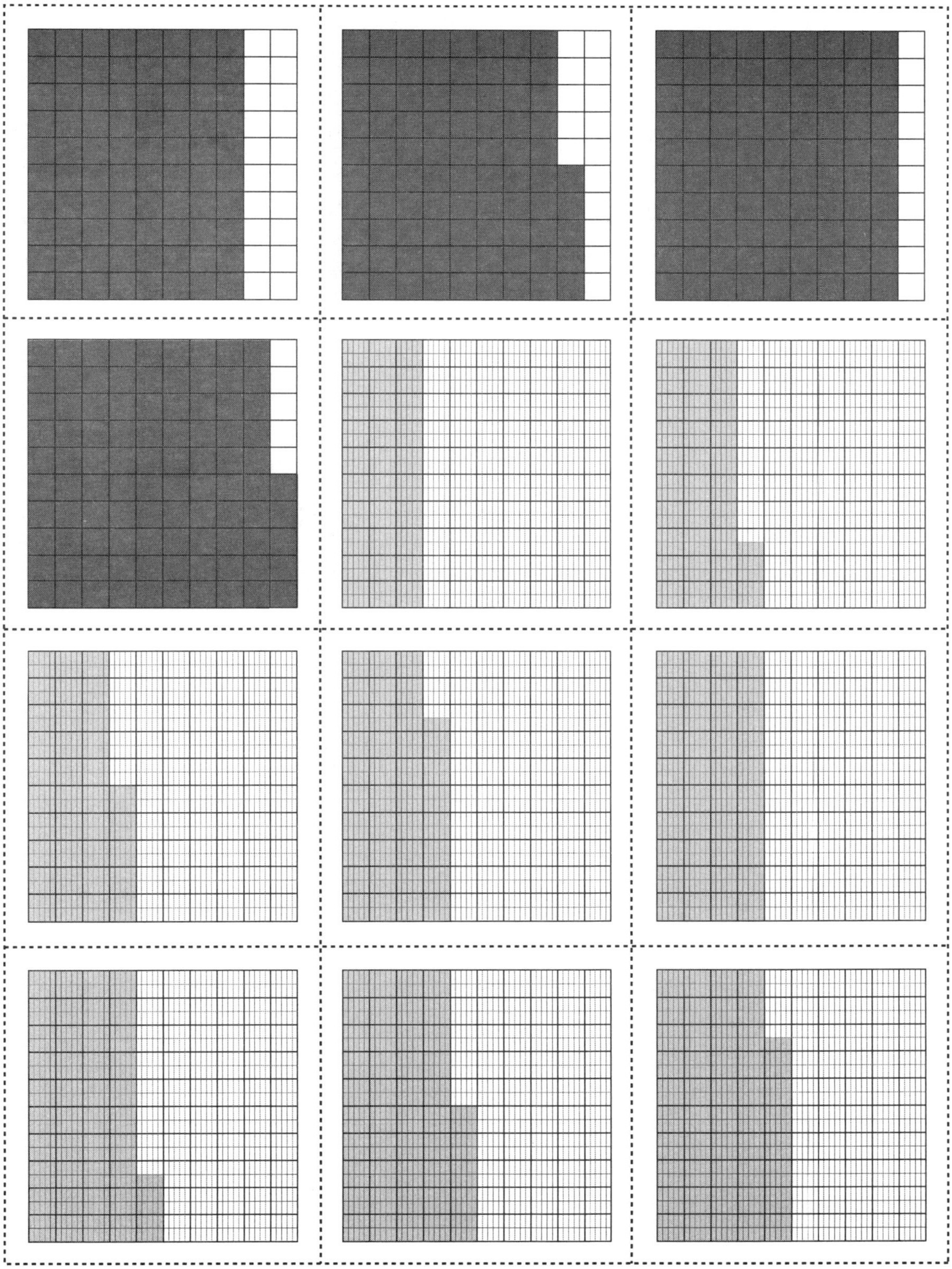

소수판

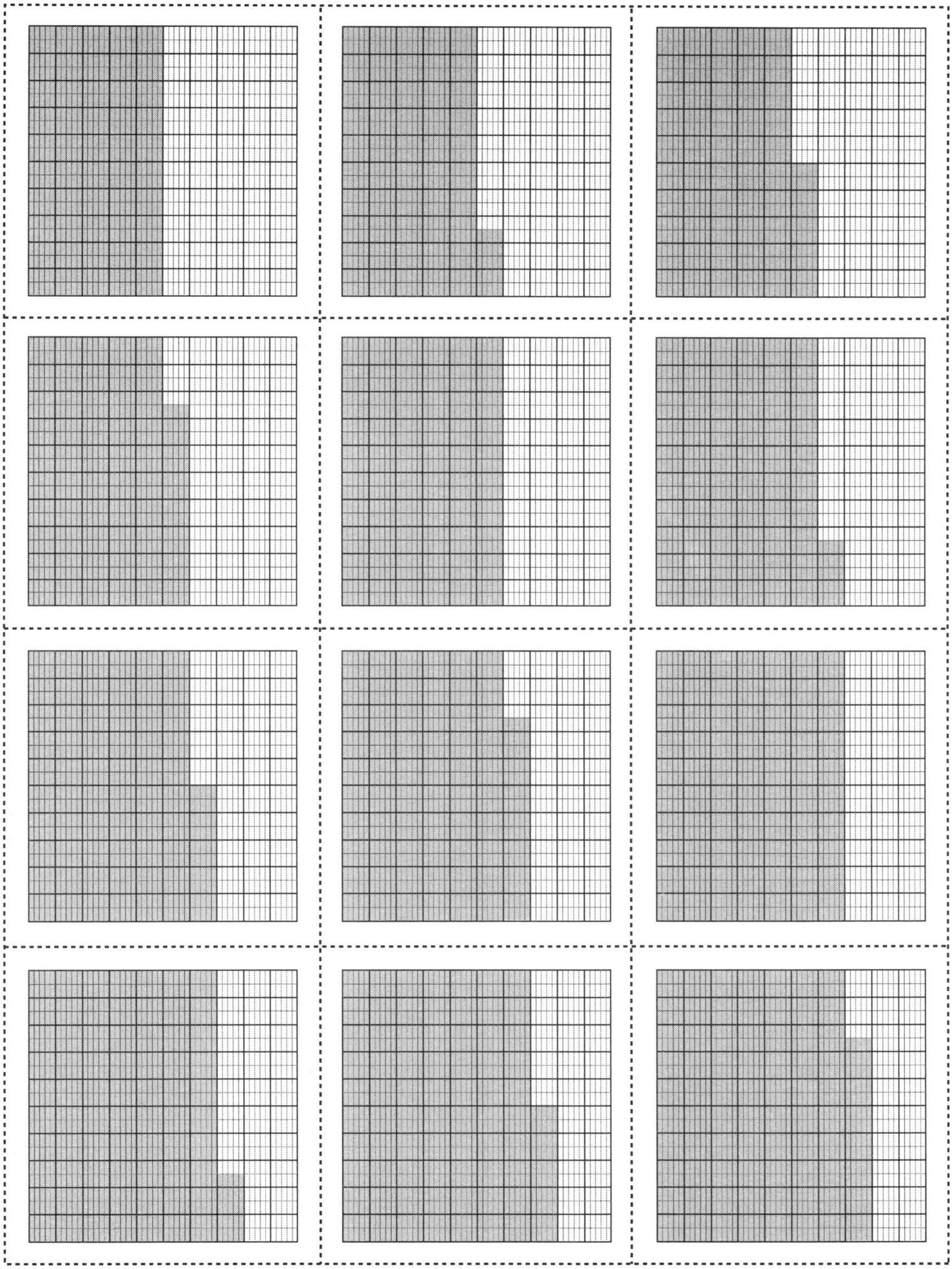

■ 약력

지은이

앨버트 베넷(Albert B. Bennett, Jr.)
뉴햄프셔 대학교(University of New Hampshire)

로리 버튼(Laurie J. Burton)
웨스턴 오리건 대학교(Western Oregon University)

데드 넬슨(L. Ted Nelson)
포틀랜드 주립대학교(Portland State University)

옮긴이

강흥규
서울대학교 사범대학 수학교육과(학사)
서울대학교 자연과학대학 수학과(석사)
서울대학교 사범대학 수학교육과(박사)
현재 공주교육대학교 초등수학교육과 교수

권성룡
서울교육대학교 초등교육(학사)
한국교원대학교 대학원 수학교육(석사)
한국교원대학교 대학원 수학교육(박사)
현재 공주교육대학교 초등수학교육과 교수

진선숙
공주대학교 사범대학 수학교육(학사)
서울대학교 자연대학원 수학(석사)
서울대학교 자연대학원 수학(박사)
현재 공주교육대학교 초등수학교육과 교수

조영미
서울대학교 사범대학 수학교육과(학사)
서울대학교 사범대학 수학교육과(석사)
서울대학교 사범대학 수학교육과(박사)
현재 공주교육대학교 초등수학교육과 교수

초등교사를 위한 수학 : 활동적 접근

지은이 앨버트 베넷 · 로리 버튼 · 데드 넬슨
옮긴이 강흥규 · 권성룡 · 진선숙 · 조영미
펴낸이 박문규
펴낸곳 경문사
펴낸날 2012년 9월 15일 1판 1쇄
등 록 1979년 11월 9일 제313-1979-23호
주 소 121-818, 서울특별시 마포구 와우산로 174
전 화 (02)332-2004 팩스 (02)336-5193
이메일 kyungmoon@kyungmoon.com

값 30,000원

ISBN 978-89-6105-559-8

★ 경문사 홈페이지에 오시면 즐거운 일이 생깁니다.
http://www.kyungmoon.com

한국과학기술출판협회 회원사